Sachsen seit der Friedlichen Revolution

Tradition, Wandel, Perspektiven

Herausgegeben
von Konstantin Hermann

Sonderausgabe
der Sächsischen Landeszentrale für politische Bildung

Dresden/Beucha · Markkleeberg 2010

Umschlagabbildung:
Ausschnitt aus dem Wandgemälde »Versöhnung« von Werner Juza
im Festsaal des Hauses der Kirche/Dreikönigskirche auf der Hauptstraße
in Dresden. Dieser Saal diente von 1990 bis 1994 als Plenarsaal
des Sächsischen Landtages. (Foto: Steffen Giersch, 2010)

Frontispiz:
Nikolaisäule, Erinnerung an die Friedliche Revolution von 1989,
die in der Leipziger Nikolaikirche und auf dem Nikolaikirchhof begann,
an dessen Platzende heute die Nachbildung einer ihrer Kirchensäulen steht,
Entwurfszeichnung von Andreas Stötzner
(siehe dazu auch »Ein Denkmal für die Freiheit?«
im Beitrag von Michael Beleites, S. 248)

Konstantin Hermann (Hrsg.),
Sachsen seit der Friedlichen Revolution. Tradition, Wandel, Perspektiven,
Sonderausgabe der Sächsischen Landeszentrale für politische Bildung,
1. Auflage, Dresden/Beucha · Markkleeberg 2010

Diese Augabe ist inhaltsgleich mit einer Buchhandelsausgabe
als Veröffentlichung des Vereins für sächsische Landesgeschichte
im Sax-Verlag (ISBN 978-3-86729-072-2)

Sachsen seit der Friedlichen Revolution

Sächsische Landeszentrale
für politische Bildung

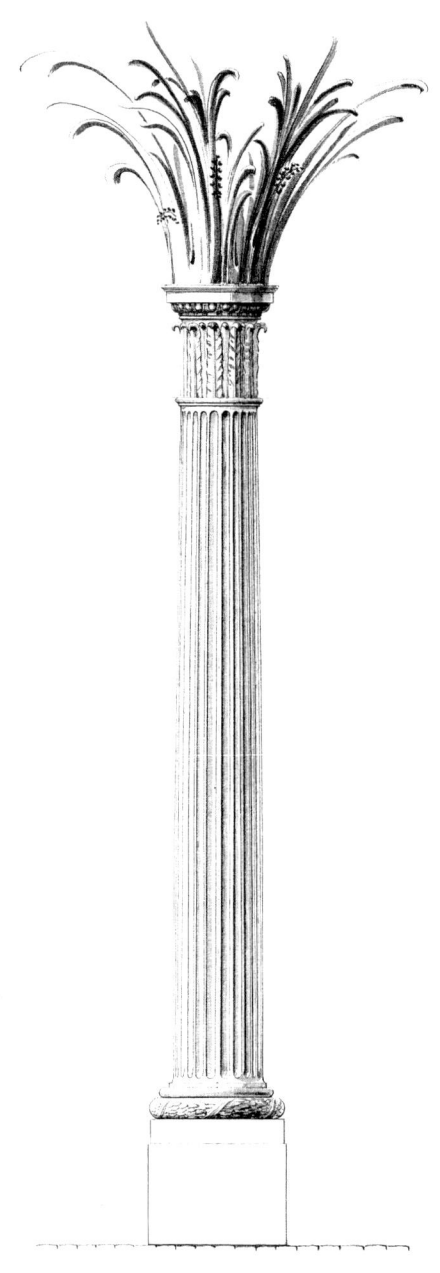

Inhalt

Einführung

Konstantin Hermann / Werner Rellecke

Die Neugründung des Freistaates Sachsen im Jahre 1990 war das folgerichtige Ergebnis der vorausgegangenen Friedlichen Revolution. Vor dem Hintergrund einer mehr als 1000-jährigen Tradition meißnisch-sächsischer Staatlichkeit ergaben sich in der ereignisreichen Übergangszeit der Jahre 1989 und 1990 tragfähige Perspektiven für den politischen Neuanfang in Sachsen und entscheidende Impulse für die deutsche Wiedervereinigung.

»Sachsen – ehemaliges Land im Süden der DDR; umfaßte etwa die Fläche der 1952 gebildeten Bezirke Dresden, Leipzig, Karl-Marx-Stadt« – so hieß es 1975 in einem Lexikon aus der DDR.[1] Der SED-Staat sah keine Rückkehr zu den alten deutschen Ländern vor. Offiziell zeigten sich nur noch Rudimente, die an das alte Land Sachsen erinnerten und endgültig zu verschwinden drohten. Sie wirkten auf manche wie kuriose Überbleibsel einer anderen Vergangenheit, so wie zum Beispiel die Bezeichnung »Deutsche Reichsbahn«. Doch wie so oft in der DDR zeigte sich auch hier ein deutlicher Unterschied zwischen offizieller Verlautbarung und tatsächlicher Wahrnehmung durch die Bevölkerung. Das sächsische Landesbewusstsein war nie vergangen und wirkte stärker als jedes andere in den ehemaligen Ländern der DDR. Ausgerechnet ein Ereignis von staatspolitischem Rang ließ die Sachsenrenaissance deutlich hervorbrechen: Die 750-Jahrfeier von Berlin 1987. Sachsen kam – zumindest in Sachsen – wieder in Mode, und auch in den anderen Regionen der DDR kam es zu zaghaften Wiederannäherungen an die eigene Landesvergangenheit; vor allem in Brandenburg und Thüringen.

Diese »Sachsenrenaissance« orientierte sich vorrangig nicht an dem Freistaat Sachsen der Weimarer Zeit, über den bei der Bevölkerung kaum etwas bekannt war, sondern an der »großen Zeit« des augusteischen Sachsens als Land von europäischem Rang oder wenigstens am Königreich von 1806 bis 1918. August der Starke wirkte schon lange als die Kristallisationsfigur eines sächsischen Bewusstseins. Ihm gesellte sich noch ein anekdotenhaft und durch diverse Sentenzen im sächsischen »Nationalbewusstsein« fest verankerter, immer volkstümlich gewesener Friedrich August III. hinzu, der 1918 angeblich seine Untertanen »ihren Dreck alleene machen ließ«. Eine politische Realität oder gar ein politisches Programm verband sich damit nicht, und es war wohl in erster Linie ein Sehnen, eine Rückbesinnung auf eine erfolgreichere, glücklichere Zeit, in der das Königreich Sachsen auch dem übermächtigen Berlin-Preußen etwas entgegensetzen konnte. Mit Beiträgen über sächsische Mythen und sächsische Mentalitäten sowie die Sachsen-Renaissance eröffnen *André Thieme* und *Ulf Morgenstern* diesen Sammelband.

---

1   Meyers Neues Lexikon, Bd. 12, Leipzig 1975, S. 34.

Zeitgleich zur Länderneugründung 1990 kam auch die Diskussion um den richtigen Zuschnitt und mögliche Zusammenlegungen von bestehenden Bundesländern auf, was insbesondere mehr Potenzial für finanzielle Einsparungen und höhere Effizienz bieten soll. Eine mögliche Umsetzung wird in Sachsen auf die mitteldeutschen Länder projiziert. Das begrifflich nicht unumstrittene »Mitteldeutschland« mit Sachsen, Thüringen und Sachsen-Anhalt bietet hierbei in historischer und politischer Hinsicht Anlass zu sehr kontroversen Debatten. Der Föderalismus insgesamt hat sich bisher, sowohl in der Weimarer Republik als auch in der heutigen Bundesrepublik Deutschland, als wesentlich stärker erwiesen als die ökonomisch-rationalen Argumente von Vertretern des Zentralismus. Sogar im totalitären NS-Staat existierten die Länder formal weiter, allerdings waren sie ihrer Rechte beraubt und durch die NS-Reichsgaue massiv überlagert. Antworten auf die Fragen nach sächsischer Eigenständigkeit in Zeiten von Demokratie und Diktatur bietet der Beitrag von *Mike Schmeitzner*.

Identitäten, auch die der Bevölkerung eines Landes, ändern sich, gehen bisweilen auf in einem größeren oder anderen Landesbewusstsein. Sachsen ist das einzige der drei mitteldeutschen Länder, das über eine historisch gewachsene Kontinuität als Land und als Staat verfügt. Dies bestätigt *Matthias Tullner* in seinem Beitrag. Konstruktionen eines sachsen-anhaltischen Landesbewusstseins fallen ungleich schwerer als in Sachsen. Nur mit dem Bewusstsein der Zugehörigkeit, mit einer Landesidentität wird beispielsweise die demographische Entwicklung gestaltet werden können, auch wenn sie dabei sicher nicht das einzige oder gar ausschlaggebende Argument sein wird. Eine bloße betriebswirtschaftliche Anschauung der Länderneubildung wird aber dennoch fehlgehen, ziehen doch die Länder gerade aus der Landesidentität der Bevölkerung zahlreiche Vorteile. Rein ökonomisch gedacht ist auch eine starke Landesidentität ein wirtschaftlicher Standortvorteil.

Die Idee eines wiedererstandenen Landes Sachsen war 1989 so mächtig, dass gleich zu Beginn der Montagsdemonstrationen auch weiß-grüne Flaggen geschwenkt wurden: »Weg von Ost-Berlin«, soll heißen »Weg von der DDR« war ihr Inhalt. Der Runde Tisch in Dresden sah es als eine seiner beiden Hauptaufgaben an, alles dafür zu tun, das Land Sachsen wiederzuerrichten. Doch neben den formalen Schwierigkeiten, ein Land nach 38 Jahren Nichtstaatlichkeit neu zu gründen, gab es auch politische: Die »alten« Kräfte wollten sich gestützt auf die Bezirksverwaltungen an die Spitze der Landesrenaissance-Bewegung setzen und auf der Albrechtsburg in Meißen das Land aus der Taufe heben. In letzter Sekunde wurde dies durch einen Geniestreich der Friedlichen Revolutionäre in Dresden verhindert. Durch das kombinierte Handeln der Runden Tische in Sachsen und des »Sächsischen Forums« sowie durch die Amtshilfe aus Baden-Württemberg und Bayern gelang etwas in der Noch-DDR, was in keinem anderen der späteren fünf »neuen Länder« geschah: eine Landesgründung von »unten« gegen den noch fortlebenden Berliner Zentralismus der bereits demokratisch legitimierten De-Maizière-Regierung und gegen Repräsentanten der alten Kommunal- und Bezirksverwaltungen. So flossen auch basisdemokratische Elemente in das neuzugründende Land ein. Der Beitrag von *Michael Richter* und die autobiographischen Reflexionen von *Matthias Rößler, Arnold Vaatz, Antje Hermenau, Erich Iltgen, Hans Geisler* und *Wolfgang Marcus* behandeln Entstehung, Verlauf und Ergebnis der Friedlichen Revolution in Sachsen.

Die Wahlen zur Volkskammer am 18. März 1990 wurden zu einer eindrucksvollen Willensbekundung zu deutscher Einheit und Gründung der neuen Länder. Im April begann die Arbeit an einer sächsischen Verfassung, die maßgeblich auf den »Gohrischer Entwurf« zurückgriff, der bereits im August 1990 veröffentlicht worden war. Über 80 Prozent der Landtagsabgeordneten stimmten letztlich für die Annahme des Verfassungstextes: Am 6. Juni 1992 trat als erste in den neuen Bundesländern die Verfassung des Freistaates Sachsen in Kraft. Sie nahm dabei vor allem auf die sächsische Verfassung von 1920 Bezug; die des Jahres 1947 am Beginn der sozialistischen Diktatur konnte kein Vorbild sein. So ist die heutige sächsische Verfassung ebenso Ausdruck für die Garantie von Menschenrechten und einer freiheitlichen politischen Ordnung wie des Schutzes dieser Ordnung gegen extremistische Bestrebungen. Entsprechend heißt es in der Präambel: Ausgehend von den »leidvollen Erfahrungen nationalsozialistischer und kommunistischer Gewaltherrschaft«. Die Entstehungsgeschichte und Eigenarten der sächsischen Verfassung werden von *Hans von Mangoldt* beschrieben.

Die alles in allem erfolgreiche Entwicklung Sachsens in den vergangenen zwanzig Jahren ist nicht nur auch, sondern besonders ein Verdienst der Parteiendemokratie, mit der sich *Werner J. Patzelt* beschäftigt. Bei allen Klagen über Wahlmüdigkeit und Politikverdrossenheit hat sich der sächsische Parlamentarismus als der wesentlich stabilste der neuen Bundesländer herausgestellt. Ein- oder Zweiparteienregierungen sind dessen direkte Ausprägung; Minderheits- oder Mehrparteienregierungen oder Tolerierungsmodelle wie in anderen Bundesländern hat Sachsen nach 1990 nicht erleben müssen. Erdrutschartige Verluste und Gewinne von Stimmenanteilen bei Wahlen waren bisher die Ausnahme. Die großen sächsischen Parteien haben es bis auf wenige Ausnahmen fast immer vermocht, auch im Interesse des Landes innerparteilichen Streit zu begrenzen und integre, wählbare Persönlichkeiten in das Parlament zu entsenden. Von großen politischen Skandalen blieb Sachsen daher, anders als die anderen neuen Länder, fast verschont. Die junge sächsische Demokratie nach 1990 hat von der Weimarer Republik eine wichtige Lektion gelernt: die Konsensfähigkeit, notfalls auch zuungunsten der eigenen Partei, aber immer im Interesse des Landes. Diese Konsensfähigkeit und Konsensbereitschaft der demokratischen Parteien, oft erprobt im harten politischen Streit, ist eines der Fundamente der sächsischen parlamentarischen Demokratie und eine Lehre aus der deutschen Geschichte.

Hierzu zählt nicht zuletzt auch die Verfassungsbestimmung, dass die Menschenrechte und die Grundstruktur des Staates weder aufgrund einer großen Bevölkerungsmehrheit noch durch Parlamentsentscheidung verändert werden können. Dies dient der Sicherung der freiheitlich-demokratischen Grundordnung vor extremistischen Bestrebungen. Trotz berechtigter Zufriedenheit mit der Funktionstüchtigkeit des sächsischen Regierungssystems können Gefährdungen der Demokratie durch den politischen Extremismus nicht ignoriert werden. So nimmt *Eckhard Jesse* insbesondere NPD-Aktivitäten, aber auch die Linkspartei in seinem Beitrag in den Fokus.

Eine wichtige Länderkompetenz im föderalen System Deutschlands ist die Bildungspolitik. Früh profilierte sich der Freistaat mit der Einführung der Mittelschule und der Beibehaltung des Abiturs nach zwölf Schuljahren. Die Umstrukturierung des Schulsystems und die demographische Entwicklung verursachten allerdings auch zahlreiche Schulschließungen, verordnete Arbeitszeitverkürzungen der Lehrerschaft und längere Schulwege, die zum Teil gegen erbitterten Widerstand von Eltern und Lehrerschaft durchgesetzt wurden. Das erfolgreiche Abschneiden der sächsischen Schüler vor allem in den PISA-Studien bestätigt jedoch die Leistungsfähigkeit des sächsischen Schulwesens, wie es von *Jonas Flöter* nachgezeichnet wird.

Als weiteres unterstützendes Element für die durchwachsene, im Vergleich dennoch überdurchschnittliche ökonomische Entwicklung erwies sich die gute Infrastruktur in den Bereichen wissenschaftlicher Forschung und Ausbildung, bei denen *Peter Gutjahr-Löser* in seinem Beitrag ansetzt. Bis 1989 befanden sich auf sächsischem Territorium 60 Prozent aller Hochschuleinrichtungen der DDR. Sie waren zwar einem massiven Transformationsprozess unterworfen, bildeten aber gleichwohl das Fundament für die immer noch reiche Hochschullandschaft Sachsens, ergänzt durch Neugründungen von Instituten und Lehreinrichtungen.

Der Rückgriff auf die Geschichte manifestiert sich auch in den Außenbeziehungen des Freistaats, mit denen sich *Roger Mackeldey* beschäftigt. Die grenzüberschreitende Zusammenarbeit mit Tschechien und Polen hat in Sachsen Verfassungsrang. Alle sächsischen Regierungen waren sich der Möglichkeit einer Drehscheibenfunktion Sachsens zwischen Deutschland und dem ostmitteleuropäischen Ausland bewusst und haben dies auf allen Ebenen gefördert. Ein Fünftel aller sächsischen Waren und Dienstleistungen geht heute nach Mittelosteuropa, hauptsächlich Polen und Tschechien.

1990 konnte nicht vorhergesagt werden, wie sich die wirtschaftliche Entwicklung gestalten würde, wie die DDR-Betriebe die Einführung der DM und die übermächtige Konkurrenz er- und überleben würden, wie die demographische Situation sich ändern würde und anderes mehr. Die zunächst als Vorteil angesehenen hochindustrialisierten Regionen Sachsens wandelten sich rasch zum Nachteil, als zahlreiche Betriebe schließen mussten und ihren Mitarbeitern häufig nur der Weg in die Arbeitslosigkeit blieb. Die Braunkohlentagebaue im Leipziger Raum und in der Lausitz durchlebten ebenfalls einen schwierigen Anpassungsprozess. Diese Problemlagen behandelt *Michael Schäfer* in seinem Beitrag. In finanz- und wirtschaftspolitischer Hinsicht strebten die sächsischen Regierungen nach 1990 die Bildung von Leuchtturmregionen an. Sie sollten wegführen vom sogenannten »Gießkannenprinzip« der Fördermaßnahmen und die Ansiedlung von modernen Technologiefirmen, eine niedrige Verschuldung und langfristig die finanzielle Unabhängigkeit von Transferleistungen westdeutscher Bundesländer ermöglichen. Sachsen erzielte seit 1990 tatsächlich häufig die höchsten wirtschaftlichen Wachstumsraten im Ländervergleich und gilt als »Musterländle«. Die Verschuldung ist durch eine konsequente Haushaltspolitik relativ gering geblieben; Sachsen belegt nach Bayern den zweiten Platz bei der geringsten Verschuldung der öffentlichen Haushalte. Offenbar zeigt sich hier auch die positive Wirkung der ehemaligen Partnerländer Bayern und Baden-Württemberg, was insbesondere im Beitrag von *Klaus Weber* thematisiert wird.

Die politischen Themen mit langfristiger Zukunftsperspektive sind in Sachsen maßgeblich durch den demographischen Faktor bestimmt. Er stellt ein Kernproblem jeder weiteren Entwicklung des Landes dar, was *Lutz Schneider* in seinem Beitrag untersucht. Das Erreichen des Rentenalters der um 1960 Geborenen im Zeitraum 2020 bis 2030 wird Kranken-, Pflege- und Rentenversicherung vor schwer kalkulierbare Probleme stellen. Die schon bestehende Überalterung der sächsischen Bevölkerung wird verstärkt durch die arbeitsmarktbedingte Abwanderung junger, gut ausgebildeter Menschen in westliche Bundesländer. In zwanzig Jahren, zwischen 1989 und 2008, verlor Sachsen bereits 15 Prozent seiner Bevölkerung. Die Geburtenrate hat sich inzwischen der deutschen angepasst. Nur die Großstädte Dresden und Leipzig werden »demographische Gewinner« sein, die Lausitz, das Erzgebirge oder das Vogtland werden zu den »demographischen Verlierern« zählen. Die Einwohnerzahl Sachsens wird 2050 auf drei Millionen Einwohner sinken, weit mehr als ein Drittel davon wird über 64 Jahre alt sein. Dies sind zwar lediglich Prognosen, aber die allgemeine Tendenz ist unzweifelhaft und eine große Herausforderung für die gesamte Gesellschaft.

Das sorbische Volk wird von wirtschaftlichen und demographischen Entwicklungen oftmals stärker und vielleicht existenziell betroffen. So verlassen auch viele junge Sorben wegen der schlechten Arbeitsmarktlage im ländlichen Raum ihre Heimatorte. Dies kann langfristig zum Verlust ihrer sprachlichen und kulturellen Eigenständigkeit führen, weil die Pflege sorbischer Identität kaum außerhalb des Sorbenlandes aufrechterhalten werden kann. An diesem Beispiel wird deutlich, wie wichtig für die Sorben eine angemessene politische Berücksichtigung ihrer speziellen Anliegen ist. Die politischen Vertretungsmöglichkeiten und die Zugehörigkeit der Lausitz zu zwei Bundesländern – Sachsen und Brandenburg – wird von der sorbischen Minderheit sehr kritisch betrachtet, was im Beitrag von *Benedikt Dyrlich* auch seinen Niederschlag findet.

Die Kirchen spielen in Sachsen seit 1989 eine grundsätzlich andere gesellschaftliche Rolle als zu DDR-Zeiten. Vor 1989 wurden sie vom SED-Staat aus vielen Bereichen des öffentlichen Lebens ausgegrenzt. Nach 1989 mussten sie oftmals von politischer Seite dazu aufgerufen werden, stärker am gesellschaftlichen und politischen Leben mitzuwirken und sich öffentlich einzumischen. Dies galt jedoch vorrangig für die Kirchen als Institutionen. Die herausragenden Persönlichkeiten der Friedlichen Revolution in Sachsen waren weit überproportional Mitglieder der evangelisch-lutherichen Landeskirche oder der römisch-katholischen Kirche. Bis in die Gegenwart liegt der Anteil an Christen im Sächsischen Landtag und in der sächsischen Staatsregierung weit über ihrem Bevölkerungsanteil von etwa 27 Prozent. Von dieser Rolle der Kirchen handeln die Beiträge von *Klaus Fitschen* und *Konstantin Hermann*.

Die deutlich geringere konfessionelle Bindung der Bevölkerung ist nur eines von einer ganzen Reihe markanter gesellschaftlicher Unterschiede, die bis heute zwischen östlichen und westlichen Bundesländern konstatierbar sind. Hierbei wird häufig von »Ostdeutschland« als Bezeichnung für die Länder auf dem Gebiet der ehemaligen DDR gesprochen. Hinsichtlich der Bewertung der DDR-Zeit insgesamt, aber auch im Umgang mit den Verbrechen des SED-Regimes oder bezüglich der Bilanz des deutschen Einigungsprozesses gehen die

Meinungen jedoch in den östlichen Ländern nicht weniger weit auseinander als in den westlichen. Dies belegen beispielsweise das Wahlverhalten und die Parteiensysteme in den neuen Ländern. Den Fragen der Nachwirkungen und der Aufarbeitung der DDR sowie der Bilanz Sachsens nach 20 Jahren neuer Staatlichkeit gehen *Nicole Völtz, Michael Beleites* und *Günther Heydemann* nach.

Das zwanzigste Jubiläum der Wiedererrichtung des Freistaats Sachsen hatten der Verein für sächsische Landesgeschichte, der Sächsische Landtag, die Sächsische Landeszentrale für politische Bildung, das Hannah-Arendt-Institut für Totalitarismusforschung und das Haus der Kirche zum Anlass genommen, vom 4. bis 6. März 2010 eine Tagung unter dem Titel »20 Jahre Freistaat Sachsen – Traditionen und Perspektiven« auszurichten. Sie fand an einem historischen Ort statt, in der Dresdner Dreikönigskirche, wo der neu konstituierte Landtag ab 1990 vorübergehend tagte. In einer Podiumsdiskussion berichteten maßgebliche Akteure der Friedlichen Revolution und Vertreter aus der sächsischen Exekutive und Legislative über die Wiederbegründung des Freistaates. In 21 Fachvorträgen widmeten sich die Referenten Themen aus Politik und Recht, Kultur, Bildung, Wirtschaft, Demographie und anderen Bereichen. Die Frage nach dem »Woher?« in der sächsischen Geschichte und den Langzeitwirkungen identitätsprägender Entwicklungen umrahmte das Programm.

Sachsen ist das einzige der neuen Bundesländer, in dem zwanzig Jahre nach seiner Wiederbegründung in größerem Umfang versucht wird, Bilanz zu ziehen. Dies bedeutet insbesondere zurückzuschauen auf die historischen Wurzeln und die jüngeren Entwicklungslinien des heutigen Freistaats, aber vor allem auf die vergangenen zwanzig Jahre des sächsischen Werdegangs innerhalb der Bundesrepublik Deutschland. Die in dem vorliegenden Band vereinigten Texte sind die wesentlich erweiterten Vorträge dieser Tagung. Sie sind weder thematisch erschöpfend, noch erheben sie den Anspruch auf eine allseits gültige Bewertung. Dieser Sammelband will Rückblick, Gegenwartsbeschreibung und Perspektive miteinander verbinden. Möge er die Leserinnen und Leser zu einer eigenständigen Urteilsfindung ermutigen.

I
Landesgeschichte

André Thieme

Sächsische Mythen und sächsische Mentalitäten

Historische Anmerkungen zu Landesbewusstsein und Identität in Sachsen

Es kann nur einen geben! Markgraf Heinrich der Erlauchte ist es nicht geworden; Herzog Albrecht der Beherzte und Kurfürst Moritz von Sachsen hatten ebenfalls keine Chance. Und weder Karl May noch gar Walter Ulbricht können Anspruch auf die Rolle als *die* sächsische Symbolfigur erheben. Der als Sachse berühmteste Sachse ist, ohne Zweifel, August der Starke (reg. 1694–1733). In August dem Starken fließt alles vermeintlich Sächsische irgendwie zusammen: Mythos, Identität und Mentalität.

August der Starke tritt uns heute als die mythisch verklärte Hauptfigur der sächsischen Geschichte entgegen. Keine andere historische sächsische Gestalt erscheint in der Gegenwart so präsent wie dieser Kurfürst und König; über keinen anderen gibt es so viele Legenden und Geschichten; kein anderer soll 365 Kinder gehabt haben ... – August der Starke ist aber auch das Leitbild einer historischen Identität Sachsens; als Bild steht er stellvertretend für das ganze Land.[1] Wer an Sachsen denkt, denkt an August den Starken, wer an August den Starken denkt, denkt an Sachsen. – In August dem Starken begegnet uns endlich all das, was sächsische Mentalität ausmacht, oder was man sächsischer Mentalität in der gemeinen Vorstellung gern zuschreibt: Lebenslust, Kunstbegeisterung und eine produktive Umtriebigkeit, die man umgangssprachlich auch als Fischelanz (nach dem Französischen: vigilance) bezeichnet.

Gemeint ist in allem freilich nicht der historische, scheinbar authentische August. Gemeint ist nicht der Kurfürst Friedrich August I., der die Generalkonsumptionsakzise als neue, durchaus drückende Verbrauchssteuer einführte, nicht der polnische König August II., dessen Heer im Nordischen Krieg gegen den jungen schwedischen König Karl XII.

---

1 So etwa auf dem Schutzumschlag des Neudrucks von Rudolf Kötzschke/Hellmut Kretzschmar, Sächsische Geschichte, Neudruck der 2. Auflage von 1965, Augsburg 1995. Während ansonsten historische Ansichten von Meißen, miniaturisierende Ausschnitte aus dem Fürstenzug oder das Wappen Sachsens als Titelbilder von Gesamtdarstellungen sächsischer Geschichte erscheinen, tritt August der Starke an dieser prominenten Stelle als einzige wirkliche individuelle Personalisierung sächsischer Geschichte entgegen!

trotz zahlenmäßiger Überlegenheit gleich mehrfach versagte, nicht der August der Starke, der seine Maitresse Gräfin Cosel nicht nur abhalfterte, sondern auch für Jahrzehnte in Haft setzte. Gemeint ist ein in der populären historischen Erinnerung reduzierter und an unsere Erwartungen angepasster August. Gemeint sind damit unsere heutige Reproduktion und unsere fortwährende Neukonstruktion der historischen Gestalt, durch die August der Starke eine ganz gegenwärtige Figur ist.

Auf August den Starken wird im Folgenden zurückzukommen sein, wenn in diesem Beitrag sondierend auf Identität, Mythos und Mentalität in Sachsen eingegangen werden soll. Es geht dabei ausdrücklich um eine historische Sicht auf diese Phänomene, und es geht um die Frage, wie sich dieses Sachsen in seiner Identität, in seinem Landesbewusstsein immer wieder neu erfunden hat, darum, welche Mentalitäten man Sachsen und den Sachsen zugeschrieben hat, und letztlich darum, welche kulturelle Prägung und mithin welches kulturelle Kapital dem Land daraus bis in die Gegenwart erwachsen ist.

Identitäten

Unter kollektiven Identitäten begreift man die Vorstellungen von Gruppen zusammenzugehören, sich in etwas zu gleichen. In der individuellen Identität des Einzelnen vermischen sich solche kollektiven Identitäten, so etwa ethnische, regionale, soziale, kulturelle, sexuelle, generative, in ganz eigener Prägung zu einer einzigartigen Kombination. Die sächsische Identität ist, soviel steht fest, also immer nur eine von verschiedenen sich überlagernden Identitäten; nur für eine verschwindend kleine Gruppe der Sachsen wird die sächsische Identität zur ausschlaggebenden Facette ihrer individuellen Identität – und das ist auch gut so!

Über das spannungsreiche Wechselspiel zwischen Identität und Gruppe hinaus reproduzieren sich kollektive Identitäten überdies in konkreter Auseinandersetzung mit der Umwelt, mit ihrer jeweiligen Gegenwart und Zeit. Auch deshalb sind Identitäten einem fortwährenden Wandel unterworfen, unterliegen sie einer ständigen Neukonstruktion – damit sind sie zeitgebunden und historisierbar. Die historische Entwicklung der sächsischen Identität als einer kollektiven Identität und die Wandlungen ihrer mentalen Grundkomponenten stehen deshalb am Anfang der Betrachtung.

Die Suche beginnt allerdings mit einer Fehlanzeige! Eine gemeinsame Identität hat es im Raum des heutigen Sachsens vor dem späten Mittelalter nicht gegeben. Die Landschaften östlich der Saale gehörten nicht zu den klassischen germanisch-deutschen Stammesherzogtümern: Bayern, Sachsen, Schwaben und Franken. Hierzulande lebten verschiedene elbslawische Stämme, die im 10. Jahrhundert unter sächsisch-deutsche Herrschaft geraten waren. Die um 965 gegründeten Marken, die später als Mark Meißen zusammenfließen sollten, haben zunächst keine Landesidentität hervorgebracht. Die frühen Herren des Landes verstanden sich als (auswärtige) sächsische Große, und über die Identität der slawischen Einwohner wissen wir nicht wirklich etwas. Bis tief in das 11. Jahrhundert hinein blieb das Land östlich der Saale herrschaftlich fremdbestimmt. Erst Wiprecht von Groitzsch († 1124) schuf um 1100 eine erste hier wurzelnde, zwischen Saale und Oberlausitz regional vielfältig verankerte Herrschaft, die es ihm erlaubte, unter den Mächtigen des Reiches zu agieren. Ihm folgten weitere Adlige, vor allem die Wettiner, nach, die hier zu Macht und Herrschaft kamen, die hier eingesessen und einheimisch wurden. Das »Sorbenland« gewann herrschaftliches Eigengewicht und damit die Voraussetzung für zeitgemäße Identität.

Generell befanden sich die regionalen Identitäten im 12. Jahrhundert überall im Reich im Umbruch. Mit der inneren Auflösung der Stammesherzogtümer verloren auch die älteren Stammesidentitäten an Prägekraft und gaben Raum für an den neuen herrschaftlichen Einheiten orientierte Identitäten frei. Im Gebiet östlich der Saale gewannen diese identifikatorischen Neuprägungen durch hochmittelalterliche Herrschaften besonderes Gewicht, weil ältere Traditionen fehlten oder abgebrochen waren, vor allem jedoch weil sie hierzulande eine ethnisch und kulturell heterogene Bevölkerung zusammenbanden: In der großen Landeserschließung des späten 12. Jahrhunderts war hier nicht nur die Siedlungsfläche um ein Vielfaches erweitert worden, sondern es wurden auch massenhaft bäuerliche Kolonisten aus verschiedenen Teilen des Reiches ansässig gemacht: Flamen, Bayern, Sachsen, Thüringer – insbesondere aber Franken. Eine gewaltige Migration veränderte die Bevölkerungsstrukturen nachhaltig. Für die ethnische, kulturelle und soziale Melange aus slawischen Ureinwohnern, sächsischen Adligen und vor allem fränkischen Bauern boten die überall entstehenden Herrschaften deshalb praktikable regionale Identifikationsmuster. Nur ein Beispiel mag das illustrieren: Aus dem Land der Vögte von Weida, Gera und Plauen wurde das Vogtland! Und wer möchte bestreiten, dass es bis heute noch eine fast kämpferische vogtländische Identität gibt?[2] Es gab damals aber auch ein Pleißenland, ein Osterland, bischöfliche Herrschaften usw. – verlorene Identitäten, die heute nur noch in Familiennamen wie »Pleißner« aufscheinen. Der damaligen herrschaftlichen Vielfalt entsprach jedenfalls eine Pluralität der regionalen Identitäten im Saale-Elbe-Raum. Und in der Dynamik des herrschaftlichen Geschehens dürfte sich auch eine Dynamik in der hochmittelalterlichen Identitätsbildung verbergen.

Im 13. und 14. Jahrhundert dehnten die Wettiner ihre Macht in ganz Mitteldeutschland aus: Meißen besaßen sie seit Langem, nun gerieten auch Thüringen, das Pleißenland, die burggräflichen und Teile der vogtländischen Herrschaften sowie anderes mehr unter wettinische Hoheit. Allerdings stand dieser Herrschaftskomplex nur wenige Jahre unter gemeinsamer Regierung, fast durchweg war er stattdessen unter verschiedenen Angehörigen der wettinischen Familie aufgeteilt, wobei man freilich älteren herrschaftlichen Zuschnitten Rechnung trug: Vor allem Meißen und Thüringen blieben so als festere Landesteile mit jeweils eigenen Ständen virulent, und ausgehend von diesen beiden zentralen wettinischen Herrschaften, der Landgrafschaft Thüringen und der Markgrafschaft Meißen, kam es zu großräumigen identifikatorischen Ausgleichstendenzen, durch die kleinere regionale herrschaftliche Identitäten sukzessive integriert wurden. Die Labels »Meißen« und »Thüringen« avancierten damit im späten Mittelalter zu Kernen eigener regionaler Identitäten. Indiz dafür können wieder die Familiennamen sein, die sich im 14. und 15. Jahrhundert verfestigten. Jeweils ca. 10 000 Nachweise im Telefonbuch von 1998 finden sich für »Meißner« und für »Döring« (= Thüringer) – eine durchaus signifikante Zahl, wenn man in Rechnung stellt, dass Pleißner gerade einmal 130 Nachweise erbringt.[3]

---

2   Die übrigens auch erstaunliche, hier nicht weiter zu verfolgende Wandlungen erfahren hat.

3   Vgl. dazu folgende Datenbanken: http://nachname.gofeminin.de/w/nachnamen/; http://www.gen-evolu.de/index.php?id=69.

Zu einem grundlegenden Träger regionaler Identitäten entwickelten sich seit dem 15. Jahrhundert die Stände – Klerus, Adel und Städte –, die sich etwa als meißnische, thüringische und fränkische Stände der Wettinischen Herrschaften »landsmannschaftlich« formierten, so Identitätszonen konstruierten und stabilisierten und sich als Gruppe auch gegenüber den Landesherren emanzipierten. Die wettinische Gesamtherrschaft bildete also lediglich eine territoriale Klammer, die noch mit gemeinsamer Identität gefüllt werden musste. Ein erstes Aufflackern reicht an den Anfang des 15. Jahrhunderts, in die Zeit der Leipziger Universitätsgründung zurück: Alle Studenten aus dem mitteldeutschen Hegemonialraum der Wettiner, die sich in Leipzig einschrieben, wurden der Meißnischen Nation zugewiesen![4]

Über das 15. und 16. Jahrhundert hinweg sollten die Landesidentitäten zwischen Werra und Elbe durch drei Katalysatoren entscheidende Impulse erhalten. Der erste Schub ging 1423 vom Aufstieg Markgraf Friedrichs des Streitbaren zum Kurfürsten von Sachsen aus. Über die neue ständische Würde übertrug sich der Name Sachsen vom kleinen Herzogtum Sachsen-Wittenberg auf die gesamten wettinischen Herrschaften; das ältere Meißen, und auch Thüringen, wurden also durch Sachsen ersetzt.[5] Das neue Label Sachsen erwies sich als tragfähig, stabil und integrationsfähig und trug auch zum Ausgleich zwischen den bislang konkurrierenden meißnischen und thüringischen Identitäten bei. Wie erfolgreich Namensübertragung und sächsische Identitätsbildung in Mitteldeutschland voranschritten, beweist der vergebliche Versuch des Braunschweiger Chronisten Konrad Botho, den alten Stammesnamen in seiner »Chronecken der sassen« für die heute niedersächsischen Gebiete zu bewahren.[6] Die Sprachwirklichkeit ist darüber hinweggegangen. Der Name Sachsen blieb an der damals mächtigsten fürstlichen Herrschaft des Reiches haften, derjenigen der Wettiner.

Einen zweiten Schub erhielt die wettinisch-sächsische Identität durch die Reformation, einen dritten Schub durch die seit dem zweiten Berggeschrei des späten 15. Jahrhunderts und dann im 16. Jahrhundert gewonnene wirtschaftliche Stärke und politische Bedeutung. Als Sachse galt man etwas im Reich. Vom Label Sachsen gingen Integrationskraft und identifikatorische Attraktivität für ganz Mitteldeutschland aus.

Doch blieb diese identifikatorische Homogenisierung des mitteldeutschen Gesamtraumes schon nach wenigen Jahrzehnten stecken. Mit der sich als dauerhaft erweisenden Leipziger Teilung von 1485 entstanden zwei konkurrierende wettinische Staaten, ein albertinisches Herzogtum und ein ernestinisches Kurfürstentum Sachsen, die zwar beide auf die sächsische Tradition und Identität Bezug nahmen, zugleich aber auf Abgrenzung bedacht waren. Weil die Leipziger Teilung auf althergebrachte Herrschafts- und Identitätsbereiche ganz bewusst keine Rücksicht nahm und damit auch die bisher »landsmannschaftliche« Organisation der Stände faktisch aufhob, konnte an althergebrachte thüringische und meiß-

---

4   Vgl. Codex diplomaticus Saxoniae regiae, Bd. II-16: Die Matrikel der Universität Leipzig, Bd. 1: Immatrikulationen, hrsg. von Georg ERLER, Leipzig 1895.

5   Vgl. Manfred KOBUCH, Der Weg des Namens Sachsen, in: Sachsen und die Wettiner. Chancen und Realitäten (Dresdner Hefte, Sonderband 1989), S. 29–35.

6   Vgl. dazu Brigitte FUNKE, Cronecken der sassen. Entwurf und Erfolg einer sächsischen Geschichtskonzeption am Übergang vom Mittelalter zur Neuzeit (Braunschweiger Werkstücke, Bd. 104; Reihe A: Veröffentlichungen aus dem Stadtarchiv und der Stadtbibliothek, Bd. 48), Braunschweig 2001.

nische Identitätsmuster nicht nahtlos angeknüpft werden. In welchem Maße sich konkurrierende Identitäten zwischen 1485 und 1547 im Spannungsfeld von meißnisch, sächsisch, thüringisch, (fränkisch), albertinisch und ernestinisch überlagerten, kann bislang nur gemutmaßt werden.

Noch bevor mentale Neuorientierungen hier zu dauerhaften Prägungen führten, setzten die Niederlage der Ernestiner im Schmalkaldischen Krieg, der Übergang der Kurwürde auf die siegreichen Albertiner und die Verkleinerung des ernestinischen Territoriums auf die thüringischen und fränkischen Herrschaftskerne 1547 neue Prämissen. Jetzt konnte sich eine sächsische Identität im westlichen, später mehrfach geteilten ernestinischen Sachsen nicht mehr ungebrochen behaupten. Dort knüpfte man über Herzogtitel und Landesnamen zwar an die sächsische Tradition an, griff nebenher jedoch, auch in Abgrenzung zu den übermächtig gewordenen albertinischen Vettern und begünstigt durch den Verlust der meißnischen und sachsen-wittenbergischen Ämter, auf thüringische Traditionen und Identitäten zurück – man blieb über die folgenden Jahrhunderte hinweg sozusagen Bindestrich-Sachse.

Kompromisslos stellten sich dagegen die albertinischen Kurfürsten nach 1547 in die sächsische Tradition, auch deshalb, weil die sächsische Identität meißnische, osterländische, thüringische Identitäten im Lande verbinden und überprägen konnte; das albertinische Kurfürstentum sollte zum eigentlichen Sachsen werden, das man in Abgrenzung zu den ernestinischen Herrschaften immer häufiger auch als Kursachsen bezeichnete und das bald schon einen eigenen Identitätsraum schuf, in dem auch die erst am Ende des 16. und im 17. Jahrhundert an die Albertiner gefallenen vogtländischen und oberlausitzischen Herrschaften integriert werden konnten – auch wenn sich dort regionale Subidentitäten in starkem Maße bewahrt haben. Über alle Erfolge und Krisen des 17. und 18. Jahrhunderts hinweg blieb die sächsisch-albertinische Identität als Identität der Einwohner des Kurfürstentums Sachsen weithin ungebrochen und verband die albertinischen Untertanen mit Land und Dynastie. Am Ende des 18. Jahrhunderts brachte das kein Geringerer als der Erfinder der Homöopathie, der gebürtige Meißner Samuel Hahnemann, auf den Punkt. »Der Hang eines Schweizers nach seinen schroffen Alpen kann nicht unwiderstehlicher seyn, als der eines Chursachsen nach seinem Vaterlande ...«[7] Sächsische Identität stand nicht infrage, sondern schien selbstverständlich. Albertinische Dynastie, frühstaatliche Verfasstheit, Luthertum und Ständeverfassung waren die Säulen, auf denen diese Identität ruhte. Und überdies bekannte man sich in Sachsen schon früh zu einer besonderen kulturellen Prägung als Land von Bildung, Wissenschaft und Wirtschaft und lud die sächsische Identität damit durch später als bürgerlich und liberal verstandene Elemente auf.

Diese gewachsene, gefestigte, erfolgreiche und selbstsichere sächsische Identität sollte im 19. Jahrhundert – einem Jahrhundert, das generell durch mentale Akkumulation und Identitäts-Neuprägung bis in unsere Gegenwart hinein wirksam geblieben ist – erheblichen Verwerfungen unterliegen und großen Herausforderungen begegnen müssen. Vor allem brach jetzt ein nationales Zeitalter an, in dem die Begriffe »Staat und Nation« zu Kristallisationskernen identifikatorischer Konstruktionen aufstiegen und überall in Europa immer stärkeren Einfluss auf die Ausbildung der Landesidentitäten gewannen, während dynasti-

---

7   Zitiert nach Robert JÜTTE, Samuel Hahnemann. Begründer der Homöopathie, München 2005, S. 36.

sche, kulturelle, geografische oder religiöse Identitäten an Gewicht verloren oder zu Subidentitäten absanken.[8]

Neben dieser generellen mentalen Schwerpunktverschiebung geriet die sächsische
Identität durch gravierende politische Ereignisse und Veränderungen unter Druck: 1813
konnte sich Sachsen nicht mehr rechtzeitig von Napoleon absetzen, wurde dadurch den
Verliererstaaten zugerechnet und verlor letzthin zwei Drittel seines Staatsgebietes an Preußen. Mit dieser auf dem Wiener Kongress beschlossenen, in der Sache willkürlichen Anne-
xion war das Königreich Sachsen 1815 – sieht man von der auch geteilten Oberlausitz ab –
auf die Ausgangsregionen der spätmittelalterlichen und frühneuzeitlichen wettinischen
Herrschaft zusammengeschmolzen: den markmeißnischen Raum, das Leipziger Land und
das Erzgebirge. Die allgemeine nationale Euphorie der antinapoleonischen Bewegung kol-
lidierte deshalb in Sachsen zwangsläufig mit dem traditionellen vaterländischen Patriotismus zu einer unübersichtlichen mentalen Gemengelage.[9] Trotz vereinzelter propreußischer
Tendenzen bewirkten die als Unrecht verstandene Verkleinerung des Landesterritoriums
und die Gefangennahme des sächsischen Königs Friedrich August einen forcierten sächsischen Selbsterhaltungswillen und stärkten damit die sächsische Identität, auch gegen den
nationalen Trend, ganz erheblich. Sinnfällig wurde dies in der Solidarisierung breiter Kreise der sächsischen Rest-Bevölkerung mit dem wettinischen Königshaus. Die Landesfarben
Weiß-Grün haben von hier ihren Ausgang genommen. Man trug sie als Kokarde zur Begrü-
ßung des aus preußischer Gefangenschaft entlassenen Königs. Gravierende Konfliktlinien
zwischen sächsischer und national-deutscher Identität lassen sich deshalb in den folgenden
Jahrzehnten der verstärkt aufbrechenden Nationalbewegung mit dem Höhepunkt der Re-
volutionsjahre 1848/49 nicht ausmachen. Zu einem sich ausschließenden Gegeneinander
beider Identitäten und damit zu einer grundlegenden Infragestellung sächsischer Identität
kam es nicht.

Allerdings wandelte sich unter dem Druck der politischen Ereignisse, die im 18. Jahrhundert schleichend und 1815 schlagartig zu einem politisch-herrschaftlichen Bedeutungs-
verlust Sachsens geführt hatten, die Grundsubstanz der sächsischen Identität folgenreich.
Luthertum, Stände und wirtschaftlich-kulturelle Prosperität taugten kaum oder nur noch
bedingt als Ankerpunkte sächsischen Landesbewusstseins. Stattdessen rückte die wettinische Dynastie mit dem sächsischen König mehr und mehr in den Vordergrund sächsischer
Identität – auch deshalb, weil der im 18. Jahrhundert noch beherrschende Gegensatz zwischen katholischem Königshaus und lutherischer Bevölkerung an gesellschaftlichem Gewicht verloren hatte. Die albertinischen Wettiner stiegen deshalb jetzt, im 19. Jahrhundert,
zur entscheidenden identifikatorischen Klammer und zum mentalen Bezugspunkt des ver-
kleinerten Rest-Sachsen auf. Und noch etwas: Die im 16., 17. und noch im 18. Jahrhundert
aus sich selbst heraus strahlende sächsische Identität fand seit dem Siebenjährigen Krieg
und erst recht nach 1815 einen auswärtigen Bezugspunkt: Preußen, den übermächtig ge-

---

8   Zur sächsischen Identität im 19. Jahrhundert habe ich ähnlich bereits gehandelt: André THIEME,
     Der Bilderzyklus Anton Dietrichs zur Frühgeschichte von Burg und Mark Meißen. Bemerkungen zur
     nationalen und dynastischen Geschichtskonstruktion im Zeitalter des Historismus, in: Monumenta
     Misnensia 2009/2010, S. 133–160, hierzu bes. S. 138f.
9   Zum wechselhaften Verhältnis der Sachsen zur napoleonischen Herrschaft vgl. jetzt Roman TÖPPEL,
     Die Sachsen und Napoleon. Ein Stimmungsbild 1806–1813, Köln 2008.

wordenen Nachbarn, an dem man sich rieb und maß. Die sächsische wandelte sich zu einer referenziellen Identität!

Deshalb konnten der deutsch-französische Krieg des Jahres 1870 und die Proklamation eines von Preußen geführten Deutschen Kaiserreichs am 18. Januar 1871 nicht ohne Folgen für die sächsische Landesidentität bleiben. Anstelle der traditionell gepflegten mentalen Annäherung Sachsens an die österreichischen Habsburger, mit denen man noch 1866 im Feld gegen Preußen gestanden hatte, trat jetzt die staatliche Integration Sachsens in ein preußisch dominiertes Kaiserreich, das für sich beanspruchte, ein deutscher Nationalstaat zu sein. Im Verhältnis zu Preußen und zur deutschen Nation also musste sich die sächsische Identität neu verorten und behaupten.[10] Dass es hierbei zu keinen tieferen Verwerfungen kam, erstaunt nur auf den ersten Blick. Denn einerseits hatte das erfolgreiche Agieren der sächsischen Truppen unter dem sächsischen Prinzen und späteren König Albert an der Seite Preußens ganz wesentlich zum Sieg über die Franzosen beigetragen, der damit zu einem Kristallisationskern einer auch Sachsen integrierenden Reichsidentität wurde. Und zum anderen bestand das Königreich Sachsen innerhalb des neuen deutschen Föderalstaates als eigenständiges Land mit weitgehenden staatlichen Befugnissen und dem wettinischen König als Landesoberhaupt fort. Die Kontinuität des institutionalisierten staatlich-sächsischen Bezugsrahmens und der wettinischen Dynastie gewährleisteten denn auch eine problemlose Transformation althergebrachter sächsisch-vaterländischer Identität zu einer neuen sächsisch-regionalen Landesidentität als Subidentität des Deutschen Reiches, bei der sich in viel stärkerem Maße als bisher »deutsche« und »sächsische« Elemente durchdrangen. Einmal mehr blieb dabei die albertinisch-wettinische Dynastie im Zentrum sächsischer Identitätsbildung – ein Prozess, der durch Staat und Königshaus bewusst gefördert wurde und der mit dem inszenierten Wettin-Jubiläum von 1889 einen wichtigen Schub erhielt.

Trotzdem ließen sich Reibungsflächen und Konfliktzonen dieser identifikatorischen Neubestimmung und Neuerfindung nicht ganz übertünchen. Die stark militärisch bestimmte preußisch-deutsche Erinnerungskultur und die schleichende Militarisierung der Gesellschaft gingen mit der anders gearteten kulturellen Codierung Sachsens kaum konform. Zudem kollidierten die immer noch weit verbreiteten antipreußischen Ressentiments in Sachsen mit dem gleichzeitigen Wunsch, Teil der erfolgreichen und mächtigen, preußisch dominierten deutschen Identitätsgemeinschaft zu sein. Gerade die sächsischen Eliten sahen sich angesichts einer häufiger preußenzentrierten und preußenverherrlichenden Reichskultur gelegentlich unter Wert angeschlagen und rangen um historische Akzeptanz. All dies trug zur fortgesetzten Tradierung der auf Preußen referenzierten sächsischen Identität bei, die nach der Reichseinigung letztlich kaum an prägendem Gewicht verlor.

Mit der Revolution von 1918 und der Abdankung des letzten sächsischen Königs Friedrich August III. kam in den Wettinern auch ein Grundelement althergebrachter sächsischer Identität abhanden. Eine Neuausrichtung machte sich einmal mehr erforderlich, die sich immerhin am bis 1933 fortbestehenden Freistaat Sachsen orientieren konnte, für die jetzt aber sprachliche und kulturelle Elemente sowie der Bezug auf die gemeinsame sächsische

---

10 Dazu auch Simone MERGEN, Monarchiejubiläen im 19. Jahrhundert. Die Entdeckung des historischen Jubiläums für den monarchischen Kult in Sachsen und Bayern (Schriften zur sächsischen Geschichte und Volkskunde, Bd. 13), Leipzig 2005, hierzu S. 201 f.

Geschichte prägender wurden. Mit einem Verlust in der Relevanz sächsischer Identität darf freilich gerechnet werden, auch wenn sich im Blick auf die Forschungslage und die vergleichsweise kurze Ära der Weimarer Republik genauere Feststellungen verbieten. Dass die großen Ideologien des 20. Jahrhunderts, Kommunismus und Nationalsozialismus, seit den 20er-Jahren regionale Identitäten absorbiert haben, steht jedenfalls außer Frage. Immerhin behielt Sachsen selbst nach der nationalsozialistischen Machtergreifung als »Gau« eine gewisse administrative Eigenständigkeit, die durch die starke Position des ebenso brutalen wie eigenwilligen sächsischen Gauleiters, Reichsstatthalters und Ministerpräsidenten Martin Mutschmann (1879–1947) noch verstärkt wurde.

Auch die sich nach 1945 etablierende kommunistische Herrschaft ließ das Land Sachsen institutionell zunächst unberührt, bevor man im Zuge einer neuen »sozialistischen« Landesplanung mit der Einführung der Bezirke das Land Sachsen 1952 auflöste. Die jahrhundertelang gewachsene und mental tief verankerte sächsische Identität bestand freilich fort und erhielt seit den 80er-Jahren in der sogenannten »Sachsenrenaissance« neuen Aufschwung,[11] die fast nahtlos in die Friedliche Revolution von 1989/90 und die Wiederbegründung des Freistaates Sachsen mündete. Die neue, gegenwärtige sächsische Identität ruht deshalb zwar auf den Wurzeln einer immer wieder neu konstruierten sächsischen Identität, die aber vor allem durch die Projektionen der Sachsenrenaissance neu ausbalanciert wurde und die in den letzten Jahren immer stärker auf die Rolle des Freistaates Sachsen als ostdeutsches »Musterland« abhebt, im Konkreten jedoch hinsichtlich ihrer Elemente segmentiert und gesellschaftlich differenzierter denn je erscheint.

Fasst man diese knappen Bemerkungen zusammen, bleibt festzuhalten: Im sächsischen Kernraum bestand bis in die Mitte des 20. Jahrhunderts eine seit 500 Jahren ungebrochene sächsische Identität. Mit dem Kurfürstentum, Königreich und Freistaat Sachsen fand diese Identität über ein halbes Jahrtausend hinweg einen institutionellen herrschaftlichen und territorialen Bezugsrahmen. In dieser jahrhundertelangen Einheit von Staat und Identität stellt Sachsen einen Sonderfall unter den deutschen Ländern und Regionen dar. Die noch heute fassbare Verankerung von sächsischer Identität und von sächsischem Landesbewusstsein hat also tiefe historische Wurzeln, und sie hat tiefe mentale Prägungen hinterlassen.[12]

Sächsische Mythen

Mythen sind wie ein Lackmustest der Mentalität. Und als Indikator mentaler Prägungen sollen sie hier verstanden werden. Über den Mythos August der Starke müssen keine großen Worte mehr verloren werden. Der heute herrschende Mythos August ist eine liebenswürdige Gestalt, voller Lebenskraft und Lebenslust, ein kunstsinniger und kunstbegeisterter Mäzen, zugleich ein zupackender Herrscher und multipotenter Frauenheld – ein Bacchus des Barock. Dass dieser August, über dessen historische Konturen Historiker bis heute erbittert streiten, vom Herrscher des 18. Jahrhunderts meilenweit entfernt ist, bedarf keiner

---

11 Vgl. dazu den Beitrag von Ulf MORGENSTERN in diesem Band.
12 Beispielhaft für die auch gegenwärtig (und durchaus im Kontrast zu Europa oder Deutschland) immer noch erstaunlich hohe Identifizierung mit der Region Sachsen und in der Sache problematisierend: Jan SKROBANEK, Regionale Identifikation, negative Stereotypisierung und Eigengruppenbevorzugung – Das Beispiel Sachsen. Diss. Universität Leipzig 2002.

besonderen Erwähnung. Interessant erscheint, dass der Mythos August der Starke erst im fortgeschrittenen 19. und im frühen 20. Jahrhundert an durchschlagender Kraft gewann. Zwar hatte schon Karl Ludwig von Pöllnitz 1736 in seinem Machwerk »Das galante Sachsen« dem sächsischen Polenkönig ein boulevardliterarisches Denkmal gesetzt, das alle Aspekte des späteren mythischen Augusts vorwegnahm.[13] Allein drang dieser August damals noch nicht als zentraler sächsischer Mythos in das populäre Bewusstsein ein. Wie hätte auch ein barocker Fürst im Zeitalter der Aufklärung hierzu taugen sollen; in den Jahrzehnten des sächsischen Rétablissements, das ja nach 1763 alle Bastionen des barocken Absolutismus zu schleifen suchte. Wegen seines Konfessionswechsels blieb August der Starke zudem auch bei der lutherischen Geistlichkeit des 18. und noch des frühen 19. Jahrhunderts ungelitten. Diese Pastoren aber sind es gewesen, die das volkstümliche Geschichtsbild durch Heimatchronistik und Heimatgeschichte noch grundlegend mitbestimmten.[14]

Allerdings lebte der über dreißig Jahre regierende August der Starke als wichtigster sächsischer Herrscher der jüngeren Vergangenheit etwa in der aufblühenden sächsischen Schulbuchliteratur des 19. Jahrhunderts nicht nur weiter, sondern nahm auch breiten Raum in der Darstellung ein, die überdies zu August durchweg farbig und anekdotenhaft erfolgte und mit dem Unterhaltungs- einen Merkeffekt nach sich zog.[15] Der Schulbuch-August erfuhr für historische Niederlagen und Fehlleistungen Rechtfertigung, für seine kulturellen Leistungen Anerkennung. Mit der dynastischen Konjunktur in der sächsischen Identität nach 1815 wuchsen die Rolle und die Bedeutungszuschreibung für August den Starken weiter, der in den historischen Lehrbüchern Sachsens für einige Jahrzehnte zur zentralen Gestalt sächsischer Dynastiegeschichte avancierte – inwieweit August damals bereits Mythos gewesen ist, bleibt dahingestellt.

Nach der Reichsgründung von 1871, vor allem aber nach 1918, und also mit dem Aufgehen der sächsischen in der deutschen Geschichte verlor August der Starke als historische Figur in der schulischen Bildung in dem Maße an Rang und Wert, in dem sächsische Geschichte insgesamt in Abbruch geriet und nationalen Themen und Sichtweisen weichen musste. Freilich werden die Grenzen einer offiziösen Geschichtsvermittlung hier augenscheinlich, denn als Fluchtpunkt einer öffentlich in den Hintergrund tretenden sächsischen Identität empfahl sich August der Starke jetzt erst recht als sächsischer Mythos.

Wenn man die Sache verkürzt, so brach der berühmte Dresdner Kunsthistoriker Cornelius Gurlitt einer August-Renaissance endgültig Bahn. Im späten 19. und frühen 20. Jahr-

---

13 Das Werk erschien ein Jahr nach dem Tod Augusts des Starken zunächst in französischer Sprache: Karl Ludwig von Pöllnitz, La Saxe galante, Amsterdam 1734. Dem folgte ein weiteres Jahr später die anonym erscheinende erste deutsche Ausgabe: Das galante Sachsen, Frankfurt 1735. Ein Neudruck erfolgte zuletzt: München 1995.

14 Dazu Stefan Dornheim, Das lutherische Pfarrhaus und die Anfänge heimat- und landeskundlicher Forschung in Sachsen (1550–1750), in: Neues Archiv für sächsische Geschichte 79 (2008), S. 137–160.

15 Vgl. dazu Cathrin Friedrich/Matthias Midell/Ulrike Sommer, Der prachtliebende Kurfürst und sein ränkevoller Rat auf dem falschen Weg für das vielgeliebte Sachsen – Geschichtsbilder in sächsischen Lehrbüchern im 19. und 20. Jahrhundert, in: Die Rolle von Schulbüchern für Identifikationsprozesse in historischer Perspektive, hrsg. von Heinz-Werner Wollersheim/Hans-Martin Moderow/Cathrin Friedrich (Leipziger Studien zur Erforschung von regionenbezogenen Identifikationsprozessen, Bd. 5), Leipzig 2002, S. 161–213, hierzu bes. S. 181 und 199ff.

hundert machte der als Fachautorität weit geschätzte Professor für Kunstgeschichte sowohl den Barock als Kunstepoche als auch dessen fürstlichen Protagonisten August wieder salonfähig.[16] August der Starke passte plötzlich in die Zeit und wurde populär. Schon 1920/21 führte man in Dresden einen an Pöllnitz angelehnten Film über den »galanten König« auf.[17] Und 1924 erschien Gurlitts »August der Starke. Ein Fürstenleben aus der Zeit des deutschen Barock«, mit dem Gurlitt ausdrücklich »der sächsischen Heimatliebe ein Idol schaffen wollte«.[18] Mit diesem breit aufgenommenen Werk etablierte sich August endgültig als mythische sächsische Legende – ein Bild, gegen das, angefangen mit Paul Haake,[19] die Historiker seitdem vergebens angeschrieben haben und gegen das sie wohl noch weiterhin vergebens anschreiben werden.[20]

Für die heutige Personifizierung Sachsens mit August dem Starken zeichnen aber vor allem die Sachsenrenaissance der späten DDR-Zeit und die Jahrzehnte seit 1990 verantwortlich, in denen der Kurfürst/König zum entscheidenden sächsischen Symbol und sächsischen Traditionsträger avancierte. Selbst in den ideologisch aufgeladenen Jahren der frühen DDR, in denen etwa in Dresden und Leipzig die Sophienkirche und die Universitätskirche dem sozialistischen Bruch mit alten Traditionen zum Opfer fielen, konnte zwischen 1953 und 1956 das Reiterstandbild des Sachsenherrschers (Goldener Reiter) restauriert und wiederaufgestellt werden, 1965 wurde es mit Blattgold überzogen! In der Sachsenrenaissance bot sich deshalb August der Starke in der zwangsläufig reduzierten und selektiven sächsischen Wiederbelebung und Traditionsbildung an, denn in der populären Erinnerung war August präsent wie keine andere sächsische Figur. Über Fernsehserien[21], über die wiederaufgelegten Bücher Józef Ignacy Kraszewskis und über eine Biografie von Georg Piltz[22] erlebte August der Starke in den 80er-Jahren des 20. Jahrhunderts eine erstaunliche Wiederbelebung und Vergegenwärtigung. Daran knüpfte man 1990 nahtlos an. In Werbung und Tourismus wurde August jetzt erst recht omnipräsent und letzthin zum personellen Aushängeschild Sachsens.

Vor August dem Starken beherrschte allerdings fast 300 Jahre lang eine ganz andere Geschichte das sächsische Gemüt und nahm fast schon den Rang eines sächsisch-albertinischen Staatsmythos ein: der Altenburger Prinzenraub.[23] Im Jahre 1455 entführte der sich vom wettinischen Kurfürsten Friedrich II. um sein Recht betrogen fühlende Adlige Kunz von Kaufungen die Söhne des Kurfürsten, die Prinzen Ernst und Albrecht. Allerdings wurde Kunz kurz vor der böhmischen Grenze gestellt, der bei ihm befindliche Prinz Albrecht be-

---

16 Vgl. Hans Beschorner, August der Starke und seine neuesten Biographien, in: Neues Archiv für sächsische Geschichte 48 (1927), S. 236–248, hierzu S. 240 f.

17 Ebenda, S. 239. Beschorner bezeichnet den an Pöllnitz angelehnten Film als »übelen Film«. Er habe »in den historisch gebildeten Kreisen berechtigten Unwillen erregt«.

18 Cornelius Gurlitt, August der Starke. Ein Fürstenleben aus der Zeit des deutschen Barock, 2 Bde., Dresden 1924, Zitat S. VII.

19 Paul Haake, August der Starke, Berlin 1927.

20 Zuletzt zeichnete ein moralisches und politisches Negativbild: Karlheinz Blaschke, Interessen und Ziele der sächsisch-polnischen Personalunion, in: Neues Archiv für sächsische Geschichte 73 (2002), S. 43–61, – das freilich von fachlicher Seite nicht unbestritten geblieben ist.

21 »Sachsens Glanz und Preußens Gloria«, Teil 1 und 2: »Gräfin Cosel«, produziert 1987.

22 Georg Piltz, August der Starke. Träume und Taten eines deutschen Fürsten, Berlin 1986.

23 Zur Sache zuletzt: Der Altenburger Prinzenraub 1455. Strukturen und Mentalitäten eines spätmittelalterlichen Konflikts, hrsg. von Joachim Emig in Verbindung mit Wolfgang Enke/Guntram Martin/Uwe Schirmer/André Thieme (Saxonia, Bd. 9), Beucha 2007.

freit. Wenige Tage später ergab sich der hart bedrängte zweite Entführertrupp, der sich in einer Höhle über der Mulde verborgen hatte, gegen freien Abzug. Auch Prinz Ernst kehrte wohlbehalten heim, während der Entführer Kunz schon wenige Tage nach der Tat auf dem Freiberger Markt hingerichtet wurde.

Bereits der Vater der sächsischen Landesgeschichtsschreibung, Petrus Albinus, machte diesen »Prinzenraub« in seiner Meißnischen Landchronik von 1589 zu einer zentralen Erzählung und behandelte ihn weitaus ausführlicher als etwa die Übertragung der Kurwürde.[24] Über die gelehrte Tradition fand der Prinzenraub nun zügig den Weg zurück in die volkstümliche Überlieferung. Sagen und Dissertationen, Schulprogramme, Predigten, volkstümliche Darstellungen, Bilderbögen, Lieder, Gedichte und Versepen, Kinderbücher, Puppenspiele, Theaterstücke, Operetten und Romane widmeten sich der Tat von 1455. Kein anderes Ereignis mitteldeutscher Geschichte hat mehr Aufmerksamkeit gefunden.[25]

Geschickt konstruierte man den Prinzenraub hierbei als Gründungsmythos der albertinischen Wettiner, indem man Albrecht, nicht dem älteren Ernst, eine Hauptrolle zuwies. In dieser Prägung taugte die Geschichte erst recht als zentraler Mythos des albertinischen Sachsen und damit als mentaler Bezugspunkt einer sächsisch-albertinischen Identität. In facettenreicher Sichtweise und sich wandelnder Schwerpunktsetzung gehörte der Prinzenraub über 300 Jahre zum grundlegenden Standardrepertoire sächsischer Geschichtsschreibung und populärer Geschichtsrezeption.

Gerade als mentalitätsprägender und identitätsstiftender Erinnerungsort darf der Prinzenraub als ein positiv-anregender Mythos gelten: für den eigentlichen Gang der Geschichte ist er kaum relevant und nur mit Mühe in eine historische Entwicklungskonzeption zu pressen oder politisch zu vereinnahmen. Stattdessen besticht er durch breite regionale bzw. lokale Verankerung, durch vielschichtige Charakterisierungsmöglichkeiten, durch das Unerhörte und Außergewöhnliche des Ereignisses, und er erscheint letzthin als juristische und moralische Parabel mit literarischen Qualitäten.

Welch positive Sinnstiftung aus dem Prinzenraub erwächst, wird klar, wenn man Alternativen ins Auge fasst. Deshalb darf kontrastierend auf einen gescheiterten Mythos verwiesen werden, der vielleicht gerade durch sein Scheitern, durch sein Nicht-populär-Werden, viel über sächsische Mentalität verrät: die Schlacht bei Lucka im Jahre 1307.[26]

In diesem Jahr schlugen die Wettiner Friedrich der Freidige und Diezmann ein Heer König Albrechts von Habsburg, machten damit den königlichen Herrschaftsambitionen in

---

24　Petrus ALBINUS [= Peter Weiß], Meißnische Land- und Berg-Chronika [...] , 2 Bde., Dresden 1589/90, hierzu Bd. 1: Meißnische Land-Chronika, S. 265 – 275, Kapitel XXI.: Historia wie die zween junge Fürsten zu Sachssen / Hertzog Ernst und Hertzog Albrecht / von dem Schloß zu Aldenburg / sind gestolen worden.

25　Dazu vorbildlich Detlef DÖRING, Die Rezeption des Prinzenraubs im frühneuzeitlichen Schrifttum (16. bis frühes 19. Jahrhundert), in: Der Altenburger Prinzenraub 1455, S. 309 – 328; Petra WEIGEL, Sage und Volkslied als gelehrte Erfindung. Zur Dynamik der Traditions- und Mythenbildung um den Sächsischen Prinzenraub seit dem 15. Jahrhundert, in: Der Altenburger Prinzenraub 1455, S. 309 – 358.

26　Dazu jetzt ausführlich: André THIEME, Die Schlacht bei Lucka im Jahre 1307. Mythen und ›Realitäten‹, in: Burg – Straße – Siedlung – Herrschaft. Studien zum Mittelalter in Sachsen und Mitteldeutschland. Festschrift für Gerhard Billig zum 80. Geburtstag, hrsg. von Rainer Aurig/Reinhardt Butz/Ingolf Grässler/André Thieme, Beucha 2007, S. 361 – 390.

Mitteldeutschland ein Ende und legten den Grundstein für den Wiederaufstieg der wettinischen Macht. Wer kennt schon noch diese Episode sächsischer Geschichte – wenn er nicht gerade den neuesten Roman von Sabine Ebert gelesen hat?[27] Und doch bot die Geschichte alle Zutaten für einen prägenden Geschichtsmythos: eine gegen Übermacht gewonnene Schlacht, in Friedrich dem Freidigen einen schneidigen Helden und in der Verteidigung der Heimat gegen landfremde Söldner vaterländisches Pathos. So verwundert es nicht, dass bereits die Fürstenchronik des Johannes Tylich aus der Mitte des 15. Jahrhunderts den wettinischen Sieg verklärte, Friedrich den Freidigen zum Haupthelden wettinischer Geschichte auserwählte und dessen Leben in außerordentlicher Ausführlichkeit darbot.[28]

Doch wird dieser heroische Faden von der frühneuzeitlichen Geschichtsschreibung kaum aufgenommen. Die Schlacht von 1307 und ihr Held versanken im Dunkel historischen Spezialwissens, weil der Prinzenraub alle populäre historische Strahlkraft auf sich band.[29]

Die Auswirkungen dieser jahrhundertelangen mythischen Codierung Sachsens zuerst durch den Prinzenraub und dann durch August den Starken erscheinen ganz beachtlich. Nicht Schlachtenglück und markige Siegesrhetorik standen hier im Mittelpunkt der historischen Haupterzählung, sondern ein vielschichtiges Gleichnis über Recht und Gerechtigkeit. Kein heroischer Schlachtenlenker und Militär beherrscht hier die populäre geschichtliche Erinnerung, sondern ein barocker Lebemann und Mäzen. Dass man den Kriminalfall und den kunstbegeisterten Frauenheld dem Gemetzel vorzog, ist kein Zufall, sondern Indikator und Katalysator einer sächsischen Mentalität, die im Folgenden zu behandeln ist.

Mentalität

Unter Mentalität versteht man grob die Gemütsart, Denkweise, Anschauungsweise und Verhaltensweise eines Menschen, einer Menschengruppe oder eines Volkes.[30] Mentalitäten umschreiben also kognitive, ethische und affektive Verfassungen, und sie sind als handlungsleitend zu verstehen. Für die Mentalität als wissenschaftliche Begriffskategorie gilt vieles von dem, was zur Identität oben festgehalten wurde: Vielschichtigkeit, Überlagerung, Historisierbarkeit, der Gegensatz zwischen individueller und kollektiver Mentalität. Das führt natürlich selbst für die engeren sächsischen Mentalitäten auf ein zu weites Feld. Die Untersuchung muss sich deshalb an wenigen Beispielen auf die kulturelle Konditionierung sächsischer Mentalität beschränken, darauf welche mentalen Prägungen als sächsisch gelten und

---

27 Sabine EBERT, Blut und Silber. Roman, München 2009.

28 Johannes TYLICH, De origine principum marchionum Missnensium et Thuringiae lantgraviorum, ed. Julius Otto Opel (Mittheilungen der Deutschen Gesellschaft zur Erforschung vaterländischer Sprache und Alterthümer in Leipzig, Bd. 1, Heft 2), Leipzig 1874, S. 164–225 (als Teil des Beitrags von Dems., Annales Vetero-Cellenses, S. 121–225), zu Lucka vgl. § 22, S. 213–220. – Zur Beurteilung dieser Quelle vgl. jetzt Bettina MARQUIS, Meißnische Geschichtsschreibung des späten Mittelalters (ca. 1215–1420), München 1998, S. 150–172.

29 Bei ALBINUS, Meißnische Land- und Berg-Chronika (wie Anm. 24), zu Lucka Bd. 1: Meißnische Land-Chronika, S. 256 f., wird die Schlacht von Lucka zwar ausführlich thematisiert und mit allen erreichbaren Legenden erzählt, aber nicht zur Hauptgeschichte entwickelt. Lucka wird in einem Kapitel über Unglücke und Schäden des Hauses zu Sachsen auf einer Seite erzählt; der Prinzenraub erhält nachfolgend ein eigenes Kapitel und zehn (!) Seiten.

30 So in aller Knappheit das Digitale Wörterbuch der deutschen Sprache: http://www.dwds.de/?kompakt =1&qu=Mentalit%C3%A4t.

gegolten haben. Dabei ist festzuhalten: Sächsische Mentalität entsteht in ihrem Kern fernab von all dem, was politische und Ereignisgeschichte ausmacht. Der unselige Siebenjährige Krieg, die Napoleonischen Kriege, die Schlachten von Königgrätz und Sedan haben für die mentale Grundsubstanz weit weniger Wirkung gezeitigt als gemeinhin angenommen wird. Zu konzedieren ist überdies, dass zwischen den verschiedenen sächsischen Regionen, vor allem aber zwischen Stadt und Land erhebliche Mentalitätsunterschiede bestehen, auf die hier nicht eingegangen werden kann.

Für die letzten 300 Jahre, also den Zeitraum, wo sich solche Mentalitäten fester fassen lassen, ergibt sich ein erstaunlich einheitliches Bild an positiven Zuschreibungen sächsischer Eigenart – und allein sie sollen hier im Vordergrund stehen: Der »Spiegel« nennt in einer Titelstory von 1996 Fischelanz und Gemütlichkeit, erkennt in Sachsen den sinnenfreudigsten Teil Ostdeutschlands mit halbwegs trinkbaren Weinen und bestem Bier. Vor allem aber sei den Sachsen die Bildung heilig, seien sie ein Volk pragmatischer Erfinder und Handwerker, das zahllose Geistesgrößen hervorgebracht habe.[31] – Das hört man gern. Und irgendwie stimmt es ja auch!

Aber dieses Urteil ist in erster Linie ein historischer Topos: Schon Karl Heinrich Ludwig Pölitz, Professor der Geschichte zu Wittenberg, später Königlich-Sächsischer Hofrath und ordentlicher öffentlicher Lehrer der Staatswissenschaften an der Universität zu Leipzig, nannte Sachsen 1809 »eines der gebildetsten Länder des teutschen Nordens«. Neben der damals unvermeidlichen »Treue gegen ihre Fürsten« würden die Sachsen wegen »ihrer Anhänglichkeit an weise und humane Gesetze, wegen der Kraft und Entschlossenheit ihres Charakters, wegen ihrer Industrie, wegen ihres Sinnes für alle Theile menschlicher Bildung und Kultur, und wegen ihrer entschiedenen Verdienste um diese Kultur« geschätzt.[32]

Hermann Meynert, der sich 1835, gerade 27-jährig, an einer sächsischen Geschichte versuchte, verglich das albertinische Königreich mit anderen Ländern, »welche rücksichtlich ihrer Intelligenz nicht im Entferntesten den Vergleich mit Sachsen aushalten«.[33] Und der österreichische Historiker Robert Rößler erklärte die Sachsen 1868 mit Blick auf die gleichnamigen germanischen Barbaren nun zu »Schwertmännern des Geistes, des Rechtes, des Glaubens«.[34]

Über die Grundzüge sächsischer Mentalität bestand also weithin Einigkeit. Als positiver Idealtypus ist dieser Sachse wissensorientiert, bildungsoffen, kulturbeflissen und innovationsfreudig, anpassungsfähig und regsam. Dem entspricht tatsächlich eine dauerhafte und tiefgehende kulturelle Prägung Sachsens, die sich über Jahrhunderte verfestigt hat: Sie setzt spätestens mit dem zweiten Berggeschrei am Ende des 15. Jahrhunderts ein, führt über Georgius Agricola und Adam Ries, über Alphabetisierung und technische Innovation, über die Fürstenschulen in Meißen, Grimma und Schulpforta, über die Buchstadt Leipzig, über

31 Der Spiegel 32/1996: »Die größten Spinner«, S. 22–33; siehe auch: http://www.spiegel.de/spiegel/print/d-8956599.html

32 Karl Heinrich Ludwig Pölitz, Geschichte und Statistik des Königreiches Sachsen und des Herzogthums Warschau. Für Selbstbelehrung und Jugendunterricht, Erster Theil, Leipzig 1809, S. V.

33 Hermann Meynert, Geschichte des sächsischen Volkes, von den ältesten bis auf die neuesten Zeiten. Nach den besten Quellen und für alle Stände bearbeitet, Leipzig 1835, hier S. III.

34 Robert Rössler, Geschichte des Königreichs Sachsen von der ältesten bis zur neuesten Zeit, ²Leipzig 1870, Zitate S. IV.

den kulturfördernden Dresdner Hof zur ersten Bergakademie der Welt, zur ältesten Forst-
hochschule, zum Renommee der Alma mater Lipsiensis um 1900, zum Sachsen der Ingeni-
eure und irgendwie auch zum Pisa-Ergebnis sächsischer Schüler von heute.

Von dieser jahrhundertelangen kulturellen und mentalen Codierung Sachsens geht bis
heute trotz aller Brüche enorme Kraft aus. Denn kulturelle Milieus streben immer nach
Reproduktion und Tradition, so auch der Habitus des sächsischen Bildungsbürgers als »idea-
lem Sachsen«, der als »Refugiumsbürgertum« in Leipzig und Dresden sogar 40 Jahre DDR
überlebte. Dass kulturelle Prägungen und Mentalitäten länger Bestand haben als deren
scheinbar reale Entsprechungen zeigen etwa die Phänomene Eisenbahn und Bergbau: beide
besaßen einst zentrale Bedeutung für die sächsische Entwicklung. Heute hat die Deutsche
Bahn Sachsen und besonders Dresden weitgehend abgehängt, dennoch boomen hier in
Sachsen der Modelleisenbahnbau, das Hobbyeisenbahnerwesen und die Vereine zur Wiederbelebung bzw. Betreibung historischer Schmalspurstrecken. Und in Freiberg gibt es zwar
längst nur noch ein Besucherbergwerk, aber man grüßt natürlich »Glück auf«.

Angesichts der ernüchternden Gegenwart und der bedrohlichen Perspektiven hinsichtlich industrieller Entwicklung und Demografie[35] bleibt festzuhalten: Das innovationsfreu-
dige kulturelle Milieu und die bildungsoffene sächsische Mentalität sind das Grundka-
pital Sachsens. Zu seinen besten Zeiten war dieses Milieu, war diese Mentalität zudem
nie ausgrenzend, nie ausschließend, sondern offen und integrierend, ja anziehend. Das
Zusammenfließen von Eigenem und Fremden machte einen Gutteil des Erfolgs Sachsens
als Innovationsregion aus; der Rechenmeister Adam Ries kam aus Franken, der Begründer
industrieller Baumwollspinnerei in Sachsen, Evan Evans, stammte aus Wales usw. usf.

Es sei an dieser Stelle ausdrücklich dahingestellt, wie groß die territoriale Reichweite
und die gesellschaftliche Eindringtiefe dieses mentalen und kulturellen Modells zu verschiedenen Zeiten gewesen sind. Es sei ebenso dahingestellt, dass es auch immer ganz andere
Entwürfe vom Sachsen und seiner Mentalität gegeben hat, den man im 19. Jahrhundert
karikierend als »Bliemchen-Sachsen« oder »Kaffeesachsen« verspottete,[36] den man im negativen Gegenentwurf zu den »aufrechten und geradlinigen Preußen« durchaus abwertend
als »umtriebig, geschäftig« charakterisierte und den man nach 1990 gelegentlich gern als
rechtsradikalen Hooligan versteht.

Freilich steht Sachsen mit seinen als positiv herausgehobenen mentalen Strukturen nicht
als Solitär: Innovationsfreude, Bildungsoffenheit und Wissenszugewandtheit bestimmten und bestimmen in anderen Teilen Deutschlands und Europas ebenso das kulturelle
Milieu. Aber zumindest in keiner anderen Region Deutschlands können sie auf eine so
lange, ungebrochene Tradition zurückblicken, und in keiner anderen Region Deutschlands
sind Staat, Identität, Mentalität und kulturelle Prägung so eng und kontinuierlich miteinander verflochten wie in Sachsen.

Es geht hier nicht um Selbstbeweihräucherung, sondern um Selbstbewusstsein und
Selbstbehauptung, denn wir stehen in einem fortwährenden Kampf der Mentalitäten und

---

35 Vgl. dazu die entsprechenden Beiträge im vorliegenden Band.
36 Dazu etwa Manuel SCHRAMM, Konsum und regionale Identität in Sachsen 1880–2000. Die Regiona-
    lisierung von Konsumgütern im Spannungsfeld von Nationalisierung und Globalisierung, Stuttgart
    2002, S. 92 ff.

Mythen. Es gibt allen Grund, dass Sachsen hier mit breiter Brust agiert, selbstbewusst und selbstsicher, aber auch mit Leichtigkeit und Selbstironie. Einen kämpferischen sächsischen Patriotismus brauchen wir nicht, wie überhaupt sächsischer Patriotismus immer eine ganz randständige Erscheinung gewesen ist.

Wer in der Rückbesinnung auf Sachsen und seine Tradition allerdings Kleinstaaterei oder Provinzialismus wittert, geht den Begrifflichkeiten des 19. Jahrhunderts auf den Leim und hat die Emanzipation unserer Zeit von den damaligen nationalen Konstruktionen nicht begriffen. Beim Ringen um Identität geht es um die Vorstellung von der Welt, geht es immer um Bewusstsein. Es geht darum, wie wir die Welt heute interpretieren und wie wir vor dem Horizont dieser heutigen Interpretationen morgen handeln. Als eine regionale Mentalität und Identität kann die sächsische durchaus positive Impulse für die Zukunft geben, wenn sie das Bild einer offenen europäischen Innovationsregion vermittelt.[37] Und hierbei geht sie Hand in Hand mit den Mentalitäten gerade der ehemaligen deutschen Klein- und Mittelstaaten des 19. Jahrhunderts und damit im Gleichklang mit dem damaligen sogenannten »dritten Deutschland«. Zu den Mythen und Mentalitäten von Bayern und Württemberg besteht keine Konkurrenz. Zur preußischen Mentalität von »Ehre, Pflicht und Gehorsam«, zum preußischen Mythos Friedrich II. aber durchaus. Diesen Ballast des 19. Jahrhunderts gilt es über Bord zu werfen. Und deshalb scheint der Mythos August der Starke ein brauchbarer sächsischer Mythos auch fürs 21. Jahrhundert zu sein.

---

37 Die positiven Potenziale einer so vermittelten und tradierten sächsischen Identität und Mentalität hebt bereits in ihrer Beschwörung hervor: WOLFGANG LUUTZ, Region als Programm: Zur Konstruktion sächsischer Identität im politischen Diskurs, Baden-Baden 2002.

Ulf Morgenstern

Sächsische (Dis-)Kontinuitäten
und die »Sachsenrenaissance«

Von Verschwinden und Wiederkehr Sachsens
in den vier Jahrzehnten der DDR

Sachsen ist ohne Zweifel dasjenige der sogenannten neuen Bundesländer, dem der erfolgreichste Start in die eigenständige Zukunft nach 1990 bescheinigt wird. An zweiter Stelle folgt Thüringen. Zwar waren auch Brandenburg und die Bindestrich-Länder Sachsen-Anhalt und Mecklenburg-Vorpommern mit einem unübersehbaren Enthusiasmus aus dem Jahr der Wiedervereinigung als Bundesländer hervorgegangen, allerdings fehlten ihnen gegenüber den beiden Erstgenannten zwei identitätsformende Momente. Anders als die Südflanke der DDR hatten die schwächer bevölkerten Landstriche der Mitte und des Nordens weniger zur politischen Wende des Herbstes 1989 beigetragen und konnten ihre Unabhängigkeit daher auch weniger als selbst errungenen Erfolg feiern. Und zweitens fehlte ihnen eine direkte Anknüpfungsmöglichkeit an eine eigenständige Staatsform. Sachsen-Anhalt und Mecklenburg-Vorpommern waren je zur Hälfte aus Preußen hervorgegangen, und wie Brandenburg, das ohne seine Metropole Berlin auskommen musste, hatten sie nur während weniger Nachkriegsjahre bestanden. Ihre seinerzeitige Existenz war im Bewusstsein der Bürger lediglich alliierten Siegerentscheidungen zu verdanken, die Preußen mit einem Federstrich aufgelöst hatten. Sachsen und Thüringen schauten auf eine mehrhundertjährige Geschichte zurück, die lediglich 38 Jahre unterbrochen war. Für Sachsen soll die Zeit dieses Bruchs genauer untersucht werden.

Nach der Beseitigung der grundherrschaftlichen Strukturen durch die Bodenreform sollte etwas später mit der 1952 verfügten Einführung von Bezirken auch die regionale Identität beseitigt werden. Effektive Verwaltungseinheiten sollten im Sozialismus den Gesamtstaat zusammensetzen und die alten Landestraditionen alsbald vergessen machen. Seit 1952 bestand die DDR aus 14 willkürlich zugeschnittenen Bezirken, die als deckungsgleiche Verwaltungseinheiten von Partei und Staat ihren jeweiligen Leitungsgremien in der »Hauptstadt der DDR« unterstanden; der zentralistische Nutzen für die Staatspartei und deren Herrschaftsausübung ist evident, kann aber nicht genug betont werden. Eine mögliche spätere Renaissance der Länder war in der als gesetzmäßig angenommenen Abfolge der Gesellschaftsformen ausgeschlossen. Dem Kurfürstentum und späteren Königreich Sachsen wurde nach Zwischenstationen als Freistaat und Land scheinbar letztmalig eine neue staatsrechtliche Form gegeben: Es zerfiel in die Bezirke Dresden, Leipzig und Karl-Marx-Stadt, wie Chemnitz seit 1953 offiziell hieß. Da im Herbst 1989 die weiß-grünen Fahnen wie aus dem Nichts wiederauftauchten, stellen sich aber Fragen nach dem Erfolg bzw. Misserfolg der sozialistischen Umgestaltungen von oben. Wie muss man sich das Überleben des Sachsenbewusstseins in der Zeit seiner konsequenten Nichtmedialisierung vorstellen? Wer waren die Träger sächsischer Identität, als Einzelpersonen und auf Vereinsebene? Wie

versuchte die marxistische Obrigkeit Einfluss auf das Heimatbewusstsein zu nehmen? In welchen Phasen sind welche konkreten Entwicklungen zu beobachten? Diesen Fragen soll im Folgenden nachgegangen werden.

Anfangs sollte allenfalls auf der Ebene von Heimat- und Ortsgeschichte das Eingehen auf das historisch gewordene »Sachsen« noch möglich bleiben, wenn auch nur unter dem Dach der »Kulturbundes«. Die traditionellen Organisationen »Sächsischer Heimatschutz«, »Erzgebirgsverein« und »Sächsischer Verband für Volkskunde« waren bereits 1949 zerschlagen worden. Thomas Schaarschmidt hat allerdings unmissverständlich herausgearbeitet, dass die sachsenaffine Basis wenig von den ideologischen Änderungen hielt: Bald fand man sich als »Natur- und Heimatfreunde« im Kulturbund wieder; 1951 waren es bereits 6 800, was einem Viertel der Mitglieder überhaupt entsprach.[1]

Wenn die Kulturbundmitglieder nur widerwillig an den vorgeschriebenen politischen Abenden teilnahmen und vielmehr an den traditionellen Themen und deren traditioneller, nun als »kleinbürgerlich« diffamierter Behandlung festhielten, musste der SED-Staat eigene Entwürfe dafür vorlegen. Seine ahistorischen politischen Beschlüsse mussten also herrschaftsstabilisierend übersetzt werden.[2] Das fiel bei den Beharrungskräften des Landes zunächst schwer, und es zeigte sich etwa in der mehrheitlich staatsnahen Landes- bzw. Territorialgeschichte, dass trotz der Deutungshoheit der SED nichts planbar war, auch nicht das Verschwinden der Länder oder der historischen Landschaften.[3] Über die willkürlich wirkenden ideologischen Wendepunkte »Regional- und Territorialgeschichte« statt schlicht »Landesgeschichte«, »Tradition-Erbe-Diskussion« in der »entwickelten sozialistischen Gesellschaft« sowie die Schlagworte »Preußen-Renaissance«, »Lutherjahr«, »Bismarck-Neuentdeckung« gelangten einige am Beginn der 80er Jahre zur »Sachsen-Renaissance«.[4] Hörbar wurde diese für SED-Ideologen unerhörte, jedoch machiavellistisch geduldete Wiederkehr Sachsens in Jürgen Harts Ende der 70er Jahre entstandenem Lied »Sing, mei Sachse, sing«. Mehr als 600 000 Mal verkaufte sich der Titel in Ost und West; schnellere Nachpressungen in der chronisch materialknappen Planwirtschaft hätten die Auflage und die Tantiemen für Hart und den Komponisten Arndt Bause noch höher treiben können. Fast ein Jahrzehnt nach dem Verschwinden des unbeliebten Walter Ulbricht, der durch die verbreitete Gleichsetzung einer unmenschlichen Politik mit seinem hanebüchenen Idiom dem Sächsischen in der DDR einen Bärendienst erwiesen hatte, gewann der Dialekt aus dem Süden des Landes wieder etwas Sympathisches. Selbstironisch von Jürgen Hart vorgetragen, konnte er sogar zur gesungenen Modellierung eines sächsischen Landesbewusstseins verwendet werden.

Drei Jahre später, im November 1982, stand bei dem Leipziger Kabarett im »Academixer-Keller« mit dem aus Mundart-Klassikern bestehenden Programm »D'r Saggse. Mänsch und Miedos« ein ganzer Abend unter den Vorzeichen latent antiberlinerischen sächsischen Selbstbewusstseins. Zwar lautete der Untertitel betont nüchtern »Sächsische Impressionen

---

1   Vgl. Thomas SCHAARSCHMIDT, Regionalkultur und Diktatur. Sächsische Heimatbewegung und Heimat-Propaganda im Dritten Reich und in der SBZ/DDR, Köln, Weimar; Wien 2004, S. 275 – 405 passim. Zuvor auch DERS., Der Kulturbund als Heimatverein? Anmerkungen zu Anspruch und Realität des Kulturbundes in den vierziger und fünfziger Jahren aus regionalhistorischer Sicht, in: Die DDR – Analysen eines aufgegebenen Staates, hrsg. v. Heiner Timmermann, Berlin 2001, S. 357 – 388. Einen Aspekt heimatkundlicher Arbeit in diesen Jahren behandelt bilanzierend Werner SCHMIDT, Heimatkundliche Bestandsaufnahme in Sachsen von den Anfängen bis 1957, in: Mitteilungen des Landesvereins Sächsischer Heimatschutz (1993) 1, S. 51 – 56.
2   Vgl. Karlheinz BLASCHKE, Die »marxistische« Regionalgeschichte. Ideologischer Zwang und Wirklichkeitsferne, in: Die DDR-Geschichtswissenschaft als Forschungsproblem (= Historische Zeitschrift, Beiheft 27), hrsg. v. Georg Iggers, München 1998, S. 341 – 368, dort bes. Anm. 5.
3   Trotz sozialistischer Einsprengsel war etwa der Band Hermann Heinz WILLE, Silbernes Erzgebirge, Dresden 1958, ein im Grunde zeitloser Heimatbildband, dessen noch nicht ausgereifte Identitätskonstruktion eines Erzgebirges in der DDR leicht überlesen werden konnte.
4   Vgl. Eberhardt KUHRT, Das ganze Erbe soll es sein. Die Erweiterung des Erbe- und Traditionsverständnisses im Geschichtsbild der DDR, in: Griff nach der deutschen Geschichte. Erbeaneignung und Traditionspflege in der DDR, hrsg. v. Ders./Henning von Löwis, Paderborn u. a. 1988, S. 15 – 172; Jan Hermann BRINKS, Die DDR-Geschichtswissenschaft auf dem Weg zur deutschen Einheit. Luther, Friedrich II. und Bismarck als Paradigmen politischen Wandels, Frankfurt/M.; New York 1992.

und Miniaturen der 20er Jahre«, und der amtliche Covertext sprach im offiziellen Duktus der Zeit davon, dass hier »auf eigene Art Erbepflege betrieben [worden sei, U.M.], zum ersten Mal in dieser Art, denn einen Vorläufer gab es nicht.«[5] Die Art, in der Katrin Hart, Gisela Oechelhaeuser, Gunter Böhnke und Bernd-Lutz Lange das erste Stück, Erich Kästners »Sächsisches Sonett«, vortrugen und jenem, der »über den Dialekt lachte«, mit »Dinnamit im Bluhd« androhten, ihm »schon noch mal de Knochen [zu] brechn«, hatte nichts mehr von germanistischem Lokalkolorit. Den Berliner Regierenden wurde hart an der Grenze des humoristisch Zulässigen gezeigt, zu welcher Aggression die unterschätzten Sachsen fähig wären. Hinter der Toleranz der SED gegenüber der kabarettistisch-musikalischen Wiederkehr Sachsens eine Lockerung zu sehen, geht zu weit, wie es überhaupt eine Verkennung der Zeitumstände ist, die scheinbare Zunahme menschlicher Züge und die Betonung kultureller Belange in der späten Honecker-Ära als Liberalisierung zu deuten.

Nach wie vor galt nämlich ohne Abstriche die Parteilinie bzw. das als Parteilinie Angenommene. Die sozialistischen Funktionäre litten allerdings an Phantasielosigkeit. Ihre oft genug unscharfen, lebensfernen Vorgaben ließen sich häufig auch bei bestem sozialistischem Willen in keine generelle Linie umsetzen. Dies gelang auch und erst recht nicht, wenn wie im Falle Sachsens das Zusammengehörigkeitsgefühl der Menschen über einen lokalen Rahmen hinausreichte und als subkutaner Rest einer veritablen Landesidentität unausrottbar war. Hier muss vereinfacht werden, denn etwa die zahlreichen in Sachsen lebenden Vertriebenen sind in Bezug auf ihre Einbindung in eine sächsische Kollektivmentalität kaum untersucht, zumindest für die zweite Hälfte der DDR.[6] Auch für sie galt: Sächsische Geschichte und sächsische Identität waren überall greifbar.

In Bezug auf die innersächsische Identitätsstiftung durch die Erinnerung an die Wettiner verfolgte die SED lange eine ambivalente Politik. Deren Hintergründe erhellen höchstens Untersuchungen hunderter Einzelbeispiele. Hieraus lassen sich eventuelle Grundmuster erkennen. So wurden in den 1950er Jahren nicht nur das Sinnbild des augusteischen Sachsens, der Zwinger, wieder aufgebaut, sondern die Kader zeigten sich auch beim symbolträchtigen Reiterstandbild Augusts des Starken auf der Hauptstraße, nunmehr »Straße der Befreiung«, kunsthistorisch vorbildhaft und ließen den »Goldenen Reiter« wiederaufstellen.[7] Beiden wurden später zeitgenössische Bauten aus Beton an die Seite gestellt, die das »feudale« Architekturerbe gewissermaßen einrahmen sollten. Sie konnten die Prominenz der königlich-polnischen bzw. kurfürstlich-sächsischen Wahrzeichen aber kaum überdecken.

---

5   Wolfgang U. SCHULER, Covertext zu »D'r Saggse – Mänsch und Miedos. Sächsische Impressionen und Miniaturen der 20er Jahre«, LP LITERA 8 65 351 (1982).

6   Für die Aufnahmephase bis Mitte der 1950er Jahre liegen mittlerweile umfangreichere Arbeiten aus einem Projekt am Lehrstuhl für Neuere und Neueste Geschichte am Historischen Seminar der Universität Leipzig vor. Vgl. Stefan DONTH, Vertriebene und Flüchtlinge in Sachsen 1945 bis 1952. Die Politik der sowjetischen Militäradministration und der SED, Köln; Weimar; Wien 2000; Christian KURZWEG, Die Vertriebenenpolitik der Liberal-Demokratischen Partei Deutschlands. Das Beispiel Sachsen 1945–1950, Hamburg 2004; Notker SCHRAMMEK, Alltag und Selbstbild von Flüchtlingen und Vertriebenen in Sachsen 1945–1952, Frankfurt/M. u. a. 2004; Irina SCHWAB, Flüchtlinge und Vertriebene in Sachsen 1945–1952. Die Rolle der Kreis- und Stadtverwaltungen bei Aufnahme und Integration, Frankfurt/M. u. a. 2002; Andreas THÜSING/Wolfgang TISCHNER (Hrsg.), »Umsiedler« in Sachsen. Aufnahme und Integration von Flüchtlingen und Vertriebenen 1945–52. Eine Quellensammlung, Leipzig 2005.

7   Kurt Arnold FINDEISEN, Der goldene Reiter, Dresden 1954.

Eine unterschwellige Verwobenheit von sächsischer Geschichte und sozialistischer Gegenwart war also durch die den ständigen Kontakt mit den überkommenen Baudenkmälern unvermeidlich. Wenn Pioniere und FDJler am restaurierten Fürstenzug vorbeizogen, SED-Funktionäre mit Parteiabzeichen in der wiedereröffneten Semperoper in Dresden oder dem neuen Gewandhaus in Leipzig saßen oder Transparente, Plakate und rote Nelken auf Mai- und sonstigen Demonstrationen durch die Innenstädte getragen wurden, wunderte sich niemand über das alltägliche Nebeneinander von Alt und Neu. Das Zusammengehen von sozialistischer Optik nach Moskauer Vorbild und dem gegenständlichen Erbe aus der Zeit vor 1945 war in den Augen der Sachsen der siebziger und achtziger Jahre wie der Staat an sich und sein merkwürdiger Umgang mit der Geschichte längst Normalität geworden.

In den Jahren während der innerdeutschen Systemkonkurrenz vor dem Mauerbau – um zum Ausgangspunkt der Untersuchung zurückzukommen – war das noch anders gewesen. Unsicher im Umgang mit den dialektischen Maximen der sozialistischen Staats- und Geschichtswissenschaft in Bezug auf die lebensweltlichen Gegebenheiten Mitteldeutschlands griff die Mehrheit der SED-treuen »Gesellschaftswissenschaftler« hilflos zum sichersten Mittel und schrieb der Auflösung des regional verwurzelten Heimatbegriffs den Weg.[8] Eine diffuse Zukunftsgläubigkeit, aus der heraus nicht nur im Ostblock industrielle Retortenstädte wie Eisenhüttenstadt entstanden, schien das Auflösen traditioneller Gesellschaftstrukturen möglich und das Festhalten an alten Strukturen überflüssig zu machen. »Sachsen« und »Preußen« wurden ähnlich wie die im öffentlichen Gebrauch fast schon verbotenen Begriffe »Schlesien« oder »Ostpreußen« zu unerwünschten Topoi. Ihre Behandlung durch den revanchistischen Klassenfeind in der Bundesrepublik musste seit 1961 nicht mehr eigens kommentiert werden, denn die Werke bundesdeutscher Landeshistoriker kamen wie die sonstigen Sachsen-Titel westdeutscher Provenienz[9] – beispielsweise die Periodika der sächsischen Landsmannschaften, die sich politisch ebenfalls als Vertriebene betrachteten[10] – in kaum mehr nennenswerter Stückzahl über die Grenze.

Die wohl am besten mit »sozialistischer Sinnsuche« zu überschreibenden Jahre bis etwa 1970 brauchten am wenigsten eine auf Identität und Geschichte eines verschwundenen Landes ausgerichtete Landesgeschichte. Ein erster theoretischer Unterbau für den historischen Umgang mit den deutschen Ländern tauchte zu Beginn der siebziger Jahre auf. In der Folge des VIII. Parteitags der SED 1971 und des Grundlagenvertrags aus dem Jahr 1972 wurde die sogenannte »Zwei-Staaten-Doktrin« entwickelt. Sie sollte – das versprach man

---

8 Vgl. dazu Dieter RIESENBERGER, Heimatgedanke und Heimatgeschichte in der DDR, in: Antimodernismus und Reform. Zur Geschichte der deutschen Heimatbewegung, hrsg. v. Edeltraut KLUETING, Darmstadt 1991, S. 320–343. Jüngst erschien die britische Arbeit Jan PALMOWSKI, Inventing a Socialist Nation. Heimat and the Politics of Everyday Life in the GDR, 1945–1990, Cambridge 2009, deren empirische Längsschnittmaterial aus zwei Dörfern und Kleinstädten in Mecklenburg-Vorpommern und Thüringen stammt.

9 Unerwünscht waren Titel wie Dieter WILDT, Deutschland, deine Sachsen. Eine respektlose Liebeserklärung, Hamburg 1966; Marlies MENGE, Die Sachsen – das Staatsvolk der DDR, München 1988.

10 Von der Existenz der monatlich in Coburg erscheinenden Verbandszeitschrift »Sächsische Heimat. Mitteilungen der Bundeslandsmannschaft Sachsen und der Stiftung Land Sachsen« dürften in Sachsen nur wenige gewußt haben. Die verschiedenen »Landsmannschaften Sachsen« pflegten sächsisches Brauchtum und organisierten wie die übrigen Vertriebenenverbände jährliche Treffen, hier den »Sachsentag«.

allen Ernstes – bald Auskunft darüber geben, welche Teile der gemeinsamen deutschen Geschichte man der Bundesrepublik zuschieben und welche man mit ihr teilen bzw. allein für
sich beanspruchen wollte. Innerhalb der »Nation neuen Typs« war dabei zunächst kein Platz
für das historische Land Sachsen.[11] Das alles lässt sich in den seltsam sterilen und vor Re-
dundanzen strotzenden Texten der Zeit nachlesen. Zusammenfassend hat sich aus der landesgeschichtlichen Tradition her wiederholt Karlheinz Blaschke dem sozialistischen Phänomen »Landesgeschichte ohne Land« angenommen, polemisch und zornig[12] – und, was die
wenigsten wissen, schon längst vor 1989, etwa in entlegenen italienisch-bundesdeutschen
Fachzeitschriften.[13] Diese und tausend andere Studien sind in einem umfangreichen, um
moderate Töne bemühten Beitrag nachgewiesen, der den Forschungsgang zusammenfasst.[14]

Die Wiederkehr Sachsens, wie sie dann in den achtziger Jahren mit Händen zu greifen
war, kam mangels primärer sächsischer Gestaltungsmöglichkeiten auf doppelt indirektem
Wege über die »preußische« Bande. Schützenhilfe, um im militärischen Bild zu bleiben,
leisteten also ausgerechnet die Berliner Kader unter den Historikern der DDR. Diese setzten sich teils äußerst prominent mit den sogenannten »progressiven Traditionen« Preußens
auseinander, das heißt sie überprüften Teile der brandenburgisch-preußischen Geschichte
unter dem Aspekt ihrer Anwendbarkeit auf das sozialistische Geschichtsbild und konden-
sierten brauchbar erscheinende Abschnitte und Herrscherbiographien aus dem Gesamt-
kontext heraus.[15] Dass in diesem eklektizistisch anmutenden Umfeld auch hervorragende,

---

11 Vgl. dazu bes. Brinks, DDR-Geschichtswissenschaft, S. 189–293, der den geradezu schizophrenen
    Doppelkurs von »Einheit und Abgrenzung« an der Darstellung der »frühbürgerlichen Revolution« und
    des »neuen Preußenbildes« verdeutlicht. Eine Originalstimme aus dieser Zeit ist Willibald Gutsche,
    Die Regionalgeschichte als Teil der Geschichte des deutschen Volkes und der Weltgeschichte und ihre
    Rolle bei der Entwicklung und Festigung des sozialistischen Staatsbewußtseins, in: Sächsische Hei-
    matblätter 19 (1973), S. 193–198.

12 Zuletzt in einem von heftigen Reaktionen in der Folgeausgabe begleiteten Aufsatz in den Sächsischen
    Heimatblättern, vgl. Karlheinz Blaschke, Sächsische Landesgeschichte und marxistisch-leninistische
    Regionalgeschichte. Zum Gedenken an den 60. Todestag von Rudolf Kötzschke am 3. August 2009,
    in: Sächsische Heimatblätter 4 (2009), S. 355–364. Der langjährige Dresdner Archivar und spätere
    Chemnitzer Professor Reiner Groß, der Leipziger Archivar und Historiker Manfred Unger, die Muse-
    umsleiterin Angelika Taube sowie der Geograph Werner Stams entgegneten (höchst unterschiedlich)
    ihre Sicht der Dinge als »Mitbeteiligte [...] am ›fachlichen Niedergang‹ sächsischer Landesgeschichts-
    schreibung.« (Reiner Groß, Forschungen zur sächsischen Landesgeschichtsschreibung nach Rudolf
    Kötzschke – eine persönliche Betrachtung, in: Sächsische Heimatblätter 1 (2010), S. 31–35, Zitat
    S. 31).

13 Karlheinz Blaschke, Die landesgeschichtliche Arbeit in Sachsen, in: Annali dell' Instituto storico italo-
    germanico in Trento / Jahrbuch des italienisch-deutschen historischen Instituts in Trient 7 (1981),
    S. 155–197.

14 Winfried Müller, Landes- und Regionalgeschichte in Sachsen 1945–1989. Ein Beitrag zur Geschichte
    der Geschichtswissenschaften in der DDR, in: Blätter für deutsche Landesgeschichte 144 (2009)
    [2010], S. 87–186.

15 Ingrid Mittenzwei, Absolutistisches Preußen und historisches Erbe, in: Die progressiven Traditionen
    der Geschichte des deutschen Volkes und ihr Fortwirken in der DDR. Materialien des Arbeitskrei-
    ses 1 der zentralen wissenschaftlichen Konferenz der Historiker der DDR anläßlich des 30. Jahresta-
    ges der Staatsgründung der Deutschen Demokratischen Republik (Berlin, 16./17. Mai 1979), Berlin
    1979, S. 49–55; Walter Schmidt, Nationalgeschichte der DDR und das territorialstaatliche histori-
    sche Erbe, in: Zeitschrift für Geschichtswissenschaft 29 (1981), S. 399–404; sowie Peter Bachmann/
    Inge Knoth (Bearb.), Preußen. Legende und Wirklichkeit, Berlin (Ost), 1983.

die eigenen ideologischen Auflagen im Grunde unterlaufende Arbeiten entstanden, ist ein Kuriosum der Historiographie der DDR.[16]

Die Masse der Historiker »glaubte« aber nach wie vor an den gesetzmäßigen Ablauf der Geschichte im Sinne von Karl Marx. Sie nahm auf Geheiß der nach staatlich-historischer Autarkie strebenden Partei- und Staatsführung auch gern eine Uminterpretation des bisher als verbindlich Angenommenen vor: Die Hinwendung zu Preußen, die Stilisierung Luthers als reformatorischem, prä-revolutionärem Kopf und schließlich sogar die Darstellung Bismarcks als ungewolltem, reichseinigendem Vorbereiter des Sieges der Arbeiterklasse sind nur im Kontext der eigenstaatlichen Ambitionen des um Anerkennung ringenden DDR-Staatsratsvorsitzenden Erich Honecker zu verstehen.[17] Als er 1981 das Reiterstandbild Friedrichs des Großen Unter den Linden wiederaufrichten ließ, bezeichnete er persönlich den preußischen König als »den Großen«. Schon 1982, in der zweiten Auflage der Biographie Friedrichs, stellte Ingrid Mittenzwei fest, es habe sich zunehmend die Erkenntnis durchgesetzt, dass sich »die sozialistische Gesellschaft als Resultat der gesamten bisherigen deutschen Geschichte dem ganzen Erbe in all seiner Widersprüchlichkeit zu stellen habe [...],« wozu denn auch »Territorialstaaten und Epochen« gehörten, »in denen die Repräsentanten [...] eine reaktionäre Politik betrieben« hätten.[18]

Ein ähnlicher dialektischer Spagat wurde im Zusammenhang mit der Erinnerung an die 500. Wiederkehr der Geburt Martin Luthers vollzogen. Ein »neues Lutherbild« schien inzwischen dem »Entwicklungsstand der sozialistischen Nation« zu entsprechen,[19] weswegen sich 1980 das »Martin-Luther-Komitee der DDR« konstituieren konnte, ausgerechnet unter Vorsitz Erich Honeckers. Etwa zeitgleich sind erste Aktivitäten aus Dresden überliefert, wobei manche der beteiligten Wissenschaftler bei der Vorbereitung des Jubiläums von 1983, das mit dem »Karl-Marx-Jahr« und dem Evangelischen Kirchentag zusammenfiel, ihre ganz eigenen »Sachsen-Interessen« verfolgten.[20]

Diese auffälligen, wenn auch nicht plötzlichen Änderungen der geschichtspolitischen Großwetterlage fielen hier auf fruchtbaren Boden, da Sachsen neben Thüringen und Mecklenburg das einzige historische Land auf dem Gebiet der DDR war, das die preußischen Expansionen des 19. Jahrhunderts überlebt hatte, und in dem sich ein unterschwellig weiterwirkendes, ausgeprägtes regionales Bewusstsein erhalten hatte, wobei drei Jahrzehnte »Nichtstaatlichkeit« (Michael Richter) und die schon im Kaiserreich beginnende Entkirchlichung deutliche Risse im Geschichtsbild der Sachsen hinterlassen hatten.

---

16 Ingrid Mittenzwei, Friedrich II. von Preußen. Eine Biographie, Berlin (Ost) 1979, [2]1982; Dies./Karl-Heinz Noack (Hrsg.), Preußen in der deutschen Geschichte seit 1789, Berlin (Ost) 1983.

17 Eine Art offiziellen Schlussaufsatz der Debatte stellt dar: Walter Schmidt, Zur Entwicklung des Erbe- und Traditionsverständnisses in der Geschichtswissenschaft der DDR, in: Zeitschrift für Geschichtswissenschaft 33 (1985), S. 195–212.

18 Mittenzwei, Friedrich II. ([2]1982).

19 So 1983 der CDU-Vorsitzende Gerald Götting, zugleich stellv. Vorsitzender des Martin-Luther-Komitees der DDR; vgl. Gerald Götting, Das kostbare Erbe unseres Volkes liegt bei uns in den besten Händen, in: Neues Deutschland, 14.11.1983, S. 2.

20 Vgl. etwa: »Exemplar der ›95 Thesen‹ aufgefunden. Interview mit dem Leiter des Staatsarchivs Dresden, Dr. Reiner Groß«, in: Sächsische Zeitung, 20.02.1981, Beilage »wir«, S. 2; Hans Fröhlich, Vor 460 Jahren: Luther vor dem Reichstag in Worms, in: Sächsische Zeitung, 04.09.1981, Beilage »wir«, S. 2.

Ein wichtiger Träger dieses ideologisch als unbedenklich angesehenen, da vermeintlich auf die Ebene »Folklore« und »Ortschronistik« zurückgestuften Regionalbewusstseins waren die seit 1954 erscheinenden »Sächsischen Heimatblätter«, die eigentlichen Wahrer landeskundlicher und landesgeschichtlicher Traditionen. Anders als die stadtgeschichtlichen Periodika hatten sie eine sachsenweite Perspektive und waren trotz obligatorischer Verbeugungen vor dem Zeitgeist viel weniger von diesem durchdrungen und aus diesem heraus angetrieben.[21] Das von Karl Czok ins Leben gerufene »Jahrbuch für Regionalgeschichte« war das fachwissenschaftliche Pendant, hatte aber eine deutlich geringere Reichweite.

In einem ähnlichen Sinne wie die »Sächsischen Heimatblätter« versah das »Institut für Denkmalpflege Dresden« seine konservatorischen Tätigkeiten in einer sachsenweiten, also die Bezirke Dresden, Leipzig und Karl-Marx-Stadt einschließenden Perspektive – wozu freilich in erster Linie die lange Amtszeit des Landeskonservators Hans Nadler beitrug.[22] Der noch heute eindrucksvolle Band »Denkmale in Sachsen« umriss schon 1979 klar die geographischen Grenzen der sächsischen Denkmalpflege.[23] Gleiches galt auch für andere Kunsthistoriker.[24]

Auch die landeshistorischen Traditionen wurden nicht völlig abgebrochen,[25] doch merklich eingeschränkt, denn der als reaktionär diffamierten bürgerlichen Landesgeschichte konnte ohne die Existenz von Ländern leicht die Daseinsberechtigung bestritten werden. Dabei stand besonders die Abwicklung des Seminars für Landes- und Siedlungskunde an der Universität Leipzig im Mittelpunkt.[26] Der Emeritus Rudolf Kötzschke hatte nach dem Zweiten Weltkrieg noch einmal einen Kreis von Schülern für seinen Gegenstand begeistert. Einige von ihnen trugen unter den Bedingungen der kommunistischen Diktatur und ihrer wechselnden ideologischen Vorgaben dann nicht unwesentlich zur Selbstaufgabe von Fach und Institut bei.[27] Bis jedenfalls der populäre Ost-Berliner Historienschriftsteller Georg

---

21 Lokale und regionale Periodika waren mit unterschiedlichem Umfang und Anspruch u. a. das »Jahrbuch zur Geschichte Dresdens« (1968–1990), die »Beiträge zur Heimatgeschichte von Karl-Marx-Stadt« (1954 bis 1988), die »Regionalgeschichtlichen Beiträge aus dem Bezirk Karl-Marx-Stadt« (1979–1990), der »Karl-Marx-Städter Almanach« (1981–1990), das »Görlitzer Magazin. Beiträge zur Geschichte, Kunst und Kulturgeschichte der Stadt Görlitz« (1987–1990), »Erzgebirge: ein Jahrbuch für Heimatkunde und Heimatgeschichte« (1973–1990), die »Sächsische Gebirgsheimat« (1960–1990) oder die »Heimatgeschichtlichen Blätter des Kreises Borna« (1986–1990). Kunst- und architekturhistorische Periodika waren u. a. das »Jahrbuch der Staatlichen Kunstsammlungen Dresden« (1959–1990) oder das »Jahrbuch zur Pflege der Künste« (1951–1957).

22 Heinrich MAGIRIUS, Denkmalpflege, in: Geschichte der Stadt Dresden, Bd. 3: Von der Reichsgründung bis zur Gegenwart, hrsg. v. Holger Starke, Stuttgart 2006, S. 623–629.

23 DENKMALE IN SACHSEN. Ihre Erhaltung und Pflege in den Bezirken Dresden, Karl-Marx-Stadt, Leipzig und Cottbus, Red. Hans Müller/Heinrich Magirius, Weimar 1979.

24 Ein gesamtsächsisches Blickfeld hatte auch der Band des Hallenser Kunsthistorikers Hans-Joachim MRUSEK, Drei sächsische Kathedralen. Merseburg – Naumburg – Meißen, Dresden 1976, 2. Aufl. 1981. Als Lizenzausgabe für den bundesdeutschen Buchhandel erschien der Band 1981 in Wiesbaden unter dem Titel »Drei deutsche Kathedralen«.

25 Karlheinz BLASCHKE, Historisches Ortsverzeichnis von Sachsen, Leipzig 1957; DERS., Bevölkerungsgeschichte von Sachsen bis zur Industriellen Revolution, Weimar 1967.

26 Vgl. zuletzt Ulrich von HEHL (mit Markus HUTTNER †), Geschichte, in: Geschichte der Universität Leipzig 1409–2009, Bd. 4, I: Fakultäten, Institute, Zentrale Einrichtungen, hrsg. v. Ulrich von Hehl/Uwe John/Manfred Rudersdorf, Leipzig 2009, S. 157–196.

27 Vgl. Karlheinz BLASCHKE, Rudolf Kötzschke – der Lehrer, der Forscher, der Wegweiser, in: Blätter für deutsche Landesgeschichte 141/142 (2005/2006), S. 393–413.

Piltz 1987 in einem Interview mit der »Sächsischen Zeitung« äußern konnte, es gäbe einen gewissen landesgeschichtlichen »Nachholebedarf« in der sächsischen Geschichte und man schließe nun »bestimmte Lücken«[28], vergingen drei Jahrzehnte ohne eine dem Namen gerecht werdende sächsische Landesgeschichte.

Aber auch in dieser Zeit der offiziell verordneten und unter den Bedingungen der Diktatur rasch auf die akademische und populärwissenschaftliche Publikationslandschaft durchschlagende »Nichtstaatlichkeit« Sachsens war Sachsen – gewollt oder ungewollt – immer präsent. Zumindest als Landschaft existierte »Sachsen« weiter, sowohl im kollektiven Bewusstsein der Sachsen selbst wie auch in der Wahrnehmung der übrigen DDR-Bürger.[29] Lottospieler in der gesamten DDR konnten ihre Tipps bis 1974 bei der »Sächsischen Landeslotterie« abgeben. Chemnitz war verschwunden, aber die »Leipziger Messe«, der »Dresdner Christstollen«, »Meißner Porzellan«, Volkskunst aus dem Erzgebirge und der Lausitz, Kunstblumen aus Sebnitz und vieles mehr wurde – bewusst oder unbewusst – weiterhin mit einem werbewirksamen lokalen Bezug, da Qualität suggerierenden sächsischen Nimbus verkauft.[30] Auch die robusten Zweiräder aus dem Motorradwerk, später Motorenwerken Zschopau trugen nicht ohne Grund den sächsischen Ortsnamen. Freilich, ein Großteil der Produktion entschwand wie beim »Radeberger Exportbier« von den sächsischen Augen fast unbemerkt ins devisenzahlende Ausland.

Tausende Dresdner arbeiteten im »Sachsenwerk«, stiegen am »Sachsenplatz« in eine Straßenbahn ein oder besuchten Aufführungen der »Sächsischen Landesbühnen« in Radebeul bei Dresden. Neben der »Sächsischen Schweiz«, dem »Sachsenring« oder der »Sächsischen Landesbibliothek« in Dresden gab es etwa bei der »Sächsischen Akademie der Wissenschaften« in Leipzig weiterhin landesgeschichtliche Langzeitprojekte. Kunsthistoriker, Numismatiker, Denkmalpfleger, Philologen (Namenskunde, Dialektologie) und Theologen (Territorialkirchengeschichte) arbeiteten wie die Mehrzahl der Regionalhistoriker im Grunde weiterhin landesgeschichtlich, wenn auch jeweils nur mit Versatzstücken.[31] Und sogar an scheinbar abseitigen wissenschaftlichen Orten wie der Medizingeschichte wurde der historische Begriff »Sachsen« als räumliches Ordnungskriterium für Qualifikationsarbeiten zumindest nicht vergessen; die Arbeiten wurden aber nirgends rezipiert.[32]

---

28 »August der Starke und seines Landes Fleiß und Glanz«, Interview mit dem Berliner Autor Georg Piltz, in: Sächsische Zeitung vom 15. Mai 1987, Beilage ›wir‹, S. 2.

29 Vgl. dazu den einleitenden Teil bei Michael RICHTER, Die Bildung des Freistaates Sachsen. Friedliche Revolution, Föderalisierung, deutsche Einheit 1989/90, Göttingen 2004, S. 13–67, bes. S. 57–67.

30 Zahlreiche Beispiele für die Verwendung regionaler Bezüge in Produktnamen oder das Weiterleben des Attributs »sächsisch« in sonstigen wirtschaftlichen oder kulturellen Zusammenhängen ließen sich noch nachweisen, vgl. etwa den »VEB Sächsischer Brücken- und Stahlbau Dresden-Niedersedlitz«.

31 Landesgeschichte ohne dezidiert historische Ausrichtung betrieben etwa DDR-Namenkundler im Rahmen der »Deutsch-slawischen Forschungen zur Namenkunde und Siedlungsgeschichte« an der Universität Leipzig. Eine sich an ein breites Publikum »insbesondere natürlich […] in Obersachsen!« richtende Neuauflage des 1939 erschienenen Buches Horst BECKER, Sächsische Mundartenkunde. Entstehung, Geschichte und Lautstand der Mundarten des obersächsischen Gebietes, Dresden 1939 wurde 1969 bei Niemeyer in Halle/Saale veröffentlicht im Umfeld des Wörterbuches der obersächsischen Mundarten in Leipzig. In acht Auflagen erschien von den frühen 1960er Jahren bis 1985 der Bildband Christian RIETSCHEL/Bernd LANGHOF, Dorfkirchen in Sachsen, Berlin (Ost), 1964 ff.

32 Zwei Beispiele sind die ausgerechnet in der systemnahen »Abteilung für Militärmedizin« der Karl-Marx-Universität Leipzig betreuten Dissertationen Ulrich LINDNER, Gesundheitszustand und Betreu-

Reiner Groß hat jüngst das breite Spektrum von im weitesten Sinne landesgeschichtlich und landeskundlich arbeitenden Wissenschaftlern in den drei sächsischen Bezirken
kenntnisreich umrissen.[33] Allerdings verwischt seine Bilanz etwas zu generös die Grenzen
zwischen jenen Arbeiten, die trotz der sozialistischen Rahmenbedingungen an der Legitimität genuin sächsischer Fragestellungen festhielten (Karlheinz Blaschke, Günter Jäckel,
Heinrich Magirius u. a.) und solchen Forschungsbestrebungen, die ideologisch durchtränkt
ein im Grunde disparates Eingehen auf sächsische Geschichte ohne wirkliche Wahrnehmung des historischen Gegenstands Sachsen betrieben (Regine Just).[34] Hier besteht of-

    ung der Umsiedler und Heimkehrer im Bundesland Sachsen (1945–1950), Diss. med. Leipzig 1987;
    und Enrico ENDT, Lebensmittelrationierung und Volksgesundheit im Land Sachsen und in der Stadt
    Leipzig 1945–1949, Diss. med. Leipzig 1987, beide betreut bei Prof. Dr. Wolf-Diether Wiezorek.

33 Reiner GROSS, Forschungen zur sächsischen Landesgeschichtsschreibung (wie Anm. 10). Vgl. dazu
    auch Helga RASCHKE, Methoden und Organisationsformen der Heimat- und Regionalgeschichte in
    der DDR, in: Methoden und Themen der Landes-, Regional- und Heimatgeschichte in Bayern, Sach-
    sen und Thüringen. Kolloquiumsbericht, hrsg. v. Haus der Bayerischen Geschichte, München 1991,
    S. 33–41.

34 Die bei Manfred Wille an der Pädagogischen Hochschule Magdeburg entstandene Dissertation Regine
    JUST, Die Lösung der Umsiedlerfrage in der DDR, dargestellt am Beispiel Sachsen (1945–1952),
    Diss. Magdeburg 1985, behandelt ganz im Gegensatz zur 2010 vor den semantischen Inhalten der
    bundesdeutschen Demokratie irreführenden Argumentation von Groß eben nicht die »Vertriebenen-
    problematik«, sondern ist ein Musterbeispiel der sozialistisch programmatischen Lesart der »Umsied-
    lerfrage«. Die möglicherweise unterschwellig gemeinte Besonderheit der Arbeitsgruppe um Wille,
    die weniger »gewünschte Themen bearbeitet« habe, war keine: Die Arbeiten behandelten zwar ein
    zuvor über Jahrzehnte totgeschwiegenes Problemfeld zwischen noch gesamtdeutsch alliiert-besetzter
    Außen- und scheinsouveräner DDR-Innenpolitik, jedoch sind sie in ihren Grundaussagen Beispiele
    spätstalinistischer Geschichtsklitterung unter den Vorzeichen scheinbarer Lockerungen der Hone-
    cker-Ära. Den Tonfall der Zeit spiegeln etwa Manfred WILLE, Die Zusammenarbeit der deutschen

fenbar ein grundsätzliches Missverständnis: Die bloße Tatsache, dass aus pragmatischen Gründen des Quellenzugangs Themen aus der geschichtlichen Entwicklung des geographischen Gebiets Obersachsen bearbeitet wurden (Helmut Bräuer, Manfred Unger, Karl Czok, Werner Bramke u. a.) und diese Einzelforschungen nach 1990 unter das nunmehr passförmige Rubrum »Sächsische Landesgeschichte« gestellt wurden, bedeutet nicht, dass bis 1989 tatsächlich landesgeschichtlich gearbeitet wurde. Die Verneinung des Konzepts »Sachsen« als eines von gemeinsamen kulturellen Identitäten geprägten Raums in der sozialistischen Gegenwart schloss für viele SED-Historiker das Aneignen landeskundlicher Methoden für die eigene Arbeit geradezu aus, wozu auch die vernachlässigten, weil politisch für bedeutungslos erklärten, konfessionellen Fragestellungen gehört hätten. Die in beliebig eingegrenzten Räumen arbeitende Regionalgeschichte wird hier – eine nicht vorhandene Kontinuität suggerierend – bewusst mit der historische Landschaften untersuchenden Landesgeschichte gleichgesetzt. Wenn also, um es anders zu formulieren, das bloße Auswerten des nächstliegenden Stadtarchivs bereits landesgeschichtliches Arbeiten sein soll, dann machten die Reisebeschränkungen und der Mangel an Devisen im Grunde jeden mit Quellen arbeitenden Historiker der DDR zum Landeshistoriker. Diesen Vorwurf hätte sich mancher Historiker beim Zentralkomitee der SED sicher ungern gefallen lassen.

Sieht man aber von diesem innerfachlichen Streit ab und nimmt anstelle der verschiedenen historiographischen Entstehungswege und Weltanschauungen die Ergebnisse der Arbeiten in den Blick, so wird unzweifelhaft auf eine erfreuliche Vielfalt unterschiedlichster Texte zu verweisen sein. Von ur- und frühgeschichtlichen Fragestellungen bis ins politisch brisante 20. Jahrhundert hinein stießen die lokal-, regional- und landeshistorischen Publikationen auf ein heute nur noch schwer nachvollziehbares Interesse des medial noch nicht überreizten Publikums. Allerdings darf die Öffentlichkeitswirksamkeit der in geringen Auflagen verlegten und deshalb regelmäßig vergriffenen Bücher nicht zu hoch veranschlagt werden, auch wenn jedes Exemplar – wie bei literarischen Raritäten in der DDR üblich – etliche Male ausgeliehen wurde.[35] Abschriften, auch von Vortragsmanuskripten kursierten in den sachsen-interessierten Kreisen, die seit den 1970er Jahren ständig wuchsen. Diese kaum auf einen genauen Nenner zu bringende Gruppe zwischen alten bürgerlichen Eliten (Fritz Löffler, Hellmut Kretzschmar und andere) und jüngeren, nach dem Krieg in kulturell wichtige Funktionen gekommenen Denkmalpflegern, Künstlern sowie Musik- und Literaturwissenschaftlern und so weiter (Heinrich Magirius, Ingo Zimmermann, Werner Schmidt, Günter Jäckel und andere) verband sich mit engagierten Laien. Hobbyhistoriker, Heimatforscher, Stadtführer, Grabungshelfer und »Originale« wie Matthias »Matz« Griebel unter den Sachsen-Fans bereiteten bereits in den siebziger Jahren der öffentlichen Wieder-

---

Antifaschisten mit der SMAD in der Umsiedlerfrage, speziell in Sachsen-Anhalt (1945 – 1949), in: Jahrbuch für die Geschichte der sozialistischen Länder Europas 23 (1979), Nr. 1, S. 69 – 79; DERS., Die Lösung der Umsiedlerfrage auf dem Territorium der DDR, in Wissenschaftliche Zeitschrift der Pädagogischen Hochschule »Erich Weinert« Magdeburg 19 (1982), Nr. 5/6, S. 68 – 71.

35 Dem Leser der Rezension des Buches von Karl Czok »August der Starke und Kursachsen« (1987) riet Reiner Groß in der »Sächsischen Zeitung« gleich unumwunden zu einem Bibliotheksbesuch. Karlheinz BLASCHKES »Sachsen im Zeitalter der Reformation« erschien als Buch zwanzig Jahre zuvor in Gütersloh – in der DDR war es nur in Auszügen gedruckt worden, in: Sächsische Heimatblätter 13 (1967), S. 145 – 192, 206 – 224.

kehr des Schlagwortes »Sachsen« in den achtziger Jahren den Boden. Die hier eingegangenen Verbindungen von denkmalschützerischen, kirchlichen, bürgerrechtlichen und sachsenaffinen Interessen im Rahmen einer nichtstaatlichen bürgerschaftlichen Gemeinschaft von »Gleichgesinnten« konnte freilich erst nach dem Ende der DDR je ihre partikularen Ziele verfolgen, ein gemeinschaftliches Unternehmen wurde in diesem Rahmen seit 1991 das Volksfest, Denkmalschutz und Kostümklamauk verbindende Elbhangfest in Dresden.

Diesen kulturell zumindest in puncto Sachsen Gleichgesinnten gaben die SED-Vordenker unfreiwillige Unterstützung, so in den Änderungen der Marschrichtung durch Kurt Hager[36] oder den holzschnittartigen Deutungen der Schlagworte durch einflussreiche Köpfe wie Walter Schmidt, Historiker beim ZK der SED. Er sah plötzlich in Sachsen einen »ganz bedeutende[n] Schwerpunkt der sich emanzipierenden, revolutionären deutschen Arbeiterbewegung [...]«, weshalb es nun gelte »den spezifischen Platz des territorialstaatlichen Erbes [und] seine Bedeutung für die Vorbereitung des Sozialismus auf deutschem Boden [...] herauszuarbeiten«.[37] Interessanterweise sollten nun auch die übrigen durch Bezirke ersetzten Länder als historische Einheiten in Gesamtdarstellungen untersucht werden, was ausgerechnet bei dem einzigen geschichtslosen Land Sachsen-Anhalt gelang.[38]

Für Sachsen begann eine Arbeitsgruppe um den Leipziger Professor Karl Czok 1981 eine marxistisch passfähige Geschichte vorzubereiten. Czok war zu dieser Zeit zweifellos der renommierteste Regionalhistoriker, von dem eine solche Darstellung erwartet werden konnte.[39] Im Sommer 1989 lag dann die unter seiner Leitung entstandene »Geschichte Sachsens« vor.[40] Auch dieses lang erwartete Buch war in kürzester Zeit vergriffen, so dass sogar sonst systemtragende Genossen wie der Direktor des »Instituts und Museums für Geschichte der Stadt Dresden«, Rudolf Förster, Kritik äußerten.[41]

Zwischen diesen erst in der Zeit erkennbarer Autoritätserosionen der SED möglichen Zeilen und den landesgeschichtlichen Lockerungen zehn Jahre zuvor hatte – freilich unter

---

36 Kurt Hager, Die Gesellschaftswissenschaftler vor neuen Aufgaben, Konferenz der Gesellschaftswissenschaftler der DDR am 18. Dezember 1980, Berlin 1984, S. 35 ff.; Ders. Dialektik des Geschichtsprozesses in der Epoche des Übergangs vom Kapitalismus zum Sozialismus. V. Philosophiekongreß der DDR 1979, Berlin 1980, S. 326 ff.

37 »August der Starke – nur eine Legende? Über unser Geschichtsbild und den Wert der Heimatgeschichte für unser Leben«, in: Sächsische Zeitung vom 6. März 1981, Beilage »wir«, S. 2.

38 Die dreibändige Geschichte Sachsen-Anhalts wurde nicht mehr vor dem Ende der DDR fertig, kam aber erstaunlicherweise ohne größere inhaltliche Neukonzeptionen in den frühen 1990er Jahren zum Abdruck. Vgl. Walter Müller, Geschichte Sachsen-Anhalts: 1. Das Mittelalter, München 1993; Heinz Kathe, Geschichte Sachsen-Anhalts: 2. Reformation bis Reichsgründung 1871, München 1993; und Hans Hübner, Geschichte Sachsen-Anhalts: 3. Bismarckreich bis Gründung der Bezirke 1952, München 1994.

39 Der Leipziger Regionalhistoriker, offiziell »Professor mit Lehrauftrag für Deutsche Regionalgeschichte« (1966), später für »Geschichte der örtlichen Arbeiterbewegung« (1971–1988), hatte wie kein zweiter die institutionalisierte Nachfolge der Leipziger Landesgeschichte geprägt, zu deren Programmatik er entscheidend beitrug. Vgl. Karl Czok, Zu den Entwicklungsetappen der marxistischen Regionalgeschichtsforschung in der DDR, in: Jahrbuch für Regionalgeschichte 1 (1965), S. 9–24.

40 Karl Czok (Hrsg.), Geschichte Sachsens, Weimar 1989 (624 S.).

41 »Bei der Verteilung dieser Mangelware – von einem echten Buchhandel kann man wohl kaum sprechen – sollten Buchhändler und Bibliothekare gemeinsam dafür sorgen, dass vor allem für Ausleihe und Einsichtnahme genügend Exemplare reserviert bleiben.« Rudolf Förster, Tausend Jahre sächsische Geschichte in 14 Kapiteln. Geschichte Sachsens – ein wichtiger Beitrag zur Nationalgeschichte, in: Sächsische Zeitung vom 15. September 1989, Beilage »wir«, S. 2.

der abschirmenden Glocke der staatlichen Allmacht – eine tatsächliche »Sachsen-Renaissance« stattgefunden. Nach »Preußen« und »Luther« war mit »Sachsen« nun ein weiterer
sozialistisch-ideologisch ehemals untragbarer Topos salonfähig geworden. Die SED sah darin fälschlicherweise kein Gefahrenpotential, schien doch das Sachsenbewusstsein mit ihrem
»sozialistischen Heimatgefühl« einherzugehen. Die Volten der späten DDR-Geschichtspo-
litik sind der Rückschau ein äußerst fruchtbarer Analysezugriff für den jeweiligen Zustand
des Arbeiter- und Bauernstaates. Sind z. B. in der Wiederzulassung großer Figuren und
Strukturen wie Bismarck, Friedrich dem Großen, Martin Luther, Thomas Müntzer[42] und
Preußen und auch Sachsen durchdachte Langzeitkonzepte einer die demokratische Legitimation scheuenden und trotzdem um Anerkennung und Zustimmung ringenden Diktatur
zu sehen, so hatte die in den 1980er Jahren plötzlich auftretende und mit dem Feindbild
Israel so auffällig wenig in Einklang zu bringende Hinwendung zur jüdischen Geschichte
und die Unterstützung der kleinen jüdischen Gemeinde der DDR auch einen klaren finanziellen Antrieb, der in der Hoffnung auf US-amerikanische Wirtschaftsunterstützung lag.[43]

---

42 Planmäßig war hier die Aneignung Thomas Müntzers, dessen Geburtstag sich 1989 zum 500. Male
jährte und dessen »radikal-demokratische[r] Kampf gegen feudale und kapitalistische Ausbeutung und
Unterdrückung« den »Kern unseres sozialistischen Traditionsverständnisses« gewissermaßen vorweg
genommen habe. Erich HONECKER, Die Gewalt dem Volke – Müntzers Ziel wurde in unserem Staat
verwirklicht, in: Neues Deutschland vom 12./13. März 1988. Siehe dazu Alexander Fleischauer, Die
Enkel fechten's besser aus.Thomas Müntzer und die Frühbürgerliche Revolution: Geschichtspolitik
und Erinnerungskultur in der DDR, Münster 2010.

43 Vgl. dazu bereits zeitgenössisch Peter J. LAPP, Traditionspflege in der DDR, Berlin (West!) 1988,
S. 151.

Publizistisch ist diese Ära von einer Reihe von »Historischen Führern durch die Bezirke«[44] begleitet worden, die ebenfalls rasch vergriffen waren. Dass sie nicht die alten Ländergrenzen nachzeichneten, sondern etwa Leipzig und Karl-Marx-Stadt in einem Band herausbrachten und die durch die Lausitzen verbundenen Bezirke Dresden und Cottbus in einem anderen zusammenführten, störte dabei nicht. Immerhin war hier ein sächsischer Bezirk um eine große preußische Ländermasse nach Norden erweitert, und auf dem Umschlagbild fand sich zudem mit dem Meißner Burgberg ein sächsischer Symbolort. Wie auch immer, das zunehmende Leseinteresse war neben einer sächsischen Perspektivverschiebung von »Vertretern von Wissenschaft, Kunsteinrichtungen, gesellschaftlichen und Staatseinrichtungen« 1983 auch Gründungsimpetus für die »Forschungsgemeinschaft zur Kulturgeschichte des Dresdner Raums«.[45] Mit dem Ziel einer umfassenden »Kulturgeschichte« für dieses historisch hochkomplexe Gebiet wurden zwischen 1983 und 1990 im »Jahrbuch der Geschichte der Stadt Dresden« und in den neugegründeten »Dresdner Heften« sachsen- und

---

44 Herausgegeben von Lutz Heydick/Günther Hoppe/Jürgen John im Urania-Verlag Leipzig/Jena/Berlin (Ost): Historischer Führer. Stätten und Denkmale der Geschichte in den Bezirken Erfurt, Gera, Suhl [=Thüringen], 1978; Historischer Führer. Stätten und Denkmale der Geschichte in den Bezirken Leipzig, Karl-Marx-Stadt, 1980; Historischer Führer. Stätten und Denkmale der Geschichte in den Bezirken Dresden, Cottbus, 1982 (2., überarb. Auflage 1988). Später folgten noch: Historischer Führer. Bezirke Potsdam, Frankfurt (Oder), 1987 und als Sonderband Leipzig – Historischer Führer zu Stadt und Land, 1990.
45 »Es gilt, ein reiches Erbe weiter zu erschließen.« Interview mit dem Direktor der Kulturakademie des Bezirks Dresden, Wolfgang Zimmer, in: Sächsische Zeitung vom 1. Juli 1983, Beilage »wir«, S. 2.

dresden-spezifische Beiträge im weitesten Sinne publiziert, Symposien gehörten zu den Begleitveranstaltungen.[46]

Die breite, auch äußerlich wieder als zunehmend sachsenaffin erkennbare Öffentlichkeit konnte durch die nur halbherzigen staatlichen Planungen jedoch kaum erreicht werden. Das vermochten eher populär gehaltene Bücher; etwa über die verklärte Integrationsfigur August den Starken[47], den Grafen Brühl[48] oder die kursächsische Armee[49]. Sie wurden in der Atmosphäre einer zunehmend als unzumutbar empfundenen Berlin-Bevorzugung der SED auch als historische Gegenerzählung gelesen. Auf Grund der geringen Auflagen waren aber auch diese Titel kaum greifbar, woran die sich Sachsen-Themen widmenden Verlage wie »Hermann Böhlaus Nachfolger« wegen der knappen Papierkontingente kaum etwas ändern konnten. Der rasende Absatz der Titel der Reihe »Werte der deutschen Heimat«, nach 1971 »Werte unserer Heimat« ist noch heute vielen schmerzlich in Erinnerung, denn die Bände waren stets schnell vergriffen. Der 1984 erschienene Dresden-Band erreichte eine sagenhafte Auflage von 20 000 Stück und war doch vergriffen. Zur Standardliteratur der Sachsen-Fans gehörte in Dresden etwa Fritz Löfflers Klassiker »Das alte Dresden«[50] oder, 1986 erschienen, der rasch ausverkaufte Fotoband mit historischen Aufnahmen von August Kotzsch.[51]

In erster Linie waren aber Periodika wie die »Dresdner Hefte«[52], die »Sächsischen Heimatblätter«[53] oder etwa die »Jahrbücher für die Geschichte der Stadt Dresden«[54] Träger einer verbreiteten Sachsenidentität. Diese vom Kulturbund der DDR herausgegeben Publikationen ließen einen gewissen Spielraum in der Behandlung des Themas »Sachsen«. So

---

46 Veröffentlicht in den »Dresdner Heften« 1988. Als größere Publikationen in diesem Zusammenhang sind die 1987 bzw. 1989 im Verlag der Nation von Günter JÄCKEL herausgegebenen Bände zu nennen: Dresden zur Goethezeit. Die Elbestadt von 1760 bis 1815; Dresden zwischen Wiener Kongreß und Maiaufstand. Die Elbestadt von 1815 bis 1850, Berlin 1989. Auch die Tagung »Sachsen und die Wettiner, s.u., ging auf die Initiative der »Kulturgemeinschaft« zurück.

47 Georg PILTZ, August der Starke. Träume und Taten eines deutschen Fürsten, Berlin 1986, 2. Aufl. 1987; Karl CZOK, August der Starke und Kursachsen, Leipzig 1987, 2. Aufl. 1988, zudem München 1988.

48 Erst nach der Neugründung Sachsens erschienen ist Walter FELLMANN, Heinrich Graf Brühl: ein Lebens- und Zeitbild, Würzburg 1990. In diese Zeit fiel auch Klaus HOFFMANN, Johann Friedrich Böttger. Vom Alchemistengold zum weißen Porzellan, Berlin (Ost) 1985.

49 Reinhold MÜLLER, Die Armee Augusts des Starken. Das sächsische Heer von 1730 bis 1733, Berlin 1984, 2. Aufl. 1987. Über Philatelistenkreise hinaus war das von einem Autorenkollektiv verfasste LEXIKON KURSÄCHSISCHE POSTMEILENSÄULEN, Berlin (Ost) 1989, geschätzt.

50 Fritz LÖFFLER, Das alte Dresden. Geschichte seiner Bauten (Schriften des Instituts für Theorie und Geschichte der Baukunst), Dresden: Sachsenverlag [sic!] 1956, dann neun Auflagen bis 1989 bei Seemann in Leipzig.

51 AUGUST KOTZSCH 1836–1910, Photograph in Loschwitz bei Dresden, Dresden 1986.

52 DRESDNER HEFTE. Beiträge zur Kulturgeschichte, hrsg. v. d. Kulturakademie beim Rat des Bezirks Dresden, 1983 ff.

53 SÄCHSISCHE HEIMATBLÄTTER. Zeitschrift für sächsische Geschichte, Denkmalpflege, Natur und Umwelt, hrsg. v. Kulturbund, 1958 ff.

54 JAHRBUCH ZUR GESCHICHTE DRESDENS, hrsg. vom Informationsdienst des Instituts und Museums für Geschichte der Stadt Dresden, Dresden 1973–1989. Vgl. auch JAHRBUCH ZUR GESCHICHTE DER STADT LEIPZIG, im Auftrag des Rates der Stadt hrsg. v. Museum für Geschichte der Stadt Leipzig 1975–1980; BEITRÄGE ZUR HEIMATGESCHICHTE VON CHEMNITZ (1952) bzw. BEITRÄGE ZUR GESCHICHTE VON KARL-MARX-STADT, hrsg. vom Stadtarchiv i. A. des Rates der Stadt Karl-Marx-Stadt, ebd. 1954–1988.

organisierte Manfred Unger 1982 eine Vortragsreihe zur sächsischen Geschichte im Leipziger »Klub der Intelligenz«, die restlos ausverkauft war. Die Referate und auch ihr Abdruck waren nur ein Tropfen auf den heißen Stein. Aus heutiger Sicht sind sie vor allem interessant, weil ihre zeitliche Eingrenzung, von 1789 bis 1952, die holprige historisch-materialistische Passfähigkeit der zugrunde liegenden Vortragskonzeption zeigt. In Ermangelung anderer Thematisierungen waren sie eine beachtete Besonderheit.[55]

Heimatgeschichtliche Artikel in den Tageszeitungen der drei sächsischen Bezirke lieferten darüber hinaus handverlesene aktuelle Berichte aus der Region. Beim lesenden Publikum besonders beliebt war die in Dresden als Organ der Ost-CDU erscheinende Zeitung »Die Union«. Aber auch in der wöchentlichen Rubrik »Geschichte und Gegenwart« der »Sächsischen Zeitung«, dem Organ der Dresdner SED-Bezirksleitung, wurden dem Leser an jedem Freitag neben einer Flut regionaler antifaschistischer und kommunistischer Heldenjubiläen immer wieder aktuelle Regionalia, etwa aus der vonseiten der SED erst in den achtziger Jahren entdeckten Denkmalpflege, geboten. Der Wiederaufbau der Semper-Oper mit der symbolträchtigen Eröffnung am 13. Februar 1985 sowie das Dauerthema »Wiederaufbau des Dresdner Schlosses« waren mit großem Interesse verfolgte Themen dieser Jahre.

Die vielbeachtete Ausstellung »Das Dresdner Schloß. Monument sächsischer Kultur und Geschichte« (1989/90) fällt mit ihrer Vorbereitungszeit in die Phase dieses halboffiziellen »Sachsen-Booms« der achtziger Jahre, den örtliche Funktionäre sehr wohl beobachteten und zu nutzen suchten. Freilich konnten auch sie nicht verhindern, dass sich besonders

---

55 »Sächsische Geschichte im Überblick. Beiträge zur Landesgeschichte 1789/90 – 1917« sowie »1917 – 1945 und 1945 – 1952«, in: Sächsische Heimatblätter 3/4 (1984), jeweils ganze Hefte, hervorhebenswert: Hartmut Zwahr, Sachsen im Übergang zum Kapitalismus und im Revolutionsjahr 1830, in: ebd., S. 97 – 110.

ab 1987 die alte sächsisch-preußische Dichotomie in eine inhaltlich ähnlich aufgeladene Gegensätzlichkeit zwischen den mit ihrer Randlage und Vernachlässigung unzufriedenen Mitteldeutschen und den Berlinern auflud.

Der Film »Sachsens Glanz und Preußens Gloria«, ein opulenter Kostümfilm, passte genau in das sächsische Klima der Zeit.[56] Er traf gewissermaßen den Nerv einer selbstbewusster werdenden sächsischen Identität, in der Katrin Keller etwas überspitzt bereits ein sächsisches »Nationalgefühl« zu erkennen glaubt.[57] Die wie auch immer näher zu bezeichnende, unterschwellige sächsische Kollektivmentalität war zunehmend auch durch einen antiberlinerischen Affekt gekennzeichnet.[58] Autoaufkleber mit der lakonischen Aufschrift »781 Jahre Dresden« ließen keinen Zweifel an der gereizten Ablehnung der zwischenzeitlich regelrecht zur Staatsdoktrin erhobenen Berlin-Feierlichkeiten des Jahres 1987 aufkommen.[59] Denn während das alte Berliner Nikolaiviertel – auch mit Hilfe sächsischer Handwerker und Bausoldaten – aufwendig saniert worden war, verfielen andernorts in der Republik ähnliche Bausubstanzen umso schneller. Wenn dann noch eine wöchentliche Sonderseite der »Sächsischen Zeitung« die Überschrift »Berlin, wie hast du dich verändert!« trug, war das fast schon eine Verhöhnung der Abonnenten.

Trotzdem waren »nach den Preußen nun auch die Sachsen im Kommen«[60], was sich spätestens 1989 an zwei landesgeschichtlichen Großereignissen ablesen ließ. Zum einen fand zum Wettin-Jubiläum in Dresden eine »Bergbau und Kunst in Sachsen« überschriebene Ausstellung statt, die eindeutig die Verwobenheit der sächsischen Kunst- und Sammlungsgeschichte mit dem von 1089 bis 1918 regierenden Haus in Verbindung setzte.[61] Und im Juni 1989 wurde zu einer nur Jahre zuvor undenkbaren Tagung »Sachsen und die Wettiner – Chancen und Realitäten«[62] nach Dresden eingeladen. Der Teilnehmerrunde gehörten ostdeutsche und osteuropäische Historiker ebenso wie »bürgerliche« Fachvertreter des Nicht-Sozialistischen Wirtschaftsgebiets an;[63] gewisse Aufweichungen nicht zuletzt im Rahmen einer schleichenden »Sachsen-Renaissance« sind unübersehbar.

Wie brüchig die von der DDR-Führung forcierte eigene nationalstaatliche historische Identität war, zeigt ihr sang- und klangloses Untergehen in der Friedlichen Revolution des

---

56 Józef Ignacy KRASZEWSKI, »Gräfin Cosel« (1873), »Brühl« (1874) und »Aus dem Siebenjährigen Krieg« (1875).

57 Katrin KELLER, Landesgeschichte zwischen Wissenschaft und Politik: August der Starke als sächsisches ›Nationalsymbol‹, in: Nach dem Erdbeben. (Re-) Konstruktion ostdeutscher Geschichte und Geschichtswissenschaft, hrsg. v. Konrad H. Jarausch/Matthias Middell, Leipzig 1994, S. 205 ff.

58 Ebd.

59 Hinweise auf andere Rechenbeispiele, etwa »821 Jahre Leipzig«-Aufkleber finden sich bei Adelheid von SALDERN, »Alte Stadt und junge Stadt«. Zur Ambivalenz der Erinnerungsorte sozialistischer Utopie in der sechziger Jahren, in: Inszenierte Einigkeit. Herrschaftsrepräsentation in DDR Städten, hrsg. v. Ders., Stuttgart 2003, S. 355 – 394, bes. 393 f.

60 »August der Starke und seines Landes Fleiß und Glanz«, Interview mit dem Berliner Autor Georg Piltz, in: Sächsische Zeitung vom 15. Mai 1989, Beilage »wir«, S. 2.

61 Holger STARKE, Wiedererwachen des Landesbewusstseins, in: Geschichte der Stadt Dresden, Bd. 3: Von der Reichsgründung bis zur Gegenwart, hrsg. v. DEMS., Stuttgart 2006, S. 713 – 715.

62 In 15 Artikeln wurde die Tagung vorbereitet, Sächsische Zeitung vom 6. Januar bis 30. Juni 1989.

63 Vgl. SACHSEN UND DIE WETTINER – CHANCEN UND REALITÄTEN. Internationale wissenschaftliche Konferenz, hrsg. v. der Kulturakademie des Bezirkes Dresden, Dresden 1990. Im April/Mai 1989 durften einige sächsische Wissenschaftler zum »Exil-Jubiläum« des Hauses Wettin nach Regensburg reisen.

Herbstes 1989. Während bundesdeutsche Deutschlandforscher, denen die wirtschaftliche Einschätzung der DDR entgegen späterer Beteuerungen erstaunlich gut gelang,[64] sich mit der mentalen Disposition ihrer östlichen Landsleute in Sachen Heimat schwer taten und versuchten die wenigen unverfälschten Äußerungen aus der Bevölkerung (»781 Jahre Dresden«) zu interpretieren,[65] war die Wirkmächtigkeit der staatlichen Geschichtsdeutung schon gehörig ausgehöhlt. Nur zwei Monate nachdem Karl Czok im August 1989 in Dresden seine marxistische »Geschichte Sachsens« vorgestellt hatte, in deren Vorwort von Ländern nur noch als »Relikte der territorialstaatlichen Entwicklung« die Rede war,[66] trugen sächsische Demonstranten selbstbewusst und ganz selbstverständlich die weiß-grünen sächsischen Fahnen durch die Straßen der sächsischen Groß- und Mittelstädte. Der Jahresverlauf 1990 ließ dann keinen Zweifel mehr an der Existenz des Landes Sachsen.[67]

Die Benennung der einzelnen Etappen der Re-Etablierung sächsischer Identität unter demokratisch freiheitlichen Bedingungen müsste in einer eigenständigen Untersuchung erfolgen. Nur wenige Beispiele sollen aus den vielgestaltigen Prozessen und Entwicklungen herausgegriffen werden. So wurde aus dem Enthusiasmus der Umbruchszeit heraus im Dezember 1989 eine »Sachsen-Partei« gegründet, im Januar 1990 entstand der »Sachsen-Bund«. Langlebiger und erfolgreicher als diese ganz frühen Initiativen waren die an alte Traditionen anknüpfenden Wiedergründungen des »Landesvereins Sächsischer Heimatschutz« im Februar 1990[68] und des »Neuen Archivs für Sächsische Geschichte« ab 1993.[69] Spätere Gründungen sachsenweiter Vereine, Verbände und wissenschaftlicher Organisationen, die sich Geschichte, Kunst, Volkskunde und Traditionspflege widmen, lassen sich nur noch durch Einblicke in Vereinsregister überschauen. Als selbstverständlich gewordene Knotenpunkte bei der Bearbeitung sächsischer Thematiken seien lediglich das »Institut für Sächsische Geschichte und Volkskunde« oder das Internetportal »Sachsen-Digital« genannt.

---

64 Gernot SCHNEIDER, Wirtschaftswunder DDR. Anspruch und Wirklichkeit, Köln 1988.

65 Dieter GEYER, Die DDR auf dem Weg zu einer eigenen historischen Identität? DDR-Geschichtsbewußtsein zwischen Ost und West, in: DDR heute. Wandlungstendenzen und Widersprüche einer sozialistischen Industriegesellschaft, hrsg. v. Gerd Meyer/Jürgen Schröder, Tübingen 1988, S. 39–51.

66 Karl CZOK (Hrsg.), Geschichte Sachsens, Weimar 1989, S. 12.

67 Vgl. Michael RICHTER, Zwischen zentralistischer Tradition und föderativem Neuanfang: Grundzüge der Länderbildungspolitik der DDR-Regierung im Jahr der deutschen Einheit, in: Die zweite gesamtdeutsche Demokratie: Ereignisse und Entwicklungslinien – Bilanzierungen und Perspektiven, hrsg. v. Peter März, München 2001, S. 225–242.

68 Siehe Sächsische Heimatblätter 3 (1990), S. 145 f.

69 Vgl. auch Reiner GROSS, Die Wiedergeburt des vormals sächsischen Altertumsvereins e. V. als Verein für sächsische Landesgeschichte e. V., in: Sächsische Heimatblätter 38, 1992, Heft 2, S. 142 ff.

Mike Schmeitzner

Freistaat – Gau – Bezirke

Sachsen im Spannungsfeld von Demokratie und Diktatur 1919 – 1989

Die Gründungs- und Verfassungsväter des neuen Sachsen, des zweiten Freistaates, hatten nach 1989 nicht nur Fragen der Gegenwart und Zukunft im Blick, sondern ebenso die Erfahrungen und Traditionen der vorangegangenen Jahrzehnte, von denen sie sich geistig-moralische Impulse und Orientierungen erhofften. Schon in der Präambel des »Gohrischer Entwurfs« für eine neue Landesverfassung (Sommer 1990) fand ein solcher Orientierungsrahmen Eingang. Knappe zwei Jahre später erfolgte ihre endgültige Annahme mit der Verabschiedung des kompletten Verfassungswerkes. Aufgenommen wurden darin u. a. die »Traditionen der sächsischen Verfassungsgeschichte«, die »leidvollen Erfahrungen nationalsozialistischer und kommunistischer Gewaltherrschaft« und auch die Formel von der »eigenen Schuld« des sächsischen Volkes an dieser »seiner Vergangenheit«.[1] In den Beratungen des Verfassungsausschusses wurde unterdessen deutlich, welche Verfassungstraditionen die Gründungs- und Verfassungsväter eigentlich meinten. Die Rede war vor allem von der ersten sächsischen Verfassung von 1831 mit dem damals revolutionär anmutenden Grundrechtsteil und einem Landesverfassungsgericht. Als entscheidende Zäsur wurde freilich die Gründung des ersten sächsischen Freistaats 1919 gesehen – mit der Verabschiedung eines »Vorläufigen Grundgesetzes« noch im gleichen Jahr und mit der Verabschiedung der zweiten sächsischen Verfassung 1920.[2] Als ab Frühjahr 1990 Politiker der neuen Kräfte die dezidierte Wiedererrichtung eines sächsischen Freistaates forderten, allen voran der Motor der neuen Sachsen-Gründung Arnold Vaatz,[3] war dies eben kein Anflug sächsischen Größenwahns oder billige Nachahmung eines bayerischen Vorbildes, wie es manche heute noch missverstehen, sondern die sehr konkrete Bezugnahme auf die durchaus verheißungsvollen Anfänge sächsischer Freistaatlichkeit nach 1919; konkret: auf die republikanisch-demokratische Staatsform mit allgemeinem Wahlrecht, auf Rechtsstaatlichkeit und Gewaltenteilung, die erstmals so in diesem Gesamtzusammenhang Gestalt annahmen.

---

1 Die Verfassung des Freistaates Sachsen vom 27. Mai 1992, hrsg. von der Sächsischen Landeszentrale für Politische Bildung, Dresden 2008, S. 13.

2 Auf diese historische Dimension verwies insbesondere Steffen Heitmann (CDU), der bereits an der Ausarbeitung des »Gohrischer Entwurfs« maßgeblichen Anteil gehabt hatte. Vgl. Protokoll der 4. Klausurtagung zur Verfassung am 16. und 17. März 1991, in: Volker Schimpf/Jürgen Rühmann (Hrsg.), Die Protokolle des Verfassungs- und Rechtsausschusses zur Entstehung der Verfassung des Freistaates Sachsen, Rheinbreitbach 1997, S. 148 – 224, hier S. 163 f.

3 Arnold Vaatz (CDU), dem frühzeitig die Landesverfassung von 1920 bekannt war, spielte seit März 1990 mit dem Gedanken, auf die Bezeichnung »Freistaat« zurückzugreifen. Auch Frank Heltzig, der Dresdner Volkskammerabgeordnete der SPD, sprach sich Monate später, in der Diskussion des Ländereinführungsgesetzes, für einen solchen Rekurs aus. Vgl. Michael Richter, Die Bildung des Freistaates Sachsen. Friedliche Revolution, Föderalisierung, deutsche Einheit 1989/90, Göttingen 2004, S. 857 f.

Dass die darauf folgenden Diktaturperioden ebenso wenig Tradition stiftend sein konnten wie die Anfang 1947 vom Landtag verabschiedete Verfassung des sowjetisch besetzten Sachsens,[4] verstand sich gleichwohl von selbst. Die Formel von den »leidvollen Erfahrungen nationalsozialistischer und kommunistischer Gewaltherrschaft« ließ dies deutlich werden. Doch an eine Gleichsetzung der beiden Diktaturen war damit nicht gedacht, vielmehr an eine »Nebeneinanderstellung«, wie es ein prominentes Mitglied des Verfassungsausschusses während der internen Diskussion erläuterte.[5] Um die Frage der (konkreten) Schuld in beiden Diktaturen entspann sich indes eine weitaus heftigere Debatte: Der Riss ging hier beinahe durch alle politischen Lager. Während die einen der individuellen Schuld bzw. Verantwortlichkeit das Wort redeten und die besagte Formel als »Kollektivschuld«-These betrachteten, die viele Bürger nicht verstehen würden, weil darin doch die »Auferlegung einer moralischen Last auf die Bürger« zu sehen sei,[6] erhofften sich die anderen davon eine »kathartische Wirkung« ähnlich des Stuttgarter Schuldbekenntnisses des Rates der evangelischen Kirchen von 1945.[7] Justizminister Heitmann plädierte nachdrücklich für eine Beibehaltung, »da er ein erschreckendes Defizit an Schuldbewusstsein und Schuldbekenntnis in der sächsischen Bevölkerung entdecke, sowohl bei Rechtsradikalen vor Gericht als auch bei der Stasi-Problematik«. Er hielt die Präambel für einen »Punkt, wo dieses Problem sichtbar gemacht werden könne«, und verstehe es nicht so, dass »jeder in der Ex-DDR mit Schuld beladen sei, jedoch solle sich jeder danach fragen und prüfen«.[8]

Die Diskussionen der Gründungs- und Verfassungsväter des neuen Sachsen zeigen, wie stark die Vorbelastungen der Geschichte – der positiven Anknüpfungspunkte wie der diktatorischen Vergangenheiten – die Debatte um die Neugestaltung prägten. Sie zeigen überdies, wie das Spannungsfeld von Demokratie und Diktatur in der neuesten sächsischen Geschichte präsent war, und sie zeigen auch, wie intensiv darum gerungen wurde, Konsequenzen aus eben dieser Geschichte zu ziehen. Der Traum vom Freistaat, der nur wenige

---

4   Während der Diskussion im Verfassungsausschuss betonten die Abgeordneten Wolfgang Marcus (SPD) und Volker Schimpf (CDU) sowie der Berater Hans Karl Friedrich von Mangoldt, dass es sich bei dieser Verfassung um eine »eher manipulierte Verfassung durch die Besatzungsmacht« gehandelt habe, in der die »Gewaltenteilung eindeutig nicht durchgehalten wurde«. Protokoll der 4. Klausurtagung zur Verfassung am 16. und 17. März 1991, S. 163.

5   Vor einer »Gleichsetzung« warnten Bündnis 90/Grüne und PDS/Linke Liste, letztere mit Nachdruck. Vor allem Klaus Bartl (PDS/LL) machte »massive Bedenken« geltend und unterbreitete namens seiner Fraktion den Alternativvorschlag »autoritäre Gewaltherrschaft«, der bei der Mehrheit des Ausschusses allerdings auf Ablehnung stieß. Es war Bernd Kunzmann (SPD), der die Ablehnung begründete: »In der Präambel erfolge eine Nebeneinanderstellung, wie sie auch historisch erfolgt sei (nacheinander erfolgte Perioden), keine Gleichsetzung.« Auf Bartls Vorhalt, dass die SED »keine kommunistische Partei« und die DDR »keinesfalls ein kommunistischer Staat gewesen sei«, erklärte er: »Es gebe gute Gründe, die in der DDR gehabte Herrschaftsform so zu bezeichnen, wie es hier geschehen sei. Dies bedeute nicht, dass jeder Kommunist ein Unterstützer der Gewaltherrschaft gewesen sei, er halte aber die Bezeichnung insgesamt für angemessen.« Ebd., S. 164; Protokoll der 5. Klausurtagung zur Sächsischen Verfassung vom 2. und 3. Mai 1991, S. 225–286, hier S. 225; Protokoll der 6. Klausurtagung zur Sächsischen Verfassung vom 10. und 11. Januar 1992, S. 357–431, hier S. 362 f.

6   So etwa Bernd Kunzmann (SPD) in seiner Argumentation. Ebd., S. 359.

7   So Wolfgang Marcus (SPD) zur Begründung. Ebd., S. 361.

8   Ebd., S. 359. Um dem Eindruck der »Kollektivschuld-These« zu mildern, wurde jedoch der bestimmte Artikel in der Formulierung (»eingedenk der eigenen Schuld an der Vergangenheit«) getilgt (jetzt: »eingedenk eigener Schuld...«). Ebd., S. 360 f.

Jahre nach 1919 in Blut und Tränen, in Krieg und Vernichtung endete, sollte dieses Mal endlich feste Konturen gewinnen, in der Gesellschaft verwurzelt werden, mithin eine langfristige Perspektive haben. Dazu gehörte auch ein Anknüpfen an eben diesen Traum, ohne freilich das diktatorische Erbe leichthin zu entsorgen.

Um zu begreifen, weshalb der erste Freistaat als Vorläufer des aktuellen so gründlich scheiterte, vielleicht auch scheitern musste, ist ein Blick zurück in die Geschichte, zur Ausgangslage des verlorenen Ersten Weltkrieges, notwendig. Der Zusammenbruch des monarchischen Systems erfolgte vornehmlich aus zwei Gründen, die allerdings eng miteinander verwoben waren: Wegen der Reformunwilligkeit des alten Systems, vor allem in der Frage der demokratischen Teilhabe breiter Schichten der Bevölkerung, die sich im Krieg mit Hunger, Elend und dem täglichen Tod an der Front für Tausende sächsischer Soldaten verknüpfte. Das Eingeständnis der Niederlage im September 1918 entzog dem alten System dann die letzten verbliebenen Reste an Legitimität. Was folgte, war ein fast geräuschloser Abgang der Wettiner von der historischen Bühne. Doch diejenigen, die jetzt mit Hilfe der Arbeiter- und Soldaten-Räte (ASR) die Macht übernahmen, nämlich die Sozialdemokraten, sahen sich gleichfalls außerstande, die politischen wie sozial-ökonomischen Folgekosten des Ersten Weltkrieges rasch zu begleichen und gleichzeitig die hohen Erwartungen der eigenen Anhängerschaft überzeugend zu erfüllen.[9]

Eine entscheidende Wendemarke beinhaltete die sächsische Revolution von 1918/19 dennoch – und zwar vornehmlich für die Zukunft des politischen Systems: Dem Prinzip der Demokratie als repräsentativer Volksherrschaft wurde endgültig zum Durchbruch verholfen, als die Revolutionsregierung im Dezember 1918 das allgemeine Wahlrecht proklamierte.[10] Noch 22 Jahre vorher hatte das konservative sächsische Regiment ein reaktionäres Dreiklassenwahlrecht nach preußischem Vorbild eingeführt, welches 80 Prozent der erwachsenen Bevölkerung von der Wahlberechtigung ausschloss.[11] Jetzt, im Zuge der Revolution, wurde – unter maßgeblichem Druck der gemäßigten Sozialdemokraten – die parlamentarische Demokratie samt Ministerverantwortlichkeit eingeführt. Die ersten wirklich freien und auch für Frauen zugänglichen Wahlen fanden Anfang Februar 1919 statt und erbrachten für beide sozialdemokratische Parteien eine absolute Mehrheit der Stimmen und Mandate, was angesichts der hochindustrialisierten Strukturen des Landes und dem daraus folgenden Übergewicht der Arbeiterschaft keine wirkliche Überraschung war. Der Freistaat Sachsen, der Ende Februar 1919 mit dem »Vorläufigen Grundgesetz« aus der

---

9   Vgl. Karsten RUDOLPH, Die sächsische Sozialdemokratie vom Kaiserreich zur Republik 1871–1923, Weimar/Köln/Wien 1995, S. 129–231; Lothar MACHTAN, Die Abdankung. Wie Deutschlands gekrönte Häupter aus der Geschichte fielen, Berlin 2008, S. 304–313; Claus-Christian W. SZEJNMANN, Vom Traum zum Alptraum. Sachsen in der Weimarer Republik, Dresden 2000, S. 14–21.

10 Die wichtigsten Bestimmungen der Proklamation der Revolutionsregierung vom 24.12.1918 sind abgedruckt in: Walter FABIAN, Klassenkampf um Sachsen. Ein Stück Geschichte 1918–1930, Löbau 1930, S. 40.

11 Zwischenzeitlich, nämlich 1909, war mit der Einführung eines Pluralwahlrechtes nur eine maßvolle Milderung eingetreten. Vgl. Simone LÄSSIG, Wahlrechtskampf und Wahlreform in Sachsen (1895–1909), Köln/Weimar/Wien 1996; Karlheinz BLASCHKE, Landstände, Landtag, Volksvertretung. 700 Jahre Mitbestimmung im Land Sachsen, in: Uwe Schirmer/André Thieme (Hrsg.), Beiträge zur Verfassungs- und Verwaltungsgeschichte Sachsens. Ausgewählte Aufsätze von Karlheinz Blaschke hrsg. aus Anlass seines 75. Geburtstages, Leipzig 2002, S. 229–247, hier S. 242.

Taufe gehoben wurde, sollte folgerichtig und gemäß einer vom Parlament verabschiedeten Entschließung ein »demokratisch-sozialistischer« sein. Gedacht war dabei an eine »Sozialisierung der Wirtschaft«, die nach dem »Stand der Entwicklung herbeizuführen« sei.[12]

Der neue Regierungschef des Landes, der bisherige Dresdner Reichstagsabgeordnete Georg Gradnauer, ein aus dem jüdischen Bürgertum stammender Staatsrechtler, versuchte von Beginn an Gegensätze zu überbrücken und eine neue Klassenherrschaft zu verhindern. Ausdrücklich wandte er sich in seiner Regierungserklärung gegen jede Form der Diktatur, auch gegen eine solche des Proletariats, wie sie Kommunisten und radikale USPD-Vertreter forderten. Sein Bekenntnis ließ an Deutlichkeit nichts zu wünschen übrig, als er erklärte: »Als unvereinbar mit den obersten Grundsätzen erachtet die Regierung jedwede Bestrebungen, die auf die gewaltsame Diktatur einer Minderheit abzielen, von welcher Seite sie auch kommen mögen.« Das von ihm geführte Kabinett werde »mit aller Entschiedenheit« die »Sicherheit der Person« sowie die Presse- und Versammlungsfreiheit garantieren.[13] Seine Absicht, zu einem historischen Kompromiss zwischen demokratischer Arbeiterbewegung und demokratischem Bürgertum zu gelangen, sollte freilich nur zu Anfang Früchte tragen. Die von den maßgeblichen Parteien getragene Verfassung von 1920 war eine solche Frucht, die neben dem Prinzip der parlamentarischen Demokratie erstmals auch Elemente der direkten Demokratie (Volksentscheid) beinhaltete.

Schnell nämlich stellte sich heraus, dass sich die tiefen Gegensätze zwischen den bestimmenden politischen Lagern auch im neuen, demokratischen Freistaat kaum überbrücken ließen. Zu stark waren insbesondere die beiden Hauptlager, das linke, proletarische und das konservativ-bürgerlich-protestantische, auf sich selbst und ihre jeweiligen, von einander abgeschotteten Milieus bezogen. Auf eine in Sachsen stark verankerte und z.T. radikalisierte Arbeiterbewegung prallte ein selbstbewusstes Bürgertum, das zwar immer noch die gesellschaftlichen Schlüsselpositionen beherrschte, sich aber in Fragen der politischen Gestaltung in einer Außenseiterrolle wähnte und sich mit den veränderten Machtverhältnissen nur schwer abzufinden vermochte. Heiß umkämpft waren vor allem die Bereiche Bildung, Wirtschaft, Soziales, und Kirche, in denen die regierende Sozialdemokratie eigene sozialistische und freidenkerische Akzente zu setzen versuchte.[14] Eine integrierende und vermittelnde politische Kraft, wie sie insbesondere in Preußen die Volkspartei des katholischen Zentrum repräsentierte, existierte in Sachsen aufgrund des hier vorherrschenden evangelisch-konfessionellen Bekenntnisses nicht. Und die linksliberale Deutsche Demokratische Partei (DDP), mit der Gradnauers Sozialdemokraten einige Zeit regierten, erwies sich als zu schwach, um ein tragfähiges Bindeglied zu werden.

---

12 Die Entschließung bzw. »Kundgebung« der Volkskammer, wie das sächsische Parlament 1919/20 hieß, ist abgedruckt in: Fabian, Klassenkampf, S. 51.

13 Zit. nach: Mike Schmeitzner, Georg Gradnauer – Der Begründer des Freistaates (1918–1920). In: Mike Schmeitzner/Andreas Wagner (Hrsg.), Von Macht und Ohnmacht. Sächsische Ministerpräsidenten im Zeitalter der Extreme 1919–1952, Beucha 2006, S. 52–88, hier S. 72.

14 Zu den verschiedenen und umstrittenen Aspekten sozialdemokratischer Regierungspolitik vgl. Rudolph, Sächsische Sozialdemokratie, S. 220–325; Mike Schmeitzner/Michael Rudloff, Geschichte der Sozialdemokratie im Sächsischen Landtag. Darstellung und Dokumentation 1877–1997, Dresden 1997, S. 57–84.

So war es kaum verwunderlich, dass sich schon während des Kapp-Putsches 1920 Arbeiterschaft und bürgerliche Zeitfreiwilligen unversöhnlich gegenüberstanden; eine Unversöhnlichkeit, die allein in Dresden und Leipzig über 150 Menschen zu Tode kommen ließ, als Zeitfreiwillige das Feuer eröffneten.[15] Die tiefe Spaltung des Freistaats kam schließlich ganz offen und militant mit jener Reichsexekution zum Ausdruck, mit der die Reichsregierung Ende 1923 ein linkssozialistisches sächsisches Kabinett durch Reichswehrtruppen aus dem Amt entfernen ließ: Während die politische Linke, vornehmlich die Sozialdemokraten, diese Aktion als Demontage der Demokratie betrachtete, erblickten insbesondere die Liberalen in jener Aktion eine Rettung eben dieser Demokratie, die sie mit der vorangegangenen Regierungsbeteiligung der KPD bereits verloren gegeben hatten.[16] Die Partei von Reichskanzler Gustav Stresemann, die rechtsliberale Deutsche Volkspartei (DVP), war schon dazu übergegangen, von einer »sächsischen Sowjetrepublik« zu sprechen, und kurz vor Verhängung der Reichsexekution hatte selbst der linksliberale Fraktionsvorsitzende Richard Seyfert unmissverständlich klargemacht, dass er die mitregierenden Kommunisten für verfassungsfeindlich halte und nur noch die Reichsregierung als »verfassungsgemäßes und verfassungssicheres« Organ betrachte.[17]

Was folgte, war ein kurzzeitiges Intermezzo eines aus Berlin gerufenen »Reichskommissars« für Sachsen und eine darauf amtierende sozialdemokratische Minderheitsregierung, die sich mit der Reichswehr die Macht teilen musste und selbst aus ihren eigenen Reihen Verhaftungen zu gewärtigen hatte.[18] Zu allem Überdruss zerbrach auch noch die organisatorische Einheit der SPD. Die stärkste Partei des Freistaates spaltete sich ab Anfang 1924 an der Frage, ob sie nach den Erfahrungen des vorangegangenen Krisenjahres weiter mit der KPD ein Bündnis bilden wollte oder aber mit den liberalen Parteien. Während der starke linke Flügel für eine Neuauflage mit der linksradikalen KPD eintrat, um so »reine« sozialistische Politik betreiben zu können, bildete der schwächere rechte Flügel, der aber die Mehrheit der Landtagsfraktion und der freien Gewerkschaften repräsentierte, fast handstreichartig eine Koalition mit den beiden liberalen Parteien. Ihm ging es um die Bewahrung des bislang Erreichten und die klare Distanzierung von der nichtdemokratischen KPD, die ja erst im Herbst des Vorjahres den Versuch unternommen hatte, mittels einer legalistischen Strategie den »Deutschen Oktober« von Sachsen und Thüringen aus einzuläuten. Für die marxistische SPD-Parteilinke war die Bildung einer Großen Koalition dagegen ein nicht hinnehmbarer »Klassenkompromiss«, ein Verlassen des »reinen« sozialistischen Weges – ohnedies behaftet mit dem Odium der Reichsexekution.[19]

---

15 Vgl. Rudolph, Sächsische Sozialdemokratie, S. 245–251.

16 Der Regierung des Sozialdemokraten Erich Zeigner, der seit Anfang Oktober 1923 mit der KPD koalierte, standen unisono alle bürgerlichen Parteien ablehnend gegenüber – sowohl Links- und Rechtsliberale als auch die Konservativen.

17 Zit. nach: Mike Schmeitzner, Erich Zeigner – Der Linkssozialist und die Einheitsfront (1923), in: Schmeitzner/Wagner (Hrsg.), Von Macht und Ohnmacht, S. 125–158, hier S. 140.

18 Zur Minderheitsregierung Fellisch (SPD) ausführlich: Mike Schmeitzner, Alfred Fellisch 1884–1973. Eine politische Biographie, Köln/Weimar/Wien 2000, S. 245–327.

19 Vgl. ebd., S. 329–399.

So blieb diese Koalition ein äußerst fragiles Bündnis, dem es nicht gelang, die »so gegensätz-lich verfasste [...] politische Kultur der unterschiedlichen sozialmoralischen Milieus«[20] auch nur ansatzweise zu überbrücken. Von der Ausformung eines demokratischen Grundkonsens konnte gleichfalls keine Rede sein – zu stark strebten die so unterschiedlichen Lager und Lebenswelten auseinander, und zu stark schienen auch die ideologischen Primärinteressen der Parteien den 1920 geschaffenen demokratischen Verfassungsbogen zu überlagern. Nach nur wenigen Jahren Koalition waren die Partner geschwächt, gespalten oder marginalisiert.[21]

Am Ausgang der Zwanziger Jahre hatte sich das bisherige parlamentarische Fünf-Par-teien-System in ein Zehn-Parteien-System verwandelt – ein Zeichen dafür, dass von einer politischen und wirtschaftlichen Stabilisierung wahrlich nicht gesprochen werden konnte. Entscheidend aber war, dass dieser Zersplitterung der Aufstieg der radikalen Flügelparteien auf dem Fuße folgte. Der Ausbruch der Weltwirtschaftskrise 1929, die mit besonderer Wucht über Sachsen hereinbrach, zu einer immensen Arbeitslosigkeit und Zerrüttung der kommunalen Finanzen führte, am Ende Hoffnungslosigkeit und Abstiegsängste verbreitete, stärkte die Lagerbildung in bislang nicht gekannter Militanz: Auf der Linken band die stali-nisierte KPD enttäuschte Anhänger der SPD und stellte offen und in aggressiver Form die Frage nach der Überwindung des »Systems«. Rufe nach einem »Sowjetdeutschland« und einer »Diktatur des Proletariats« gehörten nun zu ihrem festen politischen Repertoire.[22] Auf der Rechten bekam die schon seit 1921 in Sachsen existierende NSDAP erheblichen Zulauf, vor allem aus der Anhängerschaft der bisherigen bürgerlichen Parteien, die bin-nen Kurzem aufgesogen wurde. Die Anziehungskraft der NS-Partei resultierte ganz offen-sichtlich aus den Folgewirkungen der Krise, aber auch aus ihrem revolutionären Habitus und ihrer betonten Jugendlichkeit und auch daraus, dass sie der Krise und dem linken Klassenkampf-Gedanken eine rassisch begründete und von politischen Gegnern gesäuberte »Volksgemeinschaft« als verschwommene Gesellschaftsvision entgegensetzte.[23]

Mit *dem* Juden als Feindbild knüpfte die NSDAP an ältere antisemitische Verschwö-rungstheorien an, die gerade in Sachsen vor der Jahrhundertwende schon einmal größeren Zuspruch erfahren hatten: Auch im ausgehenden 19. Jahrhundert hatten sich Teile eines prekären Mittelstandes von einer angeblich jüdischen Hochfinanz einerseits und einer vor-geblich jüdisch-marxistischen Arbeiterbewegung andererseits bedroht gesehen. Vermochte damals eine mittelständisch orientierte antisemitische »Reformpartei« zeitweise politisch zu reüssieren,[24] war es nun die NSDAP, die auf dem Weg in ihre »Volksgemeinschaft« vor-

---

20 Clemens VOLLNHALS, Der gespaltene Freistaat: Der Aufstieg der NSDAP in Sachsen, in: DERS. (Hrsg.), Sachsen in der NS-Zeit, Leipzig 2002, S. 9–40, hier S. 9.

21 Von der geschwächten und nach links gerückten SPD hatte sich eine rechtssozialdemokratische ASP abgespalten, während DDP und DVP, aber auch die deutschnationale DNVP zum Teil erhebliche Ver-luste zu verzeichnen hatten. Im bürgerlichen Spektrum bildeten sich jetzt zudem reine, schon am Namen erkennbare Interessenparteien (Wirtschaftspartei, Landvolkpartei).

22 Vgl. Hermann WEBER, Hauptfeind Sozialdemokratie. Strategie und Taktik der KPD 1929–1933, Düsseldorf 1982, S. 57 ff.

23 Vgl. VOLLNHALS, Der Aufstieg der NSDAP, S. 14–19.

24 Vgl. Matthias PIEFEL, Antisemitismus und völkische Bewegung im Königreich Sachsen 1879–1914, Göttingen 2004, S. 103–113; Mike SCHMEITZNER, »Deutsche Wacht« und »Tintenjuden«. Antisemi-ten und Sozialdemokraten im Kampf um die politische Vorherrschaft in Dresden 1893–1903, in: Dresdner Hefte. Beiträge zur Kulturgeschichte, 22 (2004), S. 36–44.

nehmlich Arbeiterschaft und Unternehmertum von der jüdisch-marxistischen »Irrlehre« und dem wirtschaftlichen Einfluss *der* Juden befreien wollte. Politischen Pluralismus und gesellschaftliche Fragmentierung verstand diese Partei eben nicht als Zeichen zivilisatorischer Moderne, sondern als Ausdruck einer innerlichen Zerrissenheit und eines Fäulnisprozesses, die *der* Jude bewusst herbeigeführt habe.[25] Solche völkischen Integrationsparolen stießen gerade wegen der Kriegsfolgen, der sozialen Misere und der ungefestigten Demokratie auf immer mehr Zuspruch; vornehmlich dort, wo – wie im sächsischen Südwesten – Altindustrien, Heimarbeit und eine geringe Gewerkschaftsdichte das Bild bestimmten. Es war kein Zufall, dass dort die Partei ihre Keimzellen hatte, dort ihre ersten Erfolge feierte und von dort ihr Führer Martin Mutschmann kam.[26]

Das Anschwellen der politischen Extreme und ein von den Parteiarmeen ausgetragener latenter Bürgerkrieg, der vonseiten der NSDAP mit besonderer Brutalität geführt wurde, machten schließlich den Freistaat unregierbar. Eine parlamentarisch getragene Regierung kam wegen der unversöhnlichen Lagerbildung nicht mehr zustande, und jene Partei, die für diesen Zustand die Hauptverantwortung trug, sollte daraus den größten Nutzen ziehen: die mittlerweile wählerstärkste Kraft, die NSDAP,[27] die sich sowohl als Bürgerkriegs- als auch als nationaler Ordnungsfaktor präsentierte und dadurch auch in Sachsen nach der Macht zu greifen vermochte. Ohne die Unterstützung der alten Eliten in Verwaltung, Wirtschaft und Militär hätte dies freilich nicht so rasch gelingen können, und ohne die Unterstützung der seit 30. Januar 1933 berufenen schwarz-braunen Reichsregierung Hitler ebenso wenig.

Die Anfang März 1933 erfolgte NS-»Machtergreifung« ergab sich aus einem dialektischen Doppelspiel: Mit Straßenterror von »unten« und Kanzler-Weisung von »oben« wurde die bisherige geschäftsführende Landesregierung aus dem Amt gedrängt und durch ein NS-Kabinett ersetzt.[28] Auch aufgrund der völlig paralysierten politischen Gegenkräfte gelang es den neuen Machthabern in nur kurzer Zeit, Pluralismus und Demokratie zu zerschlagen, die allerdings schon geschwächt gewesen waren. Rechtsstaatlichkeit und Föderalismus wurden ebenso rasch ausgehöhlt, wobei dafür die Verfassungen des Reiches und Sachsens nicht außer Kraft gesetzt werden mussten. Neue Verordnungen und Gesetze auf Reichs- und Landesebene bildeten die Grundlage für den diktatorischen »Maßnahmenstaat«: Mit der sogenannten »Reichstagsbrandverordnung« vom 28. Februar 1933 wurde ein Großteil der Grundrechte aufgehoben und es der Regierung Hitler ermöglicht, in Landesbefugnisse einzugreifen, was sie im Falle Sachsens ja auch rücksichtslos tat. Überdies ebnete die Verordnung den Weg für bis zu 30 frühe Konzentrationslager, in die Tausende politische Gegner eingepfercht wurden. Mit dem Ermächtigungsgesetz, das der neu formierte Landtag[29] im Mai 1933 nach Berliner Vorbild billigte, ließ sich die sächsische NS-Regierung

---

25 Der Freiheitskampf vom 09.01.1933.

26 Vgl. Vollnhals, Der Aufstieg der NSDAP, S. 14 f.

27 Bei den Reichstagswahlen vom 31. Juli 1932 hatte die NSDAP in den drei sächsischen Wahlkreisen zwischen 36 % und 47 % erzielen können.

28 Vgl. ausführlich dazu Andreas Wagner, »Machtergreifung« in Sachsen. NSDAP und staatliche Verwaltung 1930–1935, Köln 2004, S. 136–158.

29 Der im April 1933 ohne Landtagswahlen neu gebildete Landtag war nach dem für die NSDAP günstigen Ausgang der Reichstagswahl vom 5. März zusammengesetzt worden; die Mandate der KPD hatten die neuen Machthaber auf Reichs- wie auf Landesebene einfach kassiert.

schließlich legislative Befugnisse übertragen. Den Mut zur Verweigerung brachte lediglich jenes Häuflein aufrechter SPD-Abgeordneter auf, das noch nicht verhaftet oder ins Exil getrieben worden war. Es sollte jedoch nicht mehr lange dauern, bis auch der ohnehin schon gleichgeschaltete Landtag als Institution verschwand; neue Reichsgesetze regelten dies nun ebenso wie die generelle »Gleichschaltung« der Länder mit dem Reich.

Dieser Vorgang lässt sich als ein politisch-ideologischer und ein auf Zentralisierung setzender verwaltungstechnischer Prozess bezeichnen, der mehrere Jahre in Anspruch nahm. Am Ende (1943) existierte mit dem »Gau Sachsen« eine der Reichsverwaltung direkt untergeordnete Verwaltungseinheit ohne Parlament und ohne Ministerien. Mit anderen Worten: eine Mittelinstanz im zentralisierten Führerstaat. Ein weiteres Charakteristikum bildete die Ausrichtung der sächsischen staatlichen Verwaltung nach eben diesem auf Reichsebene praktizierten »Führerprinzip«. Auf dem Weg dahin mussten allerdings in den ersten zwei Jahren nach 1933 mehrere Hürden genommen werden, die Hitler selbst mit errichtet hatte: Seinem Einfluss war es zuzurechnen, dass im März 1933 mit Manfred v. Killinger der sächsische SA-Chef zum Ministerpräsidenten avancieren konnte, während nur wenige Wochen später der Gauleiter der NSDAP, Martin Mutschmann, den neu geschaffenen Posten eines Reichsstatthalters übertragen bekam. Nach eineinhalb Jahren vermochte Mutschmann diesen Führungsdualismus zu seinen Gunsten aufzulösen: Anfang 1935 vereinte der fanatische Antisemit und »ordentliche, brutale Führer« (wie ihn Joseph Goebbels nannte) alle entscheidenden Machtkompetenzen in seiner Hand – er war jetzt Gauleiter, Ministerpräsident und Reichsstatthalter, der absolute Fürst im braunen Gau.[30]

Die besondere Willkür, die sein Regiment selbst nach Dafürhalten mancher NS-Funktionäre entfaltete, traf außer politischen Gegnern vor allem Juden und geistig Behinderte, die den Hass- und Verfolgungskampagnen dieses braunen Führers und seines Systems ausgesetzt waren. Noch vor dem Moskauer Sondertribunal Anfang 1947 rechtfertigte Mutschmann die von ihm betriebene Ausgrenzungs- und Vernichtungspolitik.[31] Dass es sich bei diesem Regime um einen radikalen Gegenentwurf zu einem »freien« Staat handelte, wird durch nichts deutlicher veranschaulicht als durch die Tatsache, dass rassisch *und* politisch Verfolgte wie die engagierten Demokraten Max Sachs und Kurt Heilbutt im KZ Sachsenburg und im Vernichtungslager Auschwitz bestialisch ermordet wurden, und dass dieses Regime auch nicht davor zurück schreckte, mit Georg Gradnauer den ersten sächsischen Ministerpräsidenten nach Theresienstadt zu deportieren und einen Großteil seiner Familie in Auschwitz zu ermorden. Dies kann durchaus als Akt einer doppelten Auslöschung – einer physischen und einer symbolischen – begriffen werden, galt doch der Freistaatgründer vor 1933 der sächsischen NS-Führung geradezu als Symbolfigur des von ihnen als »Judenrepublik« denunzierten Freistaats.[32] Andererseits führt kein Weg an der Erkenntnis vorbei, dass eine Mehrheit der Bevölkerung diese »Exklusion« aus der Gesellschaft zustimmend oder

---

30 Vgl. Andreas WAGNER, Martin Mutschmann – Der braune Gaufürst (1935–1945), in: Schmeitzner/ Wagner (Hrsg.), Von Macht und Ohnmacht, S. 279–308, hier S. 290–306.

31 Vgl. Protokoll der abschließenden Gerichtsverhandlung des Militärkollegiums des Obersten Gerichts der UdSSR vom 30.01.1947 (HAIT-Archiv, Akte Martin Mutschmann).

32 Gemeint sind damit vor allem die Kampagnen, die das sächsische NS-Blatt »Der Freiheitskampf« Anfang der Dreißiger Jahre gegen den damaligen sächsischen Gesandten beim Reich initiierte. Vgl. insbesondere »Der Freiheitskampf« vom 18. und 22.11.1930.

passiv goutierte, sich in der propagierten »Volksgemeinschaft« eingerichtet hatte und sich mit der Ideologie des Dritten Reiches durchaus identifizierte.

Als der von Hitler entfachte Vernichtungskrieg mit der Kapitulation der Wehrmacht und der Übernahme der Regierungsgewalt durch die Alliierten endete, war von der sächsischen Verwaltungseinheit kaum mehr der Name übrig geblieben. »Regierungen« auf zentraler oder Landesebene existierten nicht mehr. Stattdessen gab ab Juni 1945 die »Sowjetische Militäradministration in Deutschland« (SMAD) für das Gebiet der »Sowjetischen Besatzungszone« (SBZ) die Richtung vor. Die Wiederherstellung einer funktionierenden Landesverwaltung basierte in der Folge auf Weisungen aus Moskau und der Spitze der SMAD. Anfang Juli 1945 bestätigte der Chef der SMAD, Marschall Shukov, eine sowjetische Auftragsverwaltung für ein um drei niederschlesische Kreise erweitertes »Bundesland Sachsen«.[33] Statt einer »klassischen« Landesregierung sah die »Bestätigung« ein sechsköpfiges Präsidium einer »Landesverwaltung Sachsen« (LVS) mit einem Landespräsidenten und fünf Vizepräsidenten vor, die von Vertretern der neuen »antifaschistisch-demokratischen« Parteien, KPD, SPD, CDU und LDP, besetzt wurden.[34]

Doch ein tatsächlicher demokratischer Neuanfang auf föderaler Grundlage war damit langfristig nicht verbunden. Das lag weniger daran, dass die neue Landesverwaltung der gleichfalls neu gebildeten »Sowjetischen Militäradministration in Sachsen« (SMAS), einer Mittelinstanz der SMAD, für mehrere Jahre direkt unterstellt blieb. Ähnliche Unterstellungsverhältnisse existierten auch in den westlichen Besatzungszonen, in denen sich ebenfalls noch 1945 wieder Länderverwaltungen herausbilden konnten. Als entscheidend sollte sich vielmehr der politische wie organisatorische Einfluss von Besatzungsmacht und KPD auf das gesamte politische Leben erweisen.

Schnell zeigte sich hier, dass die KPD ihre ursprünglichen Ziele nicht aufgegeben hatte. Sie versuchte sie nur vor dem Hintergrund der Vierzonen-Verwaltung Deutschland und des eigenen gesamtdeutschen Anspruchs zu modifizieren. In der SBZ war die KPD von Anfang an bestrebt, auf den entscheidenden Gebieten der Gesellschaft eine Schlüsselrolle einzunehmen – sei es in der neuen Landesverwaltung oder im Parteienblock, dem die Funktion zufiel, die anderen Parteien zu kontrollieren und einzubinden.[35] Alles in der Hand zu behalten, es nur nach außen hin demokratisch aussehen zu lassen – das war die Devise, mit der die kommunistischen Führungskader gesellschaftliche Weichenstellungen sukzessive einleiteten. Die »reale« oder »wirkliche« Demokratie, von der sie immerzu redeten, meinte dabei keineswegs eine Art demokratischen Sozialismus, sondern eine Zwischenstufe auf dem Weg zur »Diktatur des Proletariats«, wie es Führungskader schon 1945 auf internen Schulungskursen unmissverständlich verkündeten.[36] Nein, es war kein Zufall, dass in Sachsen und der

33 Bei den drei niederschlesischen Kreisen handelt es sich um Gebiete westlich der Lausitzer Neiße, die zu den vormaligen deutschen Ostgebieten (preußische Provinz Niederschlesien) gehört hatten.

34 Zu den Vorgängen im Detail: Andreas THÜSING, Landesverwaltung und Landesregierung in Sachsen 1945–1952, Frankfurt am Main 2000, S. 44–62.

35 Gemeint ist damit der Block der »antifaschistisch-demokratischen Parteien«, dem jede neu gegründete Partei im Sommer 1945 beitreten musste. Aufgrund des hier herrschenden Einstimmigkeitsprinzips vermochte die KPD von Beginn an hier ihre Vorstellungen umzusetzen, wobei sie sich dabei direkt oder indirekt immer auf die Besatzungsmacht berufen konnte.

36 Rede Hermann Materns über »Unsere Stellung zum Staat von heute« am 22.09.1945 an der KPD-Kreisschule Chemnitz (SStAC, BPA I-4/05, Bl. 20–25).

SBZ eine schleichende Diktaturdurchsetzung in Gang kam, die dann mit der Eskalation des Kalten Krieges rasant Fahrt aufnahm; es war auch kein Zufall, das – im Gegensatz dazu – in Bayern etwa sofort wieder an die Traditionen des ersten Freistaates angeknüpft werden konnte, unbeschadet der Tatsache, das auch hier die amerikanische Besatzungsmacht in den ersten Jahren massiv verwaltungspolitisch eingriff. Der Unterschied bestand freilich darin, dass die eine Besatzungsmacht Pluralismus und Demokratie wieder möglich machte, die andere diese nur simulieren ließ.[37]

Sichtbar wurde das in Sachsen mit der Gründung der SED als zukünftiger Staatspartei, mit der so die schärfste Konkurrenz der KPD, die SPD, organisatorisch beseitigt wurde; sichtbar auch mit der Abhaltung von nur halbfreien Wahlen im Herbst 1946, in deren Vorfeld die Besatzungsmacht die SED eindeutig bevorzugte und die verbliebenen Demokratiepotentiale, CDU und LDP, stark behinderte; und sichtbar schließlich mit der Schaffung einer Landesverfassung Anfang 1947, in der zwar bisherige sozialökonomische Umwälzungen und Anfänge einer Planwirtschaft verankert wurden, nicht aber eine Gewaltenteilung. Von der Schaffung einer Verwaltungs- und Verfassungsgerichtsbarkeit war gleichfalls keine Rede. Der Bruch zu 1919 wurde vollends deutlich, als ab 1948 zwei entscheidende Tendenzen mit immer höherem Tempo zum Durchbruch gelangten: auf der einen Seite die Zentralisierung der Verwaltungen, auf der anderen Seite die rigorose Durchsetzung des gesamtgesellschaftlichen Führungsanspruchs der SED.[38]

Diesem Anspruch wurde sowohl die Landesverwaltung als auch der Landtag unterworfen. CDU wie LDP hatten in diesem ungleichen Ringen keine Chance, sie unterlagen seit 1948 einer zügigen Säuberung und Gleichschaltung zu prokommunistischen Blockparteien. Chancenlos blieben auch ihre führenden Repräsentanten wie Hugo Hickmann oder Wolfgang Mischnick, die Redeverbot erhielten, abgesetzt oder zur Flucht veranlasst wurden. Weniger bekannte Funktionäre gerieten ins Räderwerk der sowjetischen Sonderjustiz und erhielten hohe Haftstrafen. Ähnliches geschah mit renitenten Sozialdemokraten, die sich in der SED dem dort jetzt vorherrschendem Prinzip des Marxismus-Leninismus nicht unterordnen wollten. Betroffen waren aber auch Vertreter einer jungen und kritischen Generation, die sich offen oder konspirativ der Diktaturdurchsetzung verweigerten – vor allem Schüler, Studenten, junge Liberale und Christen. Den Weg in die offene Diktatur bahnten schließlich die ersten Einheitslistenwahlen, welche die SED im Oktober 1950 abhalten ließ und bis 1989 regelmäßig wiederholte.[39]

Der von Walter Ulbricht auf der II. Parteikonferenz der SED (1952) verkündete »Aufbau der Grundlagen des Sozialismus« forcierte den totalen Zugriff der Partei auf alle Ebenen

37 Zum Vergleich zwischen der Entwicklung in der amerikanischen und sowjetischen Zone siehe Mike SCHMEITZNER, Föderale Demokratie oder zentralistische Diktatur? Sachsen und Hessen im Vergleich (1945–1952), in: Michael Richter/Thomas Schaarschmidt/Mike Schmeitzner (Hrsg.), Länder, Gaue und Bezirke. Mitteldeutschland im 20. Jahrhundert, Halle 2007, S. 157–188.

38 Vgl. Mike SCHMEITZNER/Stefan DONTH, Die Partei der Diktaturdurchsetzung. KPD/SED in Sachsen 1945–1952, Köln/Weimar/Wien 2002, S. 245–272.

39 Vgl. ebd., S. 415–436; Michael RICHTER, Die Ost-CDU 1948–1952. Zwischen Widerstand und Gleichschaltung, Düsseldorf 1990; Ute SCHMIDT, »Vollständige Isolierung erforderlich ...«. SMT-Verurteilungen im Kontext der Gleichschaltung der Blockparteien CDU und LDP 1946–1953, in: Andreas Hilger/Mike Schmeitzner/Ute Schmidt (Hrsg.), Sowjetische Militärtribunale. Band 2: Die Verurteilung deutscher Zivilisten 1945–1955, Köln/Weimar/Wien 2003, S. 345–394.

der Gesellschaft weiter – ob mit der Kollektivierung der Landwirtschaft, der Entmachtung der noch bestehenden Reste der Privatindustrie, dem Aufbau bewaffneter Streitkräfte, dem Ausbau des innerdeutschen Grenzregimes, der verstärkten Durchsetzung des Marxismus-Leninismus im politisch-kulturellen Bereich und – besonders folgenreich – mit der Zerschlagung der traditionellen Länderstrukturen. Wenige Wochen vor der Konferenz hatte das SED-Politbüro bereits intern beschlossen: »Zur Beseitigung der noch aus der feudalen Zeit überlieferten Gliederung der Länder und Kreise und im Interesse einer besseren Anleitung und Kontrolle der unteren staatlichen Organe werden anstelle der fünf Länder etwa fünfzehn demokratische Gebietsorgane geschaffen, die großen Kreise in zwei oder mehrere Kreise aufgeteilt und die Grenzen der Gebiete und Kreise entsprechend der politischen, wirtschaftlichen, verkehrstechnischen und militärischen Zweckmäßigkeit festgelegt.«[40] Mit Wirkung vom 1. August 1952 wurden aus den fünf Ländern 14 neue Bezirke gebildet; Ost-Berlin erhielt etwas später den Bezirksstatus zuerkannt.

In der Diktion der DDR ging es bei der Umstrukturierung darum, die »einheitliche zentrale Staatsmacht zu stärken, die politisch-administrative Gliederung der DDR während der Übergangsperiode vom Kapitalismus zum Sozialismus besser den ökonomischen Erfordernissen anzupassen und die sozialistische Demokratie auf der Grundlage des demokratischen Zentralismus zu entwickeln«.[41] Betrachtet man das Gerede von der Demokratisierung der Verwaltung als das, was es zweifellos war, als politischer Euphemismus, dann bleibt die Feststellung, dass der Bruch mit der Tradition vor allem dem Ziel eines zügigeren zentralistischen Durchgriffs diente. Im Fall des untergegangenen Sachsen zogen die Umstrukturierungspläne auch noch konkrete Grenzveränderungen nach sich: In zwei der drei neuen »sächsischen« Bezirke (Chemnitz, Leipzig) wurden aus ökonomischen Gründen thüringische und sachsen-anhaltische Gebiete inkorporiert, wohingegen aus denselben Gründen ehemals sächsische Gebiete im Nordosten des alten Landes an den neu entstandenen »Energie-Bezirk« Cottbus abgetreten werden mussten.[42] Mit der gesetzlichen Liquidierung der DDR-Länderkammer 1958 und der Verabschiedung der neuen DDR-Verfassung 1968 schien das zentralistische System unumkehrbar verankert.

Nimmt man die Entwicklung beider Diktaturen in den Blick, dann lassen sich durchaus Parallelen ziehen, die keineswegs auf eine Gleichsetzung hinauslaufen, wohl aber auf eine wissenschaftlich relevante Vergleichsanalyse. Dabei sollten freilich die Vergleichsmaßstäbe beachtet werden: Honecker mit Hitler und Bautzen mit Auschwitz zu vergleichen ergibt keinen Sinn[43] und würde lediglich dazu führen, die monströsen Verbrechen des »Dritten Reiches« zu bagatelisieren. Anders als die SED-Diktatur hat die NS-Diktatur singuläre Vernichtungskriege und Völkermorde zu verantworten, die auf ihrer besonderen rassistisch-antisemitischen Verwurzelung gründen. Zu berücksichtigen ist außerdem, dass es sich

---

40 Zit. nach: Mario NIEMANN, Zur Kaderpolitik der SED in Sachsen. Die Sekretäre der 1952 gebildeten Bezirksleitungen Chemnitz, Dresden und Leipzig, in: Richter/Schaarschmidt/Schmeitzner (Hrsg.), Länder, Gaue und Bezirke, S. 231–254, hier S. 231.
41 Zit. nach: Ebd., S. 232.
42 Vgl. ebd., S. 233.
43 Vergleichskritiker wie Wolfgang WIPPERMANN, Dämonisierung durch Vergleich. DDR und Drittes Reich, Berlin 2009, S. 8, unterstellten in der Vergangenheit derartige Vergleichsaspekte unisono vielen Publizisten und Historikern.

beim NS-Regime um eine Zustimmungsdiktatur gehandelt hat, beim SED-Regime jedoch um eine okkupationssozialistische Variante der »Pax Sovietica«. Das war auch der Grund, weshalb die DDR bei einem Großteil der Bevölkerung mehr auf Duldung denn auf Zustimmung stieß. Nicht unberechtigt erscheinen auch Vergleichseinwände, die auf den entschiedenen Antifaschismus der KPD abstellen. Ein Einwand lautet hier, dass es doch gerade Kommunisten gewesen seien, die im Kampf gegen das NS-Regime die meisten Opfer zu beklagen hatten; ein anderer, dass ja wohl die KPD nach Kriegsende die härteste Entnazifizierung durchgesetzt habe. In der Tat ist der kommunistische Beitrag gegen das NS-Regime am konkreten Beispiel zu würdigen.[44] Unbestreitbar ist aber auch, dass ein Teil der überlebenden Opfer sofort nach 1945 daran ging, an der Errichtung einer neuen Parteidiktatur mitzuwirken. Im Falle Sachsens gilt dies beispielsweise für so Prominente wie Ernst Lohagen und Fritz Selbmann, doch auch – und besonders tragisch – für Gerhart Ziller, der als späterer Ulbricht-Kritiker nur noch einen Ausweg im Freitod sah. Was die Entnazifizierung betrifft, so wurde in der SBZ zum Beispiel die staatliche Verwaltung tatsächlich am schärfsten gesäubert, aber eben auch auf diesem Weg die »Kaderfrage« von KPD und SED geklärt, die von jetzt ab nicht mehr Oppositions- sondern Staatspartei sein wollte.

Ungeachtet dessen ergeben sich für die konkrete regionale Ebene Vergleichsaspekte, die augenfällig sind: Gemeint ist damit der sehr ähnliche Umgang beider Staatsparteien mit Föderalismus, Parlamentarismus und Pluralismus, was auf ihrem gleichermaßen vorhandenen Totalitäts- und Zentralisierungsanspruch beruht. Karlheinz Blaschke hat darauf hingewiesen, dass beide Flügelparteien der Weimarer Republik, Nationalsozialisten und Kommunisten, schon vor 1933 »keinen Hehl aus ihrer Feindschaft gegenüber der parlamentarischen Demokratie« gemacht hätten; sie seien »jedes Mal davon überzeugt« gewesen, »als Sieger der Geschichte in die Zukunft zu marschieren, die ihnen und nur ihnen gehören sollte«. In beiden Fällen seien »politische Kräfte am Werk« gewesen, die »vom Glauben an die Machbarkeit der Geschichte getragen« waren: »Die von ihnen errichtete Herrschaft sollte die letzte sein, die letzte für die nächsten tausend Jahre oder gleich für die ganze Menschheitsgeschichte.«[45] Die Liquidierung der beiden Landtage 1933 und 1952 resultierte zum einen aus diesem Motiv, zum anderen aber aus dem Verlangen beider Staatsparteien, ihre Herrschaft zentralistisch und damit von oben nach unten wirkungsmächtiger durchzusetzen. In beiden Fällen blieben vom ursprünglichen Staatsverband »Sachsen« nur Mittelinstanzen eines zentralistischen Staatsaufbaues übrig.[46]

Der Unterschied lag nur in der Größe der jeweiligen Mittelinstanz begründet: Im Falle des »Dritten Reiches« erschien die ursprüngliche Landesstruktur Gau-kompatibel, im Falle der viel kleineren DDR eine entsprechend kleinere Bezirksstruktur. Weitere Differenzen im großen übereinstimmenden Wollen lassen sich auch in Fragen des Pluralismus und der Herrschaftssicherung erkennen: Beide Staatsparteien liquidierten schrittweise den (noch bzw. wieder) vorhandenen politischen Pluralismus, doch simulierte die SED Parteienviel-

---

44 Zur differenzierten Bewertung des kommunistischen Widerstands vgl. Richard LÖWENTHAL, Widerstand im totalen Staat, in: Ders./Patrik von zur Mühlen (Hrsg.), Widerstand und Verweigerung in Deutschland 1933 bis 1945, Bonn 1990, S. 11–24, hier S. 15 ff. und 23.

45 BLASCHKE, Landstände, Landtag, Volksvertretung, S. 246 f.

46 SCHMEITZNER/WAGNER, Ministerpräsident und Staatskanzlei in Freistaat, Gau und Land, in: Schmeitzner/Wagner (Hrsg.), Von Macht und Ohnmacht, S. 25.

falt dadurch, dass sie die prokommunistischen Blockparteien bis 1989 bestehen ließ, ohne ihnen wirkliche Kompetenzen, Einflussmöglichkeiten oder auch nur die Chance zur inhaltlichen Profilierung zu geben. In der Frage der Herrschaftssicherung dominierte zwar von Beginn an die jeweilige Staatspartei, doch gestaltete sich ihr Verhältnis zur staatlichen Verwaltung partiell verschieden: Lagen im Gau die höchsten Partei- und Staatsämter in einer Hand, legte die SED Wert auf deren Trennung, da sie nur so ihre »führende Rolle« glaubte durchsetzen zu können: Ihrem Landessekretariat bzw. ihrer Bezirksleitung fiel die Aufgabe zu, die Arbeit der Landesregierung bzw. des Rates des Bezirkes anzuleiten und zu kontrollieren.[47] Eine solche strukturelle Vorrangstellung der Partei hat es auch aufgrund der Mitwirkung der alten Eliten vor 1945 nicht gegeben.

Die letzte und entscheidende Differenz ist wohl im Ausgang der jeweiligen Diktatur zu sehen: Während die eine Diktatur, eben weil sie bis zuletzt eine Zustimmungsdiktatur blieb, nur von außen, von den siegreichen Armeen der Alliierten aus den Angeln gehoben werden konnte, war die andere von Anfang an nur fragiler Natur, angewiesen auf die Präsenz der früheren Besatzungsmacht sowie deren Anspruch *und* Willen, die SED-Diktatur auch aufrecht zu erhalten. Wäre es anders gewesen, hätte es einer friedlichen Revolution in der DDR und in den drei sächsischen Bezirken 1989 gar nicht bedurft. Die demokratische Volksbewegung vom 17. Juni 1953 hatte ja schon 36 Jahre vorher deutlich gemacht, dass diese Diktatur keine Mehrheit der Bevölkerung hinter sich zu versammeln wusste. Ihre Forderungen ähnelten in Vielem den Forderungen der Herbstrevolutionäre von 1989 – zum Beispiel in der Frage des politischen Pluralismus und freien gesamtdeutschen Wahlen.[48] Das Ende der okkupationssozialistischen Variante der »Pax Sovietica« hing also ganz entscheidend von der Entwicklung in Moskau ab, von dortigen reformpolitischen Schritten und von der Rücknahme der Breschnew-Doktrin, die die Staatsparteien beinahe aller Satellitenstaaten in Legitimations- und Existenzprobleme stürzte. Erst Gorbatschows Reformpolitik ebnete – unfreiwillig – den Weg für erfolgreiche demokratische Umgestaltungen und Revolutionen, zuerst in Polen und Ungarn, schließlich auch in der DDR.

---

47 Ebd., S. 25.
48 Vgl. Heidi Roth, Der 17. Juni 1953 in Sachsen. Mit einem einleitenden Kapitel von Karl Wilhelm Fricke, Köln 1999, S. 608 f.

Mathias Tullner

Sachsen oder Mitteldeutschland?

Ein kritischer Blick auf Identitäts- und Neugliederungsdebatten

Sachsen gehört zusammen mit Bayern zu den traditionsreichsten deutschen Ländern. In der langen Geschichte Sachsens gingen prägende Impulse und Beiträge für die Entwicklung Deutschlands, Europas und der Welt auf kulturellem, wissenschaftlichem, wirtschaftlichem und auch politischem Gebiet aus.

Mit Blick auf Mitteldeutschland ist festzustellen, dass Sachsen nicht nur mit Abstand die längste landesgeschichtliche Entwicklung aufweist, sondern auch in langen Zeiträumen Territorien eingeschlossen oder stark geprägt hat, die heute zu Thüringen oder Sachsen-Anhalt gehören. Damit sind auch Traditionen verbunden, die wesentliche Teile der Identität der heutigen Länder Thüringens und Sachsen-Anhalt ausmachen. Dies ist für das Verhältnis Sachsens mit den aktuellen Nachbarbundesländern und für seine Stellung in Mitteldeutschland von großer Bedeutung. Die beiden mitteldeutschen Nachbarländer weisen eine wesentlich kürzere Landestradition auf: Thüringen konnte erst 1920 nach jahrhundertelanger Existenz von vielen Kleinstaaten eine – unvollkommene – Einheit gewinnen, Sachsen-Anhalt ist sogar erst nach dem Zweiten Weltkrieg entstanden.

Während klar ist, was wir mit »Sachsen« meinen, ist der Begriff »Mitteldeutschland« in der Wissenschaft und in der Öffentlichkeit stark umstritten. Tatsächlich ist es schwierig, eine wenigstens von der Mehrheit der Fachleute – etwa der Geografen oder Historiker – akzeptierte Begriffsbestimmung vorzunehmen. Hinzu kommt, dass nach dem Zweiten Weltkrieg politisch motivierte Inhalte den Begriff zusätzlich verzerrt haben. Daher haben wir es bis heute in der öffentlichen Diskussion damit zu tun, dass nicht selten Missverständnisse und extreme Reaktionen auftreten, wenn von Mitteldeutschland die Rede ist. Ohne diese ganze Debatte nachzeichnen zu wollen, sei hier auf eine mehrtägige Konferenz verwiesen, die im Februar 1999 in Leipzig stattfand und den Diskussionsstand mehr oder minder abbildet.[1]

Es hat in Leipzig unterschiedliche und kontroverse Auffassungen gegeben – wie das bereits auch in der Zeit der Weimarer Republik und nach 1990 der Fall war, als das Thema »Mitteldeutschland« heftig diskutiert wurde. Sie schwankten zwischen eindeutigen Bekenntnissen und Beschreibungen zu Mitteldeutschland als Wirtschaftsregion sowie als Kulturlandschaft und völliger Zurückweisung des Begriffes als Kunstprodukt. Auf der einen Seite haben Historiker wie Karl-Heinz Blaschke, Landeskundler wie Günther Schönfelder und andere Mitteldeutschland als einen einheitlichen Geschichts-, Kultur- und Wirtschaftsraum begriffen.[2] Anderseits ist eine fassbare Identität Mitteldeutschlands als Ganzes

---

1   Die Ergebnisse dieser Konferenz sind in einem umfangreichen Band publiziert worden: Jürgen JOHN (Hrsg.), »Mitteldeutschland. Begriff-Geschichte-Konstrukt, Rudolstadt; Jena 2001.

2   Vgl. Karlheinz BLASCHKE, Kirche, Kultur und Bildung als Faktoren mitteldeutscher Einheit, in: ebd., S. 217 ff.; Günther SCHÖNFELDER, Mitteldeutschland aus Geographischer Sicht – Versuch einer Deutung, in: ebd., S. 161 ff.

bestritten worden. Einen solchen Standpunkt bezog auch der Herausgeber der erwähnten Publikation, der Jenaer Landesgeschichtler Jürgen John, der unter anderem erklärte: »Die Absicht, Mitteldeutschland als einheitlichen Geschichtsraum zu präsentieren, um so regionale ›Identität‹ zu schaffen, geht an der historischen Realität vorbei.«[3] John, der interessanterweise bis zu seiner Pensionierung einen Lehrstuhl für »mitteldeutsche Geschichte« in Jena innehatte, ist dabei durchaus auch von anderen Referenten und Diskutierenden unterstützt worden.

Und dennoch wurde während der Konferenz und in der folgenden Debatte klar, dass Mitteldeutschland von der Mehrheit der Landesgeschichtler, Volkskundler und Geografen als eine historische, kulturelle und wirtschaftliche Einheit, als ein einheitlicher Geschichtsraum wahrgenommen wird. Dieser Auffassung folgt auch der vorliegende Beitrag.

Es versteht sich dabei von selbst, dass der Begriff Mitteldeutschland und der Bezugsrahmen, den er bezeichnet, Wandlungen unterworfen war und ist. Ebenso ist unstrittig, dass man die Debatte um Mitteldeutschland in ihrer Entwicklung betrachten muss. Dennoch ist es nützlich und notwendig, sich auf einen Inhalt hinsichtlich dessen, was man unter Mitteldeutschland verstehen will, zu verständigen. Dieser ist bei Abwägung der Gesamtdebatte am besten und verständlichsten von Karl-Heinz Blaschke mit Verweis auf den bis heute unübertroffenen »Mitteldeutschen Heimatatlas« von Otto Schlüter und Oskar August ausgeprägt worden. Danach wird Mitteldeutschland »als ein Gebiet aufgefasst, das sich zwischen Erzgebirge, Thüringer Wald, Harz und Fläming erstreckt und sich geographisch als das Flussgebiet der Saale und mittleren Elbe beschreiben lässt«.[4]

Aus praktischen Erwägungen und solchen allgemeiner Verständlichkeit gehen wir im Folgenden vereinfacht vom Gebiet der aktuellen deutschen Bundesländer Sachsen, Sachsen-Anhalt und Thüringen aus.

Die Debatte zu Mitteldeutschland bzw. zur Gliederung oder Neugliederung des mitteldeutschen Raumes hat ihren Ausgangspunkt im Ergebnis der Novemberrevolution von 1918 genommen. Durch die Novemberrevolution hatte die überkommene föderale Gestaltung des Kaiserreiches ihre Basis und Berechtigung verloren. Der Föderalismus war sogar insgesamt in Frage gestellt worden. Allerdings hat es – wenn man von extremen Kräften absieht – keine starken Gruppen gegeben, die auf einen Zentralismus hinaus wollten.

Der Berliner Staatsrechtler Hugo Preuß, als Liberaler verbunden mit der DDP, hat in seinem von Friedrich Ebert in Auftrag gegebenen Verfassungsentwurf für die deutsche Republik einen Vorschlag erarbeitet, der eine unitarische Neugliederung des Reiches vorsah.[5] Dieser Gedanke scheiterte während der Verfassungsberatungen der Nationalversammlung von Weimar an verschiedenen und schließlich unüberwindbaren Widersprüchen.[6]

---

3   Jürgen JOHN, Gestalt und Wandel der »Mitteldeutschland«-Bilder, in: ebd. S. 22.

4   Otto SCHLÜTER/Oskar AUGUST, Atlas des Saale- und mittleren Elbegebietes (Mitteldeutscher Heimatatlas), 1. Teil, Halle/Saale 1959, Bl. 1.

5   Der Plan von Hugo Preuß ist abgedruckt bei: Klaus-Jürgen MATZ, Länderneugliederung. Zur Genese eines deutschen Obsession seit dem Ausgang des Alten Reiches, Idstein 1997, S. 204.

6   Vgl. DERS., Von labiler Ordnung zu lautloser Implosion: Föderalismus in der Weimarer Republik, in: Michael RICHTER/Thomas SCHAARSCHMIDT/Mike SCHMEITZNER (Hrsg.), Länder, Gaue und Bezirke. Mitteldeutschland im 20. Jahrhundert, Halle/Saale 2007, S. 45 ff.

Aus mitteldeutscher Perspektive ist interessant, dass sich die Sozialdemokraten, die bekanntlich hier starke und traditionelle Hochburgen aufwiesen, schließlich für die Beibehaltung des Föderalismus entschieden, obwohl sie den Föderalismus des Kaiserreiches bis zum Ersten Weltkrieg heftig bekämpft hatten.

Einen kuriosen Beitrag dazu leistete die Sozialdemokratie von Anhalt, die noch im Dezember 1918 eine verfassungsgebende Landesversammlung in dem kleinen Land einberief, eine demokratische Landesverfassung verabschiedete und sich damit in Weimar als glühender Verteidiger der Erhaltung auch der kleinen Länder erwies.[7]

Den Rahmen für die folgenden Mitteldeutschland-Debatten in der Zeit der Weimarer Republik bildete die Festlegung der Weimarer Verfassung, die bisherigen deutschen Monarchien zu Freistaaten umzuwandeln – oder anders gesagt: alles beim Alten zu lassen, weil man sich nicht über eine Neugliederung der deutschen Republik einigen konnte.

Immerhin aber war es in Mitteldeutschland 1920 zur Gründung des Freistaates Thüringen durch den Zusammenschluss von sieben Kleinstaaten gekommen – allerdings ohne die preußischen Gebiete mit der Stadt Erfurt und dem Ländchen Coburg, das sich Bayern anschloss.[8] Das war die bemerkenswerteste Bewegung auf dem Wege zu einer theoretisch von so gut wie allen Seiten für notwendig gehaltenen Neugliederung des Reiches.

So blieben die territorial stark zersplitterte preußische Provinz Sachsen und die kleinen Länder, die nunmehrigen Freistaaten Anhalt und Braunschweig, erhalten. Der Freistaat Sachsen hatte als einziges mitteldeutsches Land zunächst kein unmittelbares Interesse an einer Neugliederung.

Nach dem Scheitern der Neugliederung des Reiches in Verbindung mit der Verfassungsgebung von Weimar gingen zuerst von der Wirtschaft und dann von der Regierungsbürokratie der Provinz Sachsen Initiativen aus, die Situation in Mitteldeutschland zu ändern.

Um die Jahrhundertwende hatte sich mit dem Zentrum des Raumes Halle-Merseburg-Bitterfeld-Leipzig ein dynamischer Wirtschaftsraum gebildet, der durch die Großchemie und die Elektroenergieerzeugung auf Braunkohlenbasis charakterisiert war. Symbolhaft stand dafür das gigantische Leuna-Werk. Im Zusammenhang mit dem großindustriellen Profil war zudem mit den Werken von Hugo Junkers in Dessau ein hochtechnologisches Zentrum der Luftfahrtindustrie mit starkem Expansionsdrang entstanden. Dieser Wirtschaftsraum mit seinem Schwerpunkt in der Provinz Sachsen stieß auf eine besonders starke territoriale Zersplitterung: Die eigene Provinz war schon reichlich zerrissen und mit vielen Enklaven durchsetzt, die Fortsetzung des Wirtschaftsraumes betraf den Freistaat Sachsen in der Leipziger Region sowie die Freistaaten Anhalt, Braunschweig und Thüringen. Die aber richteten durch ihre verschiedenen Gesetzlichkeiten zusätzlich Barrieren für die Entfaltung dieses Wirtschaftsraumes auf. Man muss bei dieser Lage auch berücksichtigen, dass die Provinz Sachsen lediglich eine Provinz des Großstaates Preußen und von der Berliner Landesregierung abhängig war.

---

7   Vgl. Verhandlungen der konstituierenden Landesversammlung für Anhalt, 1. Bd., Stenographische Berichte über die 1. bis 38. Sitzung vom 20. Dezember 1918 bis zum 23. Juli 1919, Dessau 1919, S. 5.
8   Vgl. Jürgen JOHN, »Thüringer Frage« und »Deutsche Mitte«: Das Land Thüringen im Spannungsfeld endogener und exogener Faktoren, in: ebd., S. 87 ff.

Auslöser für die Vorstöße von Teilen der mitteldeutschen Wirtschaft war die Festlegung des Artikels 165 der Weimarer Verfassung, wonach Bezirkswirtschaftsräte zu bilden waren. Deshalb schlug 1920 der Generaldirektor der Riebeckschen Montanwerke Halle vor, einen Wirtschaftsverband in Mitteldeutschland nach dem Vorbild der rheinischen Wirtschaft zu bilden. Das richtete sich auf ganz Mitteldeutschland, also auf den Freistaat und die Provinz Sachsen, Thüringen, Anhalt und Braunschweig. Die 1921 erfolgte Gründung mit Sitz des Verbandes in Halle erreichte aber ihr Ziel nicht, weil die Vertreter der Freistaaten Sachsen, Thüringen und Braunschweig den Verband wieder verließen, da die laut Verfassung vorgesehen Bezirkswirtschafträte nicht ins Leben traten. Die Wirtschaftsvertreter der ausgetretenen Freistaaten wollten keine Führungsposition der provinzialsächsischen Großindustrie akzeptieren. Die verbliebenen Wirtschaftsrepräsentanten bildeten daraufhin zunächst einen »Wirtschaftsverband Sachsen-Anhalt«. Das Ziel blieb aber, einen größeren Interessenverband zu schaffen, und es gelang später auch, die Handelskammer Leipzig wieder in die abermals in »Wirtschaftsverband Mitteldeutschland« genannte Vereinigung einzubinden.

Der Vorsitzende dieses Wirtschaftverbandes war Tilo von Wilmowsky, ein bei Naumburg begüteter Spross eines alten preußischen Adelsgeschlechtes und Krupp-Schwiegersohn mit Verbindungen zur rheinischen Industrie. Wilmowsky war gleichzeitig Vorsitzender des Landbundes der Provinz Sachsen und führender regionaler Repräsentant der DNVP.[9] Das Ziel dieser Wirtschaftsvertreter war weniger eine staatliche Neugliederung in Mitteldeutschland als vielmehr die Beseitigung oder doch erhebliche Absenkung der durch die staatliche Zersplitterung gegebenen Hindernisse für die wirtschaftliche Tätigkeit. Die Interessen der Wirtschaft berührten sich nun mit denen der politischen Kräfte, die auf eine staatliche Neugliederung oder unitarische Umgestaltung Mitteldeutschlands hinaus wollten.

Ab 1922 begannen der Provinziallandtag der Provinz Sachsen in Merseburg und die Provinzialverwaltung, Initiativen für eine politisch-administrative Neugliederung zu entwickeln. Im Jahre 1925 wurden in den Provinziallandtag verschiedene Initiativen eingebracht, die sich zunächst an die preußische Regierung richteten, aber von dort distanziert betrachtet wurden.[10] Die preußische Regierung argwöhnte, derartige Bestrebungen könnten etwa durch die Neubildung eines mitteldeutschen Landes unter Einschluss der Provinz Sachsen zu einem Herausbrechen von Teilen aus dem preußischen Staatsverband führen.

Diese Initiativen waren nicht einheitlich. Zunächst waren die starken Sozialdemokraten unter Führung ihres Provinzvorsitzenden Hermann Beims aktiv. Beims war zugleich Magdeburger Oberbürgermeister und verfolgte auch das Ziel, Magdeburg zur Hauptstadt des neu zu bildenden mitteldeutschen Landes zu machen.[11] Schließlich aber wurde Hermann Beims

---

9   Zum Wirken und zur Biographie Tilo von Wilmowskys als herausragendem Vertreter der mitteldeutschen Wirtschaft und als konservativem Landespolitiker in der Zeit der Weimarer Republik sind bislang kaum Arbeiten erschienen. Die umfangreichste Darstellung der politischen und wirtschaftspolitischen Tätigkeit enthält die autobiographische Schrift: Tilo v. WILMOWSKY, Rückblickend möchte ich sagen ..., Oldenburg; Hamburg 1961.

10 Vgl. Mitteldeutschland. Reden und Beschlüsse des Landtags der Provinz Sachsen, Merseburg 1927, S. ff.

11 Beims ließ als Magdeburger Oberbürgermeister u. a. umfangreiche Planungen für Bauten der künftigen mitteldeutschen Landesregierung in Magdeburg vornehmen und leitete einen darauf zielenden Stadtumbau ein. Vgl. Mathias TULLNER, Magdeburg und das Mitteldeutschlandproblem in den 20er Jahren, in: Christian Antz/Christian Gries/Ute Maasberg (Hrsg.), Neues Bauen Neues Leben. Die 20er Jahre in Magdeburg, München 2000, S. 43 ff.

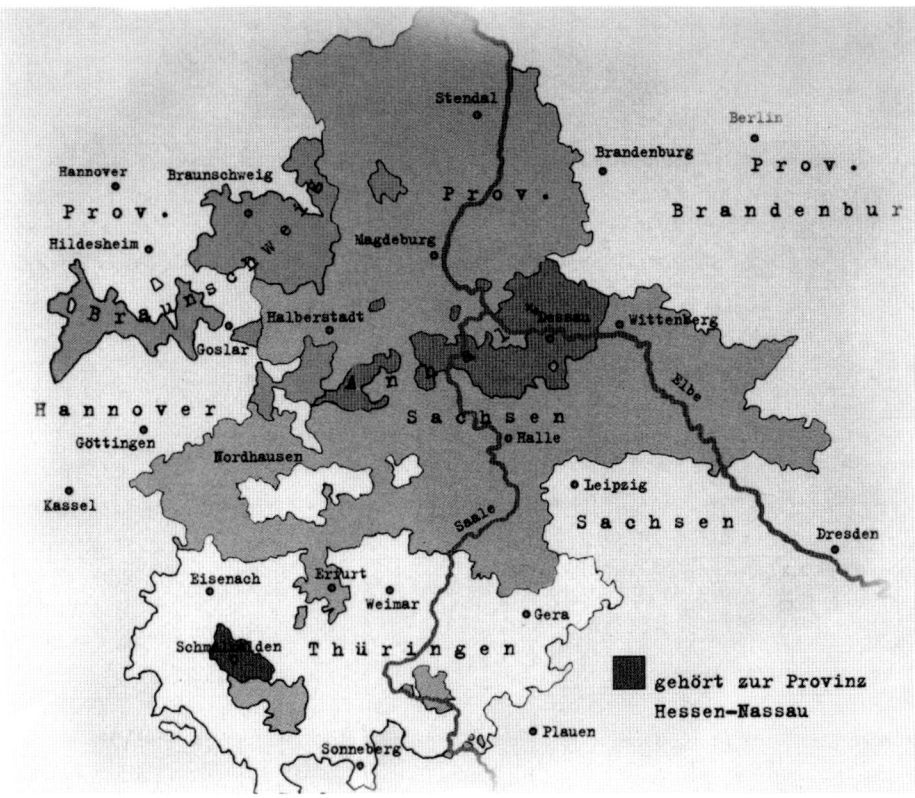

Karte Plan Beims 1927: Tullner, Mathias: Das Land Sachsen-Anhalt und seine Entstehung,
in: Magdeburger Wissenschaftsjournal 2/98 (Otto-von-Guericke-Universität Magdeburg), S. 47 f.

vom Berliner Parteivorstand der SPD zurückbeordert, weil man dort die Neugliederungs-
debatte als eine Gefahr für den Bestand Preußens ansah.

Eine weitere führende Persönlichkeit der provinzialsächsischen Debatte war Landeshauptmann Erhard Hübener.[12] Er betrachtete die Debatte als Verwaltungsfachmann. Als
Mitglied der DDP verfolgte Hübener lange Zeit unitarische Ziele. Nach 1927 war er die
wichtigste Persönlichkeit auf provinzialsächsischer Seite. Schließlich repräsentierte Tilo von
Wilmowsky als zeitweiliger Fraktionsvorsitzender der starken Rechtsfraktion im Provinziallandtag und besonders als Wirtschaftsvertreter den Wirtschaftsflügel. Die Positionen von
Provinziallandtag und Provinzialverwaltung schlugen sich während eines Sonderlandtages
im Frühjahr 1927 zum Thema mitteldeutsche Neugliederung nieder.[13] Wilmowsky hielt
sich nicht mit Neugliederungsvorschlägen auf, sondern trat für eine Beseitigung der bestehenden Hindernisse für die Wirtschaft ein.

---

12 Zur Person Erhard Hübeners vgl. vor allem: Erhard Hübener, Lebenskreise. Lehr- und Wanderjahre
    eines Ministerpräsidenten, hrsg. von Thomas KLEIN, Köln; Wien 1984; Mathias TULLNER/Wilfried
    LÜBECK (Hrsg.): Erhard Hübener – Mitteldeutschland und Sachsen-Anhalt. Schriften, Reden, Doku-
    mente des Landeshauptmanns und Ministerpräsidenten, Halle/Saale 2001.
13 Vgl. Mitteldeutschland. Reden und Beschlüsse des Landtags der Provinz Sachsen, Merseburg 1927.

Im Gegensatz zu Wilmowsky und Hübener legte Hermann Beims einen konkreten Plan zur Bildung eines mitteldeutschen Landes vor (siehe vorhergehende Karte). Die dahinter stehende Absicht, Magdeburg zur Landeshauptstadt zu erheben, erwähnte er dabei nicht. Die besonderen Initiativen der Provinz Sachsen waren dadurch erklärbar, weil hier die sich entwickelnde, deutschlandweit und international ausgreifende Großindustrie auf eine besonders groteske staatlich Zersplitterung stieß.

Die Reaktion der Regierungen der Länder Sachsen, Braunschweig und Thüringen und Anhalt gegenüber solchen Plänen war ablehnend. Vor allem die sächsische Staatsregierung wies die in Merseburg diskutierten Planspiele entschieden zurück.[14] Dabei spielte eine Rolle, dass der Gedanke im Spiel war, eine Neugliederung unter dem Dach des preußischen Staates anzustreben, was den Eintritt Thüringens, Anhalts und vielleicht auch Braunschweigs nach Preußen bedeutet hätte. Eine Stärkung Preußens aber kam für die sächsische Regierung nicht in Frage. Tatsächlich hatte Preußen Thüringen das Angebot gemacht, bei einem Beitritt zu Preußen die Vereinigung der preußischen Teile mit dem bisherigen Freistaat vorzunehmen und eine weitgehende Autonomie zu gewähren.

Die sächsische Landesregierung unter dem Sozialdemokraten Max Heldt (4.1.1924 – 26.6.1929) betrieb gegenüber den stark anschwellenden Bewegungen in der Mitteldeutschlanddebatte eine konservative, föderale Politik, die nicht unerheblich von antipreußischen Ressentiments geprägt war. Sie konnte das, weil die sächsische Wirtschaft mit Ausnahme der Region Leipzig keinen ähnlichen Druck in der Mitteldeutschlandfrage entfaltete, wie es die provinzialsächsische Großindustrie tat. Sie wurde nicht ähnlich wie etwa die anhaltische Staatsregierung bedrängt, wo die Großindustrie eine Unterschriftensammlung für den Anschluss an Preußen durchführte.[15]

Doch der Druck auf die mitteldeutschen Regierungen und die Öffentlichkeit schwoll weiter an, indem Landeshauptmann Hübener im Jahre 1927 eine gut fundierte umfangreiche Schrift mit dem Titel »Mitteldeutschland auf dem Wege zur Einheit« vorlegte.[16] Hübener präsentierte umfangreiche Analysen, die zeigten, dass die bestehenden staatlichen Verhältnisse eine gedeihliche wirtschaftliche, administrative, soziale und auch kulturelle Entwicklung in Mitteldeutschland behinderten. Er enthielt sich dabei konkreter Neugliederungsvorschläge und entwickelte nur Prinzipien für die Überwindung der bestehenden Zustände. Neu war, dass Hübener von der Vorstellung, dies solle unter dem Dach des preußischen Staates geschehen, abgerückt war. Hübeners Analyse und seine Problemsicht sowie seine prinzipiellen Betrachtungen wurden von fast allen mitteldeutschen Regierungen, Verbänden und Kommunen mehr oder weniger begrüßt. Allein die sächsische Staatregierung lehnte sie ohne Umschweife ab.[17]

Gleichzeitig sah sich die Dresdener Staatsregierung veranlasst, ihrerseits in der Neugliederungsfrage in die Offensive zu gehen. Ministerpräsident Heldt entwickelte mit Unterstützung der bayerischen Staatsregierung ein Konzept, welches vorsah, zusammen mit den mitteldeutschen Regierungen einen antipreußischen Zusammenschluss zu bilden. Dazu sandte

14 Vgl. Sächsisches Hauptstaatsarchiv Dresden (im folgenden SHSAD), Gesandtschaft Berlin, Nr. 399.
15 Vgl. Torsten KUPFER, Sozialdemokratie im Freistaat Anhalt, 1918 – 1933, Weimar, Köln, Wien 1998, S. 81 ff.
16 Erhard HÜBENER (Hrsg.), Mitteldeutschland auf dem Wege zur Einheit, Merseburg 1927.
17 Vgl. SHSAD, Gesandtschaft Berlin, Nr. 389, 399.

er im Dezember 1927 einen Vorschlag an die Ministerpräsidenten der mitteldeutschen Freistaaten.[18] Der über die sächsische und bayerische Vertretungen beim Reich eingefädelte Plan scheiterte jedoch im Ansatz, da die mitteldeutschen Landesregierungen nicht bereit waren, sich auf ein solches politisches Wagnis einzulassen. Die vorgeschlagenen Ministerpräsidentenkonferenzen dazu kamen nicht zustande.

Auf der gleichen föderalen Grundlage versuchte die sächsische Staatsregierung eine Annäherung an Thüringen, indem die historisch plausible These von den Gemeinsamkeiten wettinischer Geschichte berufen und ein gemeinsamer Großstaat »Wettin« ins Spiel gebracht worden ist.[19] Trotz einiger kleinerer Erfolge scheiterte auch diese föderal-konservative Initiative vor allem daran, dass Thüringen seinen soeben erreichten Status als eigenständiger Freistaat nicht gleich wieder aufgeben wollte.

Auf der Länderkonferenz des Reiches im Januar 1928 fanden die von der Provinz Sachsen vorgelegten Initiativen eher Ablehnung, wobei die Staatsregierungen von Bayern und Sachsen das Wort führten. Man muss jedoch bedenken, dass hier die Regierungen der Länder, nicht Verbände usw. die Wortführer waren.

Eine Erfolg versprechende Initiative ging 1928 von der Stadt Leipzig aus. Die Stadtverwaltung beauftragte den Stadtrat Dr. Walter Leiske, eine Studie zur Position und zur Rolle der Stadt Leipzig in Mitteldeutschland auszuarbeiten. In einem umfangreichen Werk wurde die Lage in Mitteldeutschland analysiert.[20] Ähnlich wie in Hübeners Schrift konnte nachgewiesen werden, dass die bestehenden Strukturen in so gut wie jeder Hinsicht entwicklungshemmend wirkten. Im Gegensatz zu Hübener und den anderen provinzialsächsischen Vorschlägen ging Leipzig von der großen Mitteldeutschlandlösung – also den Freistaat Sachsen eingeschlossen – aus. Die Studie der Stadt Leipzig legte dar, dass ohne Sachsen eine mitteldeutsche Lösung ihres stärksten Teils entbehrte und damit unvollkommen bleiben musste.

Freilich war die Schrift stark darauf ausgerichtet, die Hauptstadtrolle der Stadt Leipzig in einem künftigen Mitteldeutschland zu begründen. Doch nahm der Leipziger Vorschlag »moderne« wirtschaftliche, soziale und kulturelle Gesichtspunkte auf, argumentierte sozusagen »nach vorn« und war in vieler Hinsicht plausibel. Teile der Argumentation erscheinen noch in der Gegenwart aktuell und einer Debatte wert. Der Leipziger Plan fand jedoch wenig Unterstützung. In der Provinz Sachsen sahen sich die Protagonisten einer Neugliederung durch die Einbeziehung des großen Freistaates Sachsen in die zweite Reihe verwiesen. Erhard Hübener hielt als Verwaltungsfachmann den Leipziger Vorschlag als zu groß. In Thüringen befürchtete man, man werde in dem Großgebilde marginalisiert.

---

18 Vgl. Schreiben des Ministerpräsidenten Heldt an die Ministerpräsidenten von Thüringen, Anhalt und Braunschweig undatiert (Dezember 1927), in: SHSAD, Gesandtschaft Berlin, Nr. 399.

19 Dieser Gedanke wurde vor allem hinsichtlich Thüringens betont. Der Gedanke »Groß Wettin« schloss selbstverständlich auch provinzialsächsische Territorien ein, zumal sich der namensgebende Ort Wettin selbst in der Nähe der Stadt Halle/Saale befindet. Mit der provinzialsächsischen Verwaltung in Merseburg oder mit dem preußischen Oberpräsidenten der Provinz Sachsen gab es seitens der sächsischen Landesregierung keine Verhandlungen. Der Partner für derartige Gespräche wäre die preußische Regierung in Berlin gewesen, gegen die sich jedoch die Bestrebungen der sächsischen Staatsregierung richteten. Hinweise auf das »Groß Wettin« Konzept befinden sich in dem nicht foliierten Bestand der Gesandtschaft Berlin. Vgl. SHSAD, Gesandtschaft Berlin, Nr. 399.

20 Vgl. Walter LEISKE (Hrsg.), Leipzig und Mitteldeutschland. Denkschrift für Rat und Stadtverordnete zu Leipzig, Leipzig 1928.

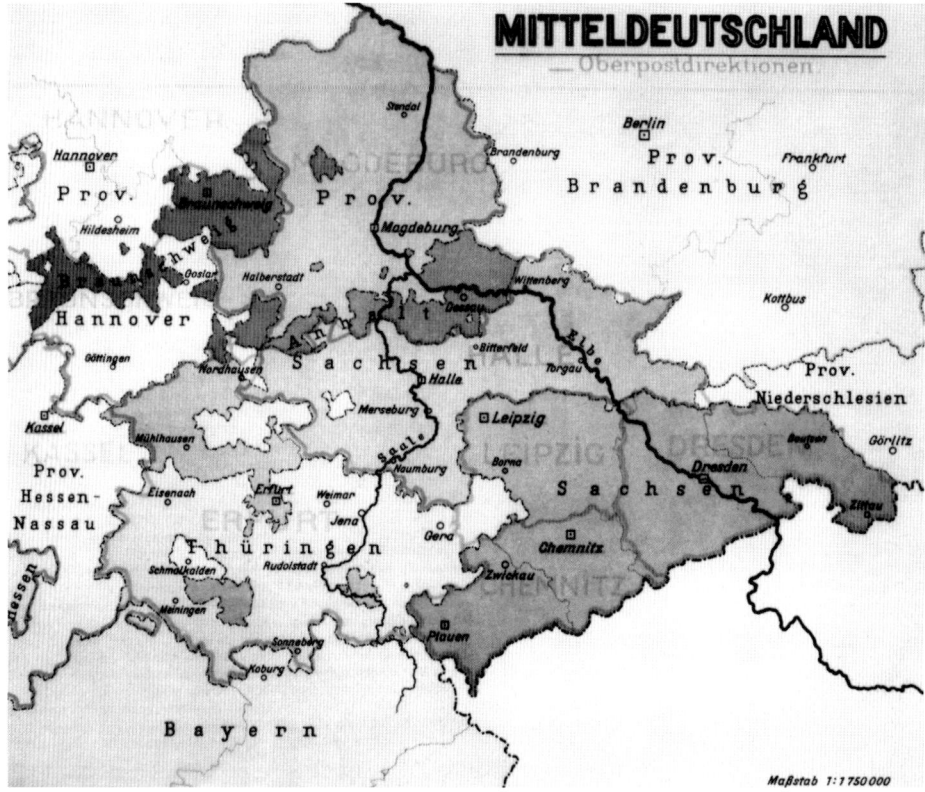

Karte Mitteldeutschland von Walter Leiske 1928: Leiske, Walter (Hrsg.): Leipzig und Mitteldeutsch-
land. Denkschrift für Rat und Stadtverordnetenversammlung Leipzig, Leipzig 1928, S. 31.

Tatsächlich wäre der Großstaat Mitteldeutschland, wie ihn Leipzig vorschlug – bei gleich-
zeitiger Auflösung von Preußen – der größte der neuen deutschen Gliederungen gewesen.

Insbesondere stand einer ernsthaften Diskussion des Leipziger Vorschlages oder gar seiner
Realisierung entgegen, dass die Dresdner Landesregierung ihre Unterstützung versagte. Ein
so großes Mitteldeutschland unter den modern und in die Zukunft gedachten wirtschaftlichen, politischen, sozialen und kulturellen Prämissen der Leipziger Denkschrift, die eben
nicht von der historisch und kulturell gesehenen sächsischen Prägung des mitteldeutschen
Raumes ausging, war nicht im Sinne der traditionell föderal denkenden Dresdner Regierung. Obendrein – oder vor allem – war dabei Leipzig die Hauptstadtrolle zugedacht, was
nicht nur ein besonderes Hindernis für die Staatsregierung in Dresden darstellte, sondern
auch einen Bruch mit dem bisherigen Verlauf der sächsischen Geschichte bedeutet hätte.

Im Jahre 1928 erfuhr die gesamte Reichsreformdiskussion eine neue Wendung, indem
der »Bund zur Erneuerung des Reiches« gegründet wurde, dessen Vorsitzender der frühere
Reichskanzler Hans Luther war.[21] Luther gehörte zwar keiner Partei an, war aber der DVP

---

21 Der Bund zur Erneuerung des Reiches wurde am 6. Januar 1928 in Berlin gegründet. Vorsitzender
    war der frühere Reichskanzler Hans Luther; daher auch als »Luther-Bund« bezeichnet.

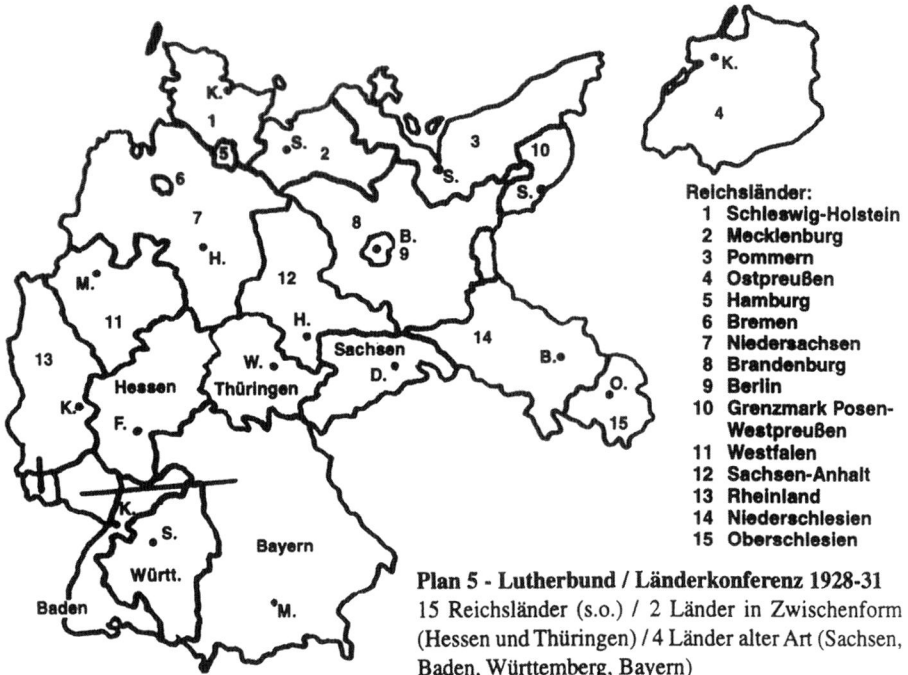

Reichsländer:
1 Schleswig-Holstein
2 Mecklenburg
3 Pommern
4 Ostpreußen
5 Hamburg
6 Bremen
7 Niedersachsen
8 Brandenburg
9 Berlin
10 Grenzmark Posen-
   Westpreußen
11 Westfalen
12 Sachsen-Anhalt
13 Rheinland
14 Niederschlesien
15 Oberschlesien

Plan 5 - Lutherbund / Länderkonferenz 1928-31
15 Reichsländer (s.o.) / 2 Länder in Zwischenform
(Hessen und Thüringen) / 4 Länder alter Art (Sachsen,
Baden, Württemberg, Bayern)

Karte des Bundes zur Erneuerung des Reiches (Lutherbund): Skizze nach: Reich und Länder. Vorschläge,
Begründung, Gesetzentwürfe, hrsg. vom Bund zur Erneuerung des Reiches, Berlin 1928.

und auch der DDP verbunden. Bezeichnenderweise wurde Tilo von Wilmowsky sein Stellvertreter. Den Überlegungen des Reichsbundes lagen vor allem unitarische Auffassungen zu
Grunde.

Der Reichsbund ließ eine Karte mit seinen Vorstellungen einer Neugliederung publizie-
ren. Diese Vorstellungen zeigten erstmals eine mitteldeutsche Gliederung, die ein um die
preußischen Gebiete vergrößertes Thüringen und »Sachsen-Anhalt« enthielt.[22]

Von dieser Dreigliederung ging auch Landeshauptmann Erhard Hübener aus, als er 1929
vor dem Wirtschaftsverband Mitteldeutschland seinen Mitteldeutschland-Plan vorstellte.[23]
Der folgte hinsichtlich der Territorialstruktur dem Lutherbund: Sachsen sollte erhalten
bleiben, Thüringen um die preußischen Gebiete vergrößert und Sachsen-Anhalt sollte als
dritte Gliederung unter Beseitigung von allen Ex- und Enklaven geschaffen werden.

Allerdings legte Hübener gemäß seiner unitarischen Grundauffassung Wert darauf, Mitteldeutschland als Einheit zu begreifen und die Grenzen und Unterschiede zwischen den
drei vorgeschlagenen mitteldeutschen Einheiten möglichst niedrig zu halten. In diesem
Sinne bahnte Hübener als Chef der provinzialsächsischen Verwaltung verschiedene Vereinbarungen mit Thüringen und anderen mitteldeutschen Nachbarn an. Dazu gehörten die

---

22 Vgl. Reich und Länder. Vorschläge, Begründung, Gesetzentwürfe, hrsg. vom Bund zur Erneuerung des
    Reiches, Berlin 1928.
23 Vgl. Landeshauptarchiv Sachsen-Anhalt, Magdeburg, Rep. C 92, Nr. 662/2, Bl. 3ff.

Gründungen der Mitteldeutschen Landesbank gemeinsam mit Thüringen und Anhalt, des Landesarbeitsamtes Mitteldeutschland gemeinsam mit Thüringen, Energieverbundsysteme und andere gemeinsame Institutionen.[24]

Der neuerliche Plan Hübeners traf nur bei der thüringischen Regierung auf positive Resonanz: Die sächsische Staatsregierung lehnte ihn rundweg ab. Die Stadt Leipzig kritisierte ihn, weil durch die vorgesehene Bildung von Sachsen-Anhalt Leipzig in einer extremen Randlage verblieb. Hübener wurde auch vom provinzialsächsisch dominierten Wirtschaftsverband Mitteldeutschland kritisiert, weil der Raum Leipzig abgetrennt blieb.[25]

Nach 1945 aber wurde Hübeners Plan unter ganz anderen Umständen die Grundlage für die Festlegungen der mitteldeutschen Länderstruktur durch die sowjetische Besatzungsmacht und führte zur Gründung des Landes Sachsen-Anhalt. Dass Erhard Hübener auch der erste Ministerpräsident dieses von ihm konzipierten Landes wurde, kann als ein Zufall angesehen werden.

Die Wirtschaftskrise von 1929 und die politische Krise der ausgehenden Weimarer Republik beendeten auch die mitteldeutschen Neugliederungsdebatten. Die folgende NS-Diktatur war von ihrer Natur aus zentralistisch. Ihre Repräsentanten unterbanden alle derartigen Debatten.[26]

Nach 1945 knüpften nicht nur in Mitteldeutschland die Besatzungsmächte bei der Länderbildung der Jahre 1945 bzw. 1946 in ihren Besatzungszonen an Modelle und Diskussionsergebnisse von vor 1933 an. Die sowjetische Besatzungsmacht erwähnte zwar den Hübener-Plan von 1929 nicht, setzte ihn aber faktisch um. Hübener selbst vermied es ebenfalls, öffentlich auf diese Kontinuitätslinie hinzuweisen.[27] Die Dreiteilung Mitteldeutschlands und damit die Existenz Sachsen-Anhalts blieben bis 1952 erhalten. Das konnte in dieser kurzen Zeit jedoch nicht tiefer in das Bewusstsein der Bevölkerung eindringen und wurde vor allem durch die spätestens ab 1947 erfolgte Aushöhlung der Länder wegen der Errichtung einer neuen zentralistischen Diktatur in der SBZ bzw. DDR verhindert. Durch Flucht und Vertreibung erfolgte eine tief gehende Veränderung der Bevölkerung. In Sachsen-Anhalt beispielsweise bildeten Flüchtlinge und Vertriebene ein Viertel der gesamten Bevölkerung.[28] Als die Länder der DDR schließlich 1952 auch formal aufgelöst worden sind, erhob sich nicht einmal in Sachsen, dem bei weitem traditionsreichsten Land, hörbarer Protest.

---

24 Eine der ältesten gemeinsamen Einrichtungen der Provinz Sachsen und Anhalts war die seit 1900 bestehende Historische Kommission für die Provinz Sachsen und für Anhalt.

25 Vgl. Matthias BUCHHOLZ, Der Wirtschaftsverband Mitteldeutschland 1921–1936 (Sachsen-Anhalt. Beiträge zur Landesgeschichte 13), Halle/Saale 1998, S. 89 f..

26 Einige Wirtschaftsvertreter glaubten, unter Bedingungen der NS-Diktatur eine Neugliederung durchsetzen zu können. Solchen Bestrebungen wurden sowohl von der Parteiführung als auch von den Gauleitern energische Abfuhren erteilt. In Magdeburg erklärte Gauleiter Wilhelm Loeper (Gau Magdeburg-Anhalt) der dortigen Handelskammer, dass in seiner Person die Einheit Mitteldeutschlands gegeben sei und verbat sich alle weiteren Vorstöße dieser Art. Vgl. Magdeburgische Zeitung vom 18. Juli 1933.

27 Hübener hat das lediglich in seiner zu seinen Lebzeiten nicht veröffentlichten autobiographischen Schrift getan. Vgl. Lebenskreise, S. 285.

28 Zum Problem der Flüchtlinge und Vertriebenen in der Sowjetischen Besatzungszone vgl. vor allem: Manfred WILLE/Johannes HOFFMANN/Wolfgang MEINECKE (Hrsg.), Sie hatten alles verloren. Flüchtlinge und Vertriebene in der sowjetischen Besatzungszone Deutschlands, Dortmund 1993.

Dennoch gingen 1989 gerade von Sachsen die weitaus stärksten Bestrebungen zur Wiedererrichtung des traditionsreichen Landes aus. Die weiß-grüne Sachsenfahne wurde über Sachsen hinaus geradezu zu einem zentralen Symbol des Protestes und des Widerstandes gegen die zentralistische DDR und ihr politisches System. In Thüringen entstand danach ebenfalls eine Willensbildung zur Wiedergründung des Landes. In Sachsen-Anhalt dagegen war eine Erinnerung an das kurzlebige Land kaum vorhanden. Erst nachdem die Reföderalisierung der DDR beschlossene Sache war und sich abzeichnete, dass es zu einer Lösung kommen würde, welche von der 1952 aufgelösten Länderstruktur ausging, kam eine mühsame Rückbesinnung zustande, die schließlich auch in eine zunächst eher zaghafte Willensbildung hin zur Wiedergründung von Sachsen-Anhalt einmündete.

Die friedliche Revolution in der DDR und der in ihrer Folge zunehmende Vereinigungsdruck ließ eine gründliche Debatte über die föderale Struktur der DDR oder gar des ganzen wiedervereinigten Deutschland nicht zu.[29] In der Fülle der zumeist rasch eingebrachten Vorschläge ragten die des Dortmunder Geographen Werner Rutz und des sächsischen Historikers Karlheinz Blaschke heraus.[30] Es zeigte sich, dass es in der Bundesrepublik Deutschland keine ernsthaften Überlegungen zur Gestaltung der Wiedervereinigung Deutschlands vor dem Jahresende 1989 gegeben hat.[31]

Nach Wiedergründung der Länder in Mitteldeutschland flammten nach 1990 wiederholt Debatten über eine Neugliederung auf. Das hatte vor allem mit krisenhaften politischen, wirtschaftlichen und sozialen Entwicklungen der wieder gegründeten Länder, besonders Sachsen-Anhalts, aber auch Thüringens zu tun. Es wurde in den Medien und durch Äußerungen bestimmter Persönlichkeiten mitunter der Eindruck verbreitet, ein größeres Bundesland könne den großen Herausforderungen nach der Wiederherstellung der deutschen Einheit besser entsprechen. Hinweise auf die Akzeptanz derartiger Überlegungen schienen die Volksbefragungen des Jahres 1990 in nicht eindeutig zuzuordnenden Kreisen im Zusammenhang mit den Neubildungen der Länder in Vorbereitung auf den Beitritt zur Bundesrepublik Deutschland zu geben. Dabei hatte sich die übergroße Mehrheit der befragten Gebiete für eine Zugehörigkeit zu Sachsen entschieden. Besonders gering war dagegen die Anziehungskraft von Sachsen-Anhalt. Für dieses Land hat sich lediglich ein einziger befragter Kreis, der zum DDR-Bezirk Cottbus gehörige Kreis Jessen bei Wittenberg, entschieden.

Der im Vergleich zu den beiden anderen mitteldeutschen Ländern Thüringen und Sachsen-Anhalt rascher und erfolgreicher verlaufender Wiederaufbau des Freistaates Sachsen nach 1990 erhöhte in den Folgejahren noch dessen Anziehungskraft. Daraus ergaben sich Stimmungen unterhalb offizieller Meinungsbildung oder gar ernsthafter politischer Bestrebungen, die angelehnt an Sachsen eine größere Mitteldeutschlandlösung ins Spiel zu

---

29 Die historischen Abläufe und Varianten sind gründlich dargestellt bei: Werner Rutz, Neugliederungskonzepte nach 1990, in: John, Mitteldeutschland, S. 449 ff.

30 Vgl. Ders, Denkschrift zur Länderneubildung auf dem Gebiet der gegenwärtigen DDR, in Politische Studien, Heft 313 (1990), S. 604 ff; Karl-Heinz Blaschke, Alte Länder – Neue Länder. Zur territorialen Neugliederung der DDR, in: Aus Politik und Zeitgeschichte, Nr. 27/90 (1990), S. 39 ff.

31 Die letzten ernsthaften Überlegungen für eine deutsche Ländergliederung für den Fall einer deutschen Wiedervereinigung datierten aus dem Jahre 1954: Werner Münchheimer, Die Neugliederung Mitteldeutschlands bei der Wiedervereinigung, hrsg. vom Königsteiner Kreis, Vereinigung der Juristen, Volkswirte und Beamten aus der sowjetischen Besatzungszone, Göttingen 1954.

bringen schienen. Solche gelegentlich auch im öffentlichen Raum ausgetragenen Diskussionen wiesen verschiedene Defizite aus, die überwiegend darin bestanden, dass sie meist »Sachsen-lastig« waren, also auf eine Führungsposition Sachsens hinausliefen, welche die anderen Länder als Partner zweiter Klasse begriffen. Zudem unterschätzten solche Meinungen das Beharrungsvermögen des einmal eingetretenen Status quo. Vor allem aber war mit der Wiedergründung der 1952 in der Zeit der DDR aufgelösten Länder, wenn dies auch mit zum Teil erheblichen Korrekturen erfolgte, der beste Zeitpunkt für eine grundsätzlich andere mitteldeutsche Ländergliederung verstrichen. Als dann im Jahre 1996 eine Volksabstimmung zur Vereinigung der Länder Berlin und Brandenburg scheiterte, verlor der Gedanke einer Neugliederung in Mitteldeutschland an öffentlichem Interesse. Im Jahre 2002 gab es dagegen seitens der drei mitteldeutschen Landesregierungen eine Initiative zur Zusammenarbeit der Länder, die mit einer hochrangig besetzten und viel beachteten Auftaktveranstaltung in Halle/Saale begann und in eine gemeinsame »Agenda« mündete, welche die Prinzipien und Ziele enthielt.[32] Hier wurden, ähnlich wie es der Plan Erhard Hübeners aus dem Jahre 1929 vorsah, Prinzipien der Zusammenarbeit beschrieben und Absichtserklärungen verkündet, die sich in der Folgezeit als unrealisierbar erwiesen.

Seit der Wiedergründung der mitteldeutschen Länder im Zusammenhang mit der deutschen Einheit von 1990 hat es dennoch Entwicklungen geben, die bestimmte Gemeinsamkeiten enthalten. Das vielleicht sichtbarste Zeichen dafür ist die erfolgreiche Entwicklung des Mitteldeutschen Rundfunks mit Sitz in Leipzig. Bestimmte wirtschaftliche Entwicklungen wie das »Chemiedreieck«, die zentrale Rolle des Flughafens Leipzig-Halle für den mitteldeutschen Luftverkehr, länderübergreifende Wirtschaftsvereinigungen usw. tragen ebenfalls zu einem »mitteldeutschen« Bezugsrahmen bei. Mitteldeutsche Gemeinsamkeiten sind evident hinsichtlich der Geschichte und Kultur. Auf dem Gebiet der landesgeschichtlichen Forschung und der Pflege landes- und kulturgeschichtlicher Themen nimmt Sachsen ohne Zweifel eine führende Stellung ein und fördert damit direkt und indirekt auch die Auseinandersetzung mit Kultur und Geschichte der anderen Länder.

Die Perspektive mitteldeutscher Entwicklung bleibt unter Bedingungen des 21. Jahrhunderts in Deutschland, Europa und der Welt offen. Ein »großes« Mitteldeutschland ist dabei längerfristig eine Option ohne Zwangsläufigkeit.

---

32 Die konkreten Gründe des Scheiterns der »Agenda-Politik« sind bislang nicht untersucht. Die »Agenda« wurde von den Landesregierungen stillschweigend und folgenlos zu den Akten gelegt. Da es sich um kein vertragliches bzw. staatsrechtliches Dokument handelte, war ihre Außer-Kraft-Setzung mit keiner öffentlichen Stellungnahme oder Debatte verbunden. Sie ist für den aktuellen Gebrauch gedruckt worden und in den noch nicht archivierten Akten der drei mitteldeutschen Landesregierungen aufzufinden. Für diese Arbeit wurde ein Exemplar aus dem Bestand der Staatskanzlei des Landes Sachsen-Anhalt verwendet.

Michael Richter

Die Entstehung des Freistaates Sachsen 1990

Sachsens Neubildung als Freistaat der Bundesrepublik Deutschland beendete eine historisch kurze Phase sächsischer Nichtstaatlichkeit, während der in der DDR jahrhundertealte Landes- und sonstige regionale Identitäten fortgelebt hatten.[1] So war es nicht verwunderlich, dass in der Friedlichen Revolution 1989/90 auf Demonstrationen auch die Neubildung Sachsens gefordert wurde. Dabei ging es zunächst nicht nur um eine Angleichung an das bundesdeutsche System, sondern um die Wiederaufnahme früherer Landestraditionen. Die zunehmende Orientierung an der deutschen Einheit beschleunigte jedoch den Prozess der Landesbildung. Bald gab es in dieser Frage über alle Parteigrenzen hinweg Einigkeit. Auch die Regierung Modrow nahm Ende 1989 eine Verwaltungsreform in Angriff, die eine Rückkehr zur Länderstruktur nicht ausschloss, ihr aber auch keine entscheidenden Impulse gab. Nach Vorarbeiten einer Regierungskommission sollten die Räte der Bezirke in Regierungsorgane neuzuschaffender Ländern umgewandelt werden. Im kollabierenden Staatsapparat warteten freilich einige Spitzenfunktionäre der Räte der Bezirke nicht mehr auf das Agieren der Regierung, sondern nahmen das Heft des Handelns selbst in die Hand. Sie erkannten die Chance, ihre Bezirksapparate in Elemente der kommenden Landesverwaltung zu verwandeln, so den Landesbildungsprozess zu dominieren und die eigene berufliche Zukunft zu sichern. Besonders im Rat des Bezirkes Dresden wurde bereits ab dem Frühjahr 1990 am Modell einer sächsischen Landesregierung und an einer Landesverfassung gearbeitet.

Für die weitere Entwicklung war es entscheidend, dass es, ebenfalls vor allem in Dresden, parallele Aktivitäten von Vertretern neuer demokratischer Kräfte gab. Diese wollten vermeiden, dass die Neubildung Sachsens durch das alte Personal genau jener Partei erfolgte, die einst die Länder zugunsten einer zentralistisch-diktatorischen Bezirksstruktur aufgelöst hatte. So prägten die Neubildung Sachsens von Anfang an Auseinandersetzungen zwischen neuen demokratischen Kräften und Vertretern des Ancien régime um Dominanz. Teil dieses Machtkampfes war das konkurrierende Bemühen um Unterstützung durch Bayern und Baden-Württemberg, den beiden Partnerländern Sachsens auf dem Weg zum vereinten Deutschland. Beide vereinbarten zunächst regionale Kontakte zu den SED-dominierten Räten der Bezirke, bevor sie unter dem Druck von Forderungen neuer politischer Kräfte ihre Haltungen modifizierten. Repräsentanten des Neuen Forums, der Gruppe der 20, des Demokratischen Aufbruchs, der SDP/SPD, der DSU und neuer Kräfte in der CDU waren nicht gewillt, tatenlos zuzusehen, wie kommunistische Staatsfunktionäre mit westlicher Hilfe die Räte der Bezirke zu Keimzellen des neuen Sachsens wandeln wollten. Einige

---

1   Bei dem vorliegenden Beitrag handelt es sich um die kurze Zusammenfassung wichtiger Aspekte des Buches des Autors: Die Bildung des Freistaates Sachsen. Friedliche Revolution, Föderalisierung, deutsche Einheit 1989/90 (Schriften des Hannah-Arendt-Instituts für Totalitarismusforschung 24), Göttingen 2004.

erkannten im Verwaltungsumbau eine Fortsetzung des revolutionären Prozesses. Der Streit wurde mit harten Bandagen geführt, war die Kooperation mit den westlichen Partnern doch für jeden an der Landesbildung Beteiligten unerlässlich. Das lag daran, dass die neu en Bundesländer nicht ohne westliches Know-how ins komplexe bundesstaatliche System eingefügt werden konnten.

Gegenüber Baden-Württemberg setzten sich Vertreter neuer Kräfte nur schrittweise und nach Auseinandersetzungen in der zunächst von den Räten dominierten »Gemischten Kommission Sachsen/Baden-Württemberg« durch. Insbesondere mit der »Rottenburger Erklärung« verdrängten sie die Staatsfunktionäre Schritt für Schritt aus der Verantwortung und übernahmen, wie der heutige Landtagspräsident Matthias Rößler, der damals dem Vorstand des Demokratischen Aufbruchs angehörte, die Leitung wichtiger Arbeitsgruppen der Gemischten Kommission. Schon zuvor war es gelungen, dem Entwurf einer Landesverfassung der drei sächsischen Räte der Bezirke durch einen von Arnold Vaatz verfassten Gegenentwurf der Gruppe der 20 zuvorzukommen.

Einem Höhepunkt strebten die Auseinandersetzungen zu, als die drei sächsischen Räte der Bezirke für den 18. April 1990 auf der Albrechtsburg zu Meißen die Bildung eines »Kuratoriums Land Sachsen« und die Verkündigung ihres Verfassungsentwurfes vor ausgesuchten Vertretern des öffentlichen Lebens ankündigten. In einer gemeinsamen Aktion gelang es den neuen demokratischen Kräften, diesen Versuch der Schaffung vollendeter Tatsachen zu verhindern. Freilich waren damit die Auseinandersetzungen nicht beendet. Während die Räte der Bezirkes ihre gemeinsamen Aktivitäten verstärkten, nutzten die neu en demokratischen Kräfte die drei Runden Tische der Bezirke zur Koordinierung ihrer Anstrengungen zu Landesbildung.

Nach der Bildung der DDR-Regierung unter dem CDU-Politiker Lothar de Maizière im April 1990 änderten sich die Kräfteverhältnisse. Nun gab es eine demokratisch gewählte Regierung, die freilich hinsichtlich der Länderbildung nahtlos an die Arbeiten der Modrows anknüpfte. Entgegen den Empfehlungen einer Regierungskommission legte sie am 2. Mai fest, fünf Länder durch Zusammenlegung von je drei Bezirken zu bilden und beauftragte, neben der Volkskammer, die Räte der Bezirke mit der Fortführung der Arbeiten. Die Räte der Bezirke wurden in Bezirksverwaltungsbehörden unter Leitung von Regierungsbevollmächtigten umgewandelt. Beschlüsse Runder Tische der Bezirke waren für sie nicht länger verbindlich. Aus Sicht der Regierung waren die bisherigen Räte der Bezirke geeignete Gremien, um mit bundesdeutschen Verwaltungshelfern die Landesbildung in die Hand zu nehmen. Probleme damit, dass dort Altfunktionäre aus SED und Blockparteien das Sagen hatten, sah man nicht, hatten viele der seit April Regierungsverantwortung tragenden Politiker doch selbst in diesen Apparaten gewirkt. Hinzu kam, dass die Regierung personell ohne Alternativen und angesichts des knappen Personalreservoirs froh über jeden leistungsfähigen CDU-Funktionär war. So setzten die Bezirksverwaltungen ihre Arbeiten an Landesverfassungen und Landesregierungen unter der Regie der Regierung fort. In nahezu allen DDR-Bezirken schien dies der einzig praktikable Weg zu sein, gab es doch nirgends qualifizierte Gremien der Landesbildung.

In Sachsen lagen die Dinge freilich anders. Hier hatte es, wie bereits erwähnt, insbesondere in Dresden, von Beginn an einen Machtkampf zwischen dem Staatsapparat des Bezirkes und neuen demokratischen Kräften um Dominanz bei der Landesbildung gegeben.

Dieses Ringen setzte sich nun fort und führte zu einer sächsischen Sonderentwicklung. Es blieb nicht bei einer Auseinandersetzung zwischen »alten Kräften«, worunter neben SED-Funktionären auch die einst Verantwortlichen der Block-CDU gezählt wurden, und neuen demokratischen Kräften, von denen einige Vertreter im Landesvorstand der CDU saßen. Hinzu kam nun eine Parallelität zwischen einer von Berlin aus zentral gesteuerten Landesbildung und dem Wunsch, die Neubildung Sachsens in der Regionen selbst maßgeblich mitzugestalten. Beide Konflikte überlagerten sich. In Sachsen entstand ein parteiübergreifendes, personengebundenes Zweckbündnis neuer Kräfte, das den Rahmen der »Allianz für Deutschland« sprengte und eher an die Zusammensetzung der Berliner Regierungskoalition erinnerte. Es resultierte aus bisherigen gemeinsamen Interessen am Runden Tisch des Bezirkes Dresden, reichte von der SPD über DSU und Demokratischen Aufbruch bis zur Vaatz-Gruppierung im CDU-Landesvorstand und war vom Willen beseelt, die Neubildung Sachsens keinesfalls Verantwortungsträgern der DDR-Regierung in Berlin zu überlassen. Diese alternative Allianz unter Einschluss von Akteuren aus SPD und selbst von Bündnis 90 prägte die politische Kultur Sachsens bis in die Zeit nach der Freistaatsbildung mit. Ihre Grundlage war die gemeinsame und generelle Ablehnung aller führenden Funktionäre des Partei- und Staatsapparates der DDR, egal ob sie aus der SED oder aus einer der Blockparteien kamen.

Für die Durchsetzung der Ziele der neuen Kräfte bedeutete es eine strategisch wichtige Entscheidung, dass diese sich der allgemeinen Auflösung der Runden Tische widersetzten. Der Runde Tisch des Bezirkes Dresden beschloss unter dem Einfluss von Arnold Vaatz und anderen neuen Kräften, trotz gegenteiliger Beschlüsse von Regierung und CDU-Hauptvorstand, seine Weiterarbeit und wandelte sich im Streit »neu gegen alt« zum Machtinstrument neuer politischer Kräfte. Dies war wiederum nur durch den gemeinsamen Willen von Vertretern programmatisch recht unterschiedlicher Parteien möglich, die der Wille vereinte, die Neubildung Sachsens weder allein früheren Exponenten des Regimes noch einer neuen Berliner Zentralgewalt zu überlassen. Für die Fortsetzung einer eigenen sächsischen Landesbildung wurde ein Koordinierungsausschuss unter Leitung von Arnold Vaatz geschaffen, in dessen Arbeitsgruppen nun, parallel zu denen der Bezirksverwaltungsbehörde Dresden, die Arbeiten zur Landesbildung mit westlicher Unterstützung vorangetrieben wurden.

Sah sich die Regierung de Maizière auch in anderen Bezirken mit Modifizierungen bei der Landesbildung konfrontiert, so stellte der Dresdner Weg, aus dem ein sächsisches Modell wurde, wegen seines politischen Charakters für sie eine besondere Herausforderung dar. In dem Konflikt drückte sich auch die ambivalente Haltung des Vorstandes der Bundes-CDU gegenüber dem Vorstand der Ost-CDU aus, die bereits Anlass für die Bildung der »Allianz für Deutschland« aus Ost-CDU und neuen politischen Kräften des liberal-konservativen Lagers gewesen war. Nachdem die Regierung die Dresdner Aktivitäten zunächst zu ignorieren oder behindern versuchte, sah sie sich schließlich veranlasst, die gegensätzlichen Auffassungen zwischen Berlin und Dresden kompatibel zu machen. Dazu beschloss die Regierung, den Koordinierungsausschuss komplett als regierungsoffiziellen Landesbildungsapparat Sachsens in das eigene System zu integrieren und ihn so in abgeleiteter Form mit der eigenen parlamentarisch-demokratischen Legitimierung auszustatten. Grundlage dieser Entscheidung war die im Koordinierungsausschuss bereits geleistete, kaum ersetzbare inhaltliche Arbeit zur Landesbildung, die wiederum zum nicht unerheblichen Teil inzwischen integrierten westlichen Experten zu verdanken war. Mit der Ernennung von Vaatz als Stellvertreter des Dresdner Regierungsbevollmächtigten für Länderbildung und der Einbindung des aus dem Runden Tisch hervorgegangenen Koordinierungsausschusses gelang hier ein tragfähiger Kompromiss.

Dies wiederum führte zu Irritationen zwischen den Bezirken Chemnitz, Dresden und Leipzig, war der Koordinierungsausschuss doch nun nicht länger das Landesbildungsgremium eines zunächst konzipierten Runden Tisches Sachsens, sondern ein der DDR-Regierung zugeordneter Stellvertreterbereich der Dresdner Bezirksverwaltungsbehörde. Chemnitz und Leipzig drängten auf Parität, wobei geflissentlich übersehen wurde, dass in beiden Bezirkstädten Aktivitäten wie in Dresden als Grundlage einer gleichrangigen Landesbildungsarbeit fehlten. Der Streit, in dem zugleich alte sächsische Konfliktmuster zutage traten, beeinflusste die Landesbildung, indem er den vielschichtigen Auseinandersetzungen eine regionale Komponente hinzufügte. Andererseits trug er zum unerlässlichen Interessenausgleich zwischen den seit Jahrzehnten unabhängig voneinander existierenden Bezirken bei, den die auf den Konflikt »neu gegen alt« fixierten Akteure des Koordinierungsausschusses zunächst kaum im Blick hatten. Der Preis, der für die singuläre Rolle des Koordinierungsausschusses bei der Neubildung Sachsens und die Durchsetzung seiner auf Erneuerung setzenden Personalpolitik schließlich zu zahlen war, bestand in der Akzeptanz der Einrichtung von Regierungspräsidien in den bisherigen Bezirksstädten auf Grundlage der Apparate und des Personals der Räte der Bezirke.

Statt eines ursprünglich geplanten sächsischen Runden Tisches wurde im Juli 1990 ein Sächsisches Forum unter Leitung des bisherigen Koordinators des Runden Tisches des Bezirkes Dresden, Erich Iltgen, gebildet. Sollte das Sächsische Forum als Runder Tisch der drei Bezirke zunächst für eine vorparlamentarische, aus dem revolutionären Geschehen abgeleitete Legitimierung des Koordinierungsausschusses sorgen, blieb durch dessen Zuordnung als Stellvertreterbereich der Dresdner Bezirksverwaltungsbehörde nur die allerdings auch wichtige Funktion einer Popularisierung der Politik des Koordinierungsausschusses. Dennoch gelang dank des politischen Geschickes seines Leiters mit dem Sächsischen Forum ein symbolischer Brückenschlag von den Runden Tischen zum Sächsischen Landtag. Außerdem ging man so der schwierigen Frage der demokratischen Legitimierung eines Runden Tisches Sachsens aus dem Wege. Wichtig in der Arbeit des Sächsischen Forums war auch die Vorstellung des auf einen Entwurf der Gruppe der 20 zurückgehenden Gohrischer Verfassungsentwurfs.

Am 22. Juli verabschiedete die Volkskammer ein von der Regierung vorgelegtes Ländereinführungsgesetz, nach dem mit Wirkung vom 14. Oktober 1990 in der DDR die Länder Mecklenburg-Vorpommern, Brandenburg, Sachsen-Anhalt, Thüringen und Sachsen gebildet werden sollten. Das Gesetz ging davon aus, dass zunächst Länder im Rahmen der DDR-Staatlichkeit gebildet würden, die den Weisungen oberster Behörden der Republik unterstanden. Auch in anderer Hinsicht versuchte die Regierung mit Vorgaben an die länderbildenden Institutionen in den Bezirken Einfluss auf die Struktur der kommenden Länder zu nehmen. Das Gesetz fand Ende August in modifizierter Form Eingang in den Einigungsvertrag.

Hatte die Regierung gehofft, den sächsischen Koordinierungsausschuss mit der Inkorporierung ins Regierungssystem im Sinne des eigenen, zentralistischen Konzeptes der Länderbildung beeinflussen und lenken zu können, sah sie sich allerdings getäuscht. Unter der Regie von Arnold Vaatz zog der Koordinierungsausschuss die Landesbildung immer weiter an sich und führte, nur formal als Arbeitsbereich der Dresdner Bezirksverwaltungsbehörde, ein politisches Eigenleben. Statt mit der DDR-Regierung kooperierte er, auch in personeller Verflechtung, eng und unmittelbar mit der Gemischten Kommission Sachsen-Baden-Württemberg und mit Vertretern der Bayerischen Staatsregierung. Zur Konkretisierung der Landesbildung wurden ab Juli Landesstrukturbeauftragte des Koordinierungsausschusses berufen.

So vollzog sich auch die weitere Landesbildung in Sachsen im spannungsreichen Verhältnis zwischen einer von der Bundesregierung unterstützten, zentralistisch angelegten Länderbildungspolitik der DDR-Regierung und dem von Baden-Württemberg und Bayern unterstützten Bemühen um eine Landesbildung durch neue politische Kräfte Sachsens. In dem Konflikt spiegelte sich auch das Ringen von Bundesregierung und Bundesländern um Einfluss auf die Landesbildung und den Prozess der deutschen Einheit wieder.

Am 31. August wurde der Einigungsvertrag unterzeichnet. An seiner Ausarbeitung waren neben beiden deutschen Regierungen auch alle westlichen Bundesländer beteiligt. Das Tempo der Entwicklung hatte den ursprünglichen Plan zunichte gemacht, zunächst die DDR als einen Bundesstaat zu konstituieren und dann den Beitritt der neuen Länder zu vollziehen. Stattdessen sah der Einigungsvertrag nun die Länderbildung zum Zeitpunkt des Beitritts am 3. Oktober 1990 vor. Dadurch waren die ersten freien Landtagswahlen am 14. Oktober bereits Wahlen in den neuen Bundesländern. Ohne Lobby waren bei den Verhandlungen die erst im Entstehen begriffenen neuen Bundesländer. Das schlug sich nicht nur in einer ungünstigen finanziellen Ausgangslage der neu entstehenden Länder nieder. Der Einigungsvertrag übertrug das rechtliche System, einschließlich des Verwaltungsaufbaus der Bundesrepublik, auf die fünf zu gründenden Länder. In Artikel 1 wurde die Weitergeltung des Ländereinführungsgesetzes in vermindertem Umfang vereinbart. In Kraft blieben nur die Bestimmungen über die Bildung der fünf Länder, die Möglichkeit der Änderung von Landesgrenzen, den Übergang von Einrichtungen und Personal sowie über die Wahl der Landtage, denen die Aufgabe von verfassungsgebenden Landesversammlungen übertragen wurden, und die Bildung von Landesregierungen. Noch hatten die nicht existenten neuen Länder kein Mitspracherecht, ihre inoffiziellen Repräsentanten wehrten sich aber durch ihre Volkskammerabgeordneten erfolgreich gegen einige Bestimmungen, musste das Gesetz doch von der Volkskammer ratifiziert werden. Anfang September machten die Parlamentarier in Bezug auf die Bestimmungen aus dem Ländereinführungsgesetzes von ihrem Vetorecht Gebrauch, wonach Einrichtungen und Personal der DDR-Regierung in die Hoheit der Länder übergehen sollten. Anders als bei den Finanzen gelang es, die für die neuen Länder restriktiven Bestimmungen zu kippen, wonach die Länder Personal der DDR-Regierung bzw. Zentralverwaltungen in den Landesdienst zu übernehmen hatten. Damit war der Weg für die neuen Bundesländer frei, ihr Personal selbst zu rekrutieren.

Anfang September benannte die Regierung de Maizière für die zu bildenden Länder Landessprecher. Diese waren bis zum Beitritt der DDR gegenüber der Regierung für alle mit der Länderbildung zusammenhängenden Aufgaben verantwortlich. Sie leiteten im Sinne von Landesbevollmächtigten die Tätigkeit der jeweiligen Bezirksverwaltungsbehörden und bereiteten die Bildung der Landesregierungen vor. In Sachsen übernahm Rudolf Krause diese Funktion, tatsächlich aber kümmerte man sich im Koordinierungsausschuss kaum noch um inhaltliche oder personelle Vorgaben der DDR-Regierung.

Im unmittelbaren Vorfeld der Neugründung Sachsens kulminierte die Auseinandersetzung um die personelle Besetzung der Führungsämter in Ministerien und nachgeordneter Verwaltung. Noch einmal ergriffen alle Akteure die Initiative. Die Frage des Personals kann, da hinsichtlich der inneren Ausgestaltung des Landes prinzipielle Einigkeit herrschte, als Hauptkonflikt bei der Landesbildung angesehen werden. Zunächst kam es zur Auseinandersetzung um den CDU-Spitzenkandidaten für das Amt des sächsischen Ministerpräsidenten. Nachdem es Arnold Vaatz gelungen war, den CDU-Landesvorsitzenden und früheren CDU-Vorsitzenden des Bezirkes Karl-Marx-Stadt, Klaus Reichenbach, als Spitzenkandidaten zu verhindern, einigten sich alle Seiten schließlich auf den früheren CDU-Generalsekretär Kurt Biedenkopf. Daneben konkurrierten die westdeutschen Partnerländer um einflussreiche Führungsposten, die neuen Kräfte aus dem Umfeld des Koordinierungsausschusses bemühten sich, möglichst unbelastete Personen für die Landesverwaltung zu gewinnen, Funktionäre der Bezirksverwaltungen drängten ebenfalls in Leitungsfunktionen, und Bundes- und DDR-Regierung versuchten, die Länder zur Übernahme von Personal aus der bisherigen DDR-Verwaltung zu bewegen.

Mit dem Beitritt der DDR zur Bundesrepublik Deutschland am 3. Oktober 1990 traten die neuen Bundesländer ins Leben. Bedingt durch das Vorziehen des Beitrittstermins geriet die geplante Koordinierung von Wiedervereinigung und Länderbildung aus den Fugen. Dadurch traten die Länder ins Leben, bevor sie über Anfänge legislativer, exekutiver und judikativer Strukturen verfügten. Auch wenn die Wiederbegründung Sachsens mit einem Festakt auf der Meißener Albrechtsburg gefeiert wurde, fehlten dem Land noch alle Insignien eines souveränen Bundesstaates. Für zirka drei Wochen unterstand Sachsen direkt der Bundesregierung, formal gelenkt von einem Landesbevollmächtigten, der dem Bundesinnenministerium in der Art eines Abteilungsleiters zugeordnet war. Tatsächliche Statthalter des Bundes aber waren die Vertreter des Bundes in der Bund-Länder-Clearingstelle, in Sachsen war dies Clearingkoordinator Günter Ermisch. Im Land Sachsen gab es für rund drei Wochen kein unmittelbar durch das Volk gewähltes Verfassungsorgan. Die Handlungsfähigkeit des Landes war kaum vorhanden. Es gab keine Landesgesetze. Im Bundesrat konnte Sachsen nicht mit abstimmen, sein Haushalt wurde bis zur Wahl des Ministerpräsidenten in der Verantwortung des Bundes vollzogen.

Für die politischen Auseinandersetzungen war in dieser Phase fehlender Souveränität entscheidend, dass sich der Koordinierungsausschuss erneut durchsetzte und als eine Komponente der Stabilität wirkte. Dank seiner DDR-weit einmaligen Kompetenz wandelte er sich vorübergehend zum Landesbildungsinstrument des Landesbevollmächtigten und wurde von der Bezirksverwaltungsbehörde abgekoppelt. Seine demokratische Legitimierung leitete sich jetzt von der Bundesregierung ab, und er fungierte vorübergehend als oberste Landesbehörde mit exekutiven Vollmachten. Seine Arbeitsstäbe waren nun unmittelbar an der Bildung der Ministerien und der nachgeordneten Landesverwaltung beteiligt.

Dieser Interimszustand wurde mit der Landtagswahl am 14. Oktober 1990 und der Konstituierung des Landtages am 27. Oktober 1990 beendet. Mit der Wahl Kurt Biedenkopfs zum Ministerpräsidenten, Erich Iltgens zum Landtagspräsidenten, mit der Verabschiedung eines »Vorschaltgesetzes« zur Herstellung der Arbeitsfähigkeit des Landtages und der Staatsregierung sowie der Entscheidung für den Namen »Freistaat Sachsen« begann die eigentliche Etablierung des neuen Bundeslandes.

Unter der Regie von Kurt Biedenkopf wurden nun bundesweit Staatsminister, Staatssekretäre und Parlamentarische Staatssekretäre berufen. Ihnen oblag der Aufbau und die schrittweise personelle Besetzung der Staatsministerien, der Staatskanzlei und der nachgeordneten Verwaltung. Insbesondere dank westlicher Unterstützung kam auch der Aufbau einer unabhängigen sächsischen Justiz voran. Der Landtag war intensiv mit der Ausarbeitung und Verabschiedung von Landesgesetzen beschäftigt. Bis zu deren Inkrafttreten galt sowohl bundes- als auch fortgeltendes DDR-Recht. Ein Verfassungsausschuss des Landtages begann mit der Ausarbeitung einer Sächsischen Verfassung, die am 6. Juni 1992 in Kraft trat.

Wie der bisherige Prozess der Landesbildung war auch der Aufbau sächsischer Staatlichkeit Anfang der 90er Jahre mit Konflikten zwischen neuen demokratischen Kräften und früheren Funktionsträgern des DDR-Staatsapparates geprägt. Dank der sachorientierten Arbeit der Regierung Kurt Biedenkopf traten diese in den Folgejahren immer mehr zurück.

Wer die heutige Situation im Freistaat Sachsen richtig verstehen will, kommt ohne einen Blick auf die Zeit der Neubildung Sachsens nicht aus. Im Prozess der aus der Friedlichen Revolution resultierenden Landesbildung entstanden alle wesentlichen Strukturen und Gremien, die noch heute das politische Leben im Freistaat prägen.

II
Verfassung, Parteien, Politik

Hans Karl Friedrich von Mangoldt

Sachsens Staatsaufbau und Verfassung

Am 6. Juni 1992 ist die Verfassung des Freistaates Sachsen[1] in Kraft getreten – die erste in den neuen Bundesländern. Von Sachsen war die friedliche Revolution im Oktober 1989 ausgegangen,[2] hier hat sie ihre erste Vollendung gefunden, nach Jahrzehnten der Diktatur und des Verlustes selbstbestimmter staatlicher Existenz freiheitliche Selbstfindung in freistaatlicher Organisation. Mehr als zwei Jahre intensiver Verfassungsberatungen waren seit den Tagen des Gohrischer Beginnens vorangegangen, ehe es zu jenem denkwürdigen Verfassungsbeschluss kommen konnte, mit dem der Sächsische Landtag als verfassungsgebende Landesversammlung am 26. Mai 1992 das Verfassungswerk vollendet hat – unter dem Läuten der Abendglocken der Dreikönigskirche, seiner damaligen Sitzungsstätte. Auch diese »auferstanden aus Ruinen«.

Das liegt lang zurück; die Aufbruchstimmung jener Tage scheint geschäftsmäßiger Normalität gewichen, die freistaatliche Verfassung als, manchmal lästiges, Richtmaß für den Kurs von Einzelnem und Staat in eine gemeinsame Zukunft mehrheitlich angenommen, wie das Grundgesetz für den gemeinsamen Gesamtstaat – auch wenn sich so manche Hoffnung nicht erfüllt haben mag: auf Arbeit für alle, auf Zukunft im eigenen Lande, auf Gerechtigkeit (an deren Stelle man den Rechtsstaat bekommen habe)... Wozu also der Rückblick?

Ich denke, die Auseinandersetzungen des Anfangs, das Woher und die revolutionäre Entscheidung für einen gänzlich anderen Weg, den der freiheitlichen demokratischen Grundordnung – ohne voraussetzungsgemäße Übereinstimmung von gesellschaftlichen und Individualinteressen[3] und ohne demokratischen Zentralismus[4] –, eingebettet in einen gemein-

---

1 Sächsisches Gesetz- und Verordnungsblatt (GVBl.) vom 05.06.1992 (Nr. 20), S. 243 ff.

2 Dazu aus der distanzierteren Sicht des deutschsprachigen Auslands Neue Züricher Zeitung (Fernausgabe) Nr. 235 v. 11.10.1989, S. 1 f.; ferner Nr. 236 v. 12.10. 1989, S. 2, und Nr. 238 v. 14.10.1989, S. 1 f. mit ersten Einschätzungen. – Zum Leipziger Geschehen am Ring Erich LOEST, Nikolaikirche, Leipzig 1995.

3 Dazu Hans v. MANGOLDT, in: Menschenrechte in den Staaten des Warschauer Paktes. Bericht einer unabhängigen Wissenschaftlerkommission. 1988, S. 38 et passim. Ferner das Stichwort Menschenrechte in: Alfred KOSING (Hrsg.), Wörterbuch der marxistisch-leninistischen Philosophie, Berlin 1987.

4 Art. 47 Abs. 2 DDR-Verfassung 1968/74. Dazu Dieter HÖSEL in: Staatsrecht der DDR. 2. Aufl., Berlin 1984, S. 252 ff.; Wolfgang WEICHELT/Ekkehard LIEBERAM/H. KINTZEL, in: Wolfgang Weichelt (Hrsg.), Der Staat im politischen System der DDR, Berlin 1986, S. 286 f.; Stichwort Demokratischer Zentra-

samen deutschen Gesamtstaat, der die vielfach falsch eingeschätzten Lasten des Aufbaus auf stärkere Schultern als nur die eigenen würde verteilen können, dies alles und noch manche andere der in der Verfassungsentstehung getroffenen Grundentscheidungen von Zeit zu Zeit vor das geistige Auge treten zu lassen, hilft zu besserem Verständnis des mit dieser Verfassung und danach erreichten; vielleicht aber auch dazu, den mit ihr gefundenen Kompromiss fast aller im Freistaat gewichtigen politischen Kräfte als Grundlage der staatlichen Gemeinschaft und der täglich von neuem zu gewinnenden Integration ihrer Bürger zu bewahren. Ich will deshalb, mit der Sicht des vom Gohrischer Anfang an im Verfassungsentstehungsprozess als Berater Beteiligten, versuchen, aus der Verfassungsentstehung heraus einige der zentralen Grundfragen und Grundentscheidungen der Verfassung zu beleuchten.

1. Einen Staat verfassen bedeutet, ihm rechtliche Grundordnung geben. Dazu gehören »die Rechtssätze, welche die obersten Organe des Staates bezeichnen, die Art ihrer Schöpfung, ihr gegenseitiges Verhältnis und ihren Wirkungskreis festsetzen, ferner die grundsätzliche Stellung des Einzelnen zur Staatsgewalt«[5], d. h. insbesondere Grund- und Menschenrechte. Die sächsische Verfassung entspricht dem ganz und gar – für eine Landesverfassung bei den Grund- und Menschenrechten nicht ganz selbstverständlich, wenn bereits ein breiter Katalog unmittelbar geltender Bundesgrundrechte vorhanden war, wie unter dem Grundgesetz – und darüber hinaus mit der Europäischen Menschenrechtskonvention[6] und dem Internationalen Pakt über bürgerliche und politische Rechte[7] auch ein Katalog mit dem Vorrang des einfachen Bundesrechts geltender Menschenrechte völkerrechtlichen Ursprungs.

2. Allerdings war da die Erfahrung mit der ersten und die noch ganz gegenwärtige mit der zweiten Diktatur in Deutschland: »Eine Gesellschaft, deren Rechte nicht sicher verbürgt sind und bei der die Teilung der Gewalten nicht durchgeführt ist, hat keine Verfassung.«

---

lismus, in: Waltraud Böhme (Hrsg.): Kleines politisches Wörterbuch, Neuausgabe 1988, Berlin 1989. Ferner Karl Polak, Zur Dialektik in der Staatslehre, 3. Aufl. Berlin 1963, S. 126 f., 128 ff., 179 ff.; Ders. Neue Justiz 1948, S. 243. Siehe auch Hans Peters, EA 1947, S. 639; Schultes, in: Neue Justiz 1948, S. 257; Abendroth, Neue Justiz 1947, S. 113, zur Ablehnung einer Verfassungsgerichtsbarkeit ebd., S. 116. Aus westlicher Sicht Georg Brunner, Handbuch des Staatsrechts der Bundesrepublik Deutschland (HStR) I, § 10, Rn 27 – 29; Siegfried Mampel, Die sozialistische Verfassung der DDR, Kommentar, 2. Aufl., Frankfurt/M. 1982, Art. 47 Rn 9 ff. Vgl. auch Hans v. Mangoldt in: Symposium anlässlich des 50. Jahrestages der Konstituierung eines sächsischen Landtages am 22. November 1946, Dresden 1996; Veranstaltungen des Sächsischen Landtags Heft 13, Dresden 1997; Ders., in: Christoph Degenhardt; Claus Meißner (Hrsg.), Handbuch der Verfassung des Freistaats Sachsen, Dresden 1997, § 2.

5   Georg Jellinek, Allgemeine Staatslehre, 3. Aufl., 7. Neudruck Darmstadt 1960, S. 505. Siehe auch Ulrich K. Preuss (Hrsg.), Zum Begriff der Verfassung, Frankfurt/M. 1994.

6   die zunehmend intensivere Berücksichtigung bei der deutschen Grundrechtsinterpretation erheischt – BVerfGE 74, 358, 370; 82, 106, 120; 111, 307, 317 f.; dazu Paul Kirchhof, in: Europäische Grundrechte-Zeitschrift (EuGRZ) 1994, S. 16, 31 ff.; für die Sächsische Verfassung Sächsischer Verfassungsgerichtshof (SächsVerfGH), Urteil v. 14.05.1996 – Vf. 44-II-1994, Sächsische Verwaltungsblätter 1996, S. 160.

7   Bundesgesetzblatt (BGBl.) 1973 II, 1533. Auch die DDR war den UN-Menschenrechtspakten beigetreten, allerdings hatten sie keine unmittelbare innerstaatliche Geltung, weil ein entsprechendes Vertragsgesetz nicht erlassen worden war.

a) Das Postulat erinnert an die französische Menschen- und Bürgerrechteerklärung von 1789.[8] Doch entstammt es der Einführung des CDU-Entwurfs für die »Verfassung des Landes Sachsen«[9] von 1947, mit welcher die Fraktion begründet, weshalb sie es für erforderlich gehalten habe, einen eigenen Entwurf einzubringen, nachdem es die SED versäumt hatte, den ihren »im Zeichen der Blockpolitik« »dem antifaschistisch-demokratischen Block [...] zu einer Besprechung« vorzulegen.[10] Wesentlich dabei ein Gedanke, »auf den wir besonderes Gewicht legen [...] [, den] der Teilung der Gewalten, [...] in dem ein Mittel zur Erhaltung demokratischer Freiheit gesehen wird.« Der Entwurf sieht demgemäss knappe, auch gegenüber dem Gesetzgeber wirksame Grundrechte, insbesondere einen unzweideutigen Eigentumsschutz vor, eine dem Landtag gegenüber auch bei parlamentarischer Regierungsverantwortlichkeit klar verselbständigte Regierung, die Gewährleistung gemeindlicher Selbstverwaltung und – zum »Schutz der Verfassung« – einen Staatsgerichtshof[11] sowie ein Wahlprüfungsgericht.

Angeknüpft wird damit an Traditionen des Freistaates Sachsen nach der Verfassung vom 1. November 1920[12]. Zwar enthielt sie wegen der eingehenden Regelung der Grundrechte in der Weimarer Verfassung und der sächsischen Bindung daran selbst keine solchen, und nicht zuletzt wegen der Subsidiärkompetenz des Reichsstaatsgerichtshofes (Art. 19 Weimarer Reichsverfassung) auch keine eigene Staatsgerichtsbarkeit, aber die Sächsische Verfassung folgte, trotz Einrichtung einer Parlamentsherrschaft in besonders starker Form[13], der Gewaltenteilung im Kern.[14]

---

8   Art. 16: Toute société dans laquelle la garantie des droits n'est pas assurée, ni la séparation des pouvoirs déterminée, n'a point de constitution. Seit der französischen Verfassung von 1791 bis zur heutigen von 1958 durch Verweisung jeweils in der Präambel in die Verfassung aufgenommen.

9   Sächsischer Landtag (SächsLT), 1. Wahlperiode (WP), Drucksache G; bei Karl-Heinz Schöneburg (Hrsg.), Geschichte des Staates und des Rechts der DDR, Dokumente 1945–1949, Berlin 1984, S. 114.

10 Abg. Ruland (CDU), 1. WP, 3. Sitzung, Protokoll S. 21. Er beruft sich auf Montesquieus Geist der Gesetze.

11 Für »Rechtsstreitigkeiten, die sich aus dieser Verfassung ergeben«, Art. 55 des Entwurfs.

12 Gesetzblatt (GBl.), S. 445.

13 Dazu Walter SCHELCHER, in: Jahrbuch des öffentlichen Rechts X (1921), S. 287, 292, 293, 294 f.

14 auch wenn ihre schwache Durchführung oft gerügt worden ist. Dazu Konrad WOELKER, Die Verfassung des Freistaates Sachsen, Leipzig 1921, S. 51 ff., 76 ff., 113 f.; Erich REICHELT, Das Staatsleben unter der Sächsischen Verfassung vom 1. November 1920, Leipzig 1928, S. 101 ff.; Joachim WOELKER, Das Staatsleben unter der Sächsischen Verfassung vom 1. November 1920 in der Zeit vom 31. März 1927 bis zum 11. Juli 1931, Leipzig 1933, S. 108 ff.; SCHANZE, in: Archiv des öffentlichen Rechts (AöR) 42 (1922), S. 257, 261 f., 265, 274 ff.; ferner KOELLREUTTER im Handbuch des Deutschen Staatsrechts (HdbDStR) I, S. 671 f., 674 ff.; THOMA, in: HdbDStR I, S. 121 ff.; Gerhard ANSCHÜTZ, Die Verfassung des Deutschen Reiches, 14. Aufl., Berlin 1933, Art. 17 Anm. 2 S. 131, Anm. 5 S. 135 ff. Zu Schwierigkeiten in der Anwendung des parlamentarischen Systems und seinen Auswirkungen für das Verhältnis zum Reich siehe F. POETZSCH, in: JöR XIII (1923), S. 96 ff.; auch APELT, in: AöR 45 [1924], S. 107.

b) Anders der SED-Entwurf.[15] Gemäß den Vorgaben der Parteizentrale folgt »das Gesetz zum demokratischen Aufbau, also die Verfassung«, so die Bezeichnung im Landtag[16], streng dem Grundsatz der Gewalten*einheit*; danach ist der Landtag »der höchste demokratische Willensträger des Landes«, sind Ministerpräsident und Minister »Exekutivorgane des Landtages«[17], die Richter *nur* »in ihrer Rechtsprechung unabhängig«, also nicht persönlich[18], und die übliche Gesetzesbindung ist dadurch modifiziert, dass die Rechtsprechung »im Sinne sozialer Gerechtigkeit ausgeübt« werden soll: zur Vornahme der »notwendigen Korrekturen, die aus unserer heutigen Auffassung über soziale Gerechtigkeit entstehen«;[19] dagegen wird das richterliche Prüfungsrecht gegenüber »ordnungsmäßig verkündeten Gesetzen« abgelehnt. Verfassungsgerichtsbarkeit und Wahlprüfungsgericht gelten als Verstoß gegen Volkssouveränität und Demokratie. Die Garantie gemeindlicher Selbstverwaltung fehlt gleichfalls, Grundrechte fast ganz.[20] Der Verfassungstext[21] folgt – bei Absicherung des unbedingten SED-Durchsetzungswillens in den Kernfragen durch die Sowjetische Militär-Administration – diesen Vorgaben weitestgehend wörtlich – bis nach dem »Gesetz über die weitere Demokratisierung des Aufbaus und der Arbeitsweise der staatlichen Organe in den

---

15 Mit Antrag vom 01.12.1946 als »Vorlage« »Demokratischer Aufbau des Landes« eingebracht, SächsLT, 1. WP, Anfragen, Gesetzesvorlagen und Anträge, Drucksache M; bei Schöneburg, S. 106. – Die Vermeidung des Verfassungsbegriffs entspricht der Konzeptvorgabe des Parteivorstandes der SED (dazu Gerhard Braas, Die Entstehung der Länderverfassungen in der Sowjetischen Besatzungszone Deutschlands 1946/47, Köln 1987, S. 58 ff.), nach dessen Erklärung »Die Grundrechte des deutschen Volkes« vom 19.09.1946 (Neues Deutschland, Nr. 129 vom 22.09.1946, S. 1; siehe auch Dokumente der Sozialistischen Einheitspartei Deutschlands, Bd. 1, 1951, S. 93) die »Landesangelegenheiten durch die Länderorgane auf Grund der Landesordnung ausgeübt« werden sollten. Dementsprechend spart der vom Parteivorstand der SED auf seiner außerordentlichen Tagung am 14.11.1946 verabschiedete und am 16.11.1946 veröffentlichte »Entwurf einer Verfassung für die Deutsche Demokratische Republik« für die »Länder« den Verfassungsbegriff aus und bestimmte in Art. 105 Abs. 1: »Jedes Land muß eine demokratische Ordnung haben.« Siehe auch Otto Grotewohl, Deutsche Verfassungspläne, Berlin 1947. Ferner der Berichterstatter des Verfassungsausschusses des SächsLT Wilhelm Koenen (SED), 1. WP, 13. Sitzg, Prot. S. 241.

16 Abg. Dr. Zeigner für die SED-Fraktion, SächsLT, 1. WP, 3. Sitzg, Prot. S. 17.

17 Abg. Dr. Zeigner (SED) zur Begründung des Entwurfs, ebd., S. 18.

18 Zur praktischen Anschauung das sächsische Gesetz zur Verwaltungsgerichtsbarkeit v. 30.10.1947, Gesetze, Befehle, Verordnungen, Bekanntmachungen, veröffentlicht durch die Landesregierung Sachsen 1947, S. 509: nach § 3 werden die Richter vom Landtag, jeweils nur für die laufende Wahlperiode, gewählt und können durch seinen Beschluß »wegen groben Verstoßes gegen die Grundsätze der Demokratie abgesetzt« werden; dazu v. Dassel, Neue Justiz 1948, S. 30 f.

19 Abg. Dr. Zeigner (SED) zur Begründung des Entwurfs, a.a.O. S. 19.

20 Zum Konzept Karl Polak, Reden und Aufsätze, Zur Entwicklung der Arbeiter-und-Bauern-Macht, Berlin 1968, S. 108 f., 112 ff., 129 ff., 155 f.; Ders., Neue Justiz 1948, S. 243 f.; Dieckmann, zitiert bei Schultes, Neue Justiz 1948, S. 181.

21 Am 28. Februar 1947 als letzter in den Ländern der SBZ zustande gekommen; Gesetze, Befehle, Verordnungen, Bekanntmachungen, veröffentlicht durch die Landesverwaltung Sachsen 1947, S. 103; bei Schöneburg, S. 121. Näheres bei v. Mangoldt in: Symposium anläßlich des 50. Jahrestages der Konstituierung eines sächsischen Landtages am 22. November 1946, Veranstaltungen des Sächsischen Landtags Heft 13, Dresden, Dresden 1997, S. 11 ff.; stark ›geschönte‹ Darstellung bei Günter Tautz, in: Klaus Stern (Hrsg.), Deutsche Wiedervereinigung, Band I, Köln 1991, S. 26.

Ländern der DDR« vom 23.07.1952[22] die Länder de facto beseitigt waren, lange bevor sie gänzlich aus der Rechtsordnung der DDR verschwanden.[23]

3. In diesen epochalen Auffassungsunterschied zu Staatsaufbau, Demokratieprinzip, Verfassungsgerichtsbarkeit und Grundrechtsschutz sind bei der Vorbereitung einer sächsischen (Glied-)Staatsgründung in der Auseinandersetzung zwischen den alten und den neuen politischen Kräften auch die Vorarbeiten an einer künftigen sächsischen Verfassung geraten.[24] Gerade in diesen März-Tagen vor 20 Jahren wurde das manifest.

I. Die Vorphase der Verfassungsentstehung: »Gohrisch«

1. Der erste Text stammt aus der Dresdner »Gruppe der 20«, deren vorläufiger Entwurf für eine »Verfassung des Landes Sachsen« in der Fassung vom 26. März 1990 in der Dresdner Tageszeitung »Die Union« veröffentlicht wurde, vorgestellt von Arnold Vaatz.[25] Aber nicht diese Fassung bildet die erste Diskussionsgrundlage weiteren Nachdenkens, sondern sein Urentwurf vom 13. März, vor den ersten freien Volkskammerwahlen, deren für die meisten unerwartetes Ergebnis so weichenstellend für die weitere Entwicklung und die deutsche Einheit wurde.

a) In der »Gruppe der 20« hatte das »Wir sind das Volk«[26] erste Repräsentanten gesucht und gefunden, um das Gespräch mit der etablierten Staatsmacht führen und den gemeinsamen Willen dieser gegenüber zum Ausdruck bringen zu können.[27] Daran war sie gerade

---

22 GBl. DDR S. 613. Abdruck auch in Gerhard RIEGE/Guido HENKE/Ralf LUNAU, Dokumente zum Thüringer Staatsrecht 1920–1952, Stuttgart 1992, S. 102.

23 Dazu Gerhard RIEGE, in: Richard Puza/Abraham Peter Kustermann (Hrsg.), Die Kirchen und die deutsche Einheit, Stuttgart 1991 (Hohenheimer Protokolle Bd. 37), S. 47 f.; RIEGE/HENKE/LUNAU, Dokumente zum Thüringer Staatsrecht, S. 10 f. Wer die Aufhebung der Länder nicht schon dem Gesetz von 1952 oder wenigstens dem Gesetz über die Auflösung der Länderkammer vom 08.12.1958 (GBl. DDR I, 867 – auch in: Dokumente zur Staatsordnung der DDR 2. Bd., 1959, S. 519), mit dem die Länderkammer aufgelöst wurde, entnehmen will, müsste spätestens aus der Verfassung von 1968, die eine Ländergliederung nicht mehr kannte, auf die Beseitigung der alten Länder schließen. Immerhin ist in formeller »sozialistischer Gesetzlichkeit« die Verfassung 1968 gemäß § 10 des Gesetzes zur Durchführung eines Volksentscheides über die Verfassung der DDR v. 26.03.1968 (GBl. I, 192) auf der Grundlage von Art. 83 Abs. 3 Verfassung 1949 einem Volksentscheid unterworfen und damit auf die verfassunggebende Gewalt des Volkes zurückgeführt worden, um die Totalersetzung der alten Verfassung (einschließlich der Ländergliederung) außer Zweifel zu stellen. – Siehe auch das maßgebliche Lehrbuch Karl-Friedrich GRUEHL: Staatsrecht der DDR, 2. Auflage, Berlin 1984, S. 73 f., mit der Feststellung, dass 1952 »an die Stelle der fünf Länder [...] 14 Bezirke (traten)«.

24 Dazu aus der unmittelbaren Anschauung eindrucksvoll Erich ILTGEN (Hrsg.), Zehn Jahre Sächsischer Landtag, Bilanz und Ausblick, Dresden 2000, S. 13 ff., 19 f.; ferner SCHIEMANN, S. 33 ff.

25 Die Union Ausgabe Dresden v. 29.03.1990 S. 3 f., und v. 30.03.1990, S. 3; siehe auch JöR 39 (1990), S. 427 ff.

26 Dazu auch Hartmut ZWAHR, in: Sigrid Meuschel/Michael Richter/Hartmut Zwahr, Friedliche Revolution in Sachsen, Dresden 1999 (Hannah-Arendt-Institut für Totalitarismusforschung an der TU Dresden, Berichte und Studien Nr. 22), S. 23–28.

27 Dazu auch Hans v. MANGOLDT, Bürgerpartizipation und neue Landesverfassungen – Das Beispiel Sachsens, in: Gerd Meyer/Riege/Strützel (Hrsg.), Lebensweise und gesellschaftlicher Umbruch in Ostdeutschland, Erlangen 1992, S. 198 f.

in der Verfassungsfrage aber nicht besonders interessiert. So bedauert Arnold Vaatz, dass es »durch mangelnde Kooperationsbereitschaft des Rates des Bezirkes Dresden nicht zu einer Zusammenarbeit [...] gekommen« sei.

b) Die Räte der drei sächsischen Bezirke verfolgen eigene Pläne: Ihre Vorsitzenden legen einen von einer Parlamentarischen Arbeitsgruppe des Bezirkstages Dresden erarbeiteten »Entwurf der Verfassung des Landes Sachsen«[28] vor. Am 18. April 1990 hätte er »anlässlich der Konstituierung des Kuratoriums Land Sachsen« auf der Albrechtsburg zu Meißen der Öffentlichkeit übergeben werden sollen und reflektierte noch den »alten Geist«. Der Bericht der Arbeitsgruppe hebt hervor, dass sie es für erforderlich gehalten habe, an die sächsische Verfassung von 1947 anzuknüpfen[29]: also noch immer demokratischer Zentralismus (Art. 17, 43), keine Garantie der persönlichen Unabhängigkeit des Richters (Art. 56), keine fachgerichtliche Verfassungsmäßigkeitsprüfung der Gesetze (Art. 55), aber immerhin Verfassungsgerichtsbarkeit (Art. 59), wenn auch ohne Verfassungsbeschwerde, bei schmalen und wenig stringenten Grundrechten (Art. 17 ff.).

Doch wurde die Veranstaltung auf der Burg »in letzter Minute« abgesagt. Die entgegenstehenden Kräfte der Bürgerbewegung hatten sie – gestärkt durch das Ergebnis der Volkskammerwahlen – verhindern können[30]. Es ist wohl keine Überinterpretation, wenn man einen gewichtigen Teil der Triebkraft für ihre eigene Verfassungsinitiative dem unbedingten Willen zuschreibt, jenen Versuch der Restauration in neuem Gewande nicht zustandekommen zu lassen.

c) Im Zuge der eigenen Vorarbeiten entschloss man sich nun, auf die schon im Dezember 1989 zur baden-württembergischen Landesregierung geknüpften Kontakte zurückzugreifen und in dem festen Entschluss, für Sachsen eine freiheitlich-rechtsstaatliche Verfassung auszuarbeiten, die unter den Rahmen des Grundgesetzes passen sollte, auch hier die Hilfsbereitschaft Baden-Württembergs für die demokratische Umgestaltung zu nutzen. Ein institutioneller Rahmen der Zusammenarbeit war bereits entstanden, die Gemischte Kommission Baden-Württemberg/Sachsen. So konnte unter ihrem Dach unter der Leitung von Steffen Heitmann am 4. April 1990 eine Arbeitsgruppe Landesverfassung gebildet werden. Mitglieder wurden auf *sächsischer* Seite Vertreter der »Gruppe der 20« und der neuen politischen Kräfte, bei klarer Rückkoppelung zur neuen CDU, zur SPD und zum Neuen Forum/Bündnis 90. Durch beratende Mitgliedschaft war weiter Gedankengut vertreten, das sich der PDS zugewandt wusste. Von *baden-württembergischer* Seite kamen drei Mitglieder, zwei aus der staatsrechtlichen Ministerialpraxis, außerdem ich selbst, alle drei beratend und ohne Stimmrecht.[31]

---

28 Als Broschüre; siehe auch JöR 39 (1990), S. 417 ff. Dazu Michael RICHTER, Friedliche Revolution in Sachsen, S. 45 ff., auch 49 ff.

29 Ebd., S. 28 f.

30 Dazu Erich ILTGEN, in: Veranstaltungen des Sächsischen Landtages Heft 14, Feierstunde zum 5. Jahrestag der Verabschiedung der Sächsischen Verfassung am 26.05.1997, S. 11 f.; DERS., in: Zehn Jahre Sächsischer Landtag, S. 20.

31 Dazu näher Hans v. MANGOLDT in: Lebensweise und gesellschaftlicher Umbruch in Ostdeutschland, S. 200.

Die Arbeit ist noch im April 1990 aufgenommen worden, mit Sitzungen in der engeren Runde der sächsischen Mitglieder, mit schriftlichen Stellungnahmen der baden-württembergischen Mitglieder zu den Textentwürfen der sächsischen, entscheidend für die Arbeit aber waren drei »Plenar«sitzungen[32] in Gohrisch, in denen in weitestgehendem Konsens bis Ende Juli 1990, kurz nach Ergehen des Ländereinführungsgesetzes der DDR[33], der erste »Gohrischer Entwurf« einer »Verfassung des Landes Sachsen« erarbeitet werden konnte[34] – in Rückkoppelung zu den Runden Tischen der drei sächsischen Bezirke und im Auftrag des Koordinierungsausschusses für die Bildung des Landes Sachsen. In der Schlussphase konnte die Arbeitsgruppe auch noch einen Entwurf berücksichtigen, der von Volker Schimpff[35] aus der Leipziger CDU eingebracht worden war.

Der erste Gohrische Entwurf ist Anfang August 1990 veröffentlicht[36] und zur Diskussion gestellt worden.[37] In zahlreichen Stellungnahmen nahm die Bevölkerung Sachsens bis Anfang Oktober Gelegenheit, Kritik und Anregungen einzubringen; sie führten in der zweiten Oktoberwoche 1990 zu einer Überarbeitung durch die Arbeitsgruppe und zu erneuter Veröffentlichung[38], nun als »Verfassung des *Freistaates* Sachsen«. Nach den Landtagswahlen ist diese Fassung von der CDU- und der F.D.P.-Fraktion in den Landtag eingebracht worden.[39] Die SPD hat ihn als Verhandlungsgrundlage für die weiteren Beratungen akzeptiert.[40]

An dieser Stelle wenigstens ein kurzes Wort zur demokratischen Legitimation des Gohrischer Beginnens: Die Arbeitsgruppe stützte sich auf das Zusammentreten von Vertretern der neuen politischen Kräfte mit juristischem, insbesondere verfassungsrechtlichem Sachverstand und arbeitete in der politischen Anbindung an die neuen Organisationsformen im entstehenden Lande Sachsen. Ein Mehr an demokratischer Rückkoppelung war auf der

---

32 Die Arbeitsgruppe hatte nie mehr als acht Mitglieder.

33 Vom 22.07.1990, GBl. DDR I, 955.

34 Dazu und zur weiteren Entwicklung die Nachbemerkung von Heitmann und Vaatz zur Verfassung des Landes Sachsen – Gohrischer Entwurf, 1990; ferner die Berichte in: Landtagskurier 4/1991 und in: Von der Wende zum Parlament, Dresden 1991, [insbes. von Iltgen und Vaatz]; weiter Steffen HEITMANN, Vorwort, in: Dresdner Hefte 1991 Nr. 26, S. 3; Dr. Kunzmann als Berichterstatter des Verfassungs- und Rechtsausschusses des Sächsischen Landtags, zu DS 1/1800-korrigierte Fassung.

35 Später Vorsitzender des Verfassungs- und Rechtsausschusses des Landtages.

36 Durch Broschüre und Zeitungsabdruck in den Bezirken Dresden und Chemnitz, nicht im Bezirk Leipzig, obwohl der Text auch den dortigen Zeitungen zur Verfügung gestellt worden war, siehe die Nachbemerkungen in: Verfassung des Freistaats Sachsen, Gohrischer Entwurf – Überarbeitete Fassung, Erfurt 1990, S. 45; siehe auch JöR 39 (1990), S. 439.

37 Zur Vorstellung im Sächsischen Forum Michael RICHTER, Friedliche Revolution in Sachsen, S. 55.

38 Als Broschüre; siehe ferner JöR 40 (1991/1992), S. 425. – Besonders bemerkenswerte Weiterentwicklungen ergaben sich u. a. in Bezug auf den Sorbenartikel und die Einführung eines Bürgerbegriffes mit Rücksicht auf die Sorben (Art. 115a – jetzt Art. 115).

39 DS 1/25. Besonders betont wurden dabei die Konsensfähigkeit und die »inhaltliche und handwerkliche Qualität des Entwurfs«. Vgl. auch die in pleno zur 1. Lesung gegebenen Begründungen, Sächsischer Landtag, Plenarprotokoll 1/3, S. 105 f.

40 Dazu die in pleno zur 1. Lesung gegebenen Begründungen, Sächsischer Landtag, Plenarprotokoll 1/3, S. 109 f. nebst Gesetzentwurf DS 1/31 – Anlage 5, S. 124.

Ebene werdender Landesstaatlichkeit zwischen den Volkskammerwahlen im März und vor der Landtagswahl vom 14. Oktober 1990 in meiner Sicht der Dinge nicht möglich.[41]

2. Das inhaltliche Konzept der Arbeitsgruppe für den sächsischen Verfassungsentwurf kann nach dieser Vorübersicht nicht zweifelhaft sein: Gewaltenteilung, gegenseitige Machthemmung der Gewalten bei ausgebauter Verfassungsgerichtsbarkeit[42], kommunale Selbstverwaltung unter landesverfassungsgerichtlichem Schutz[43], bei verfassungsrechtlicher Eigenständigkeit Passfähigkeit zum Grundgesetz (Art. 28 Abs. 1 GG)[44]. Schon der Erstentwurf der Gruppe der 20 wollte auch grundlegende Bestimmungen für das Verhältnis von Mensch und Staat, Grund- und Menschenrechte, aufgenommen wissen. Und nach den Erfahrungen der DDR-Zeit sollten es nicht bloße Verheißungen sein, der Disposition des Gesetzgebers anheimgegeben, sondern man wollte die Grundrechte des Grundgesetzes. Lange bevor sich die Volkskammer der DDR mit dem Verfassungsgrundsätzegesetz vom 17. Juni 1990[45] auf einen im Grundsatz vergleichbaren Weg begab. Streitig war in der Arbeitsgruppe zunächst nur, wie das Ziel zu verwirklichen sei, durch eine die Bundesgrundrechte im Ganzen in die Landesverfassung übertragende (rezipierende) Verweisung, so der Erstentwurf und heute auch die Lösung in Mecklenburg-Vorpommern, oder durch ausdrückliche Vollregelung. Man hat sich schließlich für diese letzte Variante entschieden, um dem Einzelnen eine lesbare Verfassung zu geben, die ihm seine mit der ebenfalls aufgenommenen Verfassungsbeschwerde durchsetzbaren Grundrechte verdeutlichen sollte.

a) Der Gohrische Entwurf ist hier ganz Ausdruck der Zeit, von historischem Sein und Bewusstsein geprägt – wie die später auf seiner Grundlage entstandene Verfassung des Freistaates selbst. Die Betonung sozialer Bedürfnisse nach dem Ruin der DDR durch Aufnahme bei den Staatszielen[46] zeigt es ebenso. Auch das Bestreben zur Bewahrung sozialer und kultureller Errungenschaften.[47] Zuletzt die schon früh immer wieder erwogene Aufnahme des Freistaatsbegriffes zur Bezeichnung des Gliedstaates und seiner republikanischen Staats-

---

41 Aus den sächsischen Mitgliedern der Kommission sind zwei Staatsminister hervorgegangen, darunter der für die Verfassung zuständige Justizminister, die übrigen sind, soweit sie für den Landtag kandidiert haben, zu Landtagsabgeordneten gewählt worden – zusätzliche nachträgliche Legitimation für das politische Vorhaben des Entwurfs; ebenso seine Einbringung durch die CDU- und die F.D.P.-Fraktionen in den Sächsischen Landtag und die Annahme als Verhandlungsgrundlage durch die SPD-Fraktion im Verfassungsausschuss, zusammen also durch fast 79 % der Wählerstimmen legitimiert. Dazu auch Steffen HEITMANN, SächsVBl. 1993, 7; HEITMANN, in: 15 Jahre Sächsische Verfassung und die Kommunen, S. 3; SCHIEMANN, S. 10 f.

42 Dazu Kurt BIEDENKOPF, in: Festakt zur Errichtung des Verfassungsgerichtshofes des Freistaates Sachsen am 12.07.1993 im Alten Rathaus zu Leipzig, S. 6 ff. ISENSEE, S. 27 f.; REICH, in: Jahrbuch des Sächsischen Oberverwaltungsgerichtes (JbSächsOVG), S. 11, 19, 21 et passim.

43 Siehe im übrigen Art. 93 Abs. 1 Nr. 4b GG.

44 Schon der Entwurf der Gruppe der 20 in der Fassung vom 13.03.1990 orientierte auf das GG. Sein Schlussartikel sah vor: »An dem Tag, an dem das Land Sachsen seinen Eintritt in den Geltungsbereich des GG [...] erklärt, tritt diese Verfassung in Kraft.«

45 GBl. DDR I, 299.

46 Siehe dazu auch Hans v. MANGOLDT, Lebensweise und gesellschaftlicher Umbruch in Ostdeutschland, S. 201 f.

47 Art. 7, 9 Abs. 3 und Art. 110, 11 in der endgültigen Zählung der Verfassung.

form[48]: Mit diesem Begriff konnte, ganz Antithese zum Entwurf der Räte der drei sächsischen Bezirke, die Zeit zweier Diktaturen nebst der Verfassung von 1947 ausgeblendet
und an die freistaatliche Verfassungslage[49] in der Weimarer Republik angeknüpft werden.
Ebenso Ausdruck der Zeit schließlich – und ebenfalls ganz Antithese zur rücksichtslosen,
staatskapitalistisch motivierten Umweltzerstörung – der Schutz der menschlichen Umwelt
als Staatsziel.[50]

b) Verfassung als Antithese zu einer noch ganz und gar gegenwärtigen historischen Erfahrung, verbunden mit dem Anspruch der Zukunftsgestaltung durch stabile Grundnormen,
das ist das zweite, parallelgehende Konzept der Arbeitsgruppe. Von gegenwärtigen Ordnungsvorstellungen ausgehend staatlicher Zukunftsgestaltung und der Integration des Einzelnen in das Gemeinwesen auf lange Sicht Plan und Maß zu setzen, das zentrale Anliegen:
ein System von Staatsorganen, Zuständigkeiten, Rechten und Pflichten zu geben, das staatliche Herrschaft ordnen, die Freiheit des Einzelnen sichern, Willkür aus den Beziehungen
zum Menschen verbannen und zugleich Offenheit für den Wandel demokratischer Mehrheiten und Wertvorstellungen lassen will. Strenge rechtliche Bindung der verfassten staatlichen Gewalten in die Zukunft hinein, das sollte das Kennzeichen der Verfassung werden.

Sie sollte nicht wieder als wachsweiche Funktion gesellschaftlicher Verhältnisse erscheinen
können, deren Wandel als einer außerjuristischen Gesetzmäßigkeit unterliegend gedacht
worden war, welche mit den Mitteln der Gesellschaftswissenschaften erschlossen und vom
staatlichen Herrschaftsapparat ohne verfassungsrechtliche Bindung in die Wirklichkeit umgesetzt werden könnte. Zu lange war mit Ansätzen des historischen Materialismus »juristische Knochenerweichung«[51] betrieben und verfassungsrechtliche Bindung in freies politisches Belieben einer herrschenden Schicht umgemünzt worden.

c) Um der Zukunftsfähigkeit der mit strenger rechtlicher Bindungswirkung auszugestal-
tenden Verfassung Raum zu geben, galt es freilich zugleich, sie als *Rahmenordnung* zu fassen, politische Handlungs- und Gestaltungsspielräume zu eröffnen, ausfüllungsfähig und
-bedürftig nach dem Bilde der jeweiligen demokratischen Mehrheit. Klagbare soziale
Grundrechte mit unbedingter und uneingeschränkter Leistungspflicht des Staates kamen
deshalb nicht in Betracht, sondern nur konkretisierte soziale Staatsziele[52] einschließlich
des Minderheitenschutzes, insbesondere für die Sorben, in strenger systematischer Abgrenzung von den Grundrechten[53]. Alles andere hätte zudem die staatliche Leistungsfähigkeit

---

48 Zur Bedeutung Preuss, JöR X (1921), S. 258. Siehe auch Anschütz, Die Verfassung des Deutschen
    Reiches, S. 22.
49 Für den Beginn: Jacobi, JöR IX (1920), S. 163 ff.; Schelcher, JöR X (1921), S. 285 f.
50 Art. 10 der Verfassung.
51 Vgl. Karl A. Mollnau, Staat und Recht 1990, S. 20, mit weiteren Hinweisen.
52 Siehe besonders Art. 7 der Verfassung.
53 Der Entwurf Leipziger Hochschullehrer (dazu nachfolgend bei I.3.) und die LL/PDS-Fraktion im
    Landtag hatten demgegenüber klagbare soziale Grundrechte zu einem Kernanliegen erklärt, ohne
    über die Frage der Finanzierbarkeit nachvollziehbares zu erwägen. – Ein schließlich von PDS-Ab-
    geordneten nach Inkrafttreten der Verfassung mit Volksantrag vom 16.07.1993 betriebenes Volks-
    gesetzgebungsverfahren mit dem Ziel der Einfügung sozialer Grundrechte in die Verfassung (vgl. die

überfordert – wirtschaftlich, weil das Land die Ergebnisse der kommunalen Wohnungswirtschaft und des sogenannten Volkseigentums an den Produktionsmitteln nicht fortsetzen konnte; kompetentiell, weil etwa Mieterschutz, soziales Mietrecht sowie Arbeitsvermittlung Bundesmaterien sind, die der Bund weitestgehend wahrgenommen hat, sodass dem Land hier kein Spielraum verblieben wäre. Es bedurfte in der Arbeitsgruppe freilich intensivster Diskussionen, nicht zuletzt an Hand von Entwürfen aus dem Bereich des demokratischen Sozialismus, um diese Erkenntnis reifen zu lassen. – Auf der anderen Seite hat sich schon der Gohrische Entwurf zum Konzept des Teilhaberechts bekannt.[54]

Offenheit dauerhafter Verfassungsordnung für künftige politische Entwicklungen bei juristischer Strenge in den Grundlagen sollte die Verfassung freilich keineswegs zum »politischen und juristischen Dokument« machen, wie es einige in der DDR-Wissenschaft von Staat und Recht verkündet haben, um der Verfassung eine der Politik bloß dienende Funktion zuweisen zu können.[55] Nach den Erfahrungen zweier Diktaturen in Deutschland durfte es nicht mehr Aufgabe einer Verfassung werden, staatliche Gewalt zu ungebundener Herrschaft zu befreien. Die Verfassung musste »juristisches Dokument« werden, dazu geeignet, einem mit Juristen besetzten Verfassungsgericht für den Streitfall Entscheidungsmaßstäbe zur Verfügung zu stellen, mit denen es Rechtssicherheit für die handelnden politischen Kräfte und für den davon betroffenen Menschen würde gewährleisten können. Der Verständlichkeit für den juristischen Laien konnte das nicht immer förderlich sein. Aber die Verfassung sollte ja auch kein säkularisierter Katechismus werden, nicht bloß Ort für wohlklingende Deklamationen oder Glaubensbekenntnisse.

3. Kaum später als die Erstfassung des Gohrischer Entwurfs entstand in separater Initiative der »Entwurf Leipziger Hochschullehrer«[56] – zum Teil am Verfassungsentwurf der Arbeitsgruppe »Neue Verfassung der DDR« des zentralen Runden Tisches in Ost-Berlin[57] orientiert, mit deutlicher Nähe zum SED-Entwurf von 1946 und zur sächsischen Verfassung von 1947, in Teilen immer noch dem demokratischen Zentralismus verhaftet, aufs Ganze recht deutlich als Anti-Grundgesetz gedacht[58]. Auch er ist Gegenstand von Verfassungsinitiativen

---

Bekanntmachung im Amtsblatt v. 18.11.1993) hat auch im Volke nicht die nötige Unterstützung gefunden und nicht die nach Art. 72 Abs. 2 Sächsische Verfassung für das Volksbegehren erforderliche Zahl von Unterschriften erlangt, vgl. Landes- und Kommunalverwaltung (LKV) 1995, S. 151.

54 Siehe Art. 29 Abs. 2 der Verfassung.

55 Dazu Mollnau, Staat und Recht 1990, S. 20; Riege, Staat und Recht 1983, S. 776; 1990, S. 332; Ders., in: Festschrift Ule, 1987, S. 309, 313 f.

56 Dazu – an der Ausarbeitung des Entwurfs beteiligt – Karl Bönninger, in: LKV 1991, S. 9 ff., 11; Ders., Demokratie und Recht 1991, S. 394 ff.

57 Vom 4. April 1990. Als Broschüre 1990 im Staatsverlag der DDR erschienen. Siehe auch JöR 39 (1990), 350. Für den sachsen-anhaltinischen Ministerpräsidenten Reinhard Höppner nur dem gedanklichen Ansatz nach Wegmarke unerfüllten Traumes »von einer grundlegenden Reform der Gesellschaft im Zuge der Wiedervereinigung«, in: Vertrauen in den Rechtsstaat. Festschrift für Walter Remmers, Köln 1995, S. 34.

58 Aus der Begründung von Ekkehard Lieberam unter dem 28.08.1990 (am 23.08.1990 hatte die Volkskammer der DDR mit 2/3-Mehrheit den Beitritt zum Grundgesetz beschlossen): »Wir leben [...] in einer Zeit da die Einheit Deutschlands wieder Wirklichkeit wird und für die nächsten Jahre die Aufgabe steht, eine Verfassung für dieses vereinigte Deutschland zu schaffen. Für die Ausarbeitung der

im Landtag geworden – mit geringfügigen Änderungen aufgegriffen durch die LL/PDS-Fraktion[59], stärker modifiziert durch die Fraktion von Bündnis 90/Grüne[60].

II. Verfassungsentstehung im Landtag

Nach den Wahlen vom 14.10.1990 und der Konstituierung des Landtages sind die Entwürfe dem Verfassungs- und Rechtsausschuss zur Beratung überwiesen worden. Fünf mehrtägige Klausurtagungen[61], in denen unter Beiziehung von Vorstellungen aus den anderen Entwürfen auf der Grundlage des Gohrischen Entwurfs beraten wurde, führten zu einem weiter veränderten Text, den der Verfassungsausschuss Anfang Juni 1991 vorgelegt hat, dazu die Dissense einzelner Fraktionen.[62] Wieder hat die Bevölkerung die ihr angebotene Beteiligung zu zahlreichen Stellungnahmen genutzt, die in die abschließenden Beratungen des Verfassungsausschusses eingegangen sind.[63] Seit Anfang Januar 1992 hat er in vier weiteren Klausurtagungen möglichst weitgehenden Konsens für seinen Verfassungsvorschlag gesucht, der schließlich am 13. Mai 1992 beschlossen werden konnte[64] und ohne Änderungen vom Landtag als verfassungsgebender Landesversammlung angenommen worden ist.

---

sächsischen Verfassung ist in diesem Zusammenhang wichtig, daß damit geschichtlich zum dritten Mal eine Verfassung für das Land Sachsen vor einer für ganz Deutschland geltenden oder konzipierten Verfassung entsteht. Das war 1831 und auch 1947 der Fall (die DDR-Verfassung von 1949 war ebenfalls eine für ganz Deutschland konzipierte Verfassung)« (Hervorhebung im Original).

59　DS 1/26. Zur Begründung in der 1. Lesung vgl. Sächsischer Landtag, Plenarprotokolle 1/3, S. 106 ff.

60　DS 1/29. Zur Begründung in der 1. Lesung vgl. Sächsischer Landtag, Plenarprotokolle 1/3, S. 108 f.

61　Unter Mitwirkung auswärtiger Berater ohne Stimmrecht, die vom Verfassungsausschuss bestellt (dazu Bernd KUNZMANN, in: Jutta KRAMER/Bjorn SCHUBERT [Hrsg.], Verfassungsgebung und Verfassungsreform im In- und Ausland, 2005, S. 267 ff., 271) oder von dem stets bei den Verfassungsberatungen präsenten Sächsischen Staatsminister der Justiz Steffen Heitmann als Mitarbeiter der Staatsregierung zugezogen worden sind. – Dokumentation der Beratungen des Ausschusses in: Volker SCHIMPF/Jürgen RÜHMANN, Die Protokolle des Verfassungs- und Rechtsausschusses zur Entstehung der Verfassung des Freistaates Sachsen, Rheinbreitbach 1997.

62　Sowohl durch Veröffentlichung in den sächsischen Tageszeitungen als auch durch eine synoptisch darstellende Broschüre: Sächsischer Landtag, Verfassungs- und Rechtsausschuss, Verfassung des Freistaates Sachsen – Entwurf –. Juni 1991; Abdruck in JöR 41 (1993), S. 137. – Die Technik der Veröffentlichung mit Dissensen ist – besonders im Westen – vielfach als Zeichen hoffnungsloser Kompromissunfähigkeit im Verfassungs- und Rechtsausschuss kritisiert worden, etwa auf einer Veranstaltung der Konrad-Adenauer-Stiftung in Berlin. Dabei kam es auf die endgültige Bewährung der Kompromissfähigkeit zu jenem Zeitpunkt noch gar nicht an; vielmehr darauf, dem zu beteiligenden Volk hinter unterschiedlichen Auffassungen stehende unterschiedliche Lösungsmöglichkeiten offenzulegen, damit es zu eigener Phantasie angeregt werde.

63　Von der Landtagsverwaltung synoptisch zusammengefasst; ebenso die Gutachten und die Anhörung zum Verfassungsentwurf. – Auffällig, dass in dieser Anhörung, soweit ich sehe, keine Anregung oder Kritik aufkam, die nicht schon in der Anhörungsphase zum Gohrischen Entwurf geäußert worden war.

64　DS 1/1800; dazu Bericht Dr. Kunzmann (SPD), zu DS 1/1800-korrigierte Fass.; 2. Lesung und Beschlussfassung zum Verfassungsentwurf: Sächsischer Landtag, Plenarprotokoll 1/46, S. 3017, 3084. Siehe ferner Steffen HEITMANN, in: Peter Caesar/Steffen Heitmann/Hinrich Lehmann-Grube/Jutta Limbach (Hrsg.), Die Entwicklung der Rechtsstaatlichkeit in den neuen Bundesländern, Heidelberg 1992, S. 11 ff.; Steffen HEITMANN, SächsVBl. 1993, 7; siehe ferner MALINKA, in: Klaus Borgmann/Max-Emanuel Geis/Martin Hermann/Gabriele Liegmann/Jörg Liegmann/Gerrit Manssen (Hrsg.), Verfassungsreform und Grundgesetz, Stuttgart 1992, S. 75 ff.; C. HINDS, Die neue Verfassung des Freistaates Sachsen in: Zeitschrift für Rechtspolitik (ZRP) 1993, S. 149 ff.; Hans v. MANGOLDT, Lebensweise und gesellschaftlicher Umbruch in Ostdeutschland, S. 197 ff.

Ebenso ist er der Empfehlung des Ausschusses gefolgt, die im Vorschaltgesetz[65] offen gehaltene Frage des Annahmeverfahrens dahin zu lösen, dass über die Verfassung im Landtag mit Zwei-Drittel-Mehrheit entschieden werden sollte, ohne nachfolgende Volksabstimmung. Dahinter stand die Erkenntnis, dass nur bei einem Verfassungsbeschluss mit qualifizierter Mehrheit jenes Aufeinanderzugehen der politischen Kräfte gesichert sein würde, mit dem eine zukunftsfähige, ihrer Integrationsaufgabe gewachsene Verfassung erreicht werden konnte. Das Ergebnis der Schlussabstimmung: 82,5 % der Stimmen im Landtag für die Verfassung, (87,4 % bezogen auf die anwesenden Abgeordneten)[66], belegt die Richtigkeit des Ansatzes.[67]

---

65 Gesetz zur Herstellung der Arbeitsfähigkeit des Sächsischen Landtages und der Sächsischen Landesregierung vom 27.10.1990, Sächs. GVBl. S. 1.

66 Von insgesamt 160 Abgeordneten bei 151 anwesenden 132 für die Verfassung, 15 dagegen, vier Enthaltungen. Vgl. Sächsischer Landtag, Plenarprotokoll 1/46, S. 3110. Siehe auch BÖNNINGER, in: LKV 1992, S. 291.

67 Dazu auch Hans v. MANGOLDT, in: Lebensweise und gesellschaftlicher Umbruch in Ostdeutschland, S. 203 f. – Wie problematisch der Weg über den Volksentscheid hätte werden können, zeigt der brandenburgische Fall: von 1 929 957 Stimmberechtigten haben sich 925 122 (knapp 48 %) beteiligt (nach aufwendiger staatlicher Werbung landauf, landab!); gültige Stimmen für die Verfassung 864 329, also *knapp 44,8 % der Stimmberechtigten* (siehe das Gesetz zur Regelung des Verfahrens beim Volksentscheid über die Verfassung des Landes Brandenburg vom 31.03.1992, GVBl. I, S. 110; zum Abstimmungsergebnis GVBl. Brandenburg 1992 I, S. 206: dazu Andreas MEIER, in: Bernd Guggenberger/Andreas Meier [Hrsg.], Der Souverän auf der Nebenbühne, Opladen 1994, S. 156 f.). Für A. MEIER, a.a.O., S. 164, nicht »»mehr Demokratie‹ [...], sondern eine Art *Mobilmachungsdemokratie*« (Hervorhebung im Original). Eher zurückhaltend Dietrich FRANKE/Reiner KNEIFEL-HAVERKAMP, Die brandenburgische Landesverfassung, in: JöR 42 (1994), S. 137 f. Folgte man Rudolf STEINBERG, in: Zeitschrift für Parlamentsfragen (ZParl) 1992, S. 510 f., ist die Brandenburger Verfassung damit wegen Verstoßes gegen das Demokratieprinzip aus Art. 28 I GG nichtig, da dieses nicht gestatte, dass die Mehrheitsregel für die Verfassungsgebung diejenige für die Verfassungsänderung unterschreitet. Für die Verfassungsänderung im Volksgesetzgebungsverfahren aber fordert Art. 78 Abs. 3 Brandenburgische Verfassung die Zustimmung mindestens der Hälfte der Stimmbürger. Dazu auch JUNG, LKV 1995, S. 319, 320 f. – Selbst wenn man dieses Ergebnis nicht teilt: politische Ehrlichkeit zumindest hätte es nahelegen können, den Volksentscheid für die Verfassungsgebung nicht mit geringeren Dignitätsanforderungen auszustatten als den Volksentscheid für jede beliebige Verfassungsänderung. Für Sachsen hätte das ein Zustimmungsquorum von mehr als der Hälfte der Stimmbürger (entsprechend Art. 74 Abs. 3) und Zeit für einen Abstimmungskampf von 3 bis 6 Monaten (entsprechend Art. 72 Abs. 3) bedeutet – und nicht bloß knapp 2 Monate staatsamtlicher Buswerbung. – Zum Problem des abnehmenden öffentlichen Interesses an der Verfassungsdiskussion schon früh TAUTZ, in: Stern (Hrsg.), Deutsche Wiedervereinigung, Bd. I, 1991, S. 25, 35.

III. Verfassungs- und Staatsaufbau

1. Dem Gohrischen Ausgangsentwurf folgend ist die Verfassung[68] in 11 Abschnitte gegliedert. Im ersten über die Grundlagen des Staates finden sich Grundbestimmungen zum Staatsaufbau, grundlegende Staatsziele, Minderheitenschutz, insbesondere zugunsten der Sorben, und die internationale Zusammenarbeit des Freistaates. Deren Wirkungsweise regelt Art. 13 der Verfassung.

Im zweiten Abschnitt folgt der Hauptbestand der Grundrechte, weitere sind in verschiedenen Abschnitten enthalten und in der abschließenden Aufzählung[69] bei der Verfassungsbeschwerde in Art. 81 Abs. 1 Nr. 4 bezeichnet. Damit und durch Art. 36 ist das grundsätzliche Konzept der Verfassung klargestellt: Grundrechte werden nicht als politische Deklaration oder bloße Programmsätze geregelt, vielmehr wird dem Einzelnen ein klagbares subjektives Recht, eine durchsetzbare geschützte Rechtsmacht gewährleistet. Das schließt nicht aus, daß auch der Grundrechtsteil einzelne Staatszielbestimmungen enthält, erkennbar an ihrem insoweit klaren Wortlaut, wie etwa bei Art. 22 Abs. 2. Da die sächsischen Grundrechte weitgehend parallel zu denen des Grundgesetzes bestehen (dazu Art. 142 GG), ergibt sich für den einzelnen eine doppelte Möglichkeit des verfassungsgerichtlichen Grundrechtsschutzes: gemäß Grundgesetz vor dem Bundesverfassungsgericht, gemäß der Sächsischen Verfassung vor dem Verfassungsgerichtshof, soweit das angegriffene staatliche Verhalten den sächsischen Grundrechten unterworfen war. Letzteres kann im Einzelfall eine deutliche Verstärkung des Grundrechtsschutzes bedeuten.[70]

Die folgenden Abschnitte 3–6 zu Landtag, Staatsregierung, Gesetzgebung und Rechtsprechung regeln, dem Gewaltenteilungsgrundsatz (Art. 3, insbesondere Abs. 1 und 2) folgend, die *freistaatliche* Staatsorganisation und wesentliche Funktionen der drei sächsischen Staatsgewalten, darunter eine mit sehr erheblichen Kompetenzen ausgestattete Verfassungsgerichtsbarkeit (Art. 77, 81). Mit dem Begriff des Freistaates ist dabei immer nur die unmittelbare Staatsorganisation gemeint. Der Landesbegriff hingegen bezeichnet im Sprachgebrauch der Verfassung stets auch den mittelbar staatlichen Bereich, insbesondere die mittelbar staatliche Verwaltung durch Selbstverwaltungsträger, z. B. die *Kommunen*, die mit ihrem verfassungsrechtlich verbürgten Selbstverwaltungsrecht – gesichert durch das Recht,

---

68 Für umfassendere Übersichten siehe insbesondere Steffen HEITMANN, SächsVBl. 1993, S. 2 ff.; DERS./ Bernd KUNZMANN/Michael HAAS/Harald BAUMANN-HASSKE, Die Verfassung des Freistaates Sachsen – Kommentierte Textausgabe, 2. Auflage Berlin 1997; Hans v. MANGOLDT, SächsVBl. 1993, S. 25 ff.; Degenhart/MEISSNER (Hrsg.), Handbuch der Verfassung des Freistaates Sachsen; Suzanne DREHWALD/ Christoph JESTAEDT/Thomas PFEIFER (Hrsg.), Sachsen als Verfassungsstaat, Leipzig 1998; Christoph DEGENHART, Handbuch des Sächsischen Staats- und Verwaltungsrechts, Stuttgart 1996, § 2; Hans v. MANGOLDT, Die Verfassungen der neuen Bundesländer, 2. Aufl. 1997. Zum Verfassungsgerichtshof im besonderen: HIRSCH, JbSächsOVG 1, S. 21 ff.; LENZ/MENG, SächsVBl. 2003, S. 153 ff.; DEGENHART, S. 159 ff.

69 Siehe SächsVerfGH, Beschluß v. 23.01.1998 – Vf. 27-IV-97, JbSächsOVG 6, S. 11.

70 Dazu BVerfGE 96, 345, 374; SächsVerfGH, Vf. 1-IV-95, Beschluß v. 21.09.1995, JbSächsOVG 3, S. 97, und Beschluß v. 14.05.1998, Neue Juristische Wochenschrift (NJW) 1998, S. 3266, JbSächsOVG 6, S. 28; siehe auch HIRSCH, JbSächsOVG 11, S. 9; Reich, SächsVBl. 2003, S. 178; Hans v. MANGOLDT, in: Verfassungsgebung und Verfassungsreform im In- und Ausland, S. 263.

es gegen Gesetze vor dem Verfassungsgerichtshof zu verteidigen (Art. 90) – einen wesentlichen Teil des sächsischen Staatsaufbaus bilden.

Im Bereich der Gewaltenteilung, der Verselbständigung einer kraftvollen Staatsregierung gegenüber dem Landtag bei unantastbarer parlamentarischer Regierungsverantwortung, der Ausgestaltung der Rechte des einzelnen Abgeordneten und parlamentarischer Minderheitenrechte sowie im Abgleich zwischen Parlaments- und dreistufiger Volksgesetzgebung bei Wahrung des *Fundamentalprinzips demokratischer Mehrheitsherrschaft* (Art. 1 Satz 2 Sächsische Verfassung) lagen wesentliche Baustellen für die Verfassungsberatungen. Die dazu gefundenen Kompromisse haben sich bewährt – im Blick durchaus auch darauf, dass vereinzelt vorgeschlagen wird, das Quorum für das erfolgreiche Volksbegehren unter die gegenwärtigen 450 000, jedoch nicht mehr als 15 % der Stimmberechtigten, zu senken.[71]

Wer Stellung und Gewicht der Staatsregierung im Staatsaufbau ermessen will, darf im übrigen nicht daran vorbeigehen, welche von der Landesverfassung abgekoppelte Position ihr kraft des Grundgesetzes (Art. 50 ff.) bei der Wahrnehmung der Landesinteressen im Bundesrat – im Grunde immer noch das Organ der »verbündeten Regierungen« nach der alten Bismarckschen Reichsverfassung und wesentliches Element vertikaler Gewaltenteilung im Gesamtstaat – sowie bei der Wahrnehmung deutscher Mitgliedschaftsrechte im Verhältnis zur Europäischen Gemeinschaft/Europäischen Union zukommt.[72]

Der *(Landes-)*Verwaltung im umfassenden Sinne ist der 7. Abschnitt gewidmet. Aus dem Bereich der Staatsverwaltung hervorhebenswert die außerordentlich vorsichtige Regelung der nach dem Stasi-Staat so überaus heiklen nachrichtendienstlichen Mittel (Art. 84 Abs. 3). Sie durfte dem Land weder die Zusammenarbeit mit dem Verfassungsschutz des Bundes, noch eine aussichtsreiche allgemeine Verbrechensbekämpfung, noch eine entsprechende Gefahrenabwehr unmöglich machen und musste doch andererseits einen ausreichenden Schutz

---

71 Siehe Erich Iltgen, in: Veranstaltungen des Sächsischen Landtages Heft 27, Festveranstaltung »10 Jahre Sächsische Verfassung« am 27. Mai 2002, S. 7 f.; siehe auch Gey/Maier, in: Zehn Jahre Sächsischer Landtag, S. 113 ff.; dazu schon Hans v. Mangoldt, in: Verfassungsgebung und Verfassungsreform im In- und Ausland, S. 264 f. Die schweizer Praxis, insbesondere das Beispiel der Ablehnung einer Mehrwertsteuer durch »das Volk« am 03.06.1991, nötigt zu der Erkenntnis, dass notorisch geringe Abstimmungsbeteiligung (in concreto für die gesamte Schweiz 32,6 %, auf einzelne Kantone bezogen zwischen 25,1 und 49,6 %) einzelnen finanzstarken Interessengruppen durch entsprechende Kampagnen die Möglichkeit gibt, mit weniger als 10 % der Stimmen ein Ergebnis nach ihren Interessen herbeizuführen und sich auch noch auf »Volkes Willen« zu berufen. Der schweizerische Finanzbundesrat Stich hat dies sehr nachdrücklich in seiner Kritik herausgestellt. Siehe Frankfurter Allgemeine Zeitung (FAZ), 04.06.1991, S. 15. Neue Züricher Zeitung (NZZ), Fernausgabe, 4.6., S. 21 f., 5.6., S. 27, 7.6., S. 27. Deshalb wurde in diesem Zusammenhang die Einführung eines Beteiligungsquorums von 50 % gefordert; um Missbräuche zu verhindern, wie mit dem Ziel, die parlamentarische Willensbildung und Gesetzgebung der gewählten Volksvertreter nicht durch politisch aktive Verbandsinteressen von Kleinstgruppen verdrängen zu lassen. Der theoretisch demokratiestärkende Gedanke unmittelbarer Volksgesetzgebung dürfe nicht an den Erfahrungen in der Verfassungswirklichkeit vorbei normativ umgesetzt werden. – Zu entsprechenden Erwägungen hat jüngst auch der Erfolg der Minarettbauverbots-Initiative Anlass gegeben.

72 Dazu das Gesetz über die Zusammenarbeit von Bund und Ländern in Angelegenheiten der Europäischen Union v. 12.03.1993 (BGBl. I, 313) in der Fassung des Gesetzes v. 22.09.2009 (BGBl. I, 3031).

gegen Missbräuche bieten. Die schließlich gefundene Lösung bedeutet organisatorische Trennung von Verfassungsschutz und Polizei; und außerdem, dass der (z. B. polizeiliche) Einsatz nachrichtendienstlicher Mittel, der nur auf gesetzlicher Grundlage erfolgen darf, grundsätzlich besonderer nachträglicher Kontrolle unter parlamentarischer Verantwortung unterliegt, sofern er richterlicher Kontrolle nicht unterlegen hat.

Für den Bereich *mittelbarer Staatsverwaltung* ist vor allem auf die Selbstverwaltungsgarantie für Gemeinden und Gemeindeverbände (Art. 82 Abs. 2, 84) und die finanzielle Absicherung ihrer Tätigkeit (Art. 85 Abs. 2, 87) hinzuweisen. Damit gewährleistet der Freistaat im Rahmen seiner allgemeinen finanziellen Möglichkeiten eine starke bürgerschaftliche Selbstverwaltung, die freilich die ›reicheren‹ Gemeinden nicht vor unfreiwilliger interkommunaler Solidarität durch einen gesetzlich bestimmten übergemeindlichen Finanzausgleich schützt.[73]

Das freistaatliche Finanzwesen ist im 8. Abschnitt geregelt, mit den üblichen Bestimmungen zu Haushalt, Nothaushalt, Grenzen der Kreditaufnahme und Rechnungskontrolle. Dieser Abschnitt war der am wenigsten umstrittene und entspricht noch nahezu ganz dem ursprünglichen Gohrischen Entwurf – und bietet doch im Abgleich der Rechte zwischen Parlament und Staatsregierung manchen Sprengstoff.[74]

Mit den Abschnitten 9 zum Bildungswesen und 10 zu Kirchen und Religionsgemeinschaften bewegt sich die Verfassung in einem der Kernfelder gliedstaatlicher Kompetenz, dem Bereich des Kulturstaatlichen. Der 11. Abschnitt schließlich bringt mit Übergangs- und Schlussbestimmungen die Definition des Bürgerbegriffs für die Zwecke der Verfassung (Art. 115) sowie Regelungen für Ausnahmesituationen, zur Überwindung der Folgen totalitärer Staatlichkeit, die uns noch immer beschäftigen, für den Rechtsübergang in das System der neuen Verfassung und für ihr Inkrafttreten.

2. Nie zuvor haben die Gewaltenteilung, parlamentarische Minderheitenrechte, Grund- und Menschenrechte und eine im Streitfall anrufbare Verfassungsgerichtsbarkeit in einer sächsischen Verfassung und im Verfassungsleben eine Bedeutung gehabt wie heute. Hinzu kommt: Gesetze gelten gemeinhin für klüger als ihre Väter. Das darf auch für die freistaatliche Verfassung beansprucht werden. Mir jedenfalls ist schon manches Mal bei der durch Anwendungsfragen aufgeworfenen Auslegung der Verfassung aufgefallen, dass bei aller Sorgfalt und ins Detail gehenden Tiefe ihrer Beratung die Phantasie der Beteiligten wohl nicht ausgereicht hat, um sich auch diese Konstellation vorzustellen. Und doch fanden sich auch für sie in der Verfassung Antworten, als *Folge ihrer systematischen Kraft*. Ich denke, sie wird auch in der Zukunft die notwendigen Antworten bereit halten, im Ausgleich von Freiheit und Bindung und zum Wohle der Menschen im Freistaat und ihrer verfassten staatlichen Gemeinschaft.

---

73 Dazu SächsVerfGH, Urteil v. 29.1.2010, Vf. 25-VIII-09.
74 Dazu SächsVerfGH, Urteil v. 23.04.2008, Vf. 87-I-06 (EG-Fondsmittel-Planung und Haushaltsrechte), ferner Urteil v. 28.08.2009, Vf. 41-I-08 (Sachsen LB und Haushaltsrechte), SächsVBl 2010, 10; LKV 2009, 459.

Klaus Weber

Transformation der öffentlichen Verwaltung

Die öffentliche Verwaltung dient der Erfüllung von Aufgaben im öffentlichen Interesse und ist im Grundgesetz nach Artikel 20 III abzugrenzen von der Gesetzgebung und der Rechtsprechung. Man bezeichnet insoweit die öffentliche Verwaltung auch als Exekutive mit bestimmten typischen Merkmalen wie dem Gesetzesvollzug zur Regelung konkreter Maßnahmen gegenüber dem Bürger. So gibt es insbesondere die Ordnungsverwaltung (auch Eingriffsverwaltung genannt) und die Leistungsverwaltung. Träger der öffentlichen Verwaltung sind die entsprechenden Behörden, in Sachsen zum Beispiel die Ministerien und die Landesdirektionen als staatliche Behörden oder die Landratsämter als Kommunalbehörden. Im Zusammenhang mit dem Ende der DDR spricht auch die rechtswissenschaftliche Literatur von einem Transformationsprozess im Bereich der öffentlichen Verwaltung: Der ehemalige Minister Hermann Hill, später Professor an der Hochschule der öffentlichen Verwaltung in Speyer, beschrieb diesen Prozess als »Transformation einer real-sozialistischen Verwaltung in eine klassisch-europäische Verwaltung«. Herbert Schneider bezog sich ausdrücklich auf die kommunale Ebene und beschrieb diesen Vorgang als »Prozeß der Integration des Beitrittsgebietes in die föderalistische Ordnung der Bundesrepublik«.

Es geht somit darum, darzustellen, wie sich die politischen Veränderungen nach 1989 auf die öffentliche Verwaltung in Sachsen ausgewirkt haben innerhalb der Verwaltung selbst und gegenüber dem Bürger. Die realsozialistische zentrale Staatsverwaltung der DDR ging in ein System dezentraler Demokratie über, man denke nur an die gemeindliche Selbstverwaltung.[1]

---

1   Siehe allgemein die Literatur zum Thema: Wolfgang BERNET/LECHELER, Zustand einer DDR-Stadtverwaltung vor den Kommunalwahlen vom 06.05.1990, in: Landes- und Kommunalverwaltung (LKV) 1991, S. 68; Wolfgang BERNET, Vorm Staatsdienst zum Öffentlichen Dienst, DÖV 1991, S. 185; DERS., Gemeinden und Gemeinderecht im Regimewandel (von der DDR zu den neuen Bundesländern), Das Parlament 1993, B 36, S. 27 ff.; Volker BUSSE, Herausforderungen an den Rechtsstaat nach Schaffung der deutschen Einheit (Erwartungen, Möglichkeiten, Grenzen anhand ausgewählter Beispiele), in: Zeitschrift für Rechtspolitik (ZRP) 1991, S. 332; Christoph DEGENHARD, Deutsche Einheit und Rechtsangleichung – Öffentliches Recht, in: Juristische Schulung (JuS) 1993, S. 627; Landkreise und kreisfreie Städte im Blick des Reform-Gesetzgebers, Sächsisches Verwaltungsblatt 2006, S. 1; Dorothea HEGELE/Wolf-Uwe SPONER, Die neue Sächsische Gemeindeordnung, in: Landes- und Kommunalverwaltung (LKV) 1993, S. 538; Hermann HILL, Effektive Verwaltung in den neuen Bundesländern, in: Neue Zeitschrift für Verwaltungsrecht (NVwZ) 1991, S. 1048, Heinz HILLERMEIER, Stasi-Mitarbeiter im öffentlichen Dienst, LKV 1995, S. 141; Regierungspräsidium Chemnitz, Südwestsachsen – Eine Region im Wandel, (Regierungsbezirk Chemnitz 1991 – 1995), 1996; Sighart LÖRLER, Das öffentliche Recht im Einigungsvertrag, in: NVwZ 1991, S. 133; Michael KLOEPFER/Heribert KRÖGER, Rechtsangleichung nach Art. 8 und 9 des Einigungsvertrages, in: Deutsches Verwaltungsblatt (DVBl.) 1991, S. 1031; Klaus KÖNIG, Verwaltung im Übergang. Vom zentralen Verwaltungsstaat in die dezentrale Demokratie, Die öffentliche Verwaltung (DÖV) 1991, S. 177; Günter PÜTTNER, Die Kreisreform in den neuen Ländern, insbes. in Sachsen, in: SächsVBl. 1993, S. 193; Herbert SCHNEIDER, Der Aufbau der Kommunalverwaltung und der kommunalen Selbstverwaltung

Die öffentliche Verwaltung in der DDR

In der DDR galt die »sozialistische Gesetzlichkeit«. Der Begriff ging aus der »revolutionären
Gesetzlichkeit« hervor. Das bedeutete, dass alle Gesetze und Verordnungen nur insoweit
Anwendung finden, als sie im konkreten Fall mit den Zielen des »revolutionären Staates«
übereinstimmen und gegenüber dem Grundsatz der Gesetzmäßigkeit der Verwaltung, dass
den Bürger belastende Verwaltungsentscheidungen nicht ohne gesetzliche Grundlage ergehen können, vorgehen, wenn die revolutionäre Zweckmäßigkeit sie gebietet.

Nach Artikel 19 der Verfassung gewährleistete die DDR die sozialistische Gesetzlichkeit
und Rechtssicherheit und nach Artikel 86 waren die sozialistische Gesetzlichkeit, die politische Macht des werktätigen Volkes, ihre Staats- und Rechtsordnung die grundlegende
Garantie für die Einhaltung und Verwirklichung der Verfassung. Die damalige Verwaltungslehre stellte fest: Im Prozess der Errichtung der entwickelten sozialistischen Gesellschaft
tritt die Einheit zwischen sozialistischer Gesetzlichkeit und strikter Parteilichkeit immer
deutlicher hervor. Zusammenfassend heißt dies, dass die sozialistische Gesetzlichkeit auf
dem Prinzip der Gewalteneinheit beruhte. Deshalb ist sozialistische Gesetzlichkeit nicht
Gesetzmäßigkeit der Verwaltung im Sinne eines Gesetzesvorbehalts (kein Grundrechts-
eingriff ohne Gesetz), wie es grundlegend für das System des Grundgesetzes mit seinem
Rechtsstaatsprinzip ist.

Typisch für dieses System war auch die fehlende gerichtliche Kontrolle von Verwaltungsentscheidungen (abgesehen von der Frage der Unabhängigkeit der Rechtsprechung). Frühe
Bemühungen in der DDR um die Einführung der gerichtlichen Kontrolle von Verwaltungsentscheidungen beendete Walter Ulbricht im April 1958 als damaliger 1. Sekretär des ZK
der SED.

Er sprach sich entschieden gegen die Existenz eines eigenständigen Verwaltungsrechts
aus, weil das zu einem formal-juristischen Verhalten der Mitarbeiter des Staatsapparates
führen würde. 1968 äußerte sich erneut Walter Ulbricht zu diesem Thema und erklärte:
»In unserer Staatsordnung gibt es keinen Platz für die Verwaltungsgerichte [...] denn die
demokratische Leitung aller staatlichen Verwaltungsorgane und der Justiz erfolgt auf der
Grundlage der Volkssouveränität Die Verwaltungsgerichte in den kapitalistischen Ländern
ersetzen nur die Tätigkeit der Parlamentsausschüsse und vermehren die Macht der reakti-
onären Verwaltungsbeamten.«[2]

---

in den neuen Bundesländern, in: Das Parlament 1993, B 36, S. 18 ff.; Wolfgang SEIBEL, Verwaltungsreform in den ostdeutschen Bundesländern, in: DÖV 1991, S. 198; Wolf-Uwe SPONER, Gesamtkonzept für eine Funktional- und Verwaltungsreform im Freistaat Sachsen, in: LKV 2006, S. 337; Paul
STELKENS, Fragen zum Verwaltungsverfahrensgesetz nach dem Einigungsvertrag, in: Deutsch-Deutsche
Rechts-Zeitschrift (DtZ) 1991, S. 264; Gerwin UDKE, Verfahren und Methoden der Auslegung und
deutsch-deutschen Rechtsangleichung, in: DtZ 1991, S. 52; Carl Hermann ULE, Gesetzlichkeit in
der Verwaltung durch Verwaltungsverfahren und gerichtliche Kontrolle in der DDR, in: DVBl. 1985,
S. 1020; Klaus WEBER, Zum Aufbau der Verwaltung im Freistaat Sachsen, in: Ausbildung, Prüfung,
Fachpraxis (apf), Landesbeilage Sachsen 2001, S. 81 und 89; DERS., Das Landesorganisationsgesetz
des Freistaates Sachsen, in: apf, Landesbeilage Sachsen 2004, S. 41; Falco WERKENTIN, Recht und Justiz
im SED-Staat, Bonn 2000.

2   Walter ULBRICHT, in: Neue Justiz 1968, S. 646.

Folgerichtig hat auch die damalige Verwaltungslehre anschließend die Einführung besonderer Verwaltungsgerichte abgelehnt: Der Rechtsschutz der Bürger bei der Verwirklichung von Verwaltungsrechtsverhältnissen werde vor allem durch die Volksvertretungen und den Staatsapparat gewährleistet. Noch 1983 vertrat man in der DDR-Literatur die Auffassung, dass »Eingaberecht, formelles Beschwerderecht, staatsanwaltliche Aufsicht usw. eine Verwaltungsgerichtsbarkeit in der DDR obsolet werden ließen«.

Die Bedeutung und Unabhängigkeit der Rechtsprechung in der DDR ist nicht mit unseren heutigen Maßstäben zu messen. Nach Artikel 127 der DDR-Verfassung waren die Richter unabhängig und nur der Verfassung und dem Gesetz unterworfen. Die Rechtswirklichkeit war anders, wie sich insbesondere in den strafrechtlichen Verfahren zeigte, die oft in politische Justiz ausarteten.

Dafür zwei Beispiele: Bekannt sind in diesem Zusammenhang die »Waldheim-Prozesse« aus dem Jahre 1950 als angebliche Abrechnung mit den Verbrechen des Nationalsozialismus mit unter anderem 32 Todesurteilen. Nach dem Bau der Mauer 1961 gab das Sekretariat des ZK der SED im September die Direktive aus, »organisiertes Westfernsehen strafrechtlich zu verfolgen«.

Die hier dargelegte fehlende gerichtliche Kontrolle von Verwaltungsentscheidungen (und damit einhergehender fehlender Gewaltenteilung) hatte dann auch Auswirkungen auf die Verwaltungstätigkeit. Der durch keine Gewaltenteilung behinderte reale Souverän des politischen Systems der DDR war an der Spitze der DDR das Politbüro der SED und der 1. Sekretär bzw. Generalsekretär des ZK. Es gab folglich keine Ebene justizieller Verfahren und Abläufe, die für die Parteiführung prinzipiell »eingriffsfest« war.

Diese Tatsache war bedingt durch den Führungsanspruch der SED. Sie bezeichnete sich in ihrem Statut als »die führende Kraft der sozialistischen Gesellschaft [...] der staatlichen und gesellschaftlichen Organisationen«. Sie legitimierte ihre Führungsrolle im Arbeiter- und Bauernstaat mit »der historischen Mission, die der Marxismus-Leninismus der Arbeiterklasse zuschreibt«, sowie dem »Selbstverständnis der kommunistischen Partei als Trägerin der wissenschaftlichen Weltanschauung«. So beginnt zum Beispiel der Text des im Gesetzblatt der DDR veröffentlichten »Gesetzes über den Volkswirtschaftsplan 1988« damit, dass er »die Beschlüsse des XI. Parteitages der SED verwirklicht«.

Viele ehemalige DDR-Bürger kennen noch das Lied »Die Partei hat immer recht«, für überzeugte Genossen nicht nur ein propagandistischer Schlachtruf, für viele andere Menschen in der DDR ein Albtraum. Diese Anmaßung steigert die Inschrift eines Denkmals, das heute noch in Chemnitz, Brückenstraße, vor der Sparkasse steht. Dort ist zu lesen: »Der Einzelne hat zwei Augen, die Partei hat tausend Augen.«[3] Die Partei hatte die Definitionsmacht.

Die öffentliche Verwaltung in der DDR war deshalb auch geprägt von einer fehlenden rechtsstaatlichen Ausrichtung, wie wir sie heute kennen. Beschlüsse der Parteiorgane waren von prinzipieller Autorität, Rechtsvorschriften in der Praxis eher zweitrangig. Deshalb ist es auch nicht verwunderlich, dass es eine verwaltungsrechtliche Fachausbildung in der DDR nicht gab. Grundqualifikation des Verwaltungskaders in der DDR war die entsprechende politisch-ideologische Eignung. Politische Zuverlässigkeit hatte Vorrang vor Sachkunde.

---

3   Das Zitat stammt aus: Gedicht über die Partei von Bertolt Brecht (1931).

Darauf hinzuweisen ist noch, dass der Begriff der »öffentlichen Verwaltung« an sich in der DDR nicht benutzt wurde, sondern von Staatsorganen und deren Mitarbeitern oder Kadern des Staatsapparates die Rede war. So diente die kommunale Selbstverwaltung als Tarnmantel, zur Einführung des »demokratischen« Zentralismus, den Gemeinden standen keine Selbstverwaltungsaufgaben zu. Sie waren die letzte Ebene der sozialistischen Staatsmacht. Dem Verwaltungspersonal in den Gemeinden war ein selbstständiges Arbeiten auf legaler Grundlage weitgehend unbekannt, es wartete zumeist auf Weisungen von oben, die im Regelfall im Rahmen der wöchentlichen Dienstbesprechungen der Bürgermeister beim Vorsitzenden des Rates des Kreises ergingen. Der Begriff der Subsidiarität (eigenverantwortliche Aufgabenerledigung durch die Gemeinde) war in diesem Zusammenhang unbekannt.

Kritiker sprachen von »allgemeiner Betriebsamkeit und Sitzungsunwesen«, und sogar ehemalige DDR-Bedienstete beklagten sowohl mangelnde Höflichkeit gegenüber den Bürgern als auch fehlendes Bewusstsein, für die Belange der Menschen im Amt zu sein.

Die Verwaltungsmacht in den Staatsverwaltungen der DDR war dort am größten, wo sich der hauptamtliche Parteiapparat der SED befand. So waren zum Beispiel im Bezirksverwaltungsgebäude in Chemnitz (in welchem sich das Regierungspräsidium in den Anfangsjahren befand) gleichzeitig die Bezirksverwaltung Karl-Marx-Stadt und die Bezirksverwaltung der SED räumlich untergebracht.

Gegen Verwaltungsentscheidungen hatte der Bürger, wie bereits angesprochen, praktisch nur die Möglichkeit der sogenannten Eingabe, mit welchem Erfolg auch immer. Die Verwaltung kontrollierte sich also selbst.

Friedliche Revolution und Einigungsvertrag

Im Herbst 1989 ging die alte DDR und damit auch der SED-Staat unter. Das bedeutete auch das Ende der DDR-Verwaltung. Diese Ereignisse Ende 1989 veränderten in fundamentaler Weise das bestehende diktatorische und kommunistisch geprägte Herrschaftssystem. Dabei handelte es sich um eine friedliche Revolution ohne Einsatz von Waffengewalt auch auf Seiten der staatlichen Organe. Trotzdem lebte die DDR als Staatsgebilde weiter. Die Strukturen des alten DDR-Systems hat diese Revolution nicht komplett beseitigt, sondern es gab einen rechtsstaatlich geprägten Aufarbeitungsprozess. Viele Einrichtungen des DDR-Zentralstaates waren überflüssig geworden, andere mussten neu errichtet werden. Insbesondere auch Mitarbeiter des früheren DDR-Staatsapparates waren durch die Vergangenheit belastet.

Der Einigungsvertrag zwischen der Bundesrepublik Deutschland und der DDR vom 31.08.1990, beschlossen von der im März 1990 frei gewählten Volkskammer der DDR, beinhaltete auch Regeln zur sogenannten Rechtsangleichung. Bezüglich der hier interessierenden öffentlichen Verwaltung galt eine grundsätzliche Fortdauer der Arbeitsverhältnisse (Beamte im westdeutschen Sinne gab es in der DDR nicht) mit der ausdrücklichen Möglichkeit der fristlosen Kündigung, wenn der Arbeitnehmer gegen die Grundsätze der Menschlichkeit oder Rechtsstaatlichkeit verstoßen hat oder für das frühere Ministerium für Staatssicherheit tätig war.

Der Autor des Textes hat seine Tätigkeit für den Freistaat Sachsen am 1. April 1992 beim damaligen Regierungspräsidium Chemnitz aufgenommen und erlebte, wie nach und nach belastete Mitarbeiter die Behörde verlassen mussten. Meistens hatten sie ihre frühere Mitarbeit bei der Staatssicherheit verschwiegen, die bei der Überprüfung der Personalakten aufgedeckt wurde.

Ungünstig für die Akzeptanz dieser Behörde durch die Bevölkerung wirkte sich in Chemnitz aus, dass sie anfangs in der Brückenstraße im bereits angesprochenen ehemaligen Gebäude der Bezirksverwaltung ihren Sitz hatte. Es gab keinerlei Kontinuität zu dieser ehemaligen DDR-Verwaltung, trotzdem verwechselten sie die DDR-Bürger oft mit der ehemaligen Bezirksverwaltung von Karl-Marx-Stadt, auch wegen des identischen Standortes.

Der Einigungsvertrag bestimmte auch die Einführung der Länder und beendete damit die Existenz der DDR-Bezirke. Auf der kommunalen Ebene bestimmte der Einigungsvertrag, dass das Kommunalverfassungsgesetz vom Mai 1990 ohne jede Maßgabe weiter galt. Das war die Beendigung des sogenannten »Demokratischen Zentralismus« durch Rückkehr zur kommunalen Selbstverwaltung.

Mit dem Einigungsvertrag erfolgte die Einführung des Verwaltungsverfahrensgesetzes des Bundes, das 1993 in Sachsen durch ein eigenes Verwaltungsverfahrensgesetz abgelöst wurde. Außerdem galt nach Artikel 8 im Beitrittsgebiet grundsätzlich Bundesrecht und Artikel 9 enthielt eine generalklauselartige Regelung über die Fortgeltung des Rechts der DDR.

Gleichzeitig bestimmte Artikel 19 des Einigungsvertrages die grundsätzliche Fortgeltung von »Entscheidungen der öffentlichen Verwaltung« der DDR.

Grundgesetz und Rechtsstaat

Mit dem bereits angesprochenen Einigungsvertrag galt nach dessen Artikel 3 auch das Grundgesetz als Verfassung der Bundesrepublik Deutschland im sogenannten Beitrittsgebiet unter Beachtung der Sonderregelung des Artikel 143 betr. einigungsbedingte Abweichungen vom Grundgesetz bis zu bestimmten Zeitpunkten.

Die wesentlichste Unterscheidung zwischen der DDR und der Bundesrepublik Deutschland betraf nicht die Frage der Demokratie (siehe den Namen »Deutsche Demokratische Republik«), sondern die Garantie der Rechtsstaatlichkeit. Das Rechtsstaatsprinzip ist ein die Struktur der Bundesrepublik Deutschland prägendes Prinzip und findet seinen Niederschlag in den Artikeln 20 und 28 Grundgesetzes, verbunden mit einer tatsächlichen Gewaltenteilung. So wird man die DDR keinesfalls als Rechtsstaat ansehen können, denn es fehlten die grundsätzlichen Merkmale, die einen Rechtsstaat prägen, wie unabhängige Rechtsprechung, Recht auf freie Meinungsäußerung und Versammlungsfreiheit sowie das Recht auf Opposition im politischen Bereich.

Nicht zuletzt trug auch die fehlende Ausreisemöglichkeit aus der DDR wesentlich zu ihrem Ende bei. Dabei stand in Artikel 10 der Verfassung der DDR: Jeder Bürger ist berechtigt, auszuwandern.

Selbst Rechtswissenschaftler aus der ehemaligen DDR haben diesem System rechtsstaatliche Qualität abgesprochen. Oft wurde nur unter dem Schein des Rechts politische Justiz ausgeübt, um die Herrschaft der SED durchzusetzen und später zu sichern. Die Grund-

und Menschenrechte der Bürger waren nicht wirklich garantiert. Das System war gekennzeichnet von typischen Merkmalen einer autoritären Herrschaft wie Einparteiensystem, Führerkult, zentralistische Planwirtschaft, Geheimpolizei und Militarismus.

Demgegenüber ist das Grundgesetz geprägt von dem Gedanken der Menschenwürde, der an vorderster Stelle steht, verbunden mit den weiteren Grundrechten, deren Verletzung der Bürger bis hin zum unabhängigen Bundesverfassungsgericht einklagen kann. Die Gewaltenteilung zwischen Gesetzgeber, Rechtsprechung und Verwaltung (sogenannter vollziehender Gewalt) ist ein feststehender Grundsatz, hinzu kommt die sogenannte 4. Gewalt, also die Bedeutung der Medien in einem freiheitlich-demokratischen Rechtsstaat.

Letztlich ist auch der Föderalismus der Bundesrepublik Deutschland ein Gegenentwurf zum Zentralstaat des Nationalsozialismus und der DDR. Denn eine Vielzahl von Gesetzgebungs- und Verwaltungsaufgaben ist nicht beim Bund angesiedelt, sondern fällt in die Zuständigkeit der Bundesländer. Diese Tatsache trägt auch zu einer erheblichen Dezentralisierung der staatlichen Machtbefugnisse bei, mit allen Vor- und Nachteilen.

Der Rechtsstaat musste sich dann auch mit den ehemaligen Mitarbeitern des DDR-Staatsapparates auseinandersetzen. Diese Problematik wird später noch angesprochen.

Verfassung des Freistaats Sachsen im Hinblick auf die öffentliche Verwaltung

Der Sächsische Landtag hat dann als verfassungsgebende Landesversammlung am 26. Mai 1992 die Landesverfassung beschlossen. Nach Artikel 59 I steht die Staatsregierung an der Spitze der vollziehenden Gewalt. Ihr obliegt die Leitung und Verwaltung des Landes. Die Einzelheiten zur öffentlichen Verwaltung im Freistaat Sachsen stehen im 7. Abschnitt der Landesverfassung. Dort wird ausdrücklich die kommunale Selbstverwaltung mit gewählten Vertretern garantiert.

Der Aufbau der Landesverwaltung ist durch Gesetz zu regeln, während die Einrichtung der staatlichen Behörden im Einzelnen der Staatsregierung obliegt. Nach Artikel 92 der Landesverfassung sind die Bediensteten des Freistaates Sachsen und der Selbstverwaltung »Diener des ganzen Volkes«. Das ist eine bewusste Abkehr vom früher sogenannten Staatsdiener, dessen Ruf insbesondere in der Zeit des Nationalsozialismus erheblichen Schaden genommen hat.

Entwicklung der öffentlichen Verwaltung im Freistaat Sachsen

Die Bedeutung einer funktionierenden öffentlichen Verwaltung darf nicht unterschätzt werden. Der Wert von Verwaltungsleistungen in einer rechtsstaatlich ausgerichteten und effektiv arbeitenden öffentlichen Verwaltung bezieht sich nicht nur auf den einzelnen Bürger, sondern wirkt sich auf die Wirtschaft und das gesamte öffentliche Leben aus.

Bereits vor dem Beschluss des Landesparlaments zur Verfassungsgebung wurden in Sachsen Behörden gebildet. So hat die Sächsische Staatsregierung die drei Regierungspräsidien, Chemnitz, Dresden und Leipzig, zum 1. Januar 1991 errichtet. Der Freistaat Sachsen kehrte damit zum System der staatlichen Regionalbehörden zurück, das bis 1943 bestand und orientierte sich dabei auch an den vormaligen DDR-Bezirken

Auf kommunaler Ebene ist festzustellen, dass nach dem Ende der DDR die Gemeinden weiter bestanden. Die Bürgermeister vor Ort versuchten, den aktuellen Problemen und Tagesanforderungen in ihren Gemeinden Rechnung zu tragen, so dass es nie zum totalen Chaos kam. Man erkannte auch, dass die damaligen örtlichen Staatsverwaltungen auf Gemeindeebene den geänderten Erfordernissen nicht mehr entsprachen. Dabei ist nur auf die DDR-Kommunalwahl vom 7. Mai 1989 mit den bekanntgewordenen Wahlfälschungen hinzuweisen.

Die ersten freien Kommunalwahlen fanden dann am 6. Mai 1990 statt, wobei zu bedenken war, dass die damals noch existente DDR keinerlei finanzielle Mittel mehr den Gemeinden zur Verfügung stellen konnte. Der Bund gewährleistete demnach die Bereitstellung der Gehälter der Gemeindebediensteten. Unmittelbar nach der Volkskammerwahl vom 18. März 1990 begann die Diskussion über eine neue Kommunalverfassung, die am 17. Mai 1990 als »Gemeindeverfassung der DDR« für die Gemeinden und Landkreise beschlossen wurde. Mit dieser Gemeindeordnung erfolgte eine Liquidation der örtlichen Staatsorgane, und die Gemeinden wurden wieder Grundlage und Glieder des demokratischen Rechtsstaates im Sinne einer Bürgergemeinschaft.

Im Freistaat Sachsen hat dann die vom Landesparlament beschlossene Gemeindeordnung vom 21. April 1991 die Kommunalverfassung der DDR beseitigt. Sie orientierte sich an den Gemeindeordnungen von Baden-Württemberg und Bayern.

Behördenstruktur nach der Landesverfassung

Bei der Behördenstruktur ist, ausgehend von der Verfassung, zwischen dem kommunalen Bereich und dem staatlichen Bereich zu unterscheiden. Der kommunale Bereich ist geprägt von der herkömmlichen Selbstverwaltung auf der Ebene der Gemeinden und Landkreise. Die Gemeinden sind Gebietskörperschaften auf der lokalen Ebene, die Landkreise haben als Zusammenschlüsse mehrerer Gemeinden übergreifende Aufgaben. An der Spitze steht jeweils der von den Bürgern gewählte Bürgermeister beziehungsweise Landrat. Als zweites Organ gibt es den gewählten Gemeinderat beziehungsweise den Kreistag. Dabei besteht regelmäßig ein Spannungsverhältnis zwischen Bürgermeister und Gemeinderat, das nicht nur negativ anzusehen ist.

Nicht zu vergessen ist die in der Landesverfassung festgelegte Kommunalaufsicht nach Artikel 89 I, präzisiert durch konkrete Vorschriften der Gemeindeordnung. Der Freistaat überwacht also im Rahmen der Rechtsaufsicht die Gesetzmäßigkeit der Tätigkeit der Kommunalverwaltung.

Mehrere Verwaltungsreformen haben insbesondere die Landkreise betroffen und eine Zusammenfassung dieser Gebietskörperschaften herbeigeführt, verbunden mit einer Aufgabenzuweisung von bisher durch staatliche Behörden wahrgenommen Aufgaben.

Im staatlichen Bereich steht die Staatsregierung nach der Verfassung an der Spitze der Landesverwaltung. Das Landesorganisationsgesetz aus dem Jahre 2003 hat dann eine grundsätzliche Festlegung für die Staatsbehörden, also die Behörden des Freistaates Sachsen, getroffen. Die Zuständigkeiten der bisher in Einzelgesetzen bestimmten Landesbehörden wurde zusammenfassend geregelt, so zum Beispiel auch die bereits angesprochenen Regierungspräsidien als allgemeine Staatsbehörden zwischen den Ministerien und den Landkreisen beziehungsweise Kreisfreien Städten. Diskutiert wird aktuell eine Zusammenfassung der Landesdirektionen (früher Regierungspräsidien) mit dem Ziel einer Konzentration auf einen Standort in Sachsen.

Personalsituation in der öffentlichen Verwaltung nach 1989

Interessant und aufschlussreich ist natürlich die Entwicklung der personellen Situation in den öffentlichen Verwaltungen im Übergang von der DDR zum Rechtsstaat. Oft fehlte es bei dem noch vorhandenen DDR-Personal an professioneller Ausbildung, die man typischerweise bei einer funktionierenden Bürokratie voraussetzt. Ein Verwaltungsverfahrensrecht im heutigen Sinne gab es in der DDR nicht. Die öffentlichen Verwaltungen hatten unter den neuen tatsächlichen und rechtlichen Bedingungen eine Vielzahl ungewohnter Aufgaben zu verrichten. Hinzu kommt, dass die wesentlichen rechtlichen und organisatorischen Entscheidungen im Rahmen eines engen »Zeitfensters« oft auch unter Zeitdruck getroffen wurden, also im Jahre 1990 bis zum Abschluss des Einigungsvertrages.

Zunächst die Kommunalverwaltung: Die bereits angesprochenen Kommunalwahlen ergaben für die an den Runden Tischen beteiligten Personen die Gelegenheit, Zugang zu kommunalen Führungspositionen zu erhalten. Viele kommunalpolitische Spitzenämter gingen an Mitglieder früherer Blockparteien und Angehörige der Bürgerbewegung. Es gab somit eine weitgehende Auswechselung des Führungspersonals zumindest auf dieser Ebene. Auf der Ebene der Mitarbeiter verblieb es im Wesentlichen beim früheren Personal, abgesehen von einzelnen Juristen, die aus dem Westen in die Kommunalbehörden eintraten. Zusätzliche personelle Unterstützung auf Zeit gab es aber im Rahmen von Städtepartnerschaften mit Gemeinden aus westlichen Bundesländern.

Zweitens, die Landesverwaltung: sie stützte sich bei ihrer Arbeit schon frühzeitig auf die Hilfe von Leihbeamten aus dem Westen. Sie konnten mit ihrer Erfahrung einen wesentlichen Anteil an der Aufbauarbeit der ersten Jahre erbringen und kehrten dann in ihre alten Dienststellen zurück. Die neue Ministerialverwaltung konnte quasi am Reißbrett entworfen werden mit erheblicher Unterstützung des Landes Baden-Württemberg. Ich persönlich bin im April 1992 in die Dienste des Freistaates getreten, konkret beim Regierungspräsidium Chemnitz, weil ich vor meinen rechtwissenschaftlichen Studium jahrelang in der Verwaltung eines Landratsamtes im Saarland gearbeitet. habe. Nach zehnjähriger Tätigkeit als Rechtsanwalt sah ich in Sachsen die Chance eines beruflichen Neuanfangs im Rahmen der Aufbauarbeit in der öffentlichen Verwaltung. Ich bewarb mich damals im Jahre 1991 auf eine Stellenausschreibung, bei der allein für den Bereich des damaligen Regierungspräsidiums Chemnitz 20 sogenannte Volljuristen gesucht wurden.

Entsprechend ausgebildetes Personal auch mit Verwaltungskenntnissen hat es in der früheren DDR nicht gegeben. In den ehemaligen 190 Räten der Kreise in der DDR waren lediglich 29 Justiziare beschäftigt. Die juristische Ausbildung in der Verwaltung zu DDR-Zeiten konnte als völlig unzulänglich beschrieben werden, denn der Stellenwert des Verwaltungsrechts war, wie bereits angesprochen, absolut gering. Das hing auch mit der damaligen allgemeinen negativen Einstellung zum Recht und zur Rechtsarbeit zusammen.

Im Jahre 1992 erfolgte die Einstellung weiterer qualifizierter Kolleginnen und Kollegen im Regierungspräsidium, von Kiel bis Konstanz kommend, also aus dem gesamten Bundesgebiet. Je nach fachlicher Eignung und Bewährung wurden sie als Referent, Referatsleiter oder Abteilungsleiter eingesetzt. Ein Sächsisches Beamtengesetz gab es zu diesem Zeitpunkt noch nicht.

Vorab waren bestimmte Leitungspositionen in der Behörde mit Beamten aus Baden-Württemberg besetzt, die dann aber nach zwei oder drei Jahren Tätigkeit in Sachsen wieder zurückkehrten.

Der erste Regierungspräsident in Chemnitz, Stephan Altensleben, war vorher Stadtrechtsdirektor in Hof. Ansonsten verblieben insbesondere die Mitarbeiter der früheren Bezirksverwaltungsbehörde weiter im Regierungspräsidium, wobei ich schon erlebte, dass Bürger ausdrücklich nur mit mir als »Wessi« sprechen wollten, weil sie gegenüber den »alten« Mitarbeitern Vorbehalte hatten. Infolge dieser personellen Kontinuität gab es Misstrauen in der Bevölkerung wegen alter Seilschaften teilweise mit Nennung der Namen entsprechender Mitarbeiter. Es zeigte sich somit ein nicht immer konfliktfreies Nebeneinander von Bediensteten aus Ost und West mit dem Ziel eines Miteinander-Arbeitens unter Akzeptanz der Bevölkerung.

Das im Dezember 1992 beschlossene Sächsische Beamtengesetz stellte dann besondere Zulassungsvoraussetzungen zur Berufung in das Beamtenverhältnis auf, die auch die Tätigkeit bei der Staatssicherheit oder Funktionäre in herausgehobener Position betrafen. In einem derartigen Falle konnte eine Berufung in das Beamtenverhältnis nicht erfolgen.

Drittens, die Aus- und Weiterbildung: der Rechtsstaat und die vielfältigen neuen Aufgaben im Rahmen des Verwaltungsverfahrens erforderten von den Mitarbeitern der alten DDR-Verwaltung die Aneignung der Kenntnisse dieser neuen Regeln. Dabei waren auch soziale und kommunikative Kompetenzen zu erlernen.

Ich selbst habe in vielen Unterrichtsstunden meine praktischen und theoretischen Kenntnisse weitergegeben und auch als Vorsitzender von Prüfungsausschüssen mit dazu beigetragen, dass das alte Personal die Möglichkeit der Qualifizierung erfahren konnte. Auch frühere DDR-Juristen habe ich als Referendare ausgebildet, heute sind sie unter anderem Richter am Amtsgericht oder Verwaltungsgericht.

Eine Vielzahl von Mitarbeiterinnen und Mitarbeitern aus der Kommunalverwaltung hat diese Möglichkeit der Weiterbildung genutzt und dadurch sich nicht nur gehaltsmäßig verbessert, sondern auch in seiner täglichen Arbeit Sicherheit und Verständnis für die neue Rechtslage erhalten. Nicht zuletzt kam diese Qualifikation dem Bürger mit zugute, der sich ebenfalls mit der neuen Situation auseinandersetzen musste, die ihm oft nicht unerhebliche Probleme im täglichen Leben bereitete.

Selbstverständlich ist heute die Verwaltungsausbildung junger Nachwuchskräfte im Freistaat Sachsen im Bereich der Verwaltungsfachangestellten bis hin zu den Studenten an der Fachhochschule der Sächsischen Verwaltung in Meißen.

Rückblick und Ausblick

Seit der Friedlichen Revolution 1989 und dem Ende der DDR sind 20 Jahre vergangen. Die öffentliche Verwaltung im Freistaat Sachsen funktioniert und hat sich längst den Gegebenheiten des Rechtsstaates und des Föderalismus angepasst. Viele Mitarbeiter der ehemaligen DDR-Verwaltung sind aus Altersgründen ausgeschieden und durch qualifizierte Nachwuchskräfte ersetzt worden.

Dabei war es immer notwendig, durch Verwaltungsreformen und Anpassungen an geänderte tatsächliche oder rechtliche Verhältnisse auch in diesem Bereich Veränderungen vorzunehmen. Zu denken ist dabei insbesondere an den Rückgang der Einwohnerzahlen im Freistaat, 1990 mit 4,9 Millionen Einwohnern, 2008 nur noch 4,2 Millionen Einwohner, mit weiter abnehmender Tendenz. Das Statistische Landesamt prognostiziert für das Jahr 2020 eine Zahl von ca. 4 Millionen Einwohnern mit nur noch 60 Prozent der Bevölkerung im erwerbstätigen Alter.

Diese Anpassungsprozesse in der Verwaltung dürfen aber kein Selbstzweck sein, nur um eventuell zu Personaleinsparungen zu skommen. Sachlich gerechtfertigte Veränderungen sind immer zu begrüßen, sei es unter dem Aspekt der Deregulierung oder auch der Privatisierung bisheriger Verwaltungsaufgaben. Jedoch ist zu bedenken, dass der Bürger als Steuerzahler Anspruch auf eine funktionierende öffentliche Verwaltung vor Ort hat.

Wichtig für den Staatsbürger auch in Akzeptanz des Staates ist nach wie vor die Tatsache, dass er in der öffentlichen Verwaltung einen unabhängigen und nur dem Wohle der Allgemeinheit verpflichteten Ansprechpartner vor Ort hat und nicht nur mittels Brief oder Petition vortragen kann. Deshalb sollte man bei allen Erfordernissen der Kostenreduzierung in der heutigen Situation immer an die Menschen im Freistaat Sachsen denken. Denn eine funktionsfähige und effektive öffentliche Verwaltung ist im Wesentlichen eine Dienstleistung für die Menschen im Land.

Werner J. Patzelt

Parteien und Demokratie in Sachsen nach 1990

Es ist schon richtig, Parteien und Demokratie zusammenzudenken. Eine Demokratie im Flächen- und Massenstaat kommt nämlich nicht ohne Repräsentation aus, repräsentative Demokratie aber nicht ohne Parteien. Diese entstanden einst aus zwei Wurzeln: seit dem 18. Jahrhundert im englischen Parlament durch Mannschaftsbildung, um Macht gegen die Krone aufzubauen – und, seit dem 19. Jahrhundert, als Wahlvereine. Sie sind also Kinder sowohl des Parlamentarismus als auch der Demokratie.[1]

Lob der Parteien

Damit sind wir aber auch schon beim ersten Problem mit »Parteien und Demokratie« in Sachsen nach 1990. Auch hier, überhaupt in den neuen Bundesländern nicht minder als in den alten, haben die Bürger einfach nicht verstanden, ein wie großer Irrtum es ist, zwar Demokratie zu wollen, Parteien aber abzulehnen. Tatsächlich gibt es auch in Sachsen jenes aus bundesweiten Umfragen sattsam bekannte Muster, dass nämlich unter den politischen Institutionen besonders wenig Vertrauen die Parteien genießen, desgleichen alle Institutionen, die etwas mit Parteien zu tun haben (vor allem: Parlament und Regierung) – hingegen jene anderen Institutionen viel Vertrauen, die überparteilich sind, zumal Gerichte, Verwaltung, Polizei. Derlei Vertrauen ist zwar schön, verdeckt aber doch nur einen Grunddefekt unserer politischen Kultur: Es gibt ein unzulängliches Verständnis der zentralen Rolle, die Parteien als Garanten von Pluralität und freiheitsermöglichendem politischem Streit spielen. Gesellen sich diesem Grunddefekt – wie in der Praxis – auch noch Unzulänglichkeiten der Parteien bei der Personalrekrutierung, ihrem Finanzierungsgebaren sowie ihrer politischen Problemlösungsfähigkeit hinzu, dann erscheint jener Grunddefekt wie einer der Parteien selbst – und nicht wie der einer Bürgerschaft, aus welcher die Parteien doch hervorgehen.

Obwohl also in Sachsen eine gut funktionierende Demokratie gewachsen ist und obendrein ein im Vergleich mit den Parteiensystemen anderer ehedem realsozialistischer Staaten wirklich gut funktionierendes Parteiensystem, hier also im Grunde eine *Erfolgsgeschichte* zu verzeichnen ist: Trotzdem nehmen das viele in Sachsen entweder wie eine Selbstverständlichkeit wahr, für die man niemanden loben muss, oder umgekehrt wie eine Leistung, für die alle möglichen Instanzen und Akteure zu belobigen sind, doch gewiss nicht Sachsens Parteien. Ich hingegen lobe Sachsens Parteien und von starken Parteien getragene Demokratie. Woher nehme ich die Gründe für solches Lob?

---

1 Siehe zum Thema folgende Publikationen des Autors: [mit Karin Algasinger], Das Parteiensystem Sachsens, in: Oskar Niedermayer (Hrsg.), Intermediäre Strukturen in Ostdeutschland, Opladen 1996, S. 237 – 262; Politikverdrossenheit, populäres Parlamentsverständnis und die Aufgaben der politischen Bildung, in: Aus Politik und Zeitgeschichte B7/8 1999, S. 31 – 38; Die CDU in Sachsen, in: Christian Demuth (Hrsg.), Parteien in Sachsen, Dresden; Berlin 2006, S. 87 – 119; [mit Stephan Dreischer, Hg.], Parlamente und ihre Zeit. Zeitstrukturen als Machtpotentiale, Baden-Baden 2009.

Leistungen

Einen ersten Grund bringt ein Wort aus der Bibel auf eine knappe Formel: »An ihren Früchten werdet Ihr sie erkennen!« Die Frucht des Wirkens sächsischer Politiker, die allesamt Parteien angehören, in Parteien tätig sind, von Parteiführern in Machtpositionen gebracht wurden und von den Parlamentsparteien – also den Landtagsfraktionen – politisch getragen wurden, ist dabei ganz unübersehbar: nämlich ein Freistaat Sachsen,

- der sich mag und von seinen Bürgern, auch von denen mit westdeutschem Migrationshintergrund, mit Respekt, ja mit Stolz behandelt wird;
- der an seine große Geschichte in Kunst und Wissenschaft, technischer Findigkeit und breiter Bildung durch den großen Umbruch von Friedlicher Revolution und Wiedervereinigung hindurch erfolgreich anzuknüpfen verstand;
- der finanzielle Spielräume hat wie kein anderes neues Bundesland und mit seiner Haushaltsdisziplin sogar den allermeisten alten Bundesländern bis heute Vorbild sein kann;
- dessen Städte und Dörfer bei Reisen übers Land großenteils wieder wunderschön anzusehen sind.

Natürlich hat dieser Freistaat auch Probleme, zumal durch die demographische Entwicklung und ihre Nebenwirkungen. Doch wenn man das Sachsen vor zwanzig Jahren – konkret die Bezirke Dresden, Leipzig und Karl-Marx-Stadt – mit dem Sachsen von heute vergleicht, dann kann man nur bewundern, was da geleistet wurde. Und wer hat das denn ganz konkret geleistet? Etwa die Bevölkerung allein, oder die Wirtschaft allein – ganz ohne sinnvolle rechtliche Rahmenbedingungen für erfolgreiches wirtschaftliches Handeln und voranbringende gesellschaftliche Aktivitäten? Etwa die Staatsverwaltung allein – ganz ohne eine Regierung, die ihr zielführende Vorgaben machte sowie flexibel zu nutzende Spielräume eröffnete und für die benötigten gesetzlichen Regelungen parlamentarische Mehrheiten organisierte? Etwa die Richterschaft allein, oder die Medien, oder alle jene Elitengruppen aus Kultur und Wissenschaft, die sicher auch Anteil an Sachsens blühenden Landschaften haben – aber ganz ohne sinnvolle bzw. wenigstens hilfreiche politische Rahmenbedingungen?

Unschwer erkennt man: Diese guten Früchte wurden ganz wesentlich von den *Politikern* Sachsens ermöglicht – so wie der Ruin der DDR samt ihrer Wirtschaft eben auch ganz wesentlich von deren Politikern herbeigeführt worden ist. Diese sächsischen Politiker, also die Mandatsträger von der kommunalen Ebene bis zu Sachsens Bundespolitikern, mit einem Schwerpunkt bei den Landtagsabgeordneten und den jeweiligen Regierungsmitgliedern: Sie alle sind zum allergrößten Teil nicht nur Parteimitglieder, sondern in der Regel auch höchst einflussreich in ihren Parteien, ja genau die Führer ihrer Parteien von der Lokalebene bis zur Landesebene. Wer also vom Gelingen des Neuaufbaus Sachsens spricht, der darf von den Leistungen der sächsischen Parteien nicht schweigen – wenn er denn fair sein will.

Parteien, Landtag und Staatsregierung

Woran kann man sonst noch abschätzen, wie weit Sachsens Parteien für ihre ganz zentrale Mitwirkung am Aufbau von Sachsens Demokratie zu loben bzw. zu tadeln sind? Am klarsten wird das Bild, wenn man von der Rolle der Parteien im zentralen politischen Entscheidungssystem Sachsens spricht: nämlich von ihrer Rolle bei der Erfüllung der Aufgaben des sächsischen Landtags im Zusammenwirken mit der Staatsregierung.

Die erste und zentrale Aufgabe, die ein deutsches Parlament zu erfüllen hat, also die dort versammelte Garde der Parteiführer eines Landes, besteht darin, eine Regierung ins Amt zu bringen und sie – möglichst bis zur ordnungsgemäßen Neubildung einer Regierung nach der nächsten Wahl – nicht nur im Amt zu halten, sondern auch mit verlässlicher Handlungsfähigkeit auszustatten. Das aber heißt: Parteien haben in den deutschen parlamentarischen Regierungssystemen die Aufgabe, mittels ihrer Parlamentsfraktionen für so stabile regierungstragende Mehrheiten zu sorgen, dass die Regierungsbildung gelingt und anschließend eine Regierung, die eng mit den führenden Parlamentariern zusammenwirkt, sich darauf verlassen kann, für ihre Politik im Parlament eine Mehrheit zu finden.

Dass die Erfüllung dieser Aufgabe gerade *keine* Selbstverständlichkeit ist, zeigt der Blick auf andere ehedem realsozialistische Staaten: In der Ukraine, zuvor in Polen, gab es lange Zeit vor allem Reibungsverluste im Zusammenwirken zwischen Parlament und Regierung; Länder wie Tschechien oder gar Rumänien hatten – und haben – Schwierigkeiten mit der Stabilität und Berechenbarkeit ihrer Regierungen; und Länder wie Weißrussland und Russland lösten solche Probleme durch die Errichtung von Machtvertikalen, das heißt: durch Wiedereinführung autoritärer Regierungsweisen.

Vor diesem Hintergrund, und im Vergleich mit anderen neuen Bundesländern wie zumal Sachsen-Anhalt, erkennt man hier eine lobenswerte Leistung der sächsischen Parteien – zumindest jener, welche bislang die Chance hatten, die Staatsregierung zu stellen:

- Zur Zeit des Ministerpräsidenten Biedenkopf, und auch noch bei der krisenhaften Regelung seiner Nachfolge, war Regierungsstabilität kein Thema;
- nach dem Verlust der – bis dahin die Regierungsbildung sehr erleichternden – absoluten CDU-Mehrheit fanden sich CDU und SPD trotz großer Gegnerschaft rasch zusammen und regierten stabil, auch wenn die Neuwahl des Ministerpräsidenten Milbradt nach Bildung der Großen Koalition zunächst scheiterte;
- und recht einfach war die Einrichtung der jetzigen schwarz-gelben Koalition.

Instabilitätsprobleme löste bei alledem nur die CDU aus, und zwar wann immer in ihr die Führungsfrage zu einer offenen wurde: erstmals, als Kurt Biedenkopf gleich nach seinem letzten, triumphalen Wahlsieg leichtfertig von seiner letzten Amtszeit sprach, ohne die Weichen sichtlich auf die Nachfolge zu stellen; und ein anderes Mal, als Georg Milbradt in der Krise um die Sächsische Landesbank erlebte, dass auch frühere Unterstützer aufgrund seiner – so empfundenen – Erfolglosigkeit im Wahlkampf sowie seines innerparteilichen Führungsstils von ihm abgerückt waren.

Abgesehen von solchen kurzen Krisen haben Sachsens Parteien es nie unterlassen, eine wirklich handlungsfähige Regierung zu bilden – und sie haben es im Vorfeld stets geschafft, die Wählerstimmen so auf sich zu ziehen, dass Experimente in der Art Sachsen-Anhalts mit seiner tolerierten Minderheitsregierung nie auch nur erwogen werden mussten.

Haben Parteien über ihre Parlamentsfraktionen aber erst einmal für die Installierung einer Regierung gesorgt, so muss diese auch kontrolliert werden – und zwar so, dass sie für das Land sowie für die eigenen Wiederwahlchancen vorteilhafte Politik macht. Dabei nimmt die Regierungskontrolle natürlich unterschiedliche Formen an, je nachdem ob sie von einer Oppositionspartei oder einer regierenden Partei ausgeübt wird.

PDS und SPD – neben der CDU als einzige Parteien seit 20 Jahren durchgängig im Landtag – haben ihre Kontrollaufgaben wahlweise lautstark, kollegial oder gar – wie Ronald Weckesser bei seinem bundesweit aufsehenerregenden alternativen Haushaltsentwurf – mit beeindruckender Sachkompetenz versehen. Dass diese Leistungen beiden Oppositionsparteien an den Wahltagen vergleichsweise wenig nutzten, hat ganz wesentlich damit zu tun, dass sich die CDU lange Zeit recht wenig Blößen gab, ja in Gestalt von Kurt Biedenkopf jahrelang gar einen – wie es vielen schien – »überparteilichen« Ministerpräsidenten stellte. Umgekehrt hat die CDU gerade in der Zeit des Ministerpräsidenten Biedenkopf ihre Kontrollfunktion nicht für sonderlich vordringlich gehalten: König Kurt mache die Sache schon richtig, weshalb sich die CDU-Landtagsfraktion eher als Unterstützungstruppe denn als kritischer Partner der Staatsregierung verstand. Unzufrieden mit diesem Stil und so manchen Entscheidungen der lange Jahre allein regierenden Partei griff dann die Wählerschaft kontrollierend-korrigierend ein: Sie brachte die CDU um die absolute Mehrheit – und legte ihr einen sehr weitgehenden personellen Umbruch nahe. Wie tief er geht, zeigt die jetzige CDU-Landtagsfraktion an.

Nicht schlecht sind auch die Leistungen von Sachsens Parteien bei der Gesetzgebung des Freistaates. Da eine detaillierte Würdigung hier sehr auf einzelne Gesetzesprojekte eingehen müsste, etwa auf das Kulturraumgesetz oder zuvor auf den Prozess der Verfassungsgebung, kann es hier nicht in die Einzelheiten gehen. Es reicht wohl auch die zusammenfassende Feststellung: Alles in allem hat Sachsen brauchbare, gutes Regieren, gutes Wirtschaften, gutes Leben ermöglichende Gesetze.

Am schlechtesten von allen Parlamentsaufgaben wurde die Bindegliedfunktion erfüllt: die Vernetzung von zentralem politischem Entscheidungssystem und Gesellschaft. Gerade hier sind die Leistungsmöglichkeiten und Leistungsnotwendigkeiten von Parteien schwerlich durch andere gesellschaftliche oder politische Institutionen zu ersetzen. Und eben hier besteht auch die Achillesferse der sächsischen Demokratie.

Stutzig machte mich schon in den frühen 1990er Jahren bei empirischen Abgeordnetenstudien das Befundprofil der ersten Generation ostdeutscher Landesparlamentarier: Im Vergleich mit ihren westdeutschen Kollegen sahen sie es als klar weniger wichtig an, auch als regionale Parteiführer zu wirken und durch eigene Wahlkreisaktivitäten den von starken Parteien getragenen demokratischen Staat in der – ebenfalls erst im Werden begriffenen – ostdeutschen Zivilgesellschaft zu verankern. Einesteils war die Zurückhaltung bei der Wahlkreisarbeit damals auf die weit überdurchschnittliche und ganz vordringliche parlamentarische Gesetzgebungsarbeit zurückzuführen. Andernteils war ein Großteil der Abgeordneten, zumal außerhalb der PDS, vom Karrieretyp her kein »Parteimann«, wenngleich zuvor nicht selten schon in Massenorganisationen und Blockparteien tätig. Vielmehr waren die meisten unter den Sonderbedingungen der Friedlichen Revolution in die Politik geraten. Also verhielt man sich auch nicht wie ein westdeutscher Parteipolitiker, der unter Normalumständen einer Partei beitritt und dann ins Parlament gelangt. Vor allem aber teilten damals auch viele Abgeordnete die unter den Leuten so populäre Vorstellung, ein Abgeordneter solle eigentlich möglichst nicht viel mit einer Partei zu tun haben: Er sei ja Vertreter des ganzen Volkes – und solle das auch durch möglichst nicht-parteiisches Auftreten zeigen. Das aber widerspricht der Rolle, die Parteien und Abgeordnete als regionale Parteiführer doch tatsächlich haben: nämlich der Bevölkerung ein glaubwürdig personifiziertes plurales Politikangebot zu machen und für jene konkurrierenden »Markenprodukte« zu stehen, die Parteien nun einmal sind.

Parteien und politische Kultur

Doch nicht nur an der nicht ganz willigen Übernahme ihrer Rolle als regionaler Parteiführer durch die Abgeordneten lag es, dass in Sachsen – wie in allen neuen Bundesländern – die Parteien sich nicht so recht in der Gesellschaft verwurzelten. Das lag vielmehr auch an den Parteien selbst sowie an der Gesellschaft.

Blicken wir zunächst auf die Gesellschaft. Die Wahlforschung hat gezeigt, dass die Parteien – seit ihrer Entstehung im 19. Jahrhundert – ganz wesentlich in aufkommenden und sich dann durchhaltenden soziomoralischen Milieus einwurzeln und von ihnen her mit Wählern, Mitgliedern und tüchtigen Führern versorgt werden. Verändern sich diese soziomoralischen Milieus und jene gesellschaftlichen Spannungslinien, die sie einst politisierten, so verändern sich auch Parteien und Parteiensysteme. Je mehr sich dabei bisherige soziomoralische Milieus auflösen, umso mehr verdorren die gesellschaftlichen und kulturellen Wurzeln der Parteien. Dann aber sind sie auch immer weniger in der Lage, eine lebendige Verbindung zwischen Volk und politischem System herzustellen.

In den alten Bundesländern *wandeln* sich soziomoralische Milieus, in denen die mit der bundesdeutschen Gesellschaft und ihren Milieus entstandenen oder neu belebten Parteien wurzeln. In den neuen Bundesländern aber mussten, aufgrund der als so wichtig erkannten Wahlen des Jahres 1990, Parteien dort *neu entstehen*, wo die sie tragenden oder nährenden Milieus noch gar nicht bestanden oder keine sonderliche Ausdehnung hatten. Das aber gab dem Parteiensystem der späten DDR und der frühen neuen Bundesländer einen recht virtuellen, einen ziemlich vorgeblendeten Charakter. Demoskopische Studien zeigten denn auch, dass die ersten ostdeutschen Wahlentscheidungen – mit Ausnahme jener für die SED/PDS – sich gar nicht an den *ost*deutschen Parteien, sondern an deren westdeutschen »Mutterfirmen« orientierten. Von ihnen her kam anfangs ja auch ein Großteil der infrastrukturellen Ausstattung sowie des Know-how von Parteiführungsverhalten unter den neuen Bedingungen einer Wettbewerbsdemokratie. Musterbeispiel für diese Zusammenhänge sind Ostdeutschlands CDU und LDPS/FDP, die – ihren Charakter tiefgreifend verändernd – eine »freundliche Übernahme« erlebten. Authentisch ostdeutsch blieb allein – bis zur Übernahme durch Oskar Lafontaine und später die westdeutschen Landesverbände der Linkspartei – die PDS.

Mit Ausnahme der PDS waren die ostdeutschen und auch sächsischen Parteien ja nicht von sich aus in besonderen gesellschaftlichen Milieus verwurzelt. Offensichtlich ist das für

Neugründungen wie die SPD oder Bündnis 90, wo sich große Teile der Trägergruppen der Friedlichen Revolution zusammenfanden. Beide Parteien wirkten groß und perspektivenreich vor allem aufgrund ihrer westdeutschen Partnerparteien, was die ostdeutsche SPD natürlich besonders bedeutend erscheinen ließ. In Sachsen kam die Erinnerung an das »rote Königreich« hinzu, was viele auf die Wiederentstehung einer SPD-Hochburg hoffen ließ – obwohl, wie freilich erst spätere Detailstudien zeigten, deren soziomoralischen Voraussetzungen schon zu DDR-Zeiten erodiert waren. In beiden Fällen musste Neues entstehen – eine SPD etwa dort, wo die Arbeiterklasse faktisch kleinbürgerlich geworden war und jene Akademiker, aus welchen sich Westdeutschlands SPD zu immer größeren Teilen rekrutierte, entweder der SED nahegestanden hatten oder sich, gegen sie, der LDPD und CDU zugewandt hatten.

Die CDU – ihrerseits nach dem Schlucken anderer ehemaliger Blockparteien – befand sich wiederum in einer Phase der Neuformierung von Führungsstruktur und Selbstverständnis. Das hatte, je nach Weg und Ergebnis solcher Neuformierungsversuche, unterschiedliche Folgen für die gesellschaftliche Verankerung der CDU. Einesteils regte sich schon innerhalb der Noch-Block-CDU im Vorfeld und parallel zur Friedlichen Revolution innerparteilicher Wandlungsdruck und brachte die sichtbarsten Exponenten der Block-CDU um ihren Einfluss. Andernteils strömten viele aus den Trägergruppen der Friedlichen Revolution – nicht zuletzt unter dem westdeutschen Einigungsdruck hin zur Bildung der »Allianz für Deutschland« im Frühjahr 1990 – über den »Demokratischen Aufbruch« und andere kurzlebige Parteien hinein in die CDU. Dort wurden sie zu Reformern, die neuen Wind in die Partei brachten. Vor allem in Sachsen gewannen sie, ganz wesentlich unter der beherzten Führung von Arnold Vaatz, in den entscheidenden frühen 1990er Jahren großen Einfluss. Ohne ihren mühsam errungenen knappen Sieg über die Kräfte aus der sich wendenden Block-CDU samt dem Schachzug, Kurt Biedenkopf als Gesicht der sächsischen CDU zu gewinnen, wäre dieser Partei schwerlich der Durchbruch zur Partei sowohl der einfachen Leute als auch des konservativen Bildungsbürgertums gelungen.

Der Vergleich zwischen Sachsen und Brandenburg ist hier besonders erhellend. Einesteils zeigt er die überragende Bedeutung überzeugender politischer Führer für parteipolitischen Erfolg. Andernteils belegt er, dass eben das Ausbleiben eines klaren Siegs der innerparteilichen Reformer samt anschließender großer innerparteilicher Zerstrittenheit die brandenburgische CDU – ganz im Gegensatz zur sächsischen – zu einer dauerhaft nachrangigen Partei werden ließ. In Sachsen freilich machte der Erfolg auch leichtfertig: Lange Zeit nahm die CDU ihre Mehrheit für so selbstverständlich, dass gerade sie eine intensive Wahlkreisarbeit sowie die Durchdringung des vorpolitischen Raums vernachlässigte und darauf verzichten zu können glaubte, aktiv auf lokale Honoratioren und öffentlich bekannte Sympathieträger zuzugehen, um sie für die Mitarbeit in der Partei zu gewinnen. Die – inzwischen wohl anhaltende – Reduzierung der CDU-Stimmenzahl auf 40 plus x Prozent bei Landtagswahlen und auf 35 plus x Prozent bei Bundestagswahlen ist die Quittung dafür. Es spricht Bände über die eher vom Zufall – mit den Namen Kohl und Biedenkopf – ererbte denn selbst errungene Machtstellung der sächsischen CDU, dass sie sich mit diesem Abstieg klaglos wie mit einer »Normalisierung« zufriedengibt.

Ganz andere Anstrengungen an gesellschaftlicher Verwurzelung unternahm – gewiss auch der Not gehorchend – die PDS. Ihr Image als Kümmererpartei erwarb sie sich schon zu Recht. Diese Rolle passte auch perfekt zu ihr: So konnte sie kritisch sein gegenüber der neuen Ordnung, obwohl deren Erfolge gerade die Reformorientierten unter den ehemaligen SEDlern klar beschämten; so konnte sie Solidarität praktizierten mit jenen, die sich – gleich wie zu rechtfertigen – aus dem neuen System ausgegrenzt fanden oder ohnehin dessen Gegner blieben; so konnte sie einen Großteil ihrer hochqualifizierten, doch arbeitslos gewordenen Parteigänger in sinnstiftender Weise beschäftigen; und so konnte sie sich gemäß dessen eigenen Prinzipien ins neue System einbringen, ohne doch je die gewünschte kritische Distanz zu ihm aufzugeben. Insgesamt kann man wohl jene Integrationsleistung nicht hoch genug würdigen, welche die PDS faktisch, wenn vielleicht auch nur widerwillig, für unser politisches System geleistet hat: Sowohl die Parteigänger der SED-Diktatur als auch die an deren Reformunfähigkeit leidenden demokratischen Sozialisten wurden von ihr von Anfang an in den ostdeutschen Parlamenten vertreten. Sie fanden bei den Wahlen in dieser Partei ein anziehendes Politikangebot und ein wirksames Protestventil – und sie konnten gemeinsam mit ihren Parlamentariern lernen, dass das neue politische System tatsächlich ein freiheitliches, ein sehr leistungsfähiges und darum wirklich schätzenswertes ist. Zwar gehört es auf der rechten Seite des politischen Spektrums immer noch zum üblichen Ton, die PDS oder gar die Linkspartei von heute als fest in der Tradition und somit auch Verantwortungskette der SED stehend zu behandeln; doch an der Sache geht das schon lange vorbei. Wo immer jedenfalls die PDS in den neuen Bundesländern mitregiert hat, dort gehörte sie mit zu den Trägern der neuen politischen Ordnung. Auch in Sachsen hätte sie sich gewiss nicht anders verhalten, wie etwa ihre kommunalpolitische Bilanz erweist. Nur wurde sie auf Landesebene nie zum Regieren gebraucht.

Die jeweils besonderen Integrationsleistungen von FDP und B 90/Die Grünen in ihren unterschiedlichen Milieus zu umreißen, muss hier aus Platzgründen unterbleiben. Quantitativ standen sie den Integrationsleistungen der anderen Parteien ohnehin nach, was sich etwa in der langen Verbannung beider Parteien aus dem Landtag niederschlug. Im durch das Absinken der CDU-Anteile ermöglichten und fortan wohl verfestigten Mehr-Parteien-System Sachsens werden sie jedenfalls künftig als Mehrheitsbeschaffer eine mit überproportionaler Gestaltungsmacht einhergehende Rolle spielen.

Die größten Integrationsprobleme haben Sachsens Parteien – und hat vor allem die hier in erster Linie zuständige CDU – am rechten Rand bzw. überhaupt dort, wo es grundsätzliche Abneigung gegen das entstandene parlamentarische Regierungssystem mit freiheitlich-demokratischer Grundordnung auf der Basis sozialer Marktwirtschaft gibt. Ausdruck dessen ist die nun schon die zweite Wahlperiode während Präsenz der NPD im sächsischen Landtag. Offenbar sind die Sachsen eben doch nicht immun gegen den Rechtsradikalismus. Vielmehr spricht vieles dafür, dass in manchen sächsischen Gegenden – etwa in Teilen der Sächsischen Schweiz – auf unabsehbare Zeit Milieus entstanden sind, in denen die NPD als ganz normale Partei gilt. Anscheinend haben die anderen Parteien zwei wichtige Parteifunktionen nicht ausreichend zu erfüllen vermocht: *erstens* zu thematisieren, was Leute selbst dann bewegt, wenn solche Themenbereiche von Verbotsschildern politischer Korrektheit umstanden sein sollten; und *zweitens* kommunikative Führung dahingehend auszuüben, dass der Bevölkerung erklärt wird, ob und wie weit man sich selbst mit jenen Problemen beschäftige, die dem Volk auf den Nägeln brennen. In solche kommunikativen Lücken aber dringen erfahrungsgemäß Protestparteien ein.

Anzeichen für Thematisierungs-, Führungs- und Integrationsmängel der klar unseren Staat tragenden Parteien ist die Existenz der sächsischen NPD vor allem aus folgenden Gründen:

- Als Wahrerin nationaler Anliegen kann sie sich nur deshalb darstellen, weil die anderen Parteien sowohl die nationale Rhetorik als auch nationale Symbole vernachlässigt haben, ganz so, als handele es sich dabei um fortan ganz unwichtige oder – umgekehrt – nach ihrer Thematisierung allzu brisante Dinge. In diese Lücke stieß die NPD, wenngleich nicht ohne zusätzliche Bauernfängerei. »Europa als Gefahr« oder »zu viele Ausländer in Sachsen« reichen hierfür als Beispiele.
- Ihr Durchbruch mit der Thematisierung von Defiziten »sozialer Gerechtigkeit« bei den Landtagswahlen von 2003 war nur möglich, weil sowohl SPD als auch CDU – die einen in Berlin, die anderen in Dresden regierend – der Agenda 2010 keine Rhetorik einer langfristigen Sicherung sozialer Gerechtigkeit an die Seite stellten, was zur Infragestellung der gesamten etablierten Politik und politischen Klasse einlud – von links bei der PDS/Linkspartei, von rechts seitens der NPD.
- Und obendrein politisierte die NPD gar nicht wenige junge Männer, inzwischen auch junge Frauen – und das in einer Zeit, da politisches Engagement immer weniger chic erscheint. Sie macht offenbar politische Sinn- und Erlebnisangebote, welche die anderen Parteien nicht unterbreiten.

Parteien und ihre Mitgliederbasis

In genau diesem Zusammenhang ist es für die sächsische Demokratie auch von Belang, dass die Mitgliederzahlen der sächsischen Parteien in den letzten 20 Jahren so stark gesunken bzw. partout nicht gestiegen sind. Im Fall zumal der SPD (heute 4 200, 1990 schon einmal 4 400 Mitglieder), doch – bei ganz anderen quantitativen Ansprüchen – auch von B 90/ Die Grünen (heute 1 100 Mitglieder) und FDP (heute 2 600 Mitglieder, vor zwanzig Jahren 25 000), sind die Mitgliederzahlen gar dramatisch gering. Es fällt sogar immer wieder schwer, die der jeweiligen Partei in Aussicht stehenden Mandate angemessen zu besetzen. In einer solchen Lage fallen die Parteien aber für die Erfüllung einer ausreichenden Rekrutierungsfunktion und einer wirklich selektiven Personalmarktsfunktion in nennenswertem Umfang aus. Die Folge ist eine unzulängliche Ausschöpfung des in einer Gesellschaft tatsächlich vorhandenen politischen Potentials samt Insider-Geschäften derer, welche die Hemmschwelle in die Politik hinein überschritten haben.

Blickt man auf die Entwicklung der Mitgliederzahlen, dann ist die Entwicklung der PDS noch am plausibelsten (1990 70 000 Mitglieder, heute 12 600): Je weiter die DDR zurückliegt, um so mehr schrumpft der Anteil derer, welche noch der SED beigetreten sind und ihrer Staatspartei selbst dann die Treue bewahrt hatten, als jener Staat gar nicht mehr bestand, dem man gern gedient hatte und den man liebend gern, vielleicht nach einigen Reformen, konserviert hätte. Statt dessen muss die PDS/Linkspartei nun unter den Bedingungen einer stabilisierten und ganz unübersehbar auch wirtschaftlich und kulturell erfolgreichen Demokratie Mitglieder aus Milieus gewinnen, die noch systemkritischer sind als der linke Flügel der SPD. Das aber wird schwierig werden. Es ist sogar umso schwieriger, als die jungen Linksparteimitglieder mit ihren Altvorderen oft weder hinsichtlich praktischer Verwaltungserfahrung noch hinsichtlich der für Politik so wichtigen Sekundärtugend der Mannschaftsdisziplin mithalten können.

Bei den anderen Parteien hingegen – auch im Fall der CDU mit derzeit knapp 13 000, vor 20 Jahren noch 37 000 Mitgliedern – steht hinter dem Rückgang der Mitgliederzahl vor allem die deutschlandweit gewachsene Unlust, sich überhaupt in einer Partei zu betätigen und langfristig zu binden. Damit schrumpften das Rekrutierungspotential von Sachsens Parteien und unweigerlich auch die unmittelbar in die Politik einzubringende praktische Erfahrung, Lebensklugheit und gesellschaftliche Vernetzung. Politische Professionalität wird so zur Eigenschaft von Leuten, denen man andere Professionalität schon gar nicht mehr zutraut, während sich zugleich – und wohl auch nicht ganz zu Unrecht – die Vorstellung von professioneller Politik auf gekonntes Niederkämpfen inner- und außerparteilicher Gegner einengt. Vor auf derlei Dinge beschränkten Politikern aber hat man verständlicherweise keinen sonderlichen Respekt. Schwierigkeiten bei der Lösung tatsächlicher Probleme, oder die Durchsetzung von manchen Maßnahmen, die gesellschaftlichen Interessen kenntlich zuwiderlaufen, beglaubigen einem dann, dass man ganz zu Recht vor Politikern keinen Respekt haben müsse. Und während dann immer noch die Vorstellung lebendig sein mag, Demokratie sei »eigentlich« etwas Gutes, leidet man eben immer mehr an jenen »unzulänglichen Parteipolitikern«, welche unserer Demokratie mehr schadeten als nutzten.

Als Reaktion hierauf steigt die Wählervolatilität, also die Flatterhaftigkeit des Wahlverhaltens, sowie das Wechselwählertum. Aufgrund des schon erörterten, anfangs recht virtuellen Charakters des ostdeutschen Parteiensystems sowie der in diesem Landesteil fehlenden Synergieeffekte zwischen festen soziomoralischen Milieus und darin wurzelnden Parteistrukturen war solche Volatilität ohnehin von vornherein wahrscheinlich. Doch Unzufriedenheit mit konkreter Politik oder mit konkreten politischen Führern, verbunden mit vielerlei in den letzten zwei Jahrzehnten modischen Lobgesängen auf den rational seine persönlichen Interessen maximierenden Wechselwähler, hat solche Flatterhaftigkeit weiter verstärkt. Sie bezieht inzwischen sogar das Nichtwählen als nachgerade gleichwertige Wahlalternative ein. Das wurde um so folgenreicher, als seit geraumer Zeit auch die Wahlbeteiligung wie ein zentrales Wahlergebnis berichtet und erörtert wird, ja man sie wie einen validen Indikator für Demokratieakzeptanz zu verwenden beginnt. Können sich Parteien aber immer weniger auf klar umreißbare und in ihrem Abstimmungsverhalten halbwegs stabile Wählergruppen verlassen, dann verlieren ihre strategischen und taktischen Überlegungen ihre Geschäftsgrundlage und wird politische Führung gegen den Wind der öffentlichen Meinung zu einem Kamikaze-Unterfangen. Hieraus entstehendes Surfen auf demoskopisch ermittelten Wogen aber zieht nur weitere Glaubwürdigkeitseinbußen nach sich. Das alles wiederum führt demokratische Parteipolitik immer weiter in die Sackgasse hinein.

Bilanz

Damit haben wir den Ausgangspunkt unserer Betrachtung wieder erreicht: die Unzufriedenheit auch der Sachsen mit ihren Parteien und Parteipolitikern. Auf absehbare Zeit scheint gegen solche Unzufriedenheit und mit ihr verkoppelte Aversion kein Kraut gewachsen zu sein. Man wird wohl solange warten müssen, bis – wie in den späten sechziger, frühen siebziger Jahren – eine nachwachsende Generation der mehr oder weniger demonstrativen Politikferne ihrer Eltern müde geworden ist und die Rede von der – »ach so berechtigten!« – Parteien- und Politikverdrossenheit nicht mehr hören will. Anzeichen für diese Entwicklung gibt es jetzt schon – und in Zukunft wohl auch andere Typen von Parteien und eine erweiterte Palette von politischen Partizipationsmöglichkeiten.

Jedenfalls wird man Abgesänge auf Sachsens von immer noch recht starken Parteien getragene Demokratie nicht ernsthaft anstimmen müssen. Da wurde nicht nur *viel*, sondern auch *Stabiles* aufgebaut. Es stimmt nur oft das Bewusstsein nicht so recht mit dem Sein überein. Schützen wir in dieser Lage deshalb das *Sein* unserer von durchaus tüchtigen Parteien getragenen Demokratie durch eigenes politisches Engagement – und verbessern wir das *Bewusstsein* von der Leistungsfähigkeit unserer parteienstaatlichen Demokratie durch größere Anstrengungen politischer Bildungsarbeit, in den Schulen nicht minder als im Erwachsenenbereich! Umfragen unter Schülern und Erwachsenen zeigen nämlich, dass sich ansonsten traditionelle Vor- und Fehlurteile gegen Parteien und das parlamentarische Regierungssystem weiterhin halten werden – und zwar zum Nachteil für Parteien *und* Demokratie. Das aber können wir angesichts einer insgesamt doch recht schönen Bilanz von »Parteien und Demokratie in Sachsen nach 1990« nicht wirklich wollen.

Eckhard Jesse

Demokratieschutz in Sachsen

Das Thema der streitbaren Demokratie und des mit ihr verbundenen politischen Extremismus schlägt immer wieder hohe Wellen, auch in Sachsen. Emotionen spielen eine große Rolle. Das ist ein Indiz für eine gewisse Verunsicherung. Sie rührt nicht zuletzt aus der leidvollen Geschichte Deutschlands im 20. Jahrhundert her. Das »Tausendjährige Reich« beging einen Zivilisationsbruch ohnegleichen, und in der DDR herrschte bis 1990 eine Diktatur, die die Bürger in dem Moment abschütteln konnten, in dem die Sowjetunion von ihrer Breschnew-Doktrin abzurücken begann.

Zunächst möchte ich den Begriff der streitbaren Demokratie ebenso kurz definieren wie den seines Widerparts, den des politischen Extremismus. Danach gehe ich auf den Extremismus im Freistaat Sachsen ein – den festorganisierten, gewaltlosen (Parteien) wie den lose organisierten, gewalttätigen (vor allem Skinheads und Autonome). Schließlich erörtere ich die Frage der geeigneten Form des Schutzes der Verfassung – was etwa die (Nicht-) Notwendigkeit einer »antifaschistischen Klausel« betrifft. Dabei ist es unvermeidlich, auch die Ereignisse am 13. Februar 2010 in Dresden wenigstens zu streifen.

Streitbare Demokratie und Extremismus

Die streitbare Demokratie basiert auf drei Säulen – erstens auf der Wertgebundenheit, zweitens auf der Abwehrbereitschaft, drittens auf der Vorverlegung des Demokratieschutzes. Mit Wertgebundenheit ist gemeint, dass bestimmte Werte für unantastbar gelten. Sie können auch durch eine noch so große Mehrheit des Volkes oder des Parlaments nicht geändert werden. Dazu gehört Artikel 1 des Grundgesetzes mit der Unantastbarkeit der Menschenwürde und Artikel 20 mit den Staatsstrukturprinzipien (Republik, Demokratie, Rechtsstaat, Bundesstaat, Sozialstaat). Mit Abwehrbereitschaft ist gemeint, dass der Staat Vorkehrungen zum Schutz der Verfassung vorsieht, die Möglichkeit von Vereinigungs- und Parteiverboten etwa. Es besteht ein enger logischer Zusammenhang zwischen der Wertgebundenheit und der Abwehrbereitschaft. Mit der Vorverlagerung des Demokratieschutzes schließlich ist gemeint, dass der Staat nicht erst bei der Verletzung von Gesetzen eingreift. Es gibt verfassungsfeindliche Ziele, nicht bloß verfassungsfeindliche Mittel. Auf diese Weise soll der Legalitätstaktik von Extremisten ein Riegel vorgeschoben werden. Das ist eine wesentliche Reaktion auf die Weimarer Republik, die abwehrschwache erste deutsche Demokratie.[1]

Der politische Extremismus ist der Gegenbegriff zum demokratischen Verfassungsstaat. Bei ihm geht es um die offene oder verdeckte Ablehnung eines Minimalkatalogs an Werten und Spielregeln, der für das gedeihliche Zusammenleben der Menschen unerlässlich

---

ist. Er ist u. a. gekennzeichnet durch die Identitätstheorie der Demokratie, durch Freund-Feind-Stereotypen, durch ideologischen Dogmatismus und in der Regel durch ein Missionsbewusstsein.[2] Besteht über den extremistischen Charakter gewaltsamer Formen meist Einvernehmen, so gehen die Auffassungen beim nicht-gewalttätigen Extremismus auseinander. Das Grundgesetz wie die sächsische Verfassung basiert auf dem antiextremistischen Konsens. Schnittmengen zwischen Rechtsextremismus, Linksextremismus und extremistischem Fundamentalismus, etwa des islamistischen, treten u. a. im Antiamerikanismus auf. Die Beurteilung der Varianten des Phänomens hat nach denselben Maßstäben zu erfolgen.

Der Rechtsextremismus verneint das ethische Prinzip der Fundamentalgleichheit der Menschen, der Linksextremismus verabsolutiert – in der Theorie – das Gleichheitsdogma. Es gibt viele Varianten. So ist jeder Neonationalsozialist ein Rechtsextremist, aber nicht jeder Rechtsextremist ein Neonationalsozialist. Und jeder Stalinist ist ein Linksextremist, jedoch nicht jeder Linksextremist ein Stalinist. Der Extremismusbegriff beabsichtigt nicht, seine linke und rechte Variante gleichzusetzen, will freilich Analogien herausstellen. Die Antwort auf die Frage, welche Bestrebungen als antidemokratisch zu gelten haben, fällt in der Tat mitunter nicht leicht. Schließlich artikulieren die meisten antidemokratischen Gruppierungen ihre Ablehnung des demokratischen Verfassungsstaates nicht offen. Manche sprechen sogar von einem »Extremismus der Mitte« und treten in einer Art »Haltet den Dieb«-Reaktion so gleichsam die Flucht nach vorn an.

Wenig konsistent ist die Vorgehensweise, die Gefahren des einen Extremismus breit auszumalen und die des anderen nicht einmal zu erwähnen. Wenn es eine rechte Variante des Extremismus gibt, so existiert auch eine linke. Dem versuchen manche Positionen mit dem Gebrauch der Vokabel vom »(Neo-)Faschismus« zu entgehen. Sie müssen den Vorwurf ertragen, Kampfbegriffe salonfähig machen zu wollen. Zunehmend reden viele schlicht von »Extremismus«, meinen aber implizit nur den Rechtsextremismus. Eine andere Variante, sich der Schwierigkeiten – scheinbar – zu entledigen, besteht im Gebrauch unterschiedlicher Begriffe für die rechte und für die linke Seite des politischen Spektrums. So sprechen manche von »linksradikalen Parteien« und, im selben Atemzug, von »rechtsextremen Parteien«. Offenkundig wird diese Wortwahl bevorzugt, um anzudeuten, die Parteien linksaußen seien »nur« radikal, die am rechten Rand hingegen extremistisch und damit verfassungsfeindlich. Der Begriff des »Radikalismus« ist bekanntlich weniger negativ konnotiert.

Eine Forschung, die keine Fortsetzung der Politik mit anderen Mitteln sein will, kommt nicht umhin, den Begriff des Rechts- wie des Linksextremismus zu gebrauchen.[3] Die Kritik, politisch einseitig zu sein, muss vielmehr eher jene Position ertragen, die den Begriff der »Extremismusforschung« in Anführungszeichen setzt, weil sie auf diese Weise andeutet, es handele sich nicht um genuine Forschung, sondern um Propaganda.[4]

---

2   Vgl. u. a. Uwe BACKES, Politischer Extremismus in demokratischen Verfassungsstaaten. Elemente einer normativen Rahmentheorie, Opladen 1989.
3   Uwe BACKES/Eckhard JESSE, Vergleichende Extremismusforschung, Baden-Baden 2005.
4   Vgl. etwa Christoph KOPKE/Lars RENSMANN, Die Extremismus-Formel. Zur politischen Karriere einer wissenschaftlichen Ideologie, in: Blätter für deutsche und internationale Politik 45 (2000), S. 1451 – 1462.

In Sachsen hat sich im April 2008 eine »Initiative gegen jeden Extremismusbegriff« gebildet, hinter der viele Antifa-Gruppen stehen, ebenso zahlreiche Repräsentanten der Partei
der Linken.[5] »Seit Anfang des Jahres 2008 sind die außerparlamentarische Linke sowie
links-alternative Kulturprojekte in Sachsen wieder einmal Ziel einer Diffamierungskampa-
gne, die durch das Innenministerium Sachsen [...] ins Rollen gebracht wurde.« Die Formel
des Extremismus eigne sich, »um eine vermeintlich ›normale Mitte‹ von ihren ›Rändern‹ zu
trennen. Dort, wo Naziideologie zum Randphänomen erklärt wird und damit deren Verbindung zur bundesrepublikanischen Normalität geleugnet wird, dort gibt es auch keinen
Platz für eine notwendige und berechtigte linke Kritik z. B. an institutionellem Rassismus in
deutschen Gesetzen oder Behörden und alltäglicher Rassismus und Antisemitismus. Rechte
Ideologie wird in diesem Zusammenhang zur Randerscheinung gemacht und die ›demokratische Mitte‹ kann sich ihrer moralischen Legitimation sicher sein.«[6] Jüngst forderte diese
Initiative wegen der »Verschärfung des staatlichen Antiextremismus« erneut »den Abschied
vom staatlich verordneten Antiextremismus«.[7]

   Zwar ist es konsequent, den Rechtsextremismusbegriff abzulehnen, wenn insgesamt
der Extremismusbegriff nicht akzeptiert wird. Doch kann eine solche Initiative dann noch
glaubwürdig »Demokratie« verwenden? Demokratie und Extremismus sind nun einmal
Antipoden. Stellt nicht, wer den Begriff des Extremismus ablehnt, auch den der Demokratie in Frage?

Parteien

Die rechtsextremistische NPD erreichte bei den sächsischen Landtagswahlen 2004 auf dem
Höhepunkt der Kritik an Hartz IV 9,2 Prozent der Stimmen.[8] Der Einzug der NPD ins Landesparlament rief bei der Konkurrenz nicht nur Besorgnis und Entsetzen hervor, sondern
auch Verwirrung und Hektik. Am 12. Januar 2005 erklärten die fünf Fraktionsvorsitzenden
der anderen Parteien (also unter Einschluss der PDS), es sei nötig, die Wähler der NPD »für
die demokratische Wertegemeinschaft zurückzugewinnen. Zur Erreichung dieses Zieles ist
eine sachorientierte und erfolgreiche Regierungsarbeit ebenso wichtig wie das kritische und
zugleich konstruktive Wirken der demokratischen Opposition.«[9]

---

5   Vgl. Initiative gegen jeden Extremismusbegriff, Gegen jeden Extremismusbegriff. Linke, antifaschisti-
    sche Politik und Kultur sind nicht »extremistisch«, sondern extrem wichtig!, in: http://inex.blogsport.
    de (Stand vom 4. März 2010).
6   Ebd.
7   Gemeinsam gegen jeden Extremismus? Nicht mit uns! Auftrag zur kollektiven Verweigerung politi-
    schen Unsinns, in: http://inex.blogsport.de (Stand vom 4. März 2010).
8   Vgl. u. a. Uwe BACKES, Der NPD-Wahlerfolg in Sachsen vom September 2004 und die Erfolgsbedin-
    gungen rechtsextremer Parteien in Deutschland, in: Gerhard Besier; Katarzyna Stokolosa (Hrsg.),
    Lasten diktatorischer Vergangenheit – Herausforderungen demokratischer Gegenwart. Zum Rechts-
    extremismus heute, Münster 2006, S. 137–148.
9   Fritz HÄHLE/Cornelius WEISS/Peter PORSCH/Holger ZASTROW/Antje HERMENAU, Pressemitteilung vom
    12. Januar 2005.

Die NPD mit ihrer Drei- bzw. Viersäulenstrategie (Kampf um die Straße, Kampf um die Köpfe, Kampf um die Wähler, ab 2004 auch: Kampf um den organisierten Willen)[10] sorgte, vor allem anfangs, bundesweit für Schlagzeilen, so am 21. Januar 2005, als Holger Apfel in der von der NPD beantragten Aktuellen Stunde (»Verhalten der Sächsischen Staatsregierung und des Landtages zu Erinnerungs- und Gedenkveranstaltungen zum 60. Jahrestag der anglo-amerikanischen Terrorangriffe auf die sächsische Landeshauptstadt Dresden«) von »anglo-amerikanischer Gangsterpolitik« sprach und Jürgen Gansel mit Blick auf die Zerstörung Dresdens vom »Bomben-Holocaust«. Die sächsische NPD-Fraktion wies trotz interner Konflikte (z. B. zwischen »Tauben« und »Falken«, zwischen Ost- und Westdeutschen) einen größeren Zusammenhalt auf als manche andere Landtagsfraktion rechtsextremistischer Parteien.[11] Allerdings blieben Zerfallserscheinungen nicht aus. So verließen zum Jahreswechsel 2005/06 Klaus Baier, Mirko Schmidt und Jürgen Schön die Fraktion, gaben ihr Mandat aber nicht auf. Im November 2006 wurde der Neonationalsozialist Klaus-Jürgen Menzel ausgeschlossen (wegen finanzieller Unregelmäßigkeiten). Damit bestand die Fraktion nur noch aus acht Abgeordneten. Im gleichen Monat legte Mathias Paul nach strafrechtlichen Ermittlungen sein Mandat nieder. Die größte Schwächung hatte die Partei wenige Monate zuvor erfahren – durch den Unfalltod ihres Parlamentarischen Geschäftsführers Uwe Leichsenring, der in der Sächsischen Schweiz, der NPD-Hochburg, gut verwurzelt war, über rednerisches Talent und ein gewisses Charisma verfügt hatte.[12] Im Vergleich zur DVU im Landtag von Brandenburg trat die sächsische NPD-Fraktion einerseits radikaler auf (z. B. durch die Inszenierung von Skandalen), andererseits professioneller (z. B. durch besser präparierte Gesetzesvorlagen).[13] Die anderen Parteien bildeten eine geschlossene Barriere gegen sie. *Ein* Repräsentant der Regierungsparteien antwortete auf Gesetzesvorlagen der NPD, und *ein* Repräsentant der Oppositionsparteien.

Die Existenz der NPD im Landtag schadet schwer dem Image Sachsens. Bei der Landtagswahl am 30. August 2009 hatte die Partei, die in Teilen Sachsens eine gewisse soziale Verankerung genießt,[14] in ihrem Wahlprogramm »Arbeit – Familie – Heimat« rabiate Töne hintangestellt und sachsenspezifische Probleme benannt. Gleichwohl: Die etablierten Parteien firmierten als »Blockparteien«, als »Systemparteien« und als »die sogenannten ›demokratischen‹ Fraktionen im Dresdner Landtag«.[15] Die NPD als »antiimperialistische und befreiungs-nationalistische Partei« sei »der organisierte Blockadebrecher der volksfeindlichen und

---

10 Eckhard JESSE, Das Vier-Säulen-Modell der NPD, in: Armin Pfahl-Traughber (Hrsg.), Jahrbuch für Extremismus- und Terrorismusforschung 2008, Brühl 2008, S. 178–192.

11 Vgl. etwa das schnelle Auseinanderbrechen der DVU-Fraktion im Landtag von Sachsen-Anhalt (1998–2002). Siehe Everhard HOLTMANN, Die angepassten Provokateure. Aufstieg und Niedergang der rechtsextremen DVU als Protestpartei im polarisierten Parteiensystem Sachsen-Anhalts, Opladen 2004.

12 Marc BRANDSTETTER, Die sächsische NPD: Politische Struktur und gesellschaftliche Verwurzelung, in: Zeitschrift für Parlamentsfragen 38 (2007), S. 363 f.

13 Vgl. Sebastian REHSE, Die Oppositionsrolle rechtsextremer Protestparteien. Zwischen Anpassung und Konfrontation in Brandenburg und Sachsen, Baden-Baden 2008, S. 239–250.

14 Vgl. Henrik STEGLICH, Die NPD in Sachsen. Organisatorische Voraussetzungen ihres Wahlerfolgs 2004, Göttingen 2005; DERS., Rechtsaußenparteien in Deutschland. Bedingungen ihres Erfolges und ihres Scheiterns, Göttingen 2010.

15 Landtagswahlprogramm der NPD für Sachsen. Arbeit-Familie-Heimat, [o. O. o. J.] (2009), S. 4 f, S. 20.

antideutschen Politik aller etablierten Parteien«.[16] Sie prangerte den »Sozialabbau« an, geißelte die Verantwortlichen der Finanzkrise, forderte die Nationalisierung der mit staatlicher Hilfe geretteten Banken ebenso wie den Wegfall von »Hartz IV«. Die etablierten Parteien seien dabei, »den Nationalstaat abzuwickeln. Deutschland wird vorsätzlich in eine unselbständige Provinz der Brüsseler Bürokratie und gleichsam systematisch in einen multikulturellen Vielvölkerstaat umgewandelt.«[17] Die NPD setzte auf den weniger radikalen »sächsischen Weg« – im Vergleich zu dem »deutschen Weg« des Parteivorsitzenden Udo Voigt. Holger Apfel, seit Oktober 2009 Nachfolger des blassen Winfried Petzold als Landesvorsitzender, hatte deshalb das Amt des Stellvertreters 2009 aufgegeben.

Die Partei konnte ihr Ziel – »10 Prozent + x« – zwar nicht erreichen, wohl aber – mit 5,6 Prozent der Stimmen – zum ersten Mal in ihrer Geschichte in einen Landtag zurückkehren, wenngleich mit Verlusten von 40 Prozent und damit auf einem deutlich niedrigeren Niveau. Eine Konsequenz des erneuten Einzugs der NPD in das Parlament des sächsischen Freistaates könnte der Erhalt staatlicher Gelder für ihr »Bildungswerk für Heimat und Nationalstaat« sein. Im übrigen sollten wir nicht alles für bare Münze nehmen, was die NPD vollmundig verkündet. Man denke nur an die großspurig benannte »Dresdner Schule« von Jürgen Gansel. Viel Lärm um nichts!

Repräsentiert die NPD einen harten Extremismus, so verkörpert die Linke einen weichen – mit Blick auf die Organisation, die Ideologie und die Strategie.[18] Die »Kümmererpartei« »Die Linke«, wie die PDS seit dem Zusammenschluss 2007 mit der WASG heißt, setzt nach wie vor auf die ostdeutsche Identität und will als »Ostpartei« wahrgenommen werden. Sie punktet mit diesem Image. Das Elektorat der Partei ist heterogen zusammengesetzt, dessen Motivation gekennzeichnet »durch eine Mischung aus Ideologie, Nostalgie und Protest«.[19] Die Abwendung von der SED bedeutet noch keine Hinwendung zur Demokratie.[20]

Offen verfassungsfeindliche Strömungen wie das Marxistische Forum und die Kommunistische Plattform, die eine »Diktatur des Proletariats« anstreben, spielen in der sächsischen Partei zwar keine tonangebende Rolle, doch wagt es die Parteiführung nicht, gegen derartige Strömungen vorzugehen. Im Gegenteil: Sie streicht deren Positionen eigens als »demokratisch« heraus und stellt die »Systemfrage«, etwa durch den Vorsitzenden Lothar Bisky einen Tag vor dem Vereinigungsparteitag in einer Grundsatzrede: »Für alle von den geheimen Diensten noch einmal zum Mitschreiben. Die, die aus der PDS kommen, aus der Ex-SED und auch die neue Die LINKE – wir stellen die Systemfrage. Das tun wir nicht in der Plattheit, wie es unsere politische Gegner gern darstellen – zurück zum gescheiterten Realsozialismus, so wie er war – und in dem wir alles verstaatlichen wollen oder keinen

---

16 Ebd., S. 14, S. 4.

17 Ebd., S. 12.

18 Eckhard Jesse, Die NPD und die Linke. Ein Vergleich zwischen einer harten und einer weichen Form des Extremismus, in: Uwe Backes/Alexander Gallus/Eckhard Jesse (Hrsg.), Jahrbuch Extremismus & Demokratie, Bd. 21, Baden-Baden 2010, S. 13–31.

19 Jürgen W. Falter/Markus Klein, Die Wähler der PDS bei der Bundestagswahl 1994. Zwischen Ideologie, Nostalgie und Protest, in: Aus Politik und Zeitgeschichte B 51–52/1994, S. 34.

20 Vgl. Eckhard Jesse/Jürgen P. Lang, DIE LINKE – der smarte Extremismus einer deutschen Partei, München 2008.

Platz für erfolgreiche, ökologisch und familienorientierte Unternehmen in unserem Denken hätten.«[21] Den Kommunismus sieht die Partei nicht als antidemokratisch an. Sie nimmt antidemokratische Kräfte nur auf der anderen Seite des politischen Spektrums wahr. Durch die parlamentarische Existenz der NPD ist die Linke aufgewertet worden. Ihr konnte – man muss es offen sagen – nichts Besseres passieren.

Die Partei verfehlte 2009 ihr Wahlkampfziel (»25 Prozent + x«) klar. Zum ersten Mal seit der deutschen Einheit ging die Zustimmungsquote für sie in Sachsen zurück, immerhin um drei Punkte auf 20,6 Prozent. Das war zugleich das erste Mal, dass die Partei im Osten in der Opposition ihren Anteil nicht steigern konnte.[22] Sie vermochte vom doppelten Oppositionsbonus (im Land wie im Bund) selbst in einer Zeit schwierigster finanz- und wirtschaftspolitischer Fährnisse keineswegs zu profitieren. Eine realistische Koalitionsoption hatte sie ohnehin nicht. Jetzt gibt es im Gegensatz zur letzten Legislaturperiode wieder eine verfassungsändernde Mehrheit für die demokratischen Parteien.

Alle anderen extremistischen Parteien sind zu vernachlässigen. Im Vergleich zur NPD ist die Linke in Sachsen weitaus einflussreicher. Das zeigen nicht nur die Wahlergebnisse (Tabelle 1), sondern auch die Angaben über die Mitgliederentwicklung (Tabelle 2). Die »Kameradschaftsszene«[23], die zum Teil eng mit der NPD zusammenarbeitet, ist in der Übersicht nicht erfasst. Zwischen den Wahlergebnissen und denen der Mitgliederentwicklung muss allerdings kein direkter Zusammenhang bestehen.

Gewaltaffiner Extremismus von Subkulturen

Parteien wie die Linke und die NPD propagieren keine Gewalt, wiewohl die NPD mit rabiaten Äußerungen indirekt fremdenfeindliche Gewalt schürt und Kontakte zur »Kameradschaftsszene« pflegt. Gibt es bei der NPD Berührungspunkte zu den Skinheads, so spielen solche bei Teilen der Linken zu den »Autonomen« eine Rolle. Die meisten Gewalttaten – das gilt nicht nur für Sachsen – gehen auf derartige Subkulturen zurück.

Skinheads und »Autonome« weisen einen unterschiedlichen ideologischen Hintergrund auf. Zielt die kommunikationsarme rechtsextremistische Gewaltszene – die Grenzen zur »Kameradschaftsszene« sind fließend – vor allem gegen »Fremde«, so eint die Autonomen, deren Reflexionsniveau in der Regel ebenso höher ist wie die Planungsintensität, der Hass auf den Staat und auf »Faschisten«. Bei den Autonomen, die vor allem in den Großstädten aktiv sind, ist zwischen den »Antifaschisten« und den »Antideutschen« zu unterscheiden. Die letztgenannte Strömung ist schwächer geworden.

Gleichwohl sind die Subkulturen[24] durch gewisse Analogien gekennzeichnet: durch Gewaltbejahung (»schwarze Listen«) und -anwendung, durch mangelnde Organisationsfestig-

---

21 So Lothar BISKY, Wir sind gekommen, um zu bleiben, in: http://www.lothar-bisky.de/kat_artikel_detail.php?v=147 (Stand vom 4. Februar 2010).

22 Allerdings hatte die Partei 1998 in Sachsen-Anhalt 0,3 Punkte eingebüßt (als Tolerierungspartner der rot-grünen Minderheitsregierung).

23 Vgl. dazu Martin THEIN, Wettlauf mit dem Zeitgeist – Der Neonazismus im Wandel. Eine Feldstudie, Göttingen 2009.

24 Gibt es zahlreiche Studien zu den rechtsextremistischen Skinheads, so mangelt es an einer wissenschaftlichen Durchdringung der »autonomen Szene«. Vgl. jetzt das Kapitel »Wechselseitige Rezepti-

keit, durch eine hohe Fluktuationsrate, durch schwammige Weltbilder, durch ihr jugendliches Alter, durch ein beträchtliches Aggressionspotential, durch primitive Feindbilder (linke »Zecken«, »Faschos«), durch die Ablehnung der Mehrheitskultur. Nicht immer ist das ideologische Anliegen bei den Tätern – insbesondere im rechten Umfeld – klar erkennbar. Insofern sind die Grenzen zu sozialer Verwahrlosung fließend.

Lange war das politische Gewaltniveau von links deutlich schwächer gewesen als das von rechts. In der letzten Zeit vollzog sich allerdings eine Angleichung (vgl. Tabelle 3). Mit jeweils etwa 100 Gewalttaten im Jahr von rechts- und linksaußen liegt Sachsen über dem Bundesdurchschnitt. Die Zunahme der Gewalttaten von links wurzelt wesentlich im offensiven Auftreten von Rechtsextremisten (Durchführung von Demonstrationen) sowie den Erfolgen der NPD bei der Landtagswahl 2004. »Antifa« und »Anti-Antifa« bekämpfen sich – und brauchen sich doch. Allerdings ist die Fixierung der »Antifa« auf den ideologischen Gegner größer als umgekehrt. Schließlich ist die »Anti-Antifa«-Szene nicht in erster Linie antikommunistisch ausgerichtet.

Nach Erkenntnissen der Verfassungsschutzbehörden übertrifft das Mitgliederpotenzial der gewaltbereiten rechtsextremistischen Skinheads das der linksextremistischen »Autonomen« (vgl. Tabelle 4). Allerdings ist die Vergleichbarkeit nicht ohne weiteres gegeben. So heißt es etwa im Sächsischen Verfassungsschutzbericht für 2008 mit Blick auf die rechtsextremistischen Skinheads: »In die Statistik sind als gewaltbereit nicht nur tatsächlich als Täter/Tatverdächtige festgestellte Personen einbezogen, sondern auch solche Rechtsextremisten, bei denen lediglich Anhaltspunkte für Gewaltbereitschaft gegeben sind.«[25]

Zwischen den Wahlerfolgen der NPD und rechten Gewalttaten besteht in Sachsen kein Zusammenhang.[26] Allerdings nahm die linke »Konfrontationsgewalt« danach ebenso zu wie die rechte. Insgesamt ist die linke »Konfrontationsgewalt« stärker als die von rechts. Während Gewalt von rechts eher durch expressive Merkmale geprägt ist (als Mittel der Selbstdarstellung), zeichnet sich Gewalt von links eher durch instrumentelle Merkmale aus (als Mittel zum politischen Zweck).

Maßnahmen des Demokratieschutzes

Der hiesige Verfassungsschutz, dessen Aufgaben im »Gesetz über den Verfassungsschutz im Freistaat Sachsen« geregelt sind, hat die extremistische Szene in Sachsen offenkundig gut im Griff. Es wurden gemäß § 3 des Vereinsgesetzes zwei rechtsextremistische Organisationen verboten, zuletzt 2007 die Kameradschaft Sturm 34 (vgl. Tabelle 5). Der Verfassungsschutz setzt V-Leute ein, um an anders nicht zu erlangende Informationen zu kommen. Zu den

---

onen militanter Szenen: Antifa und Anti-Antifa« bei Uwe Backes/Matthias Mletzko/Jan Stoye, NPD-Wahlmobilisierung und politisch motivierte Gewalt. Sachsen und Nordrhein-Westfalen im kontrastiven Vergleich, Köln 2010, S. 160 – 183.

25 Staatsministerium des Innern/Landesamt für Verfassungsschutz, Verfassungsschutzbericht 2008, Dresden 2009, S. 8, Anmerkung 7.

26 Vgl. für diesen Befund und die nachfolgenden Aussagen Uwe Backes/Matthias Mletzko/Jan Stoye, NPD-Wahlmobilisierung und politisch motivierte Gewalt. Sachsen und Nordrhein-Westfalen im kontrastiven Vergleich, Köln 2010, S. 190 – 200.

nachrichtendienstlichen Mitteln zählen ferner u. a. die Observation oder die Überwachung des Brief-, Post- und Fernmeldeverkehrs.

Hervorhebenswert sind, was die Öffentlichkeitsarbeit angeht, die jährlichen Verfassungsschutzberichte.[27] Seit dem Berichtszeitraum 2007 erscheinen sie in einer »abgespeckten« Form. Dafür gibt es ein »Sächsische Handbuch zum Extremismus«, das alle zwei Jahre aktualisiert werden soll. Das erste »Handbuch« macht einen guten Eindruck.[28] Es informiert über »Erscheinungsformen des Extremismus mit Bezug zum Freistaat Sachsen«, »Hintergründe und Zusammenhänge« sowie über den »Verfassungsschutz«. Die beiden ersten Bereiche sind nicht ganz trennscharf abgegrenzt. Daneben veröffentlicht der Verfassungsschutz weiteres Informationsmaterial (vor allem über den Rechtsextremismus).[29] Der Verfassungsschutz wird kontrolliert u. a. durch die Parlamentarische Kontrollkommission des Sächsischen Landtags, den Sächsischen Datenschutzbeauftragten, die Gerichte und die Öffentlichkeit. Ungeachtet dessen kommt es zuweilen zu Übereifrigkeiten und Grenzüberschreitungen. Ein Beispiel dafür ist der sogenannte »Sachsen-Sumpf«, bei dem viele Seiten keine gute Figur gemacht haben.[30] Durch die Sammelwut des Landesamtes für Verfassungsschutz mit Blick auf die (tatsächliche bzw. vermeintliche) organisierte Kriminalität konnte ein verkehrter Eindruck entstehen. Zu Recht hat Andreas Schurig, der sächsische Datenschutzbeauftragte, diese Missstände angeprangert.[31]

Ein Verbot der NPD, das immer wieder erörtert wird, halte ich vor allem aus zwei Gründen nicht für ein Gebot[32]: Die Effizienz ist nicht gegeben (schließlich werden fremdenfeindliche Exzesse dadurch nicht geringer), und die Liberalität der demokratischen Ordnung nimmt ohne Not Schaden. Eine demokratische Gesellschaft ist nicht durch den wohlfeilen Grundsatz gekennzeichnet: »keine Freiheit den Feinden der Freiheit.« Ein Verbot wäre kein positives Zeichen für eine gefestigte und offene Gesellschaft, sondern ein Armutszeugnis. Um nicht missverstanden zu werden: Die NPD erfüllt die Voraussetzungen für ein Verbot.[33] Das juristisch Mögliche muss aber nicht das politisch Sinnvolle sein.

Was häufig bei den Verteidigern der streitbaren Demokratie zu kurz kommt: Die Notwendigkeit der geistig-politischen Auseinandersetzung mit allen Formen des politischen

---

27 Sie müssen den Vergleich zu denen anderer Länder nicht scheuen. Vgl. Eckhard Jesse, Die Verfassungsschutzberichte der Bundesländer, in: Uwe Backes/Eckhard Jesse (Hrsg.), Jahrbuch Extremismus & Demokratie, Bd. 19, Baden-Baden 2008, S. 13 – 34.

28 Landesamt für Verfassungsschutz (Hrsg.), Sächsisches Handbuch zum Extremismus und zu sicherheitsgefährdenden Bestrebungen, Dresden 2009.

29 Vgl. etwa Landesamt für Verfassungsschutz (Hrsg.), Autonome Szene im Freistaat Sachsen, Dresden 2004; Ders., Rechtextremistische Jugendszenen im Freistaat Sachsen. Kameradschaften und Skinheads, Dresden 2007.

30 Jens Schneider, Haltlose Gerüchte – üble Anschuldigungen. Wie der Verfassungsschutz in Sachsen im Zusammenspiel mit Politikern und Journalisten den »Sachsensumpf« erfand, in: Süddeutsche Zeitung v. 9. Mai 2008.

31 Andreas Schurig, Verfassungswidrige Beobachtungstätigkeit des Landesamtes für Verfassungsschutz, in: Datenschutz und Datensicherheit, Heft 7/2008, S. 437 f.

32 Eckhard Jesse, NPD-Verbot ist kein Gebot. Die endlose Diskussion um einen Verbotsantrag gegen die NPD, in: Deutschland-Archiv 41 (2008), S. 352 – 396; Ders., Ein Verbot der NPD schadet mehr, als dass es nützt, in: Vorgänge 47 (2008), Heft 4, S. 138 – 140.

33 Es scheiterte 2003 vor dem Bundesverfassungsgericht wegen der zahlreichen V-Leute in den Vorständen der NPD. Eine Entscheidung in der Sache war damit nicht verbunden. Vgl. Lars Flemming, Das

Extremismus bedarf gegenüber administrativen Vorkehrungen prinzipiellen Vorrang. Dieser Hinweis widerstreitet nicht dem Gebot der streitbaren Demokratie – im Gegenteil: Die argumentative Perspektive verdient es, stärker hervorgehoben zu werden. Wer die Stärken einer Demokratie mit den Schwächen einer Diktatur zu begründen sucht, zielt ins Leere. Die Demokratie ist von Extremismen aller Art innerlich unabhängig. Wer ihre Werte herausstellt, schwächt alle Formen des Extremismus.

Die sächsische Verfassung ist antiextremistisch ausgerichtet. In der Präambel ist »von den leidvollen Erfahrungen nationalsozialistischer und kommunistischer Gewaltherrschaft« die Rede, ebenso in Artikel 116 – mit Blick auf Wiedergutmachung: »Wer im Gebiet des heutigen Freistaates Sachsen oder als Bewohner dieses Gebietes durch nationalsozialistische oder kommunistische Gewaltherrschaft wegen seiner politischen, religiösen oder weltanschaulichen Überzeugung oder wegen seiner Rasse, Abstammung oder Nationalität oder wegen seiner sozialen Stellung oder wegen seiner Behinderung oder wegen seiner gleichgeschlechtlichen Orientierung oder in anderer Weise willkürlich geschädigt wurde, hat nach Maßgabe der Gesetze Anspruch auf Wiedergutmachung.« Insofern scheiterte der Versuch der PDS 2005, eine antifaschistische Klausel in die Landesverfassung mit Hilfe eines Artikels 12 a einzufügen, im Landtag völlig zu Recht. Der neue Artikel sollte wie folgt heißen: »Rassistische, fremdenfeindliche und antisemitische Aktivitäten sowie eine Wiederbelebung und Verbreitung nationalsozialistischen Gedankenguts nicht zuzulassen, ist Pflicht des Landes und Verpflichtung aller im Land.«[34] Dies ist keine unmittelbare Konsequenz des NPD-Erfolges bei den sächsischen Landtagswahlen im September 2004 gewesen. Bereits im Jahre 2001 hatte die PDS im Deutschen Bundestag einen ähnlichen Antrag eingebracht. Der Artikel 26 sollte einen erweiterten Wortlaut erhalten: Nicht nur eine Handlung, die das friedliche Zusammenleben der Völker störe, wie etwa die Vorbereitung eines Angriffskrieges, sei unter Strafe zu stellen, sondern auch die Wiederbelebung nationalsozialistischen Gedankenguts. Auf diese Weise würde von der antiextremistischen Orientierung der Bundesrepublik Deutschland abgerückt. Mit der Neuregelung wäre eine Aufwertung jener Positionen verbunden, die nur in rechtsextremistischen Bestrebungen eine Gefahr für den demokratischen Verfassungsstaat sieht. Das liefe auf einen massiven Wandel des politischen Koordinatensystems hinaus.

Eine derartige Generalklausel verdient Ablehnung noch aus einem anderen Grund. Die Formulierung von den »rassistischen, fremdenfeindlichen und antisemitischen Aktivitäten«, die nicht zuzulassen seien, ist so vage gewählt, dass damit unliebsame Positionen ins Abseits gestellt werden können. Konkretisierungen fehlen. Entsprechende strafrechtliche Vorschriften gegen solche Aktivitäten bestehen bereits.

Die u. a. auch von der sächsischen Linken vertretene Auffassung, »Faschismus ist keine Meinung, sondern ein Verbrechen«, trifft so nicht zu. Sondergesetze gegen die bloße Bekundung einer Meinung verbieten sich in einem demokratischen Verfassungsstaat. Wer den Abbau demokratischer Rechte anprangert und immer wieder hervorhebt, niemand dürfe

---

NPD-Verbotsverfahren. Vom »Aufstand der Anständigen« zum »Aufstand der Unfähigen«, Baden-Baden 2009.

34 Sächsischer Landtag, 4. Wahlperiode, Gesetzentwurf der PDS-Fraktion, Drucksache 4/1238 v. 12. April 2005.

wegen seiner politischen Einstellungen benachteiligt werden, und zugleich eine antifaschistische Klausel propagiert, argumentiert doppelbödig. Offenbar geht es ihm nicht um den Schutz der Grundrechte an sich, sondern nur um den Schutz für eine bestimmte Richtung.

Diese Klausel soll die Handhabe dafür bieten, dass rechtsextremistische Kräfte gleichsam unter der Hand die Grundrechte der Meinungs-, Versammlungs- und Demonstrationsfreiheit verlieren. Der Landtagsabgeordnete Klaus Bartl von der Partei »Die Linke« sagte in einem Interview mit der UZ, der Zeitung der DKP, ohne Umschweife: »Das Versammlungsrecht muss seine Handhabe, den Missbrauch des Demonstrationsrechts für neonazistische Umtriebe zu unterbinden, aus einer entsprechenden Verfassungslage schöpfen. Deshalb wollen wir eine antifaschistische Klausel im Grundgesetz verankern.«[35] Hingegen warf Bartl der CDU und der FDP wegen ihres im Januar 2010 verabschiedeten neuen Versammlungsgesetzes ein »Herumdoktern« am Gefüge der freiheitlich-demokratischen Grundordnung vor«.[36] Tatsächlich stören Bartl nicht so sehr die Verbote von Demonstrationen »an einem Ort von historisch herausragender Bedeutung«, so §15 des Gesetzes, sondern die Hinweise auf »Menschen, die unter der nationalsozialistischen oder der kommunistischen Gewaltherrschaft Opfer menschunwürdiger Behandlung waren«. So heißt es bei Bartl: »Durch die Gleichsetzung von nationalsozialistischer und ›kommunistischer Gewaltherrschaft‹ werden die in der Wissenschaft heftig umstrittenen Thesen der Totalitarismustheorie zum versammlungsrechtlichen Eingriffsinstrumentarium erhoben.«[37] Der Anhänger einer »antifaschistischen Klausel« attackiert eine Regelung, die weitaus weniger repressiv ist, gerade deshalb, weil sie eben kein Sondergesetz »gegen rechts« beinhaltet.

Die Blockade des rechtsextremistischen Demonstrationszuges am 13. Februar 2010

Rechtsextremisten organisieren seit 1999 am 13. Februar einen Trauermarsch zur Erinnerung an die Bombardierung Dresdens 1945. Dies hatte schon bald die »autonome Szene« auf den Plan gerufen. »Der Jahrestag der alliierten Luftangriffe auf Dresden am 13. Februar stellt seit Jahren das für die dortige Szene wichtigste Datum dar.«[38] Zu Recht ist von einer »identitätsstiftenden Wirkung«[39] die Rede. Unter starkem Polizeiaufgebot fanden solche Märsche statt. Das war dieses Jahr anders.

Die Ereignisse am 13. Februar 2010 fanden große öffentliche Aufmerksamkeit. Die »Menschenkette« in der Altstadt war ein beeindruckendes Zeichen bürgerschaftlichen Engagements. Das gilt nicht für die Aktionen in der Neustadt. Durch Sitzblockaden wurde eine von den Gerichten genehmigte Demonstration der rechtsextremistischen »Jungen

---

35 Zitiert nach dem Interview: Keine linke Schnapsidee: Antifa-Klausel ins Grundgesetz, in: Unsere Zeitung v. 31. Januar 2003.
36 Zitiert nach Michael Bartsch, Placebo gegen Naziaufmärsche, in: die tageszeitung v. 20. Januar 2010.
37 Zitiert nach Lenny Reimann, Linke klagt gegen Versammlungsrecht, Sachsens Sondergesetz für Demonstrationen soll gekippt werden, in: junge welt v. 3. März 2010, S. 5.
38 Staatsministerium des Innern/Landesamt für Verfassungsschutz Sachsen (Hrsg.), Verfassungsschutzbericht 2007, Dresden 2008, S. 31.
39 Staatministerium des Innern/Landesamt für Verfassungsschutz Sachsen (Hrsg.), Verfassungsschutzbericht 2009, Dresden 2010, S. 30.

Landsmannschaft Ostdeutschland« zum ersten Mal am 13. Februar 2010 verhindert. Ich halte dies und die fehlenden Hinweise auf linksextremistische Aktivitäten für kein Ruhmesblatt der streitbaren Demokratie.

Noch am 12. Februar 2010 hatte das Amt für Presse- und Öffentlichkeitsarbeit der Landeshauptstadt Dresden erklärt: »Die Stadt Dresden wird den heute eingegangenen Beschluss des Oberverwaltungsgerichtes in Bautzen unverzüglich umsetzen und der Jungen Landsmannschaft Ostdeutschland (JLO) dies per Bescheid mitteilen. Damit darf die JLO am 13. Februar marschieren, allerdings nicht auf der ursprünglich von ihr beantragten Route. Das Gericht hat in seiner Entscheidung vor allem betont, dass die Versammlungsbehörde konsequent das Trennungsgebot zwischen den einzelnen Anmeldungen umzusetzen hat, um einen friedlichen Verlauf aller Versammlungen zu gewährleisten. Dies wird die Stadt gemeinsam mit der Polizei nun strikt umsetzen.«[40] Doch davon konnte keine Rede sein. Die einen durften demonstrieren, die anderen nicht.

Wer gegen die NPD demonstriert und zugleich demonstrativ Position bezieht, dass diese innerhalb der gesetzlichen Regeln das Recht besitzt, ihrerseits zu demonstrieren, verwickelt sich in keinen Widerspruch. So ist Freiheit. Das verfassungsrechtlich Gebotene deckt sich nicht immer mit dem politisch Opportunen. Wir haben es mit einem Grenzproblem der Demokratie zu tun. Das Konzept der streitbaren Demokratie kommt einer demokratietheoretischen Gratwanderung gleich. Nicht alles, was legal ist, muss demokratisch legitim sein. Diese Position der Anhänger der streitbaren Demokratie findet ihr Pendant bei den Verfechtern des zivilen Ungehorsams: Nicht alles, was demokratisch legitim ist, muss legal sein. Damit werden Verstöße gegen die Rechtsordnung begründet. Ein noch so gutes Gewissen legitimiert aber keine Rechtsverletzungen.

Im übrigen wird mit dem Begriff des zivilen Ungehorsams Schindluder getrieben. Fast alle Protestierer, die den Demonstrationszug verhindert hatten, beriefen sich auf »gewaltfreien Widerstand« und »zivilen Ungehorsam«, ohne sich darüber im Klaren zu sein, dass sie für ihre illegale Aktion zur Verantwortung gezogen werden müssten.[41] In den Theorien zum zivilen Ungehorsam gehen die Autoren davon aus, dass die, die zivilen Ungehorsam üben, für ihr Unrecht einstehen und die Strafe akzeptieren.[42] Bei den Sitzblockaden waren die Voraussetzungen für das Ausüben von »zivilen Ungehorsams« nicht vorhanden, legt man die Maßstäbe ihrer Verteidiger zugrunde. »Die, die Unrecht am ehesten spüren, sind in der Regel nicht mit Befugnissen oder auch nur mit privilegierten Einflusschancen ausgestattet – sei es über die Zugehörigkeit in Parlamenten, Gewerkschaften und Parteien, sei es über den Zugang zu Massenmedien oder über das Drohpotential derer, die bei Wahlkämpfen mit einem Investitionsstreik winken können. Auch aus diesen Gründen ist der plebiszitäre Bruch des zivilen Ungehorsams oft die letzte Möglichkeit, Irrtümer im Prozess der Rechtsverwirklichung zu korrigieren oder Neuerungen in Gang zu setzen.«[43] Offenkundig sind

---

40 Pressemitteilung des Amtes für Presse- und Öffentlichkeitsarbeit der Landeshauptstadt Dresden (Stadt wird Beschluss des OVG umsetzen) v. 12. Februar 2010.

41 Diesen Aspekt vernachlässigt etwa der Artikel von Marcus KRÄMER, Bürger, lasst das Glotzen sein, in: Sächsische Zeitung v. 17. Februar 2010, S. 11.

42 Vgl. etwa John RAWLS, Theorie der Gerechtigkeit, Frankfurt/M. 1975.

43 So Jürgen HABERMAS, Ziviler Ungehorsam – Testfeld für den demokratischen Rechtsstaat, in: DERS., Die Neue Unübersichtlichkeit. Kleine politische Schriften V, Frankfurt/M. 1985, S. 88.

diejenigen, gegen die die Aktionen des zivilen Ungehorsams sich richten, gesellschaftlich nicht nur isolierte, sondern auch gesellschaftlich verachtete Personen. Wer sich dabei auf zivilen Ungehorsam beruft, interpretiert diese Form der politischen Willensbildung unangemessen um, als unterliege die »Zivilgesellschaft« nicht Recht und Gesetz.[44]

20 Jahre nach der deutschen Einheit gilt: Der Demokratieschutz in Sachsen funktioniert. Dabei ist die harte Form des Extremismus in Form der NPD sozial geächtet, die weiche Form des Extremismus in Form der Linken jedoch weithin nicht. Dies ist kein sachsenspezifisches Phänomen, sondern kennzeichnend für die politische Kultur unserer Demokratie.

Die Demokratie in Sachsen muss für zweierlei sorgen: Zum einen ist der politische Extremismus in jedweder Form öffentlichkeitswirksam abzulehnen (wer den Rechtsextremismus mit dem Linksextremismus bekämpft, schwächt die demokratischen Grundlagen), zum anderen ist dabei das Prinzip der Verhältnismäßigkeit der Mittel zu beachten. Eine offene Gesellschaft ist gekennzeichnet durch Festigkeit und Liberalität im Umgang mit ihren Gegnern. Das Gebot des antiextremistischen Konsens steht in keinem Gegensatz zum prinzipiellen Verbot repressiver Politik.

Anhang

Tabelle 1: Wahlergebnisse der NPD und der PDS bzw. der Linken
bei den Landtags-, Bundestags- und Europawahlen im Freistaat Sachsen seit 1990

	Landtagswahlen		Bundestagswahlen		Europawahlen	
	NPD	Die Linke	NPD	Die Linke	NPD	Die Linke
1990	0,7	10,2	0,3	8,0		
1994	–	16,5	–	16,7	0,2	16,6
1998			1,2	20,0		
1999	1,4	22,2			1,2	21,0
2002			1,4	16,2		
2004	9,2	23,6			3,3	23,5
2005			4,8	22,8		
2009	5,6	20,6	4,0	24,5	–	20,1

* Die Partei hieß von 1990 bis 2005 »Partei des Demokratischen Sozialismus«, von 2005 bis 2007 »Die Linkspartei«. Seit dem Zusammenschluss mit der WASG am 16. Juni 2007 lautet der Name »Die Linke«.
(Quelle: Zusammenstellung nach den amtlichen Wahlstatistiken)

---

44 Vgl. auch Eckhard Jesse, Blockierte Demokratie, in: Frankfurter Allgemeine Zeitung v. 6. Mai 2010, S. 6.

Tabelle 2: Mitgliederentwicklung der NPD und der PDS bzw. der Linken
im Freistaat Sachsen seit 1990

	NPD	Die Linke			NPD	Die Linke
1990	–	71 510	2000	1 100		20 871
1991	400	45 425	2001	1 000		19 696
1992	250	39 875	2002	900		17 572
1993	250	34 294	2003	800		15 969
1994	100	32 825	2004	950		15 280
1995	200	29 910	2005	1 000		14 607
1996	300	27 401	2006	1 000		14 066
1997	900	25 125	2007	850		13 280
1998	1 400	24 333	2008	850		12 682
1999	1 000	22 281	2009	800		12 360

(Quelle: Zusammenstellung nach den Angaben der Parteien und des Verfassungsschutzes)

Tabelle 3: Gewalttaten mit rechts- oder links-
extremistischem Hintergrund in Sachsen

	Rechts	Links
1993	84	36
1994	64	27
1995	70	29
1996	89	21
1997	90	15
1998	89	40
1999	86	30
2000	62	31
2001	85	46
2002	89	50
2003	69	17
2004	63	55
2005	84	108
2006	77	93
2007	90	84
2008	126	80
2009	84	89

(Quelle: Zusammenstellung nach den Verfassungsschutzberichten Sachsens)

Tabelle 4: Gewaltbereite Personen von rechtsaußen (vornehmlich Skinheads) und linksaußen (vornehmlich »Autonome«)

Jahr	rechtsaußen	linksaußen
1993	900	500
1994	750	500
1995	800	500
1996	800	450
1997	900	450
1998	900	450
1999	800	450
2000	800	400
2001	900	400
2002	900	250
2003	900	250
2004	900	250
2005	960	270
2006	800	280
2007	650	300
2008	600	340
2009	620	360

(Quelle: Zusammenstellung nach den Verfassungsschutzberichten Sachsens)

Tabelle 5: Verbotene extremistische Vereinigungen in Sachsen seit 1990

(1)	5. April 2001	Skinheads Sächsische Schweiz (SSS), einschließlich deren »Aufbauorganisation« (SSS-AO) und der Nach-folgeorganisation Nationaler Widerstand Pirna
(2)	24. April 2006	Kameradschaft Sturm 34

(Quelle: Zusammenstellung nach den Angaben des Verfassungsschutzes)

Jonas Flöter

Gebrochene Kontinuität: Bildungspolitik und Schulentwicklung im Freistaat Sachsen

Die Jahre 1989 und 1990 markieren die tiefgreifendste Zäsur in der neueren deutschen und europäischen Geschichte. Die Reformprozesse im ehemaligen sowjetischen Machtbereich, die friedlichen Revolutionen in den mittel- und osteuropäischen Staaten und nicht zuletzt die wieder gewonnene Einheit Deutschlands bilden den vorläufigen Abschluss eines historischen Prozesses, der fast ein Jahrhundert europäischer Geschichte prägte.

Angesichts des über vierzig Jahre andauernden Ost-West-Konflikts konnten in den sogenannten Zwei-plus-Vier-Verhandlungen die äußeren Bedingungen für die Vereinigung Deutschlands unerwartet schnell geregelt werden. Seither gilt es, jene politischen Probleme zu bewältigen, durch die die sogenannte innere Einheit Deutschlands erreicht werden soll. In diesem Prozess wurden insbesondere der ostdeutschen Bevölkerung erhebliche Veränderungs- und Anpassungsleistungen abverlangt. Das betraf nicht nur die politischen und sozialökonomischen Strukturen, sondern erstreckte sich auch auf Mentalitäten und Einstellungen und nicht zuletzt auf das alltägliche Leben. Innerhalb dieses gesellschaftlichen Prozesses kommt der Transformation des Bildungssystems eine zentrale Bedeutung zu. Diese Entwicklungen stehen im Zentrum der folgenden Betrachtung. Dabei wird auf drei Problemkreise eingegangen. Erstens wird der Transformationsprozess des Bildungssystems der DDR in das gegliederte und auf parlamentarisch-demokratischer Grundlage basierende Bildungssystem Sachsens skizziert. Im Mittelpunkt des zweiten Teils steht die Frage, inwieweit bei der Gestaltung des Bildungssystems auf spezifisch sächsische Traditionen Bezug genommen wurde. Abschließend werden einige Modellversuche und Pilotstudien an sächsischen Schulen sowie die Begabtenförderung vorgestellt, aus denen die inhaltliche Entwicklung des Schulsystems erkennbar wird.

Transformationsprozess des Bildungssystems

Die Kritik am Einheitsschulsystem der DDR setzte Mitte der 1970er Jahre ein. Mit der Einführung des einheitlichen Stundenplans für die Erweiterten Oberschulen 1971 waren die letzten Verbindungsstränge zum traditionellen höheren Schulsystem abgebrochen worden. Bis dahin gab es, aufbauend auf der zehnklassigen Polytechnischen Oberschule (POS) als Pflichtschule, die Erweiterte Oberschule (EOS) mit drei Zweigen. Der A-Zweig beinhaltete eine neusprachliche Vertiefung für drei moderne Fremdsprachen, der B-Zweig eine mathematisch-naturwissenschaftliche Vertiefung und der C-Zweig eine altsprachliche Vertiefung mit den klassischen Sprachen Latein und Griechisch.[1] Damit hatte es unter dem Titel der

---

1 Oskar ANWEILER, Schulpolitik und Schulsystem in der DDR, Opladen 1998, S. 97 – 100.

»Erweiterten allgemeinbildenden polytechnischen Oberschule« eine Fortsetzung der klassischen Trias im höheren Schulwesen von Realgymnasium, Oberrealschule und Gymnasium
gegeben.

Mit der Einführung des einheitlichen Lehrplans für die EOS 1971 wurde diese äußere
Differenzierung des höheren Schulwesens aufgegeben. Damit hatten sich jene Kräfte um
Margot Honecker durchgesetzt, die das Prinzip der ideologisch durchdrungenen sozialistischen Einheitsschule konsequent durchsetzen wollten. Margot Honecker war seit 1958
stellvertretende Volksbildungsministerin und seit 1963 Volksbildungsministerin der DDR.
Maßgeblich wirkte sie am »Gesetz über das einheitliche sozialistische Bildungssystem« vom
25. Februar 1965 mit. Neben dieser Einheitsschulpolitik war es vor allem der 1978 ein-
geführte Wehrkundeunterricht für Schüler der Klassen 9 und 10, der viele Eltern und die
Kirchen zur Ablehnung herausforderte. Insbesondere die Kirchen suchten nach Alternativen. Unter den Bedingungen des atheistischen Weltanschauungsstaates der DDR mussten
von den Kirchen aber religionspädagogische Sonderwege eingeschlagen werden. Beiden
Kirchen ging es darum, Jugendliche aus christlichen Elternhäusern vor der politisch-ideo-
logischen Vereinnahmung des Staates zu schützen.[2]

Im Umfeld des im Juni 1989 veranstalteten IX. Pädagogischen Kongresses wurde stärke-
re Kritik am Bildungssystem der DDR und dessen Erziehungskonzeption laut. Erneut waren
es die Kirchen und die unter ihrem Dach wirkenden Gruppen, die diese Kritik vortrugen.
Dabei ging es aber weniger um strukturelle Aspekte, als vielmehr um die weltanschauliche
Erziehung, wie sie sich insbesondere in den Fächern Geschichte, Staatsbürgerkunde oder
Deutsch manifestierte. In diesem Zusammenhang wurde auch die marxistisch-leninistische
Grundlagenausbildung an den Hoch- und Fachschulen missbilligt. Der Verlauf und die Dis-
kussionen auf dem Pädagogischen Kongress ließen aber sehr schnell deutlich werden, dass
die SED nicht bereit war, substantielle Veränderungen im Bildungswesen zuzulassen.[3]

Während der Massendemonstrationen im Herbst 1989 in Leipzig, Dresden und Berlin
standen keine bildungspolitischen Forderungen im Mittelpunkt. Allerdings war klar, dass
demokratische Werte und bürgerlich-freiheitliche Normen nur auf der Grundlage eines
völlig reformierten Bildungswesens zu stabilisieren seien. Insofern war es nur natürlich,
dass in den Reformforderungen der Oppositions- und Bürgergruppen, der Kirchen sowie
einiger Lehrer, Eltern und Wissenschaftler auch Reformvorschläge zum Erziehungs- und
Bildungswesen enthalten waren. In der Forderung nach einer grundlegenden Umgestaltung
des einheitlichen sozialistischen Bildungssystems trafen sich alle oppositionellen Gruppierungen. Viele Anregungen und Vorschläge für eine Bildungsreform bauten dabei auf den
Leitideen auf, die die Kirchen bereits vor 1989 veröffentlicht hatten. So plädierte die Fraktion Aufbruch 89 des Neuen Forums »für ein harmonisches Verhältnis zwischen rationaler,

---

2 Vgl. dazu Raimund HOENEN, Vom Religionsunterricht zur kirchlichen Unterweisung. Otto Gülden-
   berg und die Anfänge der ostdeutschen Katechetik, Leipzig 2003; Bernd SCHÄFER, Staat und katholische Kirche in der DDR, Köln/Weimar/Wien 1999.

3 Die Erwartungen der Kongressteilnehmer selbst gingen über den schulfreien Sonnabend und die
   Rücknahme des viel diskutierten Beschlusses zur Verkürzung der Abiturstufe nicht hinaus. Ulrich
   WIEGMANN, Der IX. Pädagogische Kongress – am Vorabend der DDR. Impressionen einer Saalreserve,
   in: Sonja Häder (Hrsg.), Schule und Jugend im Umbruch. Analysen und Reflexionen von Wandlungs-
   prozessen zwischen DDR und Bundesrepublik, Hohengehren 2001, S. 199 – 205.

emotionaler und musischer Erziehung und Bildung« die in »verschiedenen Schulmodellen verwirklicht werden« könnten.[4] Auch die vier »Blockparteien«, die sich zum Ende des Jahres 1989 aus ihrer Abhängigkeit von der SED zu lösen begannen, traten mit eigenen bildungspolitischen Leitlinien auf. Diese unterschieden sich allerdings kaum von den Forderungen der Kirchen und der Bürgerbewegungen.[5] Gleichzeitig eröffnete die diffuse Rechtslage Freiräume, die engagierte Eltern und Lehrer nutzten, um mit reformpädagogischen Unterrichtsformen und Konzepten zu experimentieren.[6]

Nach einer ersten Phase der Verunsicherung traten im weiteren Verlauf der Diskussionen auch einige reformorientierte Mitarbeiterinnen und Mitarbeiter an den Universitäten und Forschungseinrichtungen der DDR mit Veränderungsvorschlägen zum Bildungswesen an die Öffentlichkeit. So publizierte die SED-Grundorganisation der Sektion Pädagogik der Karl-Marx-Universität Leipzig am 23. Oktober 1989 eine Erklärung. Darin wurde zwar herausgestellt, am sozialistischen Schulwesen festhalten zu wollen. Zugleich wurde aber die ideologische Bevormundung der Lehrer und Schüler kritisiert und auf reformpädagogische Ansätze der Zeit der Weimarer Republik, wie die Arbeitsschule, Bezug genommen. Da aber in der Erklärung auch gegen die angeblichen »Einmischungsversuche der Feinde des Sozialismus« polemisiert wurde, kann nicht davon ausgegangen werden, dass die Autoren eine freiheitlich demokratische Schulreform im Auge hatten.[7]

Bereits Ende 1989 trat die Akademie der Pädagogischen Wissenschaften (APW) mit einem Diskussionsbeitrag zur Erneuerung der Schule in der DDR hervor. Darin wurden ebenfalls die wesentlichen Forderungen der Kirchen und der Oppositionsgruppierungen aufgegriffen und die humanistischen Traditionen der Schule unterstrichen. Dem Papier der APW, das in mehreren Versionen kursierte, kam insofern eine herausgehobene Bedeutung zu, als es im März 1990 vom Ministerium für Bildung als offiziöses Diskussionspapier veröffentlicht wurde.[8] Tatsächlich bildete das Positionspapier vom 5. März 1990 einen gewis-

---

4   Aus der Programmerklärung des Neuen Forums (1989). Fraktion Aufbruch 89 des Neuen Forums zu Bildung und Erziehung, in: Hans-Werner FUCHS/Lutz R. REUTER (Hrsg.), Bildungspolitik seit der Wende. Dokumente zum Umbau des ostdeutschen Bildungssystems (1989–1994), Opladen 1995, S. 85.

5   Vgl. dazu Drei Fragen an fünf Parteien. Für eine erneuerte Schule (1989), Vorschläge der Kommission Kultur- und Bildungspolitik des Hauptausschusses der NDPD (1989), Aus dem Programm des Demokratischen Aufbruch (1989), Aus den Positionen der LDPD (1989), ebd., S. 87–96.

6   Die reformpädagogisch orientierte Leipziger Bürgerrechtlerin Elke Urban stellt dazu heraus: »So viel Freiheit hat es nie zuvor und auch danach nie mehr in der Schule gegeben.« Elke URBAN, Neue Schulen in Sachsen – was ist aus dem Reformaufbruch vor 20 Jahren geworden?, in: Dresdner Hefte 97 (2009): Zwischen Reform und Restriktion. Sächsische Schulgeschichte im 20. Jahrhundert, S. 86.

7   Aus der Erklärung der SED-Grundorganisation der Sektion Pädagogik der Karl-Marx-Universität Leipzig vom 23. Oktober 1989, in: ebd., S. 85 f. Obwohl Volksbildungsministerin Margot Honecker wenige Tage nach ihrem Mann am 20. Oktober 1989 zurücktreten musste, wurde ihr Rücktritt erst am 2. November 1989 über das Fernsehen der DDR mitgeteilt, in: Hans-Werner FUCHS/Lutz R. REUTER: Chronik bildungs- und wissenschaftspolitischer Entwicklungen und Ereignisse in Ostdeutschland 1989 bis 1996, Hamburg 1997, S. 17.

8   Aus einem Diskussionsbeitrag der APW der DDR (1990), in: Hans-Werner FUCHS/Lutz R. REUTER (Hrsg.), Bildungspolitik seit der Wende, S. 126–128; Gert GEISSLER, Perspektivplanung im Unbewussten der Zeit. Überlegungen aus der Akademie der Pädagogischen Wissenschaften zur »Weiterentwicklung der Oberschule im einheitlichen sozialistischen Bildungssystem der DDR« vom Juli 1989, in: Jahrbuch für Historische Bildungsforschung 10 (2004), S. 287–304.

sen Abschluss der bildungspolitischen Reformdiskussion. Das Papier bündelte noch einmal die Forderungen des Herbstes 1989 sowie die meisten bildungspolitischen Positionen der Reformgruppen und Parteien. In erster Linie wurde Chancengleichheit gefordert. Als Entscheidungskriterium über den Bildungsweg des Schülers sollte nur noch die individuelle Leistung, Eignung und Neigung herangezogen werden. Gleichzeitig sollten die Elternrechte bezüglich der Erziehung der eigenen Kinder und der Entscheidung über deren Bildungswege gestärkt werden. Im Sinne der Lebensreformbewegung um 1900 wurde ein unmittelbarer Zusammenhang von Bildungsreform und Gesellschaftsreform gesehen. Dazu gehörte die strikte Trennung von Schule und Staatspartei, von Schule und Jugendorganisationen sowie eine Entideologisierung der Bildungsinhalte aller Stufen des Bildungssystems. Dies beinhaltete auch eine plurale Gestaltung aller Bereiche des Bildungswesens, insbesondere aber der gesellschaftlich-politischen Bildung.

Mit dem Sieg des Wahlbündnisses »Allianz für Deutschland« traten die bildungspolitischen Fragen in den Hintergrund. Gleichzeitig blieben die Reformvorstellungen für das Bildungssystem auf eine sich erneuende, zunächst aber fortbestehende DDR bezogen. Dass das Bildungswesen in Ostdeutschland in Zukunft auch andere Wege beschreiten könnte, deutete der neue Ministerpräsident der DDR, Lothar de Maizière, an. In seiner Regierungserklärung vom 19. April 1990 betonte Ministerpräsident de Maizière: »Die in den letzten Jahren zementierte Einheitlichkeit muß durch ein differenziertes und flexibles Bildungssystem ersetzt werden. [...] Die Regierung stellt sich das Ziel, durch strukturelle Veränderungen jene Freiräume zu schaffen, in denen sich ein verantwortliches Zusammenwirken aller an der Bildung Tätigen entfalten kann.«[9] Auch er forderte ein differenziertes und flexibles Bildungswesen, betonte das Recht der Eltern bei der Erziehung ihrer Kinder und versprach u. a., die Vorschuleinrichtungen in ihrem Bestand zu sichern und ein neues Hochschulrahmenrecht erarbeiten zu lassen. Zugleich stellte er die Kulturhoheit der wiederherzustellenden Länder heraus, wodurch auch eine Dezentralisierung der Bildungs- und Kulturpolitik vorbereitet werden sollte.

Dieser Prozess war aber bereits in vollem Gange. Nach vorbereitenden Treffen der beiden deutschen Bildungsminister Jürgen Möllemann und Hans-Heinz Emons in Ostberlin arbeitete seit Januar 1990 eine deutsch-deutsche Arbeitsgruppe zur Koordinierung bildungspolitischer Vorhaben. Anfang Mai 1990 einigten sich die beiden Minister Hans-Joachim Meyer und Jürgen Möllemann auf die Konstituierung einer deutsch-deutschen Bildungskommission, die sich am 16. Mai 1990 konstituierte. Aufgaben dieser paritätisch zusammengesetzten Kommission war es, sich auf dem Weg zur angestrebten Bildungseinheit wechselseitig auszutauschen und abzustimmen. In der letzten Sitzung am 26. September 1990 formulierten die Kommissionsmitglieder Empfehlungen zur Neugestaltung des allgemeinbildenden Schulwesens in den neuen Ländern. Ziel war es, ein Mindestmaß an Einheitlichkeit und Chancengleichheit zu sichern.[10] Damit war der Auftrag und die Gestaltungskompetenz in die Hand der wiederbegründeten Länder gelegt worden.

---

9   Regierungserklärung von Ministerpräsident Lothar de MAIZIÈRE vom 19. April 1990, in: Hans-Werner FUCHS/Lutz R. REUTER (Hrsg.), Bildungspolitik seit der Wende, S. 162 – 164, hier 163.

10 Beschluß der Gemeinsamen Bildungskommission der Bundesrepublik Deutschland – Deutschen Demokratischen Republik vom 26. September 1990, in: ebd., S. 225 – 228.

Zu diesem Zeitpunkt war das einheitliche sozialistische Bildungssystem der DDR inhaltlich, organisatorisch und strukturell bereits erheblich verändert worden. In einem knappen
Überblick soll das kurz verdeutlicht werden.[11] Bereits im Herbst 1989 hatte die Regierung
der DDR die verbindliche Einheit der Erziehungs- und Bildungsarbeit im Kindergarten
aufgehoben und damit die Trennung des pädagogischen vom politischen Erziehungsauftrag
vollzogen. Gleichzeitig garantierte der DDR-Ministerpräsident den Bestand des gesamten
Vorschulbereichs und damit auch der betrieblichen Kindergärten und Kindertagesstätten.
Deren Existenz war bei der sich rasant verschlechternden wirtschaftlichen Lage der Betriebe mit bedroht.

Angesichts der ideologischen Durchdringung des DDR-Schulsystems richtete sich die
Kritik vor allem gegen die damit speziell verbundenen Unterrichtsfächer. So war das Fach
Wehrerziehung für das laufende Schuljahr 1989/90 ausgesetzt und damit faktisch abgeschafft worden. Ebenso wurde noch im Herbst 1989 der Lehrplan für den Staatsbürgerkundeunterricht aufgehoben und die inhaltliche Ausgestaltung der entsprechenden Unterrichtsstunden in die Verantwortung der unterrichtenden Lehrer gelegt. Im März 1990
erschienen die Rahmenpläne für den Gesellschaftskundeunterricht, die für die schulische
Bildung im Schuljahr 1990/91 neben politisch-gesellschaftlichen Themenbereichen auch
philosophische, psychologische und ethisch-moralische Fragestellungen vorsahen. Anstelle der DDR-Schulbücher sollten westdeutsche Schulbücher verwendet werden, die über
die Schulbuchhilfe des Bundesministeriums für Bildung und Wissenschaft (BMBW) und
eine Spendenaktion westdeutscher Schulbuchverlage bereitgestellt wurden. Mit Beginn des
Schuljahres 1990/91 war an den Polytechnischen Oberschulen der obligatorische Russisch-
unterricht beendet worden. Seither bestand die Möglichkeit, zwischen Russisch, Englisch
oder Französisch zu wählen. Diese Entscheidung war allerdings durch die geringen personellen Ressourcen begrenzt.

Mit der Anpassung der ostdeutschen Wirtschaft an marktwirtschaftliche Prinzipien war
das polytechnische Unterrichtsprinzip prinzipiell in Frage gestellt worden. Die Bemühungen der DDR-Regierung, die betrieblichen Ausbildungsanteile fortzuführen, stießen aber
auf die wirtschaftlichen Probleme vieler Betriebe, die versuchten, sich aus ihren Ausbil-
dungsverpflichtungen zurückzuziehen. Die betrieblichen Ausbildungsrichtungen mussten
daher zunehmend durch kommunale Träger übernommen werden.

Parallel zum gesellschaftlichen Wandel wurden neue Unterrichtsfächer zumeist auf fa-
kultativer Basis angeboten, beispielsweise für die 7. und 8. Klassen das Fach »Gestaltung
des persönlichen Lebens«. Parallel dazu war seit dem Herbst 1989 intensiv über die Einführung von Religionsunterricht oder religionskundlichem Unterricht diskutiert worden.
Dabei sprachen sich anfänglich weder die katholische Kirche noch die evangelischen Landeskirchen uneingeschränkt für den Religionsunterricht aus.

Angesichts der gesellschaftlichen Umstrukturierungsprozesse war auch eine innerschu-
lische Strukturreform dringend notwendig geworden. Entsprechend wurde zum zweiten

---

11 Zu den im Folgenden skizzierten Transformationsprozessen vgl. ausführlich: Andreas FISCHER, Das
    Bildungssystem der DDR. Entwicklung, Umbruch und Neugestaltung seit 1989, Darmstadt 1992;
    Hans-Werner FUCHS, Bildung und Wissenschaft in der SBZ/DDR 1945 bis 1989, Hamburg 1997;
    Hans-Werner FUCHS, Bildung und Wissenschaft seit der Wende. Zur Transformation des ostdeut-
    schen Bildungssystems, Opladen 1997.

Schulhalbjahr 1989/90 die bisherige Schulordnung teilweise außer Kraft gesetzt und damit dem seit 1. Dezember 1989 geltenden neuen Verfassungsgrundsatz der Trennung von Staat und Partei Rechnung getragen. Zugleich erhielten Schüler, Eltern und Lehrer die Möglichkeit, eigene Interessenvertretungen zu bilden. Zudem hatten viele Eltern seit Herbst 1989 ihre Kinder samstags nicht mehr in die Schule geschickt und damit eine Fünf-Tage-Woche erzwungen. Im Dezember 1989 sanktionierte die Volkskammer der DDR dies durch einen formellen Beschluss.[12]

Zur Jahreswende 1989/90 wurden die Zugangsbedingungen zur Abiturbildung verändert. Die Zulassungsquoten wurden aufgehoben und der Einstieg in die Abiturstufe auf den Beginn der 9. Klasse zurückverlegt. Die inhaltlichen Veränderungen in der Oberstufe vollzogen sich parallel zu denen an den Polytechnischen Oberschulen. Auch die schulischen Leitungsstrukturen hatten sich zunehmend als unhaltbar erwiesen. Schulleiter und stellvertretende Schulleiter hatten in der Regel SED-Mitglieder zu sein und waren damit nicht nur für die pädagogische, sondern auch für die politisch-ideologische Leitung der Schule verantwortlich. Ende Mai 1990 wurden nun alle etwa 6700 Direktoren und stellvertretende Direktoren der allgemeinbildenden und berufsbildenden Schulen zum Ende des Schuljahres 1989/90 abberufen. Die Stellen wurden neu ausgeschrieben und zum neuen Schuljahr neu besetzt. Dabei konnten sich die ehemaligen Stelleninhaber erneut bewerben. Darüber hinaus waren auch die bisherigen Verwaltungsstrukturen auf Kreis- und Bezirksebene aufgelöst und eine Übergangsstruktur geschaffen worden, die auf die späteren Bildungsverwaltungen der Länder zulief.[13]

Angesichts der übermächtigen Dominanz des staatlichen Schulwesens in der DDR war bei Eltern und einem Teil der Lehrerschaft das Bedürfnis nach Schulen in freier Trägerschaft besonders groß. Dabei zeigten die Kirchen und die Anhänger der anthroposophischen Pädagogik besonderes Engagement.[14] Am 22. Juli 1990 verabschiedete die Volkskammer ein Verfassungsgesetz über Schulen in freier Trägerschaft. Allerdings war bereits zu diesem Zeitpunkt klar, dass diese Regelung nur die Grundlage für einen Übergangszeitraum darstellen konnte.

Neben den allgemeinbildenden Schulen wurde vor allem die berufliche Bildung einer grundlegenden Revision unterzogen. Auch hier wurden die Fächer Staatsbürgerkunde, Sozialistische Betriebsökonomie und Sozialistisches Recht vom Lehrplan genommen. Dafür führte das Ministerium für Bildung und Wissenschaft im April 1990 neue Lehrpläne für Gesellschaftskunde, Betriebswirtschaft, Automatisierungstechnik und Datenverarbeitung ein, die je nach Ausbildungsberuf gewählt werden mussten. Gleichzeitig galt der beruflichen

---

12 Hans-Werner Fuchs/Lutz R. Reuter, Chronik, S. 22.

13 Alexander von Plato, »Entstasifizierung« im Öffentlichen Dienst der neuen Bundesländer nach 1989. Umorientierung und Kontinuität in der Lehrerschaft, in: Jahrbuch für Historische Bildungsforschung 5 (1999), S. 313–342.

14 P. Peter Leutensdorfer SJ, Chronik des wiedererstandenen St. Benno-Gymnasiums 1990–96, in: Wolfgang Marcur (Hrsg.), Schule als Freiheitsprojekt. Überlegungen zum St. Benno-Gymnasium Dresden, Leipzig 1996, S.17–30; Elke Urban, Das Evangelische Schulzentrum Leipzig, in: Jürgen Bohne/Gottfried Adam/Rüdeger Baron (Hrsg.), Evangelische Schulen im Neuaufbruch. Schulgründungen in Bayern, Sachsen und Thüringen 1989–1994, Göttingen 1998, S. 69–76; Wolfgang W. Thoss, Die Freie Evangelische Schule Dresden, in: ebd., S. 85–91; Vgl. auch den Beitrag von Klaus Fitschen in diesem Band.

Ausbildung insgesamt besondere Aufmerksamkeit. Einerseits drangen die westdeutschen bildungspolitischen Akteure darauf, die Berufsbildung aufrechtzuerhalten und zu verbessern. Angesichts der sich verschlechternden wirtschaftlichen Lage zogen sich andererseits viele Betriebe aus der Berufsausbildung zurück. Die besondere Brisanz dieses Themas führte dazu, dass in den Vertrag über die Schaffung einer Währungs-, Wirtschafts- und Sozialunion vom 18. Mai 1990 für das System der beruflichen Bildung der DDR einschneidende Bestimmungen aufgenommen wurden. Dies bezog sich auf die Einführung des westdeutschen Systems der Arbeitslosenversicherung einschließlich der Berufsförderung auf dem Gebiet der DDR. Ferner verpflichtete sich die DDR, die Berufsbildungsstrukturen der Bundesrepublik Deutschland zu übernehmen. Konkret bedeutete dies den Übergang von einer staatlich getragenen Berufsausbildung zur dualen Trägerschaft in öffentlicher und betrieblicher Verantwortung.[15] Damit war aber auch der Übergang von der zentralen Berufsplanung und Berufslenkung zur freien Berufswahl des Einzelnen vollzogen.

Die Wandlungsdynamik im allgemeinbildenden Schulwesen schlug auch auf die Universitäten und Hochschulen durch. Noch im Herbst 1989 wurden das marxistisch-leninistische Grundlagenstudium abgeschafft und die Studienpläne gelockert. Die Studentinnen und Studenten erhielten so die Möglichkeit, ihr Studium eigenverantwortlich zu gestalten. Zugleich unterstützten und begleiteten die bundesdeutschen Forschungsförderungs- und Bildungsberatungsinstitutionen, wie die Bund-Länder-Kommission für Bildungsplanung und Forschungsförderung (BLK), die Westdeutsche Rektorenkonferenz (WRK), der Wissenschaftsrat und die Deutsche Forschungsgemeinschaft (DFG), die Reform des DDR-Hochschulwesens. So gab die WRK eine Entschließung zur Zusammenarbeit mit den Hochschulen der DDR heraus, die BLK analysierte die »Konsequenzen aus den Entwicklungen in der DDR für den Bereich Bildung und Wissenschaft« und der Wissenschaftsrat begann, die ostdeutschen Hochschulen zu begutachten und gab Empfehlungen für die Um- und Neustrukturierung.[16]

Zur Etablierung des Schulsystems im Freistaat Sachsen

Mit der Verabschiedung des Vertrags über die Herstellung der Einheit Deutschlands (Einigungsvertrag) vom 31. August 1990 war die Neugestaltung des Schulwesens den neuen Ländern übertragen worden. Ihre Aufgaben konnten die Länder allerdings erst nach den Landtagswahlen vom 14. Oktober 1990 und der damit verbundenen demokratischen Legitimierung wahrnehmen. Gleichzeitig war mit den Landtagswahlen der Prozess der Länder-

---

15 Vertrag über die Schaffung einer Währungs-, Wirtschafts- und Sozialunion zwischen der Bundesrepublik Deutschland und der Deutschen Demokratischen Republik vom 18. Mai 1990 [Auszug], in: Hans-Werner Fuchs/Lutz R. Reuter (Hrsg.), Bildungspolitik seit der Wende, S. 210 f.

16 Entschließung der Westdeutschen Rektorenkonferenz vom 12. Februar 1990, in: Hans-Werner Fuchs/Lutz R. Reuter (Hrsg.), Bildungspolitik seit der Wende, S. 175 f.; BLK: Konsequenzen aus den Entwicklungen in der DDR für den Bereich Bildung und Wissenschaft vom Juni 1990, in ebd., S. 177–179; Wissenschaftsrat, Zwölf Empfehlungen für Wissenschaft und Forschung auf dem Weg zur deutschen Einheit vom 6. Juli 1990, in: ebd., S. 188–193; vgl. Gerhard Barkleit (Hrsg.), Die Erneuerung der Sächsischen Hochschulen. Eine Dokumentation, Dresden 1993; Olaf Bartz, Der Wissenschaftsrat. Entwicklungslinien der Wissenschaftspolitik in der Bundesrepublik Deutschland 1957–2007, Stuttgart 2007.

neugliederung und der Etablierung demokratischer Organe zu einem vorläufigen Abschluss gebracht worden. Die Wahlergebnisse wurden für die Bildungspolitik der ersten Legislaturperiode prägend. In Sachsen erhielt die CDU die absolute Stimmenmehrheit. Wie in den meisten neuen Bundesländern wurden auch in Sachsen getrennte Ministerien für Kultus (Schule, Jugend und Sport) sowie für Wissenschaft und Kunst eingerichtet. Um möglichst schnell arbeitsfähig zu werden, erhielten die neuen Ministerien Unterstützung durch westdeutsche Partner. Diese Kooperation beruhte auf der verfassungsrechtlichen Grundlage des Grundgesetztes (Artikel 35), wonach alle Behörden des Bundes und der Länder zur gegenseitigen Hilfe verpflichtet sind. Sachsen wurde aus Bayern und Hessen, insbesondere aber aus Baden-Württemberg unterstützt.

Zum Zeitpunkt der deutschen Einheit konnte das Schulwesen in den westdeutschen Ländern auf eine 45-jährige Entwicklung zurückblicken. Dieser Prozess war ein sehr wechselvoller, stand insgesamt aber weit mehr in der deutschen bildungspolitischen Tradition, als dies in der SBZ/DDR der Fall war.[17] Die neuen Bundesländer hingegen hatten nur einen Spielraum von wenigen Jahren, innerhalb dessen die rechtlichen, strukturellen, personellen und inhaltlichen Veränderungen bewältigt werden mussten. Das Ziel dieses Prozesses stand aber von Anfang an fest. Es hatten Schulsysteme zu entstehen, die denen der alten Bundesländer entsprachen. Der Zeitdruck resultierte dabei weniger aus rechtlichen Vorgaben als vielmehr aus den inneren Bemühungen der Landesregierungen selbst, die natürlich möglichst schnell ein eigenes Schulsystem aufbauen wollten.

Zunächst war aber das Schuljahr 1990/91 geordnet abzuschließen. Dies war nur möglich, wenn die bisherigen Strukturen der einheitlichen zehnklassigen Schule und der darauf aufbauenden Oberstufe vorerst beibehalten wurden. Die Grundlage für die inhaltlich veränderten Lehrpläne und erweiterten pädagogischen Freiräume der Lehrer waren aber zuvor gelegt worden. Ungeachtet dessen musste es zu einer grundlegenden strukturellen und inhaltlichen Reform des Schulwesens kommen. Das Einheitsschulsystem der DDR war politisch und ideologisch diskreditiert. Nur ein radikaler Bruch konnte die Glaubwürdigkeit wieder herstellen. Ferner war an die Neugestaltung des Bildungssystems der ostdeutschen Bundesländer ein doppelter Anspruch gerichtet. Zum einen sollte mit neuen demokratischen Strukturen und Inhalten sowie vergrößerten Freiräumen und Mitbestimmungsmöglichkeiten ein Beitrag zur umfassenden Demokratisierung und Modernisierung der Gesellschaft geleistet werden. Zum anderen sollte dieser Prozess über neue Inhalte, Strukturen und Methoden über die Schüler auch in die Familien hineingetragen werden. Allerdings bedurfte das Bildungswesen zunächst selbst der umfassenden strukturellen, inhaltlichen, curricularen, methodischen und personellen Erneuerung, um diesen Anspruch erfüllen zu können.[18]

In der auf Länderebene durch die Parteien geführten Debatte über die Schulreformgesetzgebung spiegelte sich die bereits aus den westdeutschen Bundesländern bekannte

---

17 Vgl. Wolfram GRAMS, Kontinuität und Diskontinuität der bildungspolitischen und pädagogischen Planungen aus Widerstand und Exil im Bildungswesen der BRD und DDR. Eine vergleichende Studie, Frankfurt/M. u. a. 1990, S. 233–337.

18 Wilfried STOYE, Probleme des Aufbaus eines neuen Bildungssystems in der DDR am Beispiel der Stadt Zwickau, in: Helmut FETZER, Das Bildungswesen im künftigen Deutschland. Eine Herausforderung für Bildungspolitik und Bildungsverwaltung. Dokumentation der 11. DGBV-Jahrestagung vom 13. bis 15. September 1990 in Nürnberg, Frankfurt/M.; Bochum 1991, S. 89–95.

Diskussion wider. Im Kern ging es um die Frage, ob die Sekundarstufe I mehr gegliedert oder mehr integriert sein sollte. Die Frage, ob die vorgeschlagenen neuen Strukturen den Bedingungen der neuen Länder und den Bedürfnissen der Bevölkerung entsprachen, spielte eine untergeordnete Rolle. Die Gestaltungsspielräume der Länder bei der Ausgestaltung des Schulwesens waren aber durch die Vereinbarungen der Kultusministerkonferenz (KMK) in erheblichem Maße vorgegeben. In der Abwägung beider Bedingungen und angesichts der sinkenden Akzeptanz der Trennung von Haupt- und Realschule in den westdeutschen Bundesländern entschlossen sich die Regierungen in Sachsen, Sachsen-Anhalt und Thüringen zu integrativen Modellen. Damit war entgegen dem Hamburger Abkommen eine neue Schulart mit gestuften Abschlüssen geschaffen worden, die in den folgenden Jahren auch auf die alten Bundesländer zurückwirkte.

Im Gegensatz zu allen anderen neuen Bundesländern verabschiedete der sächsische Landtag bereits am 3. Juli 1991 ein unbefristetes Bildungsgesetz. Der Übergang von der sozialistischen Einheitsschule zu gegliederten und differenzierten Schulstrukturen erfolgte in Sachsen zum Schuljahresbeginn 1992/93 und damit ein Jahr später als in allen anderen neuen Bundesländern. Grundlage des Schulsystems wurde, wie in allen neuen Bundesländern, das Hamburger Abkommen von 1971. Im Primarbereich wurde die Grundschule als gemeinsame Schule für alle Schüler eingerichtet. Darauf bauen die differenzierte Mittelschule und das Gymnasium auf.[19]

Damit war ein radikaler Bruch mit der sozialistischen Einheitsschule vollzogen. Nach dem Zweiten Weltkrieg hatten sich die Grund- und Hauptschulen aus der achtjährigen Volksschule entwickelt. Die Einrichtung von Gymnasien in den neuen Ländern erfolgte zumeist durch Umwandlung der Erweiterten Oberschulen in gymnasiale Oberstufen. Die niedrigeren Klassenstufen wurden in der Folgezeit schrittweise ergänzt. Inhaltlich blieben diese höheren Schulen aber naturwissenschaftlich und neusprachlich orientiert. Damit bezogen sie sich mehr auf den Lehrplan der Oberschule als auf das altsprachlich orientierte Gymnasium.[20] Den Kern des humanistischen Gymnasiums konnten nur wenige Schulen, wie die Dresdener Kreuzschule oder die Leipziger Thomasschule, über die Zeit des realexistierenden Sozialismus retten.[21]

Die Reform der Schulstrukturen musste natürlich auf einer Schul(reform)gesetzgebung aufbauen. Die Notwendigkeit einer Revision der Bildungsziele des sozialistischen Bildungssystems der DDR wurde von keiner Seite ernstlich bestritten. Dass die Ausprägungen durchaus verschieden sein konnten, wird erneut durch einen Ländervergleich ersichtlich. Während die zu dieser Zeit bürgerlich regierten Bundesländer Mecklenburg-Vorpommern, Sachsen, Sachsen-Anhalt und Thüringen in ihren Schulgesetzen sich ausdrücklich auf die

---

19 Schulgesetz für den Freistaat Sachsen, vom 3. Juli 1991, in: Ludwig NIEBES/Bernhard BECHER/Andrea POLLMANN (Hrsg.), Schulgesetz und Schulordnungen im Freistaat Sachsen. Praxiskommentar mit Hinweisen zum Lehrerdienstrecht, Stuttgart u. a. 2001, S. 32–42.

20 Hans-Werner FUCHS/Lutz R. REUTER (Hrsg.), Bildungspolitik seit der Wende, S. 29 f.

21 Ingo ZIMMERMANN, Der humanistische Bildungsauftrag der Kreuzschule, in: Dresdner Hefte 30 (1992): Schola crucis, schola lucis? Tradition und Neubestimmung von Kreuzschule und Kreuzchor, S. 34–36; Conny NEEF, Die Transformation der Leipziger Thomasschule aus dem Schulsystem der DDR in das sächsische Bildungssystem unter Berücksichtigung der spezifischen Schultradition (1980–2000), Magisterarbeit (Typoskript), Leipzig 2010.

Werteordnung des Grundgesetzes beriefen, verzichtete die brandenburgische Landesregierung darauf. Das sächsische Schulgesetz von 1991 stellte den Bildungs und Erziehungsauftrag der Schule gleichberechtigt neben das Erziehungsrecht der Eltern. In der Schule sollte nicht nur Wissen vermittelt, sondern der Schüler auch zu einem eigenverantwortlichen Mitglied der Gesellschaft erzogen werden. Als oberstes Anliegen des öffentlichen Bildungswesens wurde die Entwicklung der Persönlichkeit, der Individualität und der Kreativität des Schülers postuliert. Der Schüler soll zu selbstständigem, kritischem Urteil und schöpferischer Tätigkeit befähigt werden. Die Wahrung und Förderung der kulturellen Identität der Sorben gehört zweifellos zu den Spezifika der sächsischen Schulgesetzgebung. So besteht in den oberlausitzischen Schulen die Möglichkeit, Sorbisch als Muttersprache, Zweitsprache oder Fremdsprache zu erlernen. Darüber hinaus können auf Wunsch der Erziehungsberechtigten die Kinder in ausgewählten Fächern auf Sorbisch unterrichtet werden.[22]

Ein besonders schwieriges Kapitel bei der Reform des Schulsystems in allen neuen Bundesländern war die Quantität und Qualität der Lehrer. Nach den Regelungen des Einigungsvertrags sollten alle Lehrer politisch und fachlich evaluiert werden. Dies betraf vor allem die Lehrer in den Fächern wie Fremdsprachen, Geschichte, Sozialkunde/Politik und Religionsunterricht/Ethik. Um diese Fächer unterrichten zu können, hatten die bisher tätigen Lehrer außerdem Fortbildungskurse zu besuchen. Schließlich musste entschieden werden, welche Lehrer wegen fehlender fachlicher oder persönlicher Eignung oder aus Bedarfsgründen zu entlassen waren. Die meisten Entlassungen wurden aus Bedarfsgründen ausgesprochen. Der Abbau von Lehrerstellen fand im Wesentlichen zwischen 1991 und 1993 statt und betraf in Sachsen rund 20 Prozent des 1990 vorhandenen Personalbestands. Diesem Lehrerüberhang stand ein Mangel an Fachlehrern insbesondere in den klassischen und modernen Fremdsprachen und in den musisch-künstlerischen Fächern gegenüber. Dies führte vor allem im Schuljahr 1991/92 dazu, dass ein Teil des vorgeschriebenen Pflichtunterrichts personell nicht abgedeckt werden konnte. Dadurch konnten aber auch Lehrer, die als politisch belastet galten und Mangelfächer vertraten, im Schuldienst verbleiben. Gleichzeitig wurden unbelastete Lehrer wegen zu geringen Bedarfs gekündigt. Derartige Widersprüche sowie die status- und besoldungsrechtliche Ungleichbehandlung gegenüber den westdeutschen Lehrern führten zu großer Unruhe und Verärgerung in der ostdeutschen Lehrerschaft.[23]

Diskontinuitäten bei der Gestaltung des sächsischen Bildungssystems

Angesichts des hohen sächsischen Regional- und Traditionsbewusstseins stellt sich die Frage, inwieweit bei der Gestaltung des Bildungssystems auf spezifische sächsische Traditionen Bezug genommen wurde. Mit Blick auf die oben skizzierten Entwicklungslinien wird deutlich, dass bei der Errichtung eines freiheitlich demokratischen Bildungssystems in Sachsen das hochentwickelte sächsische Bildungswesen aus der Zeit der Weimarer Republik keine Rolle spielte. Am Beispiel des höheren Schulwesens soll das kurz verdeutlicht werden.

---

22 Schulgesetz für den Freistaat Sachsen, vom 3. Juli 1991, in: Ludwig NIEBES/Bernhard BECHER/Andrea POLLMANN (Hrsg.), Schulgesetz und Schulordnungen im Freistaat Sachsen, S. 22 – 28.

23 Hans-Werner FUCHS/Lutz R. REUTER (Hrsg.), Bildungspolitik seit der Wende, S. 33 f.; Alexander von PLATO, »Entstasifizierung« im Öffentlichen Dienst, S. 318 – 325.

Mit der Reichsexekution 1923 und dem Einmarsch der Reichswehr in Sachsen wurde die linke Koalitionsregierung aus Sozialdemokraten und Kommunisten abgesetzt. Damit waren auch die Pläne der sächsischen Sozialdemokratie beendet worden, eine verbindliche Einheitsschule zu schaffen.[24] Das von dem nationalliberalen Volksbildungsminister Friedrich Kaiser (DVP) geführte Ressort ging nun einen anderen Weg. Reformziel des bürgerlichen Volksbildungsministeriums war die »höhere gegliederte Einheitsschule«. Diese baute aber weitgehend auf den bisherigen Strukturen des höheren Schulwesens auf. Kaiser übertrug dem langjährigen Ministerialrat im Volksbildungsministerium, Emil Menke-Glückert (DDP), die Ausarbeitung eines Reformplans, der im September 1926 veröffentlicht wurde.[25] Im Gegensatz zu den meisten anderen deutschen Staaten hatten sich in den drei höheren Schultypen Sachsens, dem Gymnasium, dem Realgymnasium und der Oberrealschule, die jeweiligen Reformvarianten durchgesetzt. Das bedeutete, dass die Lehrpläne der unteren Klassen aller höheren Schulen einander angeglichen waren. Das betraf insbesondere den Beginn der klassischen und der modernen Sprachen. Damit wurden in den ersten sieben Schuljahren alle Schüler, die die Volksschulen und die höhere Schulen besuchten, nach annähernd gleichen Curricula unterrichtet. Bis zum Ende der siebenten Klasse der Volksschule und der Quarta der höheren Schulen bestand insbesondere für begabte Schüler die Möglichkeit, auf eine höhere Schule zu wechseln. Dieses System ermöglichte es sogar begabten Volksschülern, in die traditionsreichen sächsischen Fürsten- und Landesschulen aufgenommen zu werden.[26] Regelungen, wie sie heute mit den Orientierungsstufen getroffen werden, waren unter diesen Bedingungen nicht notwendig.

Abwanderung und Geburtenrückgang

Der Aufbau der ostdeutschen Landesschulsysteme wurde maßgeblich von der demographischen Entwicklung beeinflusst. Bereits im Verlauf der 1980er Jahre war die Zahl der Lebendgeborenen in der DDR um etwa zwölf Prozent gesunken. Dieser Abwärtstrend wurde durch den politisch-gesellschaftlichen Transformationsprozess noch zusätzlich beschleunigt. Die mit der Transformation verbundene massive Verunsicherung, die Sorge um die persönliche und berufliche Zukunft ließ den Kinderwunsch zumeist in den Hintergrund treten. Hinzu kam die Anpassung der Lebensstile der ostdeutschen Bevölkerung an das westdeutsche Niveau. Die Folge war, dass sich junge Familien später als bislang üblich für Kinder entschieden. Damit ist vermutlich auch zu erklären, dass es seit Mitte der 1990er Jahre wieder zu einem leichten Anstieg der Geburtenzahlen kam.

---

24 Anton HERGET, Die wichtigsten Strömungen im pädagogischen Leben der Gegenwart, Bd. 2, Prag; Leipzig; Wien 1925, S. 193–243; Burkhard POSTE, Schulreform in Sachsen 1918–1923. Eine vergessene Tradition deutscher Schulgeschichte, Frankfurt/Main 1993, S. 453–478; Claus-Christian W. SZEJNMANN, Vom Traum zum Alptraum. Sachsen in der Weimarer Republik, Dresden 2000, S. 36; Vgl. auch den Beitrag von Mike SCHMEITZNER in diesem Band

25 [Emil MENKE-GLÜCKERT], Zur Neuordnung des höheren Schulwesens in Sachsen. Denkschrift des Ministeriums für Volksbildung, Dresden 1926.

26 Jonas FLÖTER, Eliten-Bildung in Sachsen und Preußen. Die Fürsten- und Landesschulen Grimma, Meißen, Joachimsthal und Pforte (1868–1933), Köln/Weimar/Wien 2009, S. 409–414.

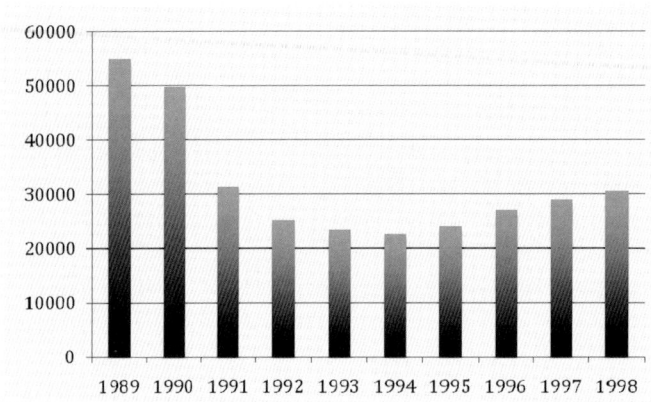

Lebendgeborene
Kinder in Sachsen
(Quelle: Statistisches
Amt der DDR 1990;
Statistisches Bundesamt
1991 ff.; Statistisches
Landesamt des Frei-
staates Sachsen 1999
[1998: Prognose][27]*)*

Dieser dramatische Geburtenrückgang wurde durch eine starke Binnenwanderung jungen Bevölkerungsgruppen von Ost- nach Westdeutschland begleitet. Beide Entwicklungen führten zu einem starken Rückgang der Schülerzahlen. Wurden in Sachsen zum Schuljahr 1991/92 noch 60058 Mädchen und Jungen eingeschult, so sank die Zahl der Einschulungen zum Schuljahr 2000/01 auf 25 400. Dies entsprach einem Rückgang von 58 Prozent. Dieser Trend schlug zeitverzögert auch auf die Zahl der Primarstufen- und Sekundarstufenschüler durch. Obwohl es seit 2002 zu dem prognostizierten Wiederanstieg der Schülerzahlen kam, lernten im Schuljahr 2006/07 nur rund 117 000 Schülerinnen und Schüler in Sachsen in der Primarstufe und damit im Vergleich zum Schuljahr 1991/92 nur ca. 49 Prozent. Während für alle anderen deutschen Bundesländer bis 2020 massive Rückgänge der Primarstufenschülerzahlen von durchschnittlich 18 Prozent prognostiziert werden, soll in Sachsen deren Zahl um 3,9 Prozent steigen. Ungeachtet dessen kann auch in Sachsen bis 2020 nicht mit annähernd so vielen Schülerinnen und Schülern gerechnet werden, wie in der ersten Hälfte der 1990er Jahre.[28]

Diese Gesamtentwicklung ist mit gravierenden Auswirkungen auf den Lehrkräftebedarf und den Bedarf an Schulgebäuden verbunden. Über die demographische Entwicklung hinaus hängt die Entwicklung des Bedarfs an Lehrerinnen und Lehrern von weiteren Faktoren, wie der jeweiligen Haushaltslage, der strukturellen und organisatorischen Gestaltung des Schulsystems, der Schüler-Lehrer-Relation und den Wochenstundendeputaten der Lehrkräfte und der Verteilung der Schülerströme, ab. Ungeachtet dieser Faktoren führte der starke Rückgang der Schülerzahlen zu sinkenden Lehrerzahlen. Unterrichteten an öffentlichen Schulen und Schulen in freier Trägerschaft im Schuljahr 1992/93 mehr als 45 500 hauptberufliche Lehrerinnen und Lehrer, so waren es im Schuljahr 2007/08 etwas mehr als 38 000.[30]

---

27 Hans-Werner Fuchs, Schule ohne Schüler? Zur demographischen Entwicklung in den neuen Bundesländern und ihre Folgen für das allgemeinbildende Schulwesen, in: Beiträge aus dem Fachbereich Pädagogik der Universität der Bundeswehr Hamburg 5 (1999), S. 17.
28 Ebd., S. 28 – 30; Demographischer Wandel in Deutschland, Auswirkungen auf Kindertagesbetreuung und Schülerzahlen im Bund und in den Ländern, hrsg. von Statistische Ämter des Bundes und der Länder 3 (2009), S. 26.
29 Schule in Sachsen, Bildungsbericht 2008, hrsg. vom Sächsischen Bildungsinstitut, Radebeul 2008, S. 45.
30 Ebd., S. 44.

Anzahl der Lehrkräfte an öffentlichen Schulen und Schulen in freier Trägerschaft in den Schuljahren 1992/93 bis 2007/08 in einzelnen Schularten (Quelle: Statistisches Landesamt Sachsen)[29]

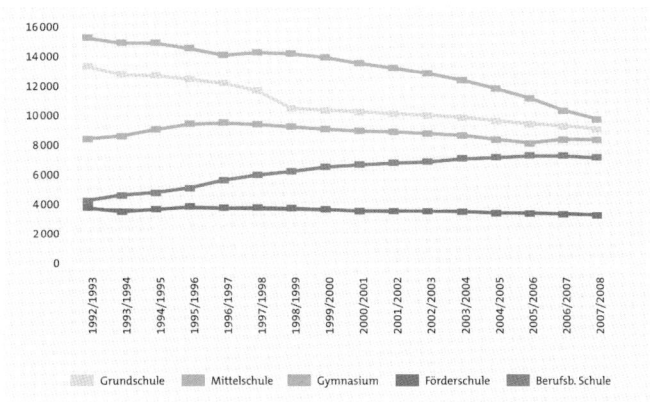

Trotz dieses Rückganges der Zahl an Lehrerinnen und Lehrern konnten in Sachsen bedarfsbedingte Kündigungen vermieden werden. Auf der Grundlage einer 1992 getroffenen Vereinbarung zwischen dem Freistaat Sachsen und der sächsischen Gewerkschaft Erziehung und Wissenschaft (GEW) wurden auf freiwilliger Grundlage Teilzeitbeschäftigungen gefördert. In Folge dessen arbeiteten in den 1990er Jahren rund 85 Prozent der sächsischen Lehrerinnen und Lehrern auf der Basis von durchschnittlich 82,5 Prozent des Vollbeschäftigungsverhältnisses. Damit war die Kündigung von rund 2 300 Vollzeitstellen vermieden worden. Die stark rückläufigen Schülerzahlen machten aber bereits in der zweiten Hälfte der 1990er Jahre weitergehende Schritte notwendig. Zum Schuljahresbeginn 1996/97 teilte das sächsische Kultusministerium mit, dass es für 116 Grundschullehrerinnen und Grundschullehrer keine eigenen Klassen mehr gäbe. Dies nahm das Ministerium zum Anlass, um verstärkt für ein Teilzeitmodell mit flexiblem Stundenanteil zu werben, um bedarfsbedingte Kündigungen weiterhin zu vermeiden. Die Vereinbarung zwischen dem Kultusministerium und den Interessenvertretungen der Lehrer vom Februar 1997 führte zu geringeren Beschäftigungsumfängen und Gehältern. Danach war es möglich, im Grundschulbereich die Arbeitszeit bis auf 57,4 Prozent zu senken. Damit wurden Arbeitsplätze erhalten, zugleich aber Arbeitsverhältnisse geschaffen, aus deren Einkommen der Lebensunterhalt einer Familie kaum mehr zu bestreiten ist. Um den Beschäftigungsumfang von Lehrkräften weiter zu reduzieren, wurden über die Teilzeitregelungen hinaus Altersteilzeitregelungen ab dem 55. Lebensjahr, Abfindungsregelungen beim freiwilligen Ausscheiden aus dem Berufsleben und finanzielle Förderungen von Umschulungen angeboten sowie die Vermittlung von Lehrerinnen und Lehrern in die westdeutschen Bundesländer unterstützt.[31]

Über die personellen Konsequenzen hinaus hat der demographische Wandel auch strukturelle Folgen. Insbesondere in ländlichen Regionen sind zahlreiche Schulstandorte gefährdet oder mussten bereits geschlossen werden. Schulschließungen haben vor allem zur Folge, dass sich die Schuleinzugsbereiche vergrößern. Im Gegensatz zu allen anderen neuen Bundesländern hat das sächsische Kultusministerium den Weg, »Kleine Grundschulen« mit jahrgangsübergreifenden Klassen zu bilden, nicht beschritten. Das Ministerium sieht jahrgangsübergreifende Klassen als nicht geeignet an, um Grundschüler auf den Besuch

---

31 Hans-Werner Fuchs, Schule ohne Schüler?, S. 52 – 54.

ciner höheren Schule vorzubereiten. Es wird darauf hingewiesen, dass die Gewöhnung an das Lernen in großen Lerngruppen sowie unter wechselnden Lehrerpersönlichkeiten als ein wichtiger Bestandteil dieser Vorbereitung anzusehen sei. Kleine Grundschulen werden daher nur ausnahmsweise in Regionen mit ungünstigen wirtschaftlichen Bedingungen zugelassen, um die Attraktivität des jeweiligen Standorts nicht weiter zu verringern. Diese Regelung verschärft die problematischen Folgen des Schülerzahlrückganges insbesondere im ländlichen Raum, führt aber auch in den Städten zu Schulschließungen. Seit 1999 mussten im Freistaat Sachsen über 550 Schulen geschlossen werden. Da die vorgeschriebene Mindestschülerzahl bei den Anmeldungen zur Klassenstufe 1 und 5 nicht erreicht wurde, konnten 2010 an zwanzig Grundschulen und siebzehn Mittelschulen keine Eingangsklassen gebildet werden. Perspektivisch sind auch diese Schulen von der Schließung bedroht.

Modellversuche und Pilotstudien an sächsischen Schulen

Nachdem in der ersten Legislaturperiode die strukturellen und personellen Grundlagen für ein demokratisches Bildungswesen in Sachsen gelegt wurden, stand in den folgenden Jahren die inhaltliche Entwicklung im Vordergrund. Die sich im deutschen Einigungsprozess rasant verändernden ökonomischen und gesellschaftlichen Rahmenbedingungen zwangen zur Entwicklung innovativer Wege. Dabei suchte die sächsische Bildungspolitik die Partnerschaft mit anderen Bundesländern. In Zusammenarbeit mit der nordrhein-westfälischen Bildungspolitik wurden von 1994 bis 1996 in Sachsen Konzepte für eine differenziertere Förderung von Gymnasiastinnen und Gymnasiasten entwickelt und hierbei auf das reformpädagogische Konzept des offenen Unterrichts zurückgegriffen. Diese Organisationsform des Unterrichts ist stärker auf die individuellen fachlichen und überfachlichen Lerninteressen sowie das soziale Zusammenspiel der Schüler ausgerichtet. Durch offenen Unterricht soll insbesondere das fächerübergreifende Denken gefördert werden. Die erfolgreichen Ergebnisse dieses Modellversuches fanden Eingang in den sächsischen Lehrplan, zu dessen festem Bestandteil heute der Projektunterricht, als eine Form des offeneren Unterrichts, gehört.[32]

Seit 1994 werden speziell an den sächsischen Mittelschulen Projekte gefördert, die zur Eigeninitiative und Unternehmungsgeist erziehen sollen. Besondere Aufmerksamkeit erhielt hier ein Projekt der Schüler der 6. Mittelschule in Hoyerswerda, die 1994 unter Anleitung ihres Lehrers Gerald Jonack ein erfolgreiches regionales Reisebüro »Power-Tours« gründeten und betreiben.[33] In der Förderphase bis 1997 entstanden zahlreiche Schülerfirmen auf der Grundlage von GmbHs und Aktiengesellschaften.

---

32 Erika Risse/Uwe Dreske, Offener Unterricht und praktisches Lernen als reformpädagogischer Ansatz differenzierter Förderung im Gymnasium am Elsa-Brandström-Gymnasium, Oberhausen, in Nordrhein-Westfalen, sowie am Kreisgymnasium Freital-Deuben. In Sachsen: Uwe Dreske, Freiarbeit und Gymnasium. Widerspruch oder Herausforderung – Modellversuch »Offener Unterricht und praktisches Lernen«, in: Fingerzeiger. Zeitschrift für Lehrerinnen und Lehrer in Sachsen 4 (1994), S. 15 – 17.

33 Bruno Kaufmann, Schüler als Unternehmer. Im sächsischen Hoyerswerda betreiben Schüler erfolgreich ein Reisebüro – »gewinnorientiert, aber nicht gewinnsüchtig«, in: Die ZEIT 1999 Nr. 11, S. 36.

Die Bund-Länder-Kommission für Bildungsplanung und Forschungsförderung initiierte 1998 ein Programm zur »Steigerung der Effizienz des mathematisch-naturwissenschaftlichen Unterrichts«. Dieses Programm unter dem Titel SINUS wurde in fast allen Bundesländern umgesetzt. In Sachsen war das SINUS-Programm speziell auf Mittelschulen und Gymnasien orientiert. Mit diesem Modellversuchsprogramm reagierten der Bund und die Länder auf die Ergebnisse der Third International Mathematics and Science Study (TIMSS) und suchten nach neuen Ansätzen im mathematisch-naturwissenschaftlichen Unterricht. Anliegen des bis 2003 geförderten Programms war es, den mathematischen und naturwissenschaftlichen Unterricht an Mittelschulen und Gymnasien weiterzuentwickeln. Dabei wurde und wird ein praxisorientiertes mathematisches und naturwissenschaftliches Verständnis angestrebt, das Kinder in ihrer aktuellen Lebenswelt anwenden und nutzen können. Auf diese Art sollen Kompetenzen entwickelt werden, die eine solide Grundlage für das nachfolgende Lernen in schulischen und außerschulischen Kontexten bereitstellen. Gleichzeitig soll die Bedeutung von Mathematik und Naturwissenschaften sichtbar gemacht und die Neugierde geweckt werden, um so langfristig das Interesse sowie die aufgeschlossene und kritische Haltung der Schüler zu entwickeln.[34]

Unter der Bezeichnung »20 plus« wird in Sachsen der Modellversuch der Bund-Länder-Kommission unter dem sperrigen Titel: »Weiterentwicklung des Lernens insbesondere in der Sekundarstufe II durch systematische Einbeziehung von Medien, Informations- und Kommunikationstechnologien« geführt. Dieser Modellversuch war Bestandteil des BLK-Programms SEMIK (Systematische Einbeziehung von Medien, Informations- und Kommunikationstechnologien in Lehr- und Lernprozesse), an dem alle sechzehn Bundesländer beteiligt waren. Die deutsche Bildungspolitik reagiert damit auf die Ansprüche aus der Wirtschaft und der Wissenschaft, die die Arbeit mit neuen Medien zur neuen Kulturtechnik erhoben. Der damit verbundenen Forderung nach größerer Medienkompetenz der Schüler trug dieser Modellversuch Rechnung. Gleichzeitig gab und gibt es zahlreiche kritische Stimmen, die den pädagogischen Nutzen hinterfragen. Der von 1998 bis 2003 in Sachsen durchgeführte Modellversuch »20 plus« soll auf diese Fragen nun weiterführende Antworten geben. Grundlegendes Ziel des Modellversuchs ist es, die Schüler auf die Anforderungen der modernen Wissensgesellschaft in Studium und Berufsleben vorzubereiten. Durch den gezielten, an pädagogischen Prinzipien orientierten Einsatz der neuen Medien im Fachunterricht der Sekundarstufe II soll das selbstständige Lernen der Schüler gestärkt, die Problemlösungskompetenz gefördert und die Kompetenz zur Nutzung der Medien im lebenslangen Lernprozess erhöht werden. Im Modellversuch wurde auch untersucht, ob und unter welchen Bedingungen der Umfang der traditionellen Lernformen im Klassenverband reduziert und so durch Selbstlern-Phasen langfristig die Wochenstundenzahl auf »20 plus x« begrenzt werden kann.[35]

---

34 Jürgen WAGNER, Möglichkeiten zur Effizienzsteigerung. Für den Mathematikunterricht an Mittelschulen und Abendmittelschulen im Freistaat Sachsen. Radebeul 2002; Willi LICHTENBERG/Manfred PRUZINA, Steigerung der Effizienz des mathematisch-naturwissenschaftlichen Unterrichts (SINUS). Abschlusstagung zum Modellversuch 19.03.2002, Halle (Saale) 2003; Peter BAPTIST/Dagmar RAAB, Auf dem Weg zu einem veränderten Mathematikunterricht, Bayreuth 2007.

35 www.sachsen-macht-schule.de/semik-20plus/sachsen/index.html (Stand vom 30.05.2010).

Parallel zu diesem Modellversuch startete auf der Grundlage des BLK-Programms »Kulturelle Bildung im Medienzeitalter (KULIM)« der Freistaat Sachsen im Jahr 2000 den Modellversuch SULIM – Schul- und Lernkultur im Medienzeitalter. Das sächsische Kultusministerium verfolgt innerhalb des Gesamtprogramms einen sehr breiten Ansatz. Im Kern geht es darum, aus ästhetisch-künstlerischen Erfahrungen und Methoden grundlegende pädagogische Prinzipien herauszuarbeiten und diese in den schulischen Lehr-Lern-Prozess einzuführen. Das Modellprojekt ist fächerübergreifend angelegt und zielt auf Handlungsfelder, zu denen unter anderem die sinnvolle Vernetzung künstlerischer und medientechnischer Verfahren, die kreative Nutzung neuer Technologien und die Verbesserung der Interaktionskultur der Lehrenden und Lernenden gehören. Gleichzeitig wurde untersucht, welche Möglichkeiten die neuen Medien bieten können, um das veränderte Lernverhalten von Schülerinnen und Schülern in der Unterrichtsgestaltung zu berücksichtigen und im Prozess der Anwendung eine zeitgemäße und zukunftsorientierte Schul- und Lernkultur zu entwickeln. Für den Modellversuch, der von 2000 bis 2003 lief, wurden neun Pilotschulen aus allen Schultypen ausgewählt.[36]

Als abschließendes Beispiel soll auf das von der Bund-Länder-Kommission initiierte Förderprogramm verwiesen werden, an dem sich im Zeitraum von 1999 bis 2004 vierzehn Bundesländer beteiligten. In Sachsen lief dieses Programm unter der Bezeichnung PROFIL-Q, »Professionalisierung, Regionalisierung, Organisationsentwicklung zur Förderung innovativer Lernprozesse – Qualitätsverbesserung in Schulen und im Schulsystem Sachsens«, und konzentrierte sich auf Mittelschulen und Gymnasien. Ziel des Programms, an dem sich vierzehn Pilot- und Mentorenschulen beteiligten,[37] war es, Wege zur Qualitätsentwicklung des Systems Schule durch Schülerinnen und Schüler, Lehrerinnen und Lehrer zu erarbeiten und umzusetzen. An den Pilotschulen wurden und werden in den unterschiedlichsten Bereichen konkrete Schritte zur Qualitätsverbesserung des Unterrichts erprobt und umgesetzt. Überaus interessante Ergebnisse wurden bei der Analyse von Methoden zum selbstständigen und eigenverantwortlichen Lernen und der Praxis des fachübergreifenden Unterrichts erzielt. Besonders beachtlich ist ferner das kritische und selbstkritische Reflexionspotential der Schülerinnen und Schüler.[38]

---

36 Schiller-Mittelschule in Dresden, Mittelschule in Falkenhain, Gotthold-Ephraim-Lessing-Gymnasium in Kamenz, Mittelschule »Felix Mauersberger« in Netzschkau, Mittelschule in Niederwiesa, Schule für geistig Behinderte in Polenz, Berufliches Schulzentrum für Technik und Hauswirtschaft in Reichenbach, Grundschule in Rothenburg, Georgengymnasium in Zwickau. Uta V. Kohlenbrenner, Projektstudie zur inhaltlichen Begleitung des BLK-Modellversuchs »Schul- und Lernkultur im Medienzeitalter« (SULIM) vom Sächsischen Staatsministerium für Kultus am Sächsischen Staatsinstitut für Bildung und Schulentwicklung – Comenius-Institut, Diplomarbeit (Typoskript), Dresden 2003.

37 Pilotschulen: Gottlieb-Daimler-Mittelschule Bautzen, Werner-Heisenberg-Gymnasium Chemnitz, Artur-Becker-Mittelschule Delitzsch, Romain-Rolland-Gymnasium Dresden, 27. Mittelschule Dresden, Lessing-Gymnasium Hoyerswerda, Mittelschule Altstadt Lößnitz, Johann-Gottlieb-Fichte-Schule Mittweida, Thomas-Mann-Gymnasium Oschatz, Diesterweg-Gymnasium Plauen; Mentorenschulen: Städtisches Goethe-Gymnasium Bischofswerda, 141. Mittelschule Dresden, Kreisgymnasium Freital-Deuben, Mittelschule »Felix Mauersberger« Netzschkau.

38 Katrin Beyer/Marcella Riebe-Simmank, Ein Modellversuch zeigt Profil. Fünf Jahre Entwicklungsarbeit für Profil Q. Zeit, Bilanz zu ziehen, in: Fingerzeiger. Zeitschrift für Lehrerinnen und Lehrer in Sachsen 3 (2004), S. 24 f.

Begabtenförderung

Eines der innovativsten Felder des sächsischen Schulsystems stellt zweifellos die Förderung begabter und hochbegabter Schülerinnen und Schüler dar. In Sachsen wird gegenwärtig an vierzehn Grundschulen und an vierundzwanzig Gymnasien eine vertiefte mathematisch-naturwissenschaftliche, musische, sportliche, sprachliche und binationale-bilinguale Ausbildung angeboten. Schülerinnen und Schüler, die ein Gymnasium mit vertiefter Ausbildung besuchen wollen, müssen die Bildungsempfehlung für das Gymnasium besitzen und an den entsprechenden Gymnasien eine Aufnahmeprüfung bestehen. Das Aufnahmeverfahren findet im Schuljahr vor dem Wechsel auf ein Gymnasium mit vertiefter Ausbildung statt. Je nach Vertiefungsrichtung werden die Schülerinnen und Schüler mit anspruchsvollen Aufgabenstellungen und mit Methoden vertraut gemacht, die die individuelle Kreativität fördern. So lernen beispielsweise Schüler mit einer vertieften sprachlichen Ausbildung insgesamt drei Fremdsprachen. Ein besonderer Schwerpunkt wird dabei auf eine sogenannte Vertiefungssprache gelegt. Dabei kann je nach Angebot der Schule zwischen Englisch, Französisch, Latein, Polnisch und Tschechisch gewählt werden. Die zweite Fremdsprache beginnt in der 5. Klasse, die dritte in der 8. Klasse. In der Regel wird ab der 7. Klassenstufe der Unterricht in einem wissenschaftlichen Fach in der Vertiefungssprache gehalten. Ab der Klassenstufe 9 kommt zumeist ein weiteres Fach in dieser Sprache hinzu.[39]

Hochbegabten Schülerinnen und Schülern, die in mehreren Gebieten überdurchschnittliche Leistungen erzielen, steht seit 2001 das Sächsische Landesgymnasium für Hochbegabtenförderung St. Afra offen. Bildungs- und Erziehungsziel von St. Afra ist die Förderung von Mehrfachbegabungen. Hochbegabte sollen nicht nur ihren Fähigkeiten entsprechend gefördert werden, sondern ihre Leistungsfähigkeit auch in den Dienst der Gemeinschaft stellen. Hierbei sind die Jugendlichen im kommunalen Umfeld der Schule, beispielsweise in Krankenhäusern, Altenheimen oder bei der Feuerwehr tätig. Die Bildung in St. Afra beginnt mit der 7. Klasse und führt bis zum Abitur. Wochenstundenpläne und Lehrpläne sind direkt auf die generalistische Förderung dieser Schülerinnen und Schüler zugeschnitten. Die speziellen Begabungen werden darüber hinaus individuell gefördert. In jedem Jahrgang der Klassenstufen 7 bis 10 stehen spezifische Schwerpunkte im Mittelpunkt. So wenden sich die Schüler der siebten Klassenstufe verstärkt Fragen der Lerntechnik zu. Die Schüler der achten Klasse konzentrieren sich auf sprachliche, die der neunten auf mathematisch-naturwissenschaftliche und der zehnten auf Konzepte der interkulturellen Bildung. Für alle Schülerinnen und Schüler sind zwei moderne und eine klassische Fremdsprache Pflicht. Interessierte Schüler können noch eine weitere Fremdsprache erlernen.[40]

---

39 Verordnung des Sächsischen Staatsministeriums für Kultus über allgemein bildende Gymnasien im Freistaat Sachsen (Schulordnung Gymnasien – SOGY), 1. August 2009, in: Sächsisches Gesetz- und Verordnungsblatt 2004, Bl.-Nr. 10, S. 336.

40 Heinz Neber, Begabtenförderung. Begründung, Ziele, Richtungen, in: Donatus Thürnau (Hrsg.), Sichtweisen. Festschrift anlässlich der Neugründung des Landesgymnasiums Sankt Afra zu Meißen, Meißen 2001, S. 50 – 71.

Resümee

Die Transformation des Bildungssystems der DDR in das gegliederte und auf parlamenta-risch-demokratischer Legitimation beruhende Bildungssystem Sachsens stellt einen in der deutschen Bildungsgeschichte einmaligen Prozess dar. Während die westdeutschen Bun-desländer über das Düsseldorfer Abkommen von 1955 und die Hamburger Abkommen von 1964 und 1971 einen schrittweisen Wandel des Schulsystems vollziehen konnten, hatten die ostdeutschen Länder diesen Wandel innerhalb weniger Jahre zu bewältigen. Auf histo-rische Traditionen wurde dabei keine Rücksicht genommen. Die sächsische Bildungspo-litik stand unter einem doppelten Reformdruck. Einerseits war es kaum möglich, auf das hochentwickelte und zum Teil innovative sächsische Schulsystem aus der Zeit der Weimarer Republik zurückzugreifen. Dem hatte die Kultusministerkonferenz in den zurückliegenden drei Jahrzehnten die Grundlage entzogen. Andererseits mussten sich die ostdeutschen Län-der aus – vielleicht auch nur vermeintlichen – Zeitgründen und aus strukturellen Gründen den bildungspolitischen Grundstrukturen ihrer westdeutschen Partnerländer anpassen, um so ein Mindestmaß an Einheitlichkeit im deutschen Bildungssystem aufrecht zu erhalten. Gleichzeitig verboten sich alle Anknüpfungspunkte an das Einheitsschulsystem der DDR, da dieses als ganzes politisch und ideologisch diskreditiert ist. Angesicht der internationalen und innerstaatlichen Rahmenbedingungen der ersten Hälfte der 1990er Jahre, in denen die internationalen Schülervergleichsstudien noch keine Rolle spielten, fehlte offenbar die Kraft und der Wille, den staatlichen Einigungsprozess für eine gesamtdeutsche Bildungs-systemreform zu nutzen.[41]

Nach anfänglichen Schwierigkeiten, die durch Binnenwanderung und Geburtenrück-gang noch verschärft wurden, entwickelte sich das sächsische Schulwesen zu einem leis-tungsfähigen System. Dies zeigte sich insbesondere in den IGLU-Studien (Internationa-le Grundschul-Lese-Untersuchung) 2001 und 2006, vor allem aber in den PISA Studien (Programme for International Student Assessment) 2003 und 2006. Diese positiven Ergeb-nisse können allerdings nicht darüber hinwegtäuschen, dass auch das sächsische Bildungs-system mit den allgemeinen deutschen Problemen zu kämpfen hat. Auch in Sachsen ist der Schulerfolg in hohem Maße von der sozialen Herkunft des Schülers abhängig. Allerdings zeigen die Ergebnisse im Bildungsmonitor 2007, 2008 und 2009 eine positive Tendenz. Im Gegensatz zu den PISA-Siegerländern ist die Spanne zwischen sehr guten und sehr schlechten Schülern auch in Sachsen groß.[42] Die frühe Selektion von Schülern auch mit »leichten« Behinderungen in Förderschulen hat zweifellos positiv auf das sächsische PISA-Ergebnis gewirkt. Allerdings gibt es seit 2006 auch hier verstärkte Anstrengungen, Kinder und Jugendliche mit Beeinträchtigungen, die ohne größeren zusätzlichen personellen und organisatorischen Aufwand in allgemeinbildenden Schulen unterrichtet werden können, auch dort zu unterrichten.

---

41 Hans-Werner FUCHS/Lutz R. REUTER (Hrsg.), Bildungspolitik seit der Wende, S. 40 f.
42 Jürgen BAUMERT, Deutschland im internationalen Bildungsvergleich, in: Nelson Killius/Jürgen Kluge/
    Linda Reisch (Hrsg.), Die Zukunft der Bildung, Frankfurt am Main 2002, S. 100 – 150; Ingo RICHTER,
    Neue Bildungspläne braucht das Land – von München nach PISA ist es gar nicht weit!, in: Annette
    Schavan (Hrsg.), Bildung und Erziehung. Perspektiven auf die Lebenswelten von Kindern und Jugend-
    lichen, Frankfurt/Main 2004, S. 354 – 380.

Peter Gutjahr-Löser

Wissenschaft und Wissenschaftpolitik
in Sachsen seit 1990

Sachsen ist in der Vergangenheit in der Wissenschaftspolitik Wege gegangen, die von anderswo praktizierten Verfahren abwichen. Daher verwundert es auch nicht, wenn es in einer Besprechung der Hochschulpolitik Preußens, in der es auch um den Vergleich zu Sachsen ging, hieß: »Leipzig war tatsächlich die Geburtsstätte der kulturwissenschaftlichen und humanwissenschaftlichen Moderne, weil Leipzig, und das ist nicht unwichtig, nicht nur ein Zentrum der Wissenschaft, sondern auch eines der Wissenschaftsorganisation und der Wissenschaftpolitik war.«[1]

Dieses Zitat des damaligen Feuilleton-Chefs der Frankfurter Allgemeinen Zeitung, des heutigen Chefs des Marburger Literaturarchivs, Ulrich Raulff, passt deshalb an den Beginn dieses Beitrags, weil es im Jahr 1992 formuliert wurde, als die Rückkehr Sachsens und seiner wissenschaftlichen Einrichtungen und darunter besonders seiner Hochschulen in den Kreis der freiheitlichen und rechtsstaatlichen Institutionen unseres Landes gerade begonnen hatte. Die zitierte Feststellung bezieht sich vor allem auf die Zeit unmittelbar vor und nach dem Ersten Weltkrieg. Es lohnt sich, der Frage nachzugehen, ob wir die Jahre nach dem Neubeginn des demokratischen Lebens in unserem Land im Sinne des zitierten Lobes genutzt haben, das Raulff den Sachsen bei Beginn der Neustrukturierung seiner Hochschulen gezollt hat.

Um zu verdeutlichen, worin früher das Besondere der sächsischen Wissenschaftspolitik und -pflege bestand, noch ein Zitat. Es stammt von meinem Großonkel, dem zu seiner Zeit führenden deutschen Anglisten, Levin Schücking, einem Enkel des aus der Literaturgeschichte als Freund von Annette Droste-Hülshoff bekannten Schriftstellers gleichen Namens. Im Jahr 1924 erhielt er – damals auf dem Anglistik-Lehrstuhl in Breslau (also in Preußen) tätig – einen Ruf an die Universität Leipzig. In seinem erst vor zwei Jahren posthum veröffentlichten Lebensbild beschreibt Schücking die Berufungsverhandlungen mit dem Dresdner Ministerium:

»Die großen Erwartungen, die ich an Leipzig knüpfte, haben mich nicht betrogen. Die reiche Ausstattung der Universität gab Arbeitsmöglichkeiten an die Hand, wie ich sie bis dahin nie gehabt hatte. Ein Vorteil der viel beklagten Zerklüftung Deutschlands in kulturell selbständige Länder zeigte sich ja in der großzügigen Fürsorge, die man der einzigen Landesuniversität von Seiten der Regierung angedeihen lassen konnte, der gerade dieses ihrer Kinder besonders am Herzen zu liegen schien. Denn wenn auf der Wilhelmstraße in Berlin auch seit 1918 die Paschawirtschaft aufgehört hatte, die dem Besucher das Blut in die Schläfe trieb, falls er auch nur das geringste Maß von Würde besaß, und die Nachfolger der Althoff, Naumann und Consorten deren Sünden ersichtlich wieder gutmachen wollten,

1 Ulrich Raulff, Frankfurter Allgemeine Zeitung, 1. Juni 1992, S. 12.

so konnte doch die beste Absicht nichts an der Schwerfälligkeit eines mit einer so großen Anzahl von Hochschulen, wie sie Preußen besaß, arbeitenden Apparats ändern. Durch Eingehen auf persönliche Wünsche, die in Dresden spielend erledigt wurden, musste man im Berliner Unterrichtsministerium stets fürchten, objektive Ungerechtigkeiten zu begehen und gefährliche Präzedenzfälle zu schaffen. So ergaben sich in Sachsen Möglichkeiten, die in Preußen fehlten. Ich bekam gleich ein Probe davon, als ich dem Ministerium den alten Lieblingsplan vortrug, den ich seit den Zeiten meines nunmehr ein Viertel Jahrhundert zurückliegenden trostlosen ersten Londoner Aufenthalts im Boardinghouse in Norland Square gehegt hatte, nämlich in England eine Beratungsstelle für junge Philologen zu schaffen, die ihnen gute Familienpensionen nachwiesen und darüber hinaus ihre Studienzwecke förderte. Dieser, von Dresdens praktischen Schulmännern unterstützte Vorschlag fand sofort die Billigung der einschlägigen Instanzen, die im sächsischen Landesetat eine kleine Summe dafür anforderten.«[2]

Schücking beschreibt dann den schnellen und großen Erfolg dieses Vorhabens – und: dass Preußen ihn deshalb auch schon bald kopiert hat. Ein schönes Beispiel für die positiven Wirkungen kulturpolitischer Konkurrenz zwischen den Ländern!

Fragt man, ob es Sachsen nach der deutschen Wiedervereinigung möglich gewesen ist, diese positive Situation zu erneuern, lautet die Antwort bedauerlicherweise: nein. Aus dem Schücking-Zitat selbst ergeben sich ja bereits die limitierenden Faktoren, die es einem Staat mit einer größeren Zahl von Hochschulen unmöglich machen, flexibel, wissenschaftsnah und hochschulfreundlich auf solche Wünsche einzugehen. Die Sorge um Präzedenzwirkungen einzelner Entscheidungen, die von der Norm abweichen, ist nun einmal ein beherrschendes Prinzip der Bürokratien zu allen Zeiten. Man muss sich ja nur vergegenwärtigen, welche Hochschuldichte in Sachsen beim Ende der DDR bestand: Bei einem Anteil von 16,4 % am Staatsgebiet wurden auf dem Territorium des heutigen Freistaats Sachsen rund 43 % aller Studenten der DDR ausgebildet.

Aber unabhängig von der Veränderung der Zahl und Größe der Hochschulen hatte die Entscheidung, die bereits im Vorfeld der Wiedervereinigung getroffen worden war, nämlich in Deutschland ein einheitliches Wissenschafts- und damit auch Hochschulsystem zu schaffen, die negative Wirkung, dass positive Sonderwege, wie sie Schücking beschrieben hat, nicht mehr möglich waren.

Man kann natürlich darüber streiten, ob es zu der hier beklagten Entscheidung für ein einheitliches Wissenschaftssystem überhaupt Alternativen gegeben hätte. Angesichts der maroden westdeutschen Hochschulsituation mit ihrem Massenbetrieb, ihrer unzureichenden sachlichen und personellen Ausstattung, den viel zu langen Studienzeiten und hohen Abbrecherquoten hätte es nahe gelegen, an den ostdeutschen Universitäten einmal etwas Neues zu probieren und dafür die rechtlichen Möglichkeiten zu öffnen.

Dazu hätte unseres Erachtens sogar die Pflicht bestanden. Denn welchen Sinn soll die verfassungsrechtlich verbürgte Kulturhoheit der Länder haben, wenn nicht den, durch unterschiedliche Regelungen Konkurrenz um das beste Bildungs- und Hochschulsystem zu schaffen!

---

2   Levin Ludwig SCHÜCKING, Selbstbildnis und dichterisches Schaffen, herausgegeben von Ulf Morgenstern, Bielefeld 2008, S. 338 f.

Nun hatte bereits der Bonner Staat die Kulturhoheit dramatisch ausgehöhlt. Das betraf von Anfang an vor allem Wissenschaft und Hochschulen. Denn durch die Krücke der Bundesbeteiligung an der Investitionsfinanzierung für Hochschulen und dezentrale Forschungsinstitute ist schon in den siebziger Jahren die von den Müttern und Vätern der Verfassung gewollte Konkurrenz um das beste Hochschulwesen zwischen den Ländern beseitigt worden. Man bediente sich dazu der Rechtsfigur der »Gemeinschaftsaufgaben«, die vor allem mit Blick auf die Hochschulfinanzierung Ende der sechziger Jahre in das Grundgesetz aufgenommen worden war. Bereits vorher war aber das Verbot der Mischverwaltung zwischen Bund und Ländern, das das Bundesverfassungsgericht schon sehr früh aus dem Grundgesetz abgeleitet hatte, dadurch umgangen worden, dass die Mitfinanzierung von Wissenschaftsausgaben durch den Bund von einer »Empfehlung« des Wissenschaftsrates abhängig gemacht wurde – wie gesagt, man tat und tut so, als treffe der Wissenschaftsrat keine Entscheidungen, weil er ja nur »empfiehlt« – Einen Landesfinanzminister, der seinem Kollegen aus dem Wissenschaftsressort trotz einer negativen Empfehlung des Wissenschaftsrates und damit des Ausbleibens der fünfzigprozentigen Mitfinanzierung einer Hochschulinvestition durch den Bund, die geplante Ausgabe voll aus dem Landesetat finanziert, gibt es aber nicht.

Diese Situation ist verfassungsrechtlich vor allem deshalb so bedenklich, weil sie die Grundüberzeugung, dass unsere Verfassung sich mit formaler Gesetzestreue nicht zufrieden gibt, sondern nach den nationalsozialistischen Gräueln verlangt, dass sich der Staat materialiter an dem Gerechtigkeitsgedanken zu orientieren hat. Es geht also bei dem verfassungswidrigen Verfahren der Hochschulfinanzierung um mehr, als den jeweils konkreten Fall einer Hochschulinvestition. Wenn es dazu eines Beweises bedurft hätte, wie weit wir uns bereits von einigen wichtigen Grundsätzen unseres freiheitlichen Staates entfernt haben, dann war es die Reaktion der Politik auf das jüngste Urteil des Bundesverfassungsgerichtes zu den Job-Centern. Das Gericht hatte deren Einrichtung aus dem gleichen Grund verboten wie es die Mischverwaltung für die Erledigung kulturpolitischer Aufgaben untersagt hat. Und was macht die Politik? – Einmütig erklärt man: Dann ändern wir eben die Verfassung. Hier wird die Axt an die Wurzel gelegt, die in einem freiheitlichen Staat nun einmal auch in der klaren und überprüfbaren Zuordnung von Verantwortungsbereichen besteht! Wen kann man heute noch für solchen Unfug verantwortlich machen, der zum Beispiel darin besteht, dass der Wissenschaftsrat vor Jahrzehnten festgelegt hat, bei Neubauten für Juristen sind je Student 4 m^2 Hauptnutzfläche vorzusehen, während es für Politologen 4,5 m^2 sein dürfen – ohne dass irgendjemand heute noch angeben könnte, was der Grund für die Differenzierung ist. Die Folge ist öde Gleichmacherei bei der Ausstattung der Hochschulen – gleichgültig in welchem Land, unter welchen politischen Mehrheitsverhältnissen und welche Priorität die Hochschulfragen dort jeweils genießen.

Die Berufung auf Empfehlungen des Wissenschaftsrates und Beschlüsse der Kultusministerkonferenz haben auf diese Weise gerade auch in Sachsen jeden Versuch einer Erprobung eigener Wege zur Lösung der nun tatsächlich erheblichen Probleme im Keim erstickt. Dabei war und ist dies keineswegs zwangsläufig. Gerade aber die Berufung auf Beschlüsse der Kultusministerkonferenz liefert ja keineswegs ein Alibi: Denn dafür ist bei allen Entscheidungen Einstimmigkeit erforderlich. Deshalb wäre es gerade in solchen Fällen möglich, eigene politische Wege zu gehen.

Dass man auch in Sachsen den Empfehlungen des Wissenschaftsrates und der Mehrheits-
meinung der Kultusministerkonferenz exakt gefolgt ist, hatte natürlich Ursachen: Die Ab-
weichung von Empfehlungen des Wissenschaftsrates wäre innersächsisch nicht durchsetzbar
gewesen, weil – wie bereits dargestellt – der Finanzminister nicht mitgemacht hätte, wenn
das Land die möglichen Finanzierungsbeiträge des Bundes nicht in Anspruch genommen
hätte. In diesem Zusammenhang muss man sich nur daran erinnern, dass der Medizinaus-
schuss des Wissenschaftsrates erst nach intensiver Bearbeitung durch den sächsischen Wissenschaftsminister bereit war, seine ursprüngliches – auf die mangelhaften wissenschaftlichen Leistungen der bis dahin existierenden Dresdner medizinischen Akademie bezoge-
nes – Votum gegen die Errichtung einer Medizinischen Fakultät an der TU Dresden aufzugeben. Auch die spätere wirtschaftliche Ausgliederung der beiden Medizinischen Fakultäten
aus den sie tragenden Universitäten wäre am Wissenschaftsrat beinahe gescheitert, weil der
das ursprünglich geplante Maß der Selbständigkeit beider Klinika für zu weit reichend hielt.
Der Gefahr, auf diese Weise aus der Mitfinanzierung der Investitionen des Bundes heraus
zu fallen, hat dann zu erbittert umstrittenen Korrekturen an dem Universitätsklinika-Gesetz
geführt. Obwohl ich die vom Wissenschaftsrat erzwungenen Änderungen der Sache nach
durchaus begrüßt habe, zeigt das Beispiel mehr als deutlich, dass die Kulturhoheit der Länder heute im Bereich von Wissenschaft und Hochschulen weitgehend nur noch auf dem
Papier steht und unfruchtbarer Gleichförmigkeit zwischen den Ländern Platz gemacht hat.

Dabei böte es sich angesichts der großen Mängel unseres Hochschulwesens an, endlich
mit dem von der Verfassung gewünschten Wettbewerb zwischen den Ländern ernst zu machen. Der Versuch, diesen Wettbewerb durch Exzellenz-Initiativen irgendwie doch noch
auszulösen, ist nach meiner Überzeugung mittelfristig zum Scheitern verurteilt, weil man
nun einmal zur Begründung eines hervorragenden Rufes in Forschung und Lehre sehr lange
Zeiträume benötigt. Kein einziger Schnellschuss, Exzellenz durch ad hoc zusammengesetzte
Kommissionen zu beurteilen, leistet mehr, als allenfalls ein Schlaglicht auf die momenta-
ne Situation zu werfen. Eine nachhaltige Beurteilung ist so nicht möglich. Denn Exzellenz
äußert sich vor allem in den handelnden Personen, die über ausreichende Ausstattung und
sehr viel Freiraum zu ihrer Entfaltung verfügen müssen. Jedes Urteil hierüber bezieht sich
aber immer auf in der Vergangenheit Geleistetes. Alle Ausstattungsentscheidungen, jede
Gewährung eines zusätzlichen Freiraumes ist mit einer Prognose über in der Zukunft zu
erwartende Leistungen verbunden. Und wie bei jeder auf Vergangenes gestützten Prognose,
stellt sich leider oft genug heraus, dass sie falsch war. Die aus solchen Fehlern abgeleitete
Furcht, lieber keine Freiheit zu gewähren, die Mittel lieber zu beschränken, als einmal ein
Risiko einzugehen – das ist die eigentliche Ursache für die unbefriedigende Situation der
deutschen Wissenschaft und der unzulänglichen Ausbildungsleistungen unserer Hochschulen. Diese Furcht ist aber zugleich auch der eigentliche Grund, warum es zwischen den
Ländern die von der Verfassung gebotene wirkliche Konkurrenz um das beste Hochschulsystem nicht gibt.

Aus der weiteren Darstellung sind zunächst die Verfahren, die bei der Umstrukturierung
und Erneuerung angewendet wurden, ausgeklammert, weil sie sich aus den einschlägigen
Gesetzen ergeben und in der Literatur nachlesbar sind. Auch auf eine Beschreibung der
heutigen Wissenschaftsstruktur Sachsens wird verzichtet. Sie ist so vielfältig, und es wäre
deshalb selbst bei genügend Zeit ermüdend, wenn versucht würde, hier ein einigermaßen

Hochschulverteilung
auf dem Gebiet der DDR

oben: 1989
unten: 1994

Quelle: Buck-Bechler,
Schaefer, Wagemann
(Hrsg.), Hochschulen
in den neuen
Bundesländern,
Weinheim 1997,
S. 62 und 109

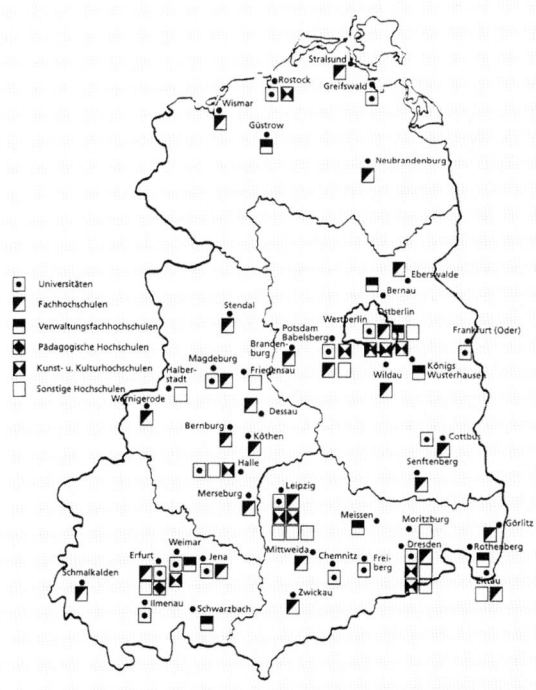

zutreffendes Bild zu zeichnen. Auch darüber gibt es gedruckte Unterlagen, vor allem die einschlägigen Veröffentlichungen des Staatsministeriums für Wissenschaft und Kunst.

Schließlich geht es hier nicht um Vorwürfe der Benachteiligung einzelner Hochschulen in der Zeit des Neuaufbaus der Wissenschaftseinrichtungen des Landes, denn hier soll ja nicht eine Abrechnung stattfinden, sondern es soll um die Frage gehen, ob Sachsen auf dem Gebiet der Wissenschaft für die Zukunft gerüstet ist.

Eine Übersicht über die deutsche und sächsische Hochschullandschaft, die Entwicklung der Personalhaushalte, der Studentenzahlen und der finanziellen Aufwendungen ergibt folgendes Bild:

Hochschulverteilung auf dem Gebiet der ehemaligen DDR
(siehe Karte S. 149)

Übersicht über die Hochschulen in Sachsen im Jahr 2008

Universitäten
Universität Leipzig
TU Dresden
TU Chemnitz
TU Bergakademie Freiberg
Internationales Hochschulinstitut Zittau

Fachhochschulen
Hochschule für Technik und Wirtschaft Dresden (FH)
Hochschule für Technik, Wirtschaft und Kultur Leipzig (FH)
Hochschule für Technik und Wirtschaft Mittweida (FH)
Hochschule für Technik, Wirtschaft und Sozialwesen Zittau/Görlitz (FH)
Westsächsische Hochschule Zwickau (FH)

Kunsthochschulen
Hochschule für Bildende Künste Dresden
Hochschule für Grafik und Buchkunst Leipzig
Hochschule für Musik und Theater »Felix Mendelssohn Bartholdy« Leipzig
Hochschule für Musik »Carl Maria von Weber« Dresden

Hochschulen im Geschäftsbereich
des Sächsischen Staatsministeriums des Inneren
Fachhochschule der Sächsischen Verwaltung Meißen
Hochschule für Polizei Sachsen, Rothenburg (ÖL)

Hochschulen in privater Trägerschaft
Evangelische Fachhochschule für Sozialarbeit Dresden
Fachhochschule für Religionspädagogik und Gemeindediakonie Moritzburg
Fachhochschule der Deutschen Bundespost TELEKOM Leipzig
Ostdeutsche Hochschule für Berufstätige Leipzig
Hochschule für Kirchenmusik Dresden
Handelshochschule Leipzig

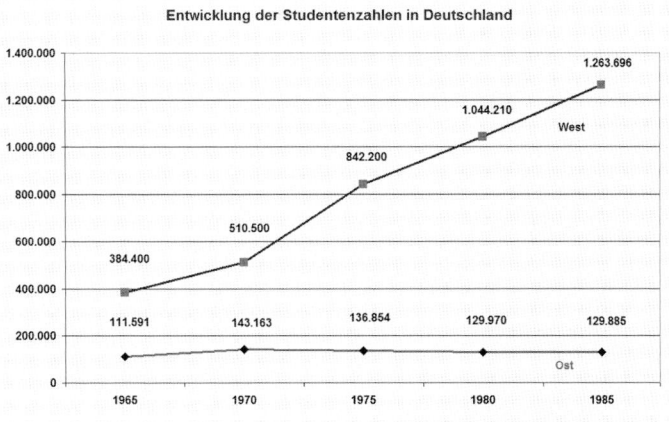

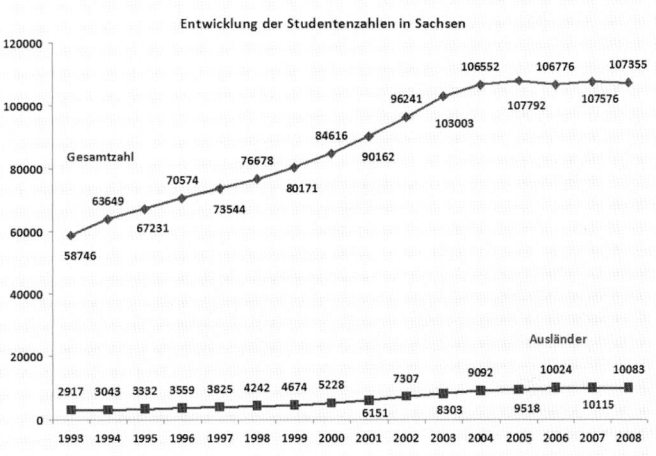

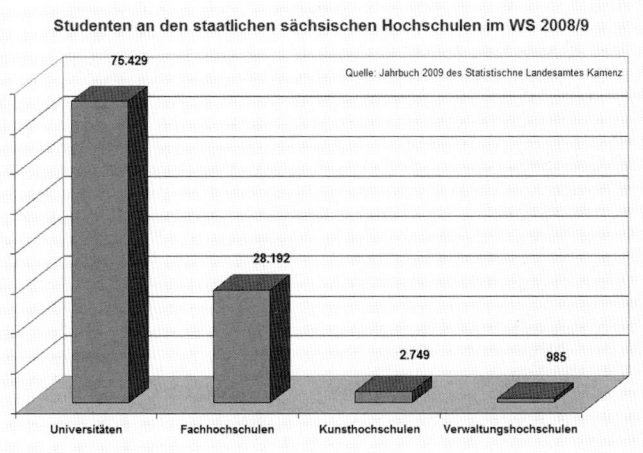

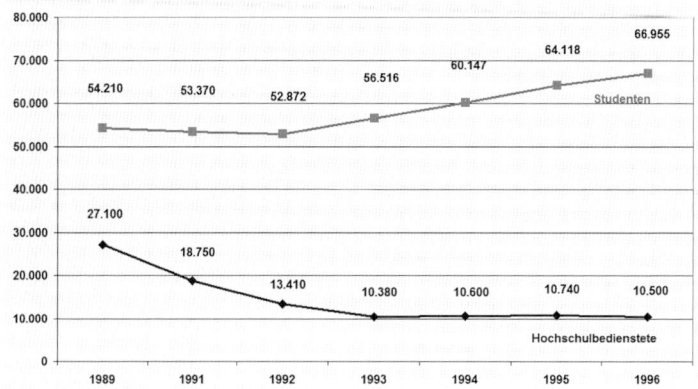

Entwicklung der Zahl der Hochschulbediensteten und Studentenzahlen

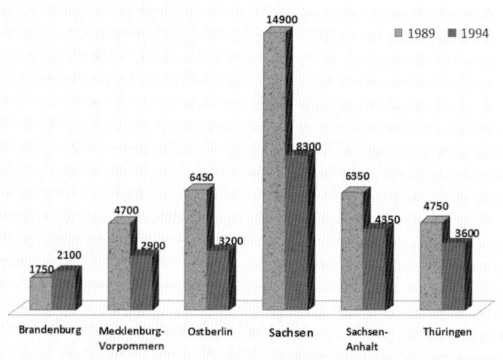

Stellen für wissenschaftliches Personal 1989 und 1994

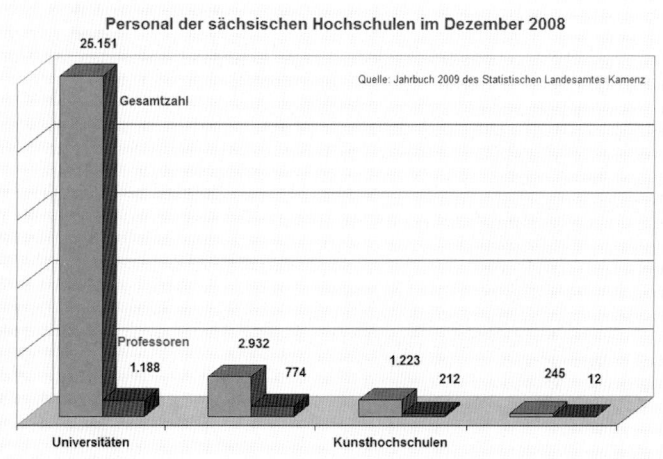

Personal der sächsischen Hochschulen im Dezember 2008

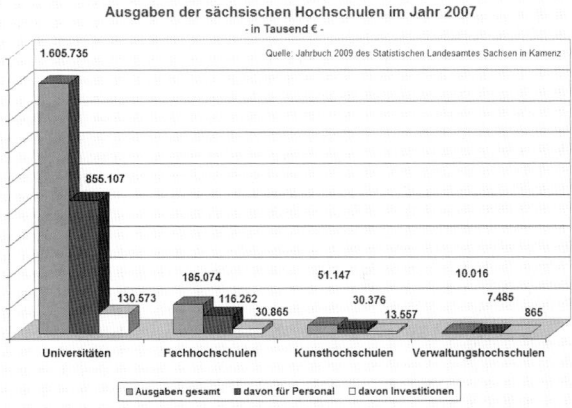

Aus diesen Übersichten über wichtige Daten zum sächsischen Hochschulsystem wird zunächst noch einmal die bereits erwähnte besondere Hochschuldichte auf dem Territorium Sachsens während der DDR-Zeit deutlich. Da die Hochschulen und Forschungsinstitute außerdem erheblich zu viel Personal beschäftigten, wurde dieser Umstand für die Erneuerung der sächsischen Wissenschaft zu einer besonderen Belastung.

Das zeigt das Beispiel Leipzigs mit besonderer Deutlichkeit: Zusammen mit den in die Universität Leipzig integrierten Hochschulen und Hochschulteilen, die rund 9 000 Studenten auszubilden hatten, wurden dafür 1990 rund 8 600 Mitarbeiter beschäftigt. Dabei sind die über 5 000 Mitarbeiter des Bereichs Medizin, der sich aus dem Universitätsklinikum und der Medizinischen Fakultät zusammensetzte, noch nicht mitgerechnet. Der Bereich Medizin betreute damals rund weitere 3 000 Studenten. Ich habe die Verhältnisse an den anderen sächsischen Hochschulen nicht ermittelt. Sie dürften sich aber im Großen und Ganzen sowie der Tendenz nach kaum von den Leipziger Verhältnissen unterschieden haben.

Der große Personalabbau, den diese Situation erzwang, begann erst mit dem Haushaltsjahr 1993. Dabei erwies es sich als zusätzliches Problem, dass der Wissenschaftsminister verlangte – und mit Hilfe des Ministerpräsidenten auch durchsetzte, dass für die Hochschulen 11 000 Personalstellen bereitgestellt wurden, während der Finanzminister die dadurch bewirkte Belastung des Staatshaushalts für überzogen hielt. Er hielt 9 000 Stellen für ausreichend. Das folgende Jahrzehnt war für die Hochschulen daher vor allem auch durch diesen, nie vollständig ausgeräumten Konflikt gekennzeichnet: Kaum war die Anpassung an die neuen Stellenpläne gelungen – das bedeutete für die Universität Leipzig, sich von mehr als zwei Dritteln der vorhandenen Mitarbeiter trennen zu müssen – wurden von Jahr zu Jahr weitere Stellenkürzungen wirksam. Für die Konsolidierung der Einrichtungen hatte dies erhebliche nachteilige Folgen. Denn ständig mussten die Planungen angepasst werden, was sich vor allem bei der Berufung besonders qualifizierter Wissenschaftler als ausgesprochen nachteilig erwies.

Die durch diesen Personalabbau ausgelöste physische und psychische Belastung für die Rektorate will ich nur mit dem Hinweis illustrieren, in welcher Stimmung der damalige Rektor, Professor Dr. Cornelius Weiss und ich uns an einem Samstagvormittag gegen Ende 1992 gegenübersaßen und gemeinsam 1 500 Kündigungen »wegen mangelnden Bedarfs« unterschrieben. Uns war bewusst, dass wir die betroffenen Mitarbeiter in die Arbeitslosigkeit schickten – ebenso, wie wir wussten, dass darunter viele waren, die sich nichts zu Schulden hatten kommen lassen, ja, die sich durch Teilnahme an den Montagsdemonstrationen zu den Zeiten, als dies noch Mut erfordert hatte, für die demokratische Erneuerung und für die Wiedervereinigung eingesetzt hatten.

Habe ich bisher von den quantitativen Problemen gesprochen, dann waren die qualitativen nicht weniger schwierig zu lösen. In der Literatur, die sich mit diesen Fragen beschäftigt, wird immer wieder mitgeteilt, dass die Qualität der neu Berufenen den Ansprüchen an Spitzenpersonal nicht entsprochen habe. So schließt der Leipziger Politikwissenschaftler Hartmut Elsenhans in einem Aufsatz aus dem Jahr 2004 aus der Dauer, die Nachwuchskräfte vom Tag der Habilitation an bis zu ihrer ersten Berufung zum Professor warten mussten, auf schlechtere Qualifikationen der unmittelbar nach der Neugründung der Länder in den Osten Berufenen, weil deren Wartezeit durchschnittlich erheblich höher lag, als im Westen.[3] Auch wenn sich diese Zahlen später immer stärker angeglichen haben, lagen sie noch im Jahr 2003 um durchschnittlich mehr als ein Jahr zu Lasten des Ostens auseinander.

Diese Feststellung ist sicher ein Indiz für unterschiedliche Qualifikationen. Sie macht es sich aber zu einfach. Denn neben den Routineberufungen standen auch solche von ausgesprochenen Spitzenkräften, die vor allem wegen ihrer emotionalen Bindung an den Osten unter Inkaufnahme erheblicher Nachteile bei ihrer Ausstattung persönlich dazu beitragen wollten, die mitteldeutschen Universitäten wieder nach vorn zu bringen. Dazu könnte ich viele Beispiele nennen, was mir natürlich wegen der Pflicht zur Amtsverschwiegenheit verwehrt ist. In einem Fall kann ich aber davon abweichen: Als ich dem bedeutendsten Indologen, den es damals in der Bundesrepublik gab und der sich zu meiner großen Überraschung beworben hatte, mein kärgliches Ausstattungsangebot unterbreitet hatte und darauf gefasst war, dass er auf der Stelle den Ruf ablehnen würde, weil er an seiner Universität über ein ausgezeichnet ausgestattetes Institut verfügte, erklärte er zu meiner Verblüffung: »Viel ist das ja wirklich nicht, was Sie mir bieten können. Aber es war immer mein Traum, den Leipziger Lehrstuhl für Indologie innezuhaben. Das war die Wiege unseres Faches, die Professur glänzte mit hervorragenden Namen. Ich nehme den Ruf an.« – Bernhard Kölver hat sich anschließend mit erheblichem Einsatz um den Aufbau seiner Professur gekümmert, erhebliche Drittmittel eingeworben und bei seinem krankheitsbedingten vorzeitigen Ausscheiden aus dem Amt seine großartige Fachbibliothek der Universität vermacht. Dass er sich zudem in ganz besonders berührender Weise für seine, aus der DDR-Zeit übernommenen Mitarbeiter eingesetzt hat, passt in das großartige Bild dieses Mannes, der leider bereits im Jahr 2001 verstorben ist. Das war sozusagen die eine Seite der Gaussschen Normalverteilungskurve. Denn es gab weitere Beispiele dieser Qualität, aber sie blieben natürlich die Ausnahme. Auf der anderen Seite der gedachten Gausskurve gab es naturgemäß Fälle, die auf einen glatten Ausfall der zu erwartenden Leistungen hinausliefen. Dafür Beispiele zu nennen, verbietet sich definitiv. Zwischen diesen beiden Extremen liegen alle Facetten wissenschaftlicher Qualifikationen und charakterlicher Haltungen.

In Fächern, in denen bereits im Westen die Nachwuchslage prekär war, wirkte sich dies bei der Qualifikation der zu Berufenden naturgemäß stärker aus, als in Fächern mit einem übergroßen Nachwuchsangebot. Wegen der anfänglichen Besetzung der Berufungskommissionen vor allem mit westdeutschen Professoren kam es auch dazu, dass sie versuchten, für ihre eigenen Schüler Karrierewege zu erschließen. Das ist ein Übel, das natürlich auch im Westen grassiert. Hier aber trat es wegen der großen Eile und der erheblichen Nachfrage massiert auf.

Dazu ein Beispiel: Die Universität Leipzig verfügte zur Zeit der Wende über eine stark differenzierte Slawistik. Nahezu jede slawische Sprache war mit eigenen Professuren vertreten. Im Westen gab es das nicht. Hier waren die Slawisten in aller Regel im Russischen zu Hause und verfügten als Nebenfach noch über Kenntnisse in einer der anderen slawischen Sprachen. In der Strukturkommission, die den Neuaufbau der Philologischen Fakultät vorbereitete, wurde nun massiv versucht, das westdeutsche Modell durchzusetzen. Der Grund

---

3   Hartmut Elsenhans, Die Transformation der ostdeutschen Universität, Unvollständige Kolonisierung und Reformblockade am Beispiel der Universität Leipzig, in: Die Hochschule 2/2004, S. 158 ff., insbesondere S. 164.

dafür lag nahe: Die im Westen Habilitierten konnten – was den Grad der Differenziertheit anging – mit den in Leipzig und an den anderen ostdeutschen Universitäten vorhandenen Nachwuchskräften – nicht mithalten. Auch mit Unterstützung des Wissenschaftsministeriums gelang es, das Leipziger Modell fortzuführen, wenngleich die sich daraus ergebenden Planstellenprobleme nach wie vor nicht endgültig gelöst sind. Die Nachfrage nach Studienplätzen für diese ausdifferenzierte Slawistik war naturgemäß anfangs gering. Sie erhalten zu haben, hat sich aber nun – bei der Ansiedelung des Fraunhofer-Zentrums für Mittel- und Osteuropa in Leipzig – als richtig erwiesen.

Zur Gesamtsituation ist nachzutragen: Die im Stellenplan für das Jahr 1993 zur Verfügung gestellten Professorenstellen wurden zu etwa einem Drittel mit den alten Amtsinhabern besetzt. Ein Drittel kam aus dem eigenen wissenschaftlichen Nachwuchs. Dies kam vor allem hoch qualifizierten wissenschaftlichen Mitarbeitern zu Gute, die trotz hervorragender wissenschaftlicher Leistungen in der DDR wegen mangelhafter Anpassung an das politische System nicht berufen worden waren. Das betraf z. B. einen Pathologen, der als Vizepräsident der Leopoldina in der ganzen Welt über höchstes Ansehen verfügte, aber den Machthabern suspekt war, weil er dem Kirchenvorstand seiner Gemeinde angehörte.

Wenn man heute die Frage nach der Bilanz des seinerzeitigen Um- und Neuaufbauprogramms stellt, dann zeigt das Beispiel der Berufungen, dass wir tatsächlich in einer gemeinsamen Wissenschaftslandschaft angekommen sind. Signifikante Unterschiede in der Qualität von Forschung und Lehre kann man objektiv nicht mehr feststellen. Das wird allerdings von westlichen Gutachtern häufig immer noch übersehen und führt zu unangemessenen Entscheidungen bei der Vergabe von Drittmitteln. Auch dazu ließen sich überzeugende Beispiele nennen.

Dass Sachsen im Hochschulbau und bei der instrumentellen Ausstattung seiner Hochschulen hervorragende Fortschritte gemacht hat, ist bei einem Besuch unübersehbar. Allein der Um- und Neubaukomplex am Leipziger Augustusplatz stellt eine funktionale wie ästhetische Leistung dar. Bereits vor der Fertigstellung des neuen Hauptgebäudes und des Neubaus, der die 1968 gesprengte Universitätskirche ersetzt und zugleich die Funktionen der Aula- und der neuen Universitätskirche erfüllen wird, werden Architekturkritiker aus aller Welt von dem Projekt angelockt. Insgesamt wurden nach Angaben des sächsischen Finanzministeriums seit 1990 in Baumaßnahmen der sächsischen Hochschulen 3,02 Milliarden Euro investiert. Es wäre reizvoll darüber zu berichten, wie die Hochschulen z. T. auch durch unkonventionelle Wege dazu beigetragen haben, die Baumaßnahmen zu beschleunigen und den Freistaat Sachsen auf diese Weise zu entlasten. So hat der Neubau des Juridicums der Universität Leipzig am historischen Standort mit immerhin 5 000 m² Hauptnutzfläche den Staat keinen Cent gekostet, weil die Universität – gegen Widerstände – das alte Grundstück zurückerhielt und die Baukosten für das Universitätsgebäude im Rahmen einer »Public Private Partnership« auf das an dem Projekt beteiligte Unternehmen abwälzen konnte.[4]

---

4 Die »1a-Lage« des Grundstücks in der Leipziger Innenstadt erlaubte es, in den Untergeschossen und bis zur zweiten Etage Handelsflächen einzurichten (die es an dieser Stelle auch schon vor der Vernichtung des alten Juridicums im Zweiten Weltkrieg gegeben hatte). Statt eines Erbbauzinses übernahm der Investor die Kosten für den Neubau der vier Geschosse des neuen Juridicums. Ähnlich verfuhr die Universität Leipzig bei der Errichtung des Gebäudes für die Wirtschaftswissenschaften in der Innenstadt-Lage »Grimmaische Straße«.

Auch auf dem Gebiet der außeruniversitären Forschung kann Sachsen hervorragend mithalten. Das zeigen alle Landkarten, die über die regionale Verteilung der Forschungsinstitute informieren. Zu den Kriterien, die zur Ansiedelung von Max-Planck- oder Fraunhofer-Instituten[5] führen, gehört immer mit an erster Stelle, dass sie am Ort Hochschulen vorfinden, die als Kooperationspartner zur Verfügung stehen, aus denen sie wissenschaftlichen Nachwuchs rekrutieren können und die den eigenen Mitarbeitern Qualifizierungsmöglichkeiten zur Weiterführung ihrer wissenschaftlichen Karriere eröffnen. Die Existenz einer großen Zahl solcher Institute, vor allem in Dresden und Leipzig, belegen daher die Qualität der jeweils vor allem als Kooperationspartner benötigten Fakultäten. Eine Reihe von in Sachsen bereits ansässigen Forschungseinrichtungen wurde – meist nach entsprechender Umstrukturierung und in großem Ausmaß auch durch eine neue Ausrichtung der Forschungsgebiete – auch in die entsprechenden Forschungsorganisationen wie die »Wissenschaftsgemeinschaft Gottfried Wilhelm Leibniz«[6] oder die »Helmholtz-Gemeinschaft deutscher Forschungszentren«[7] aufgenommen.

Um ein Urteil über die Frage zu erleichtern, ob Sachsen nach seiner Neugründung vor zwanzig Jahren in der Wissenschaft an seinen alten guten Ruf anknüpfen konnte, will ich noch zwei Umstände erwähnen, die in der heutigen Diskussion erheblich zu kurz kommen. Wir reden uns die Köpfe heiß über Effizienz und Exzellenz, über Wissenschaftstransfer, geistige Ressourcen, Schlüsselqualifikationen und was es an derartigen Vokabeln noch gibt. Darüber vergessen wir in aller Regel vollständig, dass zur akademischen Ausbildung, die nicht umsonst mindestens fünf Jahre dauert, ein menschlicher Reifungsprozess gehört, dass die künftigen Führungskräfte unserer Gesellschaft in der Lage sein müssen, über den Tellerrand ihrer Berufsqualifikationen hinauszublicken.

Das wurde in der Vergangenheit einmal dadurch erreicht, dass sich die Universitäten – ganz im Wortsinne der »universitas literarum« – als Orte verstanden, an denen es zur Begegnung der geistigen Kulturen und der wissenschaftlichen Fächer kam. Gustav Radbruch, der große Rechtsphilosoph und Reichsjustizminister während der Weimarer Republik beschreibt seine Leipziger Studienzeit so: »Eine Universität sollte ja nicht ein bloßes Neben-

---

5   Dazu gehören: In Dresden die Max-Planck-Institute für Chemische Physik fester Stoffe, für Physik komplexer Systeme und für molekulare Zellbiologie und Genetik sowie die Fraunhofer-Institute für Elektronenstrahl- und Plasmatechnik, für Fertigungstechnik und angewandte Materialforschung, für integrierte Schaltungen, für Photonische Mikrosysteme und für Zerstörungsfreie Prüfverfahren. In Leipzig sind dies die Max-Planck-Institute für evolutionäre Anthropologie, für Kognitions- und Neurowissenschaften sowie für Mathematik in den Naturwissenschaften. Die Fraunhofer-Gesellschaft unterhält in Leipzig das Institut für Zelltherapie und Immunologie sowie das Zentrum für Mittel- und Osteuropa. Fraunhofer-Institute gibt es außerdem in Chemnitz (für Elektronische Nanosysteme) und in Freiberg (für Solare Energiesysteme).

6   Forschungszentrum Dresden Rossendorf, Leibniz-Institut für Polymerforschung, Leibniz-Institut für ökologische Raumentwicklung, Leibniz-Institut für Festkörper-und Werkstoffforschung, Leibniz-Institut für Länderkunde, Leibniz-Institut für Troposphärenforschung, Leibniz-Institut für Oberflächenmodifizierung.

7   Helmholtz-Zentrum für Umweltforschung (UFZ); das im Jahr 1965 aus dem Zentralinstitut für Kernphysik hervorgegangene »Zentralinstitut für Kernforschung« der Akademie der Wissenschaften der DDR wurde nach der Wiedervereinigung umstrukturiert und im Jahr 2006 in das »Forschungszentrum Dresden-Rossendorf« umbenannt. Es wechselt im Jahr 2011 aus der »Leibniz-Gemeinschaft« in die »Helmholtz-Gemeinschaft«.

einander verschiedener Katheder bedeuten, sondern eine universitas der Geister. Eine solche universitas, die man etwa kennzeichnen könnte mit der Formel eines auf Erfahrung gegründeten Denkens und Werdens, stellte damals – d. h. gegen Ende des 19. Jahrhunderts – die Universität Leipzig dar.«

Und das Zweite, was zu allem intentionalen Bemühen dazu kommen muss, damit die Hochschulen zukunftsfähige Stätten der Bildung für die Führungskräfte sind, ist die Überwindung fachlicher Enge, die sich schon immer in einem besonderen Verhältnis zum Musischen dokumentierte. Es ist für mich eine große Freude und stimmt mich erwartungsfroh für die Zukunft, dass sich das studentische Leben heute nicht mehr in den abgelebten Formen des Verbindungswesens, sondern in vielfältigsten kulturellen Aktivitäten niederschlägt. Sicher stehen Disco und Tanz in den Studentenclubs im Vordergrund. Aber daneben gibt es eben allein in der Leipziger Moritzbastei im Jahr über sechshundert von den Studenten organisierte Kulturveranstaltungen, die ohne jede Subvention auskommen – und für die mehr Eintrittskarten verkauft werden als in Oper und Gewandhaus zusammen!

Daneben leben aber auch die musikalischen Ensembles, die Chöre und Orchester wie vor hunderten von Jahren. Und darum stelle ich an den Schluss eine Aussage über die musische Tradition unseres Landes, die unsere Universitätsmusik mit großem Enthusiasmus fortführt. Im Auftrag der Universität Leipzig komponierte Johann Sebastian Bach im Jahr 1734 eine Geburtstagskantate für August den Starken. Sie beginnt mit einem Satz, in den wir im Jubiläumsjahr der Wiederbegründung unseres Landes mit einstimmen sollten: »Preise Dein Glücke, gesegnetes Sachsen.«

Roger Mackeldey

Alte Bindungen wieder neu?
Sachsens Beziehungen in Europa

Wenn im Folgenden besonders auf die nachbarschaftlichen Beziehungen zu Polen und Tschechien eingegangen wird, so geschieht dies vor allem deshalb, weil dem Verhältnis zu den Nachbarn in der jüngsten sächsischen Geschichte ein besonderer Stellenwert beigemessen wird, der sogar in der Verfassung des Freistaates Sachsen seinen Niederschlag findet. In Artikel 12 der sächsischen Verfassung heißt es: »Das Land strebt grenzüberschreitende regionale Zusammenarbeit an, die auf den Ausbau nachbarschaftlicher Beziehungen, auf das Zusammenwachsen Europas und auf eine friedliche Entwicklung in der Welt gerichtet ist.« Die grenzüberschreitende Zusammenarbeit mit Polen und Tschechien hat also heute in Sachsen Verfassungsrang.

Heißt das, dass die gegenwärtigen Beziehungen zu den Nachbarn schon wieder – wie bereits vor 1990 – »verordnete« Beziehungen sind? Heißt dies ferner, dass sich mit der Wiederbegründung des Freistaats Sachsen nahtlos an die Beziehungen vor 1990 anknüpfen ließe? Dass diese Beziehungen im Grunde den gleichen Charakter haben wie vor 1990?

Um diese Fragen zu beantworten, muss zunächst Folgendes geklärt werden: Welche »alten Bindungen« gab es? Wie sahen die Beziehungen zu den Nachbarn vor 1990 aus?

Historische Auslandsbeziehungen Sachsens

Ein Blick in die Geschichte belegt, wie eng und verflochten die Beziehungen Sachsens zu Böhmen einerseits und zu Polen andererseits über viele Jahrhunderte hinweg waren. Einige wenige Fakten sollen dies illustrieren: Da gibt es die Verbindungen durch die alten Handelswege, deren bekannteste die Hohe Straße – auch Via regia genannt – ist, deren Anfänge in das 8. oder 9. Jahrhundert zurück reichen. Schon ab dem 10. Jahrhundert lebte in Prag eine bedeutende deutsche Gemeinschaft.

Der Bergbau war das verbindende Element zwischen Sachsen und Böhmen seit dem 12. Jahrhundert. Im 13. Jahrhundert begann in manchen Teilen Böhmens eine intensive Besiedlung durch deutsche Bergleute. Durch den Bergbau entstanden Siedlungen wie Freiberg, von dem aus im 13. Jahrhundert ein wichtiger Handelsweg nach Prag führte. Der Silberbergbau beschleunigte die Besiedlung Sachsens und des tschechischen Teils des Erzgebirges im 16. Jahrhundert.

1347 wurde Karl (Taufname: Wenzel [Václav]), der spätere Kaiser Karl IV., als Karel I. König von Böhmen. Er gründete 1348 in Prag die nach ihm benannte Universität als erste Universität auf dem Boden des Heiligen Römischen Reiches nördlich der Alpen, in der viele deutschsprachige Studenten eingeschrieben waren und deutsche Professoren lehrten. Nicht erst seit dem 600-jährigen Jubiläum der Universität Leipzig im vergangenen Jahr wissen wir, dass die Alma Mater Lipsiensis eine Art »Ausgründung« der Alma Mater Carolina darstellt, weil es infolge einer Reform der Universitätsverfassung per Dekret und die damit verbundene Zurücksetzung der Ausländer im Mai 1409 zum Auszug vieler fremder Studenten und Professoren aus der Prager Universität kam. Ein Teil davon ging in die Markgrafschaft Meißen und gründete die Universität Leipzig.

Seit dem 14. Jahrhundert gehörten Schlesien, die Lausitzen und andere Gebiete zum böhmischen Staatsverband. Karl IV. betrieb eine ausgleichende Nationalitätenpolitik: Er schützte und förderte die Deutschen in Böhmen, verlangte von ihnen aber, dass sie ihre Kinder zweisprachig – deutsch und tschechisch – erziehen.

Auch mit Polen ist Sachsen historisch auf das engste verbunden, unter anderem durch die gemeinsame Zugehörigkeit zum Herrscherhaus der Wettiner in der Zeit der sächsisch-polnischen Union ab 1697.

Obwohl Deutschland nach dem Dreißigjährigen Krieg wirtschaftlich ruiniert war, konnten sich bereits im 17. Jahrhundert die Handelsbeziehungen mit Polen im deutschen Grenzgebiet recht gut entwickeln. Die deutschen Kaufleute in Breslau, Danzig oder Königsberg ließen ihre Söhne Polnisch lernen und ließen polnische Schulen in ihren Städten unterhalten. »Die Bedeutung der polnischen Sprache hoben viele Autoren von Lehrbüchern im deutschen Grenzgebiet hervor. Jeremias Roter schrieb im Vorwort zu seinem ›Schlüssel zur polnischen und teutschen Sprache‹ [1616], dass die Kenntnis der polnischen Sprache nicht nur in Breslau, sondern im gesamten schlesischen Raum für alle Kaufleute und Handwerker am nötigsten und nützlichsten sei. Die Kenntnis des Polnischen sei wichtiger als die Kenntnis der in Schlesien unnötigen Sprachen, d. h. des Italienischen, Französischen oder Spanischen.«[1]

Im 19. Jahrhundert, nach dem Verlust der Staatlichkeit Polens, und insbesondere nach dem gescheiterten Novemberaufstand von 1830 gegen die russische Fremdherrschaft, emigrierten polnische Politiker, Intellektuelle und Künstler nach Frankreich und Deutschland. Geschlagene polnische Aufständische aus den russisch besetzten Gebieten wurden von der deutschen Bevölkerung begeistert empfangen. Überall kam es zur Bildung von »Polenvereinen«. Ein beliebter Ort des Exils war die Residenzstadt Dresden. Spuren der Exil-Polen in Dresden finden sich reichlich: zum Beispiel im Kraszewski-Museum oder auf dem Alten Katholischen Friedhof, wo viele der Exil-Polen ihre letzte Ruhestätte fanden.

Es gibt also – neben den schrecklichen Schattenseiten unserer Nachbarschaftsbeziehungen, die sich auf das 20. Jahrhundert, und hier besonders auf die Zeit des Zweiten Weltkrieges und der Naziherrschaft konzentrieren – eine Fülle positiver historischer Anknüpfungspunkte für die Gestaltung der Beziehungen zu unseren Nachbarn.

Wichtig ist es aber auch, noch etwas genauer die Beziehungen in der Zeit zwischen 1949 und 1990 zu betrachten – ohne damit den Anspruch auf eine ausgewogene historische Analyse zu erheben. Oberflächlich betrachtet waren die Beziehungen zwischen der DDR und ihren östlichen und südöstlichen Nachbarn »normal«, schließlich handelte es sich in der offiziellen Diktion der DDR ja um Beziehungen zwischen »Brudervölkern«. Schaut man aber genauer hin, so bekommt dieses durch die damaligen Medien retuschierte Bild zahlreiche Risse und Brüche.

---

1   Józef WIKTOROWICZ, Die Beschäftigung mit der polnischen Sprache im 17. Jahrhundert im deutschen Grenzgebiet, Manuskript, Warschau 2001, S. 1.

Beispiel Polen: Trotz ideologischer Verbundenheit gab es viele Probleme. Zum Teil hingen diese mit der fehlenden Geschichtsaufarbeitung in der DDR zusammen. Als »Arbeiter- und Bauernstaat« sah man sich nicht in der Verantwortung für nationalsozialistische Verbrechen.[2] Die polnische Bevölkerung freilich sah das in Teilen anders. Hinzu kamen Befürchtungen der DDR-Führung, dass in Polen häufiger vernehmbare oppositionelle Stimmen eine Gefahr für den Sozialismus darstellten[3] – und zwar bereits in den sechziger Jahren und dann in den Achtzigern verstärkt im Zusammenhang mit den Aktivitäten der Solidarnosc.

Das offizielle polnisch-ostdeutsche Verhältnis war über weite Strecken von gegenseitigem Misstrauen geprägt. Zwar verbesserte sich die Lage zunächst etwas, als Honecker und Gierek an die Macht kamen: Die Grenze zwischen Polen und der DDR wurde geöffnet, ein knappes Jahrzehnt danach – nach Beginn der schleichenden »Konterrevolution« in Polen – jedoch wieder geschlossen.[4]

»Seit dem ›polnischen Oktober‹ 1956, der Wiedereinsetzung Gomulkas und der Entstalinisierung Polens galten die polnischen Kommunisten der Sozialistischen Einheitspartei Deutschlands als notorisch unsichere Kantonisten, die es nicht schafften, die katholische Kirche mundtot zu machen und die Kollektivierung der Landwirtschaft durchzuführen.«[5] Durch die DDR-Medien wurden seit 1980 antipolnische Ressentiments geschürt. Des Weiteren zeigten weite Teile der DDR-Gesellschaft wenig Verständnis für die Freiheitsbewegung in Polen.[6]

Auch das Verhältnis zwischen der DDR und der Tschechoslowakei war alles andere als störungsfrei. Es sei hier nur an die Unterstützung des sowjetischen Einmarsches von 1968 nach Prag durch die DDR-Führung erinnert. Auch im Verhältnis zu Tschechen und Slowaken spielte die mangelnde Geschichtsaufarbeitung eine wesentliche Rolle – einer der Gründe dafür, dass bereits 1990 eine »Deutsch-Tschechoslowakische Historiker-Kommission« ins Leben gerufen wurde. Das Problem der Zwangsaussiedlung und Diskriminierung von Deutschen in der Tschechoslowakei nach dem Zweiten Weltkrieg existierte faktisch nicht, und zwar weder in der DDR noch in der ČSSR. Von den Präsidialdekreten hatte man in der DDR nie etwas gehört, und die Sudetendeutschen kannte man nur aus dem Westfernsehen oder gegebenenfalls aus dem eigenen familiären Umfeld.

Die Brüderlichkeit fand ihre Grenzen auch im Vorrang nationaler Wirtschaftsinteressen. Die DDR widersetzte sich beispielsweise Forderungen der Tschechoslowakei im Rahmen des RGW, Radeberger Bier nicht als »Pilsner« zu verkaufen, weil das Nachgeben gegenüber dieser Forderung für den Export des Devisenbringers schädlich gewesen wäre.

Diese wenigen Beispiele zeigen bereits, dass nach 1990 grundlegende Neudefinitionen sowohl des deutsch-polnischen Verhältnisses als auch der deutsch-tschechischen Beziehungen auf der politischen Tagesordnung standen. Die Anfang der neunziger Jahre abgeschlossenen bilateralen Grundlagen- und Freundschaftsverträge mit Polen und der Tschechoslo-

---

2   Isabelle Daniel, Beziehungen zwischen Polen und der DDR. Ideologische Nachbarn zwischen Annäherung und Konfrontation, in: suite101.de, 22.02.2009.

3   Vgl. ebd.

4   Vgl. ebd.

5   Dieter Bingen, Deutsch-polnische Beziehungen, in: Informationen zur politischen Bildung, Heft 273, Bundeszentrale für politische Bildung, Bonn 2001, S. 56.

6   Vgl. ebd., S. 56, 59.

wakei haben die Probleme natürlich nicht endgültig gelöst – sie markieren eher den Beginn von Problemlösungsprozessen, die bis in die Gegenwart andauern. Diese Vertragswerke – im Falle Tschechiens 1997 durch eine Deutsch-Tschechische Erklärung ergänzt – bildeten auch die Grundlage für den Neuanfang in den sächsisch-polnischen und sächsisch-tschechischen Beziehungen.

Festzuhalten bleibt, dass die Freundschaft zu den »Bruderstaaten«, insbesondere zur Sowjetunion, vor 1990 grundsätzlich verordnet war und in den Dienst der herrschenden Ideologie gestellt wurde. Das bedeutet andererseits jedoch nicht, dass sich nicht auch fruchtbare Arbeitskontakte und menschliche Beziehungen über die Grenzen hinweg entwickelt haben. Vor 1990 finden sich in nahezu allen Bereichen staatlich gelenkte und von der SED kontrollierte Beziehungen, die ideologisch überwölbt waren: am stärksten in der offiziellen Sphäre von Staat und Partei, zu großen Teilen in den Beziehungen auf der Ebene von Gebietskörperschaften und Institutionen (Beispiele: Städtepartnerschaften[7], Universitätspartnerschaften und wirtschaftliche Zusammenarbeit), schwächer im Bereich individueller Beziehungen (infolge der Zusammenarbeit von Institutionen über längere Zeiträume konnten sich natürlich auch Freundschaften entwickeln), am geringsten in der privaten Sphäre.

Die Außenbeziehungen waren darüber hinaus grundsätzlich auf die »Bruderstaaten« beschränkt, nichtsozialistische Länder (»NSW«) waren tabu – Ausnahmen wurden streng reglementiert und kontrolliert. Selbst bei den Nachbarstaaten gab es erhebliche Hindernisse, etwa durch Reisebeschränkungen nach Polen.

Die Entwicklung nach 1990

Nach 1990 konnte nicht nur der gesamte ideologische Ballast über Bord geworfen werden, auch Einschränkungen des Reiseverkehrs entfielen weitestgehend, bis schließlich Ende 2007 mit der Übernahme des Schengen-Regimes durch die beiden Nachbarsaaten auch die letzte Hürde beseitigt wurde. Über Kooperationsbeziehungen auf den verschiedenen Ebenen entschieden jetzt die Institutionen und Gebietskörperschaften bzw. frei gewählte Abgeordnete und Regierungen selbst, ohne systembedingte Tabus und ideologische Vorgaben. Damit entstand mehr Freiraum für Initiative, Kreativität und Partnerschaft, der auf gemeinsamen Interessen einerseits und Wettbewerb um die besten Ideen und Rahmenbedingungen andererseits beruht, Konkurrenz also nicht ausschließt. »Aus verordneter Freundschaft zu unseren osteuropäischen Nachbarn ist eine echte Partnerschaft geworden.«[8]

Die neue Staatsregierung musste zu Beginn der neunziger Jahre im Hinblick auf die internationale Ausrichtung des Freistaats eine Doppelaufgabe lösen: a) sie musste die Öffnung nach dem Westen organisieren, ohne sämtliche »alte Bindungen« zu kappen; b) sie musste gleichzeitig die »alten Bindungen« neu definieren, neue Verbindungen zu den jungen Demokratien in Mittel- und Osteuropa aufbauen, neue Kooperationsmöglichkeiten unter

---

7   Die Städte Dresden und Wrocław (Breslau) beispielsweise feierten 2009 das 50-jährige Bestehen ihrer Partnerschaft.

8   Aus: Grußwort des sächsischen Ministerpräsidenten Stanislaw Tillich anlässlich des Neujahrsempfangs des konsularischen Corps am 18.01.2010 in Dresden.

neuen politischen Konstellationen mit neuen Partnern nutzen und neue Märkte erschließen, dabei aber alte Märkte, wo immer möglich, erhalten. Dringend benötigte Investitionen mussten ins Land geholt werden; dabei war es nötig, auch über den europäischen Tellerrand hinauszuschauen.

Die neu gewonnenen Freiheiten wurden aber auch genutzt, um an große Traditionen anzuknüpfen: Kurt Biedenkopf hatte nicht nur die Vision, sondern das klare politische Ziel, den einst prosperierenden mitteleuropäischen Wirtschafts- und Kulturraum Sachsen – Böhmen – Schlesien wiederzubeleben. Eine der zentralen Aufgaben bei der Gestaltung der Außenbeziehungen Sachsens bestand darin, dieses Ziel durch geeignete Schritte und Maßnahmen in die politische Praxis umzusetzen. So kam es 1991/92, angeregt und unterstützt durch die Staatskanzlei, zur Gründung von vier Euroregionen an den Grenzen zu Polen und Tschechien als freiwillige Zusammenschlüsse kommunaler Gebietskörperschaften. Die Euroregionen organisierten fortan einen großen Teil der grenzüberschreitenden Zusammenarbeit im unmittelbaren Grenzraum und sorgten vor allem für vielfältige Maßnahmen der grenzüberschreitenden Begegnung zwischen den Bürgern der jeweiligen Nachbarländer. Die mit der deutschen Einheit quasi über Nacht erfolgte Integration der neuen Länder in die Europäische Gemeinschaft bot die Möglichkeit, neue Finanzierungsinstrumente für die grenzüberschreitende Zusammenarbeit einzusetzen.

Die Beziehungen zu unseren Nachbarn werden maßgeblich durch die geopolitische Lage Sachsens bestimmt:

- Sachsen verbindet eine 454 Kilometer lange gemeinsame Grenze mit Tschechien und eine 120 Kilometer lange Grenze mit Polen.
- Beide Nachbarstaaten sind seit 2004 ebenfalls Mitglied der Europäischen Union. Damit wird die Zusammenarbeit enorm erleichtert, verfügen doch alle Partner über gleiche oder vergleichbare Standards, vom Umweltschutz bis zur Polizei. Außerdem können seitdem Förderprogramme der Europäischen Union nach gleichen Verfahren angewandt werden, ja es werden sogar gemeinsame Programme erstellt. Die Aufnahme Polens und Tschechiens in die Europäische Union hat die Entwicklung der Beziehungen zu den Nachbarn nachhaltig befördert.
- Es gibt eine Vielzahl gemeinsamer Interessen im Hinblick auf die Regionalentwicklung, punktuell aber auch Konkurrenzsituationen.
- Die unmittelbare Nachbarschaft bedingt eine Fülle gemeinsam zu lösender Probleme (unter anderem auf den Gebieten Verkehr, Umweltschutz, Kriminalitätsbekämpfung).
- Insbesondere die Grenzregionen sind in ähnlicher Weise vom Strukturwandel betroffen, beispielsweise vom Niedergang der Textilindustrie.
- Es existieren noch Wirtschaftsverbindungen aus der Zeit des Rates für Gegenseitige Wirtschaftshilfe (RGW).

Ein Beispiel aus dem Verkehrsbereich mag dies veranschaulichen: Die Anzahl der grenzüberschreitenden Verkehrsverbindungen (Grenzübergänge) zu Polen und Tschechien war nach dem Zweiten Weltkrieg rund dreimal so hoch wie heute! Die heute bestehenden Verbindungen reichen bei Weitem nicht aus – weder für den wachsenden europäischen Transitverkehr noch für die Wirtschaftsentwicklung der Gesamtregion. Beide Faktoren erfordern ein dichteres grenzüberschreitendes Verkehrsnetz.

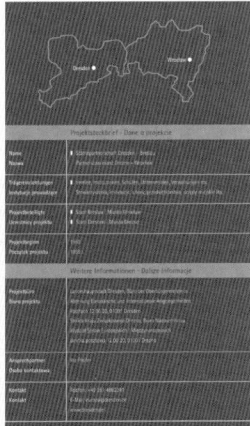

Ausstellung »10 Jahre Zusammenarbeit Sachsen – Niederschlesien«,
Ausstellungstafel über die Städtepartnerschaft Dresden – Breslau (Quelle: Sächsische Staatskanzlei)

Welche Bedeutung unsere Nachbarn heute in wirtschaftlicher Hinsicht für Sachsen haben, lässt sich daran ermessen, dass etwa ein Sechstel aller sächsischen Waren und Dienstleistungen nach Polen, in die Tschechische Republik, in die Slowakei und nach Ungarn gehen (Mittelosteuropa insgesamt etwa ein Fünftel). Ein Drittel kommt aus diesen Ländern nach Sachsen. Im Außenhandel Sachsens belegt Tschechien 2009 den ersten Platz bei den Einfuhren und den sechsten Platz bei den Ausfuhren; Polen liegt auf dem 4. Platz bei den Einfuhren und auf dem 2. Platz bei den Ausfuhren.

Die Väter der sächsischen Verfassung haben also gut daran getan, die Zusammenarbeit mit den Nachbarn so hoch einzuschätzen. Meilensteine in der Entwicklung der Beziehungen Sachsens zu seinen polnischen und tschechischen Nachbarn seit 1990 waren die Gründung der vier Euroregionen entlang der sächsisch-tschechischen und sächsisch-polnischen Grenze in den Jahren 1991/92 und die Unterzeichnung der Gemeinsamen Erklärung über Zusammenarbeit mit der Tschechischen Republik (als Teilstaat der noch bestehenden Tschechoslowakei) durch die Ministerpräsidenten Biedenkopf und Klaus 1992.

Mit der nach der Verwaltungsreform in Polen neu gegründeten Woiwodschaft Niederschlesien wurden 1999 und 2000 Kooperationsvereinbarungen auf der Ebene des Ministerpräsidenten und des Marschalls (als Chef der regionalen Selbstverwaltung) sowie des Woiwoden (als Chef der staatlichen Verwaltung) abgeschlossen. Vorher hatte Sachsen bereits besonders eng mit den (heute nicht mehr bestehenden) Woiwodschaften Zielona Góra (Grünberg) und Jelenia Góra (Hirschberg) zusammengearbeitet. Weitere Kooperationsvereinbarungen wurden schließlich 2002, 2006 und 2007 auch zwischen den drei tschechischen Grenzbezirken Karlovy Vary (Karlsbad), Liberec (Reichenberg) und Usti n. L. (Aussig) einerseits und den Regierungsbezirken Chemnitz und Dresden andererseits unterzeichnet.

»Klippen« und Hindernisse

Gemessen an der politischen »Großwetterlage« – erinnert sei beispielsweise an die Auseinandersetzungen um das »Zentrum gegen Vertreibung« oder die Ostsee-Gaspipeline im Falle Polens oder die Diskussion um die Beneš-Dekrete im Zusammenhang mit der Aufnahme Tschechiens in die Europäische Union – verlief die Entwicklung der Beziehungen Sachsens zu Polen und Tschechien relativ reibungslos und störungsfrei, weil sie sich auf die praktische Zusammenarbeit auf regionaler Ebene konzentrierte – ohne (auch in diesen Ländern zum Teil nicht aufgearbeitete) politisch-historische Problemlagen aus dem politischen Diskurs mit den Nachbarn auszuklammern.

Störend wirkten sich in der praktischen Zusammenarbeit eher administrative Hemmnisse aus, die im Zusammenhang mit Verwaltungsreformen in den Nachbarländern standen. Besonders in Polen kam es nach der Etablierung der regionalen Selbstverwaltungen, auch bedingt durch eine relative Instabilität der politischen Parteienlandschaft, anfangs zu einer hohen Fluktuation von Regionalpolitikern und Ansprechpartnern in den Verwaltungen. Hinzu kam (und kommt) die Sprachbarriere, die sich auf deutscher Seite nicht so schnell abbauen lässt, wie dies wünschenswert ist. Ein wesentlicher Grund hierfür ist die bei uns nach wie vor bestehende stärkere Orientierung nach Westen zuungunsten der Nachbarsprachen.

Freistaat Sachsen   Tschechische Republik

Gemeinsame Erklärung

Der Ministerpräsident des Freistaates Sachsen und der Ministerpräsident der Tschechischen Republik geben im Zeichen der
partnerschaftlichen Beziehungen

auf der Grundlage des Vertrages vom 27. Februar 1992 zwischen
der Bundesrepublik Deutschland und der Tschechischen und
Slowakischen Föderativen Republik über gute Nachbarschaft und
freundschaftliche Zusammenarbeit,

im Bestreben, die Beziehungen zwischen dem Freistaat Sachsen
und der Tschechischen Republik auf der Grundlage der historisch
gewachsenen Bindungen auszubauen und zu vertiefen,

mit der Absicht, den Kommunen und Landkreisen bei ihrem Wunsch,
die grenzüberschreitende Zusammenarbeit auszubauen, die notwendige Unterstützung zuteil werden zu lassen

nachfolgende Gemeinsame Erklärung ab:

Beide Seiten bekräftigen ihre Absicht, partnerschaftliche
Beziehungen zueinander zu unterhalten.

Sie sind der Auffassung, daß die Zusammenarbeit über die
Grenzen hinweg von gegenseitigem Vorteil für die wirtschaftliche und kulturelle Entwicklung sowie für die Bewältigung
ökologischer Probleme in beiden Ländern ist.

Gemeinsame Erklärung über partnerschaftliche Beziehungen zwischen dem Freistaat Sachsen und der Tschechischen Republik von 1992 (Quelle: Sächsische Staatskanzlei)

Multilaterale Zusammenarbeit in Mitteleuropa

Neben der bilateralen nachbarschaftlichen Zusammenarbeit ergab sich die Notwendigkeit der multilateralen Kooperation in Mitteleuropa. Besonders in der Wirtschaft wurde es bald wichtig, Netzwerke zu bilden. Ein Beispiel ist das Zentraleuropäisches Netzwerk der Automobilzulieferer, das 2004 startete und unter der Projektkoordination der Wirtschaftsförderung Sachsen GmbH und der Verbundinitiative AMZ Sachsen die Partnerländer Sachsen, Tschechien, Polen, Slowakei, Ungarn, Österreich umfasst.

Im Hinblick auf das politische Ziel, den mitteleuropäischen Wirtschafts- und Kulturraum Sachsen – Böhmen – Schlesien wiederzubeleben, wurde die trilaterale Zusammen-

Beide Seiten beabsichtigen,

- die Zusammenarbeit in den Bereichen Wirtschaft und Energie-
  politik zu fördern,

- in den Bereichen Umwelt, Landwirtschaft und Forsten, Natur-
  schutz und Raumplanung zusammenzuarbeiten,

- einen gemeinsamen Beitrag bei der Erarbeitung der Verkehrs-
  infrastrukturplanung im Grenzgebiet zu leisten,

- die Aus- und Fortbildung von Führungs- und Fachkräften
  in Klein- und Mittelbetrieben zu fördern,

- die Zusammenarbeit in den Bereichen Kultur, Bildung, Wissenschaft und Forschung, Sport und Tourismus zu intensivieren,

- die Zusammenarbeit der lokalen Gebietskörperschaften zu
  fördern und den Erfahrungsaustausch der staatlichen
  Verwaltungsebene zu vertiefen und

- den im Grenzgebiet entstehenden Euro-Regionen als tragendem
  Element der partnerschaftlichen Zusammenarbeit über die
  Grenzen hinweg Hilfe zu leisten und ihre Interessen auch
  gegenüber der Europäischen Gemeinschaft zu vertreten.

Beide Seiten werden zu diesem Zweck Arbeitsgruppen der
zuständigen Fachressorts einsetzen. Der Bevollmächtigte für
Bundes- und Europaangelegenheiten des Freistaates Sachsen
und das Ministerium für internationale Beziehungen der
Tschechischen Republik werden mit der Koordinierung der sich aus
dieser Erklärung ergebenden Maßnahmen beauftragt.

Dresden, den 05.12.1992

Der Ministerpräsident   Der Ministerpräsident
des Freistaates Sachsen   der Tschechischen Republik

arbeit im Länderdreieck Sachsen – Polen – Tschechien immer wichtiger. Eine von der Staatskanzlei organisierte Ausstellung anlässlich des 10-jährigen Jubiläums der Regionalpartnerschaft zwischen Sachsen und Niederschlesien, die exemplarisch mehr als 30 grenzüberschreitende Projekte zeigt, belegt dies: Über ein Drittel der ausgestellten Projekte sind trilateraler Natur.

Internationale Kooperationen

Von den Nachbarn in Europa sei abschließend der Blick über die Grenzen des Kontinents hinweg gestattet: Sachsen ist heute ein Land mit vielfältigen internationalen Verbindungen. Auf der Liste der Regionalpartnerschaften stehen:

Tschechische Republik (1992), Ungarn (1993), Bretagne, Frankreich (1995), Woiwodschaften Niederschlesien (1999/2000) und Lubuskie (Lebuser Land, 2008), Polen, Slowakische Republik (2001), Alberta, Kanada (2002), Hubei, China (2007)

Darüber hinaus gibt es eine enge Zusammenarbeit auf ausgewählten Gebieten mit den Republiken Tatarstan und Baschkortostan in der Russischen Föderation, mit Québec in Kanada, den Vereinigten Arabischen Emiraten und anderen mehr. Die sächsische Wirtschaft hat Wachstumsmärkte auch außerhalb Europas fest im Blick, beispielsweise in China oder in den arabischen Staaten. Ein Überblick über die Zusammenarbeit Sachsens mit internationalen Partnern ist im Internet unter »www.europa.sachsen.de« zu finden.

Russische Föderation

Auf kein anderes Land passt der Titel »Alte Bindungen wieder neu? ...« besser als auf Russland. Zu DDR-Zeiten galt die »unverbrüchliche« Freundschaft zur Sowjetunion als politischer Imperativ, jedenfalls bis Gorbatschow die Bühne betrat und die DDR-Führung mit Glasnost und Perestroika in Bedrängnis brachte. Angehörige von Schulen, Hochschulen und Betrieben waren zur Mitgliedschaft in der Deutsch-Sowjetischen Freundschaft (DSF) verpflichtet worden. »Von der Sowjetunion lernen heißt siegen lernen«, hatte es lange Zeit geheißen. Russisch-Unterricht war Pflichtfach ab Klasse fünf.

Dass verordnete Freundschaft nicht optimal gedeihen kann, liegt auf der Hand. Dennoch haben sich im Rahmen des Rates für Gegenseitige Wirtschaftshilfe (RGW) viele Geschäftsbeziehungen entwickelt, die noch heute nachwirken und Sachsen wieder zu Gute kommen. Vor allem aber hat die (erzwungene) intensive Beschäftigung mit der Sowjetunion, der russischen Sprache und Kultur, haben Studien- und Arbeitsaufenthalte von DDR-Bürgern eine Russland-Kompetenz in Ostdeutschland wachsen lassen, ohne die die sächsisch-russischen Wirtschaftsbeziehungen heute nicht auf dem Stand wären, auf dem sie sind. Für sächsische Unternehmen ist die russische Wirtschaft mit ihrem gewaltigen Modernisierungsbedarf ein riesiger Markt.

Ein aktuelles Beispiel soll dies verdeutlichen. Die Firma Linde KCA erhielt 2009 einen 450-Millionen-Euro-Auftrag zum Bau eines Anlagenkomplexes mit Gebäuden und Infrastruktur in Tobolsk. Die Firma hat mehr als sechs Jahre investiert, um diesen Auftrag zu erhalten. Die Linde Group hatte im Jahre 1990, noch vor der Wiedervereinigung der beiden deutschen Staaten, mit dem Kombinat Chemieanlagenbau Dresden eines der ersten deutsch-deutschen Joint Ventures gegründet. »Auch wenn die Produktionshallen längst verschwunden sind – die wichtigsten Leute blieben. [...] Ganz klar: Wir hätten den Auftrag nicht bekommen, wenn wir nicht die Schlüsselpositionen in unserem Unternehmen mit Leuten besetzt hätten, die ausgezeichnet russisch sprechen und das Land kennen wie ihre Westentasche.«[9]

Wichtig sind – gerade bei Russland – natürlich auch gute Kontakte auf der politischen Ebene. Manchmal ist die Kontaktpflege auch ein Balanceakt. Trotz harscher öffentlicher

---

9   Ost-West-Contact. Das Wirtschaftsmagazin für Ost-West-Kooperation, Heft 1/2010, S. 51.

Kritik an der Einladung des russischen Ministerpräsidenten Putin zum Dresdner Semper-opernball 2009, die auch die Sächsische Staatskanzlei und den Ministerpräsidenten traf, war es richtig, daran festzuhalten, dass der sächsische Ministerpräsident sich im Rahmen seiner Russland-Reise im April 2009 um die Fortsetzung des persönlichen Kontakts mit Premier Putin bemühte. Letztlich hat es sich für Sachsen und die sächsisch-russischen Wirtschafts-, Kultur- und touristischen Beziehungen ausgezahlt: Als unmittelbares Ergebnis des Gesprächs der beiden Ministerpräsidenten wurde kein Vierteljahr später eine neue Di-rektflugverbindung zwischen Dresden und Moskau eröffnet, um die man sich vorher lange Zeit vergeblich bemüht hatte.

USA

Als Beispiel und Beleg dafür, dass der Freistaat bei der Gestaltung seiner Außenbeziehungen nicht Europa allein im Blick haben darf, sollen abschließend die Vereinigten Staaten genannt werden. US-amerikanische Investoren sind mit etwa 145 Unternehmen in Sachsen vertre-ten. Damit sind die USA der größte Auslandsinvestor in Sachsen. Insgesamt beschäftigen die US-Investoren mehr als 11 000 Menschen im Freistaat, davon sind mehr als 6 000 Ar-beitsplätze im High-Tech-Bereich angesiedelt. Hier sind US-Firmen der hochinnovativen Branchen wie zum Beispiel Globalfoundries, Applied Materials, Dow Chemical, IBM, Niles Simmons, Süss Micro Tec vertreten. Darüber hinaus sind die USA für Sachsen einer der wichtigsten Außenhandelspartner – beim Export sächsischer Wirtschaftsgüter waren sie bis 2008 sogar die Nummer Eins.

Resümee

Aufgrund seiner geografischen Lage in der Mitte Europas, durchzogen von wichtigen Han-delsstraßen, konnte Sachsen seit Jahrhunderten von einem regen kulturellen und wirt-schaftlichen Austausch weit über seine Grenzen hinweg profitieren. Der Freistaat Sachsen pflegt so seit 1990 breit gefächerte internationale Kooperationen mit über 30 Staaten. Die mittel- und osteuropäischen Länder bilden dabei einen wesentlichen Schwerpunkt. Absolu-te Priorität haben die grenzüberschreitenden Beziehungen zu den unmittelbaren Nachbarn Tschechien und Polen.

Die staatlichen Beziehungen zu den europäischen Nachbarn bedurften nach 1990 einer grundlegenden Neudefinition. An individuelle Erfahrungen und an die in Sachsen vorhan-dene Osteuropakompetenz, insbesondere die Russlandkompetenz, konnte dabei angeknüpft werden. Darüber hinaus ist Sachsen aber auch aktiv bemüht um eine zukunftsorientierte Zusammenarbeit mit Ländern in Amerika, Asien sowie im Nahen und Mittleren Osten.

III
Wirtschaft
und Gesellschaft

Michael Schäfer

Schocktherapie und Leuchtturmbau:
Wirtschaft in Sachsen nach 1990

Die Wirtschaft im Freistaat Sachsen hat seit der Wende von 1989/90 einen tief greifenden Umbruch erfahren. Mit der Überführung der staatlichen Plan- und Kommandowirtschaft in ein Markt- und Wettbewerbssystem auf privatkapitalistischer Grundlage vollzog sich innerhalb kürzester Zeit ein schockartiger Strukturbruch. Heute, 20 Jahre nach dem Ende des Kommunismus, hat sich das Profil der sächsischen Industrie- und Gewerbelandschaft grundlegend gewandelt. Diese Feststellung gilt nicht allein für den Vergleich zur DDR-Zeit. Auch längerfristige Kontinuitäten, die weit bis in das 19. Jahrhundert reichten, sind unterbrochen worden oder haben sich abgeschwächt.

Die Industrieregion Sachsen, wie sie sich seit der Industriellen Revolution ausgeprägt hatte, gehört wohl unwiederbringlich der Vergangenheit an. Doch sind seit 1990 im neuen Freistaat Sachsen auch durchaus tragfähige neue Wirtschaftsstrukturen entstanden. Inzwischen haben heruntergewirtschaftete Fabrikbetriebe mit veralteten Maschinenparks modernen Produktionsanlagen Platz gemacht. Zukunftsträchtige Industrie- und Gewerbebranchen konnten im Freistaat Wurzeln fassen und strahlen als Leuchttürme auf die regionale Wirtschaft aus.

Sachsens Industrie- und Gewerbelandschaft
1900–1945

Um den wirtschaftlichen Umbruch der Wendejahre in seiner Spannweite und Bedeutsamkeit nachvollziehen zu können, lohnt sich ein Rückblick auf die Wirtschaftsgeschichte Sachsens der letzten einhundert Jahre. Am Anfang des 20. Jahrhunderts gehörte das Königreich Sachsen zu den dichtesten industriellen Ballungsräumen in Deutschland. Der größte industrielle Sektor war noch um 1900 die Textilindustrie. Sie war vor allem in dem breiten Gürtel ansässig, der sich vom Vogtland, entlang des Erzgebirges und seines Vorlandes bis in die südliche Oberlausitz hinein zog. Die Wurzeln dieser für überregionale und globale Märkte produzierenden textilen Gewerbe im Raum kann man bis weit in die Frühe Neuzeit zurück verfolgen.

Am Vorabend des Ersten Weltkriegs wurde in den Textilfabriken zwischen Plauen, Werdau und Meerane im Südwesten Sachsens und Zittau im äußersten Südosten des damaligen Königreichs eine breite Palette von Woll- und Baumwollstoffen hergestellt. Zu den weltweit nachgefragten Spezialitäten der sächsischen Textilindustrie gehörten die maschinell hergestellten »Plauener Spitzen« aus dem Vogtland. Im oberen Erzgebirge wurden immer noch Spitzen in Handarbeit geklöppelt. Annaberg-Buchholz und die umliegenden Ortschaften waren seit alters Zentren der »Posamentenmacherei«, der Herstellung von Kleiderbesätzen aller Art. Zwischen Limbach-Oberfrohna, Chemnitz und dem Zwönitztal wurden Strümpfe, Handschuhe und Trikotagen gewirkt und in alle Welt versandt.[1]

Die zweite Schlüsselindustrie, der Maschinenbau, hatte ihren wichtigsten Standort in Chemnitz. Hier wurden zunächst einmal Maschinen für die Textilindustrie hergestellt. Seit der Mitte des 19. Jahrhunderts war das »sächsische Manchester« zudem ein weltweit führender Standort des Werkzeugmaschinenbaus. Zu den Pionieren des Chemnitzer Maschinenbaus zählen so illustre Namen wie Richard Hartmann, Carl Gottfried Haubold, David Gustav Diehl, Louis Schönherr, Albert Voigt, Johann Zimmermann oder Julius Eduard Reinecker. Sie alle gründeten erfolgreiche Unternehmen, die bis ins 20. Jahrhundert, manche bis heute, Bestand hatten. Auch Dresden und Leipzig entwickelten sich in der zweiten Hälfte des 19. Jahrhunderts zu bedeutenden Standorten der Maschinenbauindustrie. Man denke an die Fa. Rudolf Sack in Leipzig-Plagwitz, einen der führenden deutschen Landmaschinenhersteller, oder an den Dresdner Pionier des Kamerabaus, Heinrich Ernemann. Schon um 1900 wurden in Sachsen Automobile gebaut. August Horch rief in Zwickau gleich zwei bedeutende Unternehmen ins Leben: Horch und später Audi. Auch Wanderer in Chemnitz oder die Phänomenwerke in Zittau stellten schon vor 1914 Autos her. Im Zwickauer Raum waren im Laufe des 19. Jahrhunderts ertragreiche Steinkohlenvorkommen erschlossen worden. Wichtig für die sächsische Wirtschaftslandschaft war die Stadt Leipzig als Drehscheibe des internationalen Handels. Als Messestadt war Leipzig bis 1945 die unangefochtene Nummer Eins in Deutschland. Leipzig galt als Mittelpunkt des weltweiten Pelzwarenhandels und als Zentrum des deutschsprachigen Buchhandels. Leipzig war auch eine Industriestadt mit zahlreichen Großspinnereien, Maschinenbaufabriken und anderen Industriebetrieben. In der Landeshauptstadt Dresden hatte sich im späteren 19. Jahrhundert ebenfalls eine vielgestaltige Industrie angesiedelt. Schwerpunkte bildeten hier die pharmazeutische Industrie, die Schokoladen- und Zigarettenindustrie, die Großbrauereien, eine feinmechanische und optische Industrie u. a. m. Kurz, Sachsen besaß vor 100 Jahren eine ausgesprochen vielseitige Industrie- und Wirtschaftsstruktur. Dabei überwog die Fertigwaren- und Konsumgüterindustrie. Viele Unternehmen exportierten ihre Erzeugnisse in alle Welt. Es gab zwar in Sachsen eine ganze Reihe größerer Unternehmen, aber insgesamt waren doch die kleinen und mittleren Unternehmen, der unternehmerische Mittelstand, vorherrschend.[2]

1   Vgl. Rainer KARLSCH/Michael SCHÄFER, Wirtschaftsgeschichte Sachsens im Industriezeitalter, Leipzig 2006, S. 70–77, 112 f.; Werner BRAMKE, Die Industrieregion Sachsen. Ihre Herausbildung und Entwicklung bis zum Ende des Zweiten Weltkrieges, in: Rainer Schulze (Hrsg.), Industrieregionen im Umbruch, Essen 1993, S. 291–317; Heinrich GEBAUER, Die Volkswirtschaft im Königreich Sachsen, Dresden 1893, Band 2, S. 488–576; Band 3, S. 1–423.
2   Vgl. KARLSCH/SCHÄFER, Wirtschaftsgeschichte, S. 77–90, 106–117; GEBAUER, Volkswirtschaft, Band 2, S. 143–248; Heinz P. STAAKE, Sächsischer Maschinenbau und Aktienbörsen 1870–1913, Aachen

Der Ausbruch des Ersten Weltkriegs im August 1914 markiert für die sächsische Wirtschaft einen ersten tiefgreifenden Einschnitt. Es folgten nun drei Jahrzehnte der Krisen und Umbrüche. Die Auswirkungen zweier Weltkriege, der Inflation und der Weltwirtschaftskrise trafen die sächsische Industriewirtschaft besonders empfindlich. Die Kriege und die staatlich gelenkte Rüstungswirtschaft machten den zahlreichen sächsischen Export- und Konsumgüterunternehmen das Leben schwer. Wenn sie nicht als kriegswichtig eingestuft wurden, bekamen sie nur unzureichend Rohstoffe und Arbeitskräfte zugeteilt oder wurden zwangsweise still gelegt. In der Zwischenkriegszeit hatten viele Exportbranchen mit den Störungen des Welthandels zu kämpfen. Mit der Tschechoslowakei und Polen waren nach 1918 direkt vor der Haustür neue Staaten entstanden, die ihre Binnenmärkte durch hohe Zölle abschirmten und deren Betriebe der sächsischen Textil- und Spielzeugindustrie mit niedrigen Löhnen Konkurrenz machten. Sachsen galt als »Wetterwinkel der Konjunktur«: Wenn so etwas wie Normalität in die Wirtschaft einkehrte, wie Mitte der 1920er Jahre, wiesen Sachsens Konsumgüter- und Exportindustrien die reichsweit höchsten Wachstumsraten auf. In Krisenzeiten gingen die Wirtschaftsdaten für Sachsen dafür umso tiefer in den Keller.[3]

Die sächsische Wirtschaft in der DDR-Zeit

Der Wiederaufbau nach dem Zweiten Weltkrieg war in Sachsen mit besonderen Handicaps belastet. Die Demontagen der sowjetischen Besatzungsmacht trafen vor allem den Maschinen- und Fahrzeugbau. Insgesamt wurden fast 1000 sächsische Betriebe demontiert und in die UdSSR verfrachtet. Schon unmittelbar nach Kriegsende setzte die Enteignung und Verstaatlichung von Betrieben ein. Sächsische Unternehmen verlegten ihren Firmensitz nach Westen. Oft nahmen sie auch ihre qualifizierten Mitarbeiter mit. Hier ging viel technisches und unternehmerisches Know-how verloren. Mit der Teilung Deutschlands rissen eingespielte Geschäftsverbindungen der sächsischen Industrie ab. Sie musste sich umorientieren, neue Netzwerke wirtschaftlichen Austauschs innerhalb der DDR und dem sozialistischen Wirtschaftsraum Osteuropas knüpfen. Schließlich brachte der Übergang von der Markt- zur Planwirtschaft zahlreiche Reibungsverluste - wie überhaupt die zentral gesteuerte Wirtschaft in 40 Jahren DDR eher schlecht als recht funktioniert hat. Seit 1949 gab der Staat vor, in welche Branchen und Wirtschaftsektoren Investitionsmittel, Arbeitskräfte und andere Ressourcen flossen. Während anderswo in der DDR Eisen- und Stahlwerke und petro-

---

2001; Peter KIRCHBERG, Horch, Audi, DKW, IFA. 80 Jahre Geschichte des Autos aus Zwickau, Berlin 1991; Holger STARKE, Vom Brauerhandwerk zur Brauindustrie. Die Geschichte der Bierbrauerei in Dresden und Sachsen 1800–1914, Köln u. a. 2005; Karl JUCKENBURG, Das Aufkommen der Großindustrie in Leipzig, Leipzig 1913; Karl MENDE, Über Standortsbedingtheit und Aufbau der Dresdner Großindustrie, Leipzig 1927.

3   Vgl. KARLSCH/SCHÄFER, Wirtschaftsgeschichte, S. 138–226; Gerhard RÖLLIG, Wirtschaftsgeographie Sachsens, Leipzig 1928; Song Wong PARK, Sächsische Kriegsindustrie und -wirtschaftspolitik 1914–1918, Berlin 2003; Paul BRAMSTEDT, Die Krisis der sächsischen Industriewirtschaft, o. O. 1932; Michael C. SCHNEIDER, Die Wirtschaftsentwicklung von der Wirtschaftskrise bis zum Kriegsende, in: Clemens Vollnhals, (Hrsg.), Sachsen in der NS-Zeit, Leipzig 2002, S. 72–84. Ulrich HESS, Rüstungs- und Kriegswirtschaft in Sachsen (1935–1945), in: Ders./Werner Bramke (Hrsg.), Sachsen und Mitteldeutschland. Politische, wirtschaftliche und soziale Wandlungen im 20. Jahrhundert, Weimar u. a. 1995, S. 73–92.

chemische Anlagen hoch gezogen wurden, bekam das alte Industrieland Sachsen zunächst wenig ab. Die Ausnahme bildete der Uran-Bergbau im Erzgebirge, der unter der direkten Regie der sowjetischen Besatzungsmacht geradezu aus dem Boden gestampft wurde.[4]

Im Laufe der Zeit entwickelten sich die beiden traditionellen Schlüsselsektoren Sachsens, der Maschinenbau und die Textilindustrie, zu den eifrigsten Devisenbringern der DDR-Wirtschaft. Ihre Erzeugnisse wurden zu recht erheblichen Teilen ins westliche Ausland exportiert. Die Textilbetriebe produzierten eher für das mittlere und untere Preissegment. Der Markterfolg sächsischer Web- und Wirkwaren im Westen basierte vor allem auf niedrigen Preisen. Die Betriebe hatten auf Preisbildung und Absatz keinen Einfluss mehr. Eine zentrale Außenhandelsorganisation setzte die Exportpreise fest, oft ohne Rücksicht auf die Gestehungskosten und nur darauf bedacht, Devisen zu erwirtschaften. Gerade in der Textilindustrie wurden Ersatzinvestitionen stark vernachlässigt. Am Ende der DDR-Zeit war der Maschinenpark der Spinnereien, Webereien und Wirkereien in weitgehendem Maße verschlissen und technisch veraltet.[5]

Dagegen blieb der sächsische Werkzeugmaschinenbau auch qualitätsmäßig auf den Weltmärkten lange wettbewerbsfähig. Bis in die 1970er Jahre gelang es den Werkzeugmaschinenbauern in Karl-Marx-Stadt, unter schwierigen Bedingungen den technologischen Entwicklungsstand der kapitalistischen Länder nachzuvollziehen. Sie hatten damit wohl großen Anteil daran, dass die DDR als weltweit fünftgrößter Exporteur von Werkzeugmaschinen Länder wie Frankreich und Großbritannien hinter sich gelassen hatte. Auch der sächsische Büro- und Druckmaschinenbau mit seinen Standorten in Radebeul und Leipzig konnte auf den Märkten in Ost und West gut mithalten. Seit dem Ende der 70er Jahre geriet der Westexport sächsischer Maschinen aber zusehends in Schwierigkeiten. Im Westen wurden Steuerungen von Werkzeugmaschinen nun zunehmend mit moderner Computertechnik ausgestattet. Die DDR unternahm darauf hin den Versuch, die rapiden Entwicklungen in der Mikroelektronik im Alleingang nachzuvollziehen. Ein Zentrum dieser neuen Industrie entstand in Dresden. Doch trotz aller Anstrengungen gelang es nicht, den Rückstand in der Computertechnologie verringern. Die sächsischen Werkzeugmaschinenbau-Betriebe waren zunehmend gezwungen, wertvolle Devisen für die Beschaffung computerisierter Steuerungen aus dem westlichen Ausland auszugeben.[6]

Die Automobilindustrie blieb auch in der DDR-Zeit am Standort Sachsen. Hier konnte an die Produktionsstätten der Auto-Union in Zwickau, Chemnitz und Zschopau angeknüpft werden. Die Zweiräder des Motorradwerks Zschopau waren lange Verkaufsschlager

---

4   Vgl. Karlsch/Schäfer, Wirtschaftsgeschichte, S. 226–250; Peter Hefele, Die Abwanderung von Industrie- und Dienstleistungsunternehmen aus Sachsen nach Westdeutschland zwischen 1945 und 1961, in: Ulrich Hess/Michael Schäfer (Hrsg.), Unternehmer in Sachsen. Aufstieg – Krise – Untergang – Neubeginn, Leipzig 1998, S. 243–252; Rainer Karlsch/Zbynek Zeman, »Urangeheimnisse«. Das Erzgebirge im Brennpunkt der Weltpolitik 1933–1960, 3. Aufl., Berlin 2007.

5   Vgl. Christian Heimann, Systembedingte Ursachen des Niedergangs der DDR-Wirtschaft. Das Beispiel der Textil- und Bekleidungsindustrie 1945–1989, Frankfurt/M. 1997; Karlsch/Schäfer, Wirtschaftsgeschichte, S. 251 ff.

6   Vgl. Karlsch/Schäfer, Wirtschaftsgeschichte, S. 261 ff., 267–271; Jörg Roesler, Im Wettlauf mit Siemens. Die Entwicklung von numerischen Steuerungen für den DDR-Maschinenbau im deutsch-deutschen Vergleich, in: Lothar Baar/Dietmar Petzina (Hrsg.), Deutsch-Deutsche Wirtschaft 1945–1990, St. Katharinen 1999, S. 349–389.

auch im westlichen Ausland, bevor sie dann seit Mitte der 70er Jahre zunehmend gegenüber der japanischen und westeuropäischen Konkurrenz zurückfielen. Im Automobilbau wurde der technologische Rückstand gegenüber dem Westen schon in den 60er Jahren immer augenfälliger. Der im Zwickauer Sachsenringwerk gefertigte »Trabant« mag um 1960 den bundesdeutschen Kleinwagen noch halbwegs ebenbürtig gewesen sein. Doch nachdem ein moderneres Nachfolgemodell auf Weisung von oben nicht in Serienfertigung gegangen war, lief bis zum Ende der DDR die alte »Rennpappe« mit Zweitaktmotor aus den Zwickauer Werkshallen. In den 80er Jahren versuchte man den Rückstand im Motorenbau durch Kooperationen mit westlichen Autokonzernen, vor allem der Volkswagen AG, aufzuholen. 1988 konnte in Chemnitz ein VW-Motorenwerk eingeweiht werden, was sich aber erst nach der Wende als fruchtbringende Investition erweisen sollte.[7]

Einen nachhaltigen Wandel machte zwischen 1945 und 1989 die Größenstruktur der Wirtschaftsbetriebe in Sachsen durch. Viele der verbliebenen Besitzer- und Familienunternehmen gingen spätestens 1972 in größeren VEB auf. Der Konzentrationsprozess wurde seit den 70er Jahren noch einmal durch die Bildung von Kombinaten beschleunigt. Dies hat die Schwerfälligkeit und Inflexibilität der sächsischen Industriewirtschaft eher verstärkt.[8]

Vom Plan zum Markt

Nach 40 Jahren kommunistischer Plan- und Kommandowirtschaft war die sächsische Industrie in keinem guten Zustand. Vielerorts war über längere Zeit kaum in neue Maschinen und Anlagen investiert worden. In vielen Branchen hatten die Betriebe zunehmend auf Kosten der Substanz gewirtschaftet. Die meisten Betriebe waren 1989/90 nicht fit für die Marktwirtschaft. Es waren dringend Investitionen in die Modernisierung der Produktionsanlagen notwendig. Das Management musste sich unter den Bedingungen eines freien Wettbewerbs zurechtfinden. Produktion und Vertrieb, Kostenrechnung und Kalkulation mussten neu organisiert werden. Mit dem Umbruch in den ehemals kommunistischen Staaten Osteuropas brachen bisherige Märkte der sächsischen Industrie weg, für die kurzfristig Ersatz gefunden werden musste.

Angesichts dieser Ausgangslage musste die politische Grundsatzentscheidung, die DDR innerhalb eines Jahres in den Staatsverband der Bundesrepublik aufzunehmen, für die sächsische Wirtschaft weit reichende Folgen haben. Es ist im Nachhinein schwer zu beurteilen, ob sich die Bundesregierung und ihre wirtschaftspolitischen Experten der ökonomischen Tragweite dieser Weichenstellung bewusst waren oder ob man sie als unvermeidlich hingenommen hat. Zumindest gegenüber der Öffentlichkeit vertraute man darauf, dass die natürlichen Heilkräfte des Marktes zur schnellen Gesundung führen würden. Das ist, wie wir alle wissen, nicht eingetroffen. Schlagartig brachen nach dem 1. Juli 1990 Produktion und Absatz der sächsischen Industriebetriebe ein. Den Betrieben wurde buchstäblich über Nacht eine Erhöhung der Kosten um 300 % aufgebürdet. Sie wurden auf einen Schlag ihrer

7   Vgl. Jörg ROESLER, Ostdeutsche Wirtschaft im Umbruch 1970–2000, Bonn 2003, S. 36–39; KARLSCH/SCHÄFER, Wirtschaftsgeschichte, S. 251–272.
8   Vgl. ROESLER, Wirtschaft, S. 40 f.; KARLSCH/SCHÄFER, Wirtschaftsgeschichte, S. 264 f.; HEIMANN, Ursachen, S. 303–308.

Liquidität beraubt. Ein führender Mitarbeiter der Treuhandanstalt veranschaulichte diesen Effekt später: »Wenn ich heute in Niedersachsen den Reallohn verdreifache, kriegen Sie die Aktien von VW an der Börse geschenkt«.[9]

Ein umstrittenes Thema ist bis heute das Privatisierungskonzept der Bundesregierung und seine Umsetzung durch die Treuhandanstalt (THA). Die Vorgabe für die Treuhand lautete: schnellstmögliche Privatisierung der volkseigenen Wirtschaft. Wo ehemalige Besitzer Eigentumsansprüche geltend machen konnten, sollten ihnen die Betriebe zurück erstattet werden. Die anderen Betriebe sollten dann kaufwilligen privaten Investoren angeboten werden. Es gab auch die Möglichkeit, dass leitende Angestellte ihren bisherigen Betrieb als Besitzer-Unternehmer übernahmen. Die THA betrachtete dies aber meist nur als letzte Option vor der Liquidierung des Betriebs. In der Praxis genossen bei der Privatisierung der sächsischen Industriekombinate bundesdeutsche Unternehmen zunächst einmal das Privileg des ersten Zugriffs. Nachdem sich die westdeutsche Industrie die »Filets« gesichert hatte, musste die Treuhand mühsam nach Investoren suchen, denen sie die weniger begehrten Stücke schmackhaft machen konnte. Nicht selten hatten Investoren aber eher das Interesse, überzählige Produktionsstätten zu schließen, als neue Kapazitäten in Sachsen zu erwerben. Manche der Kaufwilligen dachten von vornherein nicht an eine Fortsetzung des Betriebs, sondern wollten sich nur die Betriebsvermögen, vor allem die Grundstücke aneignen. Auch die Rückerstattung von Betrieben zog sich oft in die Länge. Viele Altbesitzer oder ihre Erben verfügten zudem weder über das notwendige Kapital noch unternehmerische Qualifikation, um solche Betriebe erfolgreich führen zu können.[10]

Derweil häuften sich Insolvenzen, Konkurse und Massenentlassungen. 1992 zog die Regierung Kohl die Notbremse: Man müsse die industriellen Kerne retten. Nun wurden vermehrt Anstrengungen unternommen, Betriebe vor einer Privatisierung zunächst zu sanieren. Das Beispiel des sächsischen Werkzeugmaschinenbaus deutet an, wie mühsam und streckenweise chaotisch der Transformationsprozess vor Ort verlief. Der Werkzeugmaschinenbau, eine der leistungsfähigsten Branchen der DDR-Wirtschaft, bekam 1990 massive Probleme. Bis dahin hatte die Sowjetunion Werkzeugmaschinen aus Sachsen in großen Stückzahlen gekauft. Dieser Absatz fiel mit der Währungsunion schlagartig weg. Binnen zweier Jahren bauten die ehemaligen Werkzeugmaschinenbaukombinate 80–90 % ihrer Belegschaften ab. Proteste der Betroffenen häuften sich. Oft wechselten die neuen Besitzer mehrfach kurz nacheinander. Die Werkzeugmaschinenfabrik »Union«, ein besonders traditionsreicher Betrieb mit Gründungsjahr 1852, wurde sogar schließlich von den Beschäftigten selbst übernommen. Zuvor waren zwei Übernahmen durch westdeutsche Investoren gescheitert. Fast alle sächsischen Werkzeugmaschinenbauer gingen bis Mitte der 90er Jahre mindestens einmal in Konkurs.[11]

Dabei war die Privatisierung des sächsischen Werkzeugmaschinenbaus noch eine Erfolgsgeschichte, denn immerhin wurde ein lebensfähiger Kern gerettet. In Chemnitz gibt

9   Zitat nach: Roesler, Wirtschaft; vgl. ebd. S. 63–66; Karlsch/Schäfer, Wirtschaftsgeschichte, S. 275 ff.
10 Vgl. ebd., S. 63–83; Karlsch/Schäfer, Wirtschaftsgeschichte, S. 277 f.
11 Vgl. ROESLER, Wirtschaft, S. 87 ff.; KARLSCH/SCHÄFER, Wirtschaftsgeschichte, S. 278–281; Wolfgang UHLMANN, Die Chemnitzer Union. Privatbetrieb – Aktiengesellschaft – Volkseigener Betrieb – Mitarbeitergesellschaft, in: Ulrich Hess u. a. (Hrsg.), Unternehmen im regionalen und lokalen Raum 1750–2000, Leipzig 2004, S. 241–248.

es heute eine wettbewerbsfähige Maschinenbauindustrie mit Zukunftschancen. In der Textilindustrie überlebten dagegen nur Restbestände den Umbruch der frühen 90en Jahren.
92 % der Arbeitsplätze gingen hier nach der Wende verloren. An dieser erschütternden
Bilanz können auch einzelne erfolgreiche Sanierungen und »Start-up«-Unternehmen wie
die Chemnitzer Unterwäschefirma »Bruno Banani« nichts ändern. Allerdings war der
Schrumpfungsprozess in der Textil- und Bekleidungsbranche letztlich unvermeidlich. Diesen Prozess hatte die westdeutsche Textilindustrie mit der Verlagerung der Produktion in
Niedriglohnländer schon seit den frühen 60er Jahren vollzogen. Im sächsischen Textilgürtel
zwischen Plauen und Zittau ging diese Entwicklung 30 Jahre später wie im Zeitraffer von-
statten. Vor allem aber konnten hier die sozialen Folgen der Entlassungen weit weniger gut
abgefedert werden als seinerzeit in Westdeutschland, da auch in anderen Branchen massiv
Arbeitsplätze verloren gingen.[12]

Sieht man auf die blanken statistischen Grunddaten, so liest sich das Ergebnis des Transformationsprozesses der 1990er Jahre geradezu erschreckend: Die Zahl der Beschäftigten in der Industrie sank von 1,12 Millionen 1989 auf 215 000 im Jahr 2000. Das heißt:
Vier von fünf Industriearbeitsplätzen gingen verloren. Die Arbeitslosenquoten bewegten
sich weit über dem Bundesdurchschnitt. Hundertausende von Sachsen waren nach Westen
abgewandert. Nun mag man einwenden, dass die Belegschaftszahlen von DDR-Betrieben
nach westlichen Maßstäben stark aufgebläht waren. Auch sollte man berücksichtigen, dass
in den zahlreichen Industriebetrieben, die kulturelle und soziale Einrichtungen unterhiel-
ten, viele Leute beschäftigt waren, die man heute nicht unbedingt zu den Industriearbeit-
nehmern rechnen würde. Dennoch bleibt der Fakt, dass Sachsen zur Jahrtausendwende
einen geringeren Industrialisierungsgrad aufwies als Schleswig-Holstein, das ländlichste
West-Bundesland.[13]

Wer nun »Schuld hat« an dieser unerfreulichen Bilanz der Transformation von der Plan-
zur Marktwirtschaft – darüber gehen die Einschätzungen auch heute noch weit auseinander. War dies das folgerichtige »dicke Ende« des kommunistischen Wirtschaftssystems,
das in 40 Jahren DDR eine ehemals florierende Industrie zu Grunde gerichtet hat? Waren
die alten Produktionsanlagen so marode, dass sie nur noch verschrottet werden konnten?
Oder haben vor allem die rasche Wiedervereinigung und ein verfehltes Konzept der Privatisierung, das allzu blauäugig auf die Selbstregulierungskräfte des Marktes vertraute, den
industriellen Niedergang Sachsens bewirkt? Haben Bundesregierung und Treuhandanstalt
die ostdeutschen bzw. sächsischen Betriebe auf Wohl und Wehe ihrer westdeutschen Konkurrenz ausgeliefert? Wie dem auch sei, das Ergebnis bleibt letztlich das gleiche: Von der
Industrieregion Sachsen scheint am Ende des 20. Jahrhunderts nicht mehr viel übrig geblieben zu sein.

---

12 Vgl. KARLSCH/SCHÄFER, Wirtschaftsgeschichte, S. 276; Ulrich HESS, Unternehmer in Sachsen. Moti-
    ve – Selbstverständnis – Verantwortung, Leipzig 2006, S. 16 – 31.
13 Zahlen nach: KARLSCH/SCHÄFER, Wirtschaftsgeschichte, S. 276; ROESLER, Wirtschaft, S. 83.

Leuchttürme

Der weitflächige Kahlschlag in der sächsischen Industrielandschaft der Nachwendejahre hat sich seitdem als Hypothek der weiteren Wirtschaftsentwicklung erwiesen. Sind gewachsene Strukturen erst einmal zerschlagen, ist es sehr schwierig, sie quasi auf der grünen Wiese neu zu schaffen. Die sächsische Landesregierung hat sich früh zum sogenannten Leuchtturm-Konzept bekannt: Statt nach dem Gießkannenprinzip zu versuchen, Ressourcen möglichst flächendeckend über dem Freistaat zu verteilen, konzentrierte sich die staatliche Wirtschaftsförderung auf wenige, zukunftsträchtige Branchen und Standorte, von denen man sich Ausstrahlungseffekt versprach. Drei solcher Leuchttürme fallen heute ins Auge. Erstens, die Automobilindustrie: Hier gibt es gewisse Kontinuitätslinien zur Vorwendezeit: die Kooperation zwischen dem VEB Sachsenring und dem Volkswagenkonzern. VW hat nach 1990 Produktionsstätten in Mosel bei Zwickau, in Chemnitz und in Dresden hochgezogen, mit heute 7 000 Beschäftigten. Dazu kommen, zumindest nach Rechnung des Konzerns, etwa 30 000 Arbeitsplätze, die indirekt an VW-Sachsen hängen: Zulieferindustrie, Handel, Service, Ausrüsterfirmen. Seit einigen Jahren ist auch Leipzig nach Neuansiedlungen von BMW und Porsche zum Standort der Automobilindustrie geworden.[14]

Einen zweiten Leuchtturm bildet die Chip-Industrie in Dresden und Umgebung. Auch hier sind Anknüpfungspunkte an die DDR-Zeit offensichtlich: die massiven Investitionen der DDR in die Mikroelektronik im Jahrzehnt vor der Wende. Es gelang, einige IT-Konzerne zum Bau von Fertigungsanlagen im Elbtal zu bewegen. Siemens/Infineon machte 1993 den Anfang; weitere Chip-Hersteller folgten, besonders der US-Konzern AMD. Wichtig war das »Humankapital«, das sich schon in DDR-Zeiten gebildet hatte: ein großes Reservoir gut ausgebildeter Fachkräfte. Man hat seither euphorisch von »Silicon Elbe Valley«, von »Silicon Saxony« gesprochen. Auf der aktuellen Webseite der Stadt Dresden ist von 1 200 IT-Firmen mit über 40 000 Mitarbeitern die Rede.[15] Dabei sollte man nicht übersehen, dass die Chipindustrie heute nicht mehr die Rolle als innovativer Pionier spielt, wie im mythischen – echten – »Silicon Valley« im Kalifornien der 1970er und 80er Jahre. Ihr Krisenpotenzial ist spätestens seit dem Börsenkrach von 2000 sichtbar geworden. Das schöne Bild des »Silicon Elbe Valley« hat sich denn auch mittlerweile deutlich eingetrübt, vor allem nach der Betriebseinstellung bei Quimonda, ehemals Infineon 2009.

Ein dritter Leuchtturm entsteht gerade in Dresden, die Biotechnologie. Hier war der Freistaat Sachsen seit der Jahrtausendwende stark initiativ: Es wurden gezielt Forschungskapazitäten im Umkreis der TU Dresden und dem neuen Max-Planck-Institut für Molekulare Zellbiologie und Genetik aufgebaut. Die Idee dabei war, durch Etablierung eines Forschungscluster Dresden und Sachsen zu einem attraktiven Standort für zukunftsträchtige Unternehmen zu machen. Es haben sich auch eine Reihe solcher Unternehmen in den letzten Jahren angesiedelt. Einbezogen sind aber auch pharmazeutische Unternehmen, die

---

14 Vgl. KARLSCH/SCHÄFER, Wirtschaftsgeschichte, S. 283 f.; Rainer EICHHORN, »Ruß-Zwicke« wird wieder eine gute Adresse. Der mühsame Weg von der Planwirtschaft zur sozialen Marktwirtschaft, in: Renate Koch/Herbert Wagner (Hrsg.), Die Geschichte der Kommunalpolitik in Sachsen, Dresden 2006, S. 69 – 72; Ilja MIECK, Kleine Wirtschaftsgeschichte der neuen Bundesländer, Stuttgart 2009, S. 275 f.

15 Vgl. http://www.dresden.de/de/07/021/c_01.php; sowie http://de.wikipedia.org/wiki/Silicon_Saxony (Stand vom 20. 5. 2010); MIECK, Wirtschaftsgeschichte, S. 270 f.

z. T. schon seit dem 19. Jahrhundert mit Dresden verbunden waren: von Heyden, Apoge-
pha, das ehemalige Sächsische Serumwerk (heute Teil des US-Konzerns GlaxoSmithCline).
Ob dieser Plan letztlich aufgeht, ob sich »BioSaxony« gegen andere Regionen, wo momen-
tan Ähnliches passiert, behaupten wird, muss sich erst weisen.[16]

Bei alledem darf man nicht vergessen, dass diese Form der Industrieansiedlung den
Steuerzahler oft ziemlich teuer zu stehen kommt. 20 % der Kosten für Halbleiterwerk von
AMD deckten direkte staatliche Subventionen ab; bei BMW in Leipzig kamen offenbar
mehr als ein Viertel der investierten Summen aus öffentlichen Kassen. Schon 1996 gab der
damalige sächsische Wirtschaftsminister Kajo Schommer zu Protokoll: »Wir müssen die
Unternehmen geradezu bestechen – sonst gehen sie woanders hin«.[17]

Neben den genannten »Leuchttürmen« kann man weitere Branchen benennen, die sich
an bestimmten Orten oder Regionen verdichtet angesiedelt haben bzw. erhalten geblieben
sind. Im Raum Freiberg werden Siliziumscheiben produziert und es haben sich hier So-
lartechnologieunternehmen niedergelassen.[18] Die Landeshauptstadt hat an ihre Tradition
als Standort der pharmazeutischen Industrie auch nach 1990 anschließen können. Vom
Chemnitzer Werkzeugmaschinenbau war schon oben die Rede.

Zudem gibt es quer durch das Branchenspektrum in Sachsen heute zahlreiche mittel-
ständische Unternehmen, die sich unter oft schwierigen Bedingungen behauptet haben. In
gewisser Weise ist dies eine Rückkehr zu den alten Strukturen der sächsischen Wirtschaft
vor 1945. Dies ist nicht unbedingt ein Grund zum Jubeln. Viele der kleinen und mittleren
Unternehmen leiden unter einer schwachen Kapitalbasis. Sie haben Mühe, etwaige Ex-
pansionschancen zu nutzen. Auch sind sie vergleichsweise wenig auf den Export orientiert.
Dazu zeigen viele von ihnen die Neigung, ihre Beschäftigten unter Tarif zu bezahlen. Solche
Firmen sind nicht unbedingt gut aufgestellt für künftige Herausforderungen. Man spricht
ja schon von einer absehbaren Fachkräftelücke. Sachsen gibt an seinen drei Technischen
Universitäten viel Geld für die Ausbildung von Fachkräften für die Industrie aus. Der Freistaat läuft Gefahr, diese Leute nicht im Lande halten zu können, wenn ihnen anderswo
mehr Geld und bessere Arbeitsbedingungen geboten werden. Auf der anderen Seite gibt es
kaum ein Großunternehmen mit Firmensitz in Sachsen. Sachsen ist mit seinen Zweigbe-
trieben westdeutscher und ausländischer Konzerne sozusagen zur »verlängerten Werkbank«
geworden. Das hat etwa die Folge, dass die Forschung und Entwicklung der Unternehmen
in Sachsen eher unterbelichtet ist. Forschungsmittel werden hier in wesentlich höherem
Ausmaß als im Westen vom Staat aufgebracht.[19]

Neue Arbeitsplätze sind seit 1990 nicht zuletzt im tertiären Sektor entstanden: Handel, Verkehr, Dienstleistung. Die Ausweitung dieses Sektors in Sachsen ist nach der Wende
zum guten Teil eine nachholende Entwicklung. Sie ist vor allem auf die Versorgung der
heimischen Bevölkerung gerichtet: etwa die flächendeckende Ausweitung von Bankfilialen;
von Einzelhandelsketten und Baumärkten oder auch die Ausbreitung kommerziell betrie-

---

16 Vgl. MIECK, Wirtschaftsgeschichte; sowie http://www.dresden.de/de/07/021/04/c_01.php; http://bio-
    saxony.com/standort-sachsen/forschungs-infrastruktur. (Stand vom 20. 5. 2010)
17 Zit. nach: Ute WACHENDORFER-SCHMIDT, Politikverflechtung im vereinigten Deutschland, 2. Auflage,
    Wiesbaden 2005, S. 344.
18 Vgl. MIECK, Wirtschaftsgeschichte, S. 273; HESS, Unternehmer, S. 131–145.
19 Vgl. KARLSCH/SCHÄFER, Wirtschaftsgeschichte, S. 284–287; ROESLER, Wirtschaft.

bener Kliniken im Gesundheitsbereich.[20] Einen Aufschwung nahm nach der Wende auch das Handwerk in Sachsen. Zahlreiche neue Handwerksbetriebe wurden gegründet. Bald wies Sachsen eine höhere Dichte an solchen Betrieben auf als die westlichen Bundesländer. Allerdings spiegelt sich hier auch der Verlust an Arbeitsplätzen in der Industrie statistisch wider. Vor allem die Elektro-, Metall- und Bauhandwerke verzeichneten starke Zugewinne. Kraftfahrzeugmechaniker oder Elektroinstallateure profitierten in den 90er Jahren vom Nachholbedarf der Sachsen bei der Anschaffung von Konsumgütern wie Autos, Elektrogeräten u.ä. Das Baugewerbe wurde in den Jahren nach der Wende von den forcierten Anstrengungen getragen, die in der DDR-Zeit zunehmend verfallene Bausubstanz der Städte zu sanieren und neue Wohnhäuser und Bürobauten hochzuziehen. Hier entstanden zahlreiche neue Arbeitsplätze. Allerdings ging der Bauboom Mitte der 90er Jahre zu Ende, sodass ein Teil dieser Jobs wieder verloren ging.[21]

Einigermaßen reibungslos vollzog sich die Transformation der sächsischen Landwirtschaft. Die Privatisierung nahm hier einen markant anderen Verlauf als in den gewerblichen Sektoren. Die ehemaligen Landwirtschaftlichen Produktionsgenossenschaften (LPG) konnten sich weitgehend dem Zugriff der Treuhandanstalt entziehen. Da die Bodenreform der Nachkriegszeit nicht rückgängig gemacht wurde, fiel auch das Problem der Rückgabe an die Altbesitzer weitgehend weg. Zahlreiche LPG wandelten sich zu Agrargenossenschaften. Die sächsische Landwirtschaft war nicht mehr, wie zu DDR-Zeiten, an das Ziel gebunden, einen möglichst hohen Selbstversorgungsgrad zu gewährleisten. Die Betriebe konnten sich nun an der Marktnachfrage orientieren und sich auf bestimmte Erzeugnisse spezialisieren. Aufgrund ihrer vergleichsweise großen Betriebsgrößen waren die sächsischen Landwirte hierfür besser gerüstet als ihre Standesgenossen in vielen westdeutschen Gebieten. Der Anbau von Getreide, Ölfrüchten und nachwachsenden Rohstoffen hat in Sachsen deutlich zugenommen, während die Viehwirtschaft zurückging. Doch gingen auch in der sächsischen Landwirtschaft in den beiden Jahrzehnten nach der Wende rund drei Viertel der Arbeitsplätze verloren. Die Zahl der Beschäftigten im Agrarsektor fiel von etwa 185 000 (1989) auf etwas mehr als 41 700 (2008).[22]

Ein Leuchtturm besonderer Art ist schließlich in Leipzig entstanden. 1997 ist die Leipziger Messe auf ein neues Messegelände außerhalb der Stadt umgezogen. Schätzungsweise 1,3 Milliarden DM sind hier investiert worden. Gleichzeitig ist der Flughafen Leipzig-Halle in Schkeuditz großzügig erweitert worden. Seitdem hat die Messestadt wieder ihr altes Renommee zurück gewonnen. Aber an eine Rückeroberung seiner ehemals nationalen oder gar globalen Schlüsselposition ist realistischerweise nicht zu denken. Frankfurt am Main,

---

20 Vgl. Ulrike MÜNSTERMANN/Jürgen RIEDEL, Veränderungen in der Wirtschaftsstruktur. Das Fallbeispiel Sachsen, in: Karl Heinrich Oppenländer (Hrsg.), Wiedervereinigung nach sechs Jahren: Erfolge, Defizite, Zukunftsperspektiven im Transformationsprozess, Berlin; München 1997, S. 495 ff.; Thomas HECKER, Zur Veränderung der Industrielandschaft im Erzgebirge und seinem Vorland, in: Karl ECKART/ Sabine TZSCHASCHEL, (Hrsg.), Räumliche Konsequenzen der sozialökonomischen Wandlungsprozesse in Sachsen (seit 1990), Berlin 2000, S. 116 ff.

21 Vgl. Friederike WELTER, Handwerk und Handwerker in Sachsen, in: Jürgen Schmude (Hrsg.), Neue Unternehmen in Ostdeutschland. Neuaufbau und Umstrukturierung der Unternehmenslandschaft, Heidelberg 1998, S. 199–221.

22 Vgl. KARLSCH/SCHÄFER, Wirtschaftsgeschichte, S. 282; Statistisches Jahrbuch Sachsen 1990, S. 69; ebd. 2009, S. 174.

Hannover oder München werden kaum den Platz wieder räumen, den sie seit der Nachkriegszeit eingenommen haben. Auch das Passagieraufkommen des Flughafens Leipzig-
Halle ist deutlich unter den Erwartungen geblieben. Mittlerweile hat man allerdings eine
Möglichkeit gefunden, um überdimensionierte Kapazitäten besser auszulasten: Das Fracht-
unternehmen DHL hat Anfang 2008 sein internationales Luftfracht-Drehkreuz von Brüssel
nach Schkeuditz verlegt. Der Freistaat Sachsen hat der Post-Tochter diese Standortverlage-
rung mit Subventionen von rund 70 Millionen Euro und einer Bürgschaft über weitere 500
Millionen schmackhaft gemacht. Dies hat der sächsischen Regierung seitdem gehörigen
Ärger mit einer mächtigen Brüsseler Institution eingebracht, der EU-Kommission.[23]

Ein Fazit von 20 Jahren Wirtschaft im neuen Freistaat Sachsen muss nach alledem eher
zwiespältig ausfallen: Die ehemalige Industrieregion Sachsen gehört der Vergangenheit an.
Nach dem weitflächigen Kahlschlag der frühen 90er Jahre gibt es zwar wieder viele hoff-
nungsvolle neue Triebe in der sächsischen Wirtschaftslandschaft. Bis daraus ein neuer kräf-
tiger Wald entsteht, wird aber wohl noch viel Wasser die Elbe hinunter fließen.

23   Vgl. MIECK, Wirtschaftsgeschichte, S. 263, 266.

Lutz Schneider

Die demographische Entwicklung in Sachsen

Vorbemerkung – Die Ambivalenz des demographischen Diskurses

Demographische Analysen sind durch das Charakteristikum der Langfristigkeit ausgezeichnet. Sie beziehen sich auf sehr ausgedehnte Zeiträume, sowohl in historischer als auch prognostischer Absicht. Für wenige andere Felder quantitativ orientierter Sozialwissenschaft existieren derart lange Zeitreihen wie für die Bevölkerungsentwicklung und -verteilung. Und nur Demographen maßen sich an, Zeithorizonte von 20, 50 oder gar 100 Jahren in die Zukunft aufzuspannen. Diese Langfristigkeit demographischer Aussagen – besonders in prognostischer Hinsicht – hat ihren Grund in der Stabilität und Trägheit, im langen Gedächtnis demographischer Prozesse. Das sogenannte demographische Momentum führt dazu, dass sich Bevölkerungsstrukturen fortsetzen: Eine sehr schwach besetzte Geburtskohorte wird selbst wieder wenig Kinder haben, geburtenstarke Jahrgänge generieren demgegenüber eine recht stark besetzte jüngere Generation, kriegs- und wanderungsbedingte Einschnitte wirken noch Jahrzehnte nach. Anpassungen im generativen Verhalten und in der räumlichen Bevölkerungsverteilung verringern oder verstärken diese Grundtrends zwar in gewissem Umfang, werden in der Regel aber dominiert von Faktoren, die in der Bevölkerungsstruktur selbst begründet liegen. Das lange Gedächtnis demographischer Prozesse erweckt bei Betrachtern überdies den Eindruck der Zwangsläufigkeit der Bevölkerungsentwicklung. Dabei wird übersehen, dass eine gegebene demographische Struktur zwar lange nachwirkt, dass Änderungen dieser Struktur – hervorgerufen durch gewandeltes Geburten- oder Wanderungsverhalten – selbst auch langfristige Wirkungen entfalten. Daraus folgt freilich, dass der Ertrag einer demographiebewussten Politik häufig erst eine Generation später spürbar wird und nicht immer von den Initiatoren selbst geerntet werden kann. Wird hingegen erst gehandelt, wenn der Problemdruck akut ist, sind die Hebel im Allgemeinen zu kurz, um noch substantielle Lageverbesserungen erreichen zu können.

Für den öffentlichen und politischen Diskurs bedeuten diese Langfristigkeit sowie die scheinbare Unabänderlichkeit demographischen Geschehens nichts Gutes. Aufgrund der erheblichen Zeitdifferenz zwischen dem Erkennen demographiebedingter Problemlagen und dem tatsächlichen Eintritt des entsprechenden Szenarios wird die Demographie gegenüber scheinbar drängenderen Problemen der kurzen Frist vernachlässigt, sodass der Vorteil früher Erkenntnis in der Handlungspraxis in einen Nachteil umschlagen kann. Die scheinbare Unabänderlichkeit fördert ferner eine Tendenz zum Fatalismus, zumindest aber verringert die erhebliche Zeitspanne zwischen Saat und Ernte demographisch orientierter Politiken die Neigung, einschneidende Reformen anzugehen. Das langwierige Ringen um eine Regelung zur Rückführung der öffentlichen Verschuldung und der Implementation einer nachhaltigen Finanzpolitik im Rahmen der Föderalismusreformen mag als jüngstes Beispiel dienen. Umso bemerkenswerter ist der Erfolg dieser Reformbemühungen, auch wenn abzuwarten bleibt, ob die verabschiedeten Selbstbindungsinstrumente tatsächlich greifen werden.

Der demographische Diskurs zeigt mithin eine gewisse Ambivalenz. Die Langfristigkeit der Bevölkerungsprozesse ermöglicht einerseits das frühe Erkennen von Problemlagen, führt aber andererseits gerade auch dazu, Handlungsansätze aufzuschieben, da Problemdruck und Problemwahrnehmung zeitlich stark auseinanderklaffen. Das lange Gedächtnis demographischer Strukturen ist sozusagen Segen und Fluch zugleich, es ermöglicht *und* erfordert frühzeitiges Handeln, gebiert aber gleichzeitig die Tendenz zu Verdrängung und Verschiebung. Die Tatsache, dass in den letzten zehn Jahren erhebliche Forschungsanstrengungen zum Thema des demographischen Wandels unternommen worden sind – nicht zuletzt in den neuen Ländern und dort wiederum vornehmlich in Sachsen[1] –, die Tatsache, dass auch der öffentliche und politische Diskurs voll ist von demographischen Themenstellungen, ist vor dem Hintergrund der erwähnten Ambivalenz der Demographie noch kein hinreichendes Faktum, um auf eine angemessene Berücksichtigung der auf die Gesellschaft zu kommenden Herausforderungen zu schließen. Die Lösung der mit Schrumpfung, Alterung und regionaler Polarisierung verbundenen Probleme braucht einen langen Atem, das »Modethema Demographie« muss verstetigt, eine Verdrängung verhindert werden, gerade auch in Zeiten, in denen die demographische Entwicklung leichte Erholungstendenzen aufweist bzw. in eine vorübergehende Phase ohne akuten Problemdruck eintritt. Dies ist gegenwärtig der Fall: Die Geburtenzahlen im Osten der Republik und gerade auch in Sachsen haben sich vom Nachwendeschock erholt und auf westdeutschem Niveau stabilisiert, die Zeit der Anpassung (vor-)schulischer Infrastruktur an eine schrumpfende Zahl von Nachfragern ist damit erst einmal vorbei. Die Situation am Arbeitsmarkt entspannt sich, insbesondere die Nachwendegeneration profitiert von einem günstigeren Verhältnis von Ausbildungsplätzen und -nachfragern. Die Alterung findet überdies gegenwärtig noch in einer Dimension statt, welche die Renten-, Kranken- und Pflegeversicherung bewältigen kann. Die geburtenstarken Jahrgänge der um 1940 Geborenen sind zwar bereits in Rente, aber noch nicht im pflegebedürftigen Alter. Und die Babyboom-Generation der um 1960 Geborenen befindet sich im Alter der höchsten Leistungsfähigkeit, fungiert als starker Rückhalt der Ökonomie.

Angesichts dieses scheinbar geringen Problemdrucks gilt es mit Nachdruck zu betonen, dass die demographiebedingten Herausforderungen nicht etwa hinter uns, sondern eben noch vor uns liegen und zum gegenwärtigen Handeln drängen. Um 2020 wird die Babyboom-Generation das fortgeschrittene Erwerbsalter erreichen, es wird diesbezüglich darauf ankommen, deren Beschäftigungsfähigkeit so lange wie möglich zu gewährleisten. Die geburtenstarken Jahrgänge der späten 1930er und frühen 1940er Jahre gelangen in ein Alter, wo Gesundheits- und Pflegedienstleistungen erheblich stärker in Anspruch genommen werden müssen, die Mobilität hingegen stark reduziert wird. Dies generiert starken Reformierungsbedarf in der Gesundheitsversorgung, gerade auch mit Blick auf dünn besiedelte Gebiete des ländlichen Raumes. In den folgenden Jahrzehnten bis 2030/2040 wird sich dann die Situation auf den Arbeitsmärkten, aber auch mit Blick auf die sozialen Sicherungssysteme noch einmal radikal ändern. Die Verrentung der Babyboom-Generation

---

1   Als Summe der Forschung mit Blick auf Sachsen sei auf die Ergebnisberichte der Expertenkommission »Demografischer Wandel Sachsen« der Sächsischen Staatsregierung aus dem Jahr 2006 sowie der Enquete-Kommission »Demografische Entwicklung und ihre Auswirkungen auf die Lebensbereiche der Menschen im Freistaat Sachsen sowie ihre Folgen für die politischen Handlungsfelder« des Sächsischen Landtages aus dem Jahr 2008 hingewiesen.

bis 2030 dürfte bisher nicht gekannte Fachkräfteengpässe erzeugen und die Sozialversicherung, besonders die Rentenversicherung vor ihre eigentliche Belastungsprobe stellen. Der Pflegebedarf wird sich bis 2050 weiter erhöhen, da die geburtenstarken Jahrgänge dann in das entsprechende Alter vorrücken. Die damit verbundenen höheren Aufwendungen müssen von einer stark geschrumpften Bevölkerung im erwerbsfähigen Alter aufgebracht werden. Insofern gilt es eindringlich zu betonen, dass die demographischen Herausforderungen erst noch auf uns zu kommen und in ihrer Größenordnung in den nächsten drei Dekaden ständig zunehmen werden, von einer Entwarnung somit gerade nicht gesprochen werden kann. Auch wenn viele Kommentatoren des Themas Demographie bereits überdrüssig sind, werden wir uns weiter und verstärkt damit beschäftigen müssen.

Bevölkerungsentwicklung im Zuge der industriellen Revolution – Sachsens Demographie in historischer Perspektive

Die Bevölkerungsentwicklung und -verteilung in Sachsen ist wesentlich durch den frühen und tief greifenden Industrialisierungsprozess im 19. Jahrhundert geprägt. Sachsen als »Pionierregion der Industrialisierung«[2] auf dem europäischen Festland erlebte im 19. Jahrhundert ein erstaunliches Bevölkerungswachstum in den sich herausbildenden industriellen Zentren, damit auch eine frühe Urbanisierung. Das Wachstum war auf die Städte konzentriert, strahlte aber auch auf die umliegenden Regionen ab, sodass Sachsen seit dem 19. Jahrhundert zu den sehr dicht besiedelten Gebieten Deutschlands zu zählen ist und nur wenige rein agrarisch geprägte Gebiete umfasst — auch wenn die Dichte, wie zu sehen sein wird, in den letzten Dekaden deutlich abgenommen hat. Lebten 1815 noch unter 1,2 Millionen Einwohner in Sachsen, so wurde in den 1850er Jahren die Zwei-Millionengrenze überschritten, in den 1880er Jahren erreichte Sachsen bereits die Drei-Millionenmarke, bis zur Jahrhundertwende kam eine weitere Million hinzu, 1914 zählte die Statistik dann fast fünf Millionen Sachsen — mehr als den vierfachen Wert von 1815. Im selben Zeitraum wuchs die Bevölkerung in Deutschland nur um das Zweieinhalbfache. Die Bevölkerungsdichte in Sachsen wuchs zwischen 1815 und 1914 von 78 auf über 320 Einwohner je Quadratkilometer, im deutschen Gesamtmaßstab stieg sie von 46 auf 125 Einwohner je Quadratkilometer. Sachsen war somit zwar bereits vor der industriellen Revolution vergleichsweise dicht besiedelt — ein Fakt, der die Industrialisierung sicher befördert hat —, mit der Industrialisierung kam es aber zu einem Abheben der Bevölkerungsentwicklung, in deren Ergebnis die Bevölkerungsverteilung in Sachsen noch einmal signifikant mehr an Dichte gewann als Deutschland insgesamt.

---

2   Rainer Karlsch/Michael Schäfer, Wirtschaftsgeschichte Sachsens im Industriezeitalter, Leipzig 2006, S. 11.

Abb. 1: Bevölkerungszahl und -dichte in Sachsen 1815 bis 2008

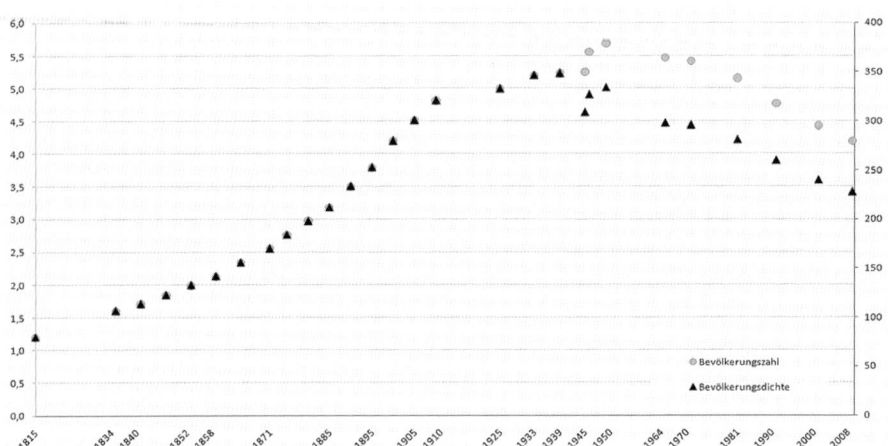

Linke Skala = Bevölkerungszahl in Millionen Einwohnern.
Rechte Skala = Bevölkerungsdichte in Einwohnern je Quadratkilometer.
(Quellen: Statistisches Landesamt Sachsen; Heinz Günther Steinberg, Die Bevölkerungsentwicklung in
Deutschland im Zweiten Weltkrieg, Bonn 1991. Eigene Darstellung)

Hervorzuheben ist die Entwicklung im Chemnitzer Raum, welche enorm von der Industrialisierung gespeist wurde und – wie in den Jahren nach 1989 im Negativen zu sehen war –
bis in die Gegenwart an die Entwicklung der Industrie gekoppelt geblieben ist. Allein
die Stadt Chemnitz (»sächsisches Manchester«) wuchs zwischen 1815 und 1914 um das
Zwanzigfache von unter 15 000 auf fast 300 000 Einwohner. Doch auch die Großstädte
Leipzig und Dresden vervielfachten ihre Einwohnerzahl im »langen 19. Jahrhundert« erheblich. Leipzig wuchs von 35 000 Einwohnern 1815 auf 600 000 Einwohner um 1914.
Dresden hatte 1815 noch 50 000 Einwohner, zu Beginn des Ersten Weltkrieges waren es
über 550 000. Leipzig rangierte dadurch mit München hinter Berlin und Hamburg auf
dem dritten Platz der bevölkerungsreichsten Städte Deutschlands, Dresden lag unmittelbar dahinter. Um 1910 gab es in Sachsen mit Leipzig, Dresden, Chemnitz und Plauen
vier Städte mit über 100 000 Einwohnern, Görlitz und Zwickau folgten mit 86 000 bzw.
74 000 Einwohnern.[3] Das sehr viel stärkere Wachstum der Städte als des Gesamtraumes
Sachsen unterstreicht die bereits erwähnten Urbanisierungsschübe der industriellen Revolution. Nichtsdestotrotz nahmen auch kleinere Siedlungen in Oberlausitz, Vogtland und
Erzgebirge eine rasante demographische Entwicklung im Zuge der industriellen Revolution. Insofern kann festgehalten werden, dass die demographische Entwicklung Sachsens

---

3   Zur Statistik der Städte im deutschen Kaiserreich vgl. Peter FLORA/Franz KRAUS/Winfried PFENNING,
     State, Economy and Society in Western Europe 1815 – 1975. A Data Handbook in two Volumes, Vol.
     II: The Growth of Industrial Societies and Capitalist Economies, Frankfurt; Main; London; Chicago
     1983.

im »langen 19. Jahrhundert« in stärkerem Ausmaß als in den meisten anderen deutschen Regionen an die Industrialisierung gekoppelt war. Dies ist insofern von Bedeutung, als einige sächsische Gebiete, die nach dem politischen Umbruch 1989 starke Deindustrialisierung erleiden mussten, eine ebenso problematische Bevölkerungsentwicklung erfahren haben – somit ihre Kopplung an die Industrieentwicklung noch im 21. Jahrhundert nicht abgelegt hatten.

Im Zusammenhang des Ersten Weltkriegs kam es dann zu einem Rückgang der Bevölkerung bis 1919 um sechs Prozent. Doch auch in der Folge verlangsamte sich das Wachstum der Bevölkerung in Sachsen deutlich. Die Bevölkerungszahl stieg in den 1920er Jahren zwar noch über die Fünf-Millionenmarke und steigerte sich bis 1939 auf über 5,2 Millionen, indes sind diese Steigerungsraten im Vergleich zur Bevölkerungsdynamik im 19. Jahrhundert eher dürftig. Ursächlich hierfür waren vornehmlich die unter dem Begriff des demographischen Übergangs bekannten Modifikationen im generativen Verhalten, insbesondere des Rückgangs der Fertilität.[4] Allerdings war auch die in ihrer Höhe weniger gewichtige Wanderungsbilanz Sachsens in der Zwischenkriegszeit eher negativ, während in den Zeiten der Industrialisierung Wanderungsgewinne realisiert wurden.[5] Im Zuge des Zweiten Weltkrieges kam es zu erheblichen Einschnitten in der Bevölkerungsstruktur Sachsens, zunächst als unmittelbare Folge des kriegsbedingten Anstiegs der Mortalität sowie zwangsweisen Flüchtlingsbewegungen und Deportationen – die freilich in der Bevölkerungsstatistik nicht immer adäquat berücksichtigt sind –, später aufgrund des Zustromes einer außerordentlichen Zahl von Vertriebenen aus den Ostgebieten des ehemaligen Deutschen Reichs. Die Eingliederung der Vertriebenen aus dem Osten und Süden ließ die Bevölkerungszahl Sachsens trotz der kriegsbedingten Bevölkerungsverluste bis 1950 auf 5,6 Millionen ansteigen.[6] Für das Jahr 1949 ist eine Zahl von 996 000 Vertriebenen – die überwiegende Anzahl Schlesier, gefolgt von Sudeten – belegt, was einem Bevölkerungsanteil von 17 % entspricht.[7] Nach 1950 waren Sachsen bzw. die drei Bezirke Dresden, Leipzig und Karl-Marx-Stadt/Chemnitz dann durch einen fast durchgängigen Bevölkerungsverlust geprägt. In den Jahren bis zum Mauerbau dominierten die Abwanderungsbewegungen in den Westteil Deutschlands, aber auch nach 1961 blieb die Wanderungsbilanz bis auf wenige Jahre negativ, in der Konsequenz für die Bevölkerungsentwicklung erheblich verstärkt durch den Sterbeüberschuss seit den späten 1960er Jahren.

---

4   Vgl. Josef EHMER, Bevölkerungsgeschichte und historische Demographie 1800–2000, Enzyklopädie Deutscher Geschichte Band 71, München 2004.

5   Vgl. zu den Komponenten der Bevölkerungsentwicklung Sachsens von 1871 bis 1939 die Vierteljahreshefte zur Statistik des Deutschen Reichs des Kaiserlichen Statistisches Amtes bzw. des Statistischen Reichsamtes.

6   Freilich nahm auch die Fläche Sachsens im Zuge der Neugliederung der Länder im Jahr 1945 zu. Allerdings handelte es sich bei diesen Gebieten um eher bevölkerungsarme Regionen in Niederschlesien. Die Angaben zu Sachsen im Zeitraum von 1952 bis 1990, als in administrativer Hinsicht kein sächsisches Gebiet existierte, beziehen sich auf den Gebietsstand zum Jahresende 1990.

7   Vgl. Torsten MEHLHASE, Flüchtlinge und Vertriebene nach dem Zweiten Weltkrieg in Sachsen-Anhalt: Ihre Aufnahme und Bestrebungen zur Eingliederung in die Gesellschaft, Münster 1999, Anlage 55.

Abb. 2: Natürliche und räumliche Bevölkerungsbewegungen in Sachsen 1955 bis 2008

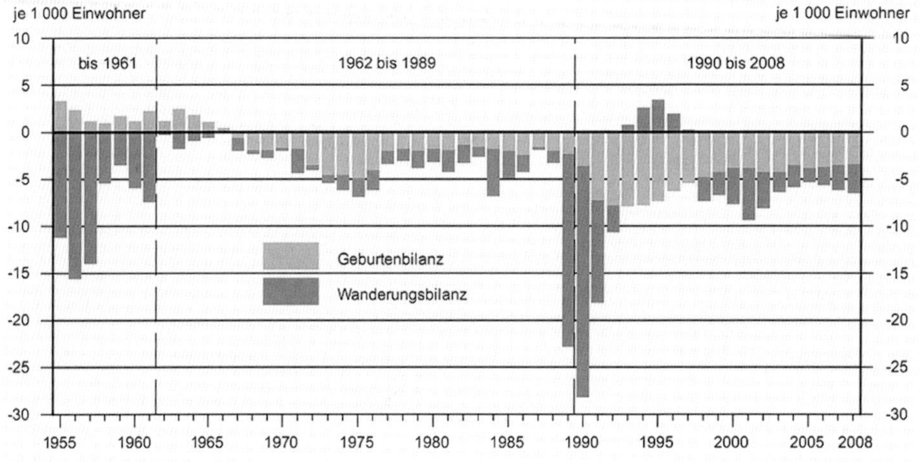

(Quelle: Statistisches Landesamt Sachsen)

Mithin schrumpft die Bevölkerungszahl Sachsens nicht erst seit dem Fall der Mauer, sondern schon über zwanzig Jahre länger. Eine Begleiterscheinung dieser Schrumpfung stellt bereits in DDR-Zeit die Alterung dar. Da Sachsen qua Wanderung vornehmlich junge Menschen verlor, welche sich in anderen Teilen der DDR niederließen, büßte Sachsen auch potentielle Eltern und damit Kinder ein. Die unmittelbare und mittelbare Folge der Abwanderung ließ die drei sächsischen Bezirke im Vergleich zum Rest der DDR stärker altern.[8]

Schrumpfung, Alterung, Polarisierung – Die demographische Entwicklung nach 1989

Der Kollaps des totalitären Regimes in der DDR hat nicht nur einen politischen und ökonomischen Umbruch zur Folge gehabt, auch die Bevölkerungsstruktur ist in historisch geradezu einmaliger Weise durch dieses Ereignis geprägt worden. Abwanderung und Geburtenrückgang haben in den Neuen Ländern zu Schrumpfungs- und Alterungserscheinungen, aber auch zu einer Dynamik regionaler Differenzierung geführt, die in ihrer Geschwindigkeit und Größenordnung ihres Gleichen suchen. Selbst zwanzig Jahre nach dem Einsetzen der politischen Transformation tragen das – zwar mittlerweile an das Niveau Westdeutschlands angepasste, aber immer noch niedrige – Geburtenniveau sowie die anhaltend negative Wanderungsbilanz der Neuen Länder zu einer weiteren Verstärkung von Alterung und Schrumpfung bei.

---

8   Vgl. Siegfried GRUNDMANN, Bevölkerungsentwicklung in Ostdeutschland: Demographische Strukturen und räumliche Wandlungsprozesse auf dem Gebiet der neuen Bundesländer (1945 bis zur Gegenwart), Opladen 1998.

Schrumpfung

In Abb. 3 ist die Schrumpfung der Bevölkerungszahl Sachsens von 1989 bis 2008 im regionalen Vergleich dargestellt. Sachsen hat demnach seit Ende 1989 15 Prozent seiner Bevölkerung verloren. Lebten Ende 1989 reichlich 4,9 Millionen Menschen in Sachsen, so waren es Ende 2008 nur noch knapp 4,2 Millionen. Dieser massive Rückgang der Bevölkerung stellt ein generelles Phänomen der ostdeutschen Länder dar – einzig Brandenburg weist aufgrund der Zuzüge aus Berlin eine bessere Bilanz auf. Die Abbildung macht ferner deutlich, dass der demographische Verlust im Osten mit einem Aufwuchs in den alten Ländern verbunden war, hervorgerufen vornehmlich durch die noch darzustellenden räumlichen Bevölkerungsverschiebungen von Ost nach West.

In zeitlicher Hinsicht sind die Bevölkerungsverluste der ersten Jahre nach der Grenz- öffnung als besonders drastisch zu bezeichnen. Danach setzte Mitte der 90er Jahre eine leichte Erholung ein, gefolgt von einem erneuten Anstieg der Schrumpfungsraten bis 2001/2002. Seither hat sich der Bevölkerungsrückgang bei 20 000 bis 30 000 Personen pro Jahr eingependelt. Die Komponenten, die für den Bevölkerungsrückgang verantwortlich waren, schwankten in erheblichem Umfang (vgl. Abb. 2). Die Anfangsverluste in den Jahren 1989 bis 1991 sind größtenteils den außerordentlichen Wanderungsverlusten dieser frühen Jahre nach der Grenzöffnung zuzuschreiben. Die Wanderungsbilanz verbesserte sich in den Folgejahren deutlich und nahm 1993 bis 1997 positive Werte an, hervorgerufen durch erhebliche Zuzüge aus dem Ausland. Demgegenüber fiel der Saldo der natürlichen Bevölkerungsentwicklung 1991 bis 1996 auf historische Tiefststände. Seit den 2000er Jahren verlaufen die Salden gleichförmiger. Die Wanderungsverluste schwanken um zehntausend Personen pro Jahr, das Geburtendefizit liegt seit 2004 nahezu konstant bei ca. 15 000. Insgesamt sind fast 40 Prozent des Bevölkerungsverlustes seit 1990 auf Wanderungsbewegungen und über 60 Prozent auf die Geburtenbilanz, d. h. den natürlichen Saldo, zurückzuführen. Freilich ist dabei zu berücksichtigen, dass die Geburtenbilanz nicht zuletzt deshalb eine so problematische Entwicklung aufwies, weil eine Vielzahl potenzieller Eltern ihren Kinderwunsch nicht in Sachsen, sondern in den westlichen Bundesländern realisiert haben. Insofern ist die Abwanderung mittelbar auch für einen erheblichen Teil des Geburtendefizits verantwortlich.

Abb. 3: Bevölkerungsentwicklung 1989 bis 2008 im regionalen Vergleich
(Quelle: Statistisches Landesamt Sachsen)

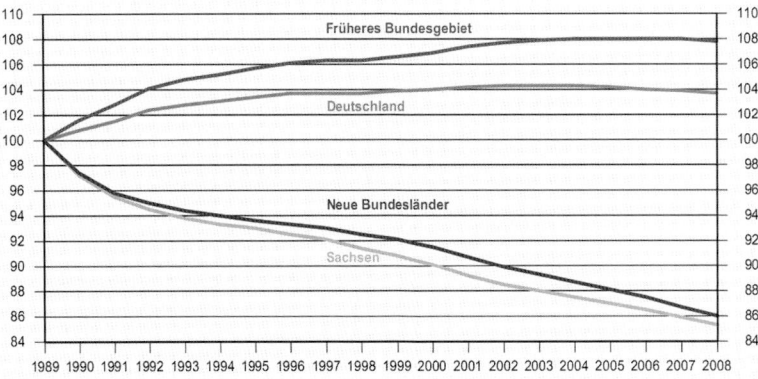

Alterung

Da die Schrumpfung der Bevölkerung auf das Fehlen von Geburten und die Abwanderung vornehmlich junger Menschen zurückzuführen ist, erfolgt diese nicht strukturneutral, sondern ist mit einer ausgeprägten Tendenz zur Alterung verbunden. Das Gewicht der Personen in den höheren Altersklassen ist größer geworden, dagegen verschlanken sich die Alterspyramiden im unteren Teil. Bedingt durch den Geburtenrückgang, welcher dem veränderten Fertilitätsverhalten und der Abwanderung potentieller Eltern geschuldet ist, hat sich die Zahl der unter 15-Jährigen im betrachteten Zeitraum von 1990 bis 2008 nahezu halbiert. Der Anteil der über 64-Jährigen stieg im selben Zeitraum hingegen von 15,7 auf 24,1 Prozent. Diese Entwicklung ist nicht nur auf die Verschlankung der Alterspyramide im unteren Teil zurückzuführen, sondern wird zu einem Gutteil durch den Anstieg der Lebenserwartung verursacht. Im Vergleich zur Sterbetafel von 1987/1989 hatten Männer in Sachsen 2008 mit 76,8 Jahren eine um über sechs Jahre höhere Lebenserwartung bei Geburt. Bei Frauen steigerte sich dieser Wert von reichlichen 76 Jahren auf 82,7 Jahre. Alles in allem stieg das Durchschnittsalter der Sachsen seit 1990 von 39 Jahren auf nahezu 46 Jahre im Jahr 2008 an. Demnach ist Sachsen gleichauf mit Sachsen-Anhalt das älteste Bundesland in Deutschland. Im Vergleich dazu erhöhte sich das Durchschnittsalter in Westdeutschland im selben Zeitraum nur von knapp 40 Jahren auf 42,5 Jahre. Die Entwicklungen in West- und Ostdeutschland bzw. Sachsen sind dabei nicht unabhängig voneinander. Während die Alterung in den alten Bundesländern durch die Zuzüge vornehmlich junger Menschen und potentieller Eltern aus Ostdeutschland gedämpft wurde, verschärfte die Abwanderung dieser Personengruppe die Alterungstendenzen in den neuen Bundesländern erheblich.

Regionale Polarisierung

Schrumpfung und Alterung sind in den letzten 20 Jahren mit starken räumlichen Differenzierungen erfolgt. Insbesondere die Wanderungsbewegungen haben die regionalen Disparitäten in demographischer Hinsicht stark zunehmen lassen. Die Landeshauptstadt hat trotz erheblicher Bevölkerungsverluste zugunsten des Umlandes die Jahre der Transformation recht unbeschadet überstanden – die Bevölkerungszahl Dresdens liegt mit über 510 000 gegenwärtig in etwa in der Dimension der letzten Jahre der DDR. Leipzig hat eine etwas ungünstigere Bevölkerungsentwicklung eingeschlagen, steht aber mit einem Bevölkerungsrückgang von reichlich sieben Prozent immer noch vergleichsweise gut da. Gewinner der Entwicklung seit 1990 sind die Umlandkreise Dresdens und Leipzigs, welche im Zuge der Suburbanisierungsbewegungen in den 1990er Jahren teilweise sogar Bevölkerungszuwächse realisieren konnten, zumindest aber von den drastischen Schrumpfungen peripherer Regionen verschont geblieben sind. Gegenüber den Umlandregionen sind die Gebiete des Erzgebirges, des Vogtlandes, der Lausitz und Mittelsachsens, aber auch der teilweise hoch industrialisierten Mittelstädte Chemnitz, Zwickau, Görlitz und Hoyerswerda von enormen Rückgängen der Bevölkerungszahl von teilweise deutlich über 20 Prozent betroffen. Die Polarisierung betrifft dabei nicht nur die Bevölkerungszahl, sondern ebenso die Altersstruktur der Bevölkerung. Lag der Altersdurchschnitt Ende 2008 in Görlitz, Zwickau, dem Erzgebirgskreis und Mittelsachsen deutlich über 46 Jahren, in Chemnitz und im Vogtlandkreis sogar über 47 Jahren, so weisen die Großstädte Dresden und Leipzig mit 43 bzw. 44 Jahren erheblich geringere Werte für das Altersmittel der Bevölkerung auf.

In Anschluss an die historische Betrachtung der Bevölkerungsentwicklung in Sachsen fällt auf, dass die Regionen, welche traditionell eine besonders hohe Abhängigkeit von der Industrie aufwiesen, nicht nur wirtschaftlich, sondern ebenso demographisch besonders hart durch die einschneidenden Prozesse der Deindustrialisierung nach 1989 getroffen wurden. Vielen Regionen Sachsens, welche einstmals als Vorreiter der industriellen Entwicklung auf dem europäischen Festland fungierten, wurde ihre – in der DDR nicht aufgelöste – strukturelle Kopplung an den Industriesektor in der Transformationsphase zur ökonomischen und demographischen Bürde.

Abwanderung und Geburteneinbruch –
Die Kernfaktoren der demographischen Entwicklung

Im vergangenen Abschnitt wurde bereits angedeutet, dass die zentralen Faktoren, welche die demographische Entwicklung der letzten 20 Jahre bestimmt haben, einerseits das Wanderungs-, andererseits das Geburtenverhalten betreffen. Auf beide Aspekte sei im Folgenden gesondert eingegangen.

Geburtenverhalten

Im Zuge der Transformation des Wirtschafts- und Gesellschaftssystems der ostdeutschen Bundesländer hat auch das Reproduktionsverhalten tief greifende Änderungen erfahren. Als Maß für das Reproduktionsverhalten einer Gesellschaft lässt sich die zusammengefasste Geburtenziffer – auch Periodenfertilität genannt – heranziehen. Sie bestimmt sich als Summe der altersspezifischen Geburtenzahlen je 1 000 Frauen im gebärfähigen Alter von 15 bis 49 Jahren und gibt somit die durchschnittliche Zahl von Kindern je Frau an, wenn die Altersstruktur der Fertilität keinen Veränderungen unterliegt (Abb. 4).

Abb. 4: Zusammengefasste Geburtenziffer im regionalen Vergleich 1990 bis 2008

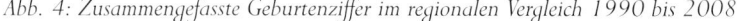
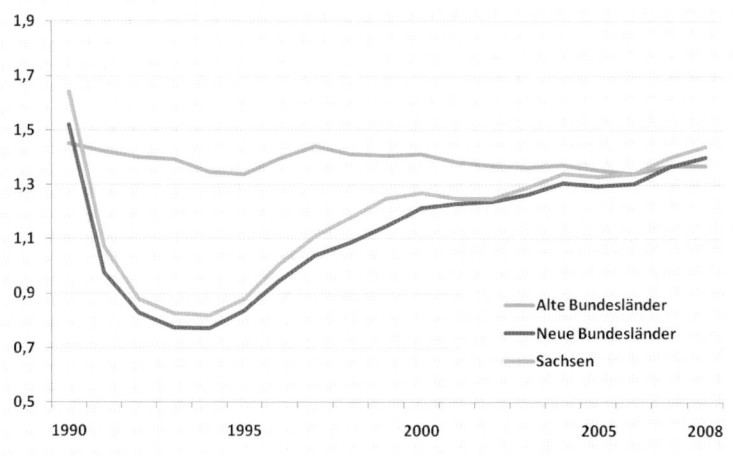

(Quelle: Statistisches Bundesamt, Statistisches Landesamt Sachsen. Eigene Darstellung)

Im Jahr der Einheit lag der Wert für die zusammengefasste Geburtenziffer in Sachsen bei 1,64, in den neuen Ländern insgesamt bei 1,51, in den alten Ländern bei 1,45. In den ersten Jahren der politischen und wirtschaftlichen Transformation brachen die Geburtenzahlen und damit auch die zusammengefasste Geburtenziffer in Sachsen und ganz generell in Ostdeutschland regelrecht ein, in Sachsen wurde 1994 ein historisches Tief von 0,82 erreicht, in den Neuen Ländern insgesamt gar von 0,77. Der Rückgang im Fertilitätsverhalten machte sich naturgemäß auch in absoluten Zahlen bemerkbar. So wurde der Tiefstand der Geburtenzahl in Sachsen im Jahr 1994 mit lediglich 22 700 Geburten erreicht – noch nicht einmal einem Drittel der Geburtenzahl von 1980. Seither ist ein Auf- bzw. Nachholen der Geburten zu beobachten, so dass sich die Werte für das Fertilitätsmaß in Sachsen bereits im Jahr 2006 an das Westniveau angeglichen haben und seither sogar höhere Werte mit steigender Tendenz erreicht werden.

Der tiefe Einschnitt der Geburtenzahlen nach dem Zusammenbruch des DDR-Systems und die sich anschließende Erholung sprechen dafür, dass der Kinderwunsch in den 1990er Jahren in außerordentlichem Umfang verschoben wurde. Zweierlei Ursachen dürften für die Verschiebung verantwortlich sein.[9] Kurzfristig erzeugte die durch den Transformationsschock, die institutionellen und wirtschaftlichen Umwälzungen bedingte extreme Unsicherheit in ökonomischer, wohl aber auch in psychologischer, intellektueller und ethischer Hinsicht eine Tendenz, langfristige und irreversible Entscheidungen, wie die für Kinder hinauszuzögern. Neben diesem, auf die erste Phase der Transformation beschränkten Mechanismus dürfte auch eine zweite, langfristig wirkende Entwicklung eine Rolle spielen, nämlich die Anpassung des generativen Verhaltens an die Muster der modernen westlichen Gesellschaften, in denen die Geburten aus verschiedenen Gründen generell später erfolgen. Der letzten Erklärung zufolge war es nicht zu erwarten, dass die Erhöhung des Alters der Mütter bei Geburt reversibel ist, sondern auf hohem Niveau verbleibt. Die Entwicklung des Fertilitätsverhaltens in den letzten zehn Jahren spricht für die Theorie der Anpassung des Geburtenverhaltens. Andernfalls hätte eine sehr viel schnellere Erholung und ein deutliches Überschießen im Vergleich zum westdeutschen Niveau stattfinden müssen. Freilich ist auch bei Geltung der Theorie der Anpassung des Fertilitätsverhaltens nicht ausgeschlossen, dass das Niveau der Geburten in Sachsen noch etwas weiter steigt und langfristig über dem westdeutschen Wert verbleibt.

Wanderungsverhalten

Von 1989 bis 2008 hat Sachsen aufgrund von Wanderungsbewegungen über die Landesgrenzen hinweg mehr als 308 000 Einwohner verloren. Allein in den Jahren 1989 und 1990 verzeichnete man auf dem Gebiet des heutigen Freistaates einen Verlust von über 220 000 Personen. Diese frühen Entwicklungen gehen zum größten Teil auf die Abwanderung in die alten Bundesländer zurück (vgl. Abb. 5). In den Jahren 1993 bis 1997 wandelte sich die Wanderungsbilanz dann dramatisch. Die Abwanderung in die alten Bundesländer ging erheblich zurück, hingegen nahmen die Zuzüge aus den westlichen Regionen nennenswerte

---

9   Vgl. zu den Erklärungen des Fertilitätsverhaltens in der Transformationsperiode Dimiter Philipov/Jürgen Dorbitz, Demographic consequences of economic transition in countries of central and eastern Europe. Population studies No. 39, Strasbourg 2003.

Umfänge an. Freilich verblieb der Saldo gegenüber Westdeutschland auch im besten Jahr mit einer Größenordnung des Verlustes von über sechs Tausend Personen noch deutlich negativ. Indes konnten diese Verluste Mitte der 1990er Jahre durch ausgeprägte Zuwanderungsströme aus dem Ausland überkompensiert werden. Hinzukommen seit 1996 positive, wenngleich geringe Nettozuwanderungen aus den übrigen neuen Ländern. In der Konsequenz resultierte bis 1997 ein positiver Wanderungssaldo.

Abb. 5: Wanderungsbewegungen über die Grenzen von Sachsen 1990 bis 2008

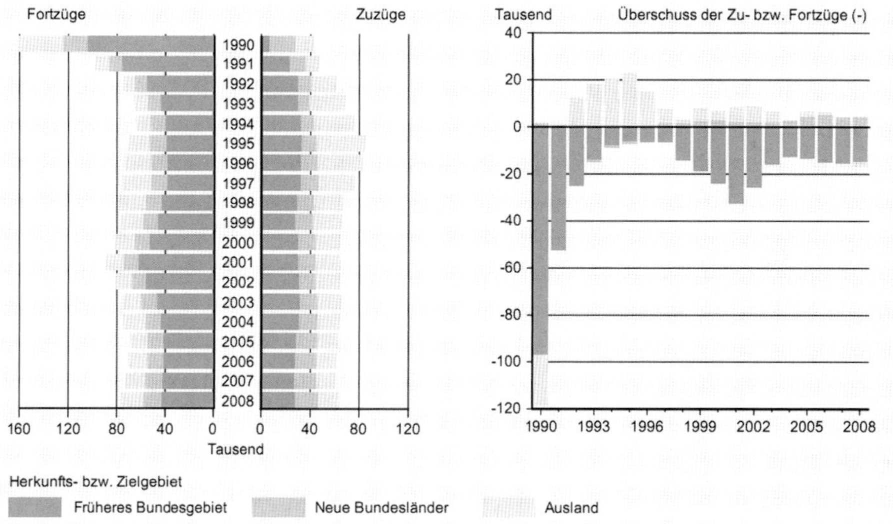

(Quelle: Statistisches Landesamt Sachsen)

Aufgrund rückläufiger Zuzüge aus den alten Ländern und dem Ausland sowie wiederum stark ansteigender Abwanderungen ins alte Bundesgebiet kam es bis 2001 zu einer erneuten Verschlechterung der Wanderungsbilanz, die Nettozuzüge aus den anderen ostdeutschen Ländern konnten diese Tendenz nur vermindern, nicht aber umkehren. Die Situation verbesserte sich bis 2005 zwar wieder, jedoch verbleibt der Wanderungssaldo immer noch deutlich im negativen Bereich, zuletzt sogar mit leicht steigendem Trend.

Die Wanderungsbilanz ist dabei vornehmlich durch das Migrationsverhalten der jungen Erwachsenen geprägt. Die anhand der Fortzugsrate gemessene Mobilität der 18–25-Jährigen (Bildungswanderer) und der 25–35-Jährigen (Arbeitsmarktwanderer) ist deutlich höher als die der übrigen Gruppen. Über die Hälfte der Wanderungsfälle betreffen diese beiden Altersgruppen. Auch weisen die Gruppen eine sehr viel höhere Streuung der Abwanderung im Zeitverlauf aus. Da in den kommenden Jahren die geburtenschwachen Nachwendejahrgänge das Alter der besonders mobilen Personen erreichen, ist eine sukzessive Verringerung des Abwanderungsvolumens zu erwarten. Eine weitere Besonderheit mit Blick auf die Wanderungen in dieser Altersgruppe ist deren Geschlechtsselektivität. Zwar wandern Frauen nicht häufiger ab, im Gegenteil, die Männer sind sogar leicht in der Überzahl. Aber bei den Zuwandernden gibt es ein noch größeres Frauendefizit, so dass per Saldo ein größerer Bevölkerungsverlust bei Frauen als bei Männern zustande kommt. Eine Ursache für die mangelnde Attraktivität Sachsens – und Ostdeutschlands im Allgemeinen – für weibliche Zuwanderung dürfte nicht zuletzt im Mangel an frauenaffinen Ausbildungs- und Erwerbsmöglichkeiten begründet sein.[10]

Perspektiven – 2020 und darüber hinaus

Selbst bei günstiger Entwicklung von Wanderungs- und Geburtenverhalten wird das lange Gedächtnis demographischer Prozesse zu einem bleibenden Effekt des transformationsbezogenen Geburten- und Abwanderungsgeschehens führen: Die Halbierung der Geburtenzahlen in den frühen 1990er Jahren generiert zwanzig bis dreißig Jahre später einen Echoeffekt von abermals sinkenden Geburtenzahlen.[11] Die Einschnitte in der Bevölkerungsstruktur Sachsen werden sich demnach erhalten und in die nächste Generation hinein wirken. Kann man noch in der Alterspyramide von 2008 die durch den Zweiten Weltkrieg bedingte Bevölkerungszäsur erkennen (Abb. 6), so wird man in 40 Jahren und darüber hinaus ebenso den Geburteneinbruch von 1990 identifizieren können. Die Bevölkerungsprojektionen des Statistischen Bundes- bzw. Landesamtes bis 2020 bzw. 2050 machen dies sichtbar.

Abb. 6: Altersstruktur der sächsischen Bevölkerung 2008, 2020 und 2050

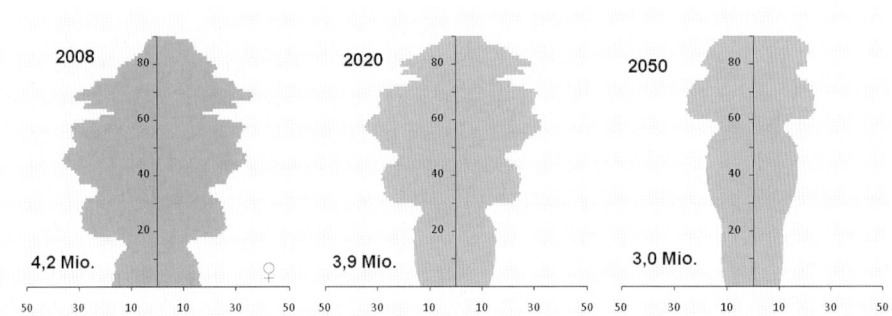

Werte für 2020 und 2050 basieren auf der 11. Koordinierten Bevölkerungsprognose, Variante W1-1. Sie entsprechen der regionalisierten Bevölkerungsprognose des Statistischen Landesamtes, Variante 3. Werte in Tausend. (Quelle: Statistisches Bundesamt, Statistisches Landesamt. Eigene Darstellung)

Auf Basis der Projektionen[12] lässt sich aussagen, dass sich die drei beschriebenen Erscheinungsformen des demographischen Wandels der letzten 20 Jahre – nämlich Schrumpfung,

---

10 Zu den Ursachen der Geschlechtsselektivität der Binnenwanderung junger Menschen in Deutschland vgl. Lutz Schneider/Alexander Kubis, Are there Gender-Specific Preferences for Location Factors? A Grouped Conditional Logit-Model of Interregional Migration Flows in Germany, in: Schmollers Jahrbuch 130(2010), S. 143–168.
11 Vgl. zum Folgenden: Bernd Richter, Bevölkerungsentwicklung in Sachsen 2006 bis 2020 – Ergebnisse der 4. Regionalisierten Bevölkerungsprognose für den Freistaat Sachsen, in: Statistisches Landesamt des Freistaates Sachsen (Hrsg.), Statistik in Sachsen Nr. 4/2007.
12 Zu den Annahmen der Projektion vgl. ebd., S. 2.

Alterung und Polarisierung – in den nächsten Dekaden fortsetzen werden. Die Bevölkerung wird bis 2050 auf einen Wert von drei Millionen zurückgehen, was einem Verlust gegenüber dem Wert von 2008 von nahezu 30 Prozent entspricht. Der Anteil der Über-64-Jährigen wird bis 2050 von 24 Prozent im Jahr 2008 auf 37 Prozent ansteigen, der Altersdurchschnitt steigt im selben Zeitraum von 45,7 Jahren auf fast 52 Jahre. Auf eine- Person im erwerbsfähigen Alter – bestimmt nach heutiger Definition – kommt dann eine Person im nicht-erwerbsfähigen Alter.

In kleinräumiger Perspektive lassen sich belastbare Aussagen nicht bis 2050, sondern allenfalls bis 2020 treffen. Für diesen vergleichsweise überschaubaren Zeitraum zeigt sich wiederum eine Zunahme regionaler Disparitäten. Gemäß der regionalisierten Prognose des Statistischen Landesamtes (Variante 1) wird es durch Binnenwanderungsprozesse zu einer weiteren Bevölkerungsumverteilung innerhalb Sachsens kommen. Davon profitieren die drei großen Städte und deren Umlandregionen, die Wanderungsgewinne gehen dabei zu Lasten des Erzgebirges, Nordsachsens und der Lausitz. In der Gesamtbetrachtung werden Dresden und Leipzig bis 2020 an Bevölkerung gewinnen, alle übrigen Regionen verlieren Einwohner, wobei die genannten Regionen in Südwest-, Ost- und Nordsachsen am stärksten von der Schrumpfung und damit auch von der Alterung betroffen sind.

In zeitlicher Hinsicht gilt es zwischen zwei Phasen der Alterung zu unterscheiden – die Abbildung 6 macht dies deutlich. Bis 2020/2030 befinden sich die geburtenstarken Jahrgänge der um 1960 Geborenen noch im erwerbsfähigen Alter, sie stehen in diesem Zeitraum allerdings unmittelbar vor dem Renteneintritt. Die Bevölkerung altert in dieser Phase demnach vorwiegend im Arbeitsmarkt, die damit verbundene Herausforderung betrifft in erster Linie die Gewährleistung von Leistungs- und damit Beschäftigungsfähigkeit bis ins hohe Erwerbsalter. Nach 2030 altern große Teile der Gesellschaft hingegen bereits im Rentenstadium. Damit verlagern sich die Probleme stärker in Richtung der Finanzierbarkeit der Renten- und zunehmend auch der Kranken- und Pflegeversicherung. Im Jahr 2050 ist dann eine Situation erreicht, die unter heutiger Perspektive unvorstellbar erscheint. Das Schwergewicht des Lebensbaumes in Sachsen konzentriert sich eindeutig auf die Altersgruppe der über 60-Jährigen. Diese Gruppe muss von einem sehr schlanken Stamm gestützt werden. Jede Person im Alter von 15 bis 65 Jahren muss eine Person der übrigen Altersgruppen tragen.

Eine Chance für die Bürgergesellschaft

Schrumpfung, Alterung und Polarisierung stellen die Sachsen weiter und in verstärktem Umfang vor erhebliche Herausforderungen. Nahezu alle Bereiche des gesellschaftlichen Lebens, alle politischen Ressorts sind davon betroffen: Wirtschaft und Arbeit; Familie und Zivilgesellschaft; Bildung, Forschung und Kultur; Gesundheit, Daseinsvorsorge und Raumentwicklung; Sozialsysteme; Öffentliche Verwaltung und Finanzen. Die Probleme, welche auf die Gesellschaft in Sachsen zukommen, sind durch die Abschlussberichte der Expertenkommission der Staatsregierung bzw. der Enquete-Kommission des Landtages gut dokumentiert und können hier nicht eigens referiert werden.[13] Auch an Handlungskonzepten

---

13 Vgl. Anm. 1.

im Umgang mit den Herausforderungen – sei es im Sinne von Vermeidungsstrategien, um den demographischen Wandel selbst zu beeinflussen, sei es im Sinne von Anpassungsstrategien an eine als gegeben unterstellte demographische Entwicklung – gibt es keinen Mangel. Bei allen Diskussionen um den richtigen Weg bei der Lösung konkreter Probleme gilt es, einen grundsätzlichen Aspekt zu betonen, welcher für die Gestaltung des demographischen Wandels essentiell ist und das Verhältnis von Staat und Bürger betrifft. Dieses Verhältnis wird durch den demographischen Wandel grundsätzlich neu konzipiert werden müssen. Der allverantwortliche Versorgungsstaat wird mehr und mehr verabschiedet werden, der Staat muss seine Anstrengungen auf die Gewährleistung von Teilhabechancen konzentrieren. Demgegenüber wird die Eigenverantwortung der Bürger und die Rolle der Zivilgesellschaft an Bedeutung gewinnen. Gleichzeitig gilt es, die politischen Institutionen vor Ort und damit auch das gesellschaftliche Engagement in den Kommunen zu stärken und größere Gestaltungsspielräume gerade aufgrund der absehbaren Reduktion finanzieller Budgets einzuräumen. Auf Landesebene erfordert dies den Mut, heterogene Lösungen der lokalen Akteure zuzulassen und nicht überall auf landeseinheitliche Regelungen zu setzen. Für die lokalen Akteure bedeutet dies ein höheres Maß an Eigenverantwortung, damit aber auch an Freiräumen, um sachgerechte, maßgeschneiderte Lösungen für die Probleme vor Ort nicht nur denken, sondern auch verwirklichen zu können.

Sachsen erscheint im Vergleich zu anderen (neuen) Bundesländern für die anstehenden Aufgaben gut gerüstet. Es hat die demographische Herausforderung früh analysiert, diskutiert und kommuniziert, es hat dementsprechende Maßnahmen im Zuge der Landesstrategie und der Förderrichtlinie »Demographie« implementiert und institutionell verankert. Es zeichnet sich durch eine solide Basis der Staatsfinanzen aus, durch eine immer noch recht dichte Besiedlung mit zwei überregional bedeutsamen Zentren, durch kulturelle Attraktivität sowie durch eine Landesidentität, die von einem selbstbewussten Pragmatismus getragen ist.[14] Dies spricht dafür, den Wandel nicht nur als Bedrohung zu empfinden, sondern als Chance auf dem Weg in eine stärker von der Selbstverantwortung der Bürger getragene Gemeinschaft und damit in eine gesellschaftliche Verfasstheit, die dem Anspruch der »historischen Marke« eines Freistaates noch erkennbarer als in der Gegenwart gerecht wird.

---

14 Vgl. den Abschlussbericht der Expertenkommission »Demografischer Wandel Sachsen« der Sächsischen Staatsregierung aus dem Jahr 2006.

Benedikt Dyrlich

20 Jahre Demokratie im Sorbenland – im Spannungsfeld von Ideal und Wirklichkeit

Reformnotwendigkeit gemäß des Völkerrechts

Viele Menschen in der Lausitz, die sich vor mehr als 20 Jahren in den damaligen Bürgerbewegungen, darunter und vor allem auch in der Sorbischen Volksversammlung, für eine Demokratisierung der sorbischen und zweisprachigen Zivilgesellschaft engagiert haben, blicken in diesem Jahr dankbar, aber auch kritisch auf die im Nu verflossene Zeit zurück. Einerseits kommen uns die beiden vergangenen Jahrzehnte wie Träume vor, in denen sich immer wieder neue Möglichkeiten der individuellen und kollektiven Kommunikation eröffnen. Viele dieser Träume sind Teil unseres Lebens geworden. Im Gegensatz zum DDR-System legen geheim gewählte Volksvertreter die Rahmenbedingungen für ein vernünftiges Zusammenleben von mündigen Bürgern fest, auch im sorbischen Siedlungsgebiet. Ein jeder von uns hat einklagbare Rechte, die in Zeiten der SED-Diktatur mit Füßen getreten worden sind. Bekenntnis-, Meinungs-, Presse-, Reise- und Versammlungsfreiheit sowie die Unverletzlichkeit der Wohnung sind einige Fundamente dieses Gefüges. Nur noch denen, die vor der friedlichen Revolution unter dem Mangel dieser Freiheiten aufwuchsen und litten, erscheint diese rechtspolitische Gegenwart als eine Errungenschaft. Diejenigen, die vor 20 Jahren und später geboren wurden, halten diesen Erfolg der politischen Wende für selbstverständlich. Und das ist gut so.

Die Dominanz des Marktes

Andererseits erscheint das weite Feld der Freiheit und Demokratie heute vielen bedrohlich, weil deren Grenzenlosigkeit auch zügel- und haltlos wirkt. Traditionelle Autoritäten wie familiäre, kirchliche und kulturelle Bindungen schwinden als Wegweiser, neue sind nicht in Sicht. Verwurzelungen – zum Beispiel historisch und natürlich gewachsene Siedlungsräume – werden genauso weiter wirtschaftlichen Interessen geopfert wie Prinzipien, dass zumindest der Sonntag »heilig« sein sollte. Überhaupt diktieren Märkte und Marketing unseren Alltag.

Zur alltäglichen Erfahrung des »einfachen« Bürgers auch in der Lausitz gehört, dass der Stärkere und Reichere mehr Rechte hat als der Schwächere, der nicht viel Geld hat und auf keine große Lobby bauen kann. Überhaupt regiert Geld die große und die kleine Welt, alle Bereiche der Gesundheit und der Bildung, des Sportes und der Kultur. Daran können auch nicht die mannigfachen Staatsziele viel ändern, die wir zum Beispiel 1992 in die Verfassungen in Sachsen und Brandenburg hineingeschrieben haben. »Alle Staatsgewalt geht vom Volk aus«, steht zum Beispiel im sächsischen Grundgesetz, Artikel 3. Doch viele fragen sich heute, wo und wie sie dieses Bürgerrecht in Wirklichkeit ausüben können, wenn die Wahlen gelaufen sind.

»Gelenkte Demokratie«

Auch die Sorben können sich auf vortreffliche Rechte in den Verfassungen des Freistaates Sachsen und des Landes Brandenburg berufen. Neben vielen allgemein gültigen Grundsätzen und einklagbaren Bürgerrechten stehen uns besondere Förderinstrumente zur Verfügung. Kultur- und Sprachförderung wird insbesondere durch sorbische und zweisprachige Schulen, vorschulische und kulturelle Einrichtungen gewährleistet. Wir sind sogar als »sorbisches Volk« anerkannt.

Der Leipziger Universitätsprofessor Markus Kotzur weist in einem neuen Gutachten auf die außerordentliche Dimension dieser Anerkennung im Zusammenhang mit dem Völkerrecht hin: »Der völkerrechtliche Status der Sorben ist der eines Volkes. Sie sind Träger des Selbstbestimmungsrechts der Völker. [...] Das völkerrechtliche Selbstbestimmungsrecht hat in den letzten Jahrzehnten eine deutliche Erweiterung erfahren. Es findet heute, jedenfalls grundsätzlich, gerade auch auf größere autochthone Völker innerhalb staatlich verfasster Völker Anwendung. Vorraussetzung ist neben einer relativ homogenen Siedlungsweise auf einem abgrenzbaren Territorium eine eigene sprachliche und kulturelle Identität, die die spezifische Zugehörigengemeinschaft von der Mehrheitsbevölkerung unterscheidet. Dies ist bei den Sorben unstrittig der Fall.«[1]

Aus diesem Status ergeben sich eingegrenzte und zugleich erweiterte Rechte und Möglichkeiten für die in Sachsen und Brandenburg lebenden Bürger sorbischer Volkszugehörigkeit zur Bewahrung ihrer Identität.

»Nur ergänzend und einschränkend sei erwähnt: Dem sorbischen Volk steht, wie anderen ethnischen Völkern auch, das völkerrechtliche Selbstbestimmungsrecht nicht im Sinne eines Rechts auf Sezession von ihrem Mutterstaat zu. [...] Auch ein Recht auf politische Autonomie in einem eigenen Bundesland ist damit nicht verbunden, wohl aber das Recht, als Selbstbestimmungssubjekt die eigenen Angelegenheiten in eigener Verantwortung zu gestalten, die eigene Identität zu erhalten und fortzuentwickeln, am politischen Leben des Gesamtstaates als Gruppe teilzuhaben sowie Kontakte zu anderen autochthonen Völkern zu pflegen und in einem sich mehr und mehr verfassenden Europa die Interessen der regionalen Minderheitenvölker gemeinsam politisch zu vertreten (inneres Selbstbestimmungsrecht).«[2]

Dieses Gruppenrecht hat einen ganz besonderen und auch spezifischen Hintergrund, der wohl dazu geführt hat, dass die »landesübergreifende Zusammenarbeit der Sorben, insbesondere in der Ober- und Niederlausitz, im Interesse des Landes liegt« (Artikel 6, 3 der Verfassung des Freistaates Sachsen). In den sorbischen Bürgerbewegungen der friedlichen Revolution in den Jahren 1989 und 1990 wurde wiederholt gefordert, die Niederlausitz und die Oberlausitz in eine Verwaltungseinheit zu führen. Im Programm der Sorbischen Volksversammlung hieß es Anfang 1990 sogar, dass »die Zusammenfassung der Lausitzer Braunkohleindustrie von Zittau bis Jänschwalde« auch einen ökonomischen und ökologischen Sinn hätte. Hauptsächlich ging es den sorbischen Reformern aber um mehr Eigenver-

---

1   Gutachterliche Stellungnahme: Rechtlicher Status, rechtspolitische Gestaltungsmöglichkeiten, insbesondere die Finanzierungszuständigkeit des Bundes, erstattet von Universitätsprofessor Dr. Markus Kotzur, LL. M. – Duke Univ.

2   Ebd.

antwortung und um »die Koordinierung der sorbischen Schul-, Rechts- und Kulturpolitik, um nicht das Neben- und Gegeneinander der Vergangenheit zu wiederholen.« In diesem Zusammenhang sind auch die damaligen Bestrebungen der Sorbischen Volksversammlung nach einem Umbau der Domowina zu einer parlamentarischen Vertretung (innerhalb einer demokratischen Volkskammer der DDR) zu sehen.

Das Grundrecht der Sorben auf eine eigene, wenn auch kleine Volksvertretung hat sich bisher nicht verwirklichen lassen. Unsere Gemeinschaft hat auch zwei Jahrzehnte nach der friedlichen Revolution keine wirklichen Selbstbestimmungs- und Mitbestimmungsrechte, nicht einmal im Bildungs- und Kulturbereich.

Wir sind weiterhin weitgehend fremdbestimmt durch staatlich und kommunal geführte Einrichtungen, Räte und Beiräte, in denen wir als sorbisches Volk keine legitimierte und repräsentative Stimme und schon gar nicht Entscheidungsbefugnisse im Namen der eigenen Volksgruppe haben. Wir sind eher einer »gelenkten Demokratie« unterworfen.

Sogar in der Stiftung für das sorbische Volk sind Sorben weit in der Unterzahl. Die staatlich geprägte Stiftung, alleiniger Gesellschafter wichtiger sorbischer Kultureinrichtungen, hat aber Geld und Macht über alle Bereiche unserer Kultur. Sie kann Gutachten über Kulturanliegen erstellen und Arbeitsgruppen arbeiten lassen, die nicht unbedingt im Interesse des sorbischen Volkes und der sorbischen Zivilgesellschaft tätig sein müssen. Sie kann von sich aus Literatur- und Kunstprojekte mit reichlichem Verwaltungspersonal anschieben und verwirklichen und gleichzeitig sorbischen zivilgesellschaftlichen Vereinen finanzielle Unterstützung für ihre Initiativen »von unten« verweigern. Dieser Systemfehler ist politisch und im Zusammenhang mit den Verfassungen mehr als bedenklich. Die Zusammensetzung des Stiftungsrates ist sogar verfassungswidrig. Das hat Kotzur in seinem Gutachten bestätigt.

Zudem sind die beiden Räte für sorbische Angelegenheiten in Sachsen und Brandenburg ebenfalls nur Instrumente des Staates, da sie von den Landesparlamenten gewählt werden.

Ein Weg in die Zukunft

Auch die derzeitige Domowina kann nicht für das Volk der Sorben sprechen und handeln. Unser Dachverband ist ein »zivilrechtlich verfasster Verein« und damit nicht »mit einem öffentlich-rechtlichen Status ausgestattet« (Kotzur). Die Domowina kann höchstens als Interessenvertretung ihrer Mitglieder und Vereine auftreten. Mehr aber nicht. Somit kann auch sie nicht wirkungsvolle Selbst- und demokratische Mitbestimmung des Volkes der Sorben sicherstellen. Wenn die Politik nicht will, muss sie nicht auf die Domowina hören. Das ist in der Vergangenheit öfters geschehen, zum Beispiel im Zusammenhang mit der Schließung sorbischer Schulen und der Berufung von Mitgliedern in den Rat für sorbische Angelegenheiten des Freistaates Sachsen.

Dieses grundgesetzliche Übel in der deutsch-sorbischen Lausitz hat bereits Peter Pernthaler (Innsbruck) in einem Beitrag für das viel diskutierte Zukunftskonzept von Matthias Theodor Vogt (Görlitz) hinterfragt. Sein konkreter Vorschlag zur Lösung des Widerspruchs zwischen Anspruch und Wirklichkeit, zwischen Verfassungszielen und Beschränkungen im realen politischen Leben zielt auf die Errichtung einer Körperschaft als öffentlich-rechtliche Vertretung der Sorben über geheime und freie Wahlen. Dieser Vertretung der sorbischen Volksgruppe müssten dann Bereiche selbst bestimmter und selbst zu verantwortender Aufgaben gesetzlich von den Ländern Sachsen und Brandenburg zugestanden werden. Dies könnten u. a. sein: Budgethoheit über Fördergelder, selbstständige Verfügung über Subventionen und Kredite, Selbstverwaltungsrechte im Kultur- und Schulbereich, Entsendungsrechte sowie das Gruppenklagerecht.

Pernthaler geht dann noch einen großen und mutigen Schritt weiter auf dem Weg zur Demokratie in der Lausitz, wenn er meint: »Die unvollständige und undemokratische Vertretung der Sorben in der staatlichen Rechtsperson Stiftung für das sorbische Volk hätte damit zu entfallen.«[3]

Mit einer eigenen legitimierten Vertretung und Verwaltung der Sorben/Wenden in Sachsen und Brandenburg könnten auch wir Sorben dann eine demokratische Ordnung mitgestalten, die uns nicht beherrscht, sondern in die wir uns selbst als eine autochthone Volksgruppe einbringen – ohne Bevormundung und in enger Partnerschaft mit unseren sprachlichen und kulturellen deutschen, tschechischen und slowakischen Nachbarn.

---

3   Peter PERNTHALER, Gutachten über die Errichtung einer Körperschaft als öffentlich-rechtliche Vertretung der Sorben/Wenden im Gesamtkonzept zur Förderung der sorbischen Sprache und Kultur, erarbeitet vom Institut für kulturelle Infrastruktur Görlitz.

Klaus Fitschen

Säkulares Reformationsland?
Kirche, Religion und Gesellschaft in Sachsen

Sachsen ist das Kernland der Reformation – nein: Sachsen war das Kernland der Reformation. Aber das ist ein anderes, auf 2017 verweisendes Thema. Sachsen ist eben nicht nur ein Kernland der Reformation gewesen, sondern auch ein Kernland der Industrialisierung und der in ihren Anfängen noch kirchenfeindlichen Sozialdemokratie. Die Folgen daraus bestanden im Übrigen nicht nur in einer Entkirchlichung, sondern auch in Gegenbewegungen: An der Wende vom 19. zum 20. Jahrhundert formierte sich ein sozial engagierter Protestantismus, der allerdings alles andere als flächendeckend war, und es bildeten sich neue religiöse Gruppen wie die heute noch bestehenden Lorenzianer. Manchem Zeitgenossen wie dem Autor des ersten Versuchs einer kirchensoziologischen Bestandsaufnahme – dies war der Praktische Theologe Paul Drews – erschienen die Zeiten vor hundert Jahren darum nicht wenig hoffnungsvoll.[1] Dann kam das »Rote Sachsen« mit seiner kirchenfeindlichen Politik, dann das braune Sachsen mit einer stark nationalsozialistisch geprägten Kirchenführung, schließlich die SED-Diktatur. Die evangelische Landeskirche ging aus dem ersten Kirchenkampf unter der nationalsozialistischen Diktatur einerseits mit einem Vorlauf an Erfahrung, andererseits geschwächt in den zweiten der 1950er Jahre, der überdies von ganz anderem Format war und in vielem einer Christenverfolgung gleichkam. Dass vom Staat nichts oder gar das Schlimmste zu erwarten war, hatte man aber inzwischen gelernt, und auch, religiöse Bildung unter das Dach der Kirche zu verlagern: Die Christenlehre konnte auf Konzepte aus der Zeit des Dritten Reiches zurückgreifen.

1950 waren 81,4 % der Sachsen evangelisch, 8,3 % katholisch, 9,3 % konfessionslos.[2] Dies änderte sich schnell: Die kirchlichen Statistiken geben Auskunft darüber, dass im Gebiet der Evangelisch-Lutherischen Landeskirche Sachsens wie überall in der DDR in den späten 1950er Jahren ein tiefer Einbruch zu verzeichnen war. Die kirchen- und religionsfeindliche Politik der SED führte innerhalb weniger Jahre zu einem rapiden Anstieg der Kirchenaustritte und mit nachhaltiger Wirkung zu einem dramatischen Rückgang der Taufen und Konfirmationen, an deren Stelle die Jugendweihe trat. Die Zahl der Taufen sank in Sachsen von 1950 bis 1960 von rund 70 000 auf rund 25 000, in den 1980er Jahren pendelte sie sich bei rund 11 500 ein.[3]

Nach dem Mauerbau stabilisierte sich das kirchliche Leben in gewisser Weise. Die offene Bedrängnis nahm ab, die evangelische Kirche musste sich in den Verhältnissen einrichten. Dies führte durchaus zu einem innerkirchlichen Selbstbewusstsein, zu theologischer Re-

---

1 Paul DREWS, Das kirchliche Leben der Evangelisch-Lutherischen Landeskirche des Königreichs Sachsen (Evangelische Kirchenkunde, 1. Teil), Tübingen/Leipzig 1902, Kap. VIII. 1.2.
2 Detlef POLLACK, Kirche in der Organisationsgesellschaft, Stuttgart 1994, S. 403.
3 Ebd., S. 384, 509.

flexion über die Lage, zu Verweigerungen, schließlich zu einer besonderen Rolle in den 1980er Jahren. Auch wenn man nicht davon ausgeht, dass Kerzen und Gebete die SED-Diktatur zum Einsturz brachten, ist doch daran zu erinnern, dass die Kirche Räume für Gegenöffentlichkeiten bot, auch wenn umstritten war, wie umfangreich diese sein sollten.

Grundsätzlich fand die Bestimmung des Verhältnisses von Kirche und Staat – genauer gesagt von Kirche und SED-Diktatur – in einem breiten Spektrum statt, das von Oppositi-on bis zu Anpassung reichte und immer auf ganz unterschiedlichen Ebenen, mindestens von der Kirchenleitung bis zur Ortsgemeinde, bestimmt werden müsste. Je schwerer die Formel von der »Kirche im Sozialismus« im Magen lag und je vielfältiger die Konflikte – besonders in der Friedensfrage – wurden, desto notwendiger wurde eine Positionsbestimmung.

Welche gesellschaftliche Rolle der Kirche trotz aller Marginalisierung in den späten Jah-ren der DDR fast unerwartet zuwuchs, wurde anlässlich der Ökumenischen Versammlung klar, die 1988 und 1989 in Dresden und Magdeburg tagte: Unter den hier verhandelten Themen »Gerechtigkeit, Frieden und Bewahrung der Schöpfung« löste das erste eine Welle von Meinungsäußerungen im Vorfeld aus, die ein Panorama des Protests gegen den Un-rechtsstaat DDR darstellten. Welche Bedeutung dieses Ereignis und die an ihm beteiligten Akteure hatten, zeigt schon, dass die Formel »Gerechtigkeit, Frieden und Bewahrung der Schöpfung« Eingang in die Präambel der Verfassung des Freistaats gefunden hat.[4]

Warum ist das wichtig? Weil es die Ausgangslage darstellt für das, was nach 1989 geschah. Anders als in der Politik, an den Universitäten oder in anderen Bereichen war in der Kirche ja kein radikaler Neuanfang nötig. Die Kirche war die einzige Institution, die personell und strukturell die Friedliche Revolution und die Wiedervereinigung fast komplett unbeschadet überstand, auch wenn sich in ihrem Inneren viel veränderte, worauf schon aufbrechende Ressentiments von Pfarrern gegen Kirchenjuristen und gegen die Kirchenleitung insgesamt hindeuteten. Die Kirche war eben Landeskirche geblieben, auch wenn das Land verschwun-den war. Was sich aber fast komplett änderte, war das gesellschaftliche und politische Um-feld. Darum musste die Kirche Betroffene von Transformationsprozessen sein und konnte Beteiligte in ihnen sein. In diesen Prozessen wurde sie durch die Wiedergewinnung des Körperschaftsstatus von der größten zivilgesellschaftlichen Akteurin in der DDR zu einer Art nichtstaatlicher Organisation höherer Ordnung. Auf diese Transformationsprozesse ist nun einzugehen.

Transformationsprozesse im Verhältnis von Kirche, Staat und Gesellschaft

Über die Rolle der Kirche bzw. einzelner Pfarrer in der Friedlichen Revolution ist im letzten Jahr viel geredet und geschrieben worden. Dabei ist gelegentlich der Eindruck entstanden, die Kirchen hätten nur die Räume und die Bürgerbewegungen die Inhalte gestellt. Vielmehr aber spielte die Kritik an den Zuständen im »realen Sozialismus« innerhalb der Kirche und auch auf der Ebene der Kirchenleitung eine wichtige Rolle. Landesbischof Johannes

---

4   Erich Iltgen, »Von dem Willen geleitet, der Gerechtigkeit, dem Frieden und der Bewahrung der Schöpfung zu dienen«, in: Katharina Seifert (Hrsg.), Durch Umkehr zur Wende. Zehn Jahre Ökume-nische Versammlung in der DDR – eine Bilanz, Leipzig 1999, S. 15–19.

Hempel hatte seine Positionsbestimmung des Verhältnisses von Kirche und Staat schon vor 1989 in die Rede vom »begrenzten politischen Mandat« der Kirche gefasst und sich so auch auf der Herbstsynode Ende Oktober 1989 geäußert: »Die Kirche hat ein auf das Wohl und das Wehe der Menschen (Christen und Nicht-Christen) konzentriertes politisches Mandat. Das schließt die Inanspruchnahme politischer Vorschläge und Forderungen gelegentlich unvermeidlich ein, hat aber in ihnen nicht ihr Zentrum.«[5] Entscheidend für dieses Konzept ist die Begrenzung des politischen Mandats, zum einen durch die realen Machtverhältnisse der SED-Diktatur, zum anderen durch die Bindung an den eigentlichen Auftrag der Kirche, nämlich das Evangelium zu verkündigen. Begrenzt war das politische Mandat der Kirche aber auch dadurch, dass die Kirche nur ersatzweise für einen Staat handelte, der selber handlungsunfähig oder -unwillig war.[6] Von hier aus ergaben sich in der Übergangsphase der frühen 1990er Jahre zum einen Kontroversen darüber, ob die Begrenzung des politischen Mandats überhaupt nötig sei oder ob sie nicht unscharf sei und schon zuviel Politik in der Kirche ermögliche. Ende 1990 fand in der Evangelischen Akademie Meißen eine Tagung zum Thema politisches Mandat statt, auf der Landesbischof Hempel dazu aufrief, Ja zu sagen zu der neuen Lage: »Ja sagen, damit wir an der genaueren und richtigeren Stelle Widerstand leisten und nicht so verbockt in der Ecke sitzen.«[7] Im Januar 1990 hatte die Kirchenleitung in einem »Wort zur Situation« ähnlich geredet: »Um unserer gemeinsamen Zukunft willen rufen wir zu Wachsamkeit und aktiver Teilnahme aller auf. Vom Zuschauen und Abwarten allein wird nichts besser.«[8] Zur Verbocktheit ließe sich in dieser Zeit wohl auch der Widerstand gegen den Wiederaufbau der Frauenkirche rechnen. Als Ministerpräsident Kurt Biedenkopf 1992 zu Landesbischof Hempel sagte: »Wir warten auf ihre Einmischung«, wurde dies als Ermutigung verstanden, aber auch als Kritik an einer zu großen Distanz der Kirche zum neuen Freistaat.[9]

Abwarten war ohnehin oft gar nicht möglich, denn die Kirche war beim Neuaufbau des Freistaats gefragt. Völlig neue, ganz konkrete Fragen ergaben sich: Was sollten Pfarrerinnen und Pfarrer tun, wenn sie um eine Beteiligung an Einweihungshandlungen gebeten wurden? Wofür konnte man überhaupt seinen Segen geben und wie sollte zur Sprache gebracht werden, dass hier jemand die Kirche vertrat?[10] Dass sich katholische Christen offensichtlich viel leichter taten, sich politisch zu engagieren, als evangelische, wurde irritiert vermerkt.[11]

Sozusagen die Verkörperung des politischen Mandats der Kirche wurde dann der erste Beauftragte der Landeskirche beim Freistaat, der bis dahin als Superintendent von Dresden-

---

5   Tätigkeitsbericht Teil III. Vorgelegt auf der Herbsttagung 1989 der 22. Ev.-Luth. Landessynode Sachsens, in: Amtsblatt der Evangelisch-Lutherischen Landeskirche Sachsens 1989, B 79–81 (B 79). Auszug in: Der Sonntag. Gemeindeblatt der Ev.-Luth. Landeskirche Sachsens 1989, Nr. 46, S. 1.

6   Vgl. Matthias G. PETZOLDT, »Begrenztes politisches Mandat der Kirche«, in: Berliner Theologische Zeitschrift 13 (1996), S. 33–38 (S. 36–59).

7   Der ehrenvolle zweite Platz, in: Der Sonntag 1990, Nr. 51/52, S. 4.

8   Der Sonntag 1990, Nr. 4, S. 1.

9   Volker KRESS, Woher wir kommen und wohin wir gehen, in: Amtsblatt der Evangelisch-Lutherischen Landeskirche Sachsens 1993, B 15f (15).

10 Gesichtspunkte zur Urteilsbildung bei Einweihungshandlungen, in: Amtsblatt der Evangelisch-Lutherischen Landeskirche Sachsens 1992, B 9f.

11 Johannes HEMPEL, »Stellungnahme zu uns selbst« – Wider die einfachen Antworten, in: Amtsblatt der Evangelisch-Lutherischen Landeskirche Sachsens 1992, B 47–50 (50).

Nord amtierende Jürgen Bergmann, der in einem Interview betonte: »Es ist daher tatsächlich so: Man steht nicht von vornherein in der Position des Gegeneinanders.«[12] Andere Verkörperungen waren Pfarrer, kirchliche Mitarbeiter und Gemeindeglieder die das politische Mandat entgrenzten und sich in den neuen und manchmal auch recht alten politischen Parteien engagierten, so dass sich die Frage stellte, ob Pfarrer und kirchliche Mitarbeiter nicht besser politisch abstinent sein sollten.[13] Geklärt werden musste auch, wie sich das politische Engagement mit dem Pfarrerdienstrecht vertrug.[14]

Ein ganz anderes Problem waren jene, die sich schon politisch engagiert hatten, und das auch im Auftrag der Staatssicherheit. Debatten hierüber nahmen in der Landeskirche 1991 einen Anfang; sie verstärkten sich durch die Veröffentlichungen von Gerhard Besier.[15] Dem damit in Verbindung stehenden Vorwurf, die Kirchen hätten in der DDR zuviel Staatsnähe gezeigt, trat die Kirchenleitung im Februar 1992 auf einer Pressekonferenz entgegen.[16] Landesbischof Hempel gab im September 1992 eine »Stellungnahme zu uns selbst« ab, in der er sich »wider die einfachen Antworten« wandte.[17] Eine Überprüfung der Pfarrerschaft und kirchlicher Mitarbeiter endete mit dem Ergebnis, dass es nur eine Handvoll Belasteter gab.[18]

Der Tätigkeitsbericht der Kirchenleitung für die Herbstsynode 1992 behandelte die »Erwartungen der Gesellschaft an die Kirche und unseren Auftrag, unsere Möglichkeiten und unsere Grenzen«. Zwei Aspekte wurden dabei hervorgehoben: zum einen der der Kirche als Wertevermittlerin, zum anderen der ihrer diakonischen Verantwortung im Rahmen des Subsidiaritätsprinzips. Die Kirche kam gerade im Blick auf die Diakonie unter einen gewissen Zugzwang, da es ihr an qualifizierten Mitarbeiterinnen und Mitarbeitern noch fehlte.[19] Zum Problem wurde auch, dass mit den rückübertragenen und übernommenen Einrichtungen Personal übernommen wurde, das der Kirche fern stand.[20] Waren im Jahre 1990 noch 2 000 Frauen und Männer hauptamtlich in der sächsischen Diakonie beschäf-

---

12 Im Auftrag der Kirche Politiker begleiten, in: Der Sonntag 1991, Nr. 6, S. 3.

13 Michael WALTER, Politische Abstinenz für Mitarbeiter, in: Der Sonntag 1990, Nr. 5, 4; Leserzuschriften in: Der Sonntag 1990, Nr. 8, S. 6.

14 Christoph MÜNCHOW, Zur politischen Betätigung kirchlicher Mitarbeiter. Eine Orientierungshilfe zum Gespräch, in: Amtsblatt der Evangelisch-Lutherischen Landeskirche Sachsens 1993, B 30–32.

15 Werfet euer Vertrauen nicht weg, in: Der Sonntag 1991, Nr. 38, 1 f. Interview mit Landesbischof Dr. Hempel: Wir sind wir, in: Der Sonntag 1991, Nr. 43, S. 4. Zur MfS-Problematik: Erklärung der sächsischen Kirchenleitung, in: Der Sonntag 1991, Nr. 49, S. 1 f. Kommentar: So nicht, in: Der Sonntag 1992, Nr. 3, S. 1; Werner KRUSCHE, Nun wissen wir endlich, wer wir waren, in: Der Sonntag 1992, Nr. 5, S. 6 f.

16 Bewußt auf weltliche Macht verzichtet, in: Der Sonntag 1992, Nr. 7, S. 1 (vgl. andere Artikel in der gleichen Ausgabe).

17 Johannes HEMPEL, »Stellungnahme zu uns selbst« – Wider die einfachen Antworten, in: Amtsblatt der Evangelisch-Lutherischen Landeskirche Sachsens 1992, B 47–50.

18 Bericht über den gegenwärtigen Stand der Überprüfung hauptberuflicher kirchlicher Mitarbeiterinnen und Mitarbeiter auf Kontakte zum ehemaligen Ministerium für Staatssicherheit, in: Amtsblatt der Evangelisch-Lutherischen Landeskirche Sachsens 1993, B 37–39. Überprüfung von Pfarrern und anderen im Dienstverhältnis zur Landeskirche stehenden Mitarbeitern auf Kontakte zum ehemaligen Ministerium für Staatssicherheit der DDR, in: Amtsblatt der Evangelisch-Lutherischen Landeskirche Sachsens 1996, B 5–9.

19 Tätigkeitsbericht der Kirchenleitung für die Herbstsynode 1992, in: Amtsblatt der Evangelisch-Lutherischen Landeskirche Sachsens 1993, B 1–4 (B 2).

20 Christine REUTHER, Diakonenhaus Moritzburg bekam Jugendhilfeeinrichtungen wieder übereignet, in: Der Sonntag 1992, Nr. 6, S. 1.

tigt, so waren es 1998 mehr als 13 000. In diesem Jahr gehörten rund 45 % von ihnen keiner Kirche an.[21] Heutzutage zählt die Diakonie 16 000 Beschäftigte.[22]

Die rasch eingeleitete Wiedervereinigung der evangelischen Landeskirchen in Deutschland unter dem Dach der EKD wurde von manchen als gefährlich für die eigene Identität angesehen. Aus einem Treffen zwischen Vertretern des DDR-Kirchenbundes und der westdeutschen EKD im Kloster Loccum im Januar 1990 war eine gemeinsame Erklärung hervorgegangen, die den Willen zur kirchlichen und staatlichen Einheit enthielt. Allerdings wirkte das Treffen zugleich verstörend. Der sächsische Oberlandeskirchenrat Folkert Ihmels berichtete in einem Vortrag in Osnabrück von einem »schmerzhaften Desillusionierungsprozess«: »Es besteht die nachdrückliche Erwartung an uns, dass wir die westdeutsche Staatskirchengesetzgebung unterstützen und auch für uns einklagen. Und man erwartet von unserem ›Erbe‹ aus dem selbständigen Weg der Vergangenheit (vornehm gesprochen) nicht sehr viel!« Ihmels stellte den Weg der kirchlichen Integration nicht grundsätzlich in Frage, gab aber zu bedenken: »Die relative Armut unserer Kirche war auch Gewinn. Sie ließ uns besser in der Nähe der Menschen leben, die Jesus zu seinen Lieblingen erklärt hat.«[23]

Konfliktfelder ergaben sich vor allem da, wo man sich durch die Wiedervereinigung mit der EKD vereinnahmt sah, und so wurden drei Bereiche innerkirchlich diskutiert: 1. die Einführung des Religionsunterrichts als ordentliches Unterrichtsfach nach Maßgabe des Grundgesetzes, 2. die Einführung der Seelsorge an Soldaten im Sinne des Militärseelsorgevertrages von 1957, 3. die Einführung der Kirchensteuer. Auf diese innerkirchlichen Konflikt- und Aktionsfelder ist jetzt einzugehen.

Innerkirchliche Konflikt- und Aktionsfelder

Alle drei Bereiche waren hoch sensibel: Die Schule war eine Schule des Atheismus gewesen, und die Lehrerschaft blieb ja weithin die gleiche. Innerhalb wie außerhalb der Kirche musste erst ein Bewusstsein für die Sinnhaftigkeit des Religionsunterrichts an der Schule geschaffen werden. Atheistische Reflexe waren das eine, gewiss auch geschürte Furcht vor einer Verkirchlichung der Schule das andere – ein typisches Kulturkampfmotiv: »Erst Margot (Honecker), jetzt Gott«.[24] Teil des kirchlichen Selbstbewusstseins war, die an die Gemeinde angebundene Christenlehre etabliert zu haben, und dies nicht nur als weltanschauliche, sondern auch als pädagogische Alternative. Für Religionslehrerinnen und Religionslehrer musste erst einmal eine Ausbildung aufgebaut werden. Eine wichtige Rolle spielten dabei das neu gegründete Institut für Religionspädagogik an der Theologischen Fakultät der Universität Leipzig, das Institut für Evangelische Theologie an der TU Dresden und das Theologisch-Pädagogische Institut in Moritzburg, das 1997 eröffnet wurde. Der Kultusminister, Matthias Rößler, verwies bei dieser Gelegenheit auf das in Art. 101 Abs. 1 der sächsischen

---

21 Evangelisch-Lutherische Landeskirche Sachsens: Kirche in der Mitte der Gesellschaft. Bericht der Kirchenleitung und des Landesbischofs zur Herbsttagung der 24. Landessynode 1998, S. 12 f.

22 http://www.diakonie-sachsen.de/wirueberuns/fakten/fakten_301.htm (Stand vom 27.2.2010).

23 Folkert Ihmels, An der Schwelle zu neuer Gemeinsamkeit, in: Amtsblatt der Evangelisch-Lutherischen Landeskirche Sachsens 1990, B 65 – 70 (B 66. 68).

24 Erster Sächsischer Lehrertag am 26. Oktober 1991 in Dresden, Lukaskirche, in: Amtsblatt der Evangelisch-Lutherischen Landeskirche Sachsens 1991, B 35 – 38.

Landesverfassung verankerte Bildungsziel und betonte die staatliche Wertschätzung für die kirchliche Bildungsarbeit, da sie der Wertevermittlung diene.[25] Im Übrigen hat der Begriff »Werte«, der zwischen dem, was man seinen Kindern ohnehin beibringt, und reflektiertem Ethos oszilliert, nach den Umbrüchen des Jahres 1989 eine ganz eigene Karriere gemacht. In der Außenwahrnehmung scheinen Kirchen, wenn sie überhaupt für etwas zuständig sind, für Werte zuständig zu sein, nicht aber für das, was ihr Ureigenstes und einer säkularisierten Gesellschaft dafür umso fremder ist, nämlich für Religion.

Der Militärseelsorgevertrag von 1957 hatte in den Landeskirchen der DDR eine traumatisierende Wirkung gehabt, war er doch den Hasspredigern der SED ein willkommener Grund gewesen, die Kirchen als »NATO-Kirchen« zu verunglimpfen. Gegenüber einer staatlich organisierten Seelsorge in der Bundeswehr bestanden auch nach 1989 erhebliche Bedenken. So war es ein Anliegen auch der sächsischen Landeskirche, die Seelsorge an Soldaten möglichst eng an die Ortsgemeinden zu binden.[26] Die friedensethischen Debatten der 1980er Jahre hatten zudem nachhaltige Wirkung, und eines ihrer Ergebnisse war, die Verweigerung des Wehrdienstes für die ethisch bessere Alternative zu halten. Allerdings ist die Frage der Militärseelsorge kein besonderer sächsischer Gegenstand gewesen, da sie die Beziehung der EKD zur Bundesrepublik Deutschland betraf. Viel konkreter war auf der Ebene des Freistaats die Frage der Polizeiseelsorge. Auch hier gab es nachvollziehbare Skepsis: »Eindeutiger noch in der Polizeiseelsorge als bei der Seelsorge an Soldaten begegnen wir einem uns bislang unvertrauten Problem«, hieß es im Herbst 1992 im Tätigkeitsbericht der Kirchenleitung.[27]

Die Einführung der vom Staat eingezogenen Kirchensteuer war aus zwei Gründen umstritten: Zum einen schien hierdurch das auch von nichtsteuerpflichtigen Kirchenmitgliedern eingezogene Kirchgeld in Gefahr zu geraten – dieses blieb dann als Ortskirchensteuer erhalten –, zum anderen wurde das Bild einer armen Kirche damit zweifelhaft. Das unter den Bedingungen der DDR zustande gekommene Ideal einer Dienstgemeinschaft aller kirchlichen Mitarbeiterinnen und Mitarbeiter, deren Einkommen sich nur wenig unterschieden, war damit radikal in Frage gestellt.[28] Dass die ostdeutschen Landeskirchen finanziell ohne die westlichen ihre Arbeit vor wie nach 1990 nicht im gegebenen Umfang hätten tun können, stellte im Hintergrund eine gewisse Peinlichkeit dar.

Die Kirche hatte also immer wieder mit sich selbst zu tun; allerdings war die Stimmungslage offenbar lokal und regional sehr unterschiedlich. Die Selbstreflexion innerhalb der Kirche war zusätzlich beeinflusst durch die Erkenntnis, dass sie nicht wachsen, sondern kleiner werden würde, und zudem war sie wie viele öffentliche Institutionen durch die Notwendigkeit von »Strukturanpassungen« geprägt, die im Zeichen geringerer Einnahmen stattfanden.

---

25 Matthias Rössler, Bildung als öffentliches Gut und die Mitverantwortung der Kirche, in: Amtsblatt der Evangelisch-Lutherischen Landeskirche Sachsens 1997, B 82–84.

26 Volker Kress, Seelsorge an Soldaten und Militärseelsorgevertrag, in: Amtsblatt der Evangelisch-Lutherischen Landeskirche Sachsens 1991, B 65–67 (B 65).

27 Tätigkeitsbericht der Kirchenleitung für die Herbstsynode 1992, in: Amtsblatt der Evangelisch-Lutherischen Landeskirche Sachsens 1993, B 1–4 (4).

28 Volker Kress, Woher wir kommen und wohin wir gehen, in: Amtsblatt der Evangelisch-Lutherischen Landeskirche Sachsens 1993, B 15f (16); Johannes Dickert: Ungleicher (Ver)Dienst?, in: Der Sonntag 1991, Nr. 1, S. 3.

Die erste kirchliche Statistik nach 1989 verzeichnete am Stichtag 31.12.1990 für die Sächsische Landeskirche rund 1 400 000 Mitglieder, was 32,7 % der Bevölkerung entsprach. Ende 1992 lag die Quote bei 28,7 %, die Zahl der Kirchenmitglieder bei 1 280 000. In den nächsten Jahren ging die absolute Zahl im Zuge der demographischen Entwicklung wesentlich stärker zurück als die Mitgliedschaftsquote, die gegenwärtig bei etwas über 20 % liegt: 1998 wurden rund 800 000 Kirchenmitglieder gezählt. Die Statistik verzeichnete in diesem Jahr einen Bestand von 1 600 Kirchen und Kapellen, 8 000 Kirchenvorsteherinnen und Kirchenvorstehern, 62 000 ehrenamtlich Mitarbeitenden und 550 Pfarrern, aber nur 144 Pfarrerinnen – ein im Vergleich zu anderen evangelischen Landeskirchen niedriger Anteil. 51 600 Gottesdienste fanden statt, über 7 000 Taufen, 4 000 Konfirmationen, 1 600 Trauungen und 10 700 Bestattungen.[29] Damit ist die Evangelisch-Lutherische Landeskirche Sachsens die bei weitem größte Religionsgemeinschaft im Freistaat. Entgegen ersten Erwartungen stellte sich weder ein Einbruch bei den Jugendweihen noch ein Aufschwung bei den Konfirmationen ein – vielmehr erwies sich die Jugendweihe als familiär gedeutetes Ritual als sehr stabil.

Die Reflexion über die Existenz als Minderheit – theologisch gesprochen: über die Existenz in der Diaspora – wurde darum zu einem wesentlichen Element der Standortbestimmung der Sächsischen Landeskirche wie auch anderer ostdeutscher und perspektivisch auch westdeutscher Landeskirchen. So waren der sächsische Oberlandeskirchenrat Christoph Münchow und der Leipziger Praktische Theologe Wolfgang Ratzmann an einem Arbeitskreis der EKD zum Thema »Kirche von morgen« beteiligt, der 1996 unter dem Titel »Minderheit mit Zukunft« einen Bericht vorlegte. Die Autoren riefen dazu auf, aus der der Kirche einstmals verordneten Nische herauszukommen und »Kirche auf dem Markt der pluralistischen Gesellschaft« zu werden. Dazu gehörte der Ruf zur missionarischen Wirksamkeit in der Gesellschaft, die auch die Kirchenfernen und Konfessionslosen ansprechen sollte.[30] Eine Antwort auf die darauf folgende Diskussion in den ostdeutschen Landeskirchen, aber auch in der gesamten EKD, stellte das 1998 erschienene Positionspapier »Kirche mit Hoffnung. Leitlinien künftiger kirchlicher Arbeit in Ostdeutschland« dar. Unter den Verfassern war der Nachfolger des sächsischen Landesbischofs Johannes Hempel, Volker Kreß. Das Ziel war auch hierbei, »offene und gewinnende Kirche« zu werden und die »Binnenorientierung« der Gemeinden aufzubrechen.[31]

Die Kirche hatte also auch mit sich selbst zu tun; ihre neue Stellung in Staat und Gesellschaft, die sie sich zu großen Teilen nicht selbst gesucht hatte, hatte erhebliche Rückwirkungen auf ihr inneres Leben. Für manchen stellte sich die Frage ihrer Glaubwürdigkeit – was auch immer man darunter verstand –, und das Argument, die staatliche und kirchliche Wiedervereinigung bringe nun mal Sachzwänge mit sich, war nicht das überzeugendste.[32]

---

29 http://www.evlks.de/landeskirche/zahlen_und_fakten/112.html (Stand vom 27.2.2010).

30 »Minderheit mit Zukunft«. Zwischenbilanz und Anregungen zur Weiterarbeit in den Kirchen. Im Auftrag des Kirchenamtes der EKD herausgegeben von Helmut ZEDDIES in Zusammenarbeit mit Joachim JAEGER, Christoph MÜNCHOW und Götz PLANER-FRIEDRICH, Hannover 1996, S. 35, 50.

31 Kirche mit Hoffnung. Leitlinien künftiger Arbeit in Ostdeutschland. Im Auftrag des Kirchenamtes der EKD herausgegeben von Helmut ZEDDIES, Hannover 1998, S. 25 – 28.

32 Volker KRESS, Der neue Ort unserer Kirche in der Gesellschaft. Die Frage nach unserer Glaubwürdigkeit, in: Der Sonntag 1990, Nr. 29, 1 f.; Volker KRESS, Eine alte, neue Aufgabe: Seelsorge an Soldaten, in: Der Sonntag 1990, Nr. 48, S. 3.

Auf der Herbstsynode 1991 stellte Landesbischof Hempel seinen Bericht unter die Überschrift »Umschau im Morgengrauen« und sprach von einer Wegsuche: »Fast alles Wichtiges
ist derzeit kontrovers, zum Teil sehr kontrovers und – da die Gegensätze auf unserer aller
Unsicherheit beruhen – emotionalisiert.«[33] Vorwürfe, die Kirche habe sich ein Schweigen
in politischen Dingen abkaufen lassen, waren zu hören und zu lesen. Dabei spielten nicht
zuletzt systemübergreifende protestantische Reflexe gegen jenes eine Rolle, was man mit
dem Vokabular der SED-Propaganda Kapitalismus nannte, und was doch die Soziale Marktwirtschaft war.[34] Enttäuschung machte sich in dieser Zeit unter manchen bemerkbar, die
sich noch kurz zuvor für Veränderungen in Staat und Gesellschaft eingesetzt hatten und die
ihre aus der Befreiungstheologie entlehnten Ideale von einer Option für die Armen und für
Gewaltfreiheit durch die staatliche und kirchliche Wiedervereinigung überfahren sahen.[35]

Im Bericht der Kirchenleitung auf der Herbstsynode des Jahres 1998 bildeten sich die
immer noch bestehenden Konflikte um den Ort der Kirche in der Gesellschaft ab: Während die einen eine arme, mit den Armen – also vorwiegend den Empfängern staatlicher
Transferleistungen – solidarische Kirche wollten, gestalteten andere das Gemeinwesen in
verantwortlicher politischer Stellung mit oder waren unternehmerisch tätig. Eine »Initiativgruppe« einer Dresdner Kirchengemeinde veröffentlichte 1998 in der Kirchenzeitung
»Der Sonntag« einen Aufruf, in dem es hieß »Die Kirche in der DDR war deutlicher, ent-
schiedener, glaubwürdiger.«[36]

Die von der Kirchenleitung gestellte Frage war auch noch 1998: »Wie soll unsere Kirche
ihren Ort bestimmen? In welcher Nähe wollen wir zur Gesellschaft stehen; welchen Abstand wollen wir von ihr halten?« Die Antwort lautete: »Unsere Kirche ist Kirche für das
Volk, Kirche in der Öffentlichkeit der Lebensprozesse und Auseinandersetzungen, Kirche
in der Mitte der Gesellschaft.« Und: »Eine Kirche, die heute Kirche für das Volk sein will,
muss Stellung nehmen zu den Lebensfragen des Volkes« – das war eine Anspielung auf
Art. 41 der DDR-Verfassung von 1949 – »und sich kritisch-konstruktiv beteiligen an der
gesellschaftlichen Entwicklung.«[37] Die Herbstsynode nahm im Folgejahr 1999 das Thema
»Kirche in der Mitte der Gesellschaft« auf und zog durchaus selbstkritisch Bilanz nach
10 Jahren: Während man sich auf dem Gebiet der Diakonie etabliert hatte, war dies im
kulturellen Bereich und im Bildungssektor nicht mit gleicher Entschlossenheit geschehen.
Das Leitbild von der »Kirche in der Mitte der Gesellschaft« löste nun das vom »begrenzten
politischen Mandat« ab. Dies bedeutete konkret die intensivierte Mitarbeit an gesellschaftlichen Aufgaben im sozialen und kulturellen Bereich und im Bildungswesen. Ein eigener

---

33 Bericht des Vorsitzenden der Kirchenleitung zur Herbstsynode 1991, in: Amtsblatt der Evangelisch-
    Lutherischen Landeskirche Sachsens 1991, B 69 – 71 (B 69). Auszug in: Der Sonntag 1991, Nr. 42, 1.
34 Christoph KÖRNER, Wo bleibt ein wegweisendes Wort der Kirche?, in: Der Sonntag 1992, Nr. 3, S. 3.
35 Katharina KUNTER, Erfüllte Hoffnungen und zerbrochene Träume. Evangelische Kirchen in Deutsch-
    land im Spannungsfeld von Demokratie und Sozialismus (1980–1993), Göttingen 2006, Kap. 4.3.
    Vgl. den Bericht von Christof ZIEMER, Zu den Ergebnissen der Ökumenischen Versammlung, in:
    Amtsblatt der Evangelisch-Lutherischen Landeskirche Sachsens 1989, B 49 – 52 (B 50).
36 Der Sonntag 1998, Nr. 22, S. 8.
37 Evangelisch-Lutherische Landeskirche Sachsens: Kirche in der Mitte der Gesellschaft. Bericht der
    Kirchenleitung und des Landesbischofs zur Herbsttagung der 24. Landessynode 1998, S. 14, 16.

Punkt war die Präsenz in der Öffentlichkeit, insbesondere in den Medien.[38] Damit hatte die Landeskirche ihre Position im Freistaat gefunden, auch wenn diese noch ausbaufähig war:[39] Sie wollte also Kirche in der Mitte der Gesellschaft sein.

Kirche in der Mitte der Gesellschaft

Dass die Kirche überhaupt auf sicherem Boden agieren konnte, verdankte sie wesentlich rechtlichen Vereinbarungen. Durch Art. 109 der Landesverfassung war der Freistaat gehalten, das durch das Grundgesetz vorgegebene Rechtsverhältnis von Staat und Kirche durch Verträge auszugestalten – ein in der alten Bundesrepublik bewährtes Verfahren. So wurden 1994 Verträge mit der Evangelisch-Lutherischen Landeskirche[40] und den jüdischen Gemeinden, 1996 ein Vertrag mit dem Bistum Dresden-Meißen, genauer gesagt mit dem hier konkordatär zuständigen Heiligen Stuhl, geschlossen. Für kleinere Religionsgemeinschaften bestand kein Regelungsbedarf, da sie korporativ nicht mit dem Staat in Verbindung traten.[41] Damit begaben sich der Freistaat und die Landeskirche in ein ordentliches Rechtsverhältnis – auch wenn immer wieder strittig war und ist, ob der Staat den Religionsgemeinschaften überhaupt sozusagen auf vertragsrechtlicher Augenhöhe begegnen dürfe.[42] Nicht untypisch war, dass solche Kritik ebenfalls in der Synode der Evangelisch-Lutherischen Kirche Sachsens laut wurde, da einige Synodale das Prinzip der Trennung von Staat und Kirche verletzt sahen und meinten, der Kirche würden hier »Privilegien« eingeräumt. Dabei spielten vor allem die Staatsleistungen an die Kirche (Art. 14) eine wichtige Rolle[43] – ein wunder Punkt schon seit der Weimarer Reichsverfassung. In der Präambel des Vertrages war von einem partnerschaftlichen und freundschaftlichen Verhältnis die Rede, das der gemeinsamen Verantwortung für das Wohl des Landes förderlich sein sollte. Das dem evangelischen Kirchenvertrag beigegebene Schlussprotokoll zeigte, dass bei einer Reihe von Fragen im Blick auf ihre konkrete Ausgestaltung noch Klärungsbedarf auf die Zukunft hin bestand. Dies betraf unter anderem den Religionsunterricht. Landesbischof Hempel hatte allen Grund, den Vertragsabschluss als einen in historischer Perspektive einzigartigen Akt zu charakterisieren.[44]

---

38 Kirche in der Mitte der Gesellschaft 1989–1999. Bericht der Kirchenleitung, in: Amtsblatt der Evangelisch-Lutherischen Landeskirche Sachsens 2000, B 13–19.

39 Die zurückliegenden fünf Jahre und der weitere Weg unserer Kirche. Bericht der Kirchenleitung der Ev.-Luth. Landeskirche Sachsens auf der Herbsttagung der Landessynode am 17. November 2001, in: Amtsblatt der Evangelisch-Lutherischen Landeskirche Sachsens 2001, B 84–90.

40 Vertrag des Freistaates Sachsen mit den evangelischen Landeskirchen im Freistaat Sachsen, in: Amtsblatt der Evangelisch-Lutherischen Landeskirche Sachsens 1994, A 94–99.

41 Rolf RAUM, Die Verhandlungen zu den Staatskirchenverträgen aus der Sicht des Freistaates Sachsen, in: Reiner TILLMANNS (Hrsg.): Staatskirchenverträge im Freistaat Sachsen, Leipzig 2001, S. 45–128 (128).

42 Stefan MUCKEL, Der Staatskirchenvertrag als Instrument zur Regelung des Verhältnisses von Staat und Kirche, in: Reiner Tillmanns (Hrsg.): Staatskirchenverträge, S. 23–44 (29–32).

43 Jürgen BERGMANN, Die Verhandlungen zum Vertrag zwischen den evangelischen Landeskirchen und dem Freistaat Sachsen aus kirchlicher Sicht, in: Reiner Tillmanns (Hrsg.), Staatskirchenverträge, S. 129–149 (132–134, 145–148).

44 Johannes HEMPEL, Ansprache bei der Unterzeichnung des »Evangelischen Kirchenvertrages Sachsen«, in: Amtsblatt der Evangelisch-Lutherischen Landeskirche Sachsens 1994, B 17.

Unter den im Kirchenvertrag benannten staatlich geschützten und geförderten Arbeitsfeldern ist der Bildungsbereich noch einmal besonders hervorzuheben. Zu ihm gehörten nicht nur der Religionsunterricht, sondern auch freie Schulen in kirchlicher Trägerschaft und die kirchliche Jugendarbeit, die an staatlicher Förderung partizipiert. Kindergärten und Kindertagesstätten in kirchlicher Trägerschaft stellten eine eigene pädagogische Herausforderung dar.[45] Der Religionsunterricht kann auf eine Erfolgsgeschichte zurückblicken, erfreut er sich doch steigender Akzeptanz,[46] obwohl er an vielen Schulen nicht im vollen Stundenmaß erteilt wird. Im Frühjahr 2001 befasste sich die sächsische Landessynode unter der Überschrift »Die Bildungsverantwortung der Kirche in der Wissensgesellschaft« mit der Bildungsthematik.[47] Der zuständige Oberlandeskirchenrat Harald Bretschneider beschrieb dies so: »Im Rahmen des Evangelischen Bildungs- und Erziehungsauftrags versuchen die evangelischen Schulen Fach- bzw. Weltwissen mit Glaubens- und Lebenserfahrungen zu verbinden. Angesichts des Orientierungsbedarfes in der pluralistischen Gesellschaft hat der in der Bildung involvierte Glaube befreiende und orientierende Kraft.«[48] Die immer wieder erfolgende Gründung evangelischer Schulen geschah und geschieht im Übrigen keineswegs »von oben«. Die Gründung des Evangelischen Schulzentrums Leipzig etwa verdankt sich einer schon im Herbst 1989 entstandenen Elterninitiative, die auch nach einer Alternative zur DDR-Pädagogik suchte. Heute gibt es in Sachsen 26 Grundschulen, 13 Mittelschulen und 6 Gymnasien in kirchlicher Trägerschaft.[49]

Zur Bildungsverantwortung der Kirche kam die kulturelle hinzu. Staat und Kirche bekannten sich im Kirchenvertrag zu ihrer gemeinsamen Verantwortung für den Schutz und Erhalt der kirchlichen Kulturdenkmale. Kunst und Kirche gehörten immer eng zusammen und gehören es noch heute, wie zu sehen ist. Zur kulturellen Verantwortung ließe sich wohl auch der Sonn- und Feiertagsschutz erklären, der ein stetes Feld der Auseinandersetzung zwischen einzelnen Kommunen und der Landeskirche geworden ist.[50] Mit diesen und anderen Themen steht die Kirche in der Öffentlichkeit, ob sie aber wirklich in der Mitte der Gesellschaft steht, ist wiederum von lokalen und regionalen Gegebenheiten abhängig. Insgesamt aber muss die Frage gestellt werden:

Ist die Kirche aus ihrer Nische herausgekommen?

---

45 Verlautbarung der 24. Ev.-Luth. Landessynode Sachsens vom 2. April 2001 zum Bildungsauftrag der Kirche und seine Relevanz für die Arbeit mit Familien in Kindertagesstätten, in: Amtsblatt der Evangelisch-Lutherischen Landeskirche Sachsens 2001, B 77 – 79.

46 Helmut HANISCH, Religion unterrichten im Freistaat Sachsen, in: Theo-Web. Zeitschrift für Religionspädagogik 6 [2007] H. 1, S. 98 – 112 (Stand vom 27. 2. 2010).

47 Evangelisch-Lutherische Landeskirche Sachsens: Bildungsauftrag und öffentliche Bildungsverantwortung der Kirche in der Wissensgesellschaft. Vorträge und Beiträge zur Frühjahrstagung der 24. Landessynode 2001, Dresden 2001.

48 Harald BRETSCHNEIDER, Bildung als öffentliches Gut und Mitverantwortung der Kirche. Auftrag evangelischer Schulen in unserer Zeit – kirchenpolitische Bedeutung und landeskirchliche Perspektive (Beilage zu: »Bildungsauftrag und öffentliche Bildungsverantwortung der Kirche in der Wissensgesellschaft«), S. 8 f.

49 http://www.schulstiftung-evlks.de/evangelische-schulen/index.html (Stand vom 27.2.2010).

50 Über-Lebensfragen. Perspektiven der Kirche zu Fragen der Zukunft unserer Gesellschaft. Bericht der Kirchenleitung (Teil II) der Landessynode zur Herbsttagung 2003 vorgelegt, in: Amtsblatt der Evangelisch-Lutherischen Landeskirche Sachsens 2004, B 5 – 9 (B 5 f.).

Eine generelle Antwort auf diese Frage ist schwierig; Befunde aus der Religionssoziologie liegen noch nicht vor. Institutionell, im Blick auf die Arbeitsfelder in der Gesellschaft, lässt sie sich gewiss mit Ja beantworten. Die so oft geschmähte »Volkskirche« ist hier wieder gewonnen worden. Das Thema »Mission« aber, die Vermittlung der Botschaft des Evangeliums unter den Bedingungen der pluralistischen Moderne, ist eine dauernde Herausforderung. Hier zeigen sich Grenzen öffentlicher Wirkung, die auch mit Mentalitäten zu tun haben, die trotz aller Umbrüche von langer Dauer sein können. Mentalitäten sind stabil, nicht nur unter denen, die unter den Bedingungen der SED-Diktatur einen atheistischen Habitus erworben haben und diesen auch als natürlich empfinden, sondern auch unter Pfarrerinnen, Pfarrern, Mitarbeiterinnen und Mitarbeitern wie auch in den Gemeinden. Erfahrungswissen, das noch zu Zeiten der DDR erworben wurde, musste und muss immer noch reflektiert werden. Begriffe wie Pluralismus mussten angeeignet und im Agieren von Gemeinden umgesetzt werden. Erlernte Inklusions- und Exklusionsmechanismen, die auf eine gemeindliche »Binnenorientierung« zielen, wären kritisch zu bedenken. Wie soll man mit den alten und den jungen Atheisten umgehen, mit den Distanzierten, gar mit den zugereisten Westdeutschen, die teils ein ganz anderes Kirchenverständnis mitbringen, teils die Gelegenheit wahrnehmen, sozial unauffällig aus der Kirche auszutreten? Wie beteiligt man sich am gesellschaftlichen Diskurs? Die Kirche ist in vielem ja auch nicht klüger als andere, und die Antworten, die von manchen Kanzeln zu gesellschaftlichen Fragen kommen, bemerkenswert schlicht. Die großen Fragen bleiben auch innerhalb der Kirche im Diskurs: Was ist sozial? Was ist gerecht? Was ist glaubwürdig?

Verkompliziert wird die Antwort auf die Frage nach dem erfolgreichen Weg aus der Nische dadurch, dass die Evangelisch-Lutherische Landeskirche eine spannungsreiche Vielfalt von Frömmigkeitsprofilen vereint, die grob gesagt von evangelikal bis liberal reicht und die gelegentlich, aber nicht nur, tradierte sozialmoralische Teilmilieus abbildet. An den aus dem Freistaat kommenden Theologiestudierenden in Leipzig lässt sich diese Vielfalt ablesen. Stellen Gemeinden im Erzgebirge teils noch eine fast heile Welt dar, so muss sich die Kirche in den großen Städten die Mühen der Ebene gefallen lassen. Solche Frömmigkeitsprofile sind nicht nur individuelle Prägemerkmale, sondern, vor allem auf dem evangelikalen Flügel, stark gemeinschaftsorientiert.

Volker Kreß, sächsischer Oberlandeskirchenrat und bald darauf zum Landesbischof gewählt, hielt 1993 einen Vortrag im niedersächsischen Northeim vor Pfarrerinnen und Pfarrern der mit der Sächsischen eng verbundenen Hannoverschen Landeskirche. Kreß berichtete vom Wiederaufbau der Dreikönigskirche als Gemeindezentrum schon zu Zeiten der DDR: »Bevor dieser [...] teure Wiederaufbau erfolgte, lebte die kleine Gemeinde dieser Kirche [...] in einer kleinen Kapelle im Turm dieser Kirche. Jetzt hat sie plötzlich wieder einen großen Kirchenraum. Und die Gemeinde sagt: Wir finden dazu keine Beziehung. In der Turmkapelle war es schöner.« Kreß knüpfte an dieses Bild an. Er problematisierte die aktuelle Lage der Kirche, den manchmal verklärten Rückblick auf Christenlehre und selbst erhobenes Kirchgeld und schloss mit den Worten: »Das einzige, was nicht möglich ist, ist der Rückzug in einen Turm.«[51] Aber das, so lässt sich abschließend sagen, ist ja auch nicht geschehen.

---

51 Volker Kress, Woher wir kommen und wohin wir gehen, in: Amtsblatt der Evangelisch-Lutherischen Landeskirche Sachsens 1993, B 15 f.

Konstantin Hermann

Die Rolle der Kirchen
bei der Wiederherstellung des Freistaates Sachsen

»Ein aufregendes Dreivierteljahr liegt hinter uns. Vor allem in den ersten Monaten dieses Dreivierteljahres hat die Kirche eine unbestreitbar wichtige Rolle gespielt. Sie wurde beansprucht als so etwas wie ›der Garant der Glaubwürdigkeit‹« schrieb die Zeitung der evangelisch-lutherischen Landeskirche Sachsens, »Der Sonntag«, im Juli 1990.[1] Die Kirchen erhielten durch ihre jahrelange Arbeit eines Behütens, eines Beschützens systemnonkonformer Gruppen, Veranstaltungen und Meinungen in der Zeit der friedlichen Revolution einen zentralen Platz in der DDR-Gesellschaft. Sie waren in dem Sinne schon in den 1980er Jahren mit ihrer Rolle als Schutzdach der Opposition vielleicht eine Minderheitskirche im theologischen, aber ohne Zweifel nicht im politischen Sinn.[2]

Die Geistlichen waren 1989 wohl der einzige Berufsstand in toto, der unbelastet war, um dieses Vertrauen, das ihnen oft auch von Atheisten entgegengebracht wurde, anzunehmen und mit praktischer Arbeit in der weltlichen Gemeinde, an Runden Tischen, als Vorsitzende der Wahlkommissionen oder anderen Einrichtungen zur Verfügung zu stehen. »Pfarrer ist wieder ein Ehrentitel«, sagte Anfang des Jahres 1990 ein Pfarrer der thüringischen Landeskirche. Dieser Satz spiegelt die neue Rolle der Kirche in der befreiten Gesellschaft wider, den erhofften Aufbruch. Doch es vollzog sich innerhalb weniger Monate im Jahr 1990 ein Prozess, der die Kirchen zu einer »gesellschaftlichen Größe wie andere auch« reduzieren ließ, wie der ehemalige Präsident des sächsischen Landeskirchenamts, Kurt Domsch, einmal schrieb. Die Kirchen, die fast einzige politisch-moralische Instanz in der DDR, verloren ihre Sonderstellung und sind Wegweiser einer neuen Gesellschaft geworden und geblieben, ohne jedoch die Einzigartigkeit ihrer gesellschaftlichen Stellung erhalten zu können. Den Kirchen war jedoch bewusst, dass sich dieser Transformationsprozess vollziehen würde und die Sonderstellung lediglich zeitlich bedingt war. Weitblickend, ohne eine so naheliegende Verklärung der Lage, schrieb der Chefredakteur des schon zitierten »Sonntag« am 18. März in seinem Kommentar zur Volkskammerwahl: »Aber ich denke, Christen werden zunehmend überstimmt werden.[...] Wir müssen das Verlieren üben.«[3]

In die erste freigewählte, 400 Abgeordnete zählende Volkskammer zogen im März 1990 21 evangelische Theologen ein, von denen 19 Pfarrer waren. Acht waren Mitglieder der SPD, sechs der CDU, drei vom Wahlbündnis 90, einer von der DSU, einer vom Demokratischen Aufbruch.[4] Pfarrer Martin Lerchner sagte ganz klar, dass die politischen Aufga-

---

1   Volker KRESS, Die Frage nach unserer Glaubwürdigkeit, in: Der Sonntag, 22.07.1990, S. 1.
2   Zur Entwicklung der Kirchen in Sachsen 1990 bis 2010 siehe den Beitrag von Klaus Fitschen in diesem Band. Zur Rolle der Kirchen bei der Wiederherstellung des Freistaats Sachsen lag bisher keine Literatur vor.
3   Friedbert STÖCKER, Mehrheiten, in: Der Sonntag, 18.03.1990, S. 1.
4   DDR-Volkskammer mit 19 ordinierten Pfarrern, in: Der Sonntag, 08.04.1990, S. 2.

ben »Aufgaben auf Zeit« seien. Die Kirche muss freibleiben von »Macht und Gewalt«, das war und ist gängige Meinung der evangelischen Kirchenvertreter. Die evangelische Kirche beriet im Einheitsjahr vor allem über innere Fragen, über die Tätigkeit von Pfarrern in der Politik. Auf den Synoden wurde über dieses Thema intensiv diskutiert.[5] Diese wichtige Selbstreflexion führte allerdings zu einer Distanzierung von den Protagonisten, die die deutsche Einheit schnell herbeiführen wollten, die aus den bloßen Gesprächsrunden und Demonstrationen herauswollten, um politische Entscheidungen zu erzwingen. Die Volkskammerwahl markiert auch einen Wendepunkt: Für die Mehrheit der DDR-Bürger war die Zeit des Experimentierens vorbei; die Verwirklichung des Vorbilds Bundesrepublik im eigenen Land erforderte professionelle Politiker, zumal es um die Sicherung der eigenen Existenz ging. Pfarrer verloren schnell ihre Bedeutung als politische Akteure. Bischof Krusche kennzeichnete diese Entwicklung auf der Landessynode im Oktober 1990, dass die »Gemeinde Neutralität schätzt« und wies auf die »zunehmenden hämischen Bemerkungen von [gemeint: über, K.H.] Pfarrern im politischen Dienst hin wie Eppelmann, Meckel.« [...] Der DDR-Innenminister von 1990, Peter-Michael Diestel, habe gesagt, »er will seine innenpolitischen Probleme nicht mit Bäckern und Pfarrern lösen, sondern mit Mitarbeitern der ehemaligen Staatssicherheit«.[6]

Welchen Einfluss hatte die Institution Kirche auf die Entstehung des Freistaates Sachsen? – Der Aufsatztitel impliziert eine aktive Rolle der evangelischen und katholischen Kirche als Institutionen. Jedoch, war dies so? Oder waren es vielmehr einzelne Kirchenmitarbeiter, welche die Entwicklung des Freistaats voranbrachten? »Kirchenmänner« wie Erich Iltgen oder Steffen Heitmann, die wichtige Protagonisten waren, sind in ihrem Handeln von der christlichen Werteeinstellung nicht zu trennen, ähnlich wie viele andere Akteure, die nicht Kirchenbeschäftigte, aber christlichen Glaubens waren. Bürgerbewegungen wie die spätere Partei »Demokratischer Aufbruch« waren wesentlich christlich geprägt. Die meisten Akteure der friedlichen Revolution und der Freistaatsbildung bezeichnen eine christliche Motivation als wichtig für ihr Handeln; seien es Erich Iltgen, Matthias Rößler und andere gewesen. Tatsächlich waren es diese einzelnen, die die Gründung des Freistaats in nur wenigen Monaten realisierten.

Die Kirchen waren einige der wenigen Verankerungen des Landesbewusstseins in der DDR gewesen, die nicht konkret die Freistaatsbildung förderten, aber mit ihren Ausstrahlungen nicht unberücksichtigt bleiben können. Gerade den evangelischen Christen war Sachsen vertrauter als anderen; hieß doch ihre Landeskirche unverändert »evangelisch-lutherische Landeskirche Sachsen«, die als eine der wenigen Institutionen in der DDR ihren Landesbezug nicht nur im Namen, sondern auch in der Tätigkeit behielt.[7] Beide große Kirchen waren mit ihren Strukturen Träger eines Landesgedankens geblieben. Zu erinnern

---

5   So z. B. auf der Landessynode vom 20.10.1990. Archiv des Ev.-luth. Landeskirchenamts, Bestand 1 Nr. 922/23.
6   Ebd., S. 83.
7   Siehe dazu auch den Beitrag von Ulf Morgenstern im vorliegenden Band. Die »Evangelische Kirche des Görlitzer Kirchengebietes« sollte nach Ansicht ihres Bischof Joachim Rogge nach der friedlichen Revolution endlich ihren alten Namen wiedererhalten, der Bezug auf Schlesien nahm.

ist auch an eine weitere langfristige Wirkung: In den Synoden wurden die Grundlagen parlamentarischer Arbeit und Demokratie erlernt, wie manche ihrer Synodalen bekundeten.[8]

Die wesentliche Rolle der Kirchen in der DDR und in der Friedlichen Revolution ließen
sie zu einem besonderen Bestandteil der Runden Tische werden. Als am 8. Dezember 1989
der Dresdner Runde Tisch erstmals tagte, waren 14 Mitglieder der etablierten und neuen
Parteien dabei. Zwei Kirchenvertreter kamen hinzu, die die Moderatoren des Runden Tisches wurden: Pfarrer Martin Lerchner von der evangelisch-lutherischen Landeskirche, um
dessen Benennung das Landeskirchenamt gebeten hatte, und Erich Iltgen vom katholischen
Bischöflichen Ordinariat, der vom Bischof den Auftrag dazu erhielt. Als solche haben sie die
Auflösung der Stasi-Nachfolgebehörde Amt für Nationale Sicherheit (Nasi) betrieben und
so die Fortführung des Staatssicherheitsdienstes unter neuem, schlecht kaschiertem Namen
verhindert. Einer Kommission aus Beauftragten der Regierung der DDR im ehemaligen
Amt für Nationale Sicherheit des Bezirks Dresden gehörten im Januar 1990 von der Kirche
die Superintendenten Ziemer und Bergmann, Pfarrer Adolph, Kirchenrat Heitmann und
Herr Rau an. Auch in anderen Bezirken waren Geistliche Moderatoren des Runden Tisches
wie Superintendent Christoph Magirius, der dann am 26. April 1990 sein Moderatorenamt
des Runden Tisches des Bezirkes Chemnitz niederlegte. Am Runden Tisch sollten Fundamente einer erneuerten Gesellschaft mit einer gesellschaftlichen Dimension des Christlichen aufgebaut werden.[9] Am 20. Dezember hatte sich Helmut Kohl in Dresden mit Bischof
Reinelt getroffen, in der über die aktuelle Situation gesprochen wurde.

Als Moderatoren hatten Iltgen und Lerchner entscheidenden Einfluss auf die Gestaltung
der Politik 1989/90. Den Hoffnungen der Demonstranten auch nach einer Wiederherstellung des Landes Sachsen entsprach gleich eine der ersten Sitzungen des Runden Tisches.
Bereits am 18. Januar 1990 beauftragte der Dresdner Runde Tisch den Rat des Bezirkes,
dem »Runden Tisch in Berlin einen Vorschlag für einen Antrag an die Volkskammer zur
föderativen Landesstruktur vorzulegen«.[10]

Der Runde Tisch beschloss im März, eine Arbeitsgruppe Land Sachsen zu bilden, die
am 25. April erstmals in Dresden zusammentrat. Erich Iltgen und Martin Lerchner waren
die Moderatoren bzw. Koordinatoren der Gruppe. Auch andere Kirchenvertreter waren in
dieser Arbeitsgruppe. Nach der Neustrukturierung des Runden Tisches, der die Wahlergebnisse des 18. März berücksichtigte, behielten die Kirchen ihre Sitze. Arnold Vaatz als
Dresdner Regierungsbevollmächtigter bat am 21. Juni 1990 das Bischöfliche Ordinariat, in
persona Bischof Reinelt, Iltgen den Vorparlamentarischen Ausschuss für die Vorbereitung
zur Bildung des Landes Sachsen leiten zu lassen. Darin, der manchmal Regionalausschuss
genannt wurde, sollten auch »Vertreter der Kirchen ein angemessenes Wirkungsfeld erhalten«, wie Vaatz an den Bischof Reinelt schrieb. Alle Zusammenschlüsse seien in diesem
Ausschuss vertreten, denen eine politische Relevanz zugebilligt werde, so auch den Kirchen.
Iltgen übernahm innerhalb des Koordinierungsausschusses die Leitung der Fachabteilung

---

8   So Hans GEISLER.
9   Karl-Heinz DUCKE, Die katholische Kirche und der »Runde Tisch«, in: Tag des Herrn, 07.01.1990,
     S. 8.
10   Erich ILTGEN, Der Weg der sächsischen Demokratie. Reden und Beiträge aus der Amtszeit des Präsi-
     denten des Sächsischen Landtags 1990 – 2009, Dresden 2009, S. 120.

Parlamentarische Arbeit, Heitmann den Bereich Verfassung. Landesstrukturbeauftragter für den Aufbau der Staatskanzlei wurde der Ingenieur und Synodale Michael Kinze.

Iltgen schlug als Leiter des Vorparlamentarischen Ausschusses vor, den Prozess der Länderbildung durch Gründung eines Sächsischen Forums im Juli 1990 öffentlich zu machen und damit zugleich basisdemokratische Elemente zu bewahren. Auch die Kirchen wirkten darin entscheidend mit. Das Sächsische Forum formierte sich erstmals in der Aula der Pädagogischen Hochschule Dresden am 26. Juli. Unter den Teilnehmern waren aus den Kirchen: Superintendent Magirius aus Leipzig, Superintendent Ziemer aus Dresden, die Bischöfe Huhn, Reinelt, Hempel, Rogge, Minor (Methodisten), der Vertreter des Verbandes Jüdischer Gemeinden Rotstein, der Präsident der sogenannten Mormomen Burkhardt, der Referent des Landeskirchenamts Hofmann, Oberkirchenrat Kreß, Dieter Oehme (Vorstandsvorsitzender: Die Christengemeinschaft), Maria Jacobi (Ökologischer Arbeitskreis Dresdner Kirchenbezirke), Nikolaus Legutke und Peter Krah (Aktionskreis Katholischer Christen) sowie Michael Leider von der Regionalkommission katholischer Sorben. Im Sächsischen Forum warben sie für ihre Überzeugungen. So kritisierte Ziemer im August 1990 im Sächsischen Forum die geplanten Regierungsbezirke, da diese zu einer Distanz von Regierung und Volk führen würden. Er schlug deshalb vor, die Regierungspräsidenten direkt vom Volk wählen zu lassen.

Die Kirchen waren plötzlich auch von den »alten Kräften« begehrt: So waren für das Kuratorium des Landes Sachsen, den gescheiterten Gegenentwurf der Länderbildung, Kirchenvertreter als Mitglieder vorgesehen wie aus dem Bezirk Karl-Marx-Stadt Propst Günter Negner und Pfarrer Andreas Meister. Von den Organisatoren waren aus dem Bezirk Dresden avisiert die Bischöfe Hempel, Huhn, Rogge, Reinelt, Minor sowie Iltgen und Lerner. Ob die Einladungen verschickt wurden, ist unbekannt.

Die Kirchen hatten nicht nur unbelastete Geistliche, die entweder vorübergehend oder ohne zeitliche Begrenzung in die Politik gingen. Sie stellte auch das Personalreservoir an Fachleuten, die im Gegensatz zu den meisten im Staatsdienst tätigen Mitarbeitern unbelastet waren. So wirkten auch zahlreiche Juristen der Kirchen an der Vorbereitung der Freistaatsgründung mit. Schlagwortartig sollen einige weitere kirchliche Protagonisten für die Länderbildung genannt werden. In den gemischten Fachgruppen/Kommissionen Sachsen/Baden-Württemberg, die im Mai und Juni zusammentraten, war unter anderem die Oberkirchenrätin Hannelore Leuthold vertreten. Anfang Juli wurde auf Empfehlung Iltgens Edeltraud Thaut, Justitiarin des Bistums Dresden-Meißen, Landesstrukturbeauftragte für den Bereich Justiz. Sie leitete auch den am 4. Oktober gegründeten Arbeitsstab Justiz des Koordinierungsausschuss. Thaut wurde dann Vizepräsidentin des Amtsgerichts Dresden. Mitte Juli wurde der Mitbegründer der SDP, Walter Christian Steinbach, Erster Stellvertreter des Regierungsbevollmächtigten. Steinbach war Pfarrer in Rötha und Studienleiter der evangelisch-lutherischen Landeskirche Sachsens. Nach der Gründung des Freistaats, am 10. Oktober 1990, übertrug der Landesbevollmächtigte Rudolf Krause dem ehemaligen Präsidenten des Landeskirchenamtes Kurt Domsch, den Vorsitz in den Richterwahlausschüssen für die Bezirke Chemnitz, Dresden und Leipzig.

Die katholische Kirche hat eine Rolle bei der Grenzdiskussion im Hinblick auf die Oder-Neiße-Linie gespielt. Wie kaum eine andere deutsche Organisation war sie prädestiniert, in Polen Vertrauen zu schaffen. Am 8. März hatten die west- und ostdeutschen Bischöfe erklärt, dass die bestehenden Grenzen anerkannt bleiben. Die beiden Kirchen strebten daher auch einen eigenen Regierungsbezirk Görlitz/Lausitz an, gerade im Hinblick auf die Verständigung mit Polen. Pfarrer Heinz Eggert, damals Landrat des Kreises Zittau und später sächsischer Innenminister, gehörte mit zu denen, die am 9. Juli eine Aktion starteten, innerhalb des zukünftigen sächsischen Landkreistages einen eigenständigen Oberlausitz-Niederschlesischen Landkreistag und Landratskonvent zusammenzuschließen. Gefordert wurden von ihm ein eigener Regierungsbezirk und der Schutz der Sorben.[11]

Frühzeitig wurden die Kirchen in die Verfassungsdiskussionen eingebunden. »Die vorbereitende Arbeit an den Länderverfassungen begann sehr rasch, viel eher, als die Öffentlichkeit es zur Kenntnis bekommen hat. Wer in einer Länderverfassung berücksichtigt werden will, muß es beizeiten sagen« schrieb Landesbischof Hempel.[12] Im Juli hatte sich die evangelische Kirche laut einer Protokollnotiz bei Vaatz beschwert, dass Heitmann sie nicht über den Verfassungsentwurf informiert habe. Der aufzubauende Rechtsstaat garantierte ihr vier wesentliche Schutzrechte: Religionsfreiheit, Trennung von Staat und Kirche, Selbstbestimmungsrecht der Kirche und den Status als Körperschaft des öffentlichen Rechts. Im Juli wurden in Abstimmung mit der Konferenz der Kirchenleitungen des Bundes der evangelischen Kirchen in der DDR auch mit der sächsischen Landeskirche offizielle Verhandlungen mit dem zuständigen Vertreter für die Erarbeitung einer Verfassung für das Land Sachsen aufgenommen. Besondere Stichworte waren dabei das Kirchensteuereinzugsverfahren, der Religionsunterricht als Wahlpflichtfach, die Seelsorge in öffentlichen Anstalten, diakonische Arbeit, kirchliche Lehrveranstaltungen und Staatsleistungen. Die umstrittene Soldatenseelsorge bedeutete für die Geistlichen der neuen Bundesländer eine neue Herausforderung und war starken Vorbehalten unterworfen, was der streng pazifistischen Tradition der ostdeutschen protestantischen Kirche entsprach. Dass die Militärgeistlichen ausschließlich kirchlichem Recht unterworfen sind oder die Militärseelsorge »keine Waffen segnende Kirche« darstellt, ließ die Soldatenseelsorge schließlich akzeptiert werden.[13] Die aus der DDR übernommene Fristenlösung beim Schwangerschaftsabbruch war ein äußerst wichtiges Thema für die Kirchen. Die CDU-Abgeordneten hatten 1972 dagegen gestimmt. Das DDR-Recht galt noch bis 1993, bis zur bundeseinheitlichen Regelung. Auch andere Bedingungen traten in die kirchliche Diskussion: die Krippenerziehung, die Bahnhofsmissionen und anderes.

Das Staatskirchenrecht wurde in den neuen Bundesländern sehr schnell verankert, was eine Anerkennung der Rolle der Kirchen während der Friedlichen Revolution war. Gerade in der Sächsischen Verfassung spiegelt sich diese Anerkennung wider. Auch in den anderen neuen Ländern nahmen die Kirchen an der Entstehung der Verfassung teil und forderten dies auch ein wie in Mecklenburg-Vorpommern. Die Kirchen waren immer von einem Fortbestehen der Weimarer Reichsverfassung von 1919 ausgegangen, die sächsische Verfas-

---

11 Michael RICHTER, Die Bildung des Freistaats Sachsen. Friedliche Revolution, Föderalisierung, deutsche Einheit 1989/90, Göttingen 2004 (Schriften des Hannah-Arendt-Instituts für Totalitarismusforschung), S. 480.

12 Archiv des Ev.-luth. Landeskirchenamts, Bestand 1 Nr. 922/23. Landessynode 20.10.1990, S. 30.

13 Seelsorge an Soldaten uneinheitlich, in: Tag des Herrn 09.12.1990, S. 3.

sung von 1947 lehnte die evangelische Kirche ab.[14] Die Reichsverfassung hatte ähnlich wie das spätere Grundgesetz von 1949 nur noch von »Religionsgemeinschaften« geschrieben[15]. Die sächsische Verfassung von 1992 führt dagegen explizit »Kirchen und Religionsgemein-schaften« auf: »Die Bedeutung der Kirchen und anerkannten Religionsgemeinschaften für die Bewahrung und Festigung der religiösen und sittlichen Grundlagen des menschlichen Lebens wird anerkannt, kirchliche Einrichtungen dürfen nicht zu politischen Zwecken miß-braucht werden.« Die sächsischen Verfassungstexte im Staatskirchenrecht seien überhaupt sehr ideen- und formenreich, so der Jurist Peter Häberle. Der Entwurf der Gruppe der 20 vom März 1990 verweist gleich eingangs auf das Grundgesetz[16] und erwähnt danach eigene Bildungsstätten der Kirchen, Seelsorge und die kirchliche Wohlfahrtspflege. Der Gohri-scher Verfassungsentwurf lehnt sich an die baden-württembergische Verfassung von 1953 an.[17] Die katholische Kirche nahm am 17. Dezember Stellung zum Gohrischen Entwurf. Neben anerkennenden Worten für die darin enthaltene Bewahrung der Schöpfung und der Rechte der Kirchen wurden das fehlende Bekenntnis zu Gott in der Präambel und die fehlende Erwähnung Gottes im Bildungswesen kritisiert. Die Verfassung wurde am 26. Mai 1992 verabschiedet.

Die neue, staatlich anerkannte Bedeutung der Kirchen im Freistaat manifestierte sich auch in der Eröffnung des Sächsischen Landtages, der sich am 27. Oktober konstituierte. Der Tag begann mit einem ökumenischen Gottesdienst in der Kreuzkirche. Die Fürbitten trug der evangelische Landesbischof Johannes Hempel vor, sein katholischer Amtsbruder, Joachim Reinelt, sprach die Gebete. Schon am 3. Oktober bei der Wiederbegründung des Freistaats Sachsen, hatte Bischof Hempel gesprochen. Nach dem Gottesdienst am 27. Ok-tober zogen die 160 Abgeordneten in das interimistische Plenargebäude, in das Haus der Kirche. Iltgen sagte in dieser ersten Sitzung, die politische Kultur, die den Andersdenken-den mit seiner unverletzlichen Würde achte, sei spirituell und im tiefsten Sinne durch das Evangelium geprägt. Der Gemeinsame Aktionsausschuss katholischer Christen nannte das »Wiedererstehen unserer Länder eine der wichtigsten Errungenschaften der Wende«. Und weiter: »Die bundesstaatliche Ordnung ist die uns gemäße Form, Gemeinsamkeiten und Verschiedenheiten zu einer nationalen Identität zusammenzuführen. [...] Die künftigen Länder werden jedoch ihre Aufgaben nur meistern können, wenn sie ein Profil ausprägen, das ihrer Geschichte und der Eigenart ihrer Landschaften entspricht, und wenn sie bereit sind, die Last der Vergangenheit gemeinsam abzutragen und ihre Interessen solidarisch zu vertreten.«[18]

Die sächsische Regierung bestand ausnahmslos aus Christen. Biedenkopf wollte auch konfessionelle Ausgewogenheit erzielen, was jedoch von der sächsischen Bevölkerung bis-weilen als übergroße Dominanz von Katholiken angesehen wurde. Dies kann als Beleg der langen Wirkung des historischen Gedächtnisses gelten, ist doch der Übertritt Augusts des

---

14 Archiv des Ev.-luth. Landeskirchenamts, Bestand 2 Nr. 564. Gespräch in der Landeskirche mit Arnold Vaatz.

15 3. Abschnitt Art. 135ff.

16 Art. 14 Absatz 2.

17 Art. 4 Absatz 2.

18 Die bundesstaatliche Ordnung ist die uns gemäße Form, in: Tag des Herrn, 14.10.1990, S. 3. Erklä-rung vom September 1990.

Starken zum katholischen Glauben anscheinend im historischen Langzeitbewusstsein tief verankert. Johannes Hempel kritisierte die paritätische Verteilung und wünschte einen Protestanten als Kultusminister, was zu einer Änderung der Ressortaufteilung vor der Einsetzung der Regierung führte. Biedenkopf hatte unter anderem auch Ziemer vertraulich um Kabinettslisten gebeten.

Die Katholiken haben trotz ihrer relativ geringen absoluten Zahl schnell einige entscheidende Stellen in der Landes- und Parteipolitik eingenommen, während in der lutherischen Kirche die Frage der politischen Mitwirkung 1990 intensiv diskutiert wurde. Die verschiedenen Verhaltensweisen der beiden großen christlichen Kirchen sind durch ihre theologischen Auffassungen begründet. Die Problematik der Trennung von Staat und Kirche wurde von den Protestanten intensiver diskutiert. Sie war die größere Kirche gewesen, sie musste ihre Rolle als »Kirche im Sozialismus« klären, zumal 1990 immer wieder medienwirksam Stasiverstrickungen von Pfarrern, bisweilen auch Bischöfen, thematisiert wurden. Die katholische Kirche erkannte die Verdienste der evangelischen Glaubensbrüder an. So dankte die Berliner Bischofskonferenz am 24. Februar den evangelischen Christen für ihren Einsatz und Mut bei den Herbstdemonstrationen und bedauerte in einem Grußwort an die Synode des evangelischen Kirchenbundes in der DDR die mangelnde Beteiligung an den Vorbereitungen der friedlichen Revolution. »Wir haben nicht zu hoffen gewagt, dass Demonstrationen, Willensbekundungen und Willensäußerungen zu einem Erfolg führen könnten«.[19]

---

19 Tag des Herrn, 11.03.1990, S. 3.

IV
Geschichte und Aufarbeitung

Nicole Völtz

Vom Wirken der DDR auf die sächsische Gesellschaft

Die Zeit nach der Friedlichen Revolution war von einem Aufbruch und der Entsorgung der DDR-Vergangenheit gekennzeichnet. Die offiziellen staatssozialistischen Denkmale wurden abgerissen, Straßen und Plätze umbenannt. Mit der Herstellung der Wirtschafts-, Währungs- und Sozialunion verschwanden alt vertraute DDR-Produkte aus den Regalen der Kaufhallen und waren im Übrigen auch nicht mehr gefragt. Müllberge und überquellende Sperrcontainer prägten das Straßenbild – die Ostdeutschen produzierten 1990 dreimal so viel Müll wie ihre Landsleute im Westen. Zugleich nahmen die Anpassung an ein neues Rechtssystem und der wirtschaftliche Transformationsprozess die ostdeutsche Bevölkerung in Anspruch.

Der Euphorie der unmittelbaren Wendezeit folgte schnell die Ernüchterung, als sich die versprochenen »blühenden Landschaften« nicht so rasch wie erhofft einstellten und der Aufholungsprozess ins Stocken geriet. Bereits Mitte der 1990er Jahre war die anfängliche Zuversicht einer zunehmenden Distanzierung der ostdeutschen Bevölkerung gegenüber der Bundesrepublik gewichen und es gewann eine zunehmend positivere Betrachtung der DDR an Raum. Sichtbar wurde die nostalgische Wiederauferstehung der DDR in einer Ostalgie-Welle. So tauchten plötzlich in den Regalen der Supermärkte frühere Ostprodukte wieder auf, landauf, landab wurden Ostalgie-Partys veranstaltet. In der Ostalgie spiegelte sich bisweilen, oft zu gering, eine Vergangenheitsaufarbeitung wider, zum anderen war sie für viele ostdeutsche Bürger erinnernde Selbstvergewisserung. In diesem Sinn fungierten die wiedergefundenen DDR-Gegenstände und -Symbole als Identitätsanker. Der Ostalgie lagen aber auch Spaß und Ironie sowie kommerzielle Motive zugrunde, denkt man an die so genannte »Ampelmännchen-Industrie«. Ihren Höhepunkt erreichte sie 2003 mit dem Kinofilm »Goodbye Lenin« und den darauf folgenden DDR-Fernsehshows öffentlicher und privater Fernsehsender.[1] Auch die literarische Reflexion über die DDR und ihr Ende gewann an Raum und Bedeutung. Bekannte Beispiele sind Jana Hensels Buch »Zonenkinder«, das 2002 erschien und über ein Jahr die Sachbuch-Bestsellerliste des Spiegel anführte,

---

1 Thomas Ahbe, Ostalgie. Zum Umgang mit der DDR-Vergangenheit in den 1990er Jahren, Erfurt 2005.

Thomas Brussigs Romane »Wie es leuchtet« (2004), Ingo Schulzes »Neue Leben« (2005) und zuletzt »Der Turm«, für den Uwe Tellkamp 2008 den Deutschen Buchpreis erhielt.[2]

Besonders in einem Jubiläumsjahr wie diesem wird die Frage nach dem Stand der inneren deutschen Einheit diskutiert: Wie sehr sind Ost und West mittlerweile zusammengewachsen? Dies betrifft zum einen materielle Aspekte, etwa die Angleichung des Lebensstandards zwischen Ost und West. Zum anderen zielt die Frage auf mentale Aspekte ab: Besteht die oft zitierte Mauer noch in den Köpfen der Menschen? Umfragen werden zitiert, welche auf unterschiedliche politische Orientierungen und gesellschaftliche Normen- und Wertvorstellungen in Ost- und Westdeutschland hinweisen und als Beleg für die Herausbildung einer ostdeutschen Sonderkultur herangezogen.

Die Frage, inwiefern die in der DDR erfahrene Sozialisation die Bevölkerung in Ostdeutschland bis heute prägt, ist immer wieder Gegenstand hitziger Debatten. So löste die These des Kriminologen Christian Pfeiffer, zwischen dem autoritären Erziehungssystem der DDR und den in Ostdeutschland vielfach höheren Anteil von ausländerfeindlichen Straftaten bestünde ein Zusammenhang, 1999 den so genannten Töpfchen-Streit aus.[3] Im November 2009 sorgte ein Interview des ehemaligen brandenburgischen Innenministers Jörg Schönbohm mit der Bild-Zeitung für einen Aufschrei der ostdeutschen Öffentlichkeit und ein Blätterrauschen in den Feuilletons. Schönbohm attestierte den Ostdeutschen eine »weit verbreitete Stillosigkeit«, die er auf die Entbürgerlichung in der DDR zurückführte. Durch die Entchristlichung des Ostens würde den Menschen hier ein geistlicher Halt fehlen.[4] Vier Jahre zuvor hatten seine Bemerkungen im Zusammenhang mit dem neunfachen Babymord in Frankfurt/Oder empörte Reaktionen hervorgerufen. Schönbohm hatte den Babymord damals mit der »erzwungenen Proletarisierung« Ostdeutschlands erklärt. »Verwahrlosung und Gewaltbereitschaft in Ostdeutschland seien Folge der Kollektivierung der Landwirtschaft« in der DDR, denn mit der »Enteignung selbständiger Bauern sei der Verlust von Verantwortung für Eigentum und für das Schaffen von Werten einhergegangen«.[5]

Eine öffentliche Debatte löste auch die Studie über das DDR-Bild von Jugendlichen aus, die der Forschungsverbund SED-Staat an der Freien Universität Berlin 2008 vorstellte. Neben den festgestellten eklatanten Wissenslücken der Schüler war ein zentrales Ergebnis der Studie, dass vor allem ostdeutsche Schüler die DDR nachträglich als soziales Paradies verklären und ihre dunklen Seiten ausblenden würden. Eine wesentliche Ursache für die geringen Kenntnisse der Schüler über die DDR und die besonders in Ostdeutschland anzutreffende Verharmlosung der DDR erblickten die Autoren der Studie in den mentalen Prägungen aus der DDR-Zeit, die an die jüngere Generation weitergegeben werden. In den Familien, so die Autoren, würde ein selektives Bild von der DDR vermittelt, das sich vorwiegend auf die positiven Erfahrungen stütze. Auch in den Schulen würde die DDR oftmals

---

2   Jana HENSEL, Zonenkinder, 7. Auflage, Reinbek bei Hamburg 2007; Thomas BRUSSIG, Wie es leuchtet, Frankfurt/M. 2006; Ingo SCHULZE, Neue Leben, Berlin 2005; Uwe TELLKAMP, Der Turm. Geschichte aus einem versunkenen Land, Frankfurt/M. 2008; vgl. Frank Thomas GRUB, »Wende« und »Einheit« im Spiegel der deutschsprachigen Literatur, Berlin 2003.

3   Anleitung zum Haß, in: Der Spiegel vom 22.03.1999; In der Löwengrube, in: Frankfurter Allgemeine Zeitung vom 12.03.1999.

4   Abrechnung mit der Ostalgie, in: Bild vom 21.11.2009.

5   Neun tote Babys. Schönbohm löst Protestwelle aus, in: Süddeutsche Zeitung vom 03.08.2005.

beschönigt werden.[6] Diese Ergebnisse lösten bei vielen, darunter auch bei kritisch einge-
stellten früheren DDR-Bürgern einen Abwehrreflex aus. Sie fassten die Kritik an der DDR
als Abwertung ihrer individuellen Lebensleistung auf und fühlten sich zur Verteidigung ihrer
eigenen Biografie verpflichtet.[7]

Erklärungsansätze für die Ausprägung einer ostdeutschen Sonderkultur: Die Sozialisations- und die Situationshypothese

Ausgehend von dem kurzen Problemaufriss soll im Folgenden untersucht werden, welche
politischen und gesellschaftlichen Wertorientierungen in der sächsischen Gesellschaft verankert sind und inwiefern hier mentale Prägungen aus der DDR-Zeit nachwirken. Lässt
sich tatsächlich ein Sozialisationseffekt der DDR auf die Ausprägung heutiger Einstellungen
nachweisen?

Vertreter der Sozialisationshypothese gehen von der langfristigen Prägekraft erworbener
Normen- und Wertorientierungen aus, die über die Eltern- und Großelterngeneration an
die Kinder weitergegeben werden. Die DDR sei demnach zwar als System zusammengebrochen, habe jedoch stabile Prägungen und Sozialisationsmuster hinterlassen.[8] In beiden deutschen Staaten galten unterschiedliche Leiterzählungen. Während in der Bundesrepublik das
Wirtschaftswunder der fünfziger und sechziger Jahre das zentrale sinn- und identitätsstif-
tende Element im kollektiven Gedächtnis bildete,[9] traf dies in der DDR für den Mythos des
antifaschistischen Neubeginns nach 1945 zu, der zur entscheidenden Gründungserzählung
avancierte, aus der das Regime seine Legitimation zog.[10] Nicht zuletzt entwickelten sich
verschiedenartige Normen und Werteinstellungen. In der DDR nahm die Arbeiterschaft
die dominierende soziale und kulturelle Rolle in Staat und Gesellschaft ein. Ihr hohes Pres-
tige und die durch sie erfolgte Prägung der Alltagskultur wirken bis heute nach und lassen
sich unter anderem anhand von Kommunikations- und Verhaltensmustern bzw. anhand der
subjektiven Schichteinstufung der Bevölkerung in Ost und West nachweisen.[11]

Es gibt aber auch andere Erklärungsansätze für die gegenüber Westdeutschland abwei-
chenden politischen Einstellungen und Werthaltungen. Vertreter der Situationshypothese

---

6 Markus FLOHR, DDR – ein Sozialparadies, keine Diktatur, in: Der Spiegel vom 25.07.2008; Monika
   DEUTZ-SCHROEDER/Klaus Schroeder Soziales Paradies oder Stasi-Staat? Das DDR-Bild von Schülern –
   ein Ost-West-Vergleich, München 2008.
7 Monika DEUTZ-SCHROEDER/Klaus SCHROEDER, Oh, wie schön ist die DDR. Kommentare und Materialien zu den Ergebnissen einer Studie, Schwalbach am Taunus 2009.
8 Ilko-Sascha KOWALCZUK, Endspiel. Die Revolution von 1989 in der DDR, München 2009.
9 Edgar WOLFRUM, Geschichtspolitik in der Bundesrepublik Deutschland. Der Weg zur bundesrepublikanischen Erinnerung 1948–1990, Darmstadt 1990; Edgar WOLFRUM, Geschichte als Waffe. Vom
   Kaiserreich bis zur Wiedervereinigung, Göttingen 2001.
10 Manfred AGETHEN/Eckhard JESSE/Ehrhart NEUBERT (Hrsg.), Der mißbrauchte Antifaschismus. DDR-
   Staatsdoktrin und Lebenslüge der Linken, Freiburg 2002; Herfried MÜNKLER, Antifaschismus und
   antifaschistischer Widerstand als politischer Gründungsmythos der DDR, in: Aus Politik und Zeitgeschichte, B 45 (1998), S. 16–29.
11 Wie sehr die jeweiligen gesellschaftlichen Leiterzählungen durch die Bevölkerung verinnerlicht wurden, zeigt sich anhand der subjektiven Schichteinstufung der Bevölkerung: 1992 zählten sich 37 Prozent der ostdeutschen Bevölkerung zur Mittelschicht und 61 Prozent zur Unter- bzw. Arbeiterschicht.

begründen die teilweise zu beobachtende Rückwendung zur DDR bzw. die Abgrenzung Ostdeutscher gegenüber Westdeutschland und dem politischen System mit dem asymmetrischen Vereinigungsprozess und Transformationsproblemen.[12] Einen dritten Erklärungsansatz stellt die sogenannte »Trotzhypothese« dar, der zufolge die rückblickend nostalgische Verklärung der DDR vor allem mit Problemen der sozialen Akzeptanz und der ökonomischen Integration der Ostdeutschen zusammenhängt. Eine DDR-Identität habe sich erst nach dem Untergang der DDR gebildet. Sie würde in erster Linie von der Verklärung der Vergangenheit leben und der Abwehr einer Stigmatisierung ostdeutscher Biografien dienen.[13]

Wie die im Parlament, in Leitartikeln, im Feuilleton und in Leserbriefen ausgetragenen Kontroversen zeigen, befindet sich das Geschichtsbild der DDR immer noch im Prozess der Aushandlung, was angesichts des kurzen Zeitraums, der seit der Friedlichen Revolution vergangen ist, nicht verwundern kann. Da ich mich nicht auf das Gebiet von Spekulation und Mutmaßung begeben will, stützen sich meine folgenden Ausführungen auf statistische Erhebungen, konkret auf Daten der sogenannten Sächsischen Längsschnittstudie.

Die Sächsische Längsschnittstudie

Mit gegenwärtig 23 abgeschlossenen Erhebungswellen (Stand 2009) zählt die Sächsische Längsschnittstudie zu den weltweit am längsten laufenden sozialwissenschaftlichen Studien.[14] Sie ist die einzige Studie, die das Erleben des Systemwechsels bei ein- und derselben Teilnehmergruppe über einen längeren Zeitraum kontinuierlich untersucht und dokumentiert. Damit hebt sie sich von den vielen Querschnittsstudien ab, die ihren thematischen Schwerpunkt auf der Wiedervereinigung und ihren Folgen legen bzw. von einem wesentlich kürzeren Zeitraum ausgehen.[15]

Die Sächsische Längsschnittstudie wurde 1987 mit 1281 Schülern aus den Bezirken Karl-Marx-Stadt, heute Chemnitz, und Leipzig gestartet, die repräsentativ für den DDR-Geburtsjahrgang 1973 waren. Initiiert und durchgeführt wurde die Studie durch das Zen-

---

An diesen Zahlen hat sich bis heute kaum etwas geändert. Obwohl die objektiven Daten ein anderes Bild sprechen, ordnen sich mit 59 Prozent weitaus mehr Ostdeutsche zur Unter- bzw. Arbeiterschicht als zur Mittelschicht zu, nämlich 36 Prozent. In Westdeutschland fühlt sich ein Großteil der Bevölkerung der Mittelschicht als der tragenden und ehrbaren gesellschaftliche Stütze in der bundesrepublikanischen Leitererzählung zugehörig, darunter auch diejenigen, die de facto zur Unter- bzw. Arbeiterschicht zählen. Sozialreport 1992. Daten und Fakten zur sozialen Lage in den neuen Bundesländern, Berlin 1993, S. 15; Sozialreport 2008. Daten und Fakten zur sozialen Lage in den neuen Bundesländern, Berlin 2008, S. 30; Thomas Ahbe, Deutschland – vereintes, geteiltes Land, in: Niels Beckenbach (Hrsg.), Fremde Brüder. Der schwierige Weg zur deutschen Einheit, Berlin 2008, S. 60.

12 Jörg Jacobs, Tücken der Demokratie. Antisystemeinstellungen und ihre Determinanten in sieben post-kommunistischen Transformationsländern, Wiesbaden 2004, S. 111.

13 Detlef Pollack, Ostdeutsche Anerkennungsprobleme. Autobiographische und soziologische Perspektiven, in: Vorgänge 42 (2003), S. 4–13.

14 http://www.wiedervereinigung.de/sls/ (Stand vom 22.03.2010).

15 Als langfristig angelegte Begleitstudie untersuchte das DFG-Projekt »Politische Einstellungen, politische Partizipation und Wählerverhalten im vereinigten Deutschland« die politischen Orientierungen und Verhaltensmuster der Bevölkerung in Ost- und Westdeutschland nach der Wiedervereinigung. Es führte zu diesem Zweck in den Jahren 1994, 1998 und 2002 Wiederholungsbefragungen mit ein- und derselben Untersuchungsgruppe durch.

trale Institut für Jugendforschung in Leipzig, die Universität Leipzig und die Pädagogische Hochschule Zwickau. Im Mittelpunkt der Untersuchung stand die Frage nach den langfristigen Veränderungen in Bezug auf die Lebensorientierungen der Schüler, ihrer Zukunftserwartungen, ihres Medienverhaltens und ihrer politischen Grundeinstellungen. Nachdem Beendigung der Studie im Frühjahr 1989 erklärten sich 587 Schüler zu einer weiteren Teilnahme bereit. Die Studie wurde nach der Wende mit einer anderen inhaltlichen Ausrichtung fortgesetzt, seit 2002 unter Beteiligung der Universitäten Dresden und Leipzig. Ihr Ziel war es nunmehr, die Teilnehmer beim Systemwechsel zu begleiten und den damit einhergehenden politischen Mentalitätswandel zu untersuchen. Erhoben werden seither die politische Grundeinstellung der Teilnehmer, ihre politische Identifikation mit der Bundesrepublik, damit zusammenhängende fördernde und hemmende Einflussfaktoren sowie Langzeitwirkungen früherer Bindungen an die DDR. Im Mittelpunkt des Interesses stehen außerdem Fragen nach den Lebensorientierungen der Teilnehmer, ihrer Zukunftszuversicht, nach der Veränderung der persönlichen Lebensverhältnisse und Lebensformen. Ein neuer Schwerpunkt ist seit 2002 die Untersuchung des Zusammenhangs zwischen Arbeitslosigkeit und Gesundheit.[16]

Bei den nach 1989 in die Studie einbezogenen Panelteilnehmern handelt es sich wiederum um eine repräsentative Zufallsauswahl. Nahmen in den Jahren 1990 bis 1994 zwischen 170 und 276 Personen an den Befragungen teil, steigerte sich die Zahl der Teilnehmer seit 1995 auf 350 bis 400 Teilnehmer – eine kleine, aber statistisch hinreichende Zahl. Anzumerken ist, dass es sich bei den Panelteilnehmern um ein Sample gut ausgebildeter Ostdeutscher handelt, die zwar repräsentativ für ihren DDR-Geburtsjahrgang sind, jedoch nicht für die gesamte ostdeutsche Jugend. Daher können aus den Ergebnissen keine Verallgemeinerungen getroffen werden.[17] Bezogen wird sich im folgenden auf Daten aus der 19. und 21. Erhebungswelle der Studie aus den Jahren 2005 und 2007.

Einzelergebnisse der Sächsischen Längsschnittstudie

Nun zu den konkreten Ergebnissen der Studie. Wie bewerteten die Teilnehmer siebzehn Jahre nach der Friedlichen Revolution die deutsche Einheit und wie die DDR? Wie zufrieden zeigten sie sich mit der politischen und gesellschaftlichen Ordnung in der Bundesrepublik? Auf welche Einflussfaktoren lassen sich Ihre Bewertungen und Einstellungen zurückführen? Sind sie Ausdruck des kulturellen Erbes der DDR oder bilden sie eine Reaktion auf die Wiedervereinigung und die Schwierigkeiten im Transformationsprozess?

---

16 Hendrik BERTH/Peter FÖRSTER/Elmar BRÄHLER/Yve STÖBEL-RICHTER, Einheitslust und Einheitsfrust. Junge Ostdeutsche auf dem Weg vom DDR- zum Bundesbürger. Eine sozialwissenschaftliche Längsschnittstudie von 1987–2006, Gießen 2007, S. 15–24.

17 Berufsabschlüsse der Panelteilnehmer 2005: 38 Prozent Angestellte, 21 Prozent Arbeiter, elf Prozent Elternzeit, neun Prozent Selbständige, elf Prozent Arbeitslose, ein Prozent Studenten, fünf Prozent Beamte, ein Prozent Lehrlinge, drei Prozent Sonstige. Vgl. BERTH/FÖRSTER/BRÄHLER/STÖBEL-RICHTER, Einheitslust und Einheitsfrust, S. 19; FÖRSTER/STÖBEL-RICHTER/BERTH/BRÄHLER Die deutsche Einheit zwischen Lust und Frust. Ergebnisse der »Sächsischen Längsschnittstudie«, Frankfurt/M. 2009, S. 4.

Die Beurteilung der deutschen Einheit

Die Zustimmung zur deutschen Einheit liegt seit 1992 konstant bei über 80 Prozent. Im Jahr 2007 bejahten 86 Prozent der Panelteilnehmer die deutsche Einheit.[18] Damit wird eine Umfrage der Mannheimer Forschungsgruppe Wahlen vom Oktober 2009 bestätigt, wonach 86 Prozent der Deutschen die Wiedervereinigung für richtig hält, davon 91 Prozent in Ostdeutschland.[19]

Auch wenn eine Rückkehr zu den politischen und gesellschaftlichen Verhältnissen der DDR mehrheitlich nicht gewünscht wird, nimmt die Zustimmung zur Wende langfristig gesehen von 80 Prozent im Jahr 1992 auf 71 Prozent im Jahr 2007 leicht ab. Dieser Trend setzte Mitte der 1990er-Jahre ein und ist vor allem ein Ausdruck der Unzufriedenheit mit der wirtschaftlichen Situation. Dabei fällt die Zustimmung unter Frauen sowie unter Panelteilnehmern mit Wohnsitz in Ostdeutschland deutlich geringer aus als bei denjenigen Teilnehmern, die in Westdeutschland leben. Auch die Erfahrung von Arbeitslosigkeit hat einen negativen Einfluss auf die Zustimmung zum Sturz des SED-Regimes.[20]

Gleichzeitig rückt der prognostizierte Zeitraum bis zur Herstellung der inneren Einheit und einer Angleichung der Lebensverhältnisse zwischen Ost und West immer weiter in die Zukunft. Bis es den Ostdeutschen wirtschaftlich so gut gehe wie den Westdeutschen, prognostizierten die Panelteilnehmer 2005, würden noch 18 Jahre vergehen. Für das Erreichen der »inneren Einheit« – wie sie auch vom einzelnen definiert werden mag – prognostizierten sie einen Zeitraum von 23 Jahren bis 2028.[21]

Die Bewertung des politischen Systems

Von der prinzipiellen Zustimmung zur deutschen Einheit kann nicht auf Zufriedenheit mit dem jetzigen Gesellschaftssystem geschlossen werden. Umfragen attestieren den Ostdeutschen eine geringere Zufriedenheit mit dem politischen System der Bundesrepublik.[22] Bettina Westle erklärt die Unterschiede mit der Etablierung eines eigenständigen Demokratieideals in Ostdeutschland, das sich an der Vorstellung eines dritten Weges in Form eines demokratischen Sozialismus orientiert. Damit einhergehend werden das staatlich regulierende Eingreifen zugunsten einer gesellschaftlichen Umverteilung und die soziale Gleichheit stärker befürwortet.[23]

---

18 Ebd., S. 12.
19 Repräsentative Umfrage durch das Meinungsforschungsinstitut Emnid im Auftrag des Bundesbeauftragten für die neuen Länder 2009: »Wie bewerten die Deutschen die Ereignisse von 1989«. http://www.bmvbs.de/Service/Mediathek-Publikationen/Fotoreihen-,2794.1083277/Ergebnisse-der-Emnid-Umfrage-W.htm. (Stand vom 22.03.2010).
20 FÖRSTER/STÖBEL-RICHTER/BERTH/BRÄHLER, Die deutsche Einheit zwischen Lust und Frust, S. 11 f.
21 BERTH/FÖRSTER/BRÄHLER/STÖBEL-RICHTER, S. 43.
22 Laut Shell-Jugendstudie 2006 waren 57 % der im Osten befragten Jugendlichen gegenüber 34 % der im Westen befragten 2006 eher oder sehr unzufrieden mit der »Demokratie, so wie sie in Deutschland besteht«. Gleichzeitig hielten allerdings 73 % der Befragten in Ostdeutschland und 82 % der Befragten in Westdeutschland die Demokratie für eine gute Staatsform. Klaus HURRELMANN/Mathias ALBERT (Hrsg.), Jugend 2006. Eine pragmatische Generation unter Druck (Shell-Jugendstudie, 15), Frankfurt/M. 2006, S. XX; vgl. auch die Umfrageergebnisse des Sozialreports 2008, S. 31.
23 Bettina WESTLE, Demokratie und Sozialismus. Politische Ordnungsvorstellungen im vereinten Deutschland zwischen Ideologie, Protest und Nostalgie, in: Kölner Zeitschrift für Soziologie und Sozialpsychologie 4 (1994), S. 571–596.

Wie fügen sich die Ergebnisse der Sächsischen Längsschnittstudie hinsichtlich dieser Frage ein? Festzustellen ist, dass die Unzufriedenheit bei den jungen Erwachsenen weitgehend überwiegt. Bei der Erhebung 2007 zeigten sich gerade mal ein knappes oder ein reichliches Drittel der Panelteilnehmer sehr zufrieden oder zufrieden mit der Demokratie (38 Prozent), dem politischen System (33 Prozent) und der gegenwärtigen Wirtschaftsordnung (27 Prozent).[24] Bei der Beurteilung der Demokratie ist zwischen der normativen und der performativen Ebene zu unterscheiden. Die Idee der Demokratie wird in Ost wie in West nahezu gleichermaßen von der überwiegenden Mehrheit unterstützt. Geht es allerdings um die Bewertung der Demokratie in der Praxis spaltet sich das Meinungsbild zwischen Ost- und Westdeutschen und erlangt die Demokratie in den neuen Bundesländern deutlich schlechtere Zustimmungswerte.[25]

Detlef Pollack diskutiert für die geringere Demokratiezufriedenheit in Ostdeutschland drei Faktoren: Zum einen würde die negative ökonomische Lage einen starken Einfluss auf die Einschätzung der Demokratie ausüben. Zudem würden sich viele Ostdeutsche als Bürger zweiter Klasse diskriminiert fühlen und drittens die gesellschaftliche und soziale Gerechtigkeit als ungenügend verwirklicht betrachten.[26] Als Erklärungsfaktor wird auch ein prinzipiell anderes Demokratieverständnis der ostdeutschen Bevölkerung in Betracht gezogen, welches Gleichheit, soziale Absicherung und das Recht auf Arbeit mit einschließt. Während westdeutsche Bürger Freiheit vorwiegend im Sinne von Handlungsfreiheit wertschätzen, fassen ostdeutsche Bürger Freiheit eher als »Freiheit von Not« auf. Daraus folgt, dass in den neuen Bundesländern eher das Modell eines umverteilenden und regulierenden Staates bevorzugt wird, der zwar individuelle Freiheitsrechte gewährt, aber zum Teil massiv in die wirtschaftliche und soziale Entwicklung eingreift.[27]

Die Wertschätzung der durch die Friedliche Revolution gewonnenen Freiheit sinkt nicht zuletzt angesichts der erlebten neuen Unsicherheiten. Persönliche Freiheiten wie zum Beispiel die Reisefreiheit werden inzwischen als Selbstverständlichkeiten angenommen. Andererseits werden die neuen Freiheiten mit Verweis auf ökonomische Unsicherheiten als nicht nutzbar abgewertet.[28] Vor die Wahl gestellt, sich zwischen den beiden Standpunkten »Freiheit ist entscheidend« bzw. »Ohne Arbeit keine Freiheit« zu entscheiden, präferierten 52 Prozent der Panelteilnehmer der Sächsischen Längsschnittstudie die Arbeit, 35 Prozent sprachen sich für die Freiheit aus.[29]

Insgesamt betrachten Frauen die gesellschaftliche Entwicklung durchgängig skeptischer als Männer. Ihre größere Distanz gegenüber dem neuen System wird unter anderem auf die

---

24 FÖRSTER/STÖBEL-RICHTER/BERTH/BRÄHLER, Die deutsche Einheit zwischen Lust und Frust, S. 14.

25 Detlef POLLACK, Wie ist es um die innere Einheit bestellt?, in: Aus Politik und Zeitgeschichte 30–31 (2006), S. 4.

26 Ebd., S. 5.

27 Eva WENZEL, »Sozial ist, was Arbeit schafft?« Einstellungen zur Wirtschaftslage und zur sozialen Gerechtigkeit in Deutschland, in: Jürgen W. Falter/Oscar W. Gabriel/Hans Rattinger/Harald Schoen (Hrsg.), Sind wir ein Volk? Ost- und Westdeutschland im Vergleich, München 2006, S. 54.

28 Bernd FAULENBACH/Annette LEO/Klaus WEBERSKIRCH (Hrsg.), Zweierlei Geschichte. Lebensgeschichte und Geschichtsbewusstsein von Arbeitnehmern in West- und Ostdeutschland, Essen 2000, S. 452.

29 BERTH/FÖRSTER/BRÄHLER/STÖBEL-RICHTER, Einheitslust und Einheitsfrust, S. 58.

sozialpolitischen Vorteile zurückgeführt, die sie in der DDR besessen hätten.[30] Es zeigt sich auch, dass politisch aktive Panelteilnehmer ein positiveres Bild von der Demokratie besitzen. Dem ist allerdings sogleich hinzuzufügen, dass das politische Engagement der Panelteilnehmer nur gering ausgeprägt ist. War die Bedeutung einer aktiven politischen Betätigung schon vor der Wende gesunken, kam es 1991 zu einem regelrechten Absturz. Seither schwankt die Zustimmung zur aktiven politischen Teilnahme zwischen sieben Prozent und zehn Prozent.

Von den Autoren der Sächsischen Längsschnittstudie werden diese Zahlen als Ausdruck der Systemverweigerung interpretiert. Dafür steht ihrer Meinung nach auch die zunehmend geringere Bedeutung, den der Aufstieg in die oberen Gesellschaftsschichten für die Panelteilnehmer besitzt.[31] Das geringere Engagement Ostdeutscher in Parteien und Bürgerinitiativen wird jedoch auch mit früheren Sozialisationserfahrungen erklärt: So argumentiert Thomas Ahbe, dass sich in der DDR die Pflege privater Netzwerke im Vergleich zur Mitwirkung in gesellschaftlichen Organisationen oder Parteien als nützlicher erwiesen hatte – eine Erfahrung, die nachwirkt. Bis in die Gegenwart ist das Selbstverständnis als gesellschaftlicher Gestalter in den neuen Bundesländern geringer ausgeprägt als in Westdeutschland. Gesellschaft wird hier eher als etwas wahrgenommen, über das nicht der Bürger selbst verfügen kann, sondern über deren Verfasstheit die politische Elite bestimmt.[32]

Zwischen der Zufriedenheit mit dem politischen System und der Wirtschaftsordnung existiert ein starker Zusammenhang. Wie aus den Daten der Sächsischen Längsschnittstudie hervorgeht, fällt die Zufriedenheit mit der Wirtschaftsordnung umso geringer aus, je geringer die Zufriedenheit mit dem politischen System ist. Dies gilt ebenso in umgekehrter Weise.

Auf die hohe Unzufriedenheit mit der gegenwärtigen Wirtschaftsordnung wurde bereits kurz eingegangen. Nur 16 Prozent der befragten Panelteilnehmer bejahten 2007 die Aussage: »Ich bin froh, in einem kapitalistischem Deutschland zu leben.« Ganze 13 Prozent hielten den Kapitalismus für das beste Wirtschaftssystem, was die Geschichte bisher vorgebracht habe. Noch geringer war mit drei Prozent der Anteil derjenigen, die den Kapitalismus als das gerechteste Gesellschaftssystem betrachteten.[33]

Die Kritik am kapitalistischen System äußert sich darin, dass viele Panelmitglieder der jetzigen Gesellschaft Merkmale zuschreiben, die ihnen im Staatsbürgerkundeunterricht der DDR vermittelt wurden. Mit 79 Prozent vertrat 2005 die übergroße Mehrheit den Standpunkt, es sei nicht alles falsch gewesen, was sie in der Schule über den Kapitalismus gelernt haben. Dies bezieht sich insbesondere auf Aussagen über Ausbeutung und Klassenkampf. So stimmten beispielsweise 80 Prozent der Teilnehmer der Aussage zu, die eigentlichen Machthaber seien die großen Konzerne und Banken, während dies sechs Prozent verneinten. 64 Prozent gaben der These ihre Zustimmung, im Gesellschaftssystem der Bundesrepublik

---

30 Werner Schmidt/Klaus Schönberger, »Jeder hat jetzt mit sich selbst zu tun«. Arbeit, Freizeit und politische Orientierungen in Ostdeutschland, Konstanz 1999, S. 291f.

31 Förster/Stöbel-Richter/Berth/Brähler, Die deutsche Einheit zwischen Lust und Frust, S. 17.

32 Thomas Ahbe, Ostdeutsche und westdeutsche Identität. Über Gründe und Sinn einer Differenz, in: vorgänge 187 (2009), S. 92. Ebenso argumentiert Bernd Faulenbach, der die geringeren Akzeptanzwerte gegenüber der Demokratie damit begründet, dass Ostdeutschen die Möglichkeit gering einschätzen, etwas persönlich zu verändern. Faulenbach/Leo/Weberskirch (Hrsg.), Zweierlei Geschichte, S. 447.

33 Förster/Stöbel-Richter/Berth/Brähler, Die deutsche Einheit zwischen Lust und Frust, S. 19.

würden die herrschenden Politiker vor allem die Interessen der Reichen und Mächtigen vertreten, 13 Prozent lehnten sie ab.[34]

Zugleich steigt der Anteil derer, die für eine reformsozialistische Alternative plädieren. 45 Prozent sprachen sich 2005 für einen reformierten Sozialismus, 24 Prozent dagegen aus. 31 Prozent waren unentschlossen in der Bewertung. Dabei zeigten sich diejenigen, die mit der gesellschaftlichen Entwicklung unzufrieden waren, häufiger zu einer Unterstützung einer reformsozialistischen Alternative bereit. Hierin spielen auch positive Erinnerungen an die DDR hinein.[35]

Gesellschaftliche Wertvorstellungen

Eng damit verbunden ist die Beurteilung der sozialen Gerechtigkeit, die Frage, ob jeder seinen gerechten Anteil am gesellschaftlichen Wohlstand erhält und die Chance hat, durch Leistung in der Gesellschaft voranzukommen.

Unter den Panelteilnehmern der Sächsischen Längsschnittstudie ist die Zustimmung zu den erlebten Leistungschancen seit 1995 kontinuierlich von 76 Prozent auf 55 Prozent im Jahr 2007 gesunken. Zufrieden mit der gesellschaftlichen Verteilungsgerechtigkeit zeigten sich 2007 noch 18 Prozent, während dies 56 Prozent verneinten.[36] Die Bewertung der Gesellschaft als gerecht oder ungerecht hängt eng mit der persönlichen sozialen Situation zusammen. Unabhängig davon ist in Ostdeutschland grundsätzlich eine größere Gemeinwohlorientierung festzustellen. Dies zeigt sich auch daran, dass die zwischen Ost und West differierenden Gerechtigkeitsvorstellungen nur zum Teil mit sozialstrukturellen Merkmalen wie Bildungsabschluss und Schichtzugehörigkeit zu erklären sind. So befürworten Personen mit einem höheren Bildungsabschluss im Osten stärker als im Westen gesellschaftliche Umverteilungen zugunsten benachteiligter sozialer Gruppen.[37]

DDR-Nostalgie

Umfragen machen deutlich, dass die DDR von der ostdeutschen Bevölkerung rückblickend zunehmend positiv betrachtet. Herrschte kurz nach der Wende eine einmütig negative Beurteilung der DDR vor, ist diese im Laufe der 1990er Jahre einem differenzierten Bild gewichen. Eine wachsende Zahl ostdeutscher Bürger schreibt ihr inzwischen mehr gute als schlechte Seiten zu. Dies gilt besonders in Bezug auf die soziale Sicherheit. Obwohl der Lebensstandard nach der Wende gestiegen ist, erfährt die DDR in vielen Bereichen eine bessere Bewertung als die Bundesrepublik. Dies schlägt sich im guten Abschneiden der DDR im Systemvergleich hinsichtlich sozialer Aspekte nieder.[38] Auch die Panelteilnehmer der Sächsischen Längsschnittstudie teilen diese Einschätzung. 91 Prozent meinen, die soziale Sicherheit sei in der DDR besser gewährleistet gewesen. Ähnliche hohe Beurteilungen er-

---

34 Vgl. ebd., S. 55 f. Zu ähnlichen Ergebnissen kommen Werner Schmidt und Klaus Schönberger in den Interviews, die sie mit ostdeutschen Arbeitern und Angestellten geführt haben. SCHMIDT/SCHÖNBERGER, »Jeder hat jetzt mit sich selbst zu tun«, S. 297 f.

35 BERTH/FÖRSTER/BRÄHLER/STÖBEL-RICHTER, Einheitslust und Einheitsfrust, S. 78.

36 FÖRSTER/STÖBEL-RICHTER/BERTH/BRÄHLER, Die deutsche Einheit zwischen Lust und Frust, S. 40 f.

37 WENZEL, »Sozial ist, was Arbeit schafft?«, S. 51 f.

38 Katja NELLER, DDR-Nostalgie. Dimensionen der Orientierungen der Ostdeutschen gegenüber der ehemaligen DDR, ihre Ursachen und politischen Konnotationen, Wiesbaden 2006, S. 29 f.

reichen die Kinderbetreuung und die Familienförderung in der DDR sowie das bessere Verhältnis der Menschen untereinander. Hinsichtlich der Schulbildung und der Verwirklichung der sozialen Gerechtigkeit sehen rund zwei Drittel bzw. die Hälfte der Befragten die DDR gegenüber der Bundesrepublik im Vorteil. Leichte Vorteile lassen sich auch in der Frage der Gleichberechtigung der Frau und in der Beurteilung des Gesundheitswesens für die DDR erkennen, die Zustimmungsraten um die 40 Prozent erreichen. Viele Panelteilnehmer kritisierten zudem, dass Vorzüge der DDR wie das System der Polikliniken, das Schulsystem oder die Kindereinrichtungen im Zuge der Vereinigung nicht übernommen wurden.[39]

Aus dem positiven sozialen Bild der DDR und den gegenwärtigen Erfahrungen resultiert auch die von den Panelteilnehmern überwiegend geteilte Einschätzung (2005: 75 Prozent), das Leben in der DDR habe sowohl gute als auch schlechte Seiten gehabt.[40]

Gleichzeitig identifizieren sich fast zwei Drittel der Panelteilnehmer noch oder wieder mit den sozialistischen Idealen. 2007 waren es 61 Prozent. Im Trend zeigt sich ein leichter Anstieg der erinnerten und der aktuellen Identifikation. Einen interessanten Aspekt gibt es dabei: Das Ausmaß der gegenwärtigen Identifikation mit den sozialistischen Idealen der Panelteilnehmer steht in einem signifikanten Zusammenhang mit ihrer politischen Identifikation mit der DDR vor der Wende.[41]

Schließlich geht die positive Einstellung gegenüber sozialistischen Idealen damit einher, dass rund zwei Drittel der Panelteilnehmer den Sozialismus als gute Staatsidee beurteilen, die bisher nur schlecht ausgeführt wurde. Auch dieser Wert steht in einem engen Zusammenhang zu einem positiven DDR-Bild. Das heißt, je häufiger die Befragten beim Systemvergleich die DDR hinsichtlich der sozialen Aspekte präferierten, desto häufiger bejahten sie die Idee des Sozialismus. Soziale Aspekte werden von ihnen mit dem Sozialismus in Verbindung gebracht.[42] Von Katja Neller werden solche prosozialistischen Orientierungen wie die Zustimmung zur Idee des Sozialismus als ein vorgelagerter Faktor für die Ausbildung von DDR-nostalgischen Einstellungen interpretiert.[43]

Um Aussagen zur Existenz einer DDR-Nostalgie treffen zu können, ist im Rahmen der Sächsischen Längsschnittstudie zudem die politische Identifikation der Teilnehmer mit der Bundesrepublik und der DDR untersucht worden. Das Ergebnis kann als ambivalent bezeichnet werden. Der Prozess des Identitätswandels vom DDR-Bürger zum Bundesbürger erweist sich demnach als langwierig. Einerseits gaben 2007 83 Prozent der Panelteilnehmer an, sich als Bundesbürger zu fühlen. Das Ausmaß dieser Verbundenheit hat sich seit 1992 kaum verändert. Andererseits gaben 90 Prozent an, sich auch als Bürger der ehemaligen DDR zu fühlen. Dahinter verbirgt sich allerdings in den wenigsten Fällen eine politische Verbundenheit mit der DDR. Hier spielen vor allem Kindheits- und Jugenderlebnisse aus der Zeit der DDR eine wichtige Rolle, die Erfahrung von sozialer Sicherheit ohne Arbeitslosigkeit der Eltern, die in Kontrast zu den heutigen Erfahrungen stehen.[44]

---

39 Förster/Stöbel-Richter/Berth/Brähler, Die deutsche Einheit zwischen Lust und Frust, S. 23.
40 Berth/Förster/Brähler/Stöbel-Richter, Einheitslust und Einheitsfrust, S. 73.
41 Förster/Stöbel-Richter/Berth/Brähler, Die deutsche Einheit zwischen Lust und Frust, S. 25.
42 Ebd., S. 26.
43 Neller, DDR-Nostalgie, S. 112.
44 Förster/Stöbel-Richter/Berth/Brähler, Die deutsche Einheit zwischen Lust und Frust, S. 22. Ähnliche Ergebnisse ermittelte das DFG-Projekt »Politische Einstellungen, politische Partizipation und

Resümee

Insgesamt bestätigt sich in den Ergebnissen der Sächsischen Längsschnittstudie der Trend der Meinungsumfragen von anders gelagerten politischen Orientierungen und Verhaltensweisen in Ostdeutschland.[45] Die eingangs gestellte Frage, ob hierbei Sozialisationseffekte der DDR eine Rolle spielen, kann bejaht werden. Die Sozialisations- und Sicherheitserfahrungen, welche die Panelteilnehmer im Kindes- und Jugendalter erlebt haben, wirken bis heute nach. Sie bilden den Kern einer noch immer bestehenden emotionalen Verbundenheit mit der DDR, die in letzter Zeit erneut zunimmt. Abgesehen von dem rapiden Vertrauensverlust in die politische Führung war die Mehrzahl der Schüler 1989 der Überzeugung, in der DDR eine gesicherte Zukunft zu haben. Diese Überzeugung stützte sich vornehmlich auf sozialpolitische Grundlagen. So bestand für alle Studienteilnehmer 1989 am Ende der 10. Klasse eine sichere berufliche Perspektive. Arbeitslosigkeit war für sie ein fremder Begriff aus einer anderen Welt. Dies spiegelt sich auch in der Frage nach den größten Vorzügen der DDR wieder, welche die Jugendlichen 1988 unter anderem mit der Sicherheit des Arbeitsplatzes, der sozialen Sicherheit beantworteten.[46]

Die langfristige Wirkung der DDR-Sozialisation zeigt sich dementsprechend vor allem auf sozialem Gebiet. Im Systemvergleich schneidet die DDR im Vergleich mit der Bundesrepublik hinsichtlich der sozialen Aspekte von Jahr zu Jahr besser ab. Dabei lenkt die Beurteilung der DDR als der sozialere Staat den Blick vom diktatorischen Kern des Systems ab. Repressive Seiten der DDR werden weitgehend ausgeblendet. Diese Verklärung hängt nicht zuletzt mit den Schwierigkeiten in Folge des Transformationsprozesses zusammen, vor allem mit der eigenen sozialen Situation. Neben sozialisationsbedingten Faktoren wie den mentalen Prägungen, positiven lebensgeschichtlichen Erlebnissen und der Dauer der in der DDR verbrachten Lebenszeit sind also auch situative Faktoren wie Arbeitslosigkeit, die Erfahrung sozialer Deklassierung, Diskriminierungsempfinden und die Beurteilung der Gesellschaft als ungerecht bedeutsam für positive Orientierungen gegenüber der DDR und die Bewertung des jetzigen Gesellschaftssystems. Die Beurteilung der DDR fällt in der Regel umso positiver aus, je negativer die heutigen Erfahrungen mit den Folgen des Systemwechsels sind. Darauf hinzuweisen ist, dass DDR-Nostalgie nicht zwangsläufig mit politischen Orientierungen oder Verhalten verbunden ist, sondern auch als unpolitisiertes

---

Wählerverhalten im vereinigten Deutschland«. Katja NELLER, Getrennt vereint? Ost-West-Identitäten, Stereotypen und Fremdheitsgefühle nach 15 Jahren deutscher Einheit, in: Jürgen W. Falter/Oscar W. Gabriel/Hans Rattinger/Harald Schoen (Hrsg.), Sind wir ein Volk? Ost- und Westdeutschland im Vergleich, München 2006, S. 24.

45 Vgl. auch die Ergebnisse des Thüringen-Monitors 2005 und des Sachsen-Anhalt-Monitors 2007, die sich beide mit der Beurteilung der deutschen Einheit und den Einstellungen zur Demokratie befassten. Vgl. Ossip FÜRNBERG/Everhard HOLTMANN/Tobias JAECK, Sachsen-Anhalt-Monitor 2007. Politische Einstellungen zwischen Gegenwart und Vergangenheit, Halle 2007; Michael EDINGER/Andreas HALLERMANN/Karl SCHMITT, Politische Kultur im Freistaat Thüringen. 1990–2005: Das vereinigte Deutschland im Urteil der Thüringer. Ergebnisse des Thüringen-Monitors 2005, Jena 2005.

46 Walter FRIEDRICH/Hartmut GRIESE (Hrsg.), Jugend und Jugendforschung in der DDR. Gesellschaftspolitische Situationen, Sozialisation und Mentalitätsentwicklung in den achtziger Jahren, Opladen 1991, S. 135–149; Gert-Rüdiger STEPHAN, »Wir brauchen Perestroika und Glasnost für die DDR«. Zur Reflexion des Zustands der Gesellschaft durch die Leipziger Jugendforschung 1987–1989, in: Deutschland-Archiv 28 (1995), S. 721–733.

Phänomen im Sinne einer individuellen biografischen Verklärung der »guten alten Zeit« in Erscheinung tritt Katja Neller plädiert daher für eine Unterscheidung in politisierte und unpolitisierte DDR-Nostalgie.[47]

Da die politischen und gesellschaftlichen Einstellungen und Werteorientierungen zum Teil sozialisationsbedingt sind, werden die angesprochenen Unterschiede wohl für längere Zeit erhalten bleiben, vermutlich jedoch in abgeschwächter Form. Ergebnisse anderer Studien zeigen nämlich, dass die Erfahrungswerte und Deutungsangebote der Älteren von der jüngeren Generation keineswegs ungefiltert übernommen werden.[48] Dies trifft beispielsweise auf die Bewertung des Sozialismus als Idee zu, der junge Ostdeutsche zwar weitaus häufiger zustimmen als gleichaltrige Westdeutsche. Im Vergleich zu ihrer Eltern- und Großelterngeneration fällt die Zustimmung bei ihnen jedoch geringer aus.[49]

Die Ergebnisse machen zugleich deutlich, dass die Beurteilung der DDR und des gegenwärtigen politischen Systems bis zu einem gewissen Grad von situativen Faktoren abhängt und damit durch die Politik im positiven Sinn beeinflussbar ist.[50]

»Sich zu vereinen, heißt teilen lernen«, diese Worte richtete der ehemalige Bundespräsident Richard von Weizsäcker in seiner Rede zum Staatsakt am 3. Oktober 1990 an seine Landsleute. »Wie gut uns die Einheit menschlich gelingt, das entscheiden kein Vertrag der Regierungen, keine Verfassung und keine Beschlüsse des Gesetzgebers. Das richtet sich nach dem Verhalten eines jeden von uns, nach unserer eigenen Offenheit und Zuwendung untereinander.«[51] Nicht zuletzt soll für einen entspannteren Umgang in der Frage nach den unterschiedlichen Normen- und Werteinstellungen in Ost und West plädiert werden. Stellt Vielfalt in der Demokratie nicht ein Wert für sich dar? Andere europäische Länder führen schließlich erfolgreich vor, dass man mit einem weitaus größeren Maß an kultureller, politischer und ökonomischer Heterogenität zusammenleben kann.

---

47 Neller, DDR-Nostalgie, S. 91.
48 Fürnberg/Holtmann/Jaeck, Sachsen-Anhalt-Monitor 2007 (wie Anm. 45), S. 63.
49 Kai Arzheimer, Von »Westalgie« und »Zonenkindern«: Die Rolle der jungen Generation im Prozess der Vereinigung, in: Jürgen W. Falter/Oscar W. Gabriel/Hans Rattinger/Harald Schoen (Hrsg.), Sind wir ein Volk? Ost- und Westdeutschland im Vergleich, München 2006, S. 226 f.
50 Pollack, Wie ist es um die innere Einheit Deutschlands bestellt?, S. 7.
51 Ansprache von Bundespräsident Richard von Weizsäcker beim Staatsakt zum »Tag der deutschen Einheit« am 3. Oktober 1990. http://www.bundespraesident.de/Reden-und-Interviews/Reden-Richard-von-Weizsaecker (Stand vom 01.03.2010).

Michael Beleites

Stasi und kein Ende?

Aufarbeitung der Vergangenheit und ihre Rolle in der Demokratie

Sachsen hat in den letzten 20 Jahren viel für die Aufarbeitung seiner DDR-Vergangenheit getan; mehr als andere ostdeutsche Bundesländer. Wenn man selbst beruflich in diesen Prozess hineingestellt ist, dann kann man die Wirkung der Geschichtsaufarbeitung eigentlich nicht objektiv beurteilen. Manchmal hatte ich den Eindruck, dass wir fast gar nichts bewirken. Doch inzwischen bin ich optimistischer. Im Vergleich mit denen, die weniger in die Aufarbeitung investiert haben, wird deutlich, dass unser Tun nicht umsonst war. Wenn ich die nun aufgebrochenen Debatten über die DDR-Vergangenheit in Brandenburg verfolge, dann kann ich nur feststellen: Wir sind hier schon ein ganzes Stück weiter. So, wie wir es derzeit in Brandenburg erleben, würde über dieses Thema in Sachsen heute nicht mehr gesprochen. Insoweit kann ich zunächst dankbar feststellen, dass das, was Sachsen hier früher und mehr investiert hat, durchaus seine Wirkung gehabt hat und weiterhin hat.

Wenn ich hier nun eine Art Bilanz der Vergangenheitsaufarbeitung der letzten 20 Jahre zu ziehen versuche, dann soll sich meine Analyse nicht nur auf den Freistaat Sachsen allein beziehen, sondern auf ganz Ostdeutschland. Und ich möchte hier nicht nur die Erfolgsgeschichten erzählen, sondern auch auf Entwicklungen hinweisen, die aus meiner Sicht problematisch sind. Dieser Beitrag versteht sich nicht als ein Bericht, sondern eher als ein Diskursbeitrag.

Impulse aus der Wendezeit

Der Wille zur Aufarbeitung des SED-Staates und seines Stasi-Systems ist älter als der Freistaat Sachsen. Dieser Impuls begleitete die 1989er Revolution von Anfang an. Niemand wollte das alte System beseitigen, ohne seine geheimen Strukturen und Mechanismen offenzulegen. Die Besetzungen der MfS-Bezirksverwaltungen am 4. und 5. Dezember 1989 durch Demonstranten erfolgten in dem Moment, als bekannt geworden war, dass die Stasi Akten vernichtete. Den Bürgerkomitees ging es in erster Linie darum, die Stasi-Akten für eine spätere Aufarbeitung zu sichern. Insoweit war der Impuls zur Aufarbeitung der Diktaturgeschichte der DDR bereits eine der entscheidenden Triebfedern der Revolution. Ungeachtet der Einseitigkeiten, die später zu einer Schieflage der Aufarbeitung führten, hat die Sicherung der Stasi-Akten eine eminent wichtige Basis für den demokratischen Neubeginn geschaffen.

Die Öffnung der Akten des kommunistischen Geheimdienstes für dessen Opfer ist als das »deutsche Modell« der Diktatur-Aufarbeitung in die Geschichte eingegangen. Im internationalen Vergleich gilt diese Aktenöffnung zu Recht als Erfolgsgeschichte und als beispielgebend. So konnte vielen Tausend Menschen ein gutes Stück der ihnen von der Stasi geraubten Würde zurück gegeben werden. Der oft schmerzhafte Blick in die eigene Akte brachte Klarheit in das Leben vieler Menschen mit beschädigten Biographien. Nur mit dieser Klarheit war es den einst von der Stasi verfolgten Menschen möglich, darüber offen zu sprechen – nicht zuletzt auch mit denen, die auf der Seite der Stasi standen. Ohne die offenen Akten wäre weder der individuelle noch der gesellschaftliche Dialog über die Schatten der Vergangenheit möglich.

Nachdem ich Anfang 1990 als Bürgerkomitee-Mitglied in Gera meine eigenen Stasi-Akten gesehen hatte, habe ich mich für eine Öffnung der Stasi-Akten für Betroffene engagiert. Es war damals jedem bewusst, dass die Mehrzahl der Stasi-Repressionen im Verborgenen abgelaufen war, insbesondere die verdeckten »Zersetzungsmaßnahmen«. So bezeichnete das MfS die »systematische Organisierung beruflicher Misserfolge« oder die »systematische Diskreditierung des öffentlichen Rufes«.[1] Es ging in erster Linie um eine Vermittlung von Klarheit für die Betroffenen. Man erfährt ja aus den Stasi-Akten nicht nur was war, sondern auch was nicht war; man liest nicht nur, wer einen verraten hat, sondern auch, wer einen nicht verraten hat. Die Betroffenen sollten endlich schwarz auf weiß lesen können, welche berufliche Behinderung die Stasi veranlasst hatte und welche nicht. Sie sollten erfahren, von wem die Stasi ihre Informationen hatte und von wem nicht. Und sie sollten sehen, welche »Inoffiziellen Mitarbeiter« (IM) offensiv und welche zurückhaltend agierten. Für mich selbst war diese Klarheit zwar auch bitter, aber vor allem war sie befreiend. Dass dieses allgemeine Akteneinsichtsrecht für Stasi-Opfer tatsächlich mit dem Stasi-Unterlagen-Gesetz von 1991 Wirklichkeit wurde, gehört aus meiner Sicht zu den größten Erfolgen der friedlichen Revolution.

Der andere Schwerpunkt des Stasi-Unterlagen-Gesetzes ist die Überprüfung von Mandatsträgern und von Beschäftigten im öffentlichen Dienst auf eine frühere Tätigkeit für den DDR-Staatssicherheitsdienst. Eine Offenlegung der Stasi-IM jenseits der Öffnung von Opfer-Akten war für mich damals kein zentrales Anliegen, aber auch ich war für die Überprüfung. Warum wollten wir 1990 die Überprüfung aller öffentlichen Amts- und Funktionsträger auf eine eventuelle Stasi-Verbindung? Nicht weil wir dachten, dass die Stasi-Agenten die einzigen waren, die für das System der politischen Repression verantwortlich waren. Wir wollten die neuen Beamten und Mandatsträger überprüfen, weil die inoffiziellen Stasi-Mitarbeiter die unbekannten Unterstützer der Diktatur waren. Dass man die anderen – bekannten – Systemträger der DDR nicht übergangslos zu Repräsentanten der Demokratie machen würde, schien damals selbstverständlich.

Doch im Schatten der Debatten um die IM-Enthüllungen konnten frühere SED-Parteisekretäre, stalinistische Schuldirektoren, militante Kampfgruppen-Kommandeure, dunkelrote Bonzen aus den Räten der Bezirke und betonköpfige Volkspolizei-Chefs schnell Karriere machen. Die von den jeweiligen SED-Führungsebenen eingesetzten Nomenklaturkader hatten jetzt einen entscheidenden Vorteil: In der DDR waren sie – oft per Arbeitsvertrag – zur offiziellen Zusammenarbeit mit der Stasi verpflichtet. Eine Registrierung als «Inoffizieller Mitarbeiter» des MfS kam für all diejenigen nicht in Betracht, die offiziell mit dem Staatsicherheitsdienst zusammenarbeiteten. Den Befund «Gauck-negativ» konnten sie nun ummünzen in «politisch unbelastet». Mit jedem Jahr trat deren offizielle Nähe zum Stasi-System mehr in den Hintergrund – und heute sind die offiziellen Verstrickungen na-

---

1   Vgl. MfS-Richtlinie 1/76 über Operative Vorgänge.

hezu ebenso wenig bekannt wie es damals die inoffiziellen waren. Wer als DDR-Funktionär mit der Stasi im Rahmen des «politisch-operativen Zusammenwirkens» kooperierte, also auch Aufträge der Stasi zur Überwachung und Unterdrückung von politisch Verfolgten ausführte, ohne selbst Mitarbeiter des MfS zu sein, bekam von der Gauck/Birthler-Behörde einen «Persilschein». In Sachsen hat diese Schieflage z. B. dazu geführt, dass sich der ehemalige Abteilungsleiter für Staat und Recht der SED-Bezirksleitung Karl-Marx-Stadt im Überprüfungsverfahren des Landtages allein zu den Fragen äußern musste, die mit einer IM-Episode seiner Jugendzeit in Verbindung standen. Die Frage, in welchem Ausmaß er in seiner Funktion bei der SED-Bezirksleitung auch als Auftraggeber der Stasi in Erscheinung getreten war, spielte hier keine Rolle.

Ein weiterer Impuls aus der Wendezeit ist der der Rehabilitierung und Entschädigung von Opfern politischer Repression. Erst nach und nach drang ins öffentliche Bewusstsein, wie viele Menschen in der DDR aus politischen Gründen inhaftiert oder anderweitig geschädigt worden waren. Viele in Westdeutschland bereits existierende oder im Osten neu begründete Opferverbände hatten einen sächsischen Bezugspunkt: Der Frauenkreis der ehemaligen Hoheneckerinnen, das Bautzen-Komitee, der Waldheim-Kameradschaftskreis und die Torgau-Initiative. Plötzlich war offenkundig, was bislang kaum einer wahrgenommen hatte: Die Mehrzahl der großen Zuchthäuser, die für politische Unterdrückung in der DDR bekannt waren, befanden sich auf dem Gebiet Sachsens. Die Unterstützung und Betreuung von Verfolgtenverbänden und Aufarbeitungsinitiativen gehört zu den wichtigsten Aufgaben meiner Behörde. Der Landesbeauftragte als Institution versteht sich hier als eine Verbindungsstelle zwischen Opferverbänden und Initiativen auf der einen und Landtag und Staatsregierung auf der anderen Seite. So konnten viele Fragen des Opfergedenkens und der Rehabilitierung sehr unmittelbar zwischen Betroffenenvertretern und Landespolitik und Landesverwaltung erörtert werden.

Das bis heute wichtigste Thema in der Beratung von Betroffenen ist das der Rehabilitierung und Entschädigung. Mit dem 1992 vom Deutschen Bundestag verabschiedeten Strafrechtlichen Rehabilitierungsgesetz wurde ehemaligen politischen Häftlingen eine Rehabilitierung durch Gerichtsbeschluss ermöglicht, das heißt die Aufhebung rechtsstaatswidriger Entscheidungen der Gerichte des SED-Staates. Eine strafrechtliche Rehabilitierung begründet Ansprüche auf eine Kapitalentschädigung für Haftzeiten, Unterstützungsleistungen für Betroffene in schwieriger wirtschaftlicher Lage und Versorgungsleistungen bei haftbedingten Gesundheitsschäden. In seinem zentralen Kern, nämlich in den Regelungen über die Haftentschädigung, ist das Strafrechtliche Rehabilitierungsgesetz für die Betroffenen sehr hilfreich und weitgehend unproblematisch. Zu großen Problemen führt jedoch oft das Verfahren zur Anerkennung haftbedingter Gesundheitsschäden. Hier stehen die Verfolgten vor dem Problem, dass sie nachweisen müssen, dass zwischen ihrer damaligen Haft und ihrem heutigen Gesundheitsschaden ein ursächlicher Zusammenhang besteht. Dieser Nachweis kann in der überwiegenden Mehrzahl der Fälle nicht geführt werden, auch wenn eine Wahrscheinlichkeit eindeutig auf der Hand liegt. Noch schwieriger als um die Anerkennung der Körperschäden steht es um die Anerkennung psychischer Haftfolgen, wie z. B. der posttraumatischen Belastungsstörungen.

Um die vielfältigen, schwer zu quantifizierenden Begleitschäden der Haft pauschal zu entschädigen und damit den Betroffenen eine angemessene Wertschätzung zukommen zu lassen, wurde im Jahr 1999 der Gedanke einer monatlich zu zahlenden »Opferpension« ins
Gespräch gebracht. Zum großen Verdruss der Betroffenen ist ein solches Ansinnen mehrfach im Bundestag gescheitert. Erst nachdem sich der sächsische Bundestagsabgeordnete
Arnold Vaatz erneut für eine solche Regelung stark gemacht hatte, gelang es im Jahr 2007,
eine Mehrheit dafür zu finden, für Haftopfer, die länger als sechs Monate zu Unrecht inhaftiert waren, eine »besondere Zuwendung« in Höhe von monatlich 250 Euro zu beschließen.
Leider wird aber auch hier das ursprüngliche Ziel nicht erreicht. Als eine pauschalierte
Entschädigung für reale, aber nicht quantifizierbare *Schäden* hätte die »Opferpension« uneingeschränkt zu einer Würdigung der Geschädigten beitragen können. Als eine einkommensabhängige Ausgleichsleistung kann sie jedoch von vielen nur als eine Hilfsleistung und
nicht als eine Entschädigung angenommen werden.

Noch weitaus weniger zu quantifizieren als die zu unrecht erlittenen Haftzeiten und
deren Folgen sind die Behinderungen in Bildung und Beruf. Um auch für diese Betroffenengruppe einen Ausgleich zu schaffen, wurde im Jahr 1994 das Verwaltungsrechtliche
und Berufliche Rehabilitierungsgesetz verabschiedet. Beide werden zusammen auch als das
»Zweite SED-Unrechtsbereinigungsgesetz« bezeichnet. Ziel des Verwaltungsrechtlichen
Rehabilitierungsgesetzes ist eine Erweiterung der Zahl der Anspruchsberechtigten über den
Kreis der politischen Häftlinge hinaus. Vorgesehen sind Ausgleichsleistungen für diejenigen,
bei denen auch andere gezielte Verfolgungsmaßnahmen des totalitären Regimes zu einer
gesundheitlichen Schädigung, zu einem Eingriff in Vermögenswerte oder zu einer beruflichen Benachteiligung geführt haben – soweit die Folgen heute noch »unmittelbar schwer
und unzumutbar« fortwirken. Diese Ausgleichsleistungen werden bei Gesundheitsschäden
nach dem Bundesversorgungsgesetz, bei Vermögensschäden nach dem Vermögens- und
dem Entschädigungsgesetz und bei beruflichen Benachteiligungen nach dem Beruflichen
Rehabilitierungsgesetz gewährt. Der Kern der Leistungen nach dem Beruflichen Rehabilitierungsgesetz ist ein Ausgleich von Nachteilen in der Rentenversicherung. Und auf dieses
Gesetz konzentrierten sich auch die meisten Diskussionen um das Entschädigungsrecht.
Um die offenkundigen Defizite des beruflichen Rehabilitierungsgesetzes wenigstens ein
Stück weit auszugleichen, hat der damalige sächsische Sozialminister, Hans Geisler, eine
sächsische Zusatzregelung für »verfolgte Schüler« auf den Weg gebracht. Diejenigen, denen
nachweisbar aus politischen Gründen schon in der Schule der Weg zu Abitur und Studium
verbaut worden war, bekamen eine besondere Ausgleichsleistung vom Freistaat Sachsen.

Eine Besonderheit des demokratischen Neubeginns in Sachsen ist die innere Verfassung
der CDU, die hier seit 1990 Regierungspartei ist. Bei allem, was auch in der sächsischen
Union noch an die DDR-CDU erinnert, ist doch eines deutlich: Die sächsische Union hat
einen weitaus radikaleren Erneuerungsprozess hinter sich gebracht als die CDU in allen anderen ostdeutschen Bundesländern. Hier haben Menschen aus der Bürgerbewegung wirklich
einen nennenswerten Einfluss gewonnen und die Richtung mitbestimmt. Dies hat nicht nur
das Klima im Inneren der Partei geprägt, sondern, insbesondere in den 1990er Jahren, auch
manche politische Weichenstellung im Freistaat Sachsen beeinflusst. Wenn die Aufarbeitung
der SED-Diktatur in Sachsen institutionell sehr gut aufgestellt ist, so sehe ich da einen unmittelbaren Zusammenhang mit dem weitreichenden Erneuerungsprozess in der CDU.

Institutionen der Aufarbeitung

Was sind nun diese Institutionen zur Aufarbeitung der Diktatur? Hier sind zunächst diejenigen zu nennen, die es in den anderen ostdeutschen Ländern auch gibt: Die Landeszentrale für politische Bildung, die Rehabilitierungsbehörden, das Landesamt zur Regelung offener Vermögensangelegenheiten, den Landesbeauftragten für die Stasi-Unterlagen und – als Institutionen des Bundes – die Außenstellen der Bundesbeauftragten für die Stasi-Unterlagen. Als eine weitere Bundeseinrichtung kommt das Zeitgeschichtliche Forum in Leipzig hinzu.

Als ein besonderer sächsischer Impuls sind die Gründung des Hannah-Arendt-Instituts für Totalitarismusforschung und die Errichtung der Stiftung Sächsische Gedenkstätten zur Erinnerung an die Opfer politischer Gewaltherrschaft zu nennen. Hier hat sich Sachsen dazu entschlossen, die Aufarbeitung der NS-Diktatur und des SED-Unrechts jeweils unter einem Dach zu organisieren. Dabei ging und geht es in keiner Weise um irgend eine Gleichmacherei des Unrechts. Es geht aber durchaus darum, hier eine Aufarbeitung im Miteinander und nicht eine Aufarbeitung im Gegeneinander zu institutionalisieren.

Auch dieser Impuls kam schon aus der Wendezeit: Im Herbst 1989 hatten sich, beseelt vom Geist der ersten freien Demonstrationen, Tausende der Leipziger Montagsdemonstranten an einem Donnerstag mit Kerzen in der Hand auf den Weg in die Leipziger Innenstadt begeben. Sie stellten ihre Kerzen dort ab, wo die Leipziger Synagoge gestanden hatte, die in der Pogromnacht 1938 von Leipziger Nationalsozialisten zerstört worden war. Dies war ein bewegendes Zeichen der inneren Verbundenheit der 1989er Revolution mit den Opfern des Nationalsozialismus. Jener Donnerstag war der 9. November 1989. Es geschah zur selben Stunde, als in Berlin die Mauer fiel. Eine wirklich freie und unabhängige Auseinandersetzung mit der Geschichte der NS-Diktatur in den eigenen Städten und in den eigenen Familien, wie sie seit Ende der 60er Jahre in Westdeutschland stattgefunden hat, hatte es in der DDR nämlich nicht gegeben. Nach 1990 sind vielerorts die Erinnerung an die NS-Diktatur und die Erinnerung an die kommunistische Diktatur auf verschiedene, voneinander getrennte Gleise gesetzt worden. Fremdheit und Konkurrenz unter den »Aufarbeitern«, die für beide Seiten abträglich sind, waren die Folge. Neben der einseitigen Fixierung der DDR-Aufarbeitung auf die Stasi ist die Trennung in zwei »Erinnerungskulturen« m. E. eine der wesentlichen Ursachen für die mentalen Verkrampfungen der Ostdeutschen beim Thema Vergangenheit. Trotz der Querelen um die Leitung des Hannah-Arendt-Instituts und trotz des so genannten sächsischen Gedenkstättenkonflikts – ich glaube, dass der in Sachsen eingeschlagene Weg des miteinander Aufarbeitens der richtige ist.

Der polnische Historiker Kazimierz Wóycicki betrachtet es sogar als einen »Geburtsfehler« der Geschichtsaufarbeitung in Ostdeutschland, dass sich die zentrale staatliche Einrichtung der Aufarbeitung, die Bundesbeauftragte für die Stasi-Unterlagen, nur mit der Zeit 1945 bis 1989 beschäftigt: »Ich denke, in Ostdeutschland sollte man die Geschichtsaufarbeitung mit 1933 beginnen«, so Wóycicki. Da der Antifaschismus der DDR »eine riesige Manipulation« gewesen ist, sei es »in Ostdeutschland zu keiner echten Debatte über die Verantwortung des Einzelnen im Nationalsozialismus gekommen«. Man könne »nicht mit dem einen Totalitarismus abrechnen, wenn man mit dem anderen noch keine

Abrechnung gemacht hat«.[2] Insoweit erfordern die Aufarbeitungsdefizite und Manipulationen der DDR zunächst eine besondere und spezifische Anstrengung zur Aufarbeitung des Nationalsozialismus – die auch die Ursachen des einseitigen Geschichtsbildes der DDR in den Blick nimmt. Heutige Gedenkstättenkonzepte, die ja auf die Zukunft hin ausgerichtet sind, sollten zumindest eine Perspektive aufzeigen, wie die zu Lagerbildung und Konkurrenz tendierende Isolierung der »Erinnerungskulturen« überwunden werden kann. Im Blick auf die Zukunft ist die sächsische »Erinnerungslandschaft« gar nicht so schlecht aufgestellt.

Zur »Erinnerungslandschaft« gehört aber mehr, als nur die staatlichen Aufarbeitungs-Institutionen. Hier gibt es noch das wichtige Feld der sogenannten »gesellschaftlichen Aufarbeitung«. Zur SBZ- und DDR-Thematik arbeiten z. B. das Bautzen-Komitee als Träger der Gedenkkapelle am Gräberfeld neben dem früheren Sowjetischen Speziallager in Bautzen, das Bürgerkomitee Leipzig als Träger des Stasi-Museums in der »Runden Ecke« und der Dresdner Verein »Erkenntnis durch Erinnerung« als Träger der Gedenkstätte Bautzener Straße. Auch die wichtige Arbeit der Archive der Bürgerbewegung in Leipzig, Werdau und Großhennersdorf ist hier zu nennen.

Traditionen der Erinnerung

Es ist wichtig, immer wieder auf die Alltagssituationen der »kleinen Leute« und die Bedeutung der Geschehnisse in den vielen kleinen Städten und Dörfern aufmerksam zu machen. Die kollektive Erinnerung einer Nation oder einer Region braucht aber eine Konzentration auf bestimmte Orte und auf ausgewählte Daten. So merkwürdig die Abhängigkeit der Geschichtsaufarbeitung von den Mechanismen eines Kalenderblatt-Journalismus ist; ein öffentliches Bewusstsein für die eigene Landesgeschichte entsteht offenbar hauptsächlich anlässlich der Berichterstattung über Jahrestage. Es ist bemerkenswert, wie viele neue Erkenntnisse zum Volksaufstand vom 17. Juni 1953 zu dessen 50. Jahrestag 2003 plötzlich zu Tage traten. Es war vorher kaum bekannt, welch wichtige Rolle die Städte Leipzig, Görlitz und Dresden beim Juniaufstand von 1953 gespielt haben. In diesen Städten, aber auch in Bautzen, Zittau und Chemnitz, werden seither regelmäßig Gedenkveranstaltungen zum 17. Juni abgehalten. Ich halte dies für ausgesprochen wichtig, dass nach der Abschaffung des 17. Juni als (west-)deutschem Nationalfeiertag das historische Ereignis nicht dem Vergessen anheim gestellt wird, sondern hier an den Orten des damaligen Geschehens eine lebendige Tradition des Erinnerns entsteht.

Die besondere Erinnerung an den Mauerfall im letzten Jahr hatte mit dessen 20. Jahrestag zu tun – und die verstärkte Erinnerung an den Mauerbau im nächsten Jahr wird mit dessen 50. Jahrestag zu tun haben. Wie komplett aber ein historisches Ereignis von großer Tragweite auch beschwiegen werden kann, wenn es den Redaktionen und politischen Meinungsmachern nicht gefällt, das kann man sehr anschaulich anhand des 50. Jahrestages der Zwangskollektivierung beobachten, den wir dieser Tage begehen. Etwa 20 Prozent der

---

2   Kazimierz Wóycicki, Vergangenheitsbewältigung und die Freiheitsfrage, in: Tagungsband zum 11. Bundesweiten Kongress der Landesbeauftragten für die Stasi-Unterlagen und der Stiftung zur Aufarbeitung der SED-Diktatur, Dresden 2007, S. 23 f.

DDR-Bevölkerung waren selbst oder mit ihren Familien von dieser Despotie betroffen, als Walter Ulbricht am 25. April 1960 die »Vollkollektivierung« verkündete. Bis heute leidet die Attraktivität der ländlichen Räume Ostdeutschlands erheblich unter einer sozialistisch geprägten agrarindustriellen Monostruktur. Ja, hier ist die Dominanz der aus den LPG hervorgegangenen Großbetriebe, die in besonderem Maße von Subventionen abhängig sind, geradezu zementiert worden. Der Agrarökonom Klaus Kemper wies kürzlich darauf hin, dass (auch im Westen) die von der Landwirtschaft »tatsächlich erbrachte, also um die Subventionen bereinigte Nettowertschöpfung in dem Maße gesunken« ist, »in dem die Betriebe größer wurden«. Bei einem Herausrechnen der Subventionen habe sich herausstellt, »dass ausgerechnet die Betriebe und Betriebszweige, die in den Agrarberichten nach offizieller Lesart mit besonders hohen Gewinnen glänzen, ohne Subventionen kaum oder gar nicht lebensfähig wären. Die in Ostdeutschland vorherrschenden Großbetriebsformen sind dafür geradezu beispielhaft – immer wieder ergibt sich der gleiche Sachverhalt.«[3] Mag es nun an Befangenheiten oder an Desinteresse liegen; das vielstimmige Beschweigen dieses Themas durch die ostdeutsche Regionalpresse und Landespolitik erinnert fatal an die gleichgeschaltete Presselandschaft und die Tabuisierung brisanter Themen in der DDR.

Doch zurück zur Erinnerung an die friedliche Revolution. Da haben wir in Sachsen einen Tag der es in sich hat, einen Tag, den wir als einen besonderen Erinnerungstag, ja als einen Feiertag etablieren sollten. Bei einer Analyse des gesamten Prozesses der Wendezeit bündelt sich die ganze Breite des Geschehens in seiner Dramatik in einem Tag. Mit Massendemonstrationen, Stasi-Besetzungen, Bürgerkomitees und Runden Tischen haben Menschen aus nahezu allen Orten der DDR in wenigen Monaten die Politbürokratie des SED-Staates überwunden. Auch die Zusammenhänge mit den Freiheitsrevolutionen in Osteuropa und die vielfältige Unterstützung aus dem Westen sollten in der Erinnerung an die Geschehnisse von 1989 einfließen. Ihr Identität stiftendes Potenzial wird der Herbst 1989 allerdings nicht zur Geltung bringen, wenn sich die Erinnerung auf die vielen Einzelereignisse beschränkt. Solange wir uns auf kein gemeinsames, für das ganze Land gleichermaßen herausragendes historisches Datum als »Erinnerungsort« für unsere Selbstbefreiung verständigen, bleibt die Wendezeit von 1989 im öffentlichen Bewusstsein des Volkes unterbelichtet. Ergreifend sind die Bilder vom Mauerfall am 9. November 1989, als die Menschen auf den Straßen tanzten. Unvergessen sind auch die Stasi-Besetzungen am 4./5. Dezember 1989 und am 15. Januar 1990, als vieles auf dem Spiel stand. Befreiend waren schließlich die ersten freien Wahlen am 18. März 1990. Dennoch war das wirklich herausragende Geschichtsdatum der Wendezeit ein anderes: Es war der 9. Oktober von Leipzig. Der 9. Oktober 1989 war der Durchbruch zur ostdeutschen Selbstbefreiung im ganzen Land.

Das Entscheidende an der 89er Wende ist ja, dass es – trotz günstiger außenpolitischer Rahmenbedingungen – eine kollektive Selbstbefreiung war. Die Reformpolitik Gorbatschows hat den inneren Befreiungsprozess der Menschen im gesamten sowjetischen Machtbereich enorm gestärkt. In der DDR waren die Sympathien für Gorbatschow fast schon revolutionär, weil die SED-Führung bis zuletzt an der alten Breschnew-Doktrin festhielt. Der Freiheitswille der Menschen bekam plötzlich Rückenwind aus einer lange gänzlich unerwarteten Richtung. Dennoch, so sehr auch in den Sprüchen »Gorbi hilf!« der alte

---

3   Klaus Kemper, Landpost 1/2010, S. 2–4.

Untertanengeist durchschimmerte, sind die Menschen selbst auf die Straßen gegangen. Es war allen klar, dass wir diesmal nicht von außen befreit werden würden. Die große Chance, die in der Luft lag, erkannte die breite Masse viel früher als die Intellektuellen. Und sie nutzte diese Chance. Es begann die Zeit, als die Vorkämpfer den politischen Forderungen des Volkes hinterher hechelten – und schließlich die Rolle von Moderatoren einnahmen. Diese Rolle sollte allerdings nicht unterschätzt werden; denn ohne die Tradition der kirchlichen Friedensarbeit und den Ost-West-Austausch der Friedensbewegung über gewaltfreien Widerstand wäre die »friedliche Revolution« nicht gewaltfrei verlaufen!

Am 9. Oktober 1989 war in Leipzig eine Bürgerkriegsarmee aus Kampfgruppen, Bereitschaftspolizei und Stasi zusammengezogen. Panzer standen am Stadtrand, alles war vorbereitet für eine gewaltsame Niederschlagung der Proteste. Mit den von Woche zu Woche anschwellenden Montagsdemonstrationen sollte »endgültig und wirksam« Schluss gemacht werden – und zwar »mit der Waffe in der Hand!« So stand es wenige Tage vorher in der Leipziger SED-Zeitung. Dass dieser 9. Oktober zu einem »Tag der Entscheidung« würde, stand vorher fest, nur welche Entscheidung fällt, war offen. Trotz der offenkundigen Lebensgefahr kamen über 70 000 Menschen. Es wurde die mit Abstand größte Demonstration, die die DDR bis dahin seit dem Juniaufstand von 1953 gesehen hatte. »Keine Gewalt« und »Wir sind das Volk« waren die prägenden Rufe der Demonstranten. Das »Wunder von Leipzig« geschah: Die machtvolle Demonstration zog über den Leipziger Ring, ohne dass die bereitstehenden bewaffneten Einsatzkräfte einschritten. Allein die unerwartet hohe Zahl der Demonstranten zwang das Gewaltpotential des SED-Staates zum Rückzug. Aber auch Aufrufe zur Gewaltfreiheit auf beiden Seiten spielten eine wichtige Rolle.

In Leipzig gab es eine Tradition der montags stattfindenden Friedensgebete seit Anfang der 1980er Jahre. 1989 wurden die Friedensgebete an der Leipziger Nikolaikirche zum Kristallisationspunkt der Montagsdemonstrationen. Sie waren zugleich ein wichtiger Impuls zur Gewaltlosigkeit. Bereits am Wochenende des 7. und 8. Oktober 1989 hatten Großdemonstrationen in Plauen und Dresden einen Rückzug der bewaffneten Einheiten und ein Dialogangebot der Machthaber erreicht. Ob diese zunächst lokalen Erfolge sich auf die gesamte DDR ausweiten ließen oder aber der Aufstand gewaltsam niedergeschlagen wird, sollte sich am darauffolgenden Montag in Leipzig entscheiden. Daher reisten an jenem Tag sehr viele Menschen aus anderen Städten zur Montagsdemonstration nach Leipzig. Leipzig war der Ort des Geschehens, aber die Demonstranten kamen aus nah und fern. Leipzig war die Bühne eines landesweiten Ereignisses!

Der 9. Oktober war weder der Auftakt noch der Abschluss der Selbstbefreiung. Er war der entscheidende Wendepunkt: Vorher hatten sich Bürgerbewegungen gegen das SED-Regime formiert, und es gab es fast täglich neue und größere Demonstrationen, doch fast jede Demonstration war von Polizei und Stasi mit gewaltsamen Übergriffen und Festnahmen aufgelöst worden, es gab zahlreiche Verletzte und massenhaft Misshandlungen von Inhaftierten. Nach dem 9. Oktober konnten sich in der Hoffnung auf einen gewaltfreien Verlauf regelmäßige Demonstrationen auf das ganze Land ausdehnen. Diese Monate lang anhaltenden Massendemonstrationen haben den exponierten »Bürgerrechtlern« das Mandat und die Durchsetzungskraft verliehen, im nun möglichen Dialog mit den Machthabern Reformen zu erwirken, die über Grenzöffnung, Politbüro-Rücktritt und Stasi-Auflösung in rascher Folge zu freien Wahlen und schließlich zum Ende der DDR führten.

Es waren insbesondere die Wochen vor dem Mauerfall, die bei einer Mehrheit der Menschen im Osten Deutschlands mit der Erfahrung verbunden sind, Freiheit und Demokratie selbst errungen zu haben. Da die Freiheit eine Voraussetzung für die Einheit war, markiert nicht der Mauerfall am 9. November 1989, sondern der Leipziger 9. Oktober die historische Zeitenwende: Das Ende des Kalten Krieges und des Sowjetkommunismus, das Ende des »Jahrhunderts der Diktaturen« in Europa und das Ende der deutschen wie der europäischen Teilung – ebenso wie den Anfang einer freien und demokratischen Entwicklung in einem vereinigten und demokratischen Europa.

Das Entscheidende dieses bahnbrechenden Ereignisses besteht aber nicht nur in seiner Wirkung und seiner historischen Konstellation. Entscheidend war ebenso die unglaubliche Kraft und Motivation der beteiligten Menschen. Es waren Individuen, die sich – jeder für sich allein – dafür entschieden hatten, trotz der bedrohlichen Gefahren in die Leipziger Innenstadt zu kommen. Das »Wunder von Leipzig« war nur möglich, weil 70 000 Menschen bewusst ihr Leben riskiert haben! Wo sonst sind Bürgermut und die Kraft gewaltfreien Widerstands eindrücklicher demonstriert worden als an jenem Schicksalstag in Leipzig?

Der 9. Oktober 1989 steht für Freiheit, für Gewaltlosigkeit, für Zivilcourage, für Solidarität und für die Zeitenwende am Ende des 20. Jahrhunderts. Dieser Tag symbolisiert vieles, auf das wir in Deutschland und Europa stolz sein können. Der 9. Oktober war ein Ereignis, mit dem sich alle, denen die genannten Werte etwas bedeuten, identifizieren können – ein Tag, der die Menschen nicht trennt, sondern eint. Es war denkbar knapp, aber es fiel kein Schuss an jenem Tage. Der 9. Oktober ist kein Tag zum Gedenken, sondern ein Tag zum Feiern. Warum soll er eigentlich nicht Feiertag werden? Vielleicht sogar ein deutscher Nationalfeiertag, der eine Geschichte hat, die eine Geschichte von unten ist, eine, die die Menschen selbst geschrieben haben? Ich schlage daher vor, den 9. Oktober als ein herausragendes und gemeinsames Geschichtsdatum in den Mittelpunkt der Erinnerung an die Selbstbefreiung zu stellen.

Aufarbeitung und Bildung

Als ich im Jahr 2001 damit begann, zur Stasi-Thematik Schülerprojekte und Lehrerfortbildungen anzubieten, war das Interesse an sächsischen Schulen gering. Oft gab es sogar eine deutliche Abwehr dem Thema gegenüber. Dies hatte natürlich mit Befangenheiten der Lehrer zu tun, die mehrheitlich schon in der DDR unter der Volksbildungsministerin Margot Honecker Lehrer waren. Aber auch die Schüler interessierten sich nicht sonderlich für dieses Thema. Diese Situation hat sich seit knapp fünf Jahren völlig verändert. Heute gibt es eine sehr große Nachfrage nach ergänzenden Bildungsangeboten zur DDR-Diktatur. Inzwischen reichen unsere geringen personellen Kapazitäten nicht mehr aus, um allen Anfragen aus sächsischen Schulen nachkommen zu können. Interessant ist nicht nur die nun immer öfter erlebbare Unbefangenheit der Lehrer, sondern auch das gewachsene Interesse bei den Schülern. Manchmal wird deutlich, dass sie sich deswegen genauer für die politischen Zusammenhänge in der DDR interessieren, weil sie ihren Eltern, Großeltern oder Lehrern kritische Fragen stellen wollen. Einen vergleichbaren Bruch der Jugend mit den Mitläufergenerationen ihrer Eltern und Großeltern, wie 1968 in der Bundesrepublik, gibt es hier sicher nicht. Dass aber auch hier erst reichlich 20 Jahre nach dem Ende einer Diktatur das Eis des Beschweigens bricht, ist unverkennbar. Was hat nun in einer solchen Situation die Bildung auf dem Felde der Aufarbeitung zu leisten? Und was sollte zeitgeschichtliche Bildung in einer solchen Lage unterlassen?

Zunächst muss man aufpassen, dass man die Diktatur nicht nur anhand der Extremsituationen beschreibt – und es dabei unterlässt, aufzuzeigen, wie sich die Diktatur im Alltag der breiten Masse anfühlte. Die bisherige Geschichtsaufarbeitung zur DDR-Geschichte beschränkt sich meist auf die Extreme. Auf Täter und Opfer. Auf der einen Seite wird die Rolle der Stasi-Mitarbeiter beleuchtet, auf der anderen Seite die Situation der Stasi-Opfer. Das war in den ersten Monaten und Jahren nach dem Ende der DDR ganz, ganz wichtig, weil diese beiden Seiten im Lebensalltag der Menschen in der DDR unsichtbar geblieben waren. Hier galt es, im Nachhinein etwas sichtbar zu machen, was ein wichtiger Bestandteil der DDR gewesen ist, aber bislang verdeckt worden war.

Aber was bewirkt dieses Bildungskonzept heute? Diejenigen, die man als Täter und als Opfer des politischen Repressionssystems betrachten kann, machten zusammen weniger als zwei Prozent der Bevölkerung aus. So wichtig es ist, über diese Extreme zu berichten, so fatal ist es, wenn nur über diese Extreme berichtet wird. Dann bleibt nämlich die Frage unbeantwortet, wie die übrigen 98 Prozent der DDR-Bevölkerung diese Diktatur erlebt haben. Es bleibt vor allem die Frage unbeantwortet, warum 1989 eine übergroße Mehrheit dieses System satt hatte. Eine Erinnerung an die Selbstbefreiung der Ostdeutschen verliert sich im Nichts, wenn sie nicht zuerst daran erinnert, *wovon* sich die Menschen befreien wollten. Bei einer Darstellung der DDR anhand des Täter-Opfer-Schemas wird normalerweise noch nicht einmal auf die SED-Mitglieder eingegangen, die immerhin knapp 20 Prozent der Erwachsenen ausmachten. Und noch weniger wird auf die Alltagsituation der sogenannten »Normalbevölkerung« eingegangen. Das, was die SED-Diktatur ausmachte, war der allgegenwärtige Anpassungsdruck; die subtile Nötigung zu äußerlicher Anpassung bis hin zur handfesten Verstrickung in das System. Viele bezeichnen die DDR zu Recht als eine »Mitmach-Diktatur«. Demzufolge war die entscheidende Stütze des Systems die Mitläufer-Gesellschaft.

Jeder, der sich nicht auf der Seite der Stasi-Opfer wiederfinden wollte, musste Tag für Tag Kompromisse machen. Man musste den Massenorganisationen beitreten, obwohl man sich ihnen nicht zugehörig fühlte. Noch schlimmer: Als Kind *wollte* man den Pionieren beitreten, um nicht Außenseiter zu werden. Nach diesem Prinzip vollzog sich das ganze Leben in der DDR. Wer nicht isoliert werden oder seine ganze berufliche Entwicklung aufs Spiel setzen wollte, hat mitgemacht. Man ging zu den Scheinwahlen, obwohl man es weder wollte noch offiziell musste. Wenn man aber nicht ging, stand man auf dem Index der Stasi. Man ging mit dem ganzen Arbeitskollektiv zu den Aufmärschen am 1. Mai und winkte den Bonzen auf der Tribüne zu, so peinlich das auch war. Schließlich hätte ein Fernbleiben einen Schatten auf die sozialistische Brigade werfen können – und dann hätte man sich den Zorn der Kollegen zugezogen. Oft hatte man nicht nur abzuwägen, was man selbst auf sich nimmt, sondern auch, welches Risiko man seinen Angehörigen auferlegt. Überall galt das Prinzip der Sippenhaft. Wer sich der Anpassung verweigerte, musste damit rechnen, dass seine Kinder nicht studieren dürfen oder seine Eltern keinen Reisepass bekommen. Jahrzehnte unüberzeugter Anpassung bei der Bevölkerungsmehrheit haben tiefe mentale

Spuren hinterlassen. Spuren, die heute noch sichtbar sind. Vor allem hat die umfassende Nötigung zu Anpassung und Verstrickung eine tief sitzende Befangenheit bewirkt, wenn es um die DDR-Vergangenheit geht. Die einseitig Stasi-betonte DDR-Aufarbeitung macht indirekt allen ein schlechtes Gewissen, die nicht Oppositionelle waren und Opfer wurden.

Doch die kollektive Selbstbefreiung der Ostdeutschen in der Wendezeit war nicht die alleinige Angelegenheit der Oppositionellen. Die Wende war eine wirkliche Umkehr der Massen. Sie war auch ein Bruch mit dem eigenen Mitläufer-Verhalten. Die überwiegende Mehrheit der Ostdeutschen wollte so nicht mehr leben. Eine Erinnerung an die Wendezeit muss die Veränderung wertschätzen, die die Mehrheit vollzogen hat. So wichtig die Rolle der Oppositionellen bei der Anbahnung der Massenproteste und vor allem für deren gewaltfreien Verlauf war; die entscheidenden Träger der revolutionären Ereignisse waren die vorher angepassten Massen, die nun ihre Angst verloren hatten und ihren Protest auf die Straße brachten. Es darf nicht zuerst die Beständigkeit der wenigen Hundert Oppositionellen gewürdigt werden, die vorher schon »auf der richtigen Seite standen«. Zuerst muss die große Veränderung der Masse gewürdigt werden, die trotz ihrer vielfältigen Verstrickungen und Befangenheiten aufbegehrte.

Politische Bildung sollte den Anspruch haben, die Veränderung von Menschen wertzuschätzen, anstatt sie immer wieder auf die Positionen festzunageln, die sie vor 25 Jahren unter dem Anpassungsdruck einer Diktatur vertreten haben. Für diejenigen, die der Nötigung zur Anpassung erlegen waren oder aber damals tatsächlich an das Heil des Sozialismus geglaubt haben, ist es ein schwieriger Prozess, die alten Befangenheiten zu überwinden. Für die ostdeutsche Gesellschaft ist das aber ein ausgesprochen notwendiger Prozess! Um ihn zu befördern, müssen wir in erster Linie über das Wirken der Diktatur im Alltagsleben der DDR sprechen. Wir müssen über Schwächen und Stärken der Betroffenen sprechen – und immer wieder über individuelle Veränderungs- und Umkehrprozesse, egal ob sie vor, während oder nach der politischen *Wende* stattgefunden haben. Wenn alle, die heute den freiheitlichen Rechtsstaat unterstützen, so tun sollen, als hätten sie das schon immer getan, gleicht das einer Aufforderung zur Heuchelei. Dass Menschen sich ändern, ist nichts Verwerfliches. Es ist schließlich auch das tragende Prinzip der Demokratie. Sonst müsste man nicht immer wieder neu Wahlen abhalten. Wenn den individuellen Veränderungsprozessen mit einer größeren Wertschätzung begegnet wird, dann wird vielleicht auch manch einer aufrichtiger und öffentlicher mit den problematischen Seiten seiner eigenen Vergangenheit umgehen. Aber ich will den schwarzen Peter nicht allein einer politischen Bildung zuschieben, die sich allzu gern auf die Extreme der Stasi-Täter und Stasi-Opfer beschränkt. Hier ist auch die destruktive Rolle der Medien zu benennen, die sich nur für das interessieren, was sich skandalisieren lässt.

Für die meisten Ostdeutschen ist es eigentlich völlig selbstverständlich, sich auch selbst verändert zu haben. Vielleicht ist das Wort »Wende« bei der Bevölkerungsmehrheit auch deshalb so beliebt, weil es den Einzelnen mit dem politischen Prozess verbindet. Die Wende hat man nicht nur unterstützt oder herbeigeführt, wie eine Revolution. Eine Wende hat damals auch fast jeder für sich selbst vollzogen. Und das scheint mir ein ganz wichtiges Element der Erinnerung zu sein: Man muss die individuelle Wende der Millionen vorher angepasster Menschen mit dem politischen Prozess der Wende zusammen denken – der ja nicht zuletzt als eine millionenfache und nahezu synchrone Akkumulation individueller Umkehr verstehbar wird. Die Rede von einer Revolution fragt stets nach Revolutionsführern – die es 1989 wirklich nicht gab. Eine Wende, die sich aus unzähligen synchron ablaufenden individuellen Umkehrprozessen ergibt – und die dennoch insgesamt mehr ist, als nur die Summe dieser Einzelprozesse –, die braucht keinen Führer. Im Gegenteil: Sie wäre keine Wende, wenn sie sich nur einem Führer verdankte. Angeführte Umbrüche sind immer irgendwie künstlich. Ein geschichtlicher Veränderungsprozess, der sich im Sinne Oswald Spenglers[4] wie ein natürlicher Evolutionsprozess[5] darstellt, verdankt sich keinem Führer, sondern meist einem überindividuellen Zeitgefühl. Die internationalen Freiheitsimpulse von 1968 und 89 sind dafür die besten Beispiele.

Aufarbeitung und Demokratie

Dort, wo es in den Schulen Vorbehalte gegenüber unseren Bildungsangeboten zur DDR-Diktatur gibt, frage ich stets nach, woher die Ablehnung kommt. Was ich dann von Schülern immer wieder zu hören bekomme, gibt mir sehr zu denken. Ja, es waren Schüler, mit denen ich darüber sprach, weil Lehrer mit grundsätzlichen Vorbehalten mich ja gar nicht erst in eine Schule einluden. Und die Schüler begründen ihre Abneigung nahezu übereinstimmend wie folgt: Wir wissen doch schon vorher, worauf sie hinauswollen; dass in der DDR alles schlecht war und heute alles bestens ist. Sie werden sich schon die Themen so vorsortiert haben, dass sie nur die Dinge zur Sprache bringen, bei denen die DDR schlechter abschneidet als der Westen. Warum sollen wir uns diese DDR-Geschichten anhören, wenn sie nur dazu hergenommen werden, um unser heutiges System in ein rosarotes Licht zu stellen?

Vor einem solchen Hintergrund erscheint es äußerst bedenklich, wenn der Bildungsarbeit ein Leitbild zugrunde liegt, wonach man die Aufarbeitung der Diktatur zum Zwecke der Legitimation der Demokratie betreibt. Ich glaube, dass die politische Bildung zur DDR-Geschichte der letzten Jahre da wenig hilfreich war. Die Bildungsangebote für Schüler hatten – ob gewollt oder ungewollt – viel zu sehr einen legitimatorischen Charakter. Es wurde der Eindruck vermittelt, als sei die Bundesrepublik in ihrer heutigen Verfassung *deswegen* legitim, *weil* die DDR und die Stasi nicht legitim waren. So fühlen sich viele an die instrumentalisierte Darstellung des NS-Unrechts in der DDR erinnert. Es hat damals zu Recht Abwehr und Verdruss erzeugt, als sich die DDR aus dem Verweis auf das NS-Unrecht ihre eigene Legitimation abgeleitet hat. Ähnlich verfehlt wäre es, wenn man heute den Eindruck erweckt, als würde die Demokratie ihre Legitimation aus dem Verweis auf das DDR-Unrecht ableiten. Nein, die Aufarbeitung der DDR-Geschichte ist notwendig, um diese DDR-Geschichte zu verstehen. Die heutige Demokratie muss sich an den heutigen

---

4 Oswald SPENGLER, Der Untergang des Abendlandes. Umrisse einer Morphologie der Weltgeschichte, Düsseldorf 2007 (Originalausgabe 1923 in der C. H. Beck'schen Verlagsbuchhandlung, München). Nach Spenglers Philosophie besitzt jede Kultur eine eigene Seele, sie wird geboren, erblüht in einer Phase der Hochkultur, um schließlich in einem Degenerationsprozess zur »Zivilisation« zu werden. Spengler sieht das Abendland in jener letzten Periode, in der eine Kultur auf ihren eigenen Tod zugeht.

5 Mit »natürlicher Evolution« meine ich nicht die Darwinsche Fiktion einer »Zuchtwahl« im »Kampf ums Dasein«, sondern die in einer Gesamtpopulation gleichsinnig und mehr oder weniger synchron ablaufenden Veränderungsprozesse, so wie sie sich in freier Natur tatsächlich abspielen.

Herausforderungen messen lassen, nicht an untergegangenen Diktaturen! Heute wird oft die Unterrichtung über die DDR oder das NS-System damit begründet, dass es zur (heutigen) Demokratie keine Alternative gäbe außer eine Diktatur. Eine politische Bildung, die Diktatur als einzige Alternative zur Demokratie verkauft, läuft aber in die Irre. Sie ist nicht nur beschränkt, weil es in Deutschland vor 1918 politische Systeme gab, die weder Diktatur noch Demokratie waren. Eine solche Darstellung ist auch gefährlich. Wenn nämlich unsere Demokratie tatsächlich einmal in eine ernste Krise gerät, dann denken alle nur noch in Richtung Diktatur. Und dann müsste man feststellen, dass die Art politischer Bildung, wie wir sie betrieben haben, genau das Gegenteil von dem bewirkt hat, was sie bewirken wollte: Dann könnten nämlich – mangels alternativer Ideen – die braunen oder dunkelroten Ideologien der Vergangenheit plötzlich wieder salonfähig werden.

Warum sollte Demokratie nicht auch anders strukturiert sein, als hier und heute? Warum sollte es nicht auch freiheitliche Alternativen zur Demokratie überhaupt geben? Bei allem, was uns an der Demokratie als der politischen Geschäftsordnung der marktwirtschaftlichen Globalisierung existenziell erscheint, darf man doch nicht übersehen, wie sehr sie zu Lasten kommender Generationen und der Natur geht. Wenn man die Ursachen der heutigen Staatsverschuldung analysiert oder darüber nachdenkt, warum das Prinzip der Nachhaltigkeit nicht in praktische Politik umsetzbar ist, dann kann man durchaus über das Für und Wider der Demokratie nachdenken – und zwar ohne dabei automatisch zum Fürsprecher von Diktaturen zu werden. Auch der Teil der DDR-Oppositionellen, der in den 80er Jahren über einen »Dritten Weg« nachgedacht hat, hat sich der abwegigen Logik »Diktatur oder Demokratie« verweigert.

Nicht irgendein damaliger Bürgerrechtler, sondern der langjährige sächsische Ministerpräsident Kurt Biedenkopf hat im letzten Jahr in einem Spiegel-Interview die Dimension des Problems deutlich gemacht. Biedenkopf sagt: »Die Industrieländer folgen seit mindestens drei Jahrzehnten einem verfehlten Wachstumsbegriff. Das Wachstum ist zum Fetisch geworden, mit all den irrationalen Konsequenzen, die wir heute als Ausbeutung der Umwelt, Zerstörung des Klimas und Belastung nachfolgender Generationen erleben. [...] Ohne Wachstum lassen sich demokratische Staaten nicht regieren, hieß es schon auf dem Weltwirtschaftsgipfel 1978. War das Wachstum zu gering, musste es deshalb durch sogenannte wachstumsfördernde Maßnahmen ›gefördert‹ werden, finanziert mit Staatsverschuldung.«[6] Vielleicht ist es an der Zeit, ohne Denkverbote an die Debatten über einen *Dritten Weg* aus der Vorwendezeit wieder anzuknüpfen?

Der deutsch-deutsche Diskurs der Friedens- und Umweltgruppen der 80er Jahre über einen Dritten Weg ist ja völlig zu Unrecht pauschal als »pro-sozialistisch« diffamiert worden. »Dritter Weg« bedeutete für uns: *weder* sozialistisch *noch* »kapitalistisch« (wie wir das westliche Modell damals bezeichneten). Von der Stasi bin ich als »verfassungsfeindlich« bezeichnet worden, weil ich mich für einen Dritten Weg ausgesprochen hatte – und damit eindeutig gegen den Sozialismus. Von den Chronisten der friedlichen Revolution wird dieser Ansatz nun als »pro-sozialistisch« dargestellt, weil er auf Distanz zum westlichen Modell blieb. Wer das bipolare Weltbild des Kalten Krieges einmal verinnerlicht hat, kann sich

---

6   Kurt BIEDENKOPF, Jahrhundert der Bescheidenheit. Interview in: Der SPIEGEL 31, 2009, S. 68–70; hier S. 69.

vermutlich auch gar nichts anderes vorstellen. In den oppositionellen Gruppen der DDR
diente der Sozialismusbegriff meist nur als Schutzbehauptung, um nicht dauernd mit dem
üblichen »dann geh doch rüber« konfrontiert zu werden. Ich habe in diesen Gruppen vor
1990 nie Debatten über eine Definition des Sozialismus erlebt, die es ja hätte geben müssen, um dann zu entscheiden, ob man einen Sozialismus will oder nicht. In einer tabufreien
Gesprächsatmosphäre könnte nun die Frage auftauchen, ob nicht die heutige *funktionelle*
Rolle des Demokratiebegriffs manchmal an die damalige *funktionelle* Rolle des Sozialismus-
begriffs erinnert; dass nämlich Bekenntnisse einer Definition vorausgehen – und diese dann
erübrigen?

Es ist eine politische Realität der Gegenwart, dass die Nichtwähler die zahlenmäßig
größte politische Kraft sind. Die derzeitigen Gegenkonzepte gehen alle in Richtung auf
eine bestimmte Art politischer Bildung. Man meint, die politischen Verbrechen der braunen und der roten Diktatur müssen noch umfassender und noch drastischer dargestellt
werden. Doch wer sagt denn eigentlich, dass die Demokratieverdrossenheit eine Diktatur-
verliebtheit ist. Ich glaube das nicht. Der Philosoph Klaus Michael Meyer-Abich meint, es
gibt legitime Gründe, »[...] über neue, die längerfristige Verständigung anstrebende Poli-
tikformen nachzudenken«.[7] Meyer-Abich betont, dass die Allgemeininteressen etwas völlig
anderes sind als die Summe der Einzelinteressen – und dass eine zukunftsfähige politische
Ordnung diesen Unterschied berücksichtigen müsse. Er stellt aber zugleich fest: »[...] ich
sehe keinen Leidensdruck zur Neubildung einer politischen Gemeinschaft, auf die es eigentlich ankäme, um den Zerfall aufzuhalten und die Allgemeinheit nicht nur vor den
Partikularegoismen zu schützen, sondern regelrecht zu regenerieren. Uns fehlen also nicht
nur die der Industriegesellschaft angemessenen staatlichen Institutionen, sondern es mangelt sogar an dem politischen Bewußtsein, in dem sich ein allgemeiner Wille zur staatlichen
Erneuerung bilden könnte.«[8] Zu Recht wird immer wieder Winston Churchill zitiert, der
gesagt hat: »Demokratie ist die schlechteste Form von Regierung, mit Ausnahme all der
anderen, die ausprobiert wurden.« Aber ist es klug, es dabei bewenden zu lassen – für alle
Zeit?

Lehren aus der Wendezeit

Es trifft zu, dass der Selbstbefreiung der Ostdeutschen etwas fehlte, mit dem sich die Beteiligten kollektiv identifizieren konnten. Während die politischen Veränderungen in den
anderen Ostblock-Ländern immer auch als eine nationale Befreiungsbewegung erlebt wurden, insbesondere in den bis dahin der Sowjetunion angehörenden baltischen Ländern,
stand uns Ostdeutschen die eigene Nation als Identifikationsgegenstand nicht zur Verfügung. Und dies lag nicht nur an der Diskreditierung alles Nationalen durch die verbreche-
rische NS-Geschichte Deutschlands, sondern auch daran, dass dasjenige, was wir befreien
wollten, ja nur ein Viertel bzw. ein Fünftel der deutschen Nation ausmachte. Das nahelie-

---

7   Klaus Michael MEYER-ABICH, Praktische Naturphilosophie. Erinnerung an einen vergessenen Traum,
    München 1997, S. 442.
8   Ebd., S. 438.

gende Ziel war also die Überwindung der deutschen Teilung. Die Wiederherstellung der staatlichen Einheit Deutschlands war dann auch die wichtigste politische Idee der Wendezeit, wenngleich sie weder neu noch für die ostdeutsche Bürgerbewegung originär war. Bald zeichnete sich ab, dass an einem Beitritt der ostdeutschen Länder zur bestehenden Bundesrepublik kein Weg vorbei führte. Alles andere hätte die Fluchtwelle von Ost nach West vollends ausufern lassen.

Utopiefreie Revolution?

Damit war dann aber auch klar, dass es hier nichts mehr neu zu gestalten gab. Nahezu alle politischen, rechtlichen, verwaltungsmäßigen und wirtschaftlichen Strukturen konnten aus dem Westen übernommen werden. Dies war einerseits ein riesengroßes Geschenk. Man musste nun nicht ewig herumprobieren; man konnte allerorten auf Erprobtes zugreifen. Aber diese Situation war auch ein großer Verlust für alle, die sich von der neu errungenen Freiheit Spielräume für kreative Gestaltung erhofft hatten. Alles, was im Prozess einer gemeinsamen Neugestaltung eine neue Identität hätte stiften können, war schon fertig. Ich erinnere mich noch gut, wie ich Anfang der 1990er Jahre in Litauen erlebte, als dort die ersten eigenen Geschichtsbücher in die Schulen eingeführt wurden. Dem war ein breiter gesellschaftlicher Prozess vorangegangen, was denn nach der Abschaffung der sowjetischen Lehrpläne an Geschichte zu vermitteln sei. Als dann die Geschichtsbücher fertig waren, war das ein großes Ereignis für das ganze Volk. Man hatte die eigenen Geschichtsbücher aus eigener Kraft selbst geschaffen. Dies gab den Menschen ein weiteres Stück Identität, dass sie wiederum mit der Befreiungsbewegung der Jahre von 1989 bis 1991 verband. Wie anders war das dagegen bei uns mit den neuen Geschichtsbüchern. Wir konnten viel früher auf die sozialistischen Lehrbücher verzichten, weil wir bereits fertige Lehrbücher aus dem Westen bekamen. Aber wer hat sich dann noch für die Schaffung neuer Geschichtsbücher interessiert? Brauchten wir überhaupt spezifisch ostdeutsche Geschichtsbücher, wo wir doch die deutsche Einheit wollten? Einen breiten gesellschaftlichen Diskurs über die Frage, welche Geschichte wir unseren Kindern vermitteln wollen, hat es hier jedenfalls nicht gegeben. Und dies ist nicht nur Glück (weil das keiner neuen Anstrengung bedarf), sondern auch Unglück (weil der Anspruch auf eine kreative Mitgestaltung unserer eigenen Angelegenheiten in Vergessenheit gerät).

Noch problematischer als die von der Mehrheit der Ostdeutschen weitgehend als fremd und alternativlos empfundene Nachwendegeschichte ist aber der verbreitete Irrtum, die »Friedliche Revolution« sei von Anfang an von diesem Ziel geleitet gewesen. Die Wendezeit wird oft so dargestellt, als habe diesem Aufbruch keinerlei eigener Gestaltungswillen innegewohnt. In den großen Büchern und Reden über die DDR-Opposition und die 89er Revolution von Ehrhart Neubert und Richard Schröder erscheint die Vorwendezeit im Rückblick eingetaucht in die Farben der weitreichenden politischen Alternativlosigkeit der Nachwendezeit. Die inhaltlichen Ansätze der DDR-Opposition werden so im Nachhinein abgewertet, oder – zumindest indirekt – für erledigt bzw. für irrelevant erklärt.

Ilko-Sascha Kowalczuk spricht in seinem bemerkenswerten Buch »Endspiel« von 2009 aus, was Neubert, Schröder und andere bisher nur umschrieben haben: Er bezeichnet die

Wende von 1989/90 als »utopiefreie Revolution«.[9] Da muss man sich nicht wundern, wenn die von Rainer Eckert geforderte »Meistererzählung« über den 9. Oktober 1989 als das entscheidende Geschichtsdatum jener Zeit nicht aufgegriffen wird. Die sich nun verbreitende Meistererzählung von der »utopiefreien Revolution« ist die von politischer Alternativlosigkeit; eine von der Vollendung des Politischen in seiner Selbstüberwindung, eine von der Aktivität hin zur Passivität, eine vom Aufbruch zum Stillhalten, eine vom Zusammenschluss zur Vereinzelung. Eine solche Erinnerung an den Herbst 1989 ist historisch falsch und politisch selbstmörderisch.

Revolutionär heißt – egal ob auf politischem, wissenschaftlichem oder künstlerischem Gebiet – neu gestaltend. Eine Revolution ist nicht nur die Zerstörung von etwas vorhandenem Alten, oder gar nur die Überwindung von etwas bereits Sterbendem oder Abgestorbenem, sich in Auflösung Befindlichem, sondern vor allem ein schöpferischer Prozess im Blick auf die Schaffung von etwas Neuem. Und genau hier liegt der Unterschied zur Wende von 1989/1990. Wir hatten durchaus Utopien, aber wir haben es nicht vermocht, dem Fertigen, das aus dem Westen kam, auch etwas Neues hinzuzufügen. Insoweit hatten wir keine utopiefreie Revolution, aber eine Revolution, die ihr – zugegebenermaßen geringes – schöpferisches Potential nicht umsetzen konnte. Und eine nichtschöpferische Revolution ist eigentlich keine Revolution.

Wenn wir nun nach dem schöpferischen Potential der 89er Bewegung fragen, dann ist dies in seiner unmittelbaren Vorgeschichte unübersehbar: Die inhaltliche Arbeit der oppositionellen Menschenrechts-, Friedens- und Umweltgruppen der 80er Jahre verliert sich nicht irgendwo im Nichts. Sie schlägt sich in gebündelter Form in den Ergebnissen der Ökumenischen Versammlung der Kirchen nieder, die 1988 in Dresden und Magdeburg und 1989 wieder in Dresden tagte. Die Ergebnisse der Ökumenischen Versammlung münden unmittelbar in die Konzepte und Programme der verschiedensten neuen demokratischen Initiativen der Wendezeit ein. Bis heute werden die Arbeitstexte der Ökumenischen Versammlung auch als »das Programm der Bürgerbewegung« bezeichnet.[10] Selbst in der Verfassung des Freistaates Sachsen findet sich die Formel der Ökumenischen Versammlung von »Gerechtigkeit, Frieden und Bewahrung der Schöpfung« als Leitbild in der Präambel. Die Ergebnisse der Ökumenischen Versammlung von 1989 sind nicht das alleinige Produkt von einigen intellektuellen Kirchenleuten. Damals sind die Kirchengemeinden des gesamten Landes gebeten worden, sich zu den drängenden Fragen der Zeit zu positionieren. So gingen aus allen Teilen der DDR – und auch weit über die kirchlichen Kreise hinaus – Stellungnahmen und Meinungen von der Basis ein, die von zahlreichen Arbeitsgruppen in Texte eingearbeitet wurden, welche von der dritten Ökumenischen Vollversammlung im Frühjahr 1989 hier in Dresden verabschiedet wurden.

Was waren nun die wichtigsten inhaltlichen Impulse, die der ökumenische Prozess zu Tage befördert hat? Zunächst fällt auf, dass der Bezugsrahmen nicht die Bundesrepublik, sondern die Welt ist. Die Erziehung zu Konformismus und Opportunismus in der DDR wird kritisiert, weil der Bürger so »[...] viel zu wenig eigenständige, kritische und schöpferische Mitarbeit entfalten kann. Dadurch wird die Lösung anstehender sozialer, ökologischer

---

9   Ilko-Sascha KOWALCZUK, Endspiel. Die Revolution von 1989 in der DDR, München 2009, S. 539.
10   So z. B. Uta Dittmann in der Ausstellung »10 Jahre friedliche Revolution« des Sächsischen Landtages.

und ökonomischer Probleme in unserem Lande behindert, zugleich aber auch der Blick auf die weltweiten Probleme verstellt, in die auch wir unauflösbar verflochten sind.«[11] Auch bei der Analyse der ökologischen Krise hat man nicht Nabelschau betrieben und Bitterfeld, Leuna und die Wismut in den Mittelpunkt gestellt, sondern die globalen Zusammenhänge benannt. Man hat nicht allein auf die Möglichkeiten eines technischen Umweltschutzes verwiesen, sondern die tieferen Ursachen der Krise benannt: »Wenn [...] gegen alles vernünftige Lebensinteresse unsere Mitwelt zerstörerisch ausgebeutet wird, so liegt das an der Vergötzung von Wohlstand und Wirtschaftsmacht und des sie garantierenden Wirtschafts- und Industriesystems, das uns gefangennimmt.«[12]

In den Texten der Ökumenischen Versammlung wird die DDR-Situation nicht am westeuropäischen Wohlstand gemessen, sondern an den globalen Zukunftsfragen, die seit der Debatte um die »Grenzen des Wachstums«[13] seit den 1970er Jahren diskutiert werden. Wenn man nun davon ausgeht, dass die inhaltlichen Impulse der 89er Revolution am ehesten in den Arbeitspapieren der Ökumenischen Versammlung zu finden sind, so verwundert es natürlich, dass sich keiner der »Bürgerrechtler«[14] zu Wort meldet, wenn Anfang des Jahres 2010 ein »Wachstumsbeschleunigungsgesetz« auf den Weg gebracht wird. Überhaupt fällt auf, dass bei der großen öffentlichen Präsenz des Themas »20 Jahre Friedliche Revolution« im Jahr 2009 keiner der Akteure von 1989 eine Verbindung zu den aktuellen Herausforderungen hergestellt hat. Schließlich ist die Frage nach den »Grenzen des Wachstums« aktueller den je. Heute geht es aber nicht nur darum, ob wir unseren Enkeln Ressourcen und eine lebenswerte Umwelt hinterlassen, sondern auch darum, ob sie bei dem gigantischen Schuldenberg, den wir ihnen hinterlassen, überhaupt noch Gestaltungsmöglichkeiten haben. Die Wendezeit von 1989/90 war getragen von einem tabufreien Diskurs über Zukunftsfragen. Wenn nun die meisten der damals angesprochenen Zukunftsfragen weiterhin relevant sind, dann ist eine Erinnerung an den Aufbruch von 89, die nur zurück schaut, verfehlt.

Das, was die oppositionellen Basisgruppen der 80er Jahre auszeichnete, war nicht irgendein Generalplan für die Revolution. Es waren zumeist junge Menschen, die sich zusammenfanden, um die anstehenden regionalen Probleme in den Kontext der globalen Herausforderungen zu stellen. Dann hat man nicht kapituliert, sondern ganz einfach und ungeschützt darüber gesprochen, was eigentlich – regional wie global – getan werden müsste. Und zwar völlig unabhängig davon, ob oder wann man dies wirklich umsetzen könnte. Es ging darum, was angesichts der Situation notwendig und sinnvoll wäre, und nicht darum, was damals »realistisch« war. Ohne utopische Ansätze hätte sich unter den Bedingungen von Diktatur und Blockkonfrontation überhaupt kein freies politisches Denken entwickeln können. Der 89er Aufbruch war keine »utopiefreie Revolution«. Er hatte die Zukunft im Blick und die Verflechtung der eigenen Situation mit den weltweiten Problemen. Wenn wir daran erinnern, müssen wir zwar in den Rückspiegel schauen – aber nicht rückwärts fahren!

---

11 http://oikoumene.net/home/regional/dresden/dmd.8/print.html (Stand vom 30.05.2010).

12 http://oikoumene.net/home/regional/dresden/dmd.3/print.html (Stand vom 30.05.2010).

13 Dennis MEADOWS, Die Grenzen des Wachstums. Bericht des Club of Rome zur Lage der Menschheit. Stuttgart 1972.

14 Dies ist ein Begriff, den in der Zeit, um die es dabei geht, von den Menschen, die damit gemeint sind, niemand benutzt hat.

Wo sind heute die Räume, in denen junge Menschen tabufrei über die Herausforderungen der Zukunft sprechen können? Gibt es Foren, in denen darüber gesprochen wird, wie sich Demokratie und Nachhaltigkeit verbinden lassen? Gäbe es hier und heute die Freiheit, solche Gespräche auch dann fortzusetzen, wenn sich die Frage stellt, *ob* sich Demokratie und Nachhaltigkeit verbinden lassen? Vielleicht ist es aber weder ein besonderer Leidensdruck noch irgendeine politische Führungsfigur, die die notwendige Erneuerung bringt. Die Geschichte der länderübergreifenden und nahezu synchronen Freiheitsimpulse von 1968 und 1989 zeigt, dass auch ganz unerwartet ein gesellschaftliches Klima die Massen ergreifen kann und ein Aufbruch aus erstarrten Denkmustern möglich wird. Im Jahr 1989 hat die Ökumenische Versammlung in Dresden eine Utopie in Worte gefasst, die wenige Monate später in unglaublicher Weise Wirklichkeit geworden ist: »Wenn wir uns lösen wollen aus dem allgemeinen Trend der Anpassung, brauchen wir Gemeinschaften, in denen wir unsere Ängste benennen lernen und es zusammen wagen, aus äußeren Zwängen und materiellen Abhängigkeiten herauszutreten. Wir brauchen Gefährten bei der gemeinsamen Suche nach einem neuen Weg.«[15]

Eine Sprachvorschrift für das Volk?

Im Jahr 2009 haben wir den 20. Jahrestag der *Friedlichen Revolution* ganz groß gefeiert. Die allermeisten Ostdeutschen vermeiden aber bislang den Begriff »friedliche Revolution«. Sie sagen schlicht und einfach: *Wende*. Es ist absolut berechtigt, wenn Historiker sagen, dass der Wende-Begriff schwierig ist, weil Egon Krenz, also der damalige Exponent derer, die die Revolution hinweggefegt hat, den Prozess der Wende für sich reklamiert hat. Dies betraf aber nur wenige Tage im Oktober 1989. Wenn heute in der Bevölkerung von der »Wende« gesprochen wird, dann meint man den gesamten politischen Veränderungsprozess, also mindestens die Zeit von September 1989 bis Oktober 1990. Heute denkt kein Mensch mehr an Egon Krenz, wenn das Wort *Wende* fällt. Und darüber sollten wir froh und dankbar sein – anstatt den Menschen, die sich damals selbst befreit haben, in einer neuen Sprachregelung den Begriff »friedliche Revolution« aufzuzwingen. Das wird bestenfalls als Gängelei empfunden, viele erinnert es aber gerade an die DDR, als man nur zu Hause *Mauer* oder *Stasi* sagen durfte.

Ganz unabhängig davon, ob es gut oder richtig wäre, wenn die gesamte Bevölkerung bei allen Gelegenheiten »friedliche Revolution« sagen würde – wir sollten anerkennen, dass so etwas auch gar nicht möglich ist. Die Sprache des Volkes lässt sich nicht dekretieren. Die Politiker, Fernsehmoderatoren und Zeitungsautoren können das Wort *Wende* noch so lange unterdrücken; abends um elf am Stammtisch in der Gastwirtschaft wird auch in 20 Jahren niemand sagen »vor der friedlichen Revolution« und »nach der friedlichen Revolution«. Die Leute, die diese Revolution getragen haben, werden ihr Leben lang die Zeit einteilen in »vor der Wende« und »nach der Wende«. Wer ein anderes Ziel verfolgt, der sollte sich fragen, ob der Herbst 89 für Freiheit oder für Indoktrination steht.

---

15   http://oikoumene.net/home/regional/dresden/dmd.35/print.html (Stand vom 30.05.2010).

Man könnte nun meinen, die Historiker und Politiker auf der einen und das Volk auf der anderen Seite haben auch nach über 20 Jahren noch keine gemeinsame Sprache gefunden, wie denn das zu benennen sei, was eigentlich für die gesamte ostdeutsche Bevölkerung das zentrale und Identität stiftende Geschichtsereignis ist. Doch die Schere wurde erst im letzten Jahr ganz weit aufgerissen. Seit dem Jahr 2009 ist das Wort »Wende« nicht mehr politisch korrekt. So, als ob sich jemand diskriminiert fühlen könnte, wie wenn man heute »Tschechei«, »Zigeuner« oder »Neger« sagt (was übrigens in meinen Kindertagen noch niemand als diskriminierend gemeint oder empfunden hätte), so gehört nun auch das Wort »Wende« zu den Tabu-Wörtern der öffentlichen Medien. Wie oft habe ich es im letzten Jahr erlebt, dass bei Interviews Journalisten das Wort »Wende« im Halse stecken blieb, und sie schnell den Begriff »friedliche Revolution« nachgeschoben haben. Und was noch schlimmer ist: Ich habe selbst oftmals »friedliche Revolution« gesagt, wo ich eigentlich nur »Wende« sagen wollte. Aus Angst vor Debatten, die vom Freiheitsthema wegführen, habe ich mich dem Druck der offiziellen Sprachregelung gebeugt. Ich habe mich dann gefragt: Kann das wirklich sein; dass im Jahre 2009 mein eigenes Sprechen über Freiheit von Angst und Zwang bestimmt ist?

Was passiert hier eigentlich? Jeder politikwissenschaftlich halbwegs Gebildete weiß, dass der Unterschied zwischen öffentlicher Meinung und veröffentlichter Meinung ein Kennzeichen von Diktaturen ist. Warum betreibt man gerade bei diesem Thema, wo es um unsere Freiheit geht, so viel Aufwand, einen Unterschied zwischen öffentlicher und veröffentlichter Wortwahl zu etablieren? Warum wird das wichtigste Geschichtsereignis, dass die Identität der Ostdeutschen mit dem Wert der Freiheit verknüpft, ganz gezielt von der Bevölkerung entfremdet? Liegt das wirklich nur an der Eitelkeit einer Handvoll Akademiker, die ihre wissenschaftlich und politisch korrekte Sprache der Allgemeinheit aufzwingen wollen?

So wenig die Zeitgeschichtler mit dem Wende-Begriff anfangen können, er hat einen entscheidenden Vorteil: Es gibt keine wissenschaftlichen Definitionen darüber, was eine Wende ist und was keine Wende ist. Der Wende-Begriff ist wunderbar offen. Darüber, ob die Ereignisse der Jahre 1989/90 durch die wissenschaftlichen Revolutions-Definitionen tatsächlich abgedeckt sind, wird es ewig Streit geben. Und das betrifft nicht so sehr den Aspekt der Gewaltfreiheit, sondern vor allem den Aspekt der gemeinsamen Ideen und Ziele. Viele meinen, eine Revolution ohne eine originäre und gemeinsame Idee über die angestrebte neue Ordnung ist keine Revolution.

Beim Nachdenken über die Wendezeit fällt mir immer wieder ein Begriff ein: Das Wort *Befreiung*. Schade nur, dass dieses Wort in der DDR so gründlich diskeditiert wurde. Es ist hierzulande leider beschädigt bzw. verbraucht. Aber der zentrale Aspekt der Wende ist der der Befreiung. Der Aufbruch von 1989 hatte zwar kaum gemeinsame Ziele und Ideen – aber die Massenbewegung war sich darin einig, was man *nicht* wollte. Es ging schlicht und einfach um eine Befreiung. Genauer: um eine Selbstbefreiung. Die Menschen hatten es allesamt satt, weiterhin entmündigt und gegängelt zu werden. Man wollte raus aus dem Land, das Rolf Henrich ganz zutreffend als den »vormundschaftlichen Staat« bezeichnet hatte, ohne dabei die Heimat zu verlassen – und ohne das eigene Land weiterhin einer korrupten Politbürokratie zu überlassen.

Ein Denkmal für die Freiheit?

Seit einigen Jahren gibt es die Idee für ein deutsches Freiheits- und Einheitsdenkmal. Man hört immer davon, wenn sich die Städte Berlin und Leipzig darüber streiten. Ob es nun verdoppelt oder halbiert werden soll, immer droht eine der Städte zu kurz zu kommen. Ganz davon abgesehen, dass Denkmale normalerweise zur Erinnerung aufgestellt werden. Zur Erinnerung an vergangene Personen oder Geschehnisse. Man weiß nun nicht, ob das Denkmal (oder die Denkmäler) dazu gedacht sind, die Menschen immer wieder daran zu erinnern, dass die Freiheit und die Einheit gegenwärtig sind, wir also nicht vergessen sollten, etwas draus zu machen. Oder scheut man sich nur vor den Begriffen *Befreiung* und *Vereinigung*, die man eigentlich meint? Ein Denkmal hierfür gibt es schon, man müsste es nur an den rechten Platz stellen.

In Leipzig steht seit über zehn Jahren auf dem Nikolaikirchhof die Replik einer Säule aus der Nikolaikirche. Sie steht hier als ein Denkmal für den 9. Oktober 1989. Dies ist eine geniale Idee von Andreas Stötzner, die so vieles Positive symbolisiert – die Öffnung der Kirchen und Eroberung des öffentlichen Raumes, die Freiheit und die Gewaltlosigkeit. Zudem ist sie ästhetisch unumstritten. In Leipzig war sie zunächst wenig angenommen worden, weil das Beleuchtungskonzept nicht ausgeführt und eine erklärende Tafel recht unschön gestaltet und versteckt aufgestellt wurde. Dennoch ist die Akzeptanz zunehmend, und gerade in der aktuellen Denkmalsdebatte wird von vielen auf die Nikolaisäule verwiesen.

Meine Idee ist nun, dass man nicht ein zweites Denkmal in Leipzig baut, sondern ein Leipziger Symbol nach Berlin bringt. Daher schlage ich vor, ein weiteres Duplikat einer Leipziger Nikolaisäule in Berlin aufzustellen – und zwar so, dass sie (die »Freiheitssäule«) mit der Siegessäule korrespondiert, auch oder gerade, weil sie mit einer ganz anderen Symbolik verknüpft ist. Sie müsste also – gegenüber der Siegessäule – auf der östlichen Seite des Brandenburger Tors (welches ja eigentlich schon selber ein Denkmal für die Einheit ist) aufgestellt werden. Da die Nikolaisäule wesentlich kleiner ist als die Siegessäule, müsste sie näher an das Brandenburger Tor heran – also auf die östliche Seite des Pariser Platzes (oder an den westlichen Anfang der Straße Unter den Linden, auf den Mittelstreifen). Wenn die Leipziger Nikolaisäule gemeinsam mit dem Brandenburger Tor wahrgenommen werden kann, ist dies ein »Denkmal für Freiheit und Einheit«, weil die Nikolaisäule die Freiheit und das Brandenburger Tor die Einheit symbolisiert. Ein weiterer Reiz ist auch der, dass die Nikolaisäule zwar an neuere Geschichte erinnert, aber keine moderne Architektur ist, die im architektonischen Umfeld des Brandenburger Tores fremd wirken könnte.

Mit der Nikolaisäule vorm Brandenburger Tor wäre dem Gedanken, dass die Freiheit vor der Einheit (und der 9. Oktober vor dem 9. November) kam, gut Rechnung getragen. Und auch das Leipziger Interesse, dass die Bedeutung Leipzigs für das ganze Land gewürdigt werden soll, ist so wohl besser aufgefangen als mit einem weiteren Denkmal in Leipzig.

Eigentlich geht es heute nicht nur darum, dass wir im Westen seit 65 Jahren und im Osten seit 20 Jahre Freiheit haben. Es muss vielmehr darum gehen, was wir aus dieser Freiheit gemacht haben und was wir daraus machen. Die entscheidende Frage ist, ob wir die großartigen Chancen angemessen nutzen.

Günther Heydemann

Die Revolution nach der Revolution

Die wirtschaftliche und soziale Transformation in Sachsen im Kontext des vereinten Deutschlands seit 1989/90 – Erfolge und Probleme

I

So sehr die Friedliche Revolution die unabdingbare Voraussetzung für den Sturz des SED-Regimes und damit die Wiedervereinigung darstellte – der sich daran anschließende wirtschaftliche und soziale Transformationsprozess ist in mancher Hinsicht noch folgenreicher als die politische Revolution selbst gewesen, auf jeden Fall erheblich langwieriger und dauert bis heute an. Im Vergleich zum raschen Übergang von einer realsozialistischen Diktatur zu einer rechtsstaatlichen, parlamentarischen Demokratie binnen eines Jahres auf der politischen und staatlichen Ebene hat sich vor allem die mühsame Umstellung von einer sozialistischen Planverwaltungswirtschaft in eine Soziale Marktwirtschaft auf der sozioökonomischen Ebene als das eigentliche Problem herauskristallisiert.

Als besonders kostenintensiv mit weiter ansteigender Tendenz erwiesen sich schon aus sozialpolitischen Gründen die unabdingbare Übernahme und Integration der in der DDR bestehenden Sozialsysteme (= Krankenversicherung, Sozialversicherung, Renten und Pensionen).[1] Pro Jahr weist der West-Ost-Transfer im Sozialbudget eine Summe von knapp 30 Milliarden Euro (= 28,4 Milliarden Euro) auf.[2] Hinzuzurechnen ist allerdings auch, heute weitgehend vergessen, der Umtausch der im Jahre 1990 praktisch wertlos gewordenen ca. 200 Milliarden DDR-Mark, wofür im Rahmen der Wirtschafts-, Währungs- und Sozialunion ca. 130 Milliarden DM aufgewendet werden mussten. Schließlich kamen noch die hohen Auslandsschulden hinzu, welche die DDR aufwies, die im Jahr ihres Zusammenbruchs ca. 14 Mill. $ umfassten.

Die Altschulden der DDR sowie die Defizite der Treuhandanstalt wurden im sogenannten Erblastentilgungsfonds zusammengelegt.[3] Finanziert werden musste überdies der Abzug der sowjetischen Truppen in den Jahren 1991–1994 mit insgesamt 11,8 Milliarden DM. Neben einer nahezu kompletten Wirtschaftsreform waren darüber hinaus auch noch die bestehende, marode Infrastruktur in der DDR zu sanieren, ihr völlig veraltetes Kommunikationssystem zu ersetzen sowie tief greifende Umweltschäden zu beseitigen. Letzteres besaß vor allem für Thüringen und Sachsen im Falle der Sanierung der WISMUT AG

---

1 Vgl. Renten-Überleitungsgesetz vom 25.7.1991 (RÜG), BGBl.I S. 1606, das zuletzt durch Art. 53 des Gesetzes vom 9.12.2004, BGBl.I S. 3242, geändert worden ist.
2 Vgl. Marvin OPPONG, Was kostet die Deutsche Einheit?, in: Freiraum 7 (2005), S. 14.
3 Vgl. Armin VOLZE, Zur Devisenverschuldung der DDR – Entstehung, Bewältigung und Folgen, in: Eberhard Kuhrt (Hrsg.), Die Endzeit der DDR-Wirtschaft. Analysen zur Wirtschafts-, Sozial- und Umweltpolitik, Opladen 1999, S. 151–183.

enorme ökologische Bedeutung, da das sowjetische Unternehmen besonders im Erzgebirge verheerende Umweltschäden hinterlassen hatte. An den ab 1993 steil ansteigenden Moder nisierungs- und Investitionskosten, die Bund und Länder aufzubringen hatten, wird dies markant deutlich (siehe Schaubild).

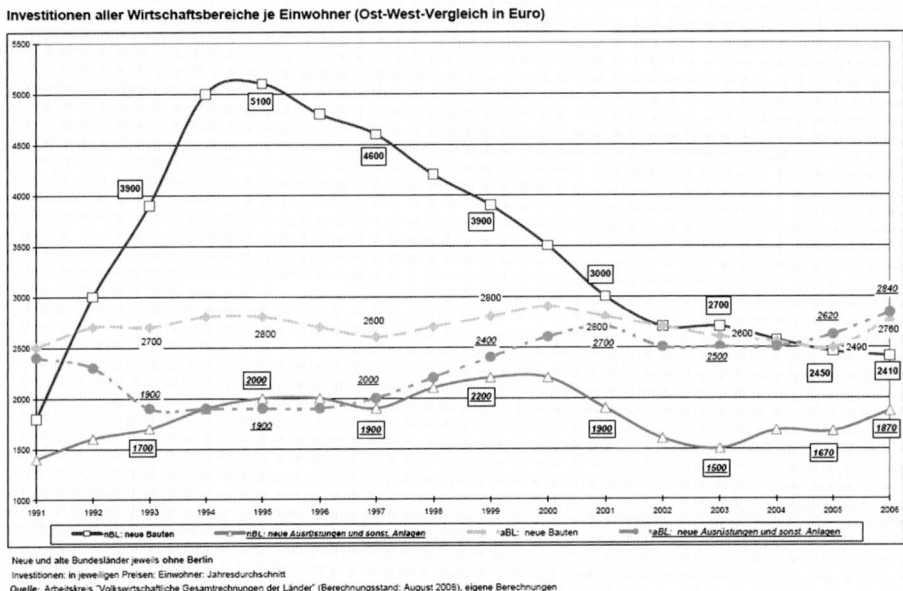

Investitionen aller Wirtschaftsbereiche je Einwohner (Ost-West-Vergleich in Euro)

Neue und alte Bundesländer jeweils ohne Berlin
Investitionen: in jeweiligen Preisen; Einwohner: Jahresdurchschnitt
Quelle: Arbeitskreis "Volkswirtschaftliche Gesamtrechnungen der Länder" (Berechnungsstand: August 2008), eigene Berechnungen

Tatsächlich steht die Höhe der gesamten Aufwendungen, die im Zuge der Wiedervereinigung aufzubringen waren, bis heute nicht exakt fest. Schätzungen belaufen sich gegenwärtig auf eine Summe von ca. 1,6 bis 1,7 Billionen EURO.[4] Hatte sich die Verschuldung der alten Bundesrepublik in den 1980er Jahren bereits verdoppelt (von 468,6 Milliarden DM im Jahre 1980 auf 928,8 Milliarden DM im Jahr 1989) und war, gemessen am Bruttoinlandsprodukt (BIP) von 30,4 % auf knapp 40 % angewachsen, so stieg sie durch die Wiedervereinigung bis 1995 sprunghaft an und erreichte fast 2 Billionen DM. Bis 2007 nahm die Verschuldung des Bundes noch einmal um durchschnittlich 6,7 % zu, so dass der Schuldenberg, gemessen am BIP, inzwischen bei ca. 62 % liegt. Den größten Anteil darunter nehmen die Kosten der Wiedervereinigung und die seither erfolgten Transferleistungen in die neuen Bundesländer ein. Vergleicht man die Staatsdefizite westlicher Industrieländer mit der deutschen Schuldenlast, wie etwa jüngst während der Euro-Krise geschehen, so sind deren Defizite im Vergleich zur Bundesrepublik letztlich höher zu veranschlagen, da sie nicht eine so außergewöhnliche Zusatzbelastung zu tragen hatten, wie sie durch die Wiedervereinigung zwangsläufig zustande kam.

---

4   Vgl. Oppong, ebd. Nach jüngsten Angaben der Bundesregierung beträgt der gegenwärtige Gesamtschuldenstand 1,7 Billionen Euro; das entspricht einer Pro-Kopf-Verschuldung von 20 773 Euro; vgl. Leipziger Volkszeitung vom 22.7.2009, S. 1 f.

Wie bereits festgestellt, sahen die Regelungen des Solidarpakts I mit dem »Gesetz über die Errichtung eines Erblastentilgungsfonds« vom 23. Juni 1993[5] ab Januar 1995 eine Zusammenfassung der Treuhand-Verschuldung und weiterer Schulden vor. In diesem Zusammenhang bedeutete es gleichfalls eine essentielle finanzpolitische Entscheidung, die Finanzierung der Gesamtkosten der Wiedervereinigung nicht allein durch Kredite aufzubringen, zumal dies noch einmal erheblich teurer gekommen wäre, sondern durch einen Mix von Steuererhöhungen, staatlichen Einsparungen und Krediten. Zur Finanzierung der zu erwartenden Schulden war zuvor ein Sondervermögen des Bundes eingerichtet worden (= »Fonds Deutsche Einheit«). Die aufgelaufenen Verbindlichkeiten im Erblastentilgungsfonds sollten über Zuweisungen aus dem Bundeshaushalt und durch Überschüsse der Bundesbank abgetragen werden, wobei ein größerer Teil dieser Schulden inzwischen getilgt ist. Da diese Tilgung jedoch vornehmlich mit Mitteln aus dem seit Jahren defizitären Bundeshaushalt erfolgte, muss finanztechnisch von einer Umschuldung gesprochen werden.[6] Durch Solidarpakt I wurden die neuen Bundesländer überdies in den Länderfinanzausgleich integriert. Sie profitierten damit auf zwei Ebenen: Durch ihre verhältnismäßig schlechtere finanzielle Lage erhielten sie einerseits die größten Anteile an den horizontalen Ausgleichszahlungen unter den Bundesländern; andererseits wurde ihnen durch »Sonderbedarfs-Bundesergänzungszuweisungen« (SoBEZ) ein zusätzlicher Anteil an den vertikalen Zuweisungen des Bundes gewährt.[7]

Mit dem Gesetz zur Fortführung des Solidarpakts, i. e. zur Neuordnung des bundesstaatlichen Finanzausgleichs und zur weiteren Abwicklung des Fonds »Deutsche Einheit« vom 20.12.2001 (= Solidarpakt II) wurde eine Fortführung der SoBEZ für die Deckung »teilungsbedingter Sonderlasten« vorgesehen. Mit einer Laufzeit bis Ende 2019 gehen weitere SoBEZ an die neuen Bundesländer, allerdings unter schrittweiser Reduzierung der Zuweisungen. Seit 2005 fließen jährlich weitere SoBEZ als »Ausgleich von Sonderlasten durch die strukturelle Arbeitslosigkeit«[8] in die neuen Bundesländer. Auf diese Weise haben sie durch die beiden Solidarpakt-Programme 45,4 Milliarden Euro vertikaler und 127,2 Milliarden Euro horizontaler Ausgleichszahlungen erhalten.

Aus der Rückschau nach inzwischen zwanzig Jahren deutsch-deutscher Wiedervereinigung muss allerdings nüchtern konstatiert werden, dass deren Gesamtkosten erheblich höher ausgefallen sind als anfangs angenommen. Auch kann nicht an der Tatsache vorbei-

---

5   Vgl. Erblastentilgungsfonds-Gesetz (ELFG) in der Fassung vom 16.8.1999 (BGBl. I S. 1882), das zuletzt durch Art. 3 Abs. 2 des Gesetzes vom 12.7.2006 (BGBl .I S. 1466) geändert worden ist.

6   Vgl. Gesetz über die Errichtung eines Fonds »Deutsche Einheit« (DEFG) vom 25.6.1990 (BGBl. 1990 II S. 518, 533), das zuletzt durch Art. 3 Abs. I des Gesetzes vom 12.7.2006 (BGBl. S. 1466) geändert worden ist. Das Gesetz regelte Zuweisungen bis zum Jahr 1994. Der Fonds wurde schließlich auf 160,7 Milliarden DM aufgestockt. Der Einigungsvertrag regelte die Zuweisungen aus dem Fonds. Bis 2004 wurden Bundeszuschüsse zur Finanzierung der Schuldzinsen des Fonds geleistet. Zudem waren die westdeutschen Bundesländer an der Finanzierung der Schuldendienstverpflichtungen des Fonds beteiligt. Seit 2005 sind die Schulden des Fonds in die allgemeinen Schulden des Bundes integriert worden. Im Jahr 2019 soll der Fonds schließlich aufgelöst werden; alle Verbindlichkeiten und eventuelle Vermögenswerte gehen dann endgültig auf den Bund über.

7   Vgl. hierzu ausführlich Karl-Heinz Paqué, Die Bilanz. Eine wirtschaftliche Analyse der Deutschen Einheit, München 2009, S. 188–190.

8   Vgl. § 11 Abs. 3a des Finanzausgleichsgesetzes (FAG) vom 20.12.2001 (BGBl. I S. 3955, 3956), das zuletzt durch Artikel 11 des Gesetzes vom 22.12.2009 (BGBl. I S. 3950) geändert worden ist.

gegangen werden, dass die frühere Bundesrepublik Deutschland mit der Übernahme des Löwenanteils der Wiedervereinigungskosten in finanzieller Hinsicht an den Rand ihrer Leistungsfähigkeit gegangen ist. Ebenso muss aber auch festgehalten werden, dass es vor ihr noch keinen modernen Industriestaat gegeben hat, der einen so grundlegenden Transformationsprozess auf praktisch allen Ebenen hat durchführen müssen; einschlägige Vorerfahrungen hierzu bestanden bis dato weltweit nicht. Auf den nach der friedlichen Revolution in der DDR einsetzenden Transformationsprozess im Rahmen der deutsch-deutschen Wiedervereinigung war man deshalb letztlich unvorbereitet, nicht zuletzt in finanzieller und ökonomischer Hinsicht. Dies war auch eine Folge der Tatsache, dass der seit 1952 bestehende »Forschungsbeirat für Fragen der Wiedervereinigung«, der im Falle einer Wiedervereinigung die nötigen wirtschafts- und sozialpolitischen Informationen hätte beisteuern sollen, 1974 abgeschafft worden war. Daher gab es seitdem kein hochrangiges Beratungsgremium mehr, das die Bundesregierungen im Falle einer eintretenden Wiedervereinigung kompetent hätte beraten können. Seine Abschaffung kann aber auch als Indiz dafür gewertet werden, dass in der Bundesrepublik Deutschland ab Mitte der 1970er Jahre die Auffassung wuchs, die Spaltung Deutschlands werde noch sehr lange andauern bzw. überhaupt nicht mehr überwunden werden können. Diese Einschätzung korrespondierte mit der Auffassung der großen Mehrheit der Deutschen in beiden deutschen Staaten, der zufolge eine Wiedervereinigung Ende der 1980er Jahre kaum mehr für möglich gehalten wurde.

II

Wie bereits eingangs festgestellt, sollte sich der Umbau der in der DDR bis 1990 existenten zentralen Planverwaltungswirtschaft in eine soziale Marktwirtschaft als das bis heute schwierigste Problem erweisen.[9] Zugleich darf nicht übersehen werden, dass die umfassende wirtschaftspolitische Umstrukturierung der DDR zu einem Zeitpunkt vorgenommen wurde, als bereits in beiden deutschen Staaten eine Krise des Arbeitsmarktes bestand, wenn auch aus unterschiedlichen Gründen und in differenten Formen: In der früheren Bundesrepublik durch die seit Ende der 1970er Jahre sukzessive steigende Arbeitslosigkeit aufgrund weiter fortschreitender Rationalisierung und des stetig ansteigenden Lohnniveaus; in der DDR aufgrund einer systembedingten Beschäftigungskrise in Form »verdeckter Arbeitslosigkeit« – mit einem Wort: zu wenig Arbeit für zu viele Beschäftigte. Letztere ergab sich systemspezifisch aus der ordnungspolitischen Struktur der DDR-Wirtschaft selbst, galt aber auch für andere sozialistische Volkswirtschaften dieses Typs: Mangelnde Rohstoffe, fehlende Werkzeuge, ausbleibende Ersatzteile, verschlissene, reparaturanfällige Maschinen sowie veraltete Produktionsanlagen, und nicht zuletzt ein krisenanfälliges Energiesystem hatten die Arbeitsproduktivität in der DDR, ohnehin schon seit Anfang der 1950er Jahre immer niedriger als in der Bundesrepublik, kontinuierlich sinken lassen. 1989/90 befand sich der

---

9   Hierzu grundlegend Paqué, sowie Gerhard A. Ritter, Wir sind das Volk! Wir sind ein Volk! Geschichte der deutschen Einigung, München 2009 und für Teilbereiche Karl von Delhaes/Wolfgang Quaisser/ Klaus Ziemer (Hrsg.), Vom Sozialismus zur Marktwirtschaft. Wandlungsprozesse, Ergebnisse und Perspektiven, München 2009.

von der SED geschaffene Staat und seine Ökonomie »auf einem Entwicklungsstand bei Produktion und Beschäftigung, wie er für die alte Bundesrepublik in den sechziger Jahren anzutreffen war«.[10] Entsprechend betrug die Arbeitsproduktivität der DDR-Wirtschaft im Jahre 1989 nur noch 39 % im Vergleich zur Bundesrepublik. Die Mehrzahl der VEB war nach der Wiedervereinigung und der Öffnung der Grenzen nicht mehr in der Lage, »marktgängige Güter zu kostendeckenden Preisen« auf einem globalen Markt anzubieten, d. h. schlicht konkurrenzfähig zu sein.[11] De facto war die DDR-Wirtschaft nur noch in der künstlichen Abschottung des RGW überlebensfähig, gemessen an den Anforderungen einer zunehmend globalen Weltwirtschaft war sie dies schon seit längerem kaum mehr. Erschwerend kam noch hinzu, dass mit dem Zusammenbruch der Sowjetunion ab 1990/91 auch ihr wichtigster Handelspartner wegfiel.

Tatsächlich ist der bestehende, katastrophale Zustand der Wirtschaft in der DDR von den westdeutschen Eliten in Politik und Wirtschaft erheblich unterschätzt worden – und damit auch das Ausmaß substanziell notwendiger Transformation und Modernisierung sowohl auf der ökonomischen Makro- und Mikroebene als auch in zeitlicher Hinsicht. Diese Einschätzung hat auch jetzt noch Bestand, wie in der jüngsten Studie des Instituts für Wirtschaftsforschung in Halle (IWH) festgestellt wurde.[12] Als Exportweltmeister der Weltwirtschaft ökonomisch längst international und global ausgerichtet, hat(te) man in der früheren Bundesrepublik offensichtlich die enormen Wirtschaftsprobleme des zweiten deutschen Staates in unmittelbarer Nachbarschaft übersehen.

Weil die Weiterführung der zentralen Planverwaltungswirtschaft in der DDR nach vierzig Jahren ökonomischer Ineffizienz jedoch keine sinnvolle wirtschaftspolitische Option mehr darstellen konnte, war eine umfassende Privatisierung unumgänglich. Diese wurde durch die »Treuhand« vorgenommen, die bis 1995 bestand und eine grundlegende Adaptierung des DDR-Wirtschaftssystems an die soziale Marktwirtschaft der Bundesrepublik herbeigeführt hat; als essenzielle ordnungspolitische Grundsatzentscheidung war sie letztlich unaufschiebbar. Nachdem es einen Vorläufer der Treuhand bereits seit 15. März 1990 gegeben hatte, welcher vor allem die Aufgabe übertragen worden war, das in der DDR existente volkseigene Vermögen zu erfassen sowie erste Schritte bei der Umwandlung in Kapitalgesellschaften einzuleiten, wurde die Treuhandanstalt mit dem »Gesetz zur Privatisierung und Reorganisation des volkseigenen Vermögens« vom 17. Juni 1990 geschaffen.[13]

Die Treuhand hatte mehrere Aufgaben zu erfüllen, wobei zunächst eine eingehende »Bestandsermittlung« über den Zustand und die Produktivität von Industriebetrieben der DDR im Vordergrund stand, die ihrerseits gesetzlich dazu verpflichtet wurden, per Fragebogen Auskunft über alle relevanten Geschäftsdaten zu geben. Der erste Überblick, der sich aus diesen Berichten bis Ende des Jahres 1990 ergab, war deprimierend und ergab, dass die befragten DDR-Betriebe im Schnitt nur eine Produktivität von 30 – 40 % des westdeutschen

---

10 Udo Ludwig, Licht und Schatten nach 15 Jahren wirtschaftlicher Transformation in Ostdeutschland, in: Deutschland Archiv 38 (2005) 3, S. 410 – 416; hier S. 412.

11 Ebd., S. 414.

12 Vgl. »Die Tiefe der Krise im Osten wurde unterschätzt«, in: Leipziger Volkszeitung vom 14.7.2010, S. 6.

13 Treuhandgesetz (TreuhG) vom 17.6.1990 (GBl. DDR 1990 I S. 300), das zuletzt durch Artikel 19, Abs. 8 des Gesetzes vom 12.12.2007 (BGBl. S. 2840) geändert worden ist.

Niveaus erreichten. Ein Drittel der produzierten Produktpalette musste als unverkäuflich angesehen werden, nur einige wenige Betriebe erwirtschafteten überhaupt Gewinne. Nach Öffnung der ehemaligen DDR bzw. der neuen Bundesländer für die internationalen Märkte ab 1991 waren zudem Beschäftigung und Produktionsausstoß der ostdeutschen Betriebe auf ca. ein Viertel des Standes vom Jahre 1989 gesunken.

Nachdem die essentielle Frage, die in der Tat eine grundlegende ordnungs- und finanzpolitische Wegscheide bedeutete, entweder zunächst eine Privatisierung oder eine Sanierung durchzuführen, nach internen Diskussionen ab Frühjahr 1991 mit der Leitlinie: »Privatisierung ist die beste Sanierung« entschieden worden war, setzte seither die möglichst rasche Privatisierung von Unternehmen ein, zumal damit drei Vorteile verbunden waren:
– ein geringerer Verwaltungsaufwand
– die jeweiligen Investoren konnten ihre eigenen Vorstellungen und Interessen einbringen
– zudem würde das finanzielle Risiko beim Käufer, nicht zuletzt hinsichtlich der Sanierungs-
  und Modernisierungskosten liegen.

Gravierender Nachteil dieser Vorgehensweise war allerdings, dass dadurch nur relativ niedrige Verkaufserlöse zu erwarten waren. Keineswegs wurde jedoch die Privatisierung von Betrieben seitens der Treuhand um jeden Preis vorgenommen, zumal Kaufinteressenten realistische Unternehmenskonzepte vorzulegen hatten; erst deren positive Prüfung führte zur Entscheidung über eine Genehmigung des Verkaufs. Gleichwohl blieben bis Herbst 1994 fast ein Drittel der ehemaligen DDR-Unternehmen in der Liquidation, weil sich dafür keine Investoren fanden. Die übrigen Firmen und Vermögenswerte wurden gemäß § 23a des Treuhandgesetzes an verschiedene Nachfolgeanstalten übertragen.[14]

Als weitere Aufgaben der Treuhand kamen hinzu:

– die Ausgründung von Beschäftigungsgesellschaften, was bedeutete,
  dass Firmenbelegschaften maroder Betriebe meist in Frührente gehen mussten
– die Beseitigung ökologischer Altlasten
– die Interessenvermittlung zwischen Bund und Ländern
– die Finanzierung der eigenen Geschäftstätigkeit sowie
– die eigene Selbstabwicklung Ende 1994.

Die Bilanz der Treuhandanstalt und ihrer Nachfolgeorganisation, der Bundesanstalt für vereinigungsbedingte Sonderaufgaben (BvS), scheint auf den ersten Blick höchst unbefriedigend. War ein Verkaufserlös der DDR-Betriebe in Höhe von 600 Milliarden DM (West) erwartet worden, so entstand stattdessen ein effektives Defizit von 204,4 Milliarden DM.[15] Gleichwohl hatten Treuhand und BvS bis September 2003 vertragliche Zusagen über

---

14 So die Bundesanstalt für vereinigungsbedingte Sonderaufgaben (BvS), die Treuhand Liegenschaftsgesellschaft (TLG), die Bodenverwertungs- und -verwaltungs GmbH (BVVG) sowie die Beteiligungs-Management-Gesellschaft Berlin (BMGB).

15 Vgl. Bundesanstalt für vereinigungsbedingte Sonderaufgaben (Hrsg.), »Schnell privatisieren, entschlossen sanieren, behutsam stilllegen«. Ein Rückblick auf 13 Jahre Arbeit der Treuhandanstalt und der Bundesanstalt für vereinigungsbedingte Sonderaufgaben. Abschlussbericht der Bundesanstalt für vereinigungsbedingte Sonderaufgaben (BvS), Berlin 2003, S. 190.

801 720 Arbeitsplätze mit Unternehmenskäufern ausgehandelt und damit 59 843 Arbeitsplätze mehr geschaffen, als erwartet; Vergleichbares galt für Investitionszusagen: statt 59,4
Milliarden Euro waren es schließlich 14 % mehr, nämlich 67,9 Milliarden Euro.[16]

Ganz zweifellos hat die von der Treuhand durchgeführte Privatisierung, deren Ziel ja im
Kern eine umfassende Modernisierung von Industriebetrieben in den neuen Bundesländern war, insgesamt zu einer massiven Erhöhung des Bruttoinlandprodukts und der Arbeitsproduktivität geführt. Vergleicht man die Entwicklung in den neuen Bundesländern
mit einigen osteuropäischen Nachbarn, wie dies Karl-Heinz Paqué, der frühere Finanzminister von Sachsen-Anhalt vorgenommen hat, die grosso modo die analogen Folgen einer
ineffizienten Planwirtschaft ebenfalls bewältigen mussten und müssen, aber keinen »big
spender« wie die Bundesrepublik an ihrer Seite hatten, so zeigen sich die Unterschiede:
Im Vergleichsjahr 2007 wurden in den neuen Bundesländern pro Einwohner immerhin
72 % des westdeutschen Levels des Bruttoinlandprodukts erwirtschaftet; im Vergleich dazu
erreichte Slowenien als nächstes Land 58 %, Tschechien 42 %.[17] Nimmt man als Parameter
die Arbeitsproduktivität, so hat Ostdeutschland inzwischen 79 % des westdeutschen Niveaus erzielt, Tschechien hingegen nur 32 %.[18] Aus diesen Angaben wird deutlich, dass der
Weg des »revolutionären Umbruchs«,[19] wie er in den neuen Bundesländern beschritten
werden konnte, durchaus erfolgreich war. Auch wenn sich die Schere zwischen Ost- und
Westdeutschland wahrscheinlich erst in den nächsten zwanzig Jahren schließen wird, so
konnte doch ein großer Vorsprung erzielt werden gegenüber den osteuropäischen Nachbarländern, die den Weg des »evolutionären Wandels« gehen müssen.[20]

BIP im Jahr 2007 (in Euro), Deutschland=100

	BIP pro Erwerbstätigen	BIP pro Einwohner
Polen	37	27
Tschechien	41	42
Slowakei	42	35
Ungarn	43	34
Slowenien	57	56
Österreich	111	111
Deutschland	100	100
D-West	103	106
D-Ost	79	72

Quelle: Eurostat

---

16 Vgl. Bundesanstalt für vereinigungsbedingte Sonderaufgaben (Hrsg.), S. 409.
17 Vgl. Paqué, S. 205.
18 Vgl. ebd., S. 199.
19 Ebd., S. 197.
20 Ebd.

Der revolutionäre Umbruch des sozialistischen Wirtschaftssystems in der DDR und den neuen Bundesländern hatte jedoch gleichzeitig den radikalen Abbau bestehender Unternehmen und Firmen zur Folge, woraus ein ebenso rasanter Abbau von Arbeitsplätzen resultierte. Dies war die Konsequenz einer ordnungspolitisch unumgänglichen Entwicklung, allerdings mit massiven sozialen Folgen, wie sich an der Entwicklung des Maschinenbaus in Sachsen klar ablesen lässt (siehe Schaubild).

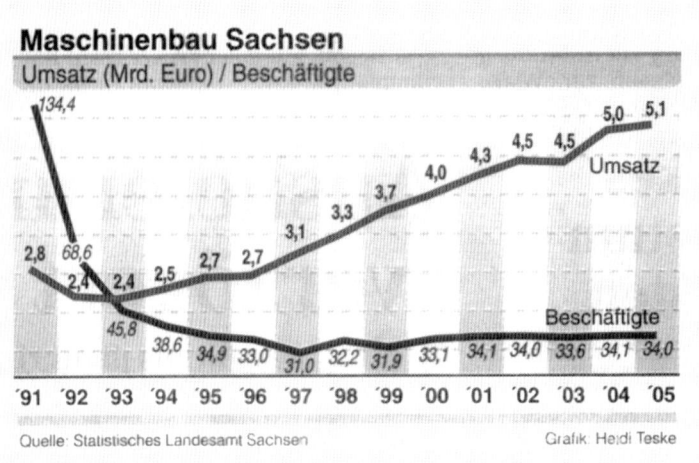

In dieser Branche sank die Anzahl der Beschäftigten innerhalb von drei Jahren um rund 100 000, während sich die Produktivität mit nur noch einem Viertel der Beschäftigten bis heute mehr als verdoppelt hat. Die Ambivalenz ist offensichtlich: Dem 100 000-fachen Verlust an Arbeitsplätzen mit enormen, individuellen wirtschaftlichen und sozialen Folgen für die Betroffenen stand bzw. steht eine enorme Steigerung der Arbeitsproduktivität gegenüber.

III

Als weiteres Problem kam hinzu, dass die vor allem aus sozialpolitischen Gründen unumgängliche Entscheidung, eine rasche Lohnangleichung zwischen der DDR als Niedriglohnland – im übrigen typisch für staatliche Planwirtschaften – und der Bundesrepublik als Hochlohngebiet vorzunehmen, zwangsläufig zu einer Verteuerung der Produktionskosten führte und auf diese Weise die Konkurrenzfähigkeit der neuen Bundesländer weiter verschlechterte. Zwar haben die Einkommen ostdeutscher Arbeitnehmer inzwischen mit rund 80 % die Höhe der westdeutschen Löhne und Gehälter erreicht, in Polen und Tschechien betragen die dort erzielten Einkommen im Schnitt jedoch nur ein Viertel bis ein Fünftel des westdeutschen Niveaus. »Während in den genannten ehemals osteuropäischen Ländern die Produktivität den Löhnen voraus ist, ist das Verhältnis in Ostdeutschland genau umgekehrt«, ist zutreffend konstatiert worden.[21] Denn die sukzessiv vorgenommene Angliederung an das westdeutsche Lohnniveau reduzierte sofort wieder die Wettbewerbsfähigkeit der in den neuen Bundesländern hergestellten Produkte und wurde zu einem Standortnachteil. Gegenwärtig ist davon auszugehen, dass sich die Löhne zwischen West- und Ostdeutschland in absehbarer Zeit nicht angleichen werden. Zur Zeit liegt Sachsen mit 28,5 % und die neuen Bundesländer insgesamt mit 27,9 % unter dem Westniveau, wobei allerdings zu berücksichtigen ist, dass Ostdeutschland niedrigere Lebenshaltungskosten im Vergleich zu Westdeutschland aufweist. Letztlich bleibt das Niveaugefälle allerdings dennoch ein Standortvorteil der neuen Bundesländer, weil die Produktionskosten dadurch niedriger sind, ganz abgesehen von der Tatsache, dass ebenso hohe Löhne und Gehälter wie in Westdeutschland sofort wieder zu einem weiteren Anstieg der Arbeitslosigkeit in den neuen Bundesländern führen würden.[22]

Gleichwohl ist durch das Wirken der Treuhand ein umfassender und für die weitere Entwicklung Gesamtdeutschlands zugleich unverzichtbarer Modernisierungsprozess ausgelöst worden, der die seit Jahrzehnten bestehende Stagnation und Ineffektivität der industriellen Wirtschaftsproduktion in der DDR überwand und den Durchbruch zu einer modernen Dienstleistungsgesellschaft ermöglichte, ohne dass dieser Prozess allerdings bis heute abgeschlossen werden konnte. Noch immer werden ca. 30 % der gesamtwirtschaftlichen Nachfrage in Ostdeutschland nicht aus den dort vor Ort erwirtschafteten Einkommen finanziert, sondern von Westdeutschland. Welche Schere zwischen Ost- und West-Deutschland nach wie vor klafft, zeigt etwa die Entwicklung des Bruttoinlandsprodukts von 1995 bis heute. Während es in den Ländern der früheren Bundesrepublik um 13 % stieg, legte das Bruttoinlandsprodukt in den neuen Bundesländern, einschließlich Berlin, nur um 8 % zu.[23] Entsprechend holt die dortige, wirtschaftliche Entwicklung nur in »Trippelschritten« auf.[24] Allerdings hat sich das in denn letzten drei Jahren spürbar verbessert. So wies z. B. Sachsen in den Jahren 2006 und 2007 mit 4 % eine jeweils höhere Wachstumsrate als der Bundesdurchschnitt auf.

Aus den genannten Gründen konnte der wirtschaftliche Transformationsprozess auf dem Gebiet der DDR bisher nur in einigen Regionen und nicht flächendeckend Erfolge zeitigen; insofern sind »blühende Landschaften«, um das berühmte Wort von Helmut Kohl aufzugreifen, bisher vornehmlich in den Räumen Leipzig/Halle, Dresden, den thüringischen Städten und Berlin-Potsdam entstanden.[25] Tatsächlich hat die enorme, staatliche Wirtschaftsförderung im Osten Deutschlands zwar beträchtliche Erfolge gezeitigt, in der Fläche ist sie aber bislang gescheitert. Ohnehin dürfte die absehbare Entwicklung anders verlaufen. Mehrheitlich strukturschwache Peripherie-Regionen werden einigen wenigen ökonomisch

---

21 Wilhelm HINRICHS/Ricarda NAUENBURG, Unterschiedliche Demokratiezufriedenheit in West- und Ostdeutschland, in: Deutschland Archiv 38 (2005) 3, S. 393–401; hier S. 398.

22 Vgl. die neuesten Zahlen hierzu bei Katrin TOMINSKI, Stillstand bei Lohnangleichung, in: Leipziger Volkszeitung vom 29.7.2010, S. 2.

23 Osten verliert weiter an Boden, in: Leipziger Volkszeitung vom 27.7.2005.

24 Ost-Wirtschaft holt nur langsam auf, in: Frankfurter Allgemeine Zeitung vom 20.6.2005, S. 11.

25 Vgl. Ostdeutschland bleibt förderungswürdig, in: Frankfurter Allgemeine Zeitung vom 26.7. 2005, S. 19. Daher werden die o. g. Regionen ab 2010 im Rahmen der EU-Regionalhilfe aus der Höchstförderhöhe herausfallen, da dort das Durchschnittseinkommen je Einwohner bereits auf über 75 % des EU-Durchschnitts gestiegen ist.

starken Regionen gegenüberstehen, die zukünftig die Funktion von »Wachstumskernen«
ausüben sollen.[26] Plakativ könnte man formulieren: Es sind durchaus »blühende Landschaften« entstanden, aber kein Wirtschaftswunder.

Die noch auf Jahre hinaus andauernden Transferleistungen, die ca. 70 Milliarden Euro
jährlich im Rahmen des Solidarpakt II allein in der wiedervereinten Bundesrepublik bis
zu dessen Ende im Jahre 2019 ausmachen,[27] bleiben somit ebenso unverzichtbar wie die
weitere Förderung durch die Europäische Union (EU) bis 2012 mit ca. 3 Milliarden Euro
im Jahr.

Dennoch hatten die privaten Haushalte in Ostdeutschland, die noch 1989 nur dem
Standard eines durchschnittlichen westdeutschen Haushalts Ende der 1960er Jahre entsprachen, bereits Mitte der 1990er Jahre das westdeutsche Niveau von 1992 erreicht. Das
bedeutet einen Wohlfahrtssprung von 30 Jahren innerhalb weniger Jahre!

Ohne Zweifel hat sich insgesamt ein rascher, allerdings noch über Jahre hinaus nicht ab-
geschlossener, gesamtwirtschaftlicher Anpassungsprozess an westdeutsche Strukturen und
Verhältnisse und damit der Wandel zu einer modernen, postindustriellen Dienstleistungsgesellschaft auf dem Gebiet der ehemaligen DDR vollzogen. Das lässt sich auch eindeutig an
den unterschiedlichen Wirtschaftssektoren ablesen, deren Anteil an der Produktivität sich
schon nach gut zehn Jahren gleichsam umkehrte: Während der Beschäftigtenanteil in der
Land- und Forstwirtschaft (primärer Sektor) zwischen 1989 und 2004 von 9,0 % (1989)
auf 3,3 % (2004) gesunken ist, und der Anteil der Beschäftigten im produzierenden Gewerbe (sekundärer Sektor) von 46 % (1989) auf 26,3 % (2004) fiel, stieg die Beschäftigung im
tertiären Sektor, den Dienstleistungen, von 45,1 % (1989) auf inzwischen 70,4 % (2004).[28]
Diese Entwicklung zeigt, dass sich die neuen Bundesländer auf dem Weg zu einer modernen, postindustriellen Dienstleistungsgesellschaft befinden.

Keinesfalls darf in diesem Zusammenhang jedoch übersehen oder gar ausgeklammert
werden, dass das noch immer zu geringe Wachstum in den neuen Bundesländern nach wie
vor eine Folge der früheren SED-Wirtschafts- und Sozialpolitik ist. Nur ein halbes Jahr
nach seinem Machtantritt hatte Erich Honecker Ende 1971 die letzten Reste des noch in
der DDR existenten Mittelstandes durch Enteignungen und andere Maßnahmen zerschlagen. Eine solch tragende soziale Schicht mit rentabler, Arbeitsplätze schaffender Industrie
wächst daher seit der Wiedervereinigung in den neuen Bundesländern erst langsam wieder
heran.[29] Zudem ist der Mittelstand auf dem Gebiet der ehemaligen DDR nach vierzig Jahren Diktatur und Planwirtschaft kapitalschwach und deshalb nur bedingt zu umfassenden
Investitionen imstande.

---

26 Vgl. hierzu auch die kritische Analyse des früheren Bundeskanzlers Helmut SCHMIDT, Auf dem
    Weg zur deutschen Einheit. Bilanz und Ausblick, Reinbek b. Hamburg 2005.
27 Als finanzschwache Länder erhielten die neuen Bundesländer im letzten Jahr mit 28,6 Milliarden
    Euro immerhin 87,3 % durch den bundesstaatlichen Finanzausgleich zu ihrer weiteren Förde-
    rung (Angaben aus einer Übersicht des Bundesfinanzministeriums vom 13.3.2006). Vorläufer
    der Solidarpakte I und II war das 1993 aufgelegte »Föderale Konsolidierungsprogramm«.
28 Ebd. S. 413.
29 Die Finanzprobleme der Ost-Länder haben tiefe Ursachen, in: Bayernkurier vom 11.2.2006.

IV

Der unumgängliche Umbau der Wirtschaftsordnung, die partielle Umschichtung des Arbeitskräftepotentials sowie die fortbestehende Arbeitsmigration in den neuen Bundesländern, über die noch zu sprechen ist, können jedoch nicht nur aus einer rein ökonomischen Perspektive gesehen und beurteilt werden. Auch die sozialpsychologische Seite ist zu berücksichtigen. Es sind die beschäftigten Menschen, das Humankapital, die mit diesem in der Geschichte beispiellosen Umbruch, wie er in der DDR stattfand und in den neuen Bundesländern noch nicht zum Ende gekommen ist, fertig werden mussten und müssen; i.d.R. bedeutete dieser Umbruch eine völlige Veränderung ihrer bisher gewohnten Arbeits- und Lebensverhältnisse.[30] Spätestens nach 1990 bestand die gewohnte und tief verinnerlichte Arbeitsplatzsicherheit der DDR nicht mehr – im Gegenteil: Millionenfach mussten Arbeitsplätze wegrationalisiert werden oder fanden gravierende Veränderungen individueller Beschäftigungsverhältnisse statt. Auch wenn Arbeiter und Angestellte oft schon zu DDR-Zeiten Zeugen ihrer verfallenden Betriebe und ihrer sinkenden Produktivität geworden waren und deren umfassende Modernisierung selbst wünschten[31], so betrachteten sie die nach 1990 tatsächlich erfolgende inner- wie außerbetriebliche Umstrukturierung mit zwiespältigen Gefühlen, wenn sie dadurch ihren eigenen Arbeitsplatz verloren und noch dazu über Jahre hinweg im gleichen Betrieb gearbeitet hatten. Zudem scheint die jahrelange Propaganda der SED und ihre ständige Verteufelung des Kapitalismus – der tatsächlich korrekte Begriff »soziale Marktwirtschaft« wurde ja bewusst nie verwendet, insbesondere bei älteren, ostdeutschen Arbeitnehmern bis heute noch nachzuwirken. Scheinbar objektiv erfüllt(e) sich für viele beschäftigungslos Gewordene nun subjektiv deren Prophezeiung: »Kommt der Kapitalismus, kommt die Arbeitslosigkeit«. Vor diesem Hintergrund wurde bzw. wird – bis heute – oft übersehen oder ist inzwischen in Vergessenheit geraten, dass es die SED und die von ihr geschaffene, über vier Jahrzehnte hinweg bestehende zentrale Planverwaltungswirtschaft gewesen ist, welche diesen umfassenden Transformationsprozess notwendig, ja absolut unverzichtbar gemacht hat. Auch wenn bei dieser weltweit bisher nie da gewesenen ordnungspolitischen Umgestaltung im Verlauf der Wiedervereinigung unbezweifelbar Fehler geschehen sind, so darf darüber nicht vergessen werden, wer der eigentliche Urheber dieser völligen Fehlentwicklung gewesen ist: Die SED-Diktatur hatte 1989 nicht nur in politischer, sondern auch in ökonomischer Hinsicht völlig abgewirtschaftet – und das war der Bevölkerung auch völlig bewusst, erlebte sie doch, abgesehen von der politischen Unmündigkeit, in der sie gehalten wurde und der politischen Repression, die sie zu ertragen hatte, tagtäglich die Unproduktivität des sozialistischen Wirtschaftssystems und die sich häufenden Versorgungsmängel. Gelegentlich kann man den Eindruck gewinnen, dass diese gravierenden Defizite inzwischen nahezu vergessen sind und dafür dem »Westen«

---

30 Vgl. hierzu insgesamt Hans-Joachim Maaz, Der Gefühlsstau. Ein Psychogramm der DDR, Berlin 1991 (mehrere Auflagen).

31 Vgl. hierzu die u. a. auf »Oral history‹ fußende, komparative Studie zweier Leipziger Betriebe, in welchen klar zum Ausdruck kommt, dass die Beschäftigten bereits ab Mitte der 1980er Jahre überzeugt davon waren, dass ein grundlegender Umbau der dort bestehenden Produktionsverhältnisse unaufschiebbar sei; siehe Francesca Weil, Herrschaftsanspruch und soziale Wirklichkeit. Zwei sächsische Betriebe in der DDR während der Honecker-Ära, Köln u. a. 2000.

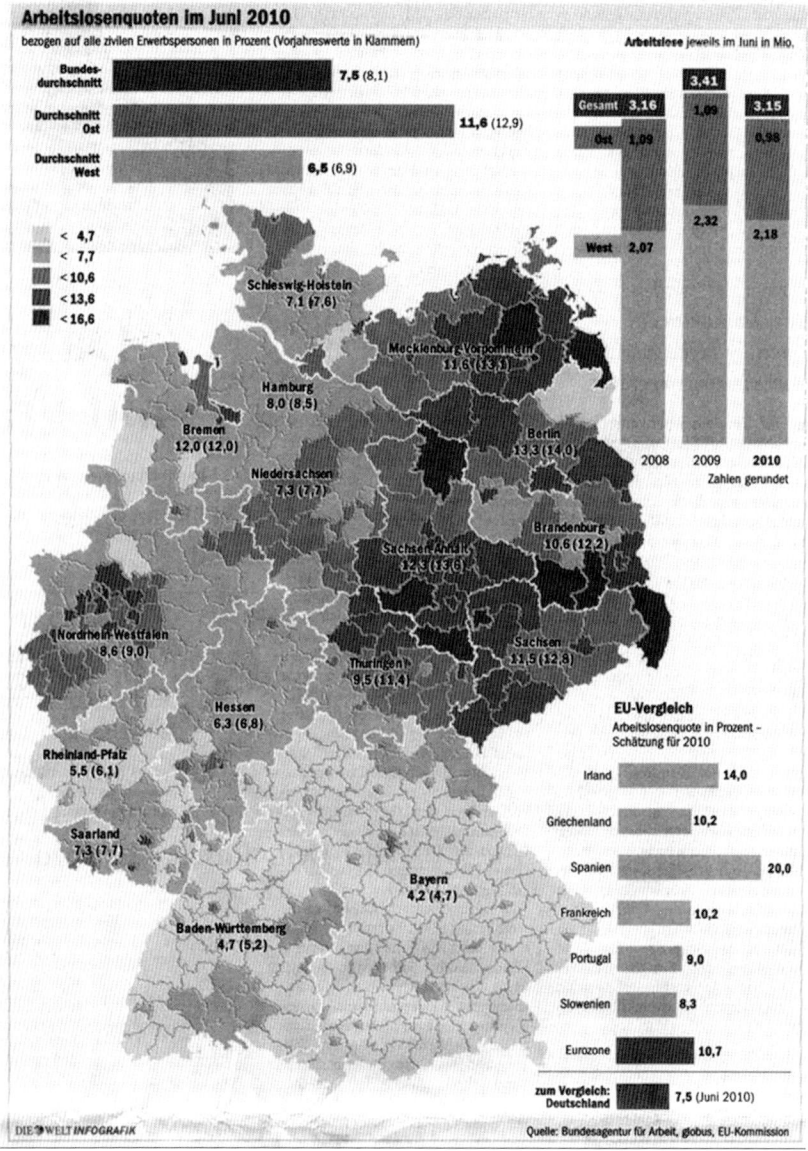

bzw. dem »Kapitalismus« – plakativ gesprochen – der pauschale Vorwurf gemacht wird, für die knapp doppelt so hohe Arbeitslosigkeit in den neuen Bundesländern verantwortlich zu sein. Ganz abgesehen davon, dass dabei mit einem falschen Begriff hantiert wird, handelt es sich doch auch im vereinten Deutschland um »soziale Marktwirtschaft«, deren soziale Leistungen keinesfalls unterschätzt werden sollten, wird damit der falsche Schuldige stigmatisiert; denn es war nicht die soziale Marktwirtschaft, welche die bis zur Friedlichen Revolution angelaufenen Probleme in der DDR hervorgerufen hat, sondern die sozialistische Planwirtschaft, an der eine diktatoriale Monopolpartei trotz erwiesener Ineffektivität bis zum Schluss festhielt.

V

Zu der im Durchschnitt leider bis heute etwa doppelt so hohen Arbeitslosigkeit in den neuen Bundesländern von regional nach wie vor zwischen 15 – 25 % im Vergleich zu Westdeutschland kommt jedoch ein zweites Problem hinzu, ein demographisches, das auf essenzielle Veränderungen des Bevölkerungsaufkommens in Gesamtdeutschland zurückgeht, die bereits seit Mitte der 1960er Jahre zu konstatieren sind und dadurch eine besondere Brisanz aufweisen. Denn seit 1964 ist die Geburtenrate in beiden deutschen Staaten fast ausnahmslos stetig fallend (siehe Schaubild).

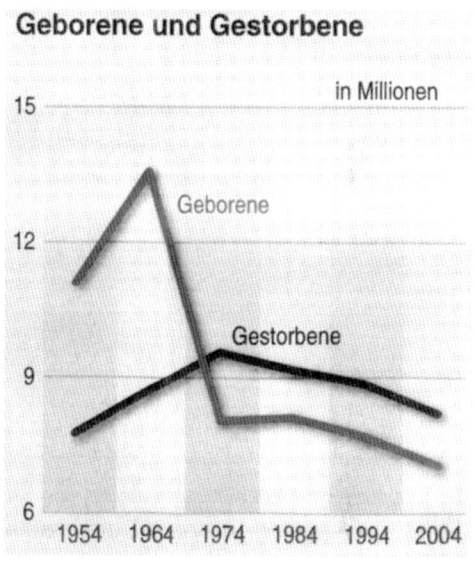

Diese Problematik ist mittel- und langfristig deshalb besonders folgenreich, weil Deutschland mit statistisch 1,36 Kindern je Durchschnittsfrau ohnehin eine der niedrigsten Geburtenraten der Welt aufweist. Für eine stabile Bevölkerungszahl wäre hingegen eine Rate von mindestens 2,1 Kindern je Frau notwendig, wie dies z. B. in Frankreich der Fall ist. Betrachtet man die Zahl der Geburten pro 1000 Einwohner, so liegt Deutschland seit über dreißig Jahren weltweit auf einem der letzten Plätze.[32] Dies wird ebenfalls deutlich an dem Verhältnis von Geborenen und Gestorbenen in Deutschland, das seit Beginn der 1970er Jahre einen jeweils negativen Geburtensaldo aufweist. Doch abgesehen davon, dass die sog. »natürliche Einwohnerbilanz« (= das Verhältnis von Geburtenhäufigkeit und Sterberate), parallel zum gesamtdeutschen Bundesdurchschnitt, stark negativ ist und im Jahre 2002 in den neuen Bundesländern den Wert von − 5,4 % ausmachte, gibt es keinen Zweifel an

---

32 Vgl. Steffen Kröhnert/Franziska Medicus/Reiner Klingholz, Die demografische Lage der Nation. Wie zukunftsfähig sind Deutschlands Regionen? Daten, Fakten, Analysen, München 2006.

der Tatsache, dass hinsichtlich der zweiten Komponente, nämlich der Bevölkerungsentwicklung, d. h. dem Verhältnis von Zu- und Fortzügen (= Wanderungsbewegung) in Ostdeutschland, ein eindeutiger Zusammenhang besteht: Je höher die regional-lokale Arbeitslosigkeit dort ist, umso größer ist der entstehende Wanderungsverlust. »In den Jahren 1991
bis 2002 sind aus den sechs ostdeutschen Bundesländern zusammen fast 780 000 Personen
mehr in die westlichen Länder gezogen als in umgekehrter Richtung. Ostdeutschland hat
auf diese Weise 4,3 % seiner Einwohnerschaft verloren.«[33] Inzwischen liegt die Zahl bei
einer Million. Dies lässt sich exemplarisch an den Zu- und Fortzügen von Sachsen klar
nachweisen (siehe Schaubild).

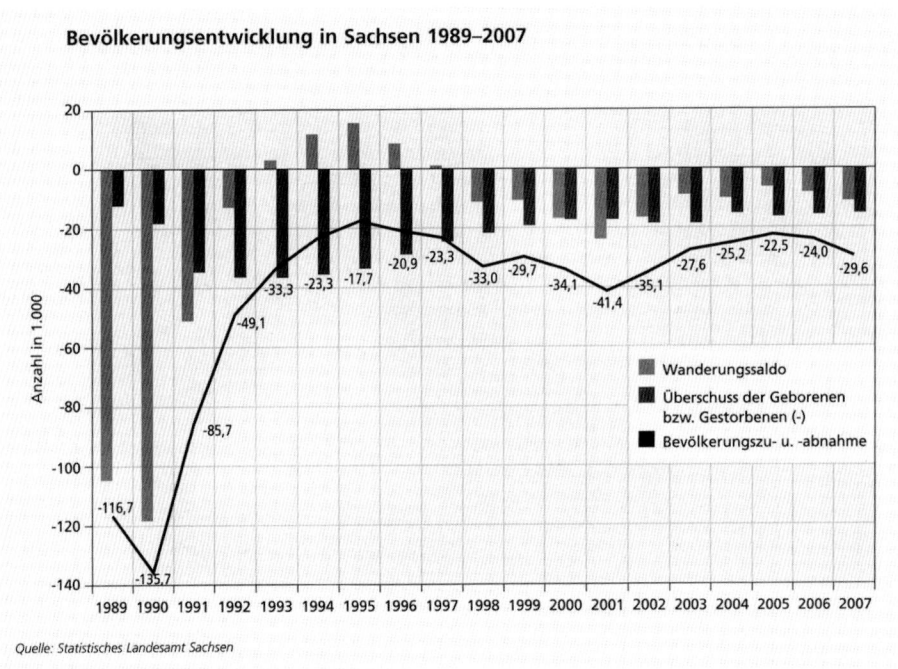

Quelle: Statistisches Landesamt Sachsen

Auch wenn die Abwanderung inzwischen langsamer geworden ist, »entleert« sich Ostdeutschland – demographisch gesehen – gegenwärtig weiter. Ebenso liegen die Geburtenzahlen dort konstant niedriger als in Westdeutschland; d. h. durch Geburtenschwund,
Arbeitslosigkeit und Massenabwanderung geraten vor allem ländliche Regionen in Ostdeutschland in eine wachsende Krisenlage. Somit wird der schon seit Anfang der 1970er
Jahre bestehende negative Trend in der Geburtenentwicklung in Gesamtdeutschland verstärkt durch die in Ostdeutschland vorherrschende, hohe Arbeitslosigkeit, was in einer häufig noch geringeren Geburtenrate zum Ausdruck kommt.

Dies bedeutet für Ostdeutschland in einigen Regionen sowohl eine schrumpfende Fertilität als auch nachlassende Kaufkraft. Weil es in dieser jungen Alterskohorte aber wiederum vor allem junge Frauen im Alter zwischen 18 und 30 Jahren sind, die stärker als

---

33 Thorsten ERDMANN, Regionale Aspekte der Bevölkerungsentwicklung in Ostdeutschland seit der
   Wiedervereinigung, in: Deutschland Archiv 38 (2005), 3, S. 402 – 409; hier S. 406.

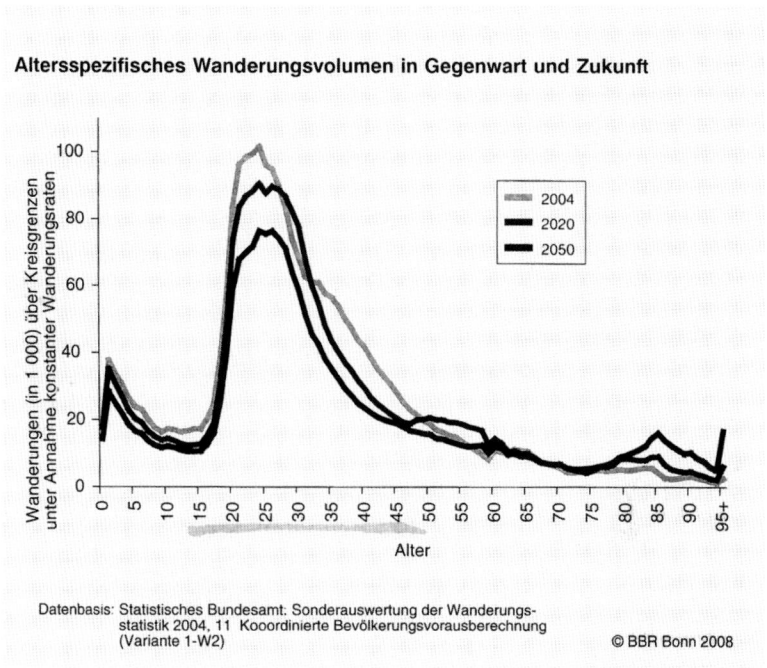

Altersspezifisches Wanderungsvolumen in Gegenwart und Zukunft

Datenbasis: Statistisches Bundesamt: Sonderauswertung der Wanderungs-
statistik 2004, 11 Koordinierte Bevölkerungsvorausberechnung
(Variante 1-W2)

© BBR Bonn 2008

Männer im gleichen Alter die neuen Bundesländer verlassen,[34] stellen sie »als potentielle
Mütter eine besonders kritische Gruppe im Hinblick auf die langfristige demographische
Entwicklung einer Region« dar.[35] So sind in absoluten Zahlen in geschlechtsspezifischer
Hinsicht zwischen 1991 und 2004 aus den neuen Bundesländern rund 364 000 Männer
abgewandert, im gleichen Zeitraum jedoch 536 000 Frauen.[36] Insgesamt hat die Ost-West-
Binnenmigration daher nicht nur zu einer Schrumpfung, sondern auch zu einer Alterung
der Bevölkerung und damit auch des Erwerbspotentials in den neuen Bundesländern ge-
führt. Aufgrund dessen ist der Altersdurchschnitt der dort lebenden Menschen von 38,6
Jahren im Stichjahr 1991 auf 42,16 Jahre im Jahr 2002 angestiegen.[37] Von der Abwande-

---

34 Gründe hierfür sind u.a., dass viele junge Frauen bereits nach der Schulausbildung, junge Männer hin-
    gegen erst nach der Berufsausbildung ihre Regionen verlassen; hinzu kommt, dass für junge weibliche
    Erwerbstätige eine höhere Migrationsbereitschaft aufgrund der schlechteren Lehrstellensituation be-
    steht, vgl. Günter HERFERT, Regionale Polarisierung der demographischen Entwicklung in Ostdeutsch-
    land – Gleichwertigkeit der Lebensverhältnisse? in: Raumforschung und Raumordnung 5 (2007),
    S. 435 – 455, dort S. 449.

35 Vgl. Alexander KUBIS/Lutz SCHNEIDER, »Sag mir, wo die Mädchen sind ...«. Regionale Analyse des Wan-
    derungsverhaltens junger Frauen, in: Wirtschaft im Wandel 13 (2007) 8, S. 298 – 307; Zitat S. 298.

36 Siehe MAI, S. 360. Die Abwanderung aus ostdeutschen Regionen lief dabei nach Mai in drei Phasen
    ab: 1991 – 1993, 1994 – 1997 und 1998 – 2001. Insgesamt setzt sie sich, wenn auch vermindert,
    weiter fort; vgl. ebd., S. 364 f.

37 Vgl. Joachim RAGNITZ/Lutz SCHNEIDER, Demographische Entwicklung und ihre ökonomischen Folgen,
    in: Wirtschaft im Wandel 6 (2007), S. 195 – 202; dort S. 195. Entsprechend wird auch »die Größe
    der Altersgruppen der 15 – 20jährigen und der 20 – 40jährigen ... bis 2020 mit – 6 % bzw. 28 % dra-
    matisch abnehmen«, ebd.

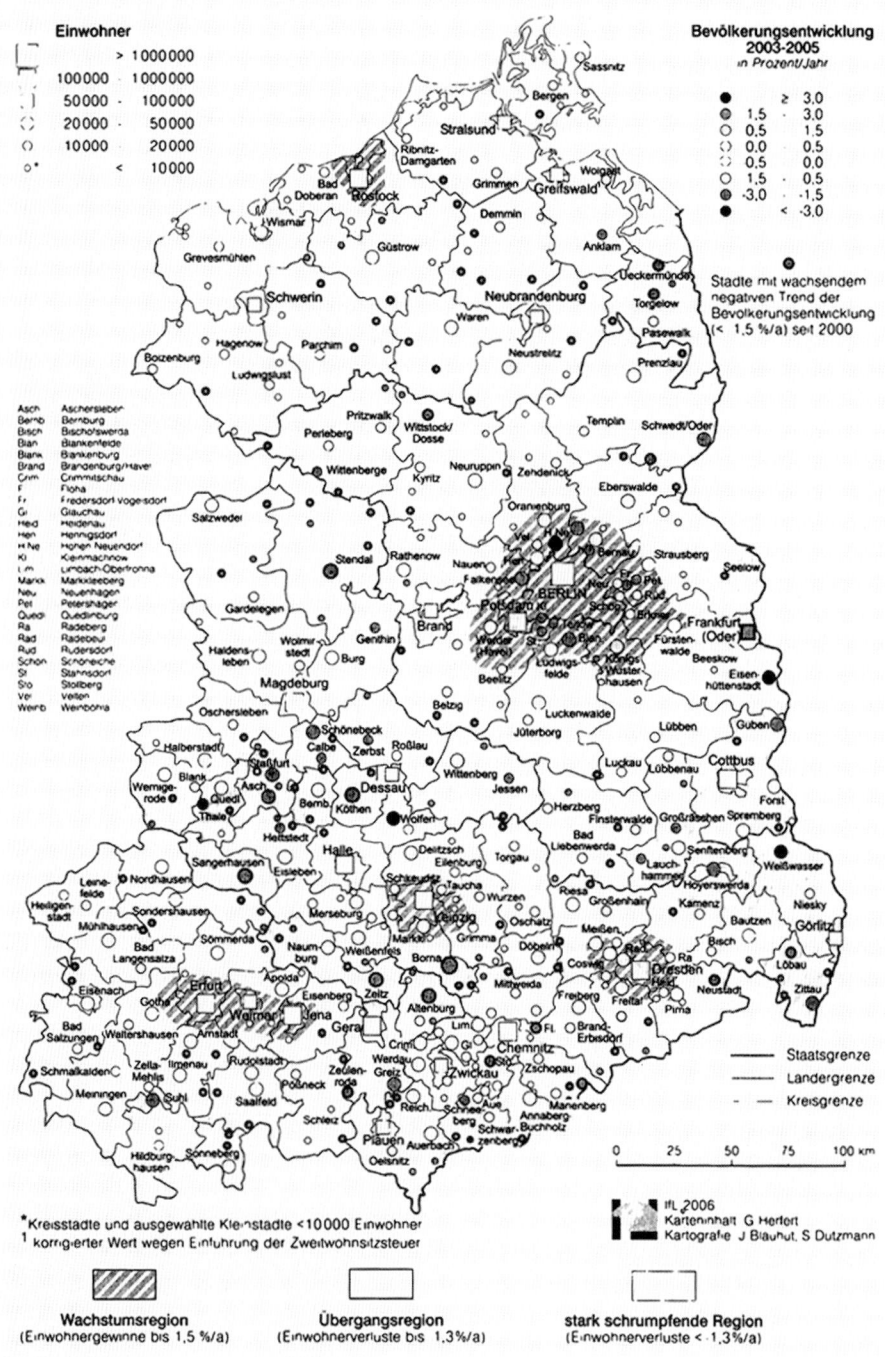

Regionale Polarisierung der demographischen Entwicklung in Ostdeutschland 2003–2005

Quelle: Statistische Landesämter, eigene Berechnungen

rung besonders junger Ostdeutscher, die eine klare Präferenz in die alten Bundesländer aufwiesen, profitierten diese wiederum »mit einem Anteil von 84 % weit überproportional an den Wanderungsgewinnen« innerhalb Gesamtdeutschlands.[38]

Obgleich sich diese jüngsten demographischen Prozesse auf die Regionen Gesamtdeutschlands sehr unterschiedlich auswirken, so haben sich seit 1989/90 grundsätzlich zwei Entwicklungen vollzogen: Einerseits eine großräumige Migration von den neuen in die alten Bundesländer; andererseits bilden sich in Ostdeutschland seither kleinräumige siedlungsstrukturelle Gefälle zwischen den Kernstädten und ihrem Umland heraus (siehe nebenstehendes Schaubild).[39]

Schon bald nach 1990 wies das wieder vereinte Deutschland eine Zweiteilung in Boom- und Schwundregionen auf – und zwar in demographischer wie in sozioökonomischer Hinsicht. So zählen die neuen Bundesländer im gesamtdeutsch-regionalen Vergleich fast ausnahmslos zu den Schwundregionen, da vor allem die wirtschaftsstarken Gebiete im Süden und Südwesten Deutschlands, in Bayern und Baden-Württemberg, aber auch im Norden und Nordwesten, in Hamburg, im westlichen Niedersachsen und Nordrhein-Westfalen, einen kontinuierlichen Zuzug junger Menschen, vornehmlich aus Ostdeutschland, erfahren und dadurch in jeder Hinsicht profitieren. Auf diese Weise wurden sie zu Boomregionen.

Es gibt aber seit kurzem auch einen gegenläufigen Trend. So ließen sich 2009 in Sachsen insgesamt 66 200 neue Bürger in Sachsen nieder; das waren 2800 mehr als im Jahr zuvor und so viele wie seit 1998 nicht mehr. Außerdem ging die Zahl jener Menschen, die Sachsen verließen, von 76 300 auf 74 100 zurück; damit schrumpfte die Einwohnerzahl Sachsens mit z. Zt. rund 4,17 Millionen Einwohnern weniger als noch in den Jahren zuvor.[40]

VI

Die gegenwärtige Lage im wiedervereinigten Deutschland ist davon geprägt, dass schon vor 1989 existente Probleme, wie etwa die demographische Entwicklung in beiden deutschen Staaten, die steigende Arbeitslosigkeit und die Staatsverschuldung mit den spezifischen Problemen der Wiedervereinigung ab 1990 zusammenfielen. In bestimmten Bereichen erwuchs daraus sogar eine Verschärfung dieser Probleme, was wiederum deren Lösung erschwert; so ist dies etwa im direkten Zusammenhang der demographischen Entwicklung in Gesamtdeutschland und der besonderen Bevölkerungsentwicklung in den neuen Bundesländern vor dem Hintergrund der dort bestehenden Krisenlage des Arbeitsmarktes der Fall.

Allerdings ist sich die Politik der bestehenden Probleme durchaus bewusst. Die Schaffung und Sicherung von Arbeitsplätzen sowie die Erhaltung und Erhöhung der Wettbewerbsfähigkeit genießen nach wir vor höchste Priorität auf Bundes- wie auf Länderebene. In der Tat ist die weitere Belebung des ostdeutschen Arbeitsmarktes aufgrund dezidierter und nachhaltiger Wachstumspolitik unerlässlich. Ziel muss es bleiben, in den neuen Bundesländern weiterhin eine selbst tragende Wirtschaft zu schaffen, welche die Binnenmigra-

---

38 So Bucher, S. 128.
39 Vgl. ebd., S. 129.
40 Immer mehr lassen sich in Sachsen nieder, in: Leipziger Volkszeitung vom 26.7.2010, S. 4.

tion zwischen Ost- und Westdeutschland stoppt, Investitionen begünstigt und die Kaufkraft stärkt. Der Leitsatz hierzu heißt nach wie vor: Schaffung von Arbeitsplätzen. Ein flexibler Arbeitsmarkt mit einem Beschäftigung fördernden Arbeitsrecht ist hierfür die entscheidende Voraussetzung. Dazu gehören die verstärkte Förderung von Bildungseinrichtungen, sowie eine Intensivierung der Forschung, um Innovationen und neue Technologien zu stimulieren. Das bleibt eine nicht leicht zu lösende Aufgabe, doch gibt es hierzu mittel- wie langfristig keine Alternative.

Möglicherweise mag die bisher vorgenommene Analyse der sozioökonomischen und demographischen Probleme ernüchtern oder sogar deprimieren; doch dazu besteht kein Anlass. Zunächst wäre es fatal, diese nicht zur Kenntnis zu nehmen; vielmehr stellt ihr Wissen um sie eine unabdingbare Voraussetzung für konstruktives wirtschafts- und sozialpolitisches Handeln dar. Auch sollte nicht vergessen werden, dass die genannten, z. T. schwerwiegenden Probleme, die das wiedervereinte Deutschland gegenwärtig zu schultern hat, nur allzu leicht den Blick dafür verstellen, wie die Lage vor 1989 gewesen ist, als eine Wiedervereinigung völlig utopisch schien. Dieses so außerordentlich belastende Problem für die Deutschen in beiden deutschen Staaten, das eigentlich »deutsche« Problem, erschien angesichts der damaligen politischen und militärischen Gemengelage zwischen Ost und West so gut wie unlösbar; auf jeden Fall noch unüberwindbarer, als es die gegenwärtigen »Mühen der Ebene« darstellen – ganz abgesehen davon, dass die bisher erzielten Erfolge keineswegs unterschätzt werden dürfen – im Gegenteil! »Der Weg stimmt!« ist kürzlich völlig zu Recht auf einem Symposium zum Thema »20 Jahre Deutsche Einheit – Existenzgründungen in den neuen Bundesländern« festgestellt worden.[41]

Es ist daher durchaus hilfreich und stärkt den Blick für die bestehenden Realitäten, wenn man sich wieder vergegenwärtigt, welche Bedeutung das Epochenjahr 1989 für Deutschland und die Deutschen gehabt hat. Die bestehenden Probleme des vereinten Deutschland sind auf jeden Fall überwindbarer als es die Mauer bis 1989 war, und eine Wiedervereinigung Deutschlands völlig unrealistisch erschien. Seit dem Epochenjahr 1989 ist die politische, wirtschaftliche und gesellschaftliche Gesamtsituation der Deutschen und ihrer osteuropäischen Nachbarn auf jeden Fall unvergleichlich besser als es die Spaltung Deutschlands und die Separierung Europas durch die sowjetische Gewaltherrschaft bis zu diesem »annus mirabilis« waren. Das sollte keineswegs unterschätzt oder gar vergessen werden.

---

41   »Der Weg stimmt!«, in: Leipziger Volkszeitung vom 13.7.2010, S. 6.

V
Sachsen seit 1989
Essays und autobiographische Notizen von Zeitzeugen

Die folgenden Beiträge charakterisieren aus persönlicher Sicht die politischen Entscheidungen um die Wiederherstellung des Freistaates Sachsen. Der Text von Matthias Rößler wurde als Einführungsvortrag auf der Dresdner Tagung »20 Jahre Freistaat Sachsen« im März 2010 gehalten, Uwe Grünings Text war einer der Fachvorträge. Die Texte von Arnold Vaatz, Antje Hermenau, Erich Iltgen, Hans Geisler und Wolfgang Marcus sind zusammengefasste Redebeiträge von der Podiumsdiskussion der genannten Tagung am 4. März 2010, die von Reiner Groß und Mike Schmeitzner moderiert wurde.

Matthias Rößler

Das Jahr 1990:
Ein Zeitzeugenbericht

Am Anfang stand die Friedliche Revolution

Am Anfang stand die Friedliche Revolution, deren 20. Jubiläum wir landesweit gewürdigt haben. Alle ihre Zentren lagen in Sachsen. Überall in unserem Land, in Plauen und Leipzig, in Dresden und Chemnitz, in Zwickau und Freiberg und vielen anderen Orten, ist im Herbst 1989 Weltgeschichte geschrieben worden. Zu Hunderttausenden trugen sächsische Bürgerinnen und Bürger ihre Forderungen nach Freiheit und Demokratie auf die Straßen und Plätze unseres Landes hinaus. Es entstanden basisdemokratische Gruppierungen und neue Parteien. In Städten und Gemeinden wurden Ende 1989 und Anfang 1990 Runde Tische ins Leben gerufen, an denen zwischen alten und neuen Kräften um die politische Zukunft Sachsens, die Reform der gesamten Gesellschaft und den Weg der sächsischen Demokratie gerungen wurde. Die Wiedererrichtung Sachsens war eine der wichtigsten Forderungen der Friedlichen Revolution.

Ich selbst habe vor 1989 nicht zur organisierten Opposition gehört, hatte meine Nische in unserer evangelischen Kirche und wäre vielleicht irgendwann nach dem Westen ausgereist. Aber ich war am 13. Februar 1982 in der Kreuzkirche dabei, demonstrierte als junger Gastwissenschaftler 1984 mit polnischen Solidarnosc-Kollegen in Danzig gegen das Kriegsrecht und stimmte in der Kommunalwahl 1989 gegen die Kandidaten der Nationalen Front.

Im Herbst 1989 stürzte ich mich regelrecht in die politische Arbeit und habe mich nach gezielter Suche – am 9. November 1989 war ich bei einer SPD-Gründungsveranstaltung im Gemeindesaal der Dresdner Martin-Luther-Kirche – im Dezember dem Demokratischen Aufbruch angeschlossen. Ich wollte nie eine andere oder bessere DDR, sondern die Wiedervereinigung Deutschlands. Wir – und damit meine ich die Mehrheit der DDR-Bürger im Jahre 1990 – wollten leben wie im anderen Teil unseres Vaterlandes. Diese Ziele konnte ich in dieser neuen Partei konsequent verfolgen.

Im Ringen um die ersten freien Wahlen in der DDR verfasste ich im Januar 1990 ein Flugblatt des Demokratischen Aufbruchs in Dresden, das westdeutsche politische Freunde in einer Stückzahl von 60 000 Exemplaren gedruckt haben. Der Inhalt des Flugblattes spiegelt die politischen Positionen des Demokratischen Aufbruchs von 1989/1990 authentisch wider, gewissermaßen als zeitgeschichtliches Dokument. Es endet mit den Sätzen: »Die staatliche Einheit Deutschlands in einer europäischen Friedensordnung ist Nahziel unserer Politik. Der Weg dazu führt von einer vertraglichen Bindung zwischen den deutschen Staaten über einen Staatenbund zum Bundesstaat. Dazu brauchen wir die schnellstmögliche Wiedereinrichtung der Länder. Der Demokratische Aufbruch fordert Wahlen zu einer deutschen Nationalversammlung!«

Diese Position war damals durchaus keine Selbstverständlichkeit. Wir verteilten die Flugblätter unter den fast 100 000 Teilnehmern der Dresdner Montags-Demonstranten.

Der Bürgerrechtler und Vorsitzende des Demokratischen Aufbruchs Rainer Eppelmann wie Ministerpräsident Lothar de Maizière und seine Regierung versuchten damals möglichst lange an der eigenständigen DDR festzuhalten. Große Teile des Demokratischen Aufbruchs wollten das nicht, vor allem in Thüringen und Sachsen. Nach unserer Meinung musste die Wiedervereinigung schnell kommen. Wir diskutierten damals sogar darüber, nach Artikel 23 des Grundgesetzes der Bundesrepublik beizutreten, notfalls als neukonstituierte Bundesländer ohne die restliche DDR.

Einer der Gründe dafür bestand in der Sorge, dass sich die SED-Kader nach dem Schock der Demonstrationen wieder sammeln würden. Es entbrannte ein Kampf um die Besetzung der neuen Verwaltungsstrukturen. Daher galt es dafür zu sorgen, dass die alten Funktionäre abgelöst wurden und nicht wiederum beherrschenden Einfluss bekämen. Man musste den Mut haben, selbst nach der Macht, der politischen Verantwortung zu streben. Viele Vertreter der anderen Gruppen am Runden Tisch, geprägt vom kirchlichen Oppositionsmilieu, wollten eigentlich keine Macht ausüben.

Diese fatale Schwäche, die für die sogenannte DDR-Opposition vom ersten Tag an bezeichnend gewesen ist, hat die Gruppe um Arnold Vaatz, der vom Neuen Forum kam und in die CDU eintrat, hier in Sachsen bewusst durchbrochen. Wir beschränkten uns nicht auf die Montagsdemos, nicht auf endlose Diskussionen in Kirchen und an Runden Tischen. Wir begannen unseren Marsch in die Verwaltung des Rates des Bezirkes. Wir griffen nach der Macht in Sachsen an den Runden Tischen, in der Gemischten Kommission Sachsen/Baden-Württemberg und dem Koordinierungsausschuss zur Bildung des Landes Sachsen.

Die Geburt der Runden Tische

Die Geburtsstunde des Runden Tisches des Bezirkes Dresden – für die ich hier aus eigener Erfahrung sprechen kann und an dem ich Hans Geisler als Vertreter des Demokratischen Aufbruchs (DA) nachfolgte – schlug am Abend des 8. Dezember 1989, nur einen Tag nach der Bildung des zentralen Runden Tisches in Berlin. »Der Runde Tisch wurde notwendig, um für das Volk, das durch Machtmissbrauch und Korruption der ehemaligen Staats- und Parteiführung, unter Ausnutzung der festgeschriebenen Führungsrolle der Partei der SED, in eine tiefe Krise geführt wurde, umfassende demokratische Strukturen zu schaffen. Er ist legitimiert durch den Willen des Volkes, das auf der Straße gewaltfrei den Weg zur Demokratie erzwungen hat.«

Mit diesen Sätzen leitete der Runde Tisch des Bezirkes Dresden sein Statut ein, das am 11. Januar 1990 beschlossen worden ist. Zu diesem Zeitpunkt stand der Runde Tisch noch unter erheblichem Einfluss des Rates des Bezirkes und widmete sich unter diesem Einfluss einem bunten Strauß von Themen. Die alten Machthaber beschäftigten uns Bürgerbewegte am Runden Tisch anfangs mit allen möglichen Dingen, zum Beispiel mit der Versorgungslage und den Schließungszeiten von Kindergärten. Wie eine Schar von Hühnern – ich gebrauche einmal dieses Bild – pickten wir in irgendwelchen Ecken die Körner auf, die die Funktionäre ausstreuten. Während dessen haben die hinter unserem Rücken ihre Schäfchen ins Trockene gebracht, Immobilien und Konten beiseite geschafft und ihre Machtpositionen – auch mit Hilfe von Partnern aus den alten Bundesländern – stabilisiert.

Es gab allerdings zwei Themen, die sich wie ein roter Faden durch die Beratungen des Runden Tisches zogen: Die Frage der Auflösung von Strukturen der Staatssicherheit und die Wiedererrichtung des Landes Sachsen. Zu den wichtigsten Leistungen des Runden Tisches des Bezirkes Dresden, in denen sich zugleich am deutlichsten die Auseinandersetzung zwischen alten und neuen Kräften widerspiegelte, sind seine Aktivitäten mit Blick auf das Thema Länderbildung zu zählen. Der Moderator des Runden Tisches, Erich Iltgen, erinnert sich, dass am 18. Januar 1990 zum allerersten Mal am Runden Tisch die Idee auftauchte, das Land Sachsen zu gründen. In seiner 5. Sitzung am 18. Januar 1990 fasste der Runde Tisch den Beschluss, den Rat des Bezirkes zu beauftragen, »am 25. Januar 1990 dem Runden Tisch in Berlin einen Vorschlag für einen gemeinsamen Antrag an die Volkskammer der DDR zur föderalistischen Landesstruktur vorzulegen«. Nur sechs Wochen, nachdem der Gedanke der Gründung des Landes Sachsen zum allerersten Mal am Runden Tisch thematisiert worden war, bestätigte ein Beschluss der 11. Beratung am 1. März: »Der Runde Tisch stimmt dem Vorschlag der Tagungsleitung zur Bildung einer Initiativgruppe für die Koordinierung der Aktivitäten des Runden Tisches und der Räte der Bezirke zur Bildung des Landes Sachsen zu.« Der Wortlaut der vorstehend genannten Entschließung lässt erkennen, dass neben dem Bezirk Dresden auch die anderen Bezirke schon an der Erarbeitung von Unterlagen zur Bildung des Landes Sachsen beteiligt waren. Die nun folgenden Wochen waren die wohl entscheidendsten in der Arbeit des Runden Tisches und dem Ringen zwischen alten und neuen Kräften, das damit permanent verbunden gewesen ist. Zuerst ging es darum, den Räten der Bezirke die Macht zu nehmen. Sie hatten sie an sich gerissen, als die SED-Regierung 1989 gelähmt und handlungsunfähig geworden war.

Auseinandersetzungen um die Macht

Dass die Auseinandersetzung mit den Vertretern des DDR-Machtapparates gefährlich werden konnte, sollte ich nach einer der vielen Sitzungen des Runden Tisches kennenlernen. Wie jeden Montag fand diese im Rat des Bezirkes, der heutigen Staatskanzlei, statt. Wir trafen uns in dem Raum, in dem heute der Ministerpräsident sein Büro hat. Wie immer stritten wir mit den Funktionären der SED, wurden von Vertretern der Blockparteien misstrauisch beäugt und stimmten in der Gruppe der neuen Kräfte, nämlich Vaatz-CDU (also erst seit Februar 1990 CDU), Demokratischer Aufbruch, DSU, Forumpartei, Neues Forum, SPD, Vereinigte Linke und anderen, geschlossen ab. Spät in der Nacht verließ ich das düstere Gebäude, froh darüber, heil aus dieser Zentrale des alten Unterdrückungsapparates herausgekommen zu sein. Als ich im Schritttempo mit meinem Wartburg um die Kurve bog, stoppte ein fürchterliches Krachen meine Fahrt. Mit Mühe und ganz langsam erreichte ich die Autowerkstatt. Im Laufe des Tages rief der Monteur verstört meine Frau an und fragte, ob ich Feinde hätte. Am Auto hatten Unbekannte Radmuttern gelöst. Noch heute besitze ich die »Anzeige gegen Unbekannt«, die ich an die Kriminalpolizei richten wollte. Arnold Vaatz sagte damals bitter zu mir, dass »die nie gegen sich selber ermitteln«. So erstattete ich die Anzeige nicht.

Die Mächtigen und Etablierten halten sich am liebsten an ihresgleichen. Diesem verhängnisvollen Drang widerstand auch der baden-württembergische Ministerpräsident Lothar Späth anfangs nicht, als er 1990 Kontakt zum Dresdner Oberbürgermeister Wolfgang Berghofer und zum Rat des Bezirkes suchte. Bis heute kann ich nicht verstehen, wie man im »Spiegel« und in der westdeutschen Politik Leute wie Berghofer und Modrow als Reformer feiern konnte. Eine Gemischte Kommission Sachsen/Baden-Württemberg etablierte sich und bildete zehn Arbeitsgruppen für unterschiedliche Politikfelder. Unter dem Druck der Runden Tische und des CDU-Fraktionsvorsitzenden Erwin Teufel im Stuttgarter Landtag, der als erster voll auf die neuen politischen Kräfte gesetzt hat, leiteten dann prominente Vertreter der Basisdemokratie eigene Arbeitsgruppen. Ursprünglich durch meine Herkunft aus der kirchlichen Umweltbewegung und dem Demokratischen Aufbruch mehr auf Umweltpolitik fixiert, habe ich mich dann doch für den Bereich Wissenschaft und Bildung entschieden. Ich leitete die Fachkommission »Wissenschaft und Bildung«, besetzt mit Rektoren, Prorektoren und Bezirksschulräten. Ziel war die Zusammenarbeit in allen Bereichen von Wissenschaft und Bildung, vor allem zwischen Schulen, Universitäten und Hochschulen, wissenschaftlichen Bibliotheken und Archiven, Einrichtungen der Erwachsenenbildung sowie Jugendpflege, Jugendarbeit und Sport. Die oftmals stasibelasteten Altkader wurden einer nach dem anderen durch unbelastete Personen aus Basisgruppen und Initiativen ersetzt.

Unvergessen bleibt mir mein erster Besuch mit der Delegation in Baden-Württemberg, als der dortige Wissenschaftsminister Prof. Dr. Helmut Engler schnurstracks auf den damaligen Chemnitzer Rektor zusteuerte. In aller Höflichkeit, aber mit Nachdruck erklärte ich dem verdutzten alten Herrn, dass Magnifizenz nicht mehr das Sagen hatte. Das war für beide eine ganz neue Erfahrung: für Magnifizenz, die einem wissenschaftlichen Assistenten die Delegationsleitung überlassen musste, und für den westdeutschen Wissenschaftsminister, der nie so richtig verstand, was sich im Osten abspielte.

Nach der Volkskammerwahl

Am 18. März 1990 fanden nach vier Jahrzehnten kommunistischer Diktatur in der DDR erstmals freie, gleiche und geheime Wahlen zur Volkskammer statt. In einer Situation, die vom intensiven Tauziehen um die Rolle der Bezirksgremien im Landesbildungsprozess bestimmt war, tagte der Runde Tisch des Bezirkes Dresden am 29. März 1990 erstmals in der an die Volkskammerwahlen angelehnten Zusammensetzung. Die erste demokratische Wahl der Volkskammer hatte also ganz sichtbare Auswirkungen im Sinne der parlamentarischen Demokratie auf den Runden Tisch des Bezirkes Dresden.

Eine Sitzung aus dieser Phase ist es wert, ganz besonders hervorgehoben zu werden. Ein Antrag, der drei Wochen zuvor noch zu einer ergebnislosen Endlosdebatte geführt hatte, kam bei der 17. Sitzung am 19. April 1990 zum Beschluss: Der Runde Tisch richtete an den Bezirkstag die Empfehlung, sich aufzulösen. In Leipzig reagierte der Runde Tisch am selben Tag mit einem entsprechenden Beschluss zur Selbstauflösung des Bezirkstages.

Wie schwer die Veränderungen 1990 vorankamen, zeigt mein daraus folgendes Erlebnis aus dem Dresdner Bezirkstag. Dem gehörte damals eine kleine basisdemokratische Fraktion der Herbstrevolutionäre mit Diskussions- und Antragsrecht, allerdings ohne Stimmrecht, an. Auf diese Weise suchte sich dieses Pseudoparlament zu legitimieren und den Rat des Bezirkes zu stabilisieren. Deshalb stellte ich in einer Bezirkstagssitzung als Mitglied des Demokratischen Aufbruchs und im Namen der basisdemokratischen Fraktion und des Runden Tisches den Antrag auf Selbstauflösung dieses undemokratischen Gremiums, das auf keine Weise durch freie Wahlen legitimiert sei. Der Antrag wurde abgelehnt, und die Abgeordneten der SED und der Blockparteien schrien mich nieder in dem ausbrechenden Tumult. So endete mein erster, wenn auch »schein«-parlamentarischer Auftritt.

Zu Reformen aus sich heraus eigneten sich die Strukturen des SED-Staates nicht. In der gleichen Sitzung des Runden Tisches am 19. April 1990 wurde auf SPD-Antrag eine Arbeitsgruppe »Land Sachsen« ins Leben gerufen, die »geeignete Lösungsvorschläge zur weiteren Koordinierung der Arbeit zur Vorbereitung des Landes Sachsen« erarbeiten sollte. Innerhalb einer Woche entwickelte diese Arbeitsgruppe einen Vorschlag für ein aus Vertretern der drei Bezirke paritätisch zusammengesetztes Gremium von 75 bis 90 Personen.

Aufgaben dieses Gremiums sollten sein:

- die politische Führung des Prozesses der Herausbildung des Landes Sachsen,
- die Repräsentation der Bürger der drei Bezirke,
- die Sicherung der Transparenz des Prozesses,
- die Koordinierung aller Arbeitsschritte sowie
- die Kontrolle über die ordnungsgemäße Vorbereitung der Landtagswahlen.

Da Erich Iltgen als Vertreter des Runden Tisches ins Präsidium des Bezirkstages kooptiert worden war, kam ihm die Aufgabe zu, diesen Antrag zu einer koordinierten Zusammenarbeit der drei Runden Tische der Bezirke, der Parteien und Räte der Bezirke einzubringen. Er wurde in allen Punkten beschlossen, auch die Einrichtung eines Koordinierungsbüros für die abgestimmte Zusammenarbeit zwischen den Bezirken im Rat des Bezirkes Dresden.

Der Koordinierungsausschuss bildet sich

Am 25. April 1990 trat in Dresden erstmals die neue Arbeitsgruppe »Land Sachsen« des Runden Tisches zusammen. Wieder eine Woche später, bei der 18. Beratung am 3. Mai 1990, legte Arnold Vaatz dem Runden Tisch ein Arbeitspapier zur Bildung eines Vorparlamentarischen Ausschusses und eines Koordinierungsausschusses Land Sachsen vor. Ein Redaktionskollegium wurde beauftragt, die vorliegenden Arbeitsmaterialien und Diskussionsstandpunkte zu einem Vorschlag zusammenzufassen, der im Ergebnis an die Bezirke Karl-Marx-Stadt und Leipzig sowie an die Volkskammer weitergeleitet werden sollte. Wesentliche Inhalte der am 8. Mai 1990 unter dem Titel »Vorbereitungen der Bildung des Landes Sachsen« übermittelten Vorschläge waren: »1. Es wird ein Vorparlamentarischer Ausschuss gebildet, der sich paritätisch aus 120 Vertretern der drei sächsischen Bezirke zusammensetzt. Dabei ist zu beachten, dass die regionalen Vertretungen innerhalb des Bezirkes ausreichend wahrgenommen werden« und »2. Zur sachlichen und organisatorischen Vorbereitung des Zustandekommens und der notwendigen Entscheidungsgrundlagen für gesetzgebende Instanzen wird vorgeschlagen, einen Koordinierungsausschuss aus Vertretern der drei sächsischen Bezirke zu bilden.« Dem Schreiben beigefügt war ein vom 6. Mai 1990 datiertes Memorandum »Vorschlag eines demokratischen Weges zur Bildung des Landes Sachsen«, in dem die Kompetenz der regionalen Runden Tische zur Länderbildung untermauert wird.

Bei der 19. Beratung des Runden Tisches des Bezirkes Dresden am 17. Mai 1990 stellte Arnold Vaatz die ersten Schritte zur Bildung von Arbeitsstrukturen des Koordinierungsausschusses zur Bildung des Landes Sachsen vor. Das Sekretariat sollte durch Hermann Henke (DSU) geleitet werden, Helmut Münch (Demokratischer Aufbruch) für Wirtschaft, Horst Metz (CDU) für Umwelt und Matthias Rößler (Demokratischer Aufbruch) für Wissenschaft und Bildung zuständig sein. Der parteilose Steffen Heitmann, bereits als Berater der Gruppe der 20 bekanntgeworden, war für die Arbeitsgruppe Verfassung vorgesehen und Erich Iltgen, ebenfalls noch parteilos, mit Blick auf den künftigen Landtag, zuständig für die Fachabteilung »Parlamentarische Arbeit«.

Nach dem hier vorgetragenen Konzept lag es nahe, Arnold Vaatz als Leiter des Koordinierungsausschusses für die Position des Regierungsbeauftragten in Dresden vorzuschlagen und die Zügel in der Bezirksverwaltungsbehörde in die Hand zu nehmen. Ab dem Frühjahr 1990 haben uns nicht nur die Partner in Baden-Württemberg und den anderen alten Bundesländern auf Augenhöhe akzeptiert, sondern zudem auch noch die Funktionäre im Rat des Bezirkes. Die kleine Gruppe friedlicher Revolutionäre war von nun an permanent im Vormarsch, legitimiert vom Druck der Montagsdemonstrationen, akzeptiert von westdeutschen Aufbauhelfern. In diesem revolutionären Mikrokosmos vom Demokratischen Aufbruch über die DSU zur Vereinigten Linken kannte man sich persönlich.

In dieser Zeit hat es in der Tat eine Doppelherrschaft zwischen dem Runden Tisch und dem Rat des Bezirkes gegeben, wie das Michael Richter in seinem Buch »Die Bildung des Freistaates Sachsen« treffend geschildert hat. Der zentralistische Weg der Länderbildung der Regierung de Maizière stieß damals überall dort auf Proteste, wo die Gefahr gesehen wurde, dass eigenständige regionale Entwicklungen gestoppt oder gar rückgängig gemacht würden. Für den eigenständigen sächsischen Weg standen Leipzig, Chemnitz und Dresden mit ihren Runden Tischen der Bezirke. Nirgends war die Basisbewegung freilich so ausgeprägt wie in Dresden, nirgends drängten die neuen Kräfte so konzertiert an die Macht, und nirgends spitzten sich die Konflikte so zu wie an der Elbe. Aus Dresdner Sicht war weniger die Frage der Legitimität entscheidend, sondern die Tatsache, dass sich in Dresden Personen zusammenfanden, die der aktive und gestalterische Wille verband, sich in die eigenen Belange einzumischen und die Bildung Sachsens nicht der sich selbst abschaffenden Regierung der DDR zu überlassen.

Das Sächsische Forum

Über die letzte Sitzung des Runden Tisches am 12. Juli berichtete die Dresdner Journalistin und Kritikerin Uta Dittmann, die den Prozess der Friedlichen Revolution von den ersten Tagen an publizistisch unterstützt hat, in der uns nahestehenden Tageszeitung DIE UNION: »Der Runde Tisch des Bezirkes Dresden hat den Vorschlag seines Moderators, Ordinariatsrat Erich Iltgen, zur Bildung eines Sächsischen Forums einstimmig angenommen. In diesem Forum, auch das war einmütiger Beschluss, setzt der Runde Tisch seine Arbeit in Verantwortung und Geist dieses neuen demokratischen Instrumentes fort und stellt sie obendrein auf eine breitere Basis. Kontakte zu den Bezirken Leipzig und Chemnitz sind bereits geknüpft. Alle Parteien, Bewegungen, Verbände sind aufgefordert, je einen Vertreter in das Sächsische Forum zu entsenden. Das Sächsische Forum soll kein Vorparlament mit legislativen Befugnissen sein. Sondern als Partner der Regierungsbeauftragten und Koordinierungsausschüsse und als Brücke zu Öffentlichkeit alle Schritte zur Bildung des Landes Sachsen begleiten, kontrollieren, diskutieren und der Öffentlichkeit bekannt machen. Alle Informationen, Arbeitsstände und Dokumente (beispielsweise der Entwurf der Landesverfassung) werden von den Koordinierungsausschüssen über das Sächsische Forum der Öffentlichkeit in Kolloquien zur Diskussion gestellt.«

Das Sächsische Forum profilierte sich bald als von allen Bezirken und neuen sächsischen Kreisen angenommenes Gremium der sächsischen Öffentlichkeit. Damit spielte Erich Iltgen im weiteren Landesbildungsprozess neben Arnold Vaatz und dem von ihm geleiteten Koordinierungsausschuss eine wichtige Rolle. Es war ihm gelungen, eine Kontinuität von der Idee des Runden Tisches zum Landtag zu schaffen. Über diese symbolische hat das Sächsische Forum aber auch eine sehr praktische Bedeutung gehabt.

Oftmals hat es geholfen, wenn wir im Koordinierungsausschuss unter den Druck der Ost-Berliner Regierung kamen. Dann hat Erich Iltgen – Gott sei Dank – uns wieder rausgeholfen, weil er über eine Struktur verfügte, die autonom war. Während der Koordinierungsausschuss zumindest über den Regierungsbevollmächtigten von der Regierung abhängig gewesen ist, hat das Sächsische Forum ein Stück sächsischer Eigenständigkeit und Unabhängigkeit verkörpert.

Nach der Etablierung des Koordinierungsausschusses begann Vaatz im Juli 1990 mit der personellen Besetzung der Stellen der Landesstrukturbeauftragten. Damals habe ich die Funktion des Landesstrukturbeauftragten für Kultus übernommen. Ich leitete den Arbeitsstab »Kultus« und bereitete ein großes Ministerium für Bildung, Wissenschaft, Sport und Kunst vor. Zu diesem Zeitpunkt wurden hier Vorgaben aus Berlin kaum noch akzeptiert. Dies galt insbesondere bei konkreten Vorschlägen für Ministerien, die mit den eigenen Ausarbeitungen kollidierten, die konkrete Situation in Sachsen kaum reflektierten und erkennbar darauf hinausliefen, DDR-Regierungsstrukturen samt Personal neue Bestätigungsfelder zu erschließen.

Neben den sich im Juli bildenden Strukturgruppen des Koordinierungsausschusses arbeiteten auch die Fachgruppen der Gemischten Kommission Sachsen/Baden-Württemberg während des Sommers weiter. Im August 1990 trat der Demokratische Aufbruch der CDU bei, und die CDU-Basis meines Wahlkreises nominierte mich für den Sächsischen Landtag, in den ich im September gewählt worden bin.

Ein eigenständiger sächsischer Weg

Anders als in anderen neuen Bundesländern entstand der Freistaat Sachsen von unten nach oben, aus der Friedlichen Revolution. Ich hatte immer das Gefühl, dass die anderen neuen Bundesländer sozusagen von Berlin aus geschaffen worden sind, während dieser Prozess in Sachsen tatsächlich von unten nach oben erfolgte. Die aktive Gestaltung direkt aus dem sich bildenden Land heraus war nach meiner Überzeugung einmalig in den neuen Bundesländern.

Dabei gab es ständig Auseinandersetzungen mit der Ostberliner Regierung unter Lothar de Maizière, der uns als »Revoluzzer« bezeichnete. Statt sich, wie zum Beispiel Erich Iltgen mit dem Landtag, symbolisch in die Tradition der Friedlichen Revolution zu stellen, setzte man dort auf die alten Apparate, aus denen ein Großteil ihrer Verantwortungsträger kam. Mit Mut und Machtbewusstsein gestaltete eine kleine Gruppe aus in die CDU eingetretenen Bürgerrechtlern, Mitgliedern vom Demokratischen Aufbruch, von der DSU und der SPD unter Führung von Arnold Vaatz entscheidende Momente der sächsischen Geschichte. Der Koordinierungsausschuss war eine Art »Revolutionsregierung«, mit der sich Arnold Vaatz bei der Bildung des Landes Sachsen die größten Verdienste erworben hat.

Als es nach einigem Hin und Her gelang, Kurt Biedenkopf als zukünftigen Ministerpräsidenten zu gewinnen, waren die Voraussetzungen für eine Epoche des Aufbaus und der politischen Stabilität in Sachsen geschaffen. Mit Biedenkopf hat die Konsolidierungsphase des Landes begonnen.

Ein stabiles Fundament ist aber durch die Arbeit des Koordinierungsausschusses schon gelegt gewesen. Dank des Professionalismus des Ministerpräsidenten ist darauf ein ebenso festes staatliches Gebäude errichtet worden. Vielleicht wäre eine radikalere personelle und strukturelle Erneuerung notwendig gewesen. Wir nutzten eine einmalige historische Chance nach dem Zusammenbruch des Sowjetimperiums und hatten Angst, den Bogen zu überspannen. Unsere westdeutschen Berater mahnten so viel Veränderung wie möglich an, bevor die Übernahme des Grundgesetzes ab 3. Oktober 1990 alle Besitzstände konservieren würde. Deshalb stimmt der Vorwurf der von mir hoch geschätzten Bärbel Bohley »Wir wollten Gerechtigkeit und bekamen den Rechtsstaat« so nicht. Die Bürgerbewegten am Runden Tisch in Berlin und die einzige frei gewählte DDR-Regierung hätten mehr verändern können. Aber der Runde Tisch in Berlin konnte aus seinem Selbstverständnis heraus nicht mehr verändern. Die Regierung de Maizière nutzte ihre Macht eher zur Konservierung alter DDR-Besitzstände. So unterblieben 1990 in den entscheidenden Phasen viele Veränderungen, und die neuen Bundesländer leiden heute unter den Folgen, zum Beispiel unter den gewaltigen finanziellen Lasten der Sonderversorgungssysteme der DDR.

Die geschilderten Entwicklungen fanden ihren Höhepunkt in der Wiedererrichtung des Freistaates Sachsen am 3. Oktober 1990 auf der Albrechtsburg in Meißen. Die Vertreter der neuen Kräfte saßen in der ersten Reihe. Es war unsere Veranstaltung. Wir hatten damals gesiegt. Am 11. Oktober 1990 trat das Sächsische Forum mit 91 Teilnehmern im Plenarsaal der Dresdner Bezirksverwaltungsbehörde zur letzten Sitzung zusammen. Durch den Abschluss seiner Tätigkeit kurz vor der Wahl zum Sächsischen Landtag am 14. Oktober 1990 wurde noch einmal der Anspruch des aus den Runden Tischen der drei Bezirke hervorgegangenen Sächsischen Forums als eine Art Vorparlament, was es so sonst nirgends gegeben hatte, unterstrichen.

Am 27. Oktober 1990 fand die konstituierende Sitzung des 1. Sächsischen Landtags statt. Bei der Konstituierung des Sächsischen Landtags stand nach Auszählung der Stimmen fest, dass die CDU von 160 Abgeordnetensitzen 92 gewonnen hatte, die SPD 32, die Linke Liste/PDS 17, Bündnis 90/Grüne zehn und die FDP neun. Einige friedliche Revolutionäre wie Heinz Eggert, Hans Geisler, Steffen Heitmann, Matthias Rößler und Arnold Vaatz saßen äter in der Staatsregierung von Kurt Biedenkopf. In den ab 2004 gebildeten Staatsregierungen waren sie nicht mehr vertreten.

Wenn wir an Traditionen erinnern und Perspektiven aufzeigen wollen, dann verbinde ich damit die Hoffnung, dass es uns heute und in Zukunft gemeinsam gelingen wird, über die Forschung hinaus eine breitere Öffentlichkeit zu erreichen. Dabei ist es mir ganz besonders wichtig, die Vertreter der jungen Generation zu erreichen, die das Ende der DDR und die Bildung und den Aufbau des Freistaates Sachsen nicht mehr persönlich miterlebt haben. Die Verwirklichung sächsischer Staatlichkeit und die Stiftung regionaler Identität bieten uns allen eine sichere Grundlage dafür, wenn es darum geht, die Herausforderungen der Gegenwart zu bewältigen und dem Freistaat Sachsen in der Mitte Europas eine Zukunft zu geben.

Arnold Vaatz

Die Verhinderung der »Aktion Albrechtsburg«

Angesichts meiner Erfahrungen bis dahin hatte ich die Befürchtung, dass die Entwicklung 1989 nicht gut enden würde. In den Jahrzehnten davor hatten Emanzipations- oder Ausbruchsversuche am Rande des russischen Imperiums zwar temporär zu Erfolgen geführt; aber dann sprach Moskau ein Machtwort und entsprechende Bestrebungen wurden mit Gewalt niedergeschlagen. So war es bis 1989 jedes Mal gewesen. Das war der wesentliche Grund für meine damalige Skepsis, die mich zu einer gewissen Vorsicht bei der Beurteilung der Erfolgsaussichten des Wandlungsprozesses veranlasste.

Ich kannte viele Mitglieder der Berliner Szene, unter anderem der Initiative Frieden und Menschenrechte. Ich hatte auch ein Gespräch mit Reinhard Schult, der lange Zeit am Runden Tisch mitwirkte. Er sagte mir, es sei inkonsequent, wenn man in ruhigen Zeiten philosophiere, aber sich dann, wenn es ernst wird, zurückziehe. In Berlin kenne man relativ wenige Adressen in Dresden. Ich solle mich gefälligst um eine Mitarbeit, zum Beispiel im Neuen Forum, bemühen. Diese Ansprache hat bei mir gesessen. Ich bin dann – ungefähr zur Zeit der Auseinandersetzungen am Dresdner Bahnhof; vielleicht ein paar Tage zuvor – zum Neuen Forum gegangen. Ich hatte die Befürchtung, dass die ganze Geschichte nicht gut ausgehen könnte, wollte aber meinerseits alles dafür tun, ein »Rollback« der Entwicklung, sozusagen ins alte Flussbett, zu verhindern. Das ist noch viele Jahre mein Ziel geblieben. Um es klar zu sagen: Ich bin heute der Meinung, dass es noch nicht erreicht worden ist.

Die Entwicklung gewann dann an Dynamik. Wir hatten die Sonnabendsrunden im Kulturpalast und bereiteten die Demonstrationen vor. Nicht sicher waren wir uns, wie die Gegenschläge der anderen Seite aussehen könnten. Solche Gegenschläge hatten bis dahin immer stattgefunden.

Allmählich wurde meine Hoffnung stärker, dass, wenn wir es geschickt anstellen würden, die Entwicklung doch gut enden könnte. Eine wichtige Frage war, wann die »Bergkuppe« im Sinne eines »Point of no return« erreicht sein würde. Für mich stand fest: Eine relative Sicherheit, dass vonseiten der DDR-Staatsgewalt nichts mehr passiert – wir hatten noch die russischen Truppen im Land; das ist ein ganz anderes Thema –, haben wir erst dann, wenn sie ihre gefährlichste Waffe, die, vor der alle anderen Angst haben, nicht mehr einsetzen kann: das Ministerium für Staatssicherheit. Wenn zuvor Mitarbeiter der Staatssicherheit in eine Armeeinheit kamen, hatten alle Angst, vom Kommandeur bis hinunter zu den Unteroffizieren. Genauso war es bei den Kampfgruppen, der Polizei und in den Betrieben. Mein persönliches Kriterium für die Beurteilung der Entwicklung war also, ob die Staatssicherheit nicht mehr tätig ist. Ich habe mit meinen Freunden zusammen mit allen Kräften darauf hingearbeitet, dass wir das erreichen. Irgendwann im Frühjahr 1990 gelangte ich zu der Auffassung: Jetzt ist es geschafft.

Danach hätte ich mich aus der Politik zurückziehen können. Ich dachte auch ernsthaft darüber nach. Ich stand aber vor dem Problem, dass ich massiv für bestimmte Ziele geworben hatte, zum Beispiel dafür, das Projekt DDR aufzugeben. Für viele war damit die Frage verbunden: Ist das gut oder schlecht? Wird es uns dann besser oder schlechter gehen? Ich hatte damals die feste Überzeugung – und habe sie heute noch –, dass das gut für uns, für das Land ist.

Wenn man so etwas vor hunderttausend Menschen erklärt hat und tatsächlich dieser festen Überzeugung ist, dann will man sich nicht davonstehlen, auch wenn die Sache schwierig wird. Man setzt vielmehr alle Kräfte dafür ein, dass das, was man in Aussicht gestellt hat, das Bild, das man an die Wand gemalt hat, Realität wird. Ich habe es als meine persönliche Verantwortung betrachtet, dass das, was ich angekündigt hatte, auch umgesetzt wird. Dafür, wie uns das hier in Sachsen gelungen ist, würde ich die Note 2 bis 3 vergeben.

Die jetzige Verfassung basiert auf einer souveränen Entscheidung des Sächsischen Landtages. Zunächst geht es um die Frage, wie die Gemischte Kommission Sachsen/Baden-Württemberg zustande kam. Ich wäre von mir aus nicht auf die Idee gekommen, von Baden-Württemberg Hilfe zu verlangen oder darum zu bitten. Wir müssen uns darüber klar sein, dass die Zeit zwischen Januar 1990 und dem 3. Oktober 1990, aber mindestens zwischen Januar und dem 18. März, eine Zeit war, in der die alte Macht faktisch abgedankt hatte und die neue Macht nicht legitimiert war. Freie Wahlen hatten noch nicht stattgefunden.

Es gibt eine alte Regel, die auch in dieser Situation Anwendung fand: Wer schreibt, der bleibt. Die gesamten Umwälzungen waren an den Räten der Bezirke spurlos vorbeigegangen. Dort lief die Arbeit so weiter, als ob in der DDR nichts stattgefunden hätte. Die Mitarbeiter erhielten weiterhin ihre Anweisungen aus Berlin. In der DDR waren die Ministerien keine politischen Institutionen, sondern im Kern Verwaltungsinstitutionen. Im Politbüro wurde die Politik gemacht. Das Politbüro existierte nicht mehr, der Apparat aber funktionierte weiter. Um das mit einem Bild zu verdeutlichen: Der Traktor fuhr weiter, obwohl niemand mehr am Lenkrad saß.

Klar ist: Jede Struktur kämpft um ihr Überleben. Nicht nur die Räte der Bezirke, sondern alle Verwaltungsinstitutionen überlegten, was sie tun müssten, um erhalten zu bleiben. Als die Gründung des Landes Sachsen im Raum stand, gab es in den genannten Institutionen die Vorstellung, die Räte der Bezirke Leipzig, Dresden und Karl-Marx-Stadt einfach zusammenzufassen. Die Aufschrift auf den Schildern wollte man in »Sächsische Landesregierung« ändern, aber einen Austausch von Mitarbeitern sollte es nicht geben. Diese Vorstellung war nicht nur für mich ein Albtraum.

Im Laufe der Zeit intensivierten sich in einem unglaublichen Tempo die Kontakte zwischen den soeben genannten Räten der Bezirke und der Landesregierung Baden-Württembergs. Der damalige Ministerpräsident Späth setzte regelmäßig auf die falschen Pferde: zuerst auf Modrow, dann auf Berghofer. Als das nicht klappte, setzte er kurze Zeit auf die verbliebenen Räte der Bezirke – ich nenne den Namen Michael Kunze – und dann auf Klaus Reichenbach. Späth stand in jener Zeit immer auf der Seite, die für uns problematisch war, was die Frage betraf, ob man die Restitution der alten Verhältnisse wollte oder nicht. Nicht deshalb, weil wir Baden-Württemberg als Retter in der Not betrachteten, sondern weil wir fürchteten, dass die Allianz der alten Räte der Bezirke und des Landes Baden-Württemberg uns die Zukunft verbauen würde, haben wir uns dort massiv hineingedrängt.

Wir waren Ende März/Anfang April in Rothenburg und fanden die Gemischte Kommission Sachsen/Baden-Württemberg vor – in Klammern: Sachsen im Wesentlichen vertreten durch den Rat des Bezirkes Dresden. Daraufhin brachen wir einen furchtbaren Streit vom

Zaun. Es hatte eigentlich eine fröhliche Feier werden sollen. Man hatte uns eingeladen, weil der Wahlkampf zu Ende war, so wie man es im Westen gewöhnt war. Als wir mitbekamen, dass dort eine Verbrüderungsstrategie gefahren wurde, mussten wir leider dazwischengehen. Wir sorgten dafür, dass es zu einer Gemischten Kommission anderer Art kam, nämlich zu einer, an der wir beteiligt waren.

In dieselbe Themenkategorie fällt auch der erste Verfassungsentwurf. Wenn von »Verfassungsentwurf« gesprochen wird, dann ist das in gewisser Weise ein Missbrauch des Begriffs. Ich habe den Entwurf selbst geschrieben, also darf ich das sagen. Warum entstand er? Er entstand nicht deshalb, weil ich meinte, ein großer Jurist zu sein; von Juristerei habe ich überhaupt keine Ahnung. Es war vielmehr so, dass am Runden Tisch des Bezirkes Dresden der damalige Chef des Rates des Bezirkes, Michael Kunze, im März 1990 mitteilte, dass eben dieser Rat des Bezirkes den Entwurf für eine Verfassung des Landes Sachsen erarbeite. Kunze sagte weiter, man plane für den 18. April einen Initiationsakt auf der Albrechtsburg Meißen. Dorthin wollte man eine Reihe von sächsischen Honoratioren einladen. Da fielen Namen wie Ardenne und Masur, die wahrscheinlich noch gar nicht angesprochen worden waren und gar nicht gewusst hätten, wie ihnen geschieht. In dieser auf der Albrechtsburg geplanten Veranstaltung wollte der Rat des Bezirkes – Originalton Kunze: »auf Schweinsleder gedruckt« – seinen Verfassungsentwurf vorstellen.

Ich stellte mir vor: Wenn all die hoch angesehenen Menschen, die eingeladen werden sollten – Künstler, Wissenschaftler –, diesen Verfassungsentwurf entgegennehmen, dann sind die Autoren nach außen hin plötzlich die Sprecher des Landes Sachsen, diejenigen, bei denen die strategische Initiative zum Neuaufbau des Landes liegt. Mit anderen Worten, die alte Struktur wäre ohne Abstriche perpetuiert worden. Voraussetzung wäre natürlich gewesen, dass die umworbenen Honoratioren mitgemacht hätten.

Nun stellte sich die Frage, wie man auf eine solche Ankündigung reagieren sollte. Herbert Wagner sagte, dass wir, die neuen Kräfte, auch einen Verfassungsentwurf benötigten. Woher sollten wir ihn nehmen? Wagner erinnerte mich daran, dass ich zu Hause einen Computer stehen hatte. Den hatte ich mir tatsächlich besorgt, als ich in Baden-Württemberg war. Dieser Computer war übrigens gerade so lange funktionstüchtig, bis die Arbeit an der Verfassung beendet war.

Wie also sollten wir einen Verfassungsentwurf ausarbeiten? Wir hatten schon vorher fortwährend um Gesetzestexte gebeten. Wir wurden damals von Angeboten aus dem Westen regelrecht überschwemmt. Erst kam Edmund Stoiber, dann Henning Voscherau, dann Max Streibl – wer auch immer. Alle fragten: Was wollt ihr? Die Besucher aus dem Westen hatten damit gerechnet, dass wir Kopierer, Computer und ähnliche Technik brauchen. Ich aber sagte immer: Wir brauchen Textgrundlagen, die uns schnell in das geltende Recht der Bundesrepublik Deutschland einführen, weil wir bei uns ein Rechtssystem schaffen wollen, das kompatibel zum Grundgesetz ist. Deshalb habe ich mich auch niemals an Projekten beteiligt, die auf eine neue Verfassung der DDR hinausliefen.

Nach und nach lagen uns die Texte der Verfassungen westdeutscher Länder vor. Ich suchte mir die Verfassungen heraus, die nach Inkrafttreten des Grundgesetzes entstanden waren. Das sind die Verfassungen Niedersachsens, Baden-Württembergs – die Fusion zwischen Württemberg-Baden, Baden und Hohenzollern erfolgte erst 1952 – und Nordrhein-Westfalens. Ein Großteil dieser Länder hatte zur britischen Besatzungszone gehört. Zunächst legte ich die Verfassungen nebeneinander und fertigte mir eine Synopse an, womit ich ungefähr eine Woche lang beschäftigt war. Von Burghard Burgemeister, damals Chef der Sächsischen Landesbibliothek, bekam ich die Sächsische Verfassung von 1920. Nachdem ich einen Verfassungstext aufgeschrieben hatte, bat ich Andreas Richter von der Zeitung »Die Union«, den Text zu drucken. Er sagte, das sei in einer Ausgabe nicht möglich, weil dann die Zeitung voll sei. Also wurde der Text geteilt und in zwei Ausgaben abgedruckt. Er erschien am 29. und 30. April.

Ziel der Erarbeitung dieses Entwurfs war es nicht, das sächsische Volk mit einer genialen Eingebung zu beglücken. Es war vielmehr das Ziel, das Verfassungsunterfangen des Rates des Bezirkes durch eine der Öffentlichkeit zugängliche Alternative zum Einsturz zu bringen. Das ist phantastisch gelungen. Auch andere haben daran mitgewirkt, zum Beispiel Klaus Reichenbach aus Berlin, der Minister im Kabinett von Lothar de Maizière war. Dass die »Aktion Albrechtsburg« gestoppt wurde, war ein wichtiger Teilerfolg. Wäre das nicht geschehen, hätte es keinen Koordinierungsausschuss und keinen Neuaufbau der sächsischen Regierung gegeben. Ich bin fest davon überzeugt, dass dann auch in den anderen ostdeutschen Ländern die Entwicklung wesentlich anders abgelaufen wäre.

Antje Hermenau

Für die Umwelt am Runden Tisch

Ich habe die Entwicklung durchaus jugendlich-fasziniert erlebt. Bereits während meines Lehrerstudiums ging ich davon aus, dass bis zu meiner Rente alles vorbestimmt sei. Für die nächsten Jahrzehnte war ich »durchgeplant«. Ich wusste schon, was ich danach mit meiner Rente anfangen würde, nämlich in den Westen fahren.

Ich erfuhr es als große Faszination, als – ähnlich wie in »Alexis Sorbas« – alles zusammenstürzte. Ich habe mich immer für Politik interessiert. Das war nicht immer leicht, weil man schnell in den »Kaderblick« geriet. Ich habe zahlreiche Schriften antiker Philosophen gelesen. Der Kirche gehörte ich nicht an, weswegen mir auch nicht ein Diskussionskreis zur Verfügung stand, der mir insoweit einen gewissen Rückhalt hätte geben können. Ich war eine Zeit lang sehr verunsichert, weil ich ungefähr im Alter von 22 Jahren, das heißt einige Jahre vor der Wende, die Erkenntnis gewann, dass niemand die Wahrheit für sich allein beanspruchen kann. Als mir das klar wurde, brach für mich die DDR zusammen.

Ich habe den Amerikaner David Rush kennen gelernt, der an der Universität Leipzig Englisch unterrichtete und seine Doktorarbeit schrieb. Wir haben uns verliebt. Das hat noch einmal Wasser auf die Mühlen der Verunsicherung geleitet; denn seine demokratischen Ansätze unterschieden sich völlig von dem, was ich mir je unter Demokratie hätte vorstellen können.

Es kam hinzu, dass ich meine Diplomarbeit über den KSZE-Prozess[1] schrieb. Ich musste einen Umweg gehen. Man konnte sehr schlecht politische Arbeiten schreiben; das Ergebnis stand immer vorher fest. Ich habe deswegen etwas gewählt, bei dem man auch die zweite Seite berücksichtigen muss, nämlich die Sememe und Konnotationen von Fachbegriffen. Sie sehen schon an der Überschrift, dass da niemand weiterliest; das war zumindest meine Hoffnung. Die Anfertigung meiner Diplomarbeit verband sich mit der Möglichkeit, monatelang in aller Ruhe die KSZE-Schlussakte studieren zu können. Diese stand nämlich im »Giftschrank«. Man bekam sie normalerweise nicht ausgehändigt, konnte sie also nicht lesen. Der Inhalt hat mich aber interessiert. Daher habe ich diesen Umweg gewählt. Ich habe dann eine sehr gute Arbeit mit vielen Fachbegriffen und Bedeutungsanalysen abgeliefert. Ein wichtiges Fazit meiner Arbeit lautete, dass zum Beispiel völkerrechtlicher Wortschatz um vieles stabiler ist als politischer Wortschatz und dieser wiederum mit stark schwankenden Konnotationen versehen ist.

Ein halbes Jahr später, in der Vorzeit der Wende, habe ich dieses Argument in meinem Lehrerkollegium vorgetragen und mit dem Zitat Schewardnadses unterlegt – wir hatten von den Russen immer gelernt; daher fand ich das Zitat geeignet –, dass der Kalte Krieg nur eine Tendenz des 20. Jahrhunderts sei. Diese Aussage war ein Bruch mit allem, was bis dahin zu dem Thema gedacht worden war. Ich habe mir einen Satz heißer Ohren eingefangen und eine Weile wieder geschwiegen.

---

1   Konferenz für Sicherheit und Zusammenarbeit in Europa (erste Konferenz 1973).

Als die Wendezeit kam, war ich hin- und hergerissen. Auf der einen Seite wusste ich nicht, ob David einfach ausgewiesen wird; das empfand ich als persönlich belastend. Auf der anderen Seite wohnten wir direkt an der Nikolaikirche in Leipzig und sahen jeden Montag die Demonstrationen. Irgendwann riskierten wir es, uns zu beteiligen.

Ich erlebte diese ganze Zeit als eine Art Befreiung, weil ich etwas anderes beginnen konnte. Mein neues, zweites Leben fing an. Ich stieß im Januar 1990 zu den Grünen. Mein Mann und ich hatten uns alle Neugründungen angeschaut, auch den Demokratischen Aufbruch, Demokratie Jetzt und das Neue Forum. Die Mitarbeit in einer Altpartei schlossen wir aus. Mein Mann blieb bei Demokratie Jetzt hängen; er kannte Demokratie. Ich bin bei den Grünen hängen geblieben, auch weil ein Viertel der Kinder in meiner Schulklasse chronische Bronchitis oder Neurodermitis hatte. Ich habe damals wie heute die Umweltfrage sehr ernst genommen.

Bei den Grünen war – ebenso wie bei den anderen Neugründungen – noch nicht alles durchorganisiert. Man erkannte aber, dass ich ein gewisses organisatorisches Talent habe. Deswegen wurde ich gefragt, ob ich ab Februar 1990 den Platz der Grünen am Runden Tisch einnehmen wolle. Dieses Angebot nahm ich an. Die Sitzungen dauerten sehr lange, oft von 15 Uhr bis 1 Uhr nachts. Die Moderation übernahm ein Pfarrer, was ich als wohltuend empfand. Eine solche Diskussionsatmosphäre kannte ich bis dahin nicht. In der DDR war man mit dem Bewusstsein aufgewachsen, dass man entweder für den Staat ist oder in Opposition zur ganzen Gesellschaft steht. Kaum jemand kam auf die Idee, dass es irgendwo dazwischen etwas Konstruktives geben könnte, etwa weil man nur eine Sachfrage anders klären wollte. Dass am Runden Tisch sehr differenziert argumentiert wurde, war für mich eine große Befreiung. Ich würde auch heute bis aufs Messer kämpfen, um diese Freiheit zu verteidigen, weil ich glaube, dass der Mensch diese Möglichkeit der Meinungsbildung braucht.

Im Leipziger Haus der Demokratie fanden meist Vortreffen statt, zu denen sich zahlreiche Vertreter von Neugründungen versammelten. Am Tag vor der eigentlichen Sitzung des Runden Tisches sprachen wir über das, was auf der Tagesordnung des nächsten Tages stand. Das war für mich hilfreich, mich den Themen zu nähern, weil ich mit meinen 25 Lenzen noch nicht jedes Thema durchdrungen hatte. Gegebenenfalls konnte man Leute anrufen und Rückfragen stellen.

Wir alle versuchten, die Arbeit am Runden Tisch sehr ernst zu nehmen. Diese Ernsthaftigkeit, wenn es darum geht, Politik zu betreiben, empfand ich schon damals als angenehm. Ich hoffe, dass wir uns immer wieder daran erinnern und diese Ernsthaftigkeit in den Politikbetrieb zurücktragen. Schließlich neigen wir gelegentlich zu einer gewissen Oberflächlichkeit.

Ich habe den Runden Tisch in der Breite der Themen, die er aufgegriffen hat, als Versammlung außerordentlich kluger Menschen erlebt. Wenn Menschen zusammenkommen, die konstruktiv und mit gesundem Menschenverstand arbeiten wollen, kommt sehr viel Positives heraus. Diese Erfahrung war großartig. Das ist besser, als wenn jemand vortanzt und sagt: »Ich bin der Parteisekretär und erkläre euch die Welt.« Diese Erfahrung hat mich »angefüttert«, und ich habe davon nicht mehr lassen können. Dass ich miterleben konnte, wie der Runde Tisch den Bürgermeister absetzte, war für mich auch ein besonderer Akt der Befreiung. Allerdings sind die Runden Tische im Laufe des Jahres 1990 abgeschafft worden.

Die Zeit am Runden Tisch der Stadt Leipzig war hochinteressant. Dort hat man sich wirklich noch mit Ideen auseinandergesetzt. Die Abschachtelung in Parteien, wie später im Landtag üblich, gab es noch nicht. Es war eine sehr bereichernde Zeit. Damals wurden mir die ersten Grundbegriffe von demokratischem Verständnis beigebracht. Ich war über mich selbst überrascht, dass ich mich traute, für den Landtag zu kandidieren. Auf der anderen Seite hat es sich, so denke ich jedenfalls, gelohnt. Ich habe Jahre gebraucht – die Zeit in Bonn und in Berlin, die Zeit der Opposition und die der Koalition im Bundestag –, um ein Oppositions- und ein Koalitionsverständnis zu entwickeln, mit dem ich heute in Sachsen versuche – auch mit Hilfe der Landtagsfraktion, mit der ich zusammenarbeite –, Politik zu machen.

Es ging sicherlich vielen von uns so: Wir hatten zwar demokratische Grundprinzipien verinnerlicht – sonst hätten wir uns nicht über so vieles in der DDR geärgert –, aber das auf ein feines Niveau zu heben, bedarf schon einiger Anstrengungen im Zusammenspiel zwischen den Parteien. Dieser Prozess ist immer noch nicht abgeschlossen, auch insoweit können wir uns weiter verbessern. Manchmal verspürt man hier einen Hauch halbdemokratischer Zustände. Aber darüber diskutieren wir woanders.

Erich Iltgen

Das Sächsische Forum

Wer in der DDR aufmerksam lebte, nahm die Anzeichen dafür wahr, dass mit der DDR irgendetwas – es hat sich herausgestellt: sehr vieles – nicht stimmte. Die Opposition bestand eben nicht nur aus Intellektuellen, sondern auch aus dem einfachen Volk, das sich über seine Regierung in den vielfältigsten Formen ärgerte. Es gab Reformbestrebungen, das zu ändern. Ich denke nur an die Ökumenische Versammlung für Gerechtigkeit, Frieden und Bewahrung der Schöpfung in der DDR. Die Versammlung fand zwar im Rahmen des innerkirchlichen konziliaren Prozesses statt; jedoch wurden Perspektiven aufgezeigt, wie die damalige DDR zu verbessern sei. Ziel war nicht die Abschaffung der DDR, aber man wollte, dass die Regierung auf die Sorgen der Menschen, die in der DDR lebten, eingeht.

Die Regierung der DDR war jedoch nicht in der Lage, auf diese Forderungen auch nur im Geringsten einzugehen, sodass der künstlich geschaffene Druck in der DDR immer größer wurde. Ich erinnere an die gefälschte Kommunalwahl. Damals waren viele Menschen sehr mutig, gingen in die Wahllokale, beteiligten sich an der Auszählung und konnten nachweisen, dass das von Egon Krenz verkündete Wahlergebnis erlogen, das heißt in Größenordnungen verfälscht war. Das brachte die Menschen sehr in Rage, das Vertrauen in die Regierung sank immer mehr.

Ein Baustein kam zum anderen. Der öffentliche Druck nahm immer mehr zu. Nach den machtvollen Demonstrationen mutiger Menschen in Leipzig, Dresden, Berlin und Plauen erkannte jeder: Jetzt muss irgendetwas passieren. Die Entwicklung betrifft jeden Einzelnen. Der Prozess läuft auf eine Entscheidung hinaus.

Ich war damals Bauamtsleiter, Abteilungsleiter und Ordinariatsrat. Wir berieten auch in der katholischen Kirche und kamen zu dem Ergebnis, dass wir etwas tun und Partei ergreifen müssen. Das Staatsschauspiel Dresden hatte es vorgemacht: »Wir treten aus unseren Rollen heraus.« Ich bekam den Auftrag, mich um die neuen Bewegungen, Organisationen und Parteien zu kümmern. Damit bekam ich den direkten Kontakt zu Menschen, die sich mit großem Mut und Engagement für Veränderungen in der DDR einsetzten.

Für mich war es ein Schlüsselerlebnis, als ich am 30. November zu einer Beratung in das Gästehaus der SED in der August-Bebel-Straße gebeten wurde. Dort war Modrows Nachfolger in Dresden, Hansjoachim Hahn, Gastgeber einer illustren Gesellschaft, an der auch Arnold Vaatz teilnahm, wenn ich mich recht erinnere. Hahn versuchte, mit den etablierten Parteien, den beiden Kirchen, aber auch mit dem Neuen Forum und dem Demokratischen Aufbruch eine gemeinsame Linie zu dem Aufruf »Für unser Land« von Christa Wolf und anderen zu finden. Bei dieser Zusammenkunft erlebte ich zum ersten Mal in der DDR, dass der Staatsmacht widersprochen wurde. Das war für mich ein kolossales Erlebnis, das ich in den vierzig Jahren davor nie hatte. Hahn zuckte die Schulter und sagte, dann könne die geplante Veröffentlichung aus diesem Kreis heraus nicht erfolgen.

Schließlich kam die Anforderung seitens des Rates des Bezirkes, über die Gründung eines Runden Tisches zu beraten. In jener Zeit habe ich Hans Geisler kennengelernt. Die

Kirchen wurden gebeten, an den Runden Tischen teilzunehmen. Seit Dezember 1989 habe ich gemeinsam mit Pfarrer Lerchner – den ich unbedingt nennen muss; denn das haben wir beide gemacht – die Gespräche moderiert.

Was war das Besondere an dem Runden Tisch in Dresden? Wir ließen uns nicht, wie etwa in Berlin, einwickeln. Wir gierten nicht nach Posten. Drei Schwerpunkte sollten unsere Arbeit bestimmen: Kontrolle des Rates des Bezirkes, Begleitung der Auflösung der Staatssicherheit, Bildung des Landes Sachsen. Letzteres war dann das Hauptthema; denn wir hatten festgestellt, dass die weiß-grünen Flaggen – noch vor den schwarz-rot-goldenen – bereits im Oktober 1989 getragen worden waren. Ich habe das immer als Auftrag gesehen, das Land Sachsen neu zu errichten. Wir waren uns am Runden Tisch über diesen Schwerpunkt der Arbeit weitgehend einig.

Einige Zeit nach der Volkskammerwahl am 18. März 1990 trat der Runde Tisch wieder zusammen. Bei dieser Gelegenheit schob mir der Vorsitzende des Rates des Bezirkes Dresden, Michael Kunze, die »Sächsische Zeitung« über den Tisch, wobei er mich darauf hinwies, dass vom Innenminister Diestel aus Berlin die Order gekommen sei, die Runden Tische aufzulösen. Das entsetzte mich, weil das in Verkennung der politischen Situation geschah. Die alte Bezirksverwaltung existierte noch – übrigens bis zum 1. Dezember 1990. Die Kommunalwahlen hatten noch nicht stattgefunden. Ich fragte mich damals: Was soll denn das? War alles umsonst? Geht es wieder in die alten Strukturen, in die alten Hände zurück? – So sollte es nach den Vorstellungen Berlins eigentlich sein. Ich habe mich dem widersetzt.

Es war wichtig, dass die Teilnehmer des Runden Tisches den von den Bürgerinnen und Bürgern im Herbst 1989 erteilten Auftrag, Sachsen wiedererstehen zu lassen, Wirklichkeit werden ließen. Die Idee des Koordinierungsausschusses wurde geboren, das heißt, außerhalb der staatlichen Strukturen sollte die Wiedergründung Sachsens vorbereitet werden. Arnold Vaatz wurde Vorsitzender des Koordinierungsausschusses.

Es gab allerdings – zumindest für mich – ein Problem: Mir lag viel daran, dass sich die Arbeit des Koordinierungsausschusses nicht unter Ausschluss der Öffentlichkeit vollzog. Daher gründete ich das Sächsische Forum. Es bildete die Basis für zahlreiche Foren in den Bezirksstädten Chemnitz, Leipzig und Dresden, wo wir mit unseren Vorschlägen für neue Strukturen an die Öffentlichkeit gingen. Wir erreichten die Beteiligung der Bürger. So gab es zu dem Verfassungsentwurf, an dessen Ausarbeitung Arnold Vaatz beteiligt war, im August 1990 ungefähr 1 300 Zuschriften. Man kann durchaus von einer Volksaussprache zu diesem Entwurf sprechen.

Unsere Absicht war es, die Schaffung neuer Strukturen so weit voranzutreiben, dass die Ausschreibung aller wichtigen Ämter in den Strukturen möglich wurde. Zumindest für die führenden Positionen erreichten wir, dass sich jeder neu bewerben musste. Die alten Strukturen wurden aufgegeben.

Damit haben wir den uns erteilten Auftrag zu Ende gebracht. All die Auseinandersetzungen, die bei einem solchen Unterfangen natürlich vorkommen, haben wir alle dann doch überstanden. Ich bin froh und glücklich, dass ich einen Teil dazu beitragen konnte.

Ich darf vorher eine kurze Bemerkung zu einem anderen Südstaat machen: Bayern. Baden-Württemberg war schon da, die Bayern fehlten; sie hatten etwas den Anschluss verpasst. Wir wunderten uns, wo sie bleiben. Dann kamen die Bayern. Die Bayern haben den

Runden Tisch in allem unterstützt. Hervorheben möchte ich, dass vor jeder Dienstreise, die Vertreter Bayerns nach Dresden oder anderswohin unternahmen, der Runde Tisch eine Mitteilung bekam, verbunden mit der Bitte, einen Vertreter in die Beratung beim Rat des Bezirkes zu schicken. Dadurch waren wir immer über alles informiert, was die Bayern hier vorhatten, vor allem aber darüber, was die »Genossen« mit den Bayern vorhatten, das heißt, mit ihnen vereinbaren wollten. Das half uns enorm. Es führte dazu, dass die Funktionäre manches, was sie gern mit den Bayern bereden wollten, nicht bereden konnten, weil wir dabei waren. Die Konsequenz, mit der die Bayern ihre Linie beibehielten, beeindruckte mich damals sehr. Ich sage es nochmals in Richtung Bayern: Das war großartig.

Die Runden Tische waren zwar nicht durch ein Gesetz oder die Verfassung, aber durch den Willen des Volkes legitimiert. Sie haben eine historische Leistung vollbracht: Zum einen trugen sie in der damaligen Zeit zur Erhaltung des inneren Friedens bei. Zum anderen ermöglichten sie eine Kultur der Diskussion mit dem Andersdenkenden, mit dem politisch anders Überzeugten, wie ich sie nie zuvor erlebt hatte und hinterher auch nicht mehr erlebt habe. Der Wille zum Konsens war deutlich zu spüren. Ich habe das Gefühl, dass die Revolution friedlich blieb, weil es alle wollten – allerdings aus unterschiedlichen Gründen; das ist mir durchaus klar.

Dass die Revolution friedlich ablief, ist eine wunderbare, große Kulturleistung, die wir in die Deutsche Einheit einbringen konnten. Damit haben wir ein Signal in die Zukunft unseres Landes gesandt. Eine so tiefgreifende Umwälzung mit den klassischen Merkmalen einer Revolution war bis dahin in Deutschland noch nie friedlich abgelaufen. Dass es diesmal gelungen ist, darauf dürfen wir Ostdeutschen besonders stolz sein.

Hans Geisler

Vom Runden Tisch nach Bonn

Ich war sehr stark in der Kirche, vor allem im »Kongress und Kirchentag«, wie es in Sachsen hieß, engagiert. Im Kirchentagspräsidium Ost saß ich unter anderem mit – das ist besonders pikant, wenn ich Ihnen die Namen nenne – Wolfgang Schnur, Manfred Stolpe und Joachim Gauck, wenn auch nicht gleichzeitig, sondern nacheinander. Ich war auch in der Sächsischen Synode aktiv, wo ich die Grundlagen von Demokratie und Parlamentarismus – Anträge, Ausschüsse – mitbekommen habe. Die Kirchentage 1978 in Leipzig, 1983 in Dresden und 1989 wiederum in Leipzig habe ich mit vorbereitet. 1986 hatte ich die Möglichkeit, Richard von Weizsäcker in Eisenach zu begegnen.

Aber ich habe auch erlebt, wie wir, die Verantwortlichen für den Kirchentag 1989 in Leipzig, eine Stabsübung staatlicher Stellen über uns ergehen lassen mussten. Es wurde behauptet, es fände eine Versammlung statt, die dann aber nicht stattfand. Die wollten einfach wissen, wie wir reagieren. Als der Landesbischof an der Thomaskirche eintraf, war dort niemand, der sich außerhalb versammelt hatte. Aber wir hatten in unserem Kreis, von uns selbst hineingebeten, Schnur und Stolpe.

Angesichts dieser Erlebnisse habe ich das System endgültig als nicht mehr veränderbar angesehen. Nach dem Kirchentag 1989 kam auch ich zu der Überzeugung, dass ich mich einmischen muss. Die DDR hätte ein Anhalten der Fluchtwelle, die schon angesetzt hatte und ab August richtig in Gang kam, nicht lange ausgehalten. Aber auch die Bundesrepublik hätte erhebliche Probleme bekommen, auch wenn sie nicht zusammengebrochen wäre. Das war, wie wir im Frühjahr bemerkt haben, ein wesentlicher Grund, warum die – häufig beklagte – hohe Geschwindigkeit aus diesem Prozess nicht herauszunehmen war. Wir als Politiker sind von den Ereignissen, von den Menschen, die gegangen sind, getrieben worden. Wenn wir nicht reagiert hätten, wären noch viel mehr gegangen.

Für mich ist der 3. Oktober immer noch ein hervorragender Tag der Deutschen Einheit; denn in der Nacht vom 2. zum 3. Oktober 1989 wurde die Grenze nach Tschechien dichtgemacht. Die Menschen, die in die bundesdeutsche Botschaft nach Prag wollten, landeten am 3. Oktober auf dem Dresdner Hauptbahnhof. Damit begannen die Ereignisse, die bekanntlich in Dresden nicht alle friedlich abliefen. Autos brannten, Menschen wurden verletzt. Das haben wir am 4. Oktober abends selbst gesehen.

Ich war dann drei Tage nicht in Dresden, hatte aber in dieser Zeit die Chance, alle Programme der neuen Bewegungen bzw. Parteien – Neues Forum, Demokratischer Aufbruch, Grüne Liga etc. – zu lesen. Ich entschied mich für den Demokratischen Aufbruch (DA). Ende Oktober fand ich in Dresden Anschluss an den Demokratischen Aufbruch – das war eine Gruppe von sieben oder acht Personen –, wo ich mich dann engagiert habe.

Der DA beauftragte mich schließlich, am Runden Tisch teilzunehmen. Dort habe ich Erich Iltgen kennen gelernt. Die ersten zwei Sitzungen sind von Professor Frank von katholischer Seite und mir als Vertreter der evangelischen Seite geleitet worden. Damals schlug ich vor, Erich Iltgen und Martin Lerchner zu bitten, die Moderation zu übernehmen, damit wir anderen die Möglichkeit bekämen, zu reden und zu agieren. Wenn man moderiert, kann man nur begrenzt inhaltlich mitarbeiten.

In jene Zeit fällt die für den sächsischen Weg wichtige Entscheidung eines Teils dieser Gruppe – das heißt, derjenigen, die auf der Straße waren und versucht haben, mitzugestalten –, der CDU beizutreten. Das waren zunächst sechs Personen. Wir saßen im Aufenthaltsraum des Diakonissenhauses und trafen diese Entscheidung. Ich konnte mich damals nicht dazu entschließen, sondern blieb zunächst beim DA. Ich betone, dass die Entscheidung zum Eintritt in die CDU sehr wichtig war. Übrigens sind damals auch Mitglieder des Neuen Forums in die CDU gegangen; das war alles noch nicht so genau strukturiert. Unter den sechs Personen waren Herbert Wagner, Andreas Lämmel, Frank Neubert, Helmut Schmitt, Arnold Vaatz und Harald Röthig.

Die Arbeit am Runden Tisch in Dresden war so spannend, dass eine ausführliche Darstellung zu lange dauern würde. Ich will drei Punkte herausgreifen.

Erster Punkt: Modrow hatte Mitte Dezember in jeden Bezirk zwei Abgesandte zur Auflösung der Staatssicherheit geschickt. Nach Dresden kamen sie am letzten Tag, an dem der Runde Tisch vor Weihnachten zusammentrat. Sie stellten den Antrag – so viel Respekt hatten sie schon –, die Akten der IM zu vernichten, weil diese so große Angst hätten, dass man über Weihnachten, also in der Zeit, in der sie intensiver nachdenken könnten, mit massenhaften Selbstmorden rechnen müsse. Wir alle wussten noch nicht richtig, was »IM« heißt, und versuchten, mit einigen Fragen herauszubekommen, welche Art von Mitarbeitern der Staatssicherheit sich hinter dieser Bezeichnung verbarg. Nachdem deutlich geworden war, auf welch unterschiedliche Weise die IM zu ihrer Tätigkeit gekommen waren – aus Überzeugung, durch Erpressung, wie auch immer –, entschieden wir, der Vernichtung der Akten nicht zuzustimmen. Es wäre uns nicht mehr möglich gewesen, später sachgerecht über diese Frage zu urteilen.

Zweiter Punkt: Ende Januar 1990 erhielt der Rat des Bezirkes von Lothar Späth, dem Ministerpräsidenten des späteren Partnerlandes Baden-Württemberg, eine Einladung. Damals saßen am Runden Tisch sieben Vertreter der alten Ordnung und sieben »neue« Vertreter. Wir Neuen bekamen mit, dass die Vertreter des Rates des Bezirkes allein fahren wollten. Daraufhin sagten wir: wenn überhaupt, dann pari pari. – Schließlich sind jeweils drei Altkader und drei Neue gefahren. Von unserer Seite waren darunter Jörg Wildoer, zunächst Mitglied des Neuen Forums, später der Forumpartei, und Herr Bauer, ein Mann aus der SPD, der sich aber bald vom aktiven politischen Handeln verabschiedet hat. Unter den Vertretern der alten Parteien war unter anderem Wolfgang Sieber, damals schon der dritte Vorsitzende des Rates des Bezirkes innerhalb kurzer Zeit. Wir sind dann zwar Ende Januar zu sechst nach Baden-Württemberg gefahren, aber doch nur nach vorherigem massivem Druck unsererseits.

Dritter Punkt: Wir ließen uns in jeder Sitzung von einer Arbeitsgruppe – sieben waren gegründet worden – zur Auflösung der Staatssicherheit berichten, was sie vorgefunden hatten und wie sie damit umgegangen sind. Wir mussten das alles erst kennen lernen. In allen Bezirken der damaligen DDR hatten sich Techniker gefunden, die sich in den Dienststellen der ehemaligen Staatssicherheit die Speichertechnik und generell die elektronischen Möglichkeiten ansahen. Mitte Februar 1990 schilderte uns ein Techniker, es sei deutlich geworden, dass im zeitlichen Umfeld der Besetzung der Hauptverwaltung in der Berliner

Normannenstraße am 15. Januar 1990 von allen elektronischen Speichermedien Kopien gezogen worden seien. Seitdem bin ich der Meinung, dass noch heute eine vollständige Datei existiert – in Ost und in West, eine in Moskau und eine in Washington.

Aber nach meiner Mitgliedschaft in der Volkskammer kandidierte ich nicht für den Sächsischen Landtag, sondern für den Bundestag und wurde auch gewählt. In den ganz »wilden« Wochen war ich Volkskammerabgeordneter in Berlin. Plötzlich wurde ich gefragt, ob ich Parlamentarischer Staatssekretär werden wolle. Als solcher war ich dann im Ministerium für Familie und Frauen tätig, einem Ministerium, das keinen Vorgänger in der DDR hatte. Da es keinen beamteten Staatssekretär gab, war ich auch für den Aufbau der Verwaltung zuständig. Meine Zuständigkeit erstreckte sich aber auch auf den entsprechenden Abschnitt im Einigungsvertrag. Da gab es schon einige Erlebnisse, die in meiner Erinnerung geblieben sind. So hatte ich einen regelrechten Streit mit der westdeutschen Seite über die Formulierung in Bezug auf § 218.

Ich will noch zwei wichtige Entscheidungen nennen, die wir damals treffen mussten. Zunächst ging es darum, die Höhe der Sozialhilfe festzusetzen: Sollten es 440 DM sein? Da die Mieten im Osten noch deutlich niedriger waren, haben wir uns für 400 DM, das heißt ungefähr 90 Prozent, entschieden.

Noch spannender war die Klärung der Frage, was aus der Mindestrente werden sollte. Eine solche gab es im Westen nicht. In der DDR lag sie zuletzt bei 330 Mark. Bei einer Umstellung 1 zu 1 wären alle Rentner, die nur die Mindestrente bezogen, auf ergänzende Leistungen der Sozialhilfe angewiesen gewesen, um wenigstens die 400 DM zu erreichen. Jeder dieser Rentner hätte einen Antrag stellen müssen. Wir waren der Auffassung, dass das nicht zu verantworten sei; dennoch blieb die Frage der Festsetzung der Höhe offen. Die durchschnittliche Rente lag zu jener Zeit in der DDR bei 487 Mark der DDR. Wir haben die Mindestrente, die dann noch fünf Jahre lang in dieser Form gezahlt worden ist, auf 495 DM festgesetzt, damit alle Rentner, die nur über eine niedrige Rente verfügten, über eine längere Zeit nicht mit dem Sozialamt in Berührung kommen sollten.

Wolfgang Marcus

Im Verfassungsausschuss

Die Tatsache, dass ich in der NS-Zeit verfolgt wurde – vor allem wegen meiner Abstammung; mein Vater war lange Zeit in Gestapo-Haft und starb kurz danach –, hat in mir schon damals den politischen Menschen reifen lassen. Für mich war es nach 1945 eine Selbstverständlichkeit, mich sofort politisch zu engagieren. Ich war einer der Gründer der hiesigen CDU und der Jungen Union. Das hing mit meiner kirchlichen Sozialisation als fröhlicher sächsischer Katholik zusammen, als der ich mich immer gefühlt habe.

Aus derselben Grundhaltung heraus bin ich aber sehr schnell mit den Kommunisten, mit der Besatzungsmacht zusammengestoßen. Es folgte die abenteuerliche Flucht. Das war mein erster Versuch zum Aufbau einer Demokratie, der allerdings danebenging. Im Westen engagierte ich mich sofort wieder. Neben meiner Professorentätigkeit war ich zwanzig Jahre in der Kommunalpolitik als Mitglied des Stadtrates und des Kreistages aktiv.

Als 1989 die Ereignisse hier eintraten, war ich fasziniert. Ich wollte unbedingt mitwirken. Im November 1989 unternahm ich erste Versuche, auf irgendeinem Weg hierher zu kommen. Damit ich das konnte, ließ ich mich in Baden-Württemberg zwei Jahre eher pensionieren. Ich bin dann gewissermaßen auf drei Wegen hierher gekommen: Der erste Weg war, dass ich mich bemühte, an der Pädagogischen Hochschule und an der Technischen Universität Dresden einen Lehrauftrag zu erhalten. Das gelang mir. Ich war fünf Jahre lang an der TU tätig. Dort konnte ich – da ich nicht nur Philosoph, sondern auch katholischer Theologe bin – an der Einrichtung des neuen Faches Ethik mitwirken. Sie alle wissen, dass hier 25 Prozent der Schüler Religion und 75 Prozent Ethik wählen. Für diese Schüler musste etwas getan werden; denn es gab keinen einzigen Ethiklehrer. Ich habe versucht, mich dort zu engagieren; das ist wohl auch einigermaßen zum Tragen gekommen.

Ursprünglich hatte ich die Mitgliedschaft im Landtag nicht angestrebt, aber nachdem Abgesandte der SPD aus Königstein und Pirna zu mir nach Oberschwaben gekommen waren und mich eingeladen hatten, in der Sächsischen Schweiz als Landtagsabgeordneter zu kandidieren, entschloss ich mich doch zur Kandidatur und kam als Letzter auf der Liste – auf Platz 32 – der damals größten Oppositionspartei, der Sozialdemokratie, in den Sächsischen Landtag.

Damit konnte ich auch von einer anderen Seite aus etwas für gewisse Bildungsanliegen tun. Ich war nicht nur Professor, sondern auch immer gern Lehrer gewesen und habe mich hier in dieser Weise einbringen wollen. Ich hatte dann die Möglichkeit, an der TU Dresden noch längere Zeit als Gastprofessor zu lehren. Als Mitglied des Hochschulausschusses, des Schulausschusses und des Verfassungsausschusses des Sächsischen Landtages konnte ich dazu beitragen, dass in Sachsen die Gleichrangigkeit von Religion und Ethik festgeschrieben wurde. Das ist nicht überall so gewesen.

Für mich waren Wertfragen immer entscheidend, auch in der Politik. Nach 1990 ging es in Sachsen auch um die Frage, ob das Wort »Gott« explizit in die Verfassung aufgenommen werden sollte. Das betraf insbesondere den schwierigen Abschnitt über das Bildungswesen.

In der Sächsischen Verfassung steht nicht das Wort »Gott«. Ich stellte damals den Antrag, der auch angenommen wurde, eine Formulierung zu wählen, die der von Albert Schweitzer nahekommt. Damit habe ich gewissermaßen mit verhindert, dass Gott in die Sächsische Verfassung kommt; das bezieht sich aber, wie gesagt, nur auf den Namen. Ich habe damals gesagt, dass ich gläubiger Christ bin und an Gott glaube. Gemäß der Formulierung Schweitzers kann ich Gott als Quelle des Lebens – fons vitae – ansehen. In der Sächsischen Verfassung heißt es entsprechend, dass die Jugend »zur Ehrfurcht vor allem Lebendigen« zu erziehen ist.

Im Verfassungsausschuss wurde ein weiterer Antrag von mir angenommen. Ziel war die Aufnahme eines Zusatzes, der, wenn ich mich recht erinnere, damals erst in zwei weiteren Verfassungen zu finden war. Auch in Sachsen war das ursprünglich nicht vorgesehen. Es geht um den Zusatz »der Kultur verpflichteter sozialer Rechtsstaat«. Dass mir das gelang, war mir eine besondere Freude.

Ferner konnte ich – nicht nur im Verfassungsausschuss; dort sogar weniger – dazu beitragen, dass wir hier in Sachsen ein vorbildliches Sorbengesetz bekommen haben. Für mich, der ich als Person und als Angehöriger von Gruppen immer in einer Minderheitssituation war, war die Sorbenfrage existenziell. Man erkundigte sich zum Beispiel in Schleswig-Holstein, wie man dort mit den Dänen umgeht. In Sachsen ist eine vorbildliche Regelung gefunden worden.

Dann war es mir ein Anliegen, Impulse für das Bildungswesen dadurch zu geben, dass Pluralismus in das Bildungswesen einzieht, zum Beispiel durch eine entsprechende Gestaltung des Gesetzes über freie Träger von Schulen. Wir brauchen nicht nur die staatliche Einheitsschule, sondern auch viele andere Schulträger. Das wussten wir schon aus der Reformpädagogik der 20er Jahre. Wenn Sachsen in Rankings so gut dasteht – Stichwort: PISA –, dann hängt das vor allem mit zwei Faktoren zusammen: Zum einen haben wir ein wirklich buntes Bild der Schullandschaft hinbekommen. Zum anderen haben wir von vornherein verhindert, dass gewisse Strukturfehler, die im Westen begangen wurden – ich nenne insbesondere die Hauptschule –, hier wiederholt wurden. Wir haben hier in Sachsen sofort die Mittelschule eingeführt. Das war ein gemeinsames Werk aller Fraktionen.

Uwe Grüning

Kunst und Kultur in der Ersten Legislaturperiode des Sächsischen Landtags

Es wäre lohnend, dem Fortwirken von Institutionen und Mythen nach deren funktionalem Tod nachzuspüren. Oft werden sie – wie das Heilige Römische Reich deutscher Nation oder, um ein zeitgenössisches Beispiel zu wählen, wie die DDR – zu Gespenstern, romantischen Phantasiebildern oder bloßen Parolen, hinter welchen man seine Feindschaft zur Gegenwart verbergen kann. Zuweilen aber überdauert ihr Geist, wenn auch nicht ungewandelt, manche ihm feindliche Epoche und gewinnt Einfluss auf ein neues Zeitempfinden. Die Wiedergründung des Landes Sachsen gehört zu diesen Phänomenen.

Mit dem Ländereinführungsgesetz der letzten Volkskammer vom Juli 1990 wurde die föderale Struktur Ostdeutschlands, eine Voraussetzung für den Beitritt zur Bundesrepublik Deutschland, wiederhergestellt. Nicht allein die notwendige Eile trug Schuld, dass kaum einer gründlich über eine Neugliederung nachdachte, sondern fast jeder mit neu erwachtem Regionalpatriotismus das zurückforderte, was die Besatzungsmächte mit einiger Willkür geschaffen hatten. Sachsen allein ist kein politischem Willen entsprungenes Kunstgebilde. Bereits seine Bezirke bildeten als einzige ein Gegengewicht zum übermächtigen Ostberlin, und die »Große Sächsische Oktoberrevolution« des Jahres 1989 führte zu einer Neugliederung nicht nur Deutschlands, sondern Ost- und Südosteuropas. Das Bundesland Sachsen umfasst nahezu das gesamte Gebiet des einstigen Königreiches; und auch die »Neuerwerbungen« in der Lausitz und im Leipziger Nordosten waren bis zum Wiener Kongress sächsisches Kernland.

Wie sich die »verspätete Nation« Deutschland in ihrer staatlichen Zersplitterung vor 1871 durch ihre Kultur als Einheit empfunden hatte, so erschloss sich die Besonderheit Sachsens für viele aus seinen wissenschaftlichen und zivilisatorischen Leistungen, vor allem aber aus seiner Kultur. »Sächsische Kultur« – auszusprechen im Dresdner Tonfall – war ein häufig im ersten Landtag, im Saal der Dreikönigskirche, zu hörendes Wort. Was aber war und was ist diese sächsische Kultur? Ich weiß es nicht so recht und will auch keine Definition wagen. Stattdessen möchte ich auf ein Leitmotiv von Uwe Tellkamps viel gepriesenem Roman »Der Turm« verweisen: »[...] in den Musennestern/ wohnt die süße Krankheit gestern.«

Warum soll das Gestern eine Krankheit sein? Etwa, weil es uns vom Leben trennt, weil es den Wert des gegenwärtigen Augenblicks mindert und den des Vergangenen ins Unermessliche steigert oder weil es ein Feind der Moderne ist? Der italienische Philosoph Gianni Vattimo schreibt dazu: »Die Moderne ist als die Epoche der [...] Säkularisierung [...] ist der Glaube an den Fortschritt [...] Fortschritt (wird, U.G.) immer mehr als ein Wert an sich charakterisiert; der Fortschritt ist ein solcher, wenn er auf einen Zustand der Dinge hinsteuert, bei dem weiterer Fortschritt möglich ist, und nichts anderes. [...] Diese Betrachtungsweise [...] bedeutet einfach die Bejahung des Neuen [...] als eines grundlegenden Wertes.«

So gesehen, ist die »Krankheit gestern« der Unwille, das Neue als wichtigsten, geschweige denn als einzigen Wert gelten zu lassen. Dergleichen Überlegungen liegen dem Politiker freilich fern: Aus gutem Grund. Sie lähmen den Entscheidungswillen und sind politisch nicht hilfreich. Zudem muss der Politiker seine Zeit nicht verstehen, da sie sich ja auch selbst selten versteht; hingegen sollte er Gespür für den Zeitgeist besitzen. Der Zeitgeist ist kein Avantgardist. Wenn der Politiker denjenigen Werken und kulturellen Institutionen Priorität einräumt, die auf den Bestsellerplätzen der Meinungsbeherrscher stehen, handelt er zwar nicht immer sachlich, wohl aber politisch richtig.

Eine Schwierigkeit für uns Abgeordnete der ersten Legislaturperiode des neuen sächsischen Landtages bestand darin, dass wir keine Politiker im üblichen Sinne, sondern in erster Linie Fachleute waren und der Illusion anhingen, die beste Fachentscheidung sei auch politisch am besten. An Sachverstand fehlte es nicht: Im Ausschuss *Kultur und Medien* saßen im ersten Jahr unter anderem zwei Museumsdirektoren, ein Dozent für Museologie, drei Schriftsteller, ein Komponist und Hochschullehrer, zwei Journalisten, eine Gartenbauarchitektin, drei ehemalige Kruzianer. In der DDR war »die süße Krankheit gestern« nicht nur ein Rauschmittel, sich aus der grauen Gegenwart oder dem Gefängnis Alltag wegzustehlen. Sie wurde Gefährtin des geistigen und seelischen Vorbehalts, des Widerstands, des Unglaubens an das marxistisch-leninistische Heil. Aus dem Gestern ließen sich Gegenwart und Zukunft besser begreifen als aus den Materialien des letzten Parteitages. Doch blieb es in Deutschland zweideutig, vielgesichtig und ein Geselle, der trotz seiner zweifelsfreien Herkunft aus der Vergangenheit keinen festen Ort in der Zeit besaß. Der Nationalsozialismus hatte die Kulturuhren mit Gewalt angehalten und die künstlerische Moderne mit Hohn aus seinem Dritten Reich verbannt; die sozialistische DDR sah keinen Grund, den Emigranten zurückzurufen. Als man in den 80er Jahren ein wenig nachsichtiger wurde, gelang einigen Künstlern ohne innere oder äußere Emigration der Anschluss an die Zeitströmung. Die aber hieß nicht mehr Moderne, sondern Postmoderne.

So wurde es für uns Ostler nicht einfach, dem Gestern gerecht zu werden im Gegensatz zu vielen westdeutschen Intellektuellen des ausgehenden 20. Jahrhunderts, die keinerlei oder nur ein museales Verhältnis zum Gestern besaßen. »Zukunft braucht Herkunft«, das musste uns nicht erst Odo Marquart lehren. Denn uns war klar: Wenn Sachsen eine Zukunft gewinnen wollte, so konnte es nur aus seiner Herkunft geschehen. »...in den Musennestern wohnt die süße Krankheit gestern.« Die Musennester — wo anders sollten sie zu finden sein als in Dresden? Denn das partielle Überleben des bürgerlichen und des unverwechselbaren Stadtgeistes war einer der Züge, welche die einstige Residenzstadt so sympathisch machten. Aber einer, der wie ich 1990 aus der vogtländischen Provinz nach Dresden kam, musste viel lernen. Jahrzehnte hatte er sich dagegen gewehrt, die DDR als *die* Welt anzuerkennen, obwohl sie vorgab es zu sein. Nun erkannte er, dass in Wahrheit Dresden die Welt und die Welt Dresden war.

Zum Glück für meine Fraktion übernahm ihren Arbeitskreis Kultur und Medien Friedbert Groß, der als Kruzianer aufgewachsen, lange Zeit in Leipzig gewirkt hatte, so dass er versichern durfte, dass es auch in Leipzig Kultur, ja sogar eine sächsische Kultur gab. Ehe sich der Sächsische Landtag konstituierte, waren bereits einige Grundentscheidungen in der Arbeitsgruppe zur Bildung des Landes Sachsen gefallen, nämlich welche Kulturinstitutionen dem Freistaat und welche den Kommunen zuzuordnen seien. Hier erfolgte ein

Rückgriff auf das Königreich Sachsen und die Weimarer Republik, ohne auch nur zu erwägen, ob die historischen Strukturen auch die künftig angemessenen seien. So fielen dem Freistaat die sächsische Staatsoper, das Staatsschauspiel, ein Großteil der in Dresden beheimateten Museen, die Staatsbibliothek, aber auch der Große Garten samt Palais, ja selbst die Landesbühnen in Radebeul zu, während in Leipzig nur eine Winzigkeit vom Freistaat übernommen wurde und dieser sich später auch aus der Finanzierung des neu gegründeten Industriemuseums zurückzog. Dass Jahre später die Stadt Dresden einen geringen finanziellen Anteil übernehmen musste, gehört nicht mehr zu unserem Thema.

Der Entwurf für die Verfassung des Freistaats Sachsen wurde in jedem Ausschuss eingehend behandelt. Da aber für die Annahme eine Zweidrittelmehrheit notwendig war, hatte eine Gesamtverständigung zwischen den Fraktionen Priorität vor den Wünschen der einzelnen Fachausschüsse. Ich erinnere mich, dass für den Artikel eins im Ausschuss die Formulierung *Sachsen ist ein Kulturstaat* vorgeschlagen wurde. Die Endfassung berücksichtigt nahezu den gesamten Lebensbereich: »Der Freistaat Sachsen [...] ist ein demokratischer, dem Schutz der natürlichen Lebensgrundlagen und der Kultur verpflichteter sozialer Rechtsstaat.«

Einem Beschluss des Kulturausschusses folgt der Artikel 121: »Der Freistaat bekennt sich zur Trägerschaft für die Sächsische Akademie der Wissenschaften zu Leipzig.« Damit erhielt die Akademie der Wissenschaften Verfassungsrang. Ich muss gestehen, dass ich darüber höchst unglücklich war, nicht weil ich die Akademie wenig schätze, sondern weil ich bis heute überzeugt bin, dass Verfassungen Grundrechte, nicht aber Institutionen garantieren sollten. Wie leicht bricht in solchen für die Ewigkeit bestehenden Häusern »die süße Krankheit gestern« aus. Wenn es sich einmal als zweckmäßig erweisen sollte, die Akademie mit der Leopoldina zu vereinen oder in einer Akademie mehrerer Länder aufgehen zu lassen, bedürfte es einer Verfassungsänderung. Ich bin mir nicht einmal sicher, ob selbst eine bloße Namensänderung eine solche Prozedur erforderlich machte.

Institutionalität und Geschichtlichkeit – so hieß der Sonderforschungsbereich 537 an der TU Dresden: Es gab bei einzelnen Kulturpolitikern der ersten Legislatur durchaus die Tendenz, wichtige Institutionen aus ihrer Geschichtlichkeit zu lösen und quasi als vom Weltgeist selbst gegründet und bewahrt zu betrachten. In gleiche Richtung wies die Anschauung von der völligen Autonomie und Überzeitlichkeit der Kunst, die eine Erfindung der Romantik ist. Ich kann es mir nicht versagen, an dieser Stelle den von mir geliebten Alfred Einstein zu zitieren: »Die Romantik schafft den Gegensatz zwischen dem ›Künstler‹ und dem ›Philister‹. [...] War Bach nicht selbst ein ›Philister‹ gleich seinen Leipziger Mitbürgern? Glaubt man, daß Mozart sich als ›Künstler‹ gefühlt hat? Er schrieb nach seinem Bekenntnis für aller Art Ohren, nur nicht für die langen. Der romantische Künstler dagegen ist stolz auf seine Isoliertheit. Der Begriff des verkannten Genies war früheren Jahrhunderten nicht nur unbekannt, sondern wäre ihnen sogar unbegreiflich gewesen. Denn der Schöpfer schuf für die Gegenwart, für den unmittelbaren Zweck und Verbrauch: daher die ungeheure Menge von Musik, die die drei Jahrhunderte von 1500 bis 1800 hervorgebracht haben.« »[...] nichts (ist, U.G.) bezeichnender als der Titel auf der Handschrift des ›Wohltemperierten Klaviers‹: ›[...] zum Nutzen und Gebrauch der Lernbegierigen und musikalischen Jugend und zum besonderen Zeitvertreib der in diesem Studio schon habil Seienden‹. Alle Suiten und Sonaten Bachs sind geschaffen unter diesem Gesichtspunkt der ›Zeitvertreibs‹: und eines seiner größten Werke, die Goldberg-Variationen, der Überlieferung nach sogar unter dem des nächtlichen Zeitvertreibs: zur Unterhaltung eines an Schlaflosigkeit leidenden Aristo-kraten [...] Daß alle diese Werke nebenbei Werke höchster Kunst sind, so ›ewig‹, so sehr für alle Zeiten giltig als Kunstwerke überhaupt sein können, ist ganz unwesentlich und war unwesentlich jedenfalls für Bach; er schuf für seine Gegenwart, für den Fürsten, dem er diente, für die Gemeinde, in die er hineingestellt war; für Arnstadt und Leipzig, Mühlhau-sen und nicht etwa für Halle, Magdeburg und Hamburg.«

Wäre ich ein aktiver Politiker, ich hätte nicht gewagt, ein so banausisches Zitat an einem geweihten Ort zu verlesen, weiß man doch wie es dem zitierenden Joseph Ratzinger in Regensburg ergangen ist. Zudem ließe sich einwenden, dass mit Bach die Schätzung histo-rischer Musik beginnt, die vorher nur verachtet wurde. Dem sei, wie es sei. Aber Reflexion über die soziologischen Bedingungen von Kunst ist weder die Stärke von Politikern noch von fest angestellten Künstlern. Gerade für die Neubildung Sachsens war sie unabdingbar. Der neue Freistaat besaß 17 Prozent des Territoriums der ehemaligen DDR, 30 Prozent der Bevölkerung, aber 60 Prozent aller Hochschuleinrichtungen, so dass auf diesem Gebiet Neugründungen oder glorreiche Wiedergründungen wie Frankfurt/Oder und Erfurt kaum in Frage kamen.

Ähnlich sah es im kulturellen Bereich aus. Wir hörten damals vom Vorsitzenden der Nau-mann-Kommission, dass Sachsen soviele Opernhäuser wie Italien und soviele Orchestermu-siker wie Frankreich besitze: Eine stolze Bilanz, die auf gute historische Wurzeln verweist: Ein wohl entwickeltes Bürgertum, ein kulturfreundliches Königshaus und eine bedeutende Kirchenmusik als Erbteil der Reformation. Solcher Reichtum ist ein Privileg, nur bringt er – nach Meinung des Finanzministers – kein Geld ein, sondern muss finanziert werden. Ich er-innere mich, dass keineswegs jeder dieser Meinung war. Im Hochschulausschuss wurde von einem Abgeordneten dargelegt, dass Hochschulen dem Freistaat mehr Geld einbrächten, als sie kosteten: Es müsse nur gelingen, Studenten aus aller Welt nach Sachsen zu locken, das Geld, das diese mitbrächten und ausgäben betrüge ein Vielfaches der staatlichen Ausgaben. (Zur Illustration: Wir reden über mehr als eine Milliarde Euro pro Jahr.) Im Kultursenat durfte ich hören, dass alles Geld für die Kultur eine Investition sei, und zwar nicht nur im ideellen Sinne, sondern auch, weil durch die Kultur zahlreiche Arbeitsplätze geschaffen und durch die Kulturkonsumenten viel Geld zur Ankurbelung der Wirtschaft ausgegeben werde, und, was das wichtigste sei, der Kultursektor sei gewissermaßen eine Wachstumsbeschleu-nigungsbranche: Wo ein anspruchsvolles Kulturangebot sei, dorthin wendeten sich auch die Investoren. Leider ging der Finanzminister auf diese Vorschläge, Sachsen zum reichsten Land der Welt zu machen, nicht ein. Wahrscheinlich fürchtete er, dass ein jedes Land diese Idee aufgreifen könne und dass eine Welt, in der es nur Kultur und Hochschulen gäbe, über mehr ideellen als materiellen Reichtum verfügen müsse.

Eine entscheidende Frage für die sächsische Kulturstruktur war die der Heranbildung des künstlerischen Nachwuchses. Sowohl die Leipziger als auch die Dresdner Kunsthoch-schule konnten auf eine reiche Tradition zurückschauen und zählten – ebenso wie die bei-den Musikhochschulen – zu den ältesten Deutschlands. Der Wille, diese Hochschulen wei-terzuführen war in allen Fraktionen und in der Exekutive einhellig und fand im Hochschul-strukturgesetz seine Verwirklichung mit der einzigen Einschränkung, dass Theater- und Musikhochschule Leipzig zusammengeführt wurden. Als ein wichtiges Argument, warum sowohl Leipzig als auch Dresden eine Musikhochschule benötigten, war zu hören, dass die beiden sächsischen Spitzenorchester – die Sächsische Staatskapelle Dresden und das Gewandhausorchester Leipzig – über eine unverwechselbare Klangfarbe verfügten, welche bereits den Musikstudenten durch Dozenten aus den jeweiligen Orchestern vermittelt werden müsse. Heute, wo sich für jede freie Stelle zahlreiche, manchmal sogar Hunderte von Musikern aus aller Welt bewerben und durch ihr Vorspiel überzeugen müssen, will mir dieses Argument nicht mehr per se einleuchten; ein Glück, dass es nicht der einzige gute Grund für die Fortführung der Hochschulen war.

Dennoch konnte ich mich von einigen banausischen Überlegungen nie frei machen. Ich begriff nie, warum es ein Sakrileg sei zu fragen, ob eine Kulturstruktur, die zu einer Zeit entstanden war, als es kein Radio, keine CD, kein Internet und kein Auto gab, in einem Jahrhundert, wo nahezu jeder über diese Mittel verfügt, unverändert fortbestehen müsse. Zu unserem Glück mussten wir uns in den ersten beiden Landtagsjahren damit nicht befassen, denn der Bund stellte in den Übergangsjahren den östlichen Bundesländern nach Artikel 35 des Einigungsvertrages Kulturmittel zur Verfügung, die den Kommunen über die größten Schwierigkeiten hinweghalfen. Wir forderten, dass diese Übergangs- zu einer Dauerfinanzierung, zumindest zu einer langjährigen werden solle, setzten uns aber mit dieser Forderung nicht durch, so dass jedes Bundesland eigene Lösungen finden musste. Übrigens: Das erste Kulturgesetz, das der Landtag verabschiedete, war der Staatsvertrag über die Auflösung der Akademie der Künste der ehemaligen DDR und zur Bestandssicherung des Tanzarchivs Leipzig (eingereicht am 11.09.1992).

Zunächst aber galt es, eine grundsätzliche Entscheidung zu treffen. Ministerpräsident Biedenkopf hatte die wohl von Gönnewein inspirierte Idee, die Kultur zwar nicht aus der staatlichen Verantwortung, jedoch gänzlich aus der staatlichen Vormundschaft zu entlassen. Alle kulturellen Aufgaben sollte eine zu gründende Kulturstiftung übernehmen; der Präsident dieser Stiftung aber Sitz und Stimme im Kabinett haben. Das Für und Wider dieser Idee müssen Ministerpräsident und zuständiger Staatsminister lange erörtert haben; für das Parlament wurde sie kaum relevant, vielleicht weil sich von Anfang an Widerstand dagegen erhob. Ob sie letztlich nicht realisiert wurde, weil so vieles andere zu bewältigen war und deshalb nicht genügend Zeit blieb, um Vor- und Nachteile gründlich gegeneinander abzuwägen, ob sie an der Trägheit der Dinge und der politischen Mahlwerke scheiterte, die sich gegen zu gewagte Neuerungen stellen, ist schwer zu sagen. Ich glaube, folgende Argumente haben den Ausschlag gegeben: Ein am Kabinettstisch sitzender Kulturstiftungspräsident hätte einer doppelten Loyalität folgen müssen: Der Kabinetts- und der Arkandisziplin, und das hätte leicht zu einer doppelten Illoyalität führen können, ja wohl müssen.

Sachsens Finanzlage gestattete nicht, die Stiftung mit einem Kapital so auszurüsten, dass von den Zinsen alle wesentlichen Ausgaben bestritten werden konnten. Des Weiteren wäre die Stiftung nahezu jeder politischen Einflussnahme entzogen worden. So gefährlich wie ein direkter Zugriff der Politik auf die Kultur werden kann – wir hatten in der DDR damit einschlägige Erfahrungen –, so gefährlich wäre eine Verselbständigung, nicht der Kultur, sondern von Kulturinstitution. Auf den von Gottfried Benn betonten Gegensatz zwischen Kunst- und Kulturträgern brauche ich dabei nicht einmal hinzuweisen. Wer die Bürokratien kennt, weiß, dass sie sich verselbständigen und sich ebenso von ihrem Auftrag, wie von der sozialen Wirklichkeit und von den Haupttendenzen einer Zeit emanzipieren.

Doch eine Idee des beliebtesten Ministerpräsidenten Sachsens konnte nicht einfach in einer Schublade abgelegt werden. So wurden zwei ihrer Anregungen aufgenommen und ein Gesetz ins Leben gerufen: Der sächsische Kultursenat und die Sächsische Kulturstiftung. Dass beide Gesetze zusammen behandelt und am gleichen Tag, dem 22. April 1993 vom Sächsischen Landtag verabschiedet wurden, ist kein Zufall. Nach der ursprünglichen Idee sollte der Kultursenat als Beratungs- und wohl auch Vorentscheidungsorgan einer umfassenden sächsischen Kulturstiftung für die gesamte Kultur des Freistaats zuständig sein. Im Gesetz heißt es: »Der Sächsische Kultursenat vertritt die sächsischen Kulturinteressen auf der Ebene des Landes und der Kommunen unter dem Gesichtspunkt der Vielfalt und der Regionalität. Er hat insbesondere die Aufgabe, zu grundlegenden kulturpolitischen Fragen Stellung zu nehmen. Er begleitet die Förderpolitik [...] beratend und spricht Empfehlungen über inhaltliche oder regionale Schwerpunktsetzungen aus. Er nimmt den Jahresbericht der Kulturstiftung [...] zur Kenntnis und gibt hierzu eine Stellungnahme ab.« Wir sehen, es handelt sich um ein beratendes Gremium, was schon aus der Benennung der Kommunen hervorgeht: Denn der Landtag kann das durch die Verfassung garantierte Selbstverwaltungsrecht der Kommunen nicht entscheidend einschränken, auch nicht durch einen Kultursenat. Dem Senat gehören, laut Gesetz 24 Persönlichkeiten an, »die der Kunst und Kultur des Freistaats Sachsen verbunden sind«. Diese Formulierung offenbart ein gewisses Dilemma, denn letztendlich sind es Personen, die in und von der Kultur leben und in der Regel keine Kulturpolitiker. Ihre Empfehlungen werden deshalb zumeist kultureller und selten kulturpolitischer Natur sein. So wird auch bei mangelnden Finanzmitteln kaum eine Empfehlung zur Reduzierung von Kulturinstitutionen, desto häufiger aber ein Appell zur Erhöhung der Kulturgelder zu erwarten sein. Wenn, was allzu selten geschah, eine Einsparmöglichkeit erwogen wurde, erfolgte sie nach dem Kulturwert, nicht nach dem kulturpolitischen Wert der Institutionen. Der ursprüngliche Beratungsauftrag zielte auf die Kulturstiftung, denn für sie sind nur zwei Organe vorgesehen: Vorstand und Kuratorium. In letzterem sind laut Gesetz stimmberechtigt nur Ministerpräsident und Staatsminister. Auch das ist ein Zeichen, welchen Rang die Kulturstiftung besitzen sollte. Ein analoger Gesetzentwurf der SPD, der am 27. Januar 1993, eine Woche vor dem Entwurf der Staatsregierung, im Landtag eingebracht worden war, wollte das Kuratorium mit zehn Landtagsabgeordneten besetzen. Vorgesehen war ein weiteres Organ, der Stiftungsrat, der aus 20 vom Kuratorium zu wählenden Vertretern aus Kunst und Kultur bestehen und die Beratung wahrnehmen sollte. Sonst galt auch hier, was im angenommenen Gesetz formuliert wurde: »Die Kulturstiftung fördert [...] Vorhaben im Bereich der Musik, der Literatur, des Films, der darstellenden und bildenden Kunst und ihrer Einrichtungen sowie der kulturellen Breitenarbeit freier Träger, [...] Maßnahmen zur Pflege und Erhaltung von Kulturwerten und -einrichtungen, [...] Künstlern und kulturellem Nachwuchs«. Wir sehen, die Aufgaben der verhältnismäßig kleinen Stiftung sind so umfassend, wie es die der angedachten großen sein sollten. Die Zuwendungen im jährlichen Haushalt hingegen waren vergleichsweise bescheiden.

Als im Frühjahr 1995 der Staatsvertrag über die Stiftung Kulturfonds der neuen Bundesländer verhandelt wurde, gelang es, gemäß der Beschlussempfehlung des Kulturausschusses, im Begleitgesetz festzuhalten, dass bei Austritt die dem Freistaat zustehenden Mittel der sächsischen Kulturstiftung zuzuführen seien. Vom Staatsministerium für Wissenschaft und Kunst wurde diese Passage für überflüssig, weil selbstverständlich gehalten. Sie sollte sich bei der erfolgten Kündigung im Jahre 1998 als wesentlich erweisen. Denn inzwischen waren die Illusionen über eine rasche Angleichung der sächsischen Wirtschaftsleistung an die der führenden Bundesländer bei Regierung und Parlamentariern geschwunden und die Sparzwänge sehr groß geworden. Die Versuchung wuchs, das freiwerdende Kapital der Stiftung Kulturfonds für laufende Kulturausgaben einzusetzen und nicht der sächsischen Kulturstiftung zuzustiften.

Als weitere wichtige Kulturinstitution wurde per Gesetz vom 15.05.1994 die Sächsische Akademie der Künste ins Leben gerufen. »Die Akademie hat die Aufgabe, die Kunst zu fördern, Vorschläge zu ihrer Förderung zu machen und die Überlieferungen des traditionellen sächsischen Kulturraums zu pflegen.« Analog zur Sächsischen Akademie der Wissenschaften sollten Überlieferung und Wirkkreis nicht auf das jetzige Staatsgebiet Sachsens beschränkt sein, sondern der gesamte sächsische Kulturraum – vor der Erbteilung im Jahre 1485 – im Blick behalten werden. Dass darüber hinaus eine Akademie der Künste der gesamten deutschen, wenn nicht der Weltkultur verpflichtet ist, versteht sich von selbst. Es handelt sich um die einzige gesetzliche Akademiegründung in Ostdeutschland. Damit wollten wir dem kulturellen Gewicht Sachsens in Geschichte und Gegenwart gerecht werden und eine kulturelle Zukunft fördern. Freilich gibt es in Deutschland, historisch bedingt, eine stattliche Anzahl von Akademien, und oft kommt es vor, dass ein Künstler Mitglied mehrerer Akademien ist, so dass es schwer wird, das je eigene Profil, die je eigene Kultur zu gestalten, wie ja auch die Massenmedien in Bezug auf regionale Besonderheiten eher ausgleichend als differenzierend wirken. Hinzu kam, dass zuvor eine Freie Akademie der Künste in Leipzig gegründet wurde. Die erhoffte und sinnvolle Vereinigung beider Akademien kam nie zustande.

Im Gesetzestext erscheint das Wort Kulturraum, das auf das wichtigste Kulturgesetz Sachsens, das zuvor verabschiedete Kulturraumgesetz weist. Solange die Übergangsfinanzierung Kultur durch den Bund laut Artikel 35 des Einigungsvertrages währte, sahen sich weder Freistaat noch Kommunen genötigt, über eine neue Kultur- und Finanzierungsstruktur nachzudenken. Warum auch? Die dem Freistaat gehörenden Einrichtungen mussten ohnehin finanziert werden, das war ein Problem des Landeshaushalts. Auf die Einrichtungen der Kommunen hatte der Freistaat hingegen nur einen begrenzten Einfluss. Kein Politiker wird ernsthaft an die Reduzierung oder Abschaffung traditioneller Institutionen denken, sofern ihn nicht Gerichtsurteile oder Finanznot dazu zwingen. Er handelte sich nur politischen Ärger ein. Zudem ist jede solche Einrichtung eine Bereicherung für die jeweilige Stadt, weit über ihre Wirksamkeit hinaus, prägen doch Künstler, Museologen und Kulturmanager sowie ihre Kinder das geistige und musische Klima einer Stadt. So kam es, dass vor Inkrafttreten des Kulturraumgesetzes die Verhältnisse von 1989/90 weitgehend fortexistierten. Eine der wenigen Ausnahmen bildet die Gründung der Vogtlandphilharmonie, zu der das Greizer und das Reichenbacher Orchester über die Landesgrenze Thüringen/Sachsen hinweg fusionierte. Die Beamten des Wissenschaftsministeriums stellten sich zunächst gegen einen solchen Vertrag: Sie wollten erst ein Gesamtkonzept erarbeiten und fürchteten nicht ohne Grund, dass eine Partiallösung die Flexibilität nicht fördere. Das war verwaltungstechnisch richtig, doch politisch falsch: Wo eine kulturell und finanziell günstige Regionalstruktur von den Betroffenen selbst und freiwillig geschaffen wird, sollte man nicht auf einen Optimalplan warten, um ihn dann mit Zwang und Einbußen durchzusetzen, was selten ohne Schaden für die Mitwirkenden und auch für den Plan geschehen wird.

Das Kulturraumgesetz von 1994 erklärt die Kulturpflege zu einer Pflichtaufgabe von Gemeinden und Landkreisen; es werden Zweckverbände gegründet und eine Solidargemeinschaft zwischen Freistaat, Landkreisen und Kommunen hergestellt. Die Finanzierung erfolgt durch mehrere Institutionen: Durch den Freistaat – hier waren mindestens 150 Millionen DM pro Jahr vorgesehen –, durch eine von den Landkreisen erhobene Kulturumlage, durch den Träger der Einrichtung und durch die Sitzgemeinde, sofern sie nicht alleiniger Träger ist.

Die ursprüngliche Intention des Initiators dieses Gesetzes Matthias Theodor Vogt zielte vor allem auf die Finanzierung von Opern, Theatern und Orchestern, deren Unterhalt äußerst kostspielig ist. Das Parlament vergrößerte den Blickwinkel und betonte die finanziellen Notwendigkeiten. Denn keiner, der sich einen Funken Wirklichkeitssinn bewahrt hatte, konnte 1994 ernstlich meinen, die gesamte bisherige Struktur könne bei einer Landeszuwendung von 150 Millionen DM erhalten bleiben. Selbst eine von der Opposition immer wieder geforderte Erhöhung dieser Summe hätte eine Umstrukturierung nur verzögern, nicht aufhalten können. So fügte der Landtag in der Präambel des Gesetzes die Erwartung ein, »dass die Kulturräume bürgernahe, effiziente und wandlungsfähige Strukturen schaffen«; und ergänzte den § 3 Sachlicher Geltungsbereich um den Absatz 3: »Kulturelle Einrichtungen oder Maßnahmen haben für den Kulturraum in der Regel regionale Bedeutung, wenn ihnen a) für das Selbstverständnis und die Tradition der Region ein spezifischer, historisch begründeter oder b) ein besonderer Stellenwert für Bewohner und Besucher der jeweiligen Region oder Modellcharakter oder besondere Innovationskraft zukommt«.

Diese Formulierungen machen deutlich, wie gründlich das Kulturraumgesetz beraten wurde. Es war eines der wenigen Gesetze, welche die Zustimmung des gesamten Landtags fanden, mochten auch Einzelheiten strittig sein.

Da das Gesetz in kommunale Grundrechte eingriff, bedurfte es eines verfassungsrechtlichen Gutachtens und einer Befristung des Gesetzes. Finanzpolitikern war es eher ein Dorn im Auge, und es hat nicht an Versuchen gefehlt, die Zuschusssumme herabzusetzen. Ja, das Ministerium hatte selbst Zweifel, eine Verlängerung des Gesetzes (ein neues, diese rechtfertigendes verfassungsrechtliches Gutachten lag vor) gegen andere politische Interessen durchsetzen zu können und legte ein sehr verwässertes Kompromissgesetz dem Landtag vor. In der CDU-Fraktion war es besonders Professor Wöller, aber auch dem wohlverstandenen Interesse aller direkt gewählten Abgeordneten zu danken, dass das Kulturraumgesetz bis heute existiert.

Eine weitere Strukturentscheidung beschäftigte bereits den ersten Landtag und führte 1995 zur Fusion der Landesbibliothek und der Universitätsbibliothek Dresden per Gesetz. Hier war die Übereinstimmung zwischen den Fraktionen nicht gegeben, ja, selbst in der Mehrheitsfraktion wurde es schwer, dieses Modell durchzusetzen. Seine Gegner sahen darin den Untergang der Dresdner und der sächsischen Kultur, da die Landesbibliothek zweifellos zu den bedeutendsten und ältesten Deutschlands gehörte. Bei den mehrfachen Anhörungen wurde nicht selten die Befürchtung geäußert, die Studenten könnten Seiten aus den alten Büchern reißen, sie willentlich zerstören oder auch sonst allerlei Schabernack damit treiben. Mir war allerdings nicht klar, warum ausgerechnet die in Sachsen Studierenden, nicht aber die Kassler oder Münchner dies tun sollten. Das Problem lag wiederum im finanziellen Sektor, vor allem aber in der exponentiellen Vermehrung des Schriftgutes in den letzten Jahrzehnten, so dass schon aus Platzgründen nahezu keine Bibliothek in der Welt mehr in der Lage ist, alle Neuerscheinungen zu erwerben. Arbeitsteilung ist gefragt, und die elektronische Datenerfassung macht eine Präsenz aller Bücher an allen Orten auch nicht mehr notwendig. Zwar gab es zwischen Landes- und Universitätsbibliothek schon eine Abstimmung über den Bucherwerb, aber eine umfassende Rationalisierung und auch ein Bibliotheksneubau schienen angezeigt. Ich persönlich glaube, dass die Fusion der Bibliotheken der sächsischen Wissenschaft und Kultur förderlich war.

Lassen Sie mich kurz einige Gesetzentwürfe erwähnen, die mehr oder minder gründlich abgewogen, aber nicht verabschiedet wurden. Ich nenne jeweils das Eingangsdatum des Gesetzentwurfes:

14. Juli 1992, eingereicht von der PDS: Gesetzentwurf über die künstlerische Gestaltung von Landesbauten und über die Kunst im öffentlichen Raum. Hier sollten 2 % der Bausumme bei Hochbauten und jeweils 0,5 % bei Tief- bzw. Verkehrsbauten für die künstlerische Gestaltung ausgegeben werden, um die Künstler, vor allem in Sachsen, zu fördern.

20. Januar 1993, eingereicht von der Fraktion Bündnis 90/Die Grünen: Gesetz über die Führung der Berufsbezeichnung Restaurator. Es sollte verhindert werden, dass unsachgemäße Restaurierungen durch nicht ausreichend kompetente Auftragnehmer erfolgten. Dagegen sprach, dass ein Großteil der Arbeiten von Handwerkern ausgeführt werden muss und dass Kunstgegenstände in Privatbesitz aus Kostengründen womöglich keine Pflege mehr erführen. Auch konnten wir uns nicht einigen, ob der Berufsstand oder die Kunstgegenstände und Denkmale vorrangig zu schützen seien.

17. Januar 1993, eingereicht von der SPD: Gesetz über die Errichtung der Stiftung Sächsische Gedenkstätten zur Erinnerung an die Opfer politischer Gewaltherrschaft. Hier werden allgemeine Grundsätze über Stiftungszweck, Stiftungsrat u. a. festgelegt, konkrete Gedenkstätten werden nicht benannt. Für die Gesetzgebung wurde später der entsprechende Gesetzentwurf der Staatsregierung zugrunde gelegt.

7. April 1994, eingereicht von der PDS: Gesetz über öffentliche Bibliotheken im Freistaat Sachsen. Aufgaben und Funktion der Bibliotheken werden beschrieben, die Landesbibliothek erhält Gesetzesrang, da über die Fusion schon gesprochen wurde. Das Deckblatt sagt, dass keine zusätzlichen Kosten für den Freistaat entstünden. Gesetzlich vorgeschrieben wird aber eine Förderung durch Freistaat und Kulturraum.

19. Mai 1994, eingereicht von der CDU: Gesetz über das sächsische Museumsgut. Ziel des Gesetzes war, das Museumsgut, das heißt die Bestände der Museen, auch vor einem Verkauf zu schützen. Aus verfassungsrechtlichen Gründen, da Eingriffe in die Hoheit der Kommunen zu befürchten waren, wurde dieses Gesetzesvorhaben nicht weiter verfolgt.

Das Denkmalschutzgesetz: Sachsen ist eines der denkmalreichsten Bundesländer – wurde bereits im Oktober 1992 im Landtag eingereicht. Es war und ist ein Gesetz, welches die Gemüter sehr bewegt und zu Konflikten zwischen Wirtschafts- und Kulturpolitikern führen muss. Die einen fürchten, dass Investoren abgeschreckt oder unangemessen behindert werden, die anderen, dass Wertvolles und über Jahrhunderte Gewachsenes zerstört oder verschandelt wird. Die Zuständigkeit wurde zunächst zweigeteilt zwischen Staatsministerium für Wissenschaft und Kunst und Staatsministerium des Innen und dann mehr und mehr auf das letztere verlagert.

An dieser Stelle sollten auch die ca. 1 000 sächsischen Schlösser erwähnt werden. Durch die Bodenreform kamen sie sämtlich in öffentlichen Besitz. Wenige konnten sinnvoll verkauft werden. Der Freistaat übernahm nur die wichtigsten. Über die diesbezüglichen Staatsbetriebe als Möglichkeit, die finanziellen Lasten zu minimieren, wäre viel zu sagen. Aber das ist ein Thema für sich.

Zum Schluss möchte ich auf vier Einrichtungen verweisen, die für das Selbstverständnis Sachsens bedeutsam sein sollten. Die Stiftung Sächsische Gedenkstätten mahnt an authentischen Orten an politische Gewaltverbrechen des Nationalsozialismus und in der Zeit von 1945 – 1989. Das Hannah-Arendt-Institut für Totalitarismusforschung, dessen Gründung auf eine Initiative des Abgeordneten Matthias Rößler zurückgeht, sollte im Sinne der Totalitarismus-Theorie Grundlagen und Historie des Totalitarismus erforschen, das Simon-Dubnow-Institut, ebenfalls einer Anregung von Matthias Rößler zu danken, die jüdischen Studien fördern, und das Institut für sächsische Geschichte und Volkskunde sollte eine alte sächsische Wissenschaftstradition mit neuen Erkenntnissen und Methoden fortsetzen.

Anhang

Die Dreikönigskirche in Dresden, Ort der Tagung vom 4.–6. März 2010 zum Jubiläum »20 Jahre Freistaat Sachsen. Traditionen und Perspektiven«, veranstaltet von: Sächsischer Landtag, Sächsische Landeszentrale für politische Bildung, Verein für sächsische Landesgeschichte, Hannah-Arendt-Institut für Totalitarismusforschung, Haus der Kirche (Fotografien von Steffen Giersch).

4. März 2010, Saalblick zum Podium und Wandbild

Rechte Seite:
Dr. Konstantin Hermann (o. li.), Ulf Morgenstern (o. re.)
Prof. Dr. Hans Karl Friedrich von Mangoldt in der Diskussion
Prof. Dr. Karlheinz Blaschke, Dr. Matthias Rößler, Frank Richter (v. li. n. re.)

Dr. André Thieme und Dr. Mike Schmeitzner

5./6. März 2010

Prof. Dr. Eckhard Jesse
und Prof. Dr. Werner J. Patzelt

Rechte Seite:
Oben: Dr. Roger Mackeldey,
Dr. Jonas Flöter
2. Reihe v. o., links:
Lutz Schneider und
Dr. Michael Schäfer
2. Reihe, rechts: Prof. Dr.
Günther Heydemann
3. Reihe: Dr. Nicole Völtz,
Dr. Peter Gutjahr-Löser
4. Reihe: Klaus Weber,
Dr. Uwe Grüning
Untere Reihe:
Prof. Dr. Klaus Fitschen,
Michael Beleites

Blicke ins Publikum
und in den Konferenzsaal

Weiterführende Literatur

BARKLEIT, Gerhard (Hrsg.): Die Erneuerung der Sächsischen Hochschulen. Eine Dokumentation, Dresden 1993

BEHRING, Rainer; SCHMEITNER, Mike (Hrsg.): Diktaturdurchsetzung in Sachsen. Studien zur Genese der kommunistischen Herrschaft 1945–1952, Köln u. a. 2003

DEGENHART, Christoph; MEISSNER, Claus (Hrsg.): Handbuch der Verfassung des Freistaats Sachsen, 1997

DONTH, Stefan: Vertriebene und Flüchtlinge in Sachsen 1945 bis 1952: Die Politik der sowjetischen Militäradministration und der SED, Köln u. a. 2000

EENGELBRECHT, Sebastian: Kirchenleitung in der DDR. eine Studie zur politischen Kommunikation in der Evangelisch-Lutherischen Landeskirche Sachsens 1971–1989, Leipzig 2000

FISCHER, Alexander: Die politische »Wende« 1989/90 in Sachsen. Rückblick und Zwischenbilanz, Weimar u. a. 1995 (Schriften des Hannah-Arendt-Instituts für Totalitarismusforschung 1)

FRACKOWIAK, Johannes: Soziale Demokratie als Ideal. Die Verfassungsdiskussionen in Sachsen nach 1918 und 1945, Köln u. a. 2005

FUCHS, Hans-Werner: Bildung und Wissenschaft seit der Wende. Zur Transformation des ostdeutschen Bildungssystems, Opladen 1997

FUCHS, Hans-Werner; REUTER, Lutz R. (Hrsg.): Bildungspolitik seit der Wende. Dokumente zum Umbau des ostdeutschen Bildungssystems (1989–1994), Opladen 1995

HALDER, Winfried: »Modell für Deutschland«. Wirtschaftspolitik in Sachsen 1945–1948, Paderborn 2001

HESS, Ulrich: Unternehmer in Sachsen. Motive – Selbstverständnis – Verantwortung, Leipzig 2006

ILTGEN, Erich (Hrsg.): Zehn Jahre Sächsischer Landtag, Bilanz und Ausblick, 2000

JESSE, Eckhard (Hrsg.): Friedliche Revolution und deutsche Einheit. Sächsische Bürgerrechtler ziehen Bilanz, Berlin 2006

JOHN, Jürgen (Hrsg.): »Mitteldeutschland«. Begriff – Geschichte – Konstrukt, Rudolstadt; Jena 2001

KARLSCH, Rainer; SCHÄFER, Michael: Wirtschaftsgeschichte Sachsens im Industriezeitalter, Leipzig 2006

KOCH, Renate; WAGNER, Herbert (Hrsg.): Die Geschichte der Kommunalpolitik in Sachsen, Dresden 2006

KURZWEG, Christian: Die Vertriebenenpolitik der Liberal-Demokratischen Partei Deutschlands. Das Beispiel Sachsen 1945–1950, Hamburg 2004

MANGOLDT, Hans von: Bürgerpartizipation und neue Landesverfassungen – Das Beispiel Sachsens, in: Gerd Meyer; Riege/Strützel (Hrsg.): Lebensweise und gesellschaftlicher Umbruch in Ostdeutschland, Erlangen 1992, S. 198 ff

MEUSCHEL, Sigrid; RICHTER, Michael; ZWAHR, Hartmut: Friedliche Revolution in Sachsen, Dresden 1999 (Hannah-Arendt-Institut für Totalitarismusforschung an der TU Dresden, Berichte und Studien Nr. 22)

MÜNSTERMANN, Ulrike; RIEDEL, Jürgen: Veränderungen in der Wirtschaftsstruktur. Das Fallbeispiel Sachsen, in: Karl Heinrich Oppenländer (Hrsg.): Wiedervereinigung nach sechs Jahren: Erfolge, Defizite, Zukunftsperspektiven im Transformationsprozess, Berlin; München 1997, S. 495 ff.

NIEBES, Ludwig; BECHER, Bernhard; POLLMANN, Andrea (Hrsg.): Schulgesetz und Schulordnungen im Freistaat Sachsen. Praxiskommentar mit Hinweisen zum Lehrerdienstrecht, Stuttgart u. a. 2001

RICHTER, Bernd: Bevölkerungsentwicklung in Sachsen 2006 bis 2020 – Ergebnisse der 4. regionalisierten Bevölkerungsprognose für den Freistaat Sachsen, in: Statistisches Landesamt des Freistaates Sachsen (Hrsg.), Statistik in Sachsen Nr. 4/2007, S. 1 – 20

RICHTER, Michael: Die Bildung des Freistaates Sachsen. Friedliche Revolution, Föderalisierung, deutsche Einheit 1989/90, Göttingen 2004 (Schriften des Hannah-Arendt-Instituts für Totalitarismusforschung 24)

RICHTER, Michael: Die Friedliche Revolution. Aufbruch zur Demokratie in Sachsen 1989/90, Göttingen 2009 (Schriften des Hannah-Arendt-Instituts für Totalitarismusforschung 38)

RICHTER, Michael; SCHAARSCHMIDT, Thomas; SCHMEITZNER, Mike (Hrsg.): Länder, Gaue und Bezirke. Mitteldeutschland im 20. Jahrhundert, Halle 2007

ROESLER, Jörg: Ostdeutsche Wirtschaft im Umbruch 1970–2000, Bonn 2003

SCHAARSCHMIDT, Thomas: Regionalkultur und Diktatur. Sächsische Heimatbewegung und Heimat-Propaganda im Dritten Reich und in der SBZ/DDR, Köln u. a. 2004

SCHIMPF, Volker; RÜHMANN, Jürgen (Hrsg.): Die Protokolle des Verfassungs- und Rechtsausschusses zur Entstehung der Verfassung des Freistaates Sachsen, Rheinbreitbach 1997

SCHMEITZNER, Mike; RUDLOFF, Michael: Geschichte der Sozialdemokratie im Sächsischen Landtag. Darstellung und Dokumentation 1877–1997, Dresden 1997

SCHMEITZNER, Mike; WAGNER, Andreas (Hrsg.): Von Macht und Ohnmacht. Sächsische Ministerpräsidenten im Zeitalter der Extreme 1919–1952, Beucha 2006

SCHRAMMEK, Notker: Alltag und Selbstbild von Flüchtlingen und Vertriebenen in Sachsen 1945–1952, Frankfurt/Main u. a. 2004

SCHWAB, Irina: Flüchtlinge und Vertriebene in Sachsen 1945–1952. Die Rolle der Kreis- und Stadtverwaltungen bei Aufnahme und Integration, Frankfurt am Main u. a. 2002

SKROBANEK, Jan: Regionale Identifikation, negative Stereotypisierung und Eigengruppenbevorzugung – Das Beispiel Sachsen. Diss., Leipzig 2002

THÜSING, Andreas; TISCHNER, Wolfgang (Hrsg.): »Umsiedler« in Sachsen. Aufnahme und Integration von Flüchtlingen und Vertriebenen 1945–52. Eine Quellensammlung, Leipzig 2005

TILLMANNS, Reiner (Hrsg.): Staatskirchenverträge im Freistaat Sachsen, Leipzig 2001

Verfassung des Freistaats Sachsen, Gohrischer Entwurf – Überarbeitete Fassung, Erfurt 1990

Die Verfassung des Freistaates Sachsen vom 27. Mai 1992, Dresden 2008

VOLLNHALS, Clemens; Werner BRAMKE (Hrsg.): Sachsen und Mitteldeutschland. Politische, wirtschaftliche und soziale Wandlungen im 20. Jahrhundert, Weimar u. a. 1995

WEBER, Klaus: Zum Aufbau der Verwaltung im Freistaat Sachsen, in: Ausbildung, Prüfung, Fachpraxis (apf), Landesbeilage Sachsen 2001, S. 81 u. 89

WEBER, Klaus: Das Landesorganisationsgesetz des Freistaates Sachsen, in: apf, Landesbeilage Sachsen 2004, S. 41

Zwischen Reform und Restriktion. Sächsische Schulgeschichte im 20. Jahrhundert (Dresdner Hefte 97 [2009])

Zeittafel:
Sachsen seit 1989

1989

07.05. Kommunalwahlen in der DDR; Oppositionsgruppen werfen der Staatsführung Wahlfälschung vor.

04.09. Unter der Aufmerksamkeit westlicher Journalisten findet das erste Friedensgebet in der Leipziger Nicolaikirche statt; Uwe Schwabe u. a. demonstrieren für »Reisefreiheit statt Massenflucht«.

30.09. Bundesaußenminister Genscher gibt vor etwa 5 500 DDR-Bürgern in der deutschen Botschaft in Prag bekannt, dass die DDR-Regierung ihrer Ausreise zugestimmt habe.

03.10. Die Ausreise der Prager Botschaftsflüchtlinge mit Zügen durch die DDR in die Bundesrepublik beginnt.

07.10. In Plauen demonstrieren etwa 15 000 Menschen mit Sprechchören wie »Stasi raus« und »Wir bleiben hier«.

08.10. Während der Demonstrationen vor dem Dresdner Hauptbahnhof wird die »Gruppe der 20« gegründet.

09.10. Etwa 70 000 Bürger demonstrieren in Leipzig unter anderem mit dem Ruf »Wir sind das Volk – Wir sind keine Rowdys«.

16.10. Über 100 000 Bürger nehmen an der Leipziger Montagsdemonstration teil.

17.10. Staatsratsvorsitzender der DDR und Generalsekretär der SED Erich Honecker tritt zurück, sein Nachfolger wird Egon Krenz.

09.11. Fall der Berliner Mauer; die DDR-Grenzübergänge werden geöffnet.

11.11. Erste Sitzung der Sorbischen Volksversammlung, die eine Reform der Domowina und eine Neugliederung der Lausitz anstrebt.

04.12. Besetzung der Leipziger Stasi-Zentrale in der »Runden Ecke«.

19.12. Bundeskanzler Helmut Kohl (CDU) besucht Dresden und trifft mit Hans Modrow, seit 13.11. Ministerpräsident der DDR, zusammen.

1990

01.01. Die Bevölkerungszahl in Sachsen beläuft sich auf 4 912 767 Personen.

20.01. In Leipzig wird die Deutsche Soziale Union (DSU) gegründet.

01.03. Die DDR-Regierung gründet die Treuhandgesellschaft.

13.03. Arnold Vaatz legt einen ersten Arbeitstext für eine sächsische Verfassung als Entwurf der »Gruppe der 20« vor (veröffentlicht am 29.03.).

18.03. Erste freie Volkskammerwahl in der DDR mit einer Wahlbeteiligung von 93 %: Wahlsieger »Allianz für Deutschland« mit 48,15 % (bzw. 40,82 % für die CDU); 21,84 % für die SPD, 16,33 % für die PDS, 5,28 % für die Liberalen, 2,91 % für das Bündnis 90.

04.04. In der Gemischten Kommission Baden-Württemberg/Sachsen wird eine Arbeitsgruppe Landesverfassung unter der Leitung Steffen Heitmanns gebildet, die u. a. im Kurort Gohrisch tagt.

19.04. Der Runde Tisch im Bez. Dresden ruft die Arbeitsgruppe »Land Sachsen« ins Leben.

06.05. Freie Kommunalwahlen in der DDR (u. a. 34,37 % für die CDU, 21,27 % für die SPD, 14,59 % für die PDS).

15.05. Erste Sitzung des bezirksübergreifenden Koordinierungsausschusses zur Bildung des Landes Sachsen.

17.05. Gesetz über die Selbstverwaltung der Gemeinden und Landkreise der DDR (sog. Kommunalverfassung).

26.05. Gründung des SPD-Landesverbandes Sachsen, in dem die Sozialdemokratische Partei (SDP) in Sachsen aufgeht.

01.06.	Karl-Marx-Stadt heißt gemäß vorheriger Bürgerbefragung auch offiziell wieder Chemnitz.
06.06.	Die DDR-Regierung unter Lothar de Maizière (CDU) beruft als Regierungsbevollmächtigte Siegfried Ballschuh (Dresden, CDU), Alfred Buttolo (Chemnitz, CDU) und Rudolf Krause (Leipzig, CDU).
01.07.	Der innerdeutsche Staatsvertrag zur Wirtschafts-, Währungs- und Sozialunion tritt in Kraft, die DDR-Mark wird durch die Deutsche Mark ersetzt (Umtausch für Bürger in der DDR zu einem Basiskurs von 1:1).
12.07.	Der Runde Tisch im Bezirk Dresden beschließt in seiner letzten Sitzung die Bildung eines Sächsischen Forums, das bezirksübergreifend die Gründung des Landes Sachsen vermitteln und befördern soll.
22.07.	Verfassungsgesetz zur Bildung von Ländern in der DDR (Ländereinführungsgesetz).
26.07.	Das Sächsische Forum tritt unter dem Vorsitz Erich Iltgens zusammen.
05.08.	Erster Gohrischer Verfassungsentwurf in der Dresdner Presse veröffentlicht.
28.08.	Der »Leipziger Hochschullehrerentwurf« wird vorgestellt, er diente als Basis für die späteren zwei Verfassungsentwürfe von Linker Liste/PDS und Bündnis 90/Grüne im Sächsischen Landtag.
31.08.	Unterzeichnung des Einigungsvertrages.
03.10.	Herstellung der deutschen Einheit; Inkrafttreten des Einigungsvertrages; Festakt zur Neugründung des Landes Sachsen auf der Albrechtsburg Meißen.
14.10.	Wahlen zum 1. Sächsischen Landtag: CDU 92, SPD 32, PDS 17, Bündnis 90/Grüne 10, FDP 9 Sitze von insgesamt 160.
27.10.	Konstituierende Sitzung des Ersten Sächsischen Landtags in der Dreikönigskirche in Dresden: das Land erhält seine historische Bezeichnung Freistaat Sachsen; »Gesetz zur Herstellung der Arbeitsfähigkeit des Sächsischen Landtages und der Sächsischen Landesregierung« (Vorschaltgesetz); Wahl von Kurt Biedenkopf zum Ministerpräsidenten des Freistaates Sachsen, Alleinregierung der CDU.
31.12.	Die Arbeitslosenquote im Freistaat Sachsen beträgt im Jahresdurchschnitt 6,2 %.

1991

01.01.	Als Mittelbehörden des Freistaates Sachsen nehmen die Regierungspräsidien Chemnitz, Dresden und Leipzig ihre Tätigkeit auf. Die Bevölkerungszahl des Freistaates Sachsen beläuft sich zu Jahresanfang auf 4 775 914 Personen.
02.01.	Arbeitsbeginn der »Vertretung des Freistaates Sachsen beim Bund« in Bonn.
28.04.	Eröffnung des Nationalparks »Sächsische Schweiz«.
01.05.	Gemeindeordnung für den Freistaat Sachsen tritt in Kraft.
25.07.	Sächsisches Hochschulerneuerungsgesetz tritt in Kraft.
01.08.	Schulgesetz für den Freistaat Sachsen tritt in Kraft.
07.08.	Polizeigesetz des Freistaates Sachsen tritt in Kraft.
27.09.	In Chemnitz beginnt der Gründungsparteitag des sächsischen Bündnis 90/Die Grünen, in dem auch Demokratie Jetzt, Neues Forum und Initiative für Frieden und Menschenrechte aufgehen.
18.12.	Konstituierung der Euro-Region Neiße mit Sitz in Zittau, es folgen 1992 die Euroregionen Egrensis mit Sitz in Oelsnitz, Elbe/Labe mit Sitz in Pirna und Erzgebirge mit Sitz in Brand-Erbisdorf.
31.12.	Der Mitteldeutsche Rundfunk (MDR) geht erstmals auf Sendung. Die Arbeitslosenquote im Freistaat Sachsen beträgt im Jahresdurchschnitt 9,1 %.

1992

01.01.   Die Bevölkerungszahl des Freistaates Sachsen beläuft sich zu Jahresanfang auf 4 690 246 Personen.

11.03.   Der Sächsische Landtag verabschiedet das »Gesetz zur Struktur des Hochschulwe sens und der Hochschulen in Sachsen«.

06.06.   Die Verfassung des Freistaates Sachsen tritt in Kraft.

04.–06.09.   In Freiberg wird erstmals der »Tag der Sachsen« ausgerichtet.

31.12.   Die Arbeitslosenquote im Freistaat Sachsen beträgt im Jahresdurchschnitt 13,6 %.

1993

01.01.   Die Bevölkerungszahl des Freistaates Sachsen beläuft sich zu Jahresanfang auf 4 641 108 Personen.

22.01.   Leipzig wird Sitz des Sächsischen Verfassungsgerichtshofes.

13.03.   Der Solidarpakt I wird vereinbart. Die neuen Länder und ihre Kommunen erhalten bis 2004 insgesamt 94,5 Mrd. Euro Finanzausgleich durch Bund und westliche Länder.

31.07.   Landkreisordnung für den Freistaat Sachsen tritt in Kraft.

08.09.   Gesetz über die Wahlen zum Sächsischen Landtag tritt in Kraft.

31.12.   Die Arbeitslosenquote im Freistaat Sachsen beträgt im Jahresdurchschnitt 14,9 %.

1994

01.01.   Die Bevölkerungszahl des Freistaates Sachsen beläuft sich zu Jahresanfang auf 4 607 775 Personen.

12.02.   Einweihung der Neubauten des Sächsischen Landtages an der Holländischen Straße u. a. mit der Ausstellung »700 Jahre politische Mitbestimmung in Sachsen«.

04.05.   Neuerrichtung des römisch-katholischen Bistums Görlitz.

12.06.   Gemeinde-/Stadtratswahlen im Freistaat Sachsen: CDU 34,8 %, SPD 17,6 %, PDS 14,5 %, FDP 6,4 %, B 90/Grüne 5,0 %, DSU 2,7 %, Wählervereinigungen 18,3 %; Kreistagswahlen im Freistaat Sachsen: CDU 42,8 %, SPD 20,0 %, PDS 13,2 %, FDP 7,4 %, B 90/Grüne 6,3 %, DSU 3,8 %, Wählervereinigungen 5,9 %

29.06.   In Dresden wird der Katholikentag »Unterwegs zur Einheit« eröffnet (bis 03.07.).

29.07.   Die letzten im Freistaat stationierten GUS-Streitkräfte verlassen die Garnison Dresden.

01.08.   Gesetz über die Kreisgebietsreform tritt in Kraft (22 Landkreise und 7 Kreisfreie Städte); Gesetz über die Kulturräume in Sachsen tritt in Kraft.

11.09.   Wahlen zum 2. Sächsischen Landtag: CDU 77, SPD 22, PDS 21 Sitze von insgesamt 120; Alleinregierung der CDU unter Ministerpräsident Kurt Biedenkopf (CDU).

31.12.   Die Arbeitslosenquote im Freistaat Sachsen beträgt im Jahresdurchschnitt 15,7 %.

1995

01.01.   Die Bevölkerungszahl des Freistaates Sachsen beläuft sich zu Jahresanfang auf 4 584 345 Personen.

15.06.   Der Sächsische Landtag beschließt die Zusammenlegung von Sächsischer Landesbibliothek und Universitätsbibliothek der TU Dresden mit Sitz in Dresden.

31.12.   Die Arbeitslosenquote im Freistaat Sachsen beträgt im Jahresdurchschnitt 14,4 %.

1996

01.01.   Die Bevölkerungszahl des Freistaates Sachsen beläuft sich zu Jahresanfang auf 4 566 603 Personen.
12.04.   Eröffnung der Neuen Leipziger Messe.
23.05.   Mit dem 3. Kreisgebietsreformänderungsgesetz ist die 1994 begonnene Umstrukturierung der Kreisverwaltungen in Sachsen vorerst abgeschlossen.
31.12.   Die Arbeitslosenquote im Freistaat Sachsen beträgt im Jahresdurchschnitt 15,9 %.

1997

01.01.   Die Bevölkerungszahl des Freistaates Sachsen beläuft sich zu Jahresanfang auf 4 545 702 Personen.
18.06.   27. Deutscher Evangelischer Kirchentag in Leipzig eröffnet (bis 22.06.).
31.12.   Die Arbeitslosenquote im Freistaat Sachsen beträgt im Jahresdurchschnitt 18,4 %.

1998

01.01.   Die Bevölkerungszahl des Freistaates beläuft sich auf 4 522 412 Personen.
13.06.   Eröffnung der ersten Sächsischen Landesaustellung »Zeit und Ewigkeit« im Kloster St. Marienstern in Panschwitz-Kuckau (bis 18.10.)
31.12.   Die Arbeitslosenquote im Freistaat Sachsen beträgt im Jahresdurchschnitt 18,8 %.

1999

01.01.   Die Bevölkerungszahl des Freistaates Sachsen beläuft sich zu Jahresanfang auf 4 489 415 Personen.
30.04.   Gesetz über die Rechte der Sorben im Freistaat Sachsen tritt in Kraft.
13.06.   Gemeinderatswahlen im Freistaat Sachsen: CDU 39,9 %, PDS 16,9 %, SPD 15,7 %, FDP 4,1 %, B 90/Grüne 2,4 %, Wählerveinigungen 19,0 % (einschließlich Kreisfreie Städte); Kreistagswahlen im Freistaat Sachsen CDU 44,5 %, PDS 19,2 %, SPD 18,7 %, FDP 5,2 %, B 90/Grüne 3,7 %, DSU 2,2 %, Wählervereinigungen 6,1 % (einschließlich Kreisfreie Städte).
19.09.   Wahlen zum 3. Sächsischen Landtag: CDU 76, PDS 30, SPD 14 Sitze von insgesamt 120; Alleinregierung der CDU unter Ministerpräsident Kurt Biedenkopf (CDU)
31.12.   Die Arbeitslosenquote im Freistaat Sachsen beträgt im Jahresdurchschnitt 18,6 %.

2000

01.01.   Die Bevölkerungszahl des Freistaates beläuft sich auf 4 459 686 Personen.
03.10.   Die deutschlandweit zentralen Feiern zum Tag der deutschen Einheit finden in Dresden statt.
31.12.   Die Arbeitslosenquote im Freistaat Sachsen beträgt im Jahresdurchschnitt 18,5 %.

2001

01.01.   Die Bevölkerungszahl des Freistaates beläuft sich auf 4 425 581 Personen.
23.06.   Der Solidarpakt II wird beschlossen; der Bund verpflichtet sich, bis 2019 insgesamt 156,5 Mrd. Euro für den weiteren »Aufbau Ost« zur Verfügung zu stellen.
24.08.   In Dresden wird das sanierte und umgebaute Ständehaus, ehemaliger Sitz des Sächsischen Landtages, eingeweiht und neuer Sitz des Oberlandesgerichts.
31.12.   Die Arbeitslosenquote im Freistaat Sachsen beträgt im Jahresdurchschnitt 19,0 %.

2002

01.01.	Der Euro wird neues Zahlungsmittel in Deutschland und löst die DM ab. Die Bevölkerungszahl des Freistaates beläuft sich auf 4 384 192 Personen.
16.01.	Ministerpräsident Kurt Biedenkopf (CDU) kündigt seinen Rücktritt zum 18. April 2002 an.
18.04.	Der Sächsische Landtag wählt Georg Milbradt (CDU) als Nachfolger Kurt Biedenkopfs zum Sächsischen Ministerpräsidenten.
25.06.	Der erste Bericht über die Länderergebnisse der ersten Welle der PISA-Studien (PISA 2000) wird veröffentlicht; Sachsen kann im Laufe der Jahre weit überdurchschnittliche Ergebnisse in den Schulleistungsuntersuchungen der OECD aufweisen.
August	Sinflutartige Regenfälle verursachen Fluten und ein Jahrhunderthochwasser der Elbe; viele flussnahe Innenstädte besonders im Raum Pirna, im Osterzgebirge, in Dresden, Meißen und im Muldental werden verheert.
26.08.	Das ehemalige Reichsgerichtsgebäude in Leipzig wird Sitz des Bundesverwaltungsgerichtes.
31.12.	Gesetz über die öffentlich-rechtlichen Kreditinstitute und die Sachsen-Finanzgruppe (Sparkassenstruktur) tritt in Kraft. Die Arbeitslosenquote im Freistaat Sachsen beträgt im Jahresdurchschnitt 19,3 %.

2003

01.01.	Die Bevölkerungszahl des Freistaates beläuft sich auf 4 349 059 Personen.
19.01.	In den Kunstsammlungen Chemnitz endet die Ausstellung »Picasso und die Frauen« mit einem Rekord von 120 000 Besuchern.
31.12.	Die Arbeitslosenquote im Freistaat Sachsen beträgt im Jahresdurchschnitt 19,4 %.

2004

01.01.	Die Bevölkerungszahl des Freistaates beläuft sich auf 4 321 437 Personen.
01.02.	Gesetz über die Verwaltungsorganisation des Freistaates Sachsen tritt in Kraft.
01.05.	Die sächsischen Nachbarländer Polen und Tschechien werden Mitgliedsstaaten der Europäischen Union.
24.05.	Eröffnung der zweiten Sächsischen Landesausstellung »Glaube und Macht« im Schloss Hartenfels in Torgau (bis 10.10.)
13.06.	Gemeinderatswahlen im Freistaat Sachsen: CDU 34,8 %, PDS 18,6 %, SPD 11,4 %, FDP 5,1 %, B 90/Grüne 3,1 %, Wählervereinigungen 24,4 % (einschl. Kreisfreie Städte); Kreistagswahlen im Freistaat Sachsen: CDU 43,9 %, PDS 19,8 %, SPD 11,7 %, FDP 7,5 %, B 90/Grüne 3,4 %, Wählervereinigungen 9,9 %.
19.09.	Wahlen zum 4. Sächsischen Landtag: CDU 55, PDS 31, SPD 13, NPD 12, FDP 7, B 90/Grüne 6 Sitze von insgesamt 124; Koalitionsregierung von CDU und SPD unter Ministerpräsident Georg Milbradt (CDU).
31.12.	Die Arbeitslosenquote im Freistaat Sachsen beträgt im Jahresdurchschnitt 19,4 %.

2005

01.01.	Die Bevölkerungszahl des Freistaates beläuft sich auf 4 296 284 Personen. Der Solidarpakt II für den »Aufbau Ost« beginnt mit einer Laufzeit bis 2019.
27. 02.	Die Teilnehmer eines Bürgerentscheids in Dresden stimmen mit 67,9 % für den Bau der Waldschlösschen-Brücke.
30.10.	Weihe der neu aufgebauten Frauenkirche in Dresden.
31.12.	Die Arbeitslosenquote im Freistaat Sachsen beträgt im Jahresdurchschnitt 20,0 %.

2006

01.01.	Die Bevölkerungszahl des Freistaates beläuft sich auf 4 273 754 Personen.
13.05.	In Görlitz wird das Schlesische Museum eröffnet.
04.09.	Der Sächsische Landtag erinnert mit einer Festveranstaltung und einer Ausstellung an »175 Jahre Verfassungsstaatlichkeit« in Sachsen.
31.12	Die Arbeitslosenquote im Freistaat Sachsen beträgt im Jahresdurchschnitt 18,9 %.

2007

01.01.	Die Bevölkerungszahl des Freistaates beläuft sich auf 4 249 774 Personen.
26.08.	Die angeschlagene Sachsen LB wird durch Engagement der Landesbank Baden-Württemberg vor dem Konkurs gerettet; im Rahmen der späteren Übernahme der Sachsen LB durch die LBBW muss der Freistaat Bürgschaften in Höhe von 2,75 Mrd. Euro zusagen.
31.12.	Die Arbeitslosenquote im Freistaat Sachsen beträgt im Jahresdurchschnitt 16,4 %.

2008

01.01.	Die Bevölkerungszahl des Freistaates beläuft sich auf 4 220 200 Personen.
27.05.	Georg Milbradt (CDU) tritt vom Amt des Sächsischen Ministerpräsidenten zurück.
28.05.	Der Sächsische Landtag wählt Stanislaw Tillich (CDU) zum Sächsischen Ministerpräsidenten.
08.06.	Kreistagswahlen in den neugebildeten zehn Landkreisen des Freistaates Sachsen: CDU 39,5 %, PDS 18,7 %, SPD 11,5 %, FDP 8,3 %, NPD 5,1 %, B 90/Grüne 3,1 %, Wählervereinigungen 12,1 %.
01.08.	Kreis-, Verwaltungs- und Funktionalreform tritt in Kraft (zehn Landkreise, drei Kreisfreie Städte, drei Landesdirektionen).
31.12.	Die Arbeitslosenquote im Freistaat Sachsen beträgt im Jahresdurchschnitt 14,3 %.

2009

01.01.	Die Bevölkerungszahl des Freistaates Sachsen beläuft sich zu Jahresanfang auf 4 192 800 Personen.
16.01.	Der russische Ministerpräsident Wladimir Putin erhält den Dankorden des Semperopern-Balls durch Ministerpräsident Stanislaw Tillich überreicht.
04.06.	Der Präsident der USA Barack Obama besucht Dresden.
07.06.	Gemeinderatswahlen im Freistaat Sachsen: CDU 32,7 %, Linke 15,4 %, SPD, 10,9 %, FDP 8,3 %, B 90/Grüne 5,0 %, NPD 2,3 %, Wählervereinigungen 24,6 % (einschl. Kreisfreie Städte)
30.08.	Wahlen zum 5. Sächsischen Landtag: CDU 58, Linke 29, SPD 14, FDP 14, B 90/Grüne 9, NPD 8 Sitze von 132 gesamt, Koalitionsregierung von CDU und FDP unter Ministerpräsident Stanislaw Tillich (CDU)
31.12.	Die Arbeitslosenquote im Freistaat Sachsen beträgt im Jahresdurchschnitt 12,9 %.

2010

01.01.	Die Bevölkerungszahl des Freistaates Sachsen beläuft sich zu Jahresanfang auf 4 168 700 Personen.

Autoren

Michael Beleites, * 1964 in Halle/S., 1981 – 1987 Ausbildung und Tätigkeit als zoologischer Präparator am Naturkundemuseum in Gera, dann bis 1989 freiberufliche Arbeit als Präparator. Seit 1982 Engagement in überregionalen Initiativen der kirchlichen Friedens- und Umweltbewegung, 1986 – 1988 Recherchen zu den ökologischen und gesundheitlichen Folgen des Uranabbaus der SDAG Wismut (Juni 1988 Fertigstellung der Dokumentation »Pechblende – Der Uranbergbau in der DDR und seine Folgen«). 1982 – 1989 Verfolgung durch die Stasi (OV »Entomologe«), 1989 – 1990 Mitglied des Geraer Bürgerkomitees zur Stasi-Auflösung, Engagement für die Öffnung der Stasi-Akten, 1990 Gründungsmitglied von Greenpeace DDR e.V., 1992 – 1995 Landwirtschaftsstudium in Berlin und Großenhain, dann in Dresden publizistisch tätig. Seit Dezember 2000 Sächsischer Landesbeauftragter für die Unterlagen des Staatssicherheitsdienstes der ehemaligen DDR. Ausgewählte Veröffentlichungen: Untergrund. Ein Konflikt mit der Stasi in der Uran-Provinz, Berlin 1991/1992; Altlast Wismut. Ausnahmezustand, Umweltkatastrophe und das Sanierungsproblem im deutschen Uranbergbau. Frankfurt a. M. 1992.

Benedikt Dyrlich, * 1950 in Neudörfel/Nowa Wjeska, Studium der Philosophie und katholischen Theologie in Erfurt, 1975 – 1980 Studium der Theaterwissenschaften in Leipzig. Chefredakteur der sorbischen Abendzeitung »Serbske Nowiny« und Vorsitzender des Sorbischen Künstlerbundes, war im Herbst 1989 Mitbegründer der Sorbischen Volksversammlung. 1990 – 1994 für die SPD Mitglied des Sächsischen Landtages und u. a. dessen Verfassungsausschusses, der federführend die Verfassung des Freistaates Sachsen erarbeitet hat. Ihm wurde 2010 die Sächsische Verfassungsmedaille verliehen. Ausgewählte Veröffentlichungen: Wotmach womory, Bautzen 1997; Stysk wyska, Bautzen 2006.

Prof. Dr. Klaus Fitschen, * 1931 in Scheeßel, Studium der Evangelischen Theologie in Heidelberg, München und Kiel, Promotion, 1992 – 2002 Wissenschaftlicher Assistent und Oberassistent am Institut für Kirchengeschichte der Universität Kiel, 1996 Habilitation mit einem Thema der antiken Kirchengeschichte. Seit 2002 Professor für Neuere und Neueste Kirchengeschichte und Geschichte des Antiken Christentums in Leipzig. Neueste größere Veröffentlichungen: Messalianismus und Antimessalianismus, Göttingen 1998; Was ist Freiheit? Leipzig 2001; Vom Mauerbau bis zur Friedlichen Revolution, in: Geschichte der Universität Leipzig 1409 – 2009, Leipzig 2010.

Privatdozent Dr. Jonas Flöter, * 1967 in Spremberg, Studium der Geschichte, Kunstgeschichte, Kulturwissenschaften und Journalistik an den Universitäten Leipzig, Klagenfurt und Wien, Promotion in Leipzig 2001 und Habilitation 2007. Wissenschaftlicher Mitarbeiter am Lehrstuhl für Allgemeine Pädagogik an der Erziehungswissenschaftlichen Fakultät (seit 2004) sowie Koordinator der Senatskommission zur Erforschung der Leipziger Universitäts- und Wissenschaftsgeschichte der Universität Leipzig (2006 – 2010). Vertretung der Professur für Neuere und Neueste Geschichte und Didaktik der Geschichte an der Technischen Universität Dresden (SS 2010). Letzte größere Veröffentlichungen: Eliten-Bildung in Sachsen und Preußen, Köln/Weimar/Wien 2009; Leipziger Universitätsgeschichte(n),

Leipzig 2009; als Herausgeber: Bildungsmäzenatentum, Köln/Weimar/Wien 2007; Christlicher Glaube und weltliche Herrschaft, Leipzig 2008; Das Joachimsthalsche Gymnasium, Bad Heilbrunn 2009.

Dr. Hans Geisler, * 1940 in Lauban, 1960–1965 Studium der Chemie an der TU Dresden, 1970 Promotion, 1969–1990 Laborleiter. 1989/90 Mitglied des Demokratischen Aufbruchs, 1990 CDU. 1989/90 Mitglied des Runden Tischs des Bezirkes Dresden. 1990 Parlamentarischer Staatssekretär im Bundesministerium für Familie und Frauen, 1990–2004 Mitglied des Sächsischen Landtages, 1990–2002 Staatsminister für Soziales, Gesundheit und Familie. Inhaber der Sächsischen Verfassungsmedaille. Veröffentlichungen (u.a.): Gesundheitswesen in Sachsen, Dresden 1998; Gemeinwohl gestalten, Halle 2002.

Dr. Uwe Grüning, * 1942 in Pabianice bei Łodz/Polen, lebt und arbeitet in Neumark/Sachsen, 1960–1966 Studium der Fertigungstechnik in Ilmenau, Diplomingenieur, 1966–75 Wissenschaftlicher Assistent und Oberassistent an der TH Ilmenau. 1970. Seit 1982 freiberuflicher Schriftsteller, 1990 Mitglied der freigewählten Volkskammer, 1990–2004 Mitglied des sächsischen Landtags. Gründungsmitglied der Sächsischen Akademie der Künste. Veröffentlichungen (Auswahl): Fahrtmorgen im Dezember, Gedichte (1977); Bienenkönigin Zeit, Gedichte (2005).

Dr. Peter Gutjahr-Löser, * 1940 in Berlin, Studium der Rechtswissenschaft, politischen Wissenschaft, Geschichte und Pädagogik an der Universität Bonn; 1966 und 1970 juristische Staatsexamen, 1968–1970 Lehrbeauftragter für politische Wissenschaft an der Universität Regensburg; 1974 bis 1980 Leiter der Akademie für Politik und Zeitgeschehen der Hanns-Seidel-Stiftung in München; anschließend Leiter des Referats Struktur, Organe, wissenschaftliche Zusammenarbeit und Gesetzgebung zum Forschungsrecht in der Generalverwaltung der Max-Planck-Gesellschaft in München; 1991 bis 2005 Kanzler der Universität Leipzig, 1965 »Theodor-Heuss-Gedenkmünze« für Verdienste um die politische Bildung; 2005 Ehrendoktor der Erziehungswissenschaftlichen Fakultät, »Oskar-Röder-Medaille« der Veterinärmedizinischen Fakultät und »Caspar-Borner-Medaille« für Verdienste um die Erneuerung der Universität Leipzig.

Dr. Konstantin Hermann, * 1974 in Erfurt, Studium der Neueren und Neuesten Geschichte und evangelischen Theologie an der Humboldt-Universität Berlin (1995–2000). 2008 Promotion an der Humboldt-Universität mit einer wissenschaftsgeschichtlichen Studie. Seit 2000 Fachreferent für Geschichte an der Sächsischen Landesbibliothek Dresden (SLUB). Vorstandsmitglied des Vereins für sächsische Landesgeschichte; Präsidiumsmitglied des Exil-P.E.N. – Zentrum der Schriftsteller im Exil deutschsprachiger Länder. Letzte große Veröffentlichung: Sachsen und der Prager Frühling, Beucha 2008; in Vorbereitung: Die DDR und die Solidarnosc (Herbst 2010).

Antje Hermenau, * 1964 in Leipzig, 1983–1989 Studium der Pädagogik an der Universität Leipzig. Danach als Lehrerin tätig. 1990 Mitglied des Runden Tischs in Leipzig. Seit 1990 Mitglied bei Bündnis 90/Die Grünen, Mitglied des Deutschen Bundestages 1994–2004,

Mitglied des Sächsischen Landtages 1990–1994 und seit 2004. Seit 2004 Vorsitzende der Fraktion Bündnis 90/Die Grünen im Sächsischen Landtag. Veröffentlichung (u. a.): Grüne Ideen für Sachsens Zukunft, Dresden 2007.

Prof. Dr. Günther Heydemann, * 1950 in Burghausen / Obb., 1970–1976 Studium der Geschichte, Germanistik, Sozialkunde und des Italienischen an den Universitäten Erlangen-Nürnberg, Pisa, Bonn, Florenz, 1977–1980 Wissenschaftlicher Angestellter am Institut für Gesellschaft und Wissenschaft an der Universität Erlangen-Nürnberg, 1979 Promotion, 1991 Habilitation. Seit 1993 Inhaber des Lehrstuhls für Neuere und Zeitgeschichte an der Universität Leipzig. Seit 2009 Direktor des Hannah-Arendt-Instituts für Totalitarismusforschung (HAIT), Dresden. Jüngste größere Veröffentlichungen (u. a.): Diktaturen in Deutschland – Vergleichsaspekte, Bonn 2003; Innenpolitik der DDR, München 2003; mit Eckard Jesse (Hrsg.): 15 Jahre deutsche Einheit. Deutsch-deutsche Begegnungen, deutsch-deutsche Beziehungen, Berlin 2006, Geschichte der Universität Leipzig 1945–1961, in: Geschichte der Universität Leipzig 1409–2009, Bd. 3 Leipzig 2010.

Erich Iltgen, * 1940 in Köln, 1954–1957 Schlosser, 1958–1964 Ingenieur Landtechnik. Dipl.-Ing. für Heizung, Lüftung, Sanitär. 1964–1979 Gruppenleiter Anlagenbau, 1979–1985 Abteilungsleiter Investitionen. 1985–1988 Leiter Dombauhütte der Kathedrale des Bistums Dresden-Meißen.1989/90 Moderator des Rundes Tisches des Bezirks Dresden, Initiator und Leiter des Sächsischen Forums. 1990 Eintritt in die CDU. 1990–2009 Mitglied und Präsident des Sächsischen Landtags, Inhaber des Sächsischen Verdienstordens. Veröffentlichungen (u. a.): Zehn Jahre Sächsischer Landtag, Dresden 2000, Der Weg der sächsischen Demokratie, Dresden 2009.

Prof. Dr. Eckhard Jesse, * 1948 in Wurzen, 1971–1976 Studium der Politikwissenschaft und Geschichtswissenschaft an der FU Berlin, 1978–1983 wissenschaftlicher Mitarbeiter an der Universität Trier. 1982 Promotion: Wahlrecht zwischen Kontinuität und Wandel; 1989 Habilitation: Streitbare Demokratie in der Bundesrepublik Deutschland. Das Beispiel des Extremistenbeschlusses von 1972. Seit 1993 Professor an der TU Chemnitz (Professur für politische Systeme, politische Institutionen). 2007–2009 Vorsitzender der Deutschen Gesellschaft für Politikwissenschaft. Ausgewählte Veröffentlichungen: Die Demokratie der Bundesrepublik Deutschland (zahlreiche Auflagen); mit Uwe Backes: Politischer Extremismus in der Bundesrepublik Deutschland (zahlreiche Auflagen); Demokratie in Deutschland. Diagnosen und Analysen, Köln u. a. 2008; Diktaturen in Deutschland. Diagnosen und Analysen, Baden-Baden 2008; Systemwechsel in Deutschland. 1918/19 – 1933 – 1945/49 – 1989/90, Köln u. a. 2010; Mitherausgeber des Jahrbuchs »Extremismus & Demokratie«.

Dr. Roger Mackeldey, Ministerialrat, * 1957 in Rudolstadt, 1977–1982 Germanistikstudium in Leipzig, 1984–1991 wissenschaftlicher Mitarbeiter an der Universität Leipzig. 1984 Promotion, 1986 Facultas docendi für das Fachgebiet Deutsche Sprache der Gegenwart, 1987–1989 Deutschlektor in Sofia. 1990/91 Mitbegründer und ehrenamtlicher Geschäftsführer des Europa-Haus Leipzig e. V.; 1991–1996 Europareferent in der Sächsischen Staatskanzlei, 1998–2000 Referent im Sächsischen Staatsministerium des Innern/

Landespolizeipräsidium, 2000–2005 Referatsleiter für Europapolitik und Internationale Beziehungen in der Sächsischen Staatskanzlei. Seit 2010 Referatsleiter Grundsatzfragen, Internationale Zusammenarbeit, EU im Sächsischen Staatsministerium für Umwelt und Landwirtschaft.

Prof. Dr. Hans Karl Friedrich von Mangoldt, * 1940 in Tübingen, emeritierter Professor für Öffentliches Recht und Völkerrecht an der Universität Tübingen und Mitglied des Verfassungsgerichtshofs des Freistaates Sachsen. Er widmete sich in besonderem Maße der interdisziplinären Forschung, u. a. publizierte er mit Volker Rittberger (Politologe, Tübingen) zur Thematik des Systems der Vereinten Nationen. Am 26. Mai 1998 verlieh ihm Landtagspräsident Erich Iltgen die Sächsische Verfassungsmedaille. Ausgewählte Veröffentlichungen: Entstehung und Grundgedanken der Verfassung des Freistaates Sachsen, Leipzig 1996; Die Verfassungen der neuen Bundesländer, Berlin 1997.

Prof. Dr. Wolfgang Marcus, * 1927 in Görlitz, 1945/46 Mitglied der CDU. Wegen Verfolgung und Verhaftung 1946 Flucht nach Westdeutschland. 1946–1952 Studium der Philosophie, Theologie Geschichte u. a. Fächer, 1951 Promotion. 1960–1990 Professor für Philosophie an der Pädagogischen Hochschule Weingarten, nach 1990 Professor für Philosophie an der TU Dresden. 1990–1994 Mitglied des Sächsischen Landtags. Gründungsmitglied des HAIT Dresden, Mitglied der Gründungskommission und Kurator des Simon-Dubnow-Instituts für jüdische Geschichte und Kultur. Inhaber des Sächsischen Verdienstordens. Ausgewählte Veröffentlichungen: Schule als Freiheitsprojekt, Leipzig 1996, Als junger Christ in zwei Diktaturen, in: Mike Schmeitzner (Hrsg.): Im Schatten der FDJ, Göttingen 2004; Mike Schmeitzner, Heinrich Wiedemann (Hrsg.): Mut zur Freiheit – Festschrift für Wolfgang Marcus, Berlin 2007.

Ulf Morgenstern M.A., * 1978 in Dresden, studierte Geschichte und Anglistik an der Universität Leipzig und Coimbra. Seit 2005 wissenschaftlicher Mitarbeiter am Lehrstuhl für Neuere und Neueste Geschichte am Historischen Seminar der Universität Leipzig. Er leitet seit 2006 aufseiten der Historiker das Projekt »Catalogus Professorum Lipsiensis«. Veröffentlichungen zur Universitäts- und Wissenschaftsgeschichte, u. a.: Levin Ludwig Schükking. Selbstbildnis und dichterisches Schaffen, Bielefeld 2008.

Prof. Dr. Werner J. Patzelt, * 1953 in Passau, 1974–1980 Studium der Politikwissenschaft, Soziologie und Geschichte an den Universitäten München, Straßburg und Ann Arbor/ MI, 1984 Promotion. 1984–1990 Wissenschaftlicher Assistent an der Universität Passau, 1990 Habilitation an der Universität Passau. 1991 Gastprofessur an der TU Dresden, Gründungsprofessor des Dresdner Instituts für Politikwissenschaft und seit 1991 Inhaber des Lehrstuhls für Politische Systeme und Systemvergleich. Ausgewählte Veröffentlichungen: Parlamente und ihre Funktionen. Institutionelle Mechanismen und institutionelles Lernen im Vergleich, Wiesbaden 2003; Parlamente und ihre Macht. Kategorien und Fallbeispiele institutioneller Analyse, Baden-Baden 2005; Evolutorischer Institutionalismus. Theorie und exemplarische Studien zu Evolution, Institutionalität und Geschichtlichkeit, Würzburg 2007; Parlamente und ihre Zeit, Baden-Baden 2009.

318

Dr. Michael Richter, * 1952 in Ost-Berlin, studierte Evangelische Theologie, Geschichte und Politische Wissenschaften in Ost-Berlin, Hannover, Bonn; 1986–1989 wissenschaftlicher Mitarbeiter im Archiv für Christlich-Demokratische Politik in Sankt Augustin, 1989–1994 Wissenschaftlicher Mitarbeiter am Seminar für Osteuropäische Geschichte der Rheinischen Friedrich-Wilhelms-Universität Bonn. Seit 1994 Wissenschaftlicher Mitarbeiter am HAIT. Ausgewählte Veröffentlichungen: mit Sigrid Meuschel und Hartmut Zwahr: Friedliche Revolution in Sachsen. Das Ende der DDR und die Wiedergründung des Freistaates, Dresden 1999; Die Bildung des Freistaates Sachsen. Friedliche Revolution, Föderalisierung, deutsche Einheit 1989/90, Göttingen 2004; Die Friedliche Revolution. Aufbruch zur Demokratie in Sachsen 1989/90, Göttingen 2009; mit Walter Heidenreich: Parolen und Ereignisse der friedlichen Revolution in Sachsen. Eine quantitative Analyse, Dresden 2009.

Dr. Matthias Rößler, * 1955 in Dresden, Studium des Maschineningenieurwesens, 1983 Promotion, 1979–1985 Assistent an der Verkehrshochschule Dresden. Mitglied des Runden Tischs des Bezirkes Dresden, 1989 Mitglied des Demokratischen Aufbruchs, 1990 CDU. Mitglied des Sächsischen Landtags seit 1990. 1994–2002 Staatsminister für Kultus, 2002–2004 Staatsminister für Wissenschaft und Kunst. Seit 2009 Präsident des Sächsischen Landtags. Inhaber des Sächsischen Verdienstordens und der Sächsischen Verfassungsmedaille. Ausgewählte Veröffentlichungen: Einigkeit und Recht und Freiheit, Freiburg 2006; »Wir wollten keine andere DDR«, in: Eckhard Jesse: Friedliche Revolution und deutsche Einheit – Sächsische Bürgerrechtler ziehen Bilanz, Berlin 2006.

Privatdozent Dr. Michael Schäfer, * 1957 in Schellweiler, Promotion an der Ludwig-Maximilian-Universität München, Habilitation an der Universität Bielefeld. Seit 2002 in Dresden als freier Historiker mit universitärer Anbindung tätig. Mitglied des Innovationsbeirats der sächsischen Landesregierung. Ausgewählte Veröffentlichungen mit Rainer Karlsch: Wirtschaftsgeschichte Sachsens im Industriezeitalter, Leipzig 2006, Familienunternehmen und Unternehmerfamilien. Zur Sozial- und Wirtschaftsgeschichte der sächsischen Unternehmer 1850–1940, München 2007.

Dr. Mike Schmeitzner, * 1968 in Dresden, Studium der Geschichte und Germanistik an der PH und TU Dresden, 1994–1997 Graduiertenstipendiat der Friedrich-Ebert-Stiftung. 1999 Promotion zum Dr. phil. Seit 1998 wissenschaftlicher Mitarbeiter des Hannah-Arendt-Instituts für Totalitarismusforschung Dresden. Ausgewählte Veröffentlichungen: Alfred Fellisch 1884–1973. Eine politische Biographie, Köln 2000; mit Behring, Rainer (Hrsg.): Diktaturdurchsetzung in Sachsen. Studien zur Genese der kommunistischen Herrschaft 1945–1952, Köln u. a. 2003; mit Andreas Wagner (Hrsg.): Von Macht und Ohnmacht. Sächsische Ministerpräsidenten im Zeitalter der Extreme 1919–1952, Beucha 2006; als Herausgeber: Totalitarismuskritik von links. Deutsche Diskurse im 20. Jahrhundert, Göttingen 2007; Richard Löwenthal: Faschismus – Bolschewismus – Totalitarismus. Schriften zur modernen Weltanschauungsdiktatur, Göttingen 2009; Doppelt verfolgt. Das widerständige Leben des Arno Wend, Berlin 2009.

Lutz Schneider, * 1975 in Freital, Studium der Philosophie, Soziologie und Neuere Deut-
sche Literatur an der Humboldt-Universität zu Berlin, M.A.; 2004 Volkswirtschaftslehre
TU Dresden. Wissenschaftlicher Mitarbeiter am Lehrstuhl für Wirtschaftstheorie der TU
Ilmenau. Seit 2005 wissenschaftlicher Mitarbeiter am Institut für Wirtschaftsforschung
Halle, Abteilung Strukturökonomik mit dem Forschungsschwerpunkt »Wirtschaftliche
Auswirkungen des demographischen Wandels in Ostdeutschland«. Ausgewählte Veröffent-
lichungen: Von der politischen zur demographischen Transformation: Ostdeutschland am
Scheideweg, in: Jaenichen/Steinrücken/Seifferth-Schmidt/Itzenplitz (Hrsg.): Empirische
und theoretische Analysen aktueller wirtschafts- und finanzpolitischer Fragestellungen,
Ilmenau 2009; als Mitherausgeber: Die demographische Entwicklung in Ostdeutschland,
München 2007.

Dr. André Thieme, * 1969 in Meißen, 1988 – 1994 Studium Lehramt (Deutsch, Geschichte) und Magisterstudiengang in der Sächsischen Landesgeschichte, Neueren Geschichte
und Germanistik an der PH Dresden und der TU Dresden. 1994 – 1997 Landesstipendiat.
2000 Promotion über die Altenburger Burggrafschaft. 1997/1998 wissenschaftliche Hilfs-
kraft am Hannah-Arendt-Institut Dresden, 1997 – 2010 wissenschaftlicher Mitarbeiter am
Institut für Sächsische Geschichte und Volkskunde e. V. Dresden. Seit 2010 Bereichsleiter
Museen bei den Staatlichen Schlösser, Burgen und Gärten Sachsens. Mitglied der Historischen Kommission an der Sächsischen Akademie der Wissenschaften zu Leipzig, 2. Vorsitzender des Vereins für sächsische Landesgeschichte. Zahlreiche Publikationen zur säch-
sischen Landesgeschichte, u. a.: Die Burggrafschaft Altenburg, Leipzig 2001; mit Martina
Schattkowsky (Hrsg.), Altzelle. Zisterzienserabtei in Mitteldeutschland und Hauskloster der
Wettiner, Leipzig 2002; mit Jochen Vötsch (Hrsg.), Hof und Hofkultur unter Moritz von
Sachsen (1521 – 1553), Beucha 2004; Albrecht der Beherzte, Erfurt 2008.

Prof. Dr. Mathias Tullner, * 1944 in Wikatsch, Ungarn, 1963 – 1967 Studium der Geschichte, Germanistik und Pädagogik an der Pädagogischen Hochschule Magdeburg; Promotion (1973) und Habilitation (1984). 1986 Hochschuldozent für Regionalgeschichte,
1987 bis 1990 Professor für Geschichte der Neuzeit an der Pädagogischen Universität
Maputo in Mosambik. Danach Hochschuldozent für Regionalgeschichte zunächst an der
Technischen Universität Magdeburg und nach deren Angliederung im Jahre 1993 weiter an
der Otto-von-Guericke-Universität Magdeburg. Seit 1999 außerplanmäßiger Professor für
Geschichte der Neuzeit mit dem Schwerpunkt der Landesgeschichte Sachsen-Anhalts an
der Otto-von-Guericke-Universität. Mitglied der Historischen Kommission für Sachsen-
Anhalt. Veröffentlichungen (u. a.): Die Revolution von 1848/49 in Sachsen-Anhalt, Halle
1998; Geschichte Sachsen-Anhalts, München 2008; Thomas Großbölting (Hrsg.): Landes-
herrschaft – Region – Identität [Festschrift Mathias Tullner], Halle 2009.

Arnold Vaatz, * 1955 in Weida, 1976 – 1981 Studium der Theologie und Mathematik.
1989/90 Mitglied der Gruppe der 20 in Dresden, Pressesprecher des Neuen Forums
Dresden. 1990 stellvertretender Regierungsbevollmächtigter für den Bezirk Dresden und
Vorsitzender des Koordinierungsausschusses zur Bildung des Landes Sachsen. 1990 Verfas-
ser des Entwurfs einer sächsischen Verfassung der Gruppe der 20. Seit 1990 Mitglied der

CDU. 1990–1998 Mitglied des Sächsischen Landtags, 1990–1992 Staatsminister in der Sächsischen Staatskanzlei, 1992–1998 Staatsminister für Umwelt und Landesentwicklung im Freistaat Sachsen. Inhaber der Sächsischen Verfassungsmedaille und des Sächsischen Verdienstordens. Veröffentlichung (u.a.): Die friedliche Revolution war ein guter Anfang, Fürstenfeldbruck 1995.

Dr. Nicole Völtz, * 1982 in Dresden, 2000–2005 Studium Neuere und Neueste Geschichte, Sächsische Landesgeschichte, Erziehungswissenschaft an der TU Dresden. 2005–2007 Mitarbeiterin am Lehrstuhl für Sächsische Landesgeschichte TU Dresden, 2007–2008 Mitarbeiterin am Institut für Sächsische Geschichte und Volkskunde e. V., 2008 Promotion. 2008–2009 Ko-Kuratorin der Sonderausstellung Stadtmuseum Dresden »Keine Gewalt! Friedliche Revolution in Dresden 1989«. Seit 2008 freiberufliche Mitarbeiterin bei den Staatlichen Schlössern, Burgen und Gärten Sachsens. Letzte größere Veröffentlichung: »Staatsjubiläum und Friedliche Revolution. Planung und Scheitern des 40. Republikgeburtstages der DDR 1989«.

Klaus Weber, * 1948 in St. Ingbert, Studium der Rechtswissenschaften und anschließendem Referendariat als Rechtsanwalt im Saarland. Seit 1992 Regierungsdirektor der Landesdirektion Chemnitz. Daneben von 1992 bis 2006 Arbeitsgemeinschaftsleiter für Rechtsreferendare und Lehrbeauftragter an der Fachhochschule der Sächsischen Verwaltung in Meißen und an der Verwaltungsakademie Chemnitz. Zahlreiche Beiträge zum Allgemeinen Verwaltungsrecht, Europarecht und Polizeirecht. 2009 erschien sein »Handbuch des sächsischen Verwaltungsvollstreckungsrechts« (Dresden 2009), im April 2010 sein »Kommentar zum Sächsischen Versammlungs-Gesetz«.

Dank

Der Herausgeber dankt folgenden Personen herzlich, die zum Entstehen dieses Bandes beitrugen: dem Präsidenten des Sächsischen Landtags, Dr. Matthias Rößler, für seine großzügige Unterstützung der Tagung »20 Jahre Freistaat Sachsen – Traditionen und Perspektiven«, Heiner Ridder, Klaus-Peter Köhler und Uwe Nösner vom Sächsischen Landtag für die gute Zusammenarbeit bei der Vorbereitung der Tagung und des vorliegenden Bandes, Frank Seewald, Direktor des Hauses der Kirche Dreikönigskirche Dresden, den Kooperationspartnern der Tagung Sächsischer Landtag, Sächsische Landeszentrale für politische Bildung, Hannah-Arendt-Institut für Totalitarismusforschung, Haus der Kirche Dresden und Verein für sächsische Landesgeschichte. Ich danke den Referenten und Autoren für die immer angenehme Zusammenarbeit sowie dem Sax-Verlag Beucha · Markkleeberg für die umsichtige und professionelle Herstellung des Bandes. Mein besonderer Dank gilt Werner Rellecke von der Sächsischen Landeszentrale für politische Bildung, sowohl für die Aufnahme der Publikation in das Schriftenprogramm der Landeszentrale, seine umfassende Redaktionsarbeit an diesem Band als auch für die Zusammenarbeit bei der Vorbereitung der Tagung.